FERHENGA BIRÛSKÎ
English-Kurmanji Dictionary

Volume Three

I dedicate this book to my dear friends
Birûsk Tugan and Zoya Nazari and Ramin, Zanyar and Luqman and to all our friends who left us too soon.
Ez vê pirtûkê dikim diyarî bo hevalên xwe
Birûsk Tûẍan û Zoya Nazarî û her wisa bo Ramîn, Zanyar û Luqman yên ku zû xatira xwe ji me xwest.

FERHENGA BIRÛSKÎ

English-Kurmanji Dictionary
Volume Three

Compiled by

Michael L. CHYET

LANGUAGE SERIES

TRANSNATIONAL PRESS LONDON
2020

FERHENGA BIRÛSKÎ

English-Kurmanji Dictionary

Volume Three

Compiled by Michael L. CHYET

[Language Series: 3]

First Published in 2020 by TRANSNATIONAL PRESS LONDON in the United Kingdom, 12 Ridgeway Gardens, London, N6 5XR, UK.

www.tplondon.com

ISBN: 978-1-912997-01-5 (paperback)

ISBN: 978-1-912997-02-2 (hardcover)

Cover Image and Design: Secor & Ahmad and Gizem Çakır

www.tplondon.com

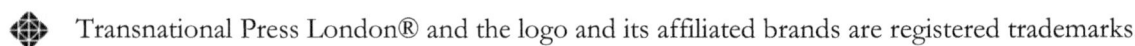

English-Kurdish

A

A.D. (Anno Domini) **zayînî** زايينى

a lot **gelek** گەلەك; **p'iȓ II** پڕ; **ze'f** زەعف; **mişe** مِشه; **zor II** زۆر

aba **'eba** عەبا f.

to abandon **berdan** بەردان vt.; **t'erk dan** تەركدان vt.; **t'erkandin** تەركاندِن vt.; **letilandin** لەتِلاندِن vt.; **[jê] qeran** ژێ قەران vt./vi.; **lê badan** لێ بادان vt.; **dest ji** ***ft-î*** **k'işandin** دەست ژِ فتى كِشاندِن vt.; **dev jê berdan** دەڤ ژێ بەردان vt.; **berê xwe [jê] guhastin** بەرێ خوە ژێ گوهاستِن vt.

abandoned **bêxwedî** بێخوەدى; **beradayî** بەرادايى

abandonment **t'erk II** تەرك f.

to abate **danîn** دانين vt.

to abbreviate (cut short) **qut kirin** قوت كِرِن vt.

abdomen **til I** تِل f.; **zik** زِك m.

to abduct (kidnap) **ȓevandin** ڕەڤاندِن vt.

to abide by **xwe guncandin** خوە گونجاندِن vt.

ability **şiyan** شِيان f.; **feȓeset** فەڕەسەت f.; **pêç'êbûn** پێچێبوون f.

able: (capable) **jêhatî** ژێهاتى; -to be able (can) **karîn** كارين vt.; **şiyan** شِيان vt./vi.; **pê ç'êbûn** پێ ێبوون vi.

ablutions: (Islamic ritual ~) **destnimêj** دەستنِمێژ f.; **taret** طارەت f.

abode **hêwirge** هێوِرگە f.; **mek'an** مەكان m.; **war** وار m.; **wargeh** وارگەه f./m.

to abolish **betal kirin** بەتال كِرِن vt.

abomasum: (rennet bag) **şîlav** شيلاڤ f.

aborigine **binelî** بِنەلى m.

to abort (a fetus) **ber xwe kirin** بەر خوە كِرِن vt.

abortion: -to have an ~ **ber xwe kirin** بەر خوە كِرِن vt.

about: (regarding) **di derheqa ... da** دِ دەرهەقا ... دا; **li ser** لِسەر; **derbare ... da** دەربارە ... دا; (approximately) **qederê** قەدەرێ; **qiyasê** قِياسێ; **êmê** ئێمێ; (surrounding) **hawirdor** هاوِردۆر

above **jor** ژۆر; **silal** سِلال; **hindav serê** هِنداڤ سەرێ; **ȓaser** ڕاسەر; **pêhel** پێهەل; **ji ...û pêhel** ژِ ... و پێهەل; **di ser ... re** دِ سەر ... رە; **serda** سەردا

to abrade **ȓûşandin** ڕووشاندِن vt.

abroad **veder** ڤەدەر

abrupt **diȓ** دِڕ

abscess **qunêr** قونێر f.; (~on horse's back) **cedew** جەدەو f.

absolutely **bi carekê** بِ جارەكێ; **mitleq** مِتلەق; **îlla** ئيللا; **'ese** عەسە; **helbet** هەلبەت; **t'eqez** تەقەز; **yeqîn** يەقين ; **bivê-nevê** بِڤێ نەڤێ

absolved: -to be a. of a debt **ji bin deynê ft-î derketin** ژِ بِن دەينێ فتى دەركەتِن vi.

absorbed (adj.) (soaked) **ẍerq** غەرق

absurd **elet'ewş** ئەلەتەوش

abundance **boşahî II** بۆشاهى f.

abundant **boş II** بۆش; **mişe** مِشه; **bol** بۆل

abuse: **zêdegavî** زێدەگاڤى f.; **zordestî** زۆردەستى f.; (verbal ~) **ç'êȓ** چێڕ m./f.; **dijûn I** دِژوون m.; **xeber** خەبەر f./m.; **sixêf** سِخێف f.

to abuse (verbally) **lêxuȓîn** لێخوڕين vi.

abyss **zer II** زەر f.

to accelerate **lezandin** لەزاندِن vt.

accent: (emphasis, stress) **şidandin** شِداندِن f.; **derb** دەرب f./m.; **t'eqil** تەقِل f.

to accentuate (put the stress on, emphasize) **şidandin** شِداندِن vt.

accentuation **şidandina dengan** شِداندِنا دەنگان f.

to accept **qebûl kirin** قەبوول كِرِن vt.; **p'ejirandin** پەژِراندِن vt.; **wergirtin** وەرگِرتِن vt.

acceptable **cihê ȓazîbûnê** جِهێ ڕازيبوونێ; **qebûlbar** قەبوولبار

acceptance **qebûl** قەبوول f.

accessories (horse tack) **t'axim** تاخِم f.

accident: **t'ifaq I** تِفاق; **bêt'ar** بێتار m.; **serhatî** سەرهاتى f.; **qeda** قەدا f./m.; **t'ifaq I** تِفاق f.; (automobile ~) **de'm II** دەعم f.

accidental **bêmebest** بێ مەبەست

accidentally **bêmebest** بێ مەبەست

to accommodate (house, put up, give lodging to) **ȟewandin** حەواندِن vt.; **cî kirin** جى كِرِن vt.; **hêwirandin** هێوِراندِن vt.

accommodation (place for the night) **hêwirge** هێوِرگە f.

to accompany (see s.o. off, escort) **veȓê kirin** ڤەڕێ كِرِن vt.

to accomplish **pêkanîn** پێك ئانين vt.; (a task) **şert anîn** شەرت ئانين vt.

accord: -to reach an ~ **p'ev k'etin** پەڤ كەتِن vi.

according to **goř II** گۆڕ; **ji ... ve** ژ ... ڤه; **bi qasî** بِ قاسی
accouchement **zêstanî** زێستانی f.
account **ĥesab** حەساب m.; (narrative) **neqil** نەقِل f.; **řiwayet** ڕِوایەت f.
accursed **bêyom** بێیۆم
accusation ; -false ~ **nebûyî** نەبوویی pl.; **neweyî** نەوەیی pl.
to accuse **gunehk'ar kirin** گونەهکار کِرِن vt.; **t'awanbar kirin** تاوانبار کِرِن vt.; (to slander) **şilt'ax kirin** شِلتاخ کِرِن vt.; **neweyî lê kirin** نەوەیی لێ کِرِن vt.
accused **gunehbar** گونەهبار; **t'awanbar** تاوانبار
to accustom **'elimandin** عەلِماندِن vt.; **lê banandin** لێ باناندِن vt.; **hîn kirin** هین کِرِن vt.
accustomed: -to get/grow ~ to: **hîn[î ...] bûn** هینی ... بوون vi.; **'elimîn** عەلِمین vi.; **řahatin** ڕاهاتِن vi. [+li]
ache **êş** ئێش f.; **derd** دەرد m.; **jan** ژان f.; **azar** ئازار f.
to ache **êşîn** ئێشین vi.; **arîn** ئارین vi.; **jendin** ژەندِن vt.;
to achieve **pêkanîn** پێك ئانین vt.;
Achilles' heel **cîyê *fk-êyî* zede** جییێ فکێیی زەدە m.
acid **tîjav** تیژاڤ f.
to acknowledge ; (a greeting) **wergirtin** وەرگِرتِن vt.
acorn **berû** بەروو f./m.; **p'alûd** پالوود f.
acquaintance (familiarity) **nasî** ناسی f.; **hevnasî** هەڤناسی f.; (person one knows) **nasyar** ناسیار m.&f.;
acquainted **nas** ناس; **nasyar** ناسیار; a. with **şareza** شارەزا ; **çavnas** چاڤناس [+ li]; -to be a. with **nas kirin** ناس کِرِن vt.; **nasîn** ناسین vt.
to acquire: (get, obtain) **hasil kirin** هاسِل کِرِن vt.; **bi dest ve anîn** بِ دەست ڤە ئانین vt.; **bi dest xistin** بِ دەست خِستِن vt.; **p'eyda kirin** پایدا کِرِن vt.;
acrobat **p'elewan** پەلەوان m.
across: **di ... ve** دِ ... ڤە ; **himberî** هِمبەری; (in crosswords) **çeperast** چەپەراست; **berwar** بەروار
across from (facing) **řaber** ڕابەر; **dijber** دِژبەر; **miqabil** مِقابِل; **himberî** هِمبەری; **pêşber** پێشبەر; **li beranberî** لِ بەرانبەری
act: (deed) **kiryar** کِریار f.
to act (behave) **řabûn û řûniştin** ڕابوون و ڕوونِشتِن vi.
action **ç'alakî** چالاکی f.; **lebat I** لەبات f.; **livbazî** لِڤبازی f.; **kiryar** کِریار f.; **fêl II** فێل f./m.
active **ç'alak** چالاك; **ç'apik I** چاپِك; **ç'eleng** چەلەنگ
activity **ç'alakî** چالاکی f.; **ç'elengî** چەلەنگی f.; **lebat I** لەبات f.; **livbazî** لِڤبازی f.; **hatin û ç'ûn** هاتِن و چوون f.; **fêl II** فێل f./m.; **xebat** خەبات f.
actor **şanoger** شانۆگەر m.&f.
acuity **ç'elengî** چەلەنگی f.
acumen **feřeset** فەڕەسەت f.
A.D. **zayînî** زایینی
adage **mesel** مەسەل f.
Adam's apple **zengelûk** زەنگەلووك f.
to adapt **guncandin** گونجاندِن vt.
to add xistine navda; **lê zêde kirin** لێ زێدە کِرِن vt.; **têxistin** تێخِستِن vt.; (math.) **k'om kirin** کۆم کِرِن vt.
adder (viper) **margîsk** مارگیسك m.
addition: (math.) **k'omkirin** کۆمکِرِن f.; -in a. **zêdebar** زێدەبار; **serda** سەردا
address **navnîşan** ناڤنیشان m./f.;
to address (a person) **řaberî ... kirin** ڕابەر ... کِرِن vt.
to adhere (stick, vt.) **zeliqandin** زەلِقاندِن vt.; **pêvekirin** پێڤەکِرِن vt.; **pêvenan** پێڤەنان vt.; (stick to, vi.) **nûsyan** نووسیان vi.; ~ to (comply with) **pêgirî kirin** پێگِری کِرِن vt.
adherence (to) **pêgirî** پێگِری f.
adherent **mirîd** مرید m.; **mêldar** مێلدار m.
adjective **řengdêr** ڕەنگدێر f.; **xeysetnav** خەیسەتناڤ m.
to adjust **'eyar kirin** عەیار کِرِن vt.; **guncandin** گونجاندِن vt.
administration **fermandarî** فەرمانداری f.
admirer (fan) **ĥeyran** حەیران f.
admissible: (legitimate) **řewa I** ڕەوا
to admit: (confess) **mikur hatin** مِکور هاتِن vi.; (allow to enter) **ĥemilandin** حەمِلاندِن vt.
to admonish (warn) **şîret kirin** شیرەت کِرِن vt.; **t'emî dan** تەمی دان vt.; **qewîtî kirin** قەویتی کِرِن vt.
admonishment **t'emî** تەمی f.; **qewîtî** قەویتی f.
admonition (warning) **t'emî** تەمی f.; **qewîtî** قەویتی f.
ado **t'evdan** تەڤدان f.
adolescence **xortanî** خۆرتانی f.
to adopt (a child) **pêsikandin** پێسِکاندِن vt.; **di ber pêsîra *fk-î* re derbaz kirin** دِ بەر پێسیرا فکی رە دەرباز کِرِن vt.
to adorn **xemilandin** خەمِلاندِن vt.; **nitirandin I** نِتِراندِن vt.
adorned **xemilî** خەمِلی; -to be ~ **xemilîn** خەمِلین vi.
adornment **xemil** خەمِل f.
adult **mezin** مەزِن m.; (adj.) **qerd I** قەرد
adulterer **zinêk'ar** زِنێکار m.; **tol I** تۆل m.; **tolaz** تۆلاز m.
adultery **qabtî** قابتی f.; **tolayî** تۆلایی f.; **tolazî** تۆلازی f.
adultress **tol I** تۆل f.
to advance (vi.) **pêşda çûyîn** پێشدا چوویین vi.; **pêşk'etin** پێشکەتِن vi.; **qedimîn** قەدِمین vi.; (vt.) **pêşxistin** پێشخِستِن vt.
advanced **pêşk'etî** پێشکەتی; **pêşveçûyî** پێشڤەچوویی ; (in

years) **navsera** ناڤسەرا

advancement: (progress) **pêşveç'ûn** پێشڤەچوون f.; **pêşdaç'ûn** پێشداچوون f.; **pêşk'etin** پێشکەتِن f.

advantage: (benefit, use) **feyde** فەیدە f.; **menfa'et** مەنفاعەت f.; **mifa** مِفا m.; **siûd** سِئوود f.; **havil** هاڤِل f./m.; (interest, profit) **berjewendî** بەرژەوەندی f.; **menfa'et** مەنفاعەت f.

adventure **serhatî** سەرهاتی f.

adverb **nîr I** نیر m.; **hoker** هۆکەر f.; **řengpîşe** ڕەنگپیشە f.; **zerf** زەرف f. /**z̲erf** ظەرف m.

advice **şîret** شیرەت f.; **şêwir** شێوِر f.; **sovêt** سۆڤێت f.

to advise **şîret kirin** شیرەتکِرِن vt.; **t'emî dan** تەمی دان vt.

adviser **şîretk'ar** شیرەتکار m.; **şêwirdar** شێوِردار m.; **berdevk I** بەردەڤك m.

advisor --> see adviser.

advocate **wekîl** وەکیل m.

adze **t'evşo** تەڤشۆ m.

aerial **hewayî** هەوایی

affable **řiȟsivik** ڕِحسِڤِك

affair (matter, business) **k'ar II** کار m./f.; **pirs** پِرس f.; **mesele** مەسەلە f.; **şuxul** شوخول m./f.

affection **dilovanî** دِلۆڤانی f.

affectionate **dilovan** دِلۆڤان; **mihrivan** مِهرِڤان

affiances **xizm** خِزم pl.

affinity (relationship by marriage) **xinamîtî** خِنامیتی f.; **taloqtî** تالۆقتی f.

affirmative **erênî** ئەرێنی

affix (grammatical ending) **qertaf** قەرتاف f.

to affix (attach, stick) **zeliqandin** زەلِقاندِن vt.; **pêvekirin** پێڤەکِرِن vt.; **pêvenan** پێڤەنان vt.; **nûsandin** نووساندِن vt.

Afghani **Efẍanî** ئەفغانی

aforementioned **navborî** ناڤبۆری

aforesaid **navborî** ناڤبۆری

afraid: **ziravqetî** زِراڤقەتی; -to be ~ **tirsîn** تِرسین vi.; (be scared to death) [+ji] **bizdîn** بِزدین vi.

African **Efrîqayî** ئەفریقایی

after **paş** پاش; **piştî II** پِشتی; **dû III** دوو; **pařa** پاڕا; **pey I** پەی; **şûnda** شووندا

after all **nexo** نەخۆ

afterbirth: (placenta) **hevalçûk** هەڤالچووك f./m.; **p'izdan** پِزدان f.

afterlife: (the hereafter) **piştdawî** پِشتداوی f.; **axret** ئاخرەت f.

afternoon: **piştî nîvro** پِشتی نیڤرۆ; (late ~) **'esir** عەسِر f.; **berêvar** بەرێڤار/بەرئێڤار f.

afterward **dawîyê** داوییێ; **paşê** پاشێ; **dûřa** دووڕا; **hingê** هِنگێ; **şûnda** شووندا

again **cardin** جاردِن; **dîsa** دیسا; **ducar** دوجار; (anew) **ji nû ve** ژنووڤە

against **dijî** دِژی

against one's will **bêdil** بێ دِل; **bi kulzikî** بِ کولزِکی

agape **devjihev** دەڤژِهەڤ

agaric (Agaricus campestris) **goştberxk** گۆشتبەرخك m./f.

age **'emir II** عەمِر m.; **jî III** ژی m.; **t'emen** تەمەن m.

to age (vi.) **pîr bûn** پیر بوون vi.; **ya xwe k'etin** یا خوە کەتِن vi.

aged **navsera** ناڤسەرا; **mezin** مەزِن

agenda **řojev** ڕۆژەڤ f.; karname

agent **wekîl** وەکیل m.

aggregate (sum total) **t'emamî** تەمامی f.

aggression **destdirêjî** دەستدِرێژی f.

aggressor **destdirêj** دەستدِرێژ m.&f.

agha **aẍa** ئاغا m.;

agile **ç'ust** چوست; **desthel** دەستهەل

agility **ç'alakî** چالاکی f.

to agitate **nav tê dan** ناڤ تێ دان vt.; **azirandin** ئازِراندِن vt.

agitated: (upset) **k'ezebreşî** کەزەبرەشی; -to be ~ (flap in wind, of flag) **p'êl dan** پێل دان vt.; (be upset) **k'ezebreşî bûn** کەزەبرەشی بوون vi.

agitation (upset) **qelq** قەلق f.

ago **berî niha** بەری نِها; **pêşda** پێشدا

to agree (come to an agreement) **li hev hatin** لِ هەڤ هاتِن vi.; **p'ev k'etin** پەڤ کەتِن vi.; **řêkk'etin** ڕێککەتِن vi.; **sozê xwe kirin yek** سۆزێ خوە کِرِن یەك vt.; **qîma xwe anîn** قیما خوە ئانین vt.; see also **agreeing [with]**; (to consent to) **qayîl bûn** قاییل بوون vi.; **řazîdilî dayîn** ڕازیدِلی دایین vt.; **řazîlixî dayîn** ڕازیلِخی دایین vt.; (to cause to ~, make ~) **li hev anîn** لِ هەڤ ئانین vt.; **qayîl kirin** قاییل کِرِن vt.; **qebûl kirin** قەبوول کِرِن vt.

to agree with: (grammatically) **xwe guncandin** خوە گونجاندِن vt.; (to suit) **lêhatin** لێهاتِن vi.

agreeing **řazî** ڕازی; [a. with] **bi ... řa** بِ ... ڕا ; **digel** دِگەل

agreement: (consent) **qayîlî** قاییلی f.; **řazîdilî** ڕازیدِلی f.; **řazîlixî** ڕازیلِخی f.; (pact) **p'eyman** پەیمان f.; **'ehd** عەهد m./f.; **qewl** قەول m./f.; **řêkk'etin** ڕێککەتِن f.

agricultural work **gundîtî** گوندیتی f.

agriculture **ç'andinî** چاندِنی f.

ahead **berpêş** بەرپێش

aid **arîk'arî** ئاریکاری f.

to aid **arîk'arî kirin** ئاریکاری کِرِن vt.

aide **arîk'ar** ئاریکار m.

aim **armanc** ئارمانج f.; **mebest** مەبەست f.; **meqsed** مەقسەد f.; **merem** مەرەم m./f.; **nêt** نێت f.; **miraz** مِراز m./f.; **qesd** قەسد f.; (in shooting) **nîşan** نیشان f.; -to take a. **nîşan girtin** نیشان گِرتِن vt.

air **hewa** هەوا f.; (sky) **şargeh** شارگەھ; (melody) **nexme** نەخمە f.; **newa** نەوا f.

airplane **balafiř** بالافِر f.; **firoke** فِرۆکە f.; **teyare** تەیارە f.

airport **balafiřgeh** بالافِرگەھ f.

airsick: -to feel ~ **pêk'etin** پێ کەتِن vi. (**bi fiřokê k'etin** بِ فِرۆکێ کەتِن vi.)

alabaster **ces** جەس f.; **gec** گەج f.; **k'ils** کِلس f.

alarm: (signal of distress) **defa hewarê** دەفا هەوارێ

alarmed: -to be ~ **veciniqîn** ڤەجِنِقین vi.

alas **way** وای

Albanian **Albanî** ئالبانی

albumen (egg white) **spîlik I** سپیلِك f.

Alexanders (smyrnium olusatrum) **xelendor II** خەلەندۆر f.

alfalfa **heliz** هەلِز f.

Algerian **Cezayîrî** جەزاییری

to alight: (birds) **danîn** دانین vt.; **dadan** دادان vt.; **venîştin** ڤەنِشتِن vi.; (get down, disembark) **peya bûn** پەیا بوون vi.

alike (similar) **wekhev** وەکهەڤ

alive: **sax** ساخ; **saxesax** ساخەساخ; **jîndar** ژیندار; **zêndî** زێندی; (full of life) **ç'apik I** چاپِك; **ç'eleng** چەلەنگ

all **gişk I** گِشك; **her** هەر; **herçî** هەرچی; **ȟemû** حەموو; **t'emam** تەمام; **t'ev I** تەڤ ; **t'omerî** تۆمەری f.

all around **hawirdor** هاوِردۆر

all in all **serhevda** سەرهەڤدا

all of a sudden [ji] **nişkêva** ژِ نِشکێڤا

all over **seranser** سەرانسەر

all over the place (disorderly) **belawela** بەلاوەلا

all right: (gladly) **ser çavê min** سەر چاڤێ مِن; **bila[nî]** بِلانی

Allah **Elah** ئەلاھ m.

to allay [one's fears] **xem verevandin** خەم ڤەرەڤاندِن vt.

to allege (claim) **îdî'a kirin** ئیدیعا کِرِن vt.

allegedly **xwedêgiravî** خودێگِراڤی ; **qaşo I** قاشۆ

allegiance **pêgirî** پێگِری f.

allergy **giř IV** گِر m.; **hestiyarî** هەستیاری f.

alley **kolan II** کۆلان f.; **'ewc** عەوج f.; **zaboq** زابۆق f.

alliance **hevalbendî** هەڤالبەندی f.

alligator **t'îmseh** تیمسەھ

to allow **hiştin** هِشتِن vt.; **îzin dan** ئیزِن دان vt.; **řêdan** رێدان vt.

allowable: (legitimate) **řewa I** رەوا

allowed: (according to Islam) **ȟelal** حەلال

ally **hevalbend** هەڤالبەند m.&f.; **sondxwarî** سۆندخواری m.

almond **behîv** بەهیڤ f.; (unripe) **behîvteř** بەهیڤتەر; **çil'în** چِلعین ; **gêrih** گێرِھ f.; **nîv'în** نیڤعین

almost **teyê bigota** تەیێ بِگۆتا ; **hew mabû** هەو مابوو; **çi bigre** چ بِگرە

alms **ṣedeqe** صەدەقە f.; **geşt** گەشت f.; **deroze** دەرۆزە f.; **p'ars** پارس f.; (at end of Ramazan) **fiṯre II** فِطرە f.

alms collecting: (begging) **deroze** دەرۆزە f.

alone **t'enê** تەنێ ; **t'ek** تەك

alongside **tenişta fk-î** تەنِشتا فکی

aloof: -to remain ~ **xwe dane paş** خوە دانە پاش vt.

alphabet **alfabe** ئالفابە f.

already **ji xwe** ژِ خوە

also **jî I** ژی

altercation **doz** دۆز f.; **ceng** جەنگ f./m.; **cerenîx** جەرەنیخ f.; **de'w II** دەعو f.; **gelemşe** گەلەمشە f.; **gelş** گەلش f.; **k'êşe** کێشە f.; **k'eşmek'eş** کەشمەکەش f.; **dubendî** دوبەندی f.

altered: -to be altered **ferq kirin** فەرق کِرِن vt.; **hatin guhartin** هاتِن گوهارتِن (*passive*)

although **herçend** هەرچەند

alum **şeb** شەب f.

aluminium **fafon** فافۆن f.

aluminum **fafon** فافۆن f.

always **her** هەر; **hergav** هەرگاڤ; **t'im** تِم; **hert'im** هەرتِم; **hercar** هەرجار

to amass (wealth) **vegirtin** ڤەگِرتِن vt.

amateur **ȟewask'ar** حەواسکار m.; **dildar** دِلدار m.&f./ adj.

to amaze **hingaftin** هِنگافتِن vt.; **guhişandin** گوهِشاندِن vt.

amazed: **'ecêbmayî** عەجێبمایی; **met'elmayî** مەتەلمایی; **ȟeyrî** حەیری; -to be ~ **'ecêb[mayî] man** عەجێبمایی مان vi.; **met'elmayî man** مەتەلمایی مان vi.; **ȟeyrîn** حەیرین vi.; **guhişîn** گوهِشین vi.

amazing **'ecêb** عەجێب

ambassador **balyoz** بالیۆز m.

ambush **bose I** بۆسە f.

to ambush **xwe lê nitirandin** خوە لێ نِتِراندِن vt.; **bose danan/vedan** بۆسە دانان\ڤەدان vt.

American **Emrîkî** ئەمریکی

amiability **xwînşîrînî** خوینشیرینی f.

amiable **mihrivan** مِهرِڤان; **řiȟsivik** رِحسِڤك; **xwînşîrîn** خوینشیرین; **ciřxweş** جِرخوەش

amicable **ciřxweş** جِرخوەش

amid **di navbera ... da** دِ ناڤبەرا ... دا; **navbeyn** ناڤبەین; **nav III** ناڤ; **di nîva ... da** دِ نیڤا ... دا; **ort'a** ئۆرتا; **neqeba** نەقەبا
amidst **di navbera ... da** دِ ناڤبەرا ... دا; **navbeyn** ناڤبەین; **nav III** ناڤ; **di nîva ... da** دِ نیڤا ... دا; **ort'a** ئۆرتا; **neqeba** نەقەبا
amity **yarî I** یاری f.
ammunition **cebirxane** جەبِرخانە f.
ammunition clip **xeşab** خەشاب
among **di navbera ... da** دِ ناڤبەرا ... دا; **navbeyn** ناڤبەین; **nav III** ناڤ; **di nîva ... da** دِ نیڤا ... دا; **ort'a** ئۆرتا; **neqeba** نەقەبا
amongst **di navbera ... da** دِ ناڤبەرا ... دا; **navbeyn** ناڤبەین; **nav III** ناڤ; **di nîva ... da** دِ نیڤا ... دا; **ort'a** ئۆرتا; **neqeba** نەقەبا
amount **ç'ap I** چاپ f.; **mixdar** مِخدار m./f.; **qas** قاس m./f.; **qeder I** قەدەر m./f.; -small ~ **ḧeb** حەب f./m.
ample **berfireh** بەرفِرەه
to amputate **jêkirin** ژێکِرِن vt.
amputated (cut off, *animal's tail*) **qol III** قول
amulet: **nivişt** نِڤِشت f.; **t'iberk** تِبەرك f.; **t'ilism** تِلِسم f./m.; (around waist) **berbejn** بەربەژن f.
to amuse **mijûl kirin** مِژوول کِرِن vt.; (make s.o. laugh) **k'enandin** کەناندِن vt.
amusement **mijûlahî** مِژوولاهی f.; **laqirdî** لاقِردی m./f.
to analyze **lê hûr bûn** لێ هوور بوون vi.
anarchy (chaoe) **hose** هۆسە f.; **k'eft û left** کەفت و لەفت f.
anathema (curse) **nifiř** نِفِڕ f.
ancestors **îcax** ئیجاخ f.; **kal û bav** کال و باڤ
ancestry **azbat** ئازبات f.; **binemal** بِنەمال f.; **malbat** مالبات f.; **îcax** ئیجاخ f.; **ocax** ئۆجاخ f./m.;
anchor **lenger I** لەنگەر f.; **giranî** گِرانی f.
and **û** ئوو/وو/و
anecdote **çîvanok** چیڤانۆك f.; **qelîbotk** قەلیبۆتك f.; **qirwelk** قِروەلك pl.; **pêk'enok** پێکەنۆك f./m.; **meselok** مەسەلۆك f.
to anesthetize **nivandin** نِڤاندِن vt.
anew **ji nû ve** ژنووڤە
angel **melek** مەلەك /**melyak'et** مەلیاکەت m.; **firîşte** فِریشتە m.
angel of death **melk'emot** مەلکەمۆت m.; **řuhistîn** ڕوهِستین m.
anger **hêrs** هێرس f.; **k'erb** کەرب m.; **xezeb** خەزەب f.; **'ern** عەرن m./f.; **řik' I** ڕِك f.; **qehr** قەهر f.
to anger **qehirandin** قەهِراندِن vt.
angle **k'unc** کونج m.; **goşe** گۆشە m./f.; **kujî** کوژی m./f.; **qulç** قولچ m.; **qilçik** قِلچِك m.; -at an ~ (=slanted): **lêç** لێچ; **vêl** ڤێل
angler (fisherman) **masîgîr** ماسیگیر m.; **t'ořvan** تۆڕڤان m.
angora goat **ç'ûr I** چوور ; **ḧîtik** حیتِك
angora wool **merez II** مەرەز f.
angry: **sil** سِل; **zîz II** زیز; **simêlřeş** سِمێلڕەش; (offended) **dilmayî** دِلمایی; -to be ~ at **dil jê man** دِل ژێ مان vi.; **qehirîn** قەهِرین vi.; -to become ~ **xeyidîn** خەیِدین vi.; **xezibîn** غەزِبین vi.; **erinîn** ئەرِنین vi.; **kerbêt fk-î bûnewe = vebûn** کەربێت فکی ڤەبوون\ بوونەوە vi.; **simbêlê fk-î melûl bûn** سِمبێلێ فکِی مەلوول بوون vi.; **k'eribîn** کەرِبین vi.; **têkç'ûn** تێکچوون vi.; **anîn serê pozê *fk-î*** ئانین سەرێ پۆزێ فکی vt.; -to be so ~ that one packs up and leaves (of wives) **zîz bûn** زیز بوون vi.
anguish **mirûz** مِرووز m.
animal **ḧeywan** حەیوان f./m.; **ḧeywanet** حەیوانەت m.; (creature) **jîndar** ژیندار; (small wild ~) **řawir** ڕاوِر m.; (wild) **tabe** تابە f./m.; **terawil** تەراوِل m.; (domestic ~, such as sheep & goats) **sewal I** سەوال m.
animal doctor (veterinarian) **beyt'ar** بەیتار m.
animal skin (hide, pelt) **kevil** کەڤِل f./m.; **pîst** پیست m.; (used as receptacle) **meşk** مەشك f.
animal tax **qamçûř** قامچووڕ f.
animals **ḧeywanet** حەیوانەت m.
anis **řizyane** ڕِزیانە f.
aniseed **řizyane** ڕِزیانە f.
ankle **gûzek** گووزەك f.
anklebone **gûzek** گووزەك f.; **deq** دەق f.; **k'ap II** کاپ f.
anklet **xirxal** خِرخال m./f.
to anneal (steel) **seqa kirin** سەقا کِرِن vt.
to annex: (occupy) **dagîr kirin** داگیرکِرِن vt.
to annihilate **hilweşandin** هِلوەشاندِن vt.; **k'ok qelandin** کۆك قەلاندِن vt.; **qiř kirin** قِڕ کِرِن vt.; **batmîş kirin** باتمیش کِرِن vt.; **ne•hiştin** نەهِشتِن vt. neg.
annihilated (adj.) **wêran I** وێران
anniversary **salvegeř** سالڤەگەڕ f.; **sersal** سەرسال f.
Anno Domini (A.D.) **zayînî** زایینی
announcement **daxuyanî** داخویانی f.; **'elamet** عەلامەت f.
to annoy **qehirandin** قەهِراندِن vt.
annoyed **sil** سِل; **zîz II** زیز; **simêlřeş** سِمێلڕەش; -to get ~ at **xezibîn** غەزِبین vi.; **erinîn** ئەرِنین vi.;
to annul **betal kirin** بەتال کِرِن vt.; [wedding engagement] **xwezgînî vegeřandin** خوەزگینی ڤەگەڕاندِن vt.
answer **bersiv I** بەرسِڤ f.; **cab** جاب f.
to answer **bersiv dan** بەرسِڤ دان vt.; **cab dan** جاب دان

vt.; **dey kirin** دەی کِرِن vt.; **vegeřandin** ڤەگەڕاندِن vt.; **ziviřandin** زِڤِڕاندِن vt.

ant **mûrî I** مووری f./m.; **gêle** گێلە f.; **kurmorî** کورمۆری f.; **mûristan** موورِستان f.

anthill **kurmorî** کورمۆری f.; **mûristan** موورِستان f.

anthology **berhevok** بەرهەڤۆك f.; (of poetry) **dîwan** دیوان f.

anthropology **mirovnasî** مِرۆڤناسی f.

to anticipate **çaveřê bûn** چاڤەڕێ بوون vi.;

anticipating **çaveřê** چاڤەڕێ

anticipation **çavnihêrî** چاڤنِهێری f.

antique **kevnare** کەڤنارە

antiquity **kevnayî** کەڤنایی f.

antler **şax** شاخ f./m.; **qoç'** قۆچ m.

anus **qûn** قوون f.; **kovik** کۆڤِك f.; **pind** پِند f.; **poz II** پۆز f.; **zotik** زۆتِك f.

anvil **sindyan** سِندیان m.

anxiety **cefa** جەفا m.; **xem û xiyal** خەم و خِیال f.; **tatêl** تاتێل f.; **meraq** مەراق f.; **t'alaş** تالاش f.; **tasewas** تاسەواس f.; (great ~) **saw** ساو f.

anxious **kovan** کۆڤان ; **ře't II** ڕەعت ; to be ~ **xem xwarin** خەم خوارِن vt.; **qilqilîn** قِلقِلین vi.

any **qet I** قەت

any minute now **îdî sibê** ئیدی سِبێ

any time now **îdî sibê** ئیدی سِبێ

anybody **kes** کەس m.

anyone **kes** کەس m.

anything **çi** چِ

apart **jev** ژەڤ; **jêk** ژێك; **veder** ڤەدەر; -to come a. **jêbûn** ژێ بوون vi.

apart from **ji bilî** ژِ بِلی; **xêncî** خێنجی

apartments (lodgings, quarters) **menzîl** مەنزیل f.

apathetic **bêxîret** بێخیرەت; **xemsar** خەمسار

ape **meymûn** مەیموون f.

to ape (imitate) **zar ve kirin** زار ڤە کِرِن vt.

aperture **qul I** قول f.; **qelîştek** قەلیشتەك f.

apiculture **mêşvanî** مێشڤانی f.

apiece **yek û ...** یەك و .../**êk û ...** ئێك و ...

aping (n.) **zar I** زار m.

apparatus **dezgeh** دەزگەه f.

apparel **bûsat** بووسات m./f.

apparent **aşkere** ئاشکەرە; **belû** بەلوو; **diyar** دِیار; **k'ifş** کِفش; **'eyan** عەیان; **xanê** خانێ; **xuya** خویا; **p'eyda** پەیدا; **berçav II** بەرچاڤ; -to be ~ **hatin xanê** هاتِن خانێ vi.

apparently **meger** مەگەر

apparition (ghost) **qeret'û** قەرەتوو m./f.; **řeşe** ڕەشە f./m.; **sawîr** ساویر m./f.

appeal (formal complaint) **'erza şikyat** عەرزا شِکیات f.

to appear **xuyan I** خویان vi.; **xuya bûn** خویا بوون vi.; **derç'ûn** دەرچوون vi.; **p'eyda bûn** پەیدا بوون vi.; **hatin xanê** هاتِن خانێ vi.; (show up, come to light) **t'ifiqîn** تِفقِین vi.; **bît'er bûn** بیتەر بوون vi.; (the sun) **hilhatin** هِلهاتِن vi.

appearance: (shape, form) **şikil** شِکِل m.; (looks) **bejnbal** بەژنبال f.; **dirûv** دِرووڤ m.; **dilqe** دِلقە m.; **qelafet** قەلافەت m.; **neder** نەدەر f.; **qilix I** قِلِخ m.; **dîndar I** دیندار f.; **sifet** سِفەت m.; **sûret I** سوورەت m.

to appease **qani' kirin** قانِع کِرِن vt.

appendicitis **qolenciya tirkî** قۆلەنجِیا تِرکی f.

appetite **me'de** مەعدە m.; (desire) **gêwil** گێوِل m.

to applaud **ç'epik dan** چەپِك دان vt.

applause **ç'epik** چەپِك m.

apple **sêv** سێڤ f.

apple juice **ava sêva** ئاڤا سێڤا f.

apple orchard **baxê sêva** باغێ سێڤا m.

application **'arîze** عاریزە f.

appointed (to fill an office) **me'mûr** مەعموور m.

appointed time **we'de** وەعدە m.

appointment (date, rendezvous) **jivan** ژِڤان m./f.

to appraise **nirxandin** نِرخاندِن vt.

to appreciate **'ecibandin** عەجِباندِن vt.; **nirxandin** نِرخاندِن vt.; **qîmet zanîn** قیمەت زانین vt.

to apprehend (catch, seize) **girtin** گِرتِن vt.; **qefaltin** قەفالتِن vt.;

apprehension **xem û xiyal** خەم و خِیال f.; **tasewas** تاسەواس f.

apprehensive (anxious, worried) **kovan** کۆڤان ; to be ~ **xem xwarin** خەم خوارِن vt.; **qilqilîn** قِلقِلین vi

apprentice **şagird** شاگِرد m.&f.

to apprise s.o. of **pê ḧesandin** پێ حەساندِن vt.

approach (attitude) **helwest** هەلوەست f.

to approach **lê nêzîkayî kirin** لێ نێزیکایی کِرِن vt.; **nêzîkî fk-î/ft-î bûn** نێزیکی فکی\فتی بوون vi.

appropriate: (suitable) **layîq** لایيق; **babet II** بابەت; **hink'ûf** هِنکووف; **bicî** بِجی; **di cihê xwe da** دِ جهێ خوە دا; **minasib** مِناسِب; -to be ~ **lêhatin** لێهاتِن vi.; **tewa xwe girtin** تەوا خوە گِرتِن vt.

approval **řazîbûn** ڕازیبوون f.

to approve **p'ejirandin** پەژِراندِن vt.; **qebûl kirin** قەبوول کِرِن vt.

approximately **qederê** قەدەرێ; **qiyasê** قِیاسێ; **êmê** ئێمێ

apricot **mişmiş** مِشمِش f.; **qeysî** قەیسی f.; **zerdelî** زەردەلی f.

April **Nîsan** نیسان f.

apron **berk'oş** بەرکۆش f.; **bervank** بەرڤانك f.; **berdilk**

بەردِلك f.; **bermalk** بەرمالك f./m.; **mêzer** مێزەر f.; **melîtk** مەلیتك m.; **şalik I** شالِك f.
aquarius **dewlçî** دەولچی m.; **satil** ساتِل f.
aquatic **avî I** ئاڤی
Arab **'Ereb** عەرەب m.&f.
Arabic **'Erebî** عەرەبی
arak **'ereq** عەرەق f.
Aramaic **Aramî II** ئارامی f.
arbiter **berevan** بەرەڤان m.
arbitrator **berevan** بەرەڤان m.; **navgîn** ناڤگین m.
arc **xelek** خەلەك f.
arch **kevan** کەڤان m./f.; **qube II** قوبە f.
archer **tîravêj** تیراڤێژ m.
archery **tîravêjî** تیراڤێژی f.
arctium (cockle bur) **quncir̄k** قونجِرك f.
ardor **xîret** خیرەت f.; **şewat** شەوات f.; **coş** جۆش f.; **coş û xiroş** جۆش و خِرۆش f.
area **dever I** دەڤەر f.; **aqar** ئاقار m./f.; (of study) **war** وار m.; (region) **navçe** ناڤچە f.
arena **govek** گۆڤەك f.
to argue: **p'evç'ûn** پەڤچوون vi.; **hev xwarin** هەڤ خوارِن vt.; **şer̄ bûn** شەڕ بوون vi.; **r̄abûn r̄ûyê hev** ڕابوون ڕوویێ هەڤ vi.; **me'na fk-ê ger̄în** مەعنا فکی گەڕین vi.; **p'ev k'etin** پەڤ کەتِن vi.; (debate) **micadele kirin** مِجادەلە کِرِن vt.
argument **de'w II** دەعو f.; **ceng** جەنگ f./m.; **cur̄e** جورە f.; **doz** دۆز f.; **gelemşe** گەلەمشە f.; **gelş** گەلش f.; **k'eft û left** کەفت و لەفت f.; **k'eşmek'eş** کەشمەکەش f.; **k'êşe** کێشە f.; **mişt û mir̄** مِشت و مِڕ f.; **p'evç'ûn** پەڤچوون f.; **cerenîx** جەرەنیخ f.; **qîr̄eqîr̄** قیرەقیر f.; **şer̄ I** شەڕ m.; **têkç'ûn** تێکچوون f.; **dubendî** دوبەندی f.; **xirecir** خِرەجِر f.; **lec** لەج f. ; (debate) **micadele** مِجادەلە f.; **gengeşe** گەنگەشە f.
arid **ziwa** زِوا; **bêweç** بێوەچ
aridity **ziwayî** زِوایی f.; **bêweçî** بێوەچی f.; **bêavî** بێ ئاڤی f.
Aries **beran** بەران m.
to arise (appear) **bît'er bûn** بیتەر بوون vi.;
aristocrat **'eyan** عەیان m.; **cindî** جِندی m.; **giregir I** گِرەگِر pl.
arm: **qol I** قۆل m.; (fingers to shoulder) **bask** باسك m.; (elbow to shoulder) **çeng I** چەنگ f.; **ç'epil** چەپِل m.; (wrist to shoulder) **pîl I** پیل m.; (upper ~) **mil** مِل m.; (wrist to elbow) **zend I** زەند f./m.
armed: (provided with weapons) **ç'ekdar** چەکدار
Armenia **Ermenîstan** ئەرمەنیستان f.
Armenian (n.): **Ermenî** ئەرمەنی m.; **File** فِلە m.&f.; -Kurds of ~ descent **Misilmênî** مِسِلمێنی m.
Armenian woman **kirûng** کِروونگ f.
armful: (in harvesting crops) **destî** دەستی m.
armistice **şer̄ragirtin** شەڕراگِرتِن f.; **şer̄rawestin** شەڕراوەستِن f.
armlet **bazîbend** بازیبەند m.
armor **ç'ek** چەك m./f.; **espab** ئەسپاب pl.; **r̄ext** ڕەخت m./f.; **zirx** زِرخ f.
armored car **zirîpoş** زِریپۆش f.; **erebeya zirihpûş** عەرەبەیا زِرِهپووش f.
armored tank **zirîpoş** زِریپۆش f.
armored warship **zirîpoş** زِریپۆش f.
armpit **binç'eng** بِنچەنگ f.; **k'efş I** کەفش m.
arms: (weapons) **ç'ek** چەك m./f.; **sîleh I** سیلەھ f.; **espab** ئەسپاب pl.
army **leşker** لەشکەر m.; **artêş** ئارتێش f.; **esker** ئەسکەر m.; **ordî** ئۆردی f.;
army boots **p'otîn** پۆتین f./m.
army camp **leşkergeh** لەشکەرگەھ f.
aromatic **bînxweş** بینخوەش
around: **dorhêla** دۆرهێلا ; **di dora ... de** دِ دۆرا ... دە/[li] **dora...** لِ دۆرا ; **hawirdora** هاوِردۆرا; (approximately) **êmê** ئێمێ; -all around **ç'arhilqe** چارهِلقە ; **ç'arnikar** چارنِکار; **hawirdor** هاوِردۆر
to arouse suspicion **şik pêşda anîn** شِك پێشدا ئانین vt.
to arrange **r̄êkxistin** ڕێکخِستِن vt.; **'edilandin** عەدِلاندِن vt.; (a marriage) **ç'ûn xwezgînîyê** چوون خوەزگینییێ vi. .
arranged: -to be ~ **pêkhatin** پێکهاتِن vi.
arrangement (the social order) **p'ergal I** پەرگال f.
to arrest **zeft kirin** زەفت کِرِن vt.; **desteser kirin** دەستەسەر کِرِن vt.
arrested **desteser** دەستەسەر
to arrive **gihan I** گِهان vi.; **gihîştin** گِهیشتِن vi.
arrogance **pozbilindî** پۆزبِلِندی f.; **qur̄etî** قورەتی f.; **serbilindî** سەربِلِندی f.; **'en'ene I** عەنعەنە m.; **serfirazî** سەرفِرازی f.
arrogant **pozbilind** پۆزبِلِند; **difnbilind** دِفنبِلِند; **qur̄e** قورە; **serbilind** سەربِلِند; **serfiraz** سەرفِراز; **nefsmezin** نەفس مەزِن; **pivikî** پِڤِکی; **bitir̄ I** بِطِر; **gewî** گەوی
arrow **tîr I** تیر f.
arsenal **cebirxane** جەبِرخانە f.; **zexîre** زەخیرە f.;
arsenic trioxide: (=white arsenic) **mergemûş** مەرگەمووش f./m.
art **hiner** هِنەر m./f.; (skill, talent) **me'rîfet** مەعریفەت f.; **sen'et** سەنعەت f.
artichoke ; -wild a. (Cynara cardunculus, cardoon) **kereng** کەرەنگ m./f.
article: (piece of writing) **nivîsar I** نِڤیسار f.; **bend I** بەند

f.; **nivîs** نڤیس f.; **gotar** گۆتار f.
articulate (adj.) **zarxweş** زارخوەش
to articulate **darişțin** دارشتِن vt.
artificial (counterfeit) **net'ê** نەتێ
artillerist **topavêj** تۆپاڤێژ m.; **topçî** تۆپچی m.
artillery depot **cebirxane** جەبرخانە f.
artisan **sen'etk'ar** سەنعەتکار m.; **p'îşek'ar** پیشەکار m.; (master) **osta** ئۆستا m.
artist **hunermend** هونەرمەند m.&f.; **sen'etk'ar** سەنعەتکار m.; **p'îşek'ar** پیشەکار m.; (painter) **wênek'ar** وێنەکار m.&f.
arts ("the arts") **t'oře** تۆرە f.
arum: -dragon arum (Arum masculatum) **karî II** کاری f.; (large variety of a.) **karî kel** کاری کەل; (tiny variety of a.) **karî çûçik** کاری چووچك;
as **herwekî** هەروەکی; **ȟesabê** حەسابێ;(as much) **ewqas** ئەوقاس; **ewqedr** ئەوقەدر; (like, similar to) **wek** وەك; **mîna** مینا; **fena** فەنا; **nola** نۆلا; **şitî II** شِتی
as ... as **bi qasî** بِ قاسی; **ç'ilo I ... wilo** چِلۆ ... وِلۆ
as big as **t'emet** تەمەت
as far as (until) **ȟeta** حەتا
as for **he[r]çî** هەرچی
as if **qey** قەی; **xwedêgiravî** خوەدێگِراڤی; **maxwene** ماخوەنە
as long as **ȟeta** حەتا; (since, because) **hey I** هەی; **madam** مادام
as soon as **ȟeta** حەتا; **fenan** فەنان
as though **xwedêgiravî** خوەدێگراڤی
to ascend **derk'etin** دەرکەتِن vi.; **hilk'işîn** هِلکِشین vi; **serk'etin** سەرکەتِن vi.; **quloz bûn** قولۆز بوون vi.; (smoke, dust) **hilbûn** هِلبوون vi.; (~ to the top) **xwe dan fêzê** خوە دان فێزێ vt.
ascent (incline) **jihelî** ژِهەلی m.;
to ascertain **yeqîn kirin** یەقین کِرِن vt.
ascetic **abid** ئابِد m.&f.
ash **xwelî** خوەلی f.; (glowing ashes) **helemor** هەلەمۆر f.; **tiraf** تِراف f.; **fehm II** فەهم f.
ash-gray **xwelîreng** خوەلیرەنگ
ashamed **şermezar** شەرمەزار; **fedîkar** فەدیکار; **fehêtkar** فەهێتکار; -to be ashamed **fedî kirin** فەدی کِرِن vt.; **şerm kirin** شەرم کِرِن vt.; (be a. to do stg.) **r̄ûyê fk-ê nag[i]re** ڕوویێ فکی ناگِرە [+ subj.];
ashen **xwelîreng** خوەلیرەنگ
ashtray **xwelîdank** خوەلیدانك f.; **t̲eblîk** طەبلیك f.
ash tree **benav** بەناڤ f.
Asian **Asyayî** ئاسیایی
Asiatic **Asyayî** ئاسیایی
aside **averê** ئاڤەرێ
asininity **k'eretî** کەرەتی f.
to ask **pirsîn** پرسین vt.; **pirs kirin** پرس کِرِن vt.; **pirsyar kirin** پرسیار کِرِن vt.
to ask for (request) **xwestin** خوەستِن vt.; **lavahî kirin** لاڤاهی کِرِن vt.; **jê hêvî kirin** ژێ هێڤی کِرِن vt.; **limêj kirin** لِمێژ کِرِن vt.; **t'eweqe kirin** تەوەقە کِرِن vt.; -a. f. a woman's hand in marriage **pirsa merivatîyê danîn** پرسا مەرِڤاتییێ دانین vt.
asking (n.) [for girl's hand in marriage] **xwezgînî I** خوەزگینی f.
aspect **sifet** سِفەت m.; (shape, form) **şikil** شِکِل m.
asphodel **gûlik** گوولِك; **soryas** سۆریاس f.
aspirated **hilmî** هِلمی
aspiration (goal) **têkoşîn** تێکۆشین f.
ass: (donkey) **k'er III** کەر m.&f.; **guhdirêj** گوهدِرێژ m.; (she ~) **mak'er** ماکەر f.; **k'era mê** کەرا مێ f.; (young of ~) **cehş** جەهش m.; **dehş** دەهش m.&f.; (backside, butt, rump) **qûn** قوون f.; **kovik** کۆڤك f.; **pind** پند f.; **poz II** پۆز f.; **zotik** زۆتِك f.
to assail **êrîş kirin** ئێریش کِرِن vt.;
assassin: (murderer) **mêrkuj** مێرکوژ m.; **xwînî** خوینی m.&f.
assault **êrîş** ئێریش f.
to assault **êrîş kirin** ئێریش کِرِن vt.
to assemble: (vi.) **berhev bûn** بەرهەڤ بوون; **civîn** جِڤین vi.; **k'om bûn** کۆم بوون vi.; **t'op bûn** تۆپ بوون vi.; **xiř ve bûn** خِر ڤە بوون vi.; (vt.) **berhev kirin** بەرهەڤ کِرِن; **civandin** جِڤاندِن vt.; **k'om kirin** کۆم کِرِن vt.; **t'op kirin** تۆپ کِرِن vt.; **xir ve kirin** خِر ڤە کِرِن vt.; **lêkdan** لێکدان vt.
assembly **civat** جِڤات f.; (official or royal) **meclîs** مەجلیس f.
to assent [to] **qayîl bûn** قاییل بوون vi.; **qebûl kirin** قەبوول کِرِن vt.
assertion **angaşt** ئانگاشت f.
to assign (a task) **şert avêtin** شەرت ئاڤێتِن vt.
assignment (homework) **spartek** سپارتەك f.
to assimilate **asîmîle kirin** ئاسیمیلە کِرِن vt.; **p'işaftin** پشافتِن vt.
assimilation **asîmîlasyon** ئاسیمیلاسیۆن f.; **p'işaftin** پشافتِن f.
to assist **arîk'arî kirin** ئاریکاری کِرِن vt.; (at a birth) **welidandin** وەلِداندِن vt.
assistance **arîk'arî** ئاریکاری f.
assistant **arîk'ar** ئاریکار m.; (shepherd's ~) **duşivan** دوشِڤان m.
ass-kisser **qûnalês** قوونالێس m.&f.; **solalês** سۆلالێس m.&f.

ass-licker **qûnalês** قوونالێس m.&f.; **solalês** سۆلالێس m.&f.

association **civat** جڤات f.; **řêkxistin** ڕێکخِستِن f.; **sazî** سازی f.

to assume **deranîn** دەرانین vt.; **t'exmîn kirin** تەخمین کِرِن vt.

assumption **t'exmîn** تەخمین f.; **ferz** فەرز f.

assured **misoger** مِسۆگەر ; **piştrast** پِشتراست; **biste** بِستە

Assyrian (Christian minority of Kurdistan) **File** فِلە m.&f.; **Suryanî** سوریانی m.&f.; **Mexîn** مەخین m.

Assyrian woman **kîlo I** کیلۆ f.

to astonish **guhişandin** گوهِشاندِن vt.

astonished **'ecêbmayî** عەجێبمایی; **met'elmayî** مەتەلمایی; **ħeyrî** حەیری; -to be astonished **ħeyrîn** حەیرین vi.; **guhişîn** گوهِشین vi.

to astound **guhişandin** گوهِشاندِن vt.

astounded **'ecêbmayî** عەجێبمایی; **met'elmayî** مەتەلمایی ; **ħeyrî** حەیری; **şaşmayî** شاشمایی; -to be astounded **ħeyrîn** حەیرین vi.; **guhişîn** گوهِشین vi.

astray **ħeyrî** حەیری; **averê** ئاڤەرێ; **derbeder** دەربەدەر

astrologer **stêrnas** ستێرناس m.

astrology **stêrnasî** ستێرناسی f.

astronomer **stêrnas** ستێرناس m.

astronomy **stêrnasî** ستێرناسی f.

asylum **dexalet** دەخالەت f.; **p'ena** پەنا f.; -requesting/ seeking ~ **p'enaberî** f.

at: **li** لِ; (over s.o.'s house) **bal I** بال; **cem** جەم ; **hinda I** هِندا; **lalê** لالێ; **li def** لِ دەف; **nik I** نِك; **řex I** ڕەخ

at all **qet I** قەت; -not ~ **t'ew II** تەو

at any rate **heyneyse** هەینەیسە

at first **berêda** بەرێدا; **sifte** سِفتە; **ji řêve** ژِ ڕێڤە

at most **gelek gelek** گەلەك گەلەك

at odds **bêt'ifaq** بێ تِفاق

at once **pêřa-pêřa** پێڕا پێڕا; **yekser** یەکسەر; **di cih da** دِ جِه دا; **t'avilê** تاڤِلێ

at the same time **yekser** یەکسەر

at your service **lebê** لەبێ

atheism **k'ifir I** کِفِر f.

atheist **xwedênenas** خودێ نەناس m.&f.; **k'afir** کافِر m.&f.; (*pejorative term*) **me'řis** مەعڕِس m.

athlete **p'elewan** پەلەوان m.

athletics **werziş** وەرزِش f./m.

atmosphere **hewa** هەوا f.

atmospheric **hewayî** هەوایی

atom **hûrik** هوورِك m.

to attach **zeliqandin** زەلِقاندِن vt.; **pêvekirin** پێڤەکِرِن vt.; **pêvenan** پێڤەنان vt.; **nûsandin** نووساندِن vt.

attack **êrîş** ئێریش f.; **ħucûm** حوجووم f.; **ħucûmkirin** حوجوومکِرِن f.;(surprise night ~) **şebeyxûn** شەبەیخوون f.

to attack **êrîş kirin** ئێریش کِرِن vt.; (bother, pick a fight with) **berhingarî fk-ê bûn** بەرهِنگاری فکی بوون vi.; (pounce on) **řahiştin ser** ڕاهِشتِن سەر vt.; (verbally) **lêxuřîn** لێخوڕین vi.; (bite or sting, of snakes & insects) **pê vedan** پێ ڤەدان vt.

to attain **hingaftin** هِنگافتِن vt.; **gihan I** گِهان vi.; **gihîştin** گِهیشتِن vi.; (a goal) [**bi**] **cî kirin** بِ جی کِرِن vt.

attempt **bizav** بِزاڤ f.; **hewl** هەول f.; **hewldan** هەولدان f.

to attempt **hewl dan** هەول دان vt.; **têkoşîn** تێکۆشین vi.

attendance: -in a. **ħazir** حازِر

attendant (valet) **pêşxizmet** پێشخِزمەت m.; **xizmetk'ar** خِزمەتکار m.; **xulam** خولام m.

attention: (concern) **p'ûte** پووتە f.; (presence of mind) **ħiş** حِش m.; (surveillance) **çavdêrî** چاڤدێری f.; -to attract ~ **bala fk-ê k'işandin** بالا فکێ کِشاندِن vt.; -to pay ~ to **p'ûte pê kirin** پووتە پێ کِرِن vt.

attentive: -to be ~ **hay jê hebûn** های ژێ هەبوون vi.; **p'ûte pê kirin** پووتە پێ کِرِن vt.

attire **bûsat** بووسات m./f.; (disguise) **qilix I** قِلِخ m.

attitude **helwest** هەلوەست f.; **şêl** شێل f.

attorney **ebûqat** ئەبووقات m.&f.; parêzer

attribute (trait, quality) **sifet** سِفەت m.

aubergine **bacanê řeş** باجانێ ڕەش m.

auction **herac** هەراج f.; **mezad** مەزاد f.

audacity (nerve) **firşik I** فِرشِك f./m.

audible **bihîzbar** بِهیزبار

audience **guhdar** گوهدار pl.

audience chamber **dîwan** دیوان f.; **dîwanxane** دیوانخانە f.

auger (gimlet) **mikare** مِکارە m.

to augment **zêde kirin** زێدە کِرِن vt.

August (month) **T'ebax I** تەباخ f.

aunt: (wife of paternal uncle) **amojin** ئامۆژِن f.; **jinap** ژِناپ f.; **jinmam** ژِنمام f.; (wife of maternal uncle) **xalojn** خالۆژن f.; **jinxal** ژِنخال f.; (mother's sister) **xaltî I** خالتی f.; (father's sister) **met** مەت f.

Australian **Awistralyayî** ئاوِسترالیایی

Austrian **Awistrî** ئاوِستری

authentic **xweřû** خوەڕوو; **řasteqîne** ڕاستەقینە

authenticity **řastî** ڕاستی f.; **biřatî II** بِڕاتی f.

author **nivîsk'ar** نِڤیسکار/**nivîsevan** نِڤیسەڤان m.; (initiator) **sebab I** سەباب m.

authority **desthilat** دەستهِلات f.; **ħuk'um** حوکوم m.; **emir I** ئەمِر m.; **řaye I** ڕایە; **zordestî** زۆردەستی f.; (position of ~) **mezinahî** مەزناهی f.

authorization **řaye I** رایه

authorized **me'mûr** مەعموور

autobus **otobûs** ئۆتۆبووس f.

automobile **trimbêl** ترمبێل f.; (SUV) **cemse** جەمسە f.

automobile horn **qorne** قۆرنە f.

autumn **payîz** پاییز f.

autumn leaves **xezal II** خەزال f.

avail (use, benefit, advantage) **feyde** فەیدە f.; **menfa'et** مەنفاعەت f.; **mifa** مِفا m.; **havil** هاڤِل f./m.

to avail **havil kirin** هاڤِل کِرِن vt.

available **berdest II** بەردەست

avalanche **aşît** ئاشیت f.; **şape I** شاپە f.; **řenî** ڕەنی f.; **şetele** شەتەلە f.; (small ~) **xişîlok** خِشیلۆك f.

avarice **tima** تِما f.

to avenge **tol standin/vekirin** تۆل ستاندِن\ڤەکِرِن vt.; **ḧeyf hildan/standin** حەیف هِلدان\ستاندِن vt.; **jê ḧeyf hilanîn** ژێ حەیف هِلانین vt.; **'evdîn vekirin** عەڤدین ڤەکِرِن vt.

to avert (prevent) **pêşîya fk-ê girtin** پێشییا فکێ گِرتِن vt.; **pêşî lê biřîn** پێشی لێ بڕین vt.

aviation **balafiřvanî** بالفِڕڤانی f.

aviator **balafiřvan** بالافِڕڤان m.

to avoid **xwe dane paş** خوە دانە پاش vt.

Avromani **Hewramî** هەورامی

to await **p'an I** پان vt.; **çaveřê bûn** چاڤەڕێ بوون vi.;

awake **ḧişyar** حِشیار

to awake[n]: (vi.) (to wake up) **ḧişyar bûn** حِشیار بوون vi.; **ji xew rabûn** ژِ خوە ڕابوونvi.; (vt.) **ḧişyar kirin** حِشیار کِرِن vt.

awakeness **ḧişyarî** حِشیاری f.

awarded: -to be ~ **layîq bûn** لاییق بوون vi.

aware **ḧişyar** حِشیار; **serwext** سەروەخت; **agahdar** ئاگاهدار; **haydar** هایدار; **bilyan** بِلیان; **agahdar**ئاگاهدار; -to be ~ of **pê ḧesîn** پێ حەسین vi.; **hay jê hebûn** های ژێ هەبوون vi.; **varqilîn** ڤارقِلین vi.; **fk-î agah bûn ji ft-î** فکی ئاگاه بوون ژِ فتی vi.

awareness **hay I** های f./m.; **ḧişyarî** حِشیاری f.; **agah** ئاگاه m.

away **averê** ئاڤەرێ

awe **saw** ساو f.

awkward: (person) **destgiran** دەستگِران; **giran I** گِران; (of words) **leng** لەنگ; -to be in an a. position **li ser agir bûn** لِ سەر ئاگِر بوون vi.

awl **dirêş** دِرێش f.; **pîj I** پیژ m.

awn: (of grasses) **dasî** داسی m.; **bijî III** بِژی m.

awning **sîvande** سیڤاندە f.

axe **balt'e** بالتە m.; **bivir** بِڤِر m./f.; **tevir** تەڤِر m./f.; -double-headed ~ **tevirzîn** تەڤِرزین m.; -small ~ **tevrik I** تەڤرِك m.

axilla **binç'eng** بِنچەنگ f.

axle **sirnî** سِرنی m./f.

axletree **sirnî** سِرنی m./f.

ayran (yoghurt drink) **dew I** دەو m.; **ç'eqilmast** چەقِلماست f./m.

azarole: (hawthorn) **gîjok** گیژۆك f.

Azerbaijani **Azerbeycanî** ئازەربەیجانی; **Azerî** ئازەری

Azeri **Azerî** ئازەری; **Azerbeycanî** ئازەربەیجانی

Azrail (angel of death) **melk'emot** مەلکەمۆت m.; **řuhistîn** ڕوهِستین m.

B

to babble (of water, brooks) **şirşiřandin** شِرشِڕاندِن vi.

babbling (n.) **xulexul** خولەخول f.

babe in arms **şîrmêj** شیرمێژ m./f.; **pitik II** پِتِك m.&f.

babies'-slippers (=bird's foot trefoil) **kinêrok** کِنێرۆك f.

Bablekan (folk dance) **Bablekan** بابلەکان f./m.

baby **zařeke sawa** زاڕەکە ساوا f.; **şîrmêj** شیرمێژ m./f.; **dergûş** دەرگووش f.; **pitik II** پِتِك m.&f.; (~ of the family) **binhemban** بِنهەمبان m.&f.; **paşlandik** پاشلاندِك m.&f.

baby's breath (Gypsophila paniculata) **kelkele** کەلکەلە m.; **fisegur** فِسەگور f.

bachelor **azib** ئازِب m.

bachelorhood **azibî** ئازِبی f.;

back (adv.) **paşda** پاشدا

back (n.): **pişt I** پِشت f./m.; (support) **alîgirî** ئالیگِری f.; (small of the ~) **qořik** قۆڕِك f.; (upper part of ~) **navmil** ناڤمِل f./m.

to back **alîgirîya fk-ê kirin** ئالیگِرییا فکێ کِرِن vt.

back teeth (molars) **diranên k'ursî** دِرانێن کورسی pl.

backbiting **paşgotinî** پاشگۆتِنی f.; **xeyb** خەیب f.

backbone **mezmezk** مەزمەزك m./f.

backer (supporter) **alîgir** ئالیگِر m.; **piştîvan** پِشتیڤان m.; **piştgir** پِشتگِر m.&f.; **mêldar** مێلدار m.

background **paşxane** پاشخانە f.

backing (support) **mêldarî** مێلداری f.; **piştgirî** پِشتگِری f.

backside **k'emax** کەماخ f.; **qûn** قوون f.; **kovik** کۆڤِك f.; **pind** پِند f.; **poz II** پۆز f.; **zotik** زۆتِك f.

backward (adj.) **paşveřû** پاشڤەڕوو; **paşdamayî** پاشدامایی

backward (adv.) **berevajî** بەرەڤاژی; **vajî** ڤاژی

bad **nebaş** نەباش; **xirab** خِراب; **nexweş** نەخوەش; (of character) **şîrĥeram** شیرحەرام; - to go b. **ĥeřimîn** حەرِمین vi.; **fesidîn** فەسِدین vi.

bad back: -suffering from ~ **piştkul** پشتکول

bad luck **'ecêb** عەجێب f.; **qezîya** قەزییا f.

bad manners **nezanî** نەزانی f.

bad mood **mirûz** مِرووز m.; -in a ~ **bême'de** بێ مەعدە

bad nature **şîrĥeramî** شیرحەرامی f.

bad natured **şîrĥeram** شیرحەرام

bad shape: -in b.s. **bê ser û ber** بێ سەر و بەر; bê řêk û pêk; **p'erîşan** پەریشان; -to be in ~ **ĥalê fk-ê neman/nebûn** حالێ فکێ نەمان\نەبوون

bad spirits: -to be in bad spirits **xwe xistin vî halî** خوە خِستِن ڤی حالی vt.

bad words **qise** قِسە f.; **xeber** خەبەر f.

badger **kuřebeşk** کورِەبەشك f.

badness **xirabî** خِرابی f.; **nexweşî** نەخوەشی f.

bag: (sack) **cendik** جەندِك f.; **ç'ewal** چەوال m.; **mêşok** مێشۆك m.; **tûr I** توور m.; (satchel) **cente** جەنتە f.; -shepherd's ~ **xwêdank** خوێدانك f.

baggage **barxane** بارخانە f.; **cente** جەنتە f.

baggy trousers **şalvar** شالڤار m./pl.

bagpipe **meşk** مەشك f.

Bahraini **Behreynî** بەهرەینی

to bail out (a boat) **hilçinîn** هِلچِنین vt.

bailiff **mifirdî** مِفِردی m.

to bake **patin** پاتِن vt.

bake-house **fiřne** فِرِنە f.

baker **nanpêj** نانپێژ m.; -b.'s profession **nanpêjî** نانپێژی f.

baker's peel **hestîf** هەستیف f.

bakery **fiřne** فِرِنە f.

balance: (scales) **şihîn** شِهین f.; **mêzîn** مێزین f.; **terazî** تەرازی f.

balanced **'eyn** عەین

balcony **behwe** بەهوە f.; **bersifk** بەرسِفك f.; **palkon** پالکۆن f.; **telar** تەلار f.; **yazlix̂** یازلِغ f.; **şaneşîn** شانەشین f./m.

bald: **k'eçel** کەچەل; **ĥewês** حەوێس; (inappropriate, insolent) **bêqûn** بێقوون

baldness **k'eçelî** کەچەلی f.

bale: (of hay) **gurz II** گورز f./m.; (large ~ of hay) **xorim** خۆرِم f.; (of wheat) **gîşe** گیشە f./**gidîş** گِدیش f.

ball: (circle, sphere) **govek** گۆڤەك f.; (large ~) **hol I** هۆل f.; (small ~) **gog** گۆگ f.; **top II** تۆپ f.; (clod, clump) **gumtil** گومتِل m.; (~ of yarn) **gulok** گولۆك f.; **peng I** پەنگ f./m.; **girov** گِرۆڤ

balloon **p'ifdank** پِفدانك f.

ballot **peşk II** پەشك f.

balls: (testicles) **gun** گون m.; **batî** باتی m.; **hêlik** هێلِك f./m.

balm (salve) **melhem** مەلهەم f.

balsam **melhem** مەلهەم f.

Baluchi **Belûçî** بەلووچی

balustrade **cax̂** جاغ m.;

ban (censorship) **sansûr** سانسوور f.

to ban **qedexe kirin** قەدەخە کِرِن vt.; **berbend kirin** بەربەند کِرِن vt.; (to censor) **sansûr kirin** سانسوور کِرِن vt.

banana **mûz** مووز/**moz III** مۆز f.

band: (gang) **cerd I** جەرد f..; **nijde** نِژدە f.

bandage **teřîş** تەرِیش m.

bandit **řêbiř** رِێبِر m.; **nijdevan** نِژدەڤان m.; **k'eleş II** کەلەش m.; **ĥerebaşî** حەرەباشی m.

banditry **řêbiřî** رِێبِری f.; **nijdevanî** نِژدەڤانی f.; **k'eleşî** کەلەشی f.

bandy-legged **çîpxar** چیپخار

bang! **gurm!** گورم interj.

Bangladeshi **Bangladeşî** بانگلادەشی

bangs: (of hair) **bisk** بِسك f.; **çix̂** چِغ f.; (of men's hair) **t'emberî** تەمبەری f.

to banish **sirgûn kirin** سِرگوون کِرِن vt.

banishment **k'oçberî** کۆچبەری f.; **x̂urbet** غوربەت f.; **sirgûn** سِرگوون f.

banister **cax̂** جاغ m.;

bank: (riverbank) **bar II** بار f.; **p'eřav** پەراڤ f.; **kevî I** کەڤی f. [2]; **lêv** لێڤ f.

banknote **baqnot** باقنۆت f./m.

banned **qedexe** قەدەخە

banner **al** ئال f.; **bêraq** بێراق f.

banquet **şayî I** شایی f.; **şîlan II** شیلان f.; **xirêf** خِرێف f.; **naz û ne'met** ناز و نەعمەت

bar: (form, mold, e.g., of soap) **qalib** قالِب m.; **qurs** قورس m.; (wooden handle ~ used in churning butter) **lewleb** لەولەب f./m.

to bar (s.o.'s path) **pêşîya fk-ê girtin** پێشییا فکێ گِرتِن vt.; **pêşî lê biřîn** پێشی لێ بِرین vt.; **řêlêgirtin** رِێلێگِرتِن vt.

barbed wire **strîtêl** ستریتێل pl.

barber **berber I** بەربەر m.; **delak** دەلاك m.; **sertaş** سەرتاش m.

bard **dengbêj** دەنگبێژ m.

bare **řût** رِووت; **tazî I** تازی; **zelût** زەلووت; **kot I** کۆت

to bare: (one's teeth) **beş kirin** بەش کِرِن vt.; **sîqirandin** سیقِراندِن vt.; **qîç kirin** قیچ کِرِن vt.

barefoot **pêxwas** پێخواس

bareheaded **serqot** سەرقۆت

barely **ancax-ancax** ئانجاخ ئانجاخ; **hew** هەو; **hew mabû** هەو مابوو
barf (vomit) **vereşî** ڤەرەشی f.
bargaining **bazar** بازار f.
bark (of tree) **qaşil** قاشِل m./f.
to bark **r̄eyîn I** ڕەیین vi.; **'ewtîn** عەوتین vi.; **kastekast kirin** کاستەکاست کِرِن vt.
barking **'ewte'ewt** عەوتەعەوت f.; **kastekast** کاستەکاست f.; **kute-kut** کوتەکوت; **r̄eyîn I** ڕەیین f.
barley **ceh** جەه m.
barn **pange** پانگە f.; **kadîn** کادین f.
barrel (of gun) **lûle** لوولە f.; (wooden container) **şikev** شِکەڤ f.
barren **bêber** بێبەر; **xirş** خِرش; **bêweç** بێوەچ; **bêzur̄et** بێزوڕەت; (of animals) **stewir** ستەوِر ; (deserted) **xir̄ û xalî** خِڕ و خالی
barrenness **bêzur̄etî** بێزوڕەتی f.; (of animals) **stewrî** ستەوری f.
barricade **çeper I** چەپەر f.; **k'ozik I** کۆزِك f.; **senger** سەنگەر m.
barrier **asteng** ئاستەنگ f.; **ḧed û sed** حەد و سەد ; **sikir** سِکِر f.
barring (obstructing) **r̄êlêgirtin** ڕێلێگِرتِن f.
base (adj.): **xwar** خوار; **caris** جارِس; (dishonest) **şîrḧeram** شیرحەرام
base (n.): (foundation) **bin I** بِن m.; **binat'ar** بِناتار f; **bingeh** بِنگەه f.; **binî** بِنی f.; **ḧîm** حیم m.; **dang** دانگ f.
baseless: (inappropriate) **bêqûn** بێقوون; (worthless) **hewante** هەوانتە
basement (cellar) **serdab** سەرداب f.; **zêr̄zemîn** زێڕزەمین f.; **padval** پادڤال f.
baseness: (lowness) **nizmî** نِزمی f.; (treachery) **nemerdî** نەمەردی f.; **şîrḧeramî** شیرحەرامی f.
bashful **şermezar** شەرمەزار; **fehêtkar** فەهێتکار; **fehêtok** فەهێتۆك; **şermoke** شەرمۆکە; -to be too ~ to do stg. **r̄ûyê fk-ê nag[i]re** ڕوویێ فکێ ناگِرە [+ subj.];
basic **bingehîn** بِنگەهین; **ḧîmlî** حیملی
basil **r̄iḧan** ڕِحان f.
basin: (bowl) **t'as** تاس f.; (wash ~) **şikev** شِکەڤ f.
basis **bin I** بِن m.; **binat'ar** بِناتار f.; **bingeh** بِنگەه f.; **binî** بِنی f.; **esas** ئەساس m.; **ḧîm** حیم m.
basket **'edil** عەدِل f.; **sebet** سەبەت f.; **zembîl** زەمبیل f.; **kelik** کەلِك f.; **selik** سەلِك f.; (for grapes) **sewî** سەوی f.; **qûfik** قووفِك; (upside-down, to cover and protect food) **mekev** مەکەڤ f.
basket seller **zembîlfiroş** زەمبیلفِرۆش m.
Basque **Baskî** باسکی
bastard (illegitimate child) **p'îç** پیچ m.; (unkind person) **qebrax** قەبراخ m.; **t'eres** تەرەس m.
bastardy **p'îçî** پیچی f.
bastion **kela** کەلا f.; **birc** بِرج f.
bat: (flying mouse) **barç'imok** بارچِمۆك f.; **çekçekîle** چەکچەکیلە m.; **çil II** چِل f.; **dûvmesas** دووڤمەساس; **pîrçemek** پیرچەمەك f.; **şevrevînk** شەڤرەڤینك m.; **şevşevok** شەڤشەڤۆك m.; (baseball ~) **t'ûs** تووس m.
batallion **t'abûr** تابوور f.
bath **germav** گەرماڤ f.; **ḧemam** حەمام f.; **balav** بالاڤ f.; **serşo** سەرشۆ f.
bath attendant: (male ~) **delak** دەلاك m.; (female ~) **serşo** سەرشۆ f.
to bathe: (vi.) **ḧemamîş bûn** حەمامیش بوون vi.; (after sex) **xwe tahfîl kirin** خوە تاهفیل کِرِن vt.; (vt.) **ḧemamîş kirin** حەمامیش کِرِن vt.; **av lêkirin** ئاڤ لێکِرِن vt.
bathhouse **ḧemam** حەمام f.
bathhouse attendant **ḧemamçî** حەمامچی m.
bathhouse owner **ḧemamçî** حەمامچی m.
bathing (n.): **balav** بالاڤ f.; (after sex) **teḧfîl** تەحفیل
bathroom: (lavatory) **avdestxane** ئاڤدەستخانە f.; **avr̄êj I** ئاڤرێژ f.; **daşir** داشِر f.; **ç'olik III** چۆلِك f.; **destavxane** دەستاڤخانە f.; **edebxane** ئەدەبخانە f.; **qedemge** قەدەمگە f.; (room for bathing) **serşo** سەرشۆ f.
bathroom sink **destşok** دەستشۆك f.
batman: (unit of weight) **batman I** باتمان f.; **r̄itil I** ڕِتِل f.
battery **pîl II** پیل f.
battle **ceng** جەنگ f.; **şer̄ I** شەڕ m.; **sefer** سەفەر f.; (contest) **cerenîx** جەرەنیخ f.
to battle (fight) **şer̄ kirin** شەڕ کِرِن vt.
battlefield **meydan** مەیدان f.; **qada şer̄î** قادا شەڕی f.
battleground **qada şer̄î** قادا شەڕی f.
battleship **cengk'eştî** جەنگکەشتی f.
to bawl: (cry bitterly) **galigal kirin** گالِگال کِرِن vt.; **zir̄în** زِڕین vi.
to bawl out: (scold) **'erza fk-î şkandin** عەرزا فکی شکاندِن vt.; **berhingarî fk-ê bûn** بەرهِنگاری فکێ بوون vi.; **jêr̄a xeber dan** ژێڕا خەبەر دان vt.
bay (adj.) (reddish-brown, of horses) **k'umeyt** کومەیت
bay(n.) (inlet) **kendav** کەنداڤ f./m.; **k'uncê be're** کونجێ بەعرێ m.; (reddish brown color, of horse) **k'iḧêl** کِحێل
to bay [=to bark] **r̄eyîn I** ڕەیین vi.; **'ewtîn** عەوتین vi.;
bayonet **singo** سِنگۆ f.
bazaar **bazar** بازار f.

B.C. **berî zayînê**

B.C.E. **berî zayînê** بەری زایینێ

to be **bûn** بوون vi.; **man** مان vi.; (to exist) **hebûn** هەبوون vi.

to be able: (can) **karîn** کارین vt.; **şiyan** شِیان vt./vi.; **pê ç'êbûn** پێ چێبوون vi.

to be in doubt **k'etin şika** کەتِن شِکا vi.

to be on fire **şewitîn** شەوِتین vi.

bead: **mircan** مِرجان f.; (glass ~) **morî I** مۆری f.

beads of perspiration **zîpikê xudanê** زیپِکێ خودانێ pl.

beak **dim** دِم m.; **nikil** نِکِل m.

beam: (crossbeam) **beşt** بەشت f.; **garîte** گاریتە m.; **k'êran** کێران m.; **max** ماخ m.; (thin wooden ceiling ~) **nîre I** نیرە m.; **mertak** مەرتاك f.; **řot** ڕۆت m.; (of light) **tîrêj** تیرێژ f.; (of plow) **mijane** مِژانە f.; (on cart, attached to front axle) **k'ulabe** کولابە f./m.

bean: (mung bean, Phaseolus aureus) **maş** ماش f.; (vetch, wild ~) **şolik** شۆلِك/**şoqil** شۆقِل m./f.

bear (animal, Ursus) **ȟirç** حِرچ f./m.; (male ~) **nêreȟirç** نێرەحِرچ m.

to bear: (give birth to) **zayîn** زایین vt.; **welidîn** وەلِدین vi.; (of dogs) **t'eliqîn** تەلِقین vi.; (~ a burden) ; **t'eyax dan** تەیاخ دان vt.; (endure, withstand) **tab dayîn/kirin** تاب دایین\کِرِن vt.; **tamîş kirin** تامیش کِرِن vt.; -to be unable to b. (the idea of) **çavên fk-î bar nebûn** چاڤێن فکی بار نەبوون vi.

to bear down on (pursue) **dan ser** دان سەر vt.

beard **řih I** ڕِه f.; (awn, of grasses) **dasî** داسی m.; **bijî III** بِژی m.

bearded vulture: (lammergeier, ossifrage) **daleřeş** دالەڕەش m.

beardless **k'ose I** کۆسە

bearing (carriage, appearance) **qedqamet** قەدقامەت f.

beast **canewar** جانەوار m.; **dixřende** دِڕەندە m.; **tabe** تابە f./m.; **terawil** تەراوِل m.

beat (rhythm) **t'eqil** تەقِل f.

to beat: (strike, hit) **lêdan** لێدان vt.; **lêxistin** لێخِستِن vt.; **k'utan** کوتان vt.; **jendin** ژەندِن vt.; **řepandin** ڕەپاندِن vt.; (defeat, subdue) **zora [dijmin] birin** زۆرا دِژمِن بِرِن vt; **alt' kirin** ئالت کِرِن; **bê ser û ber kirin** بێ سەر و بەر کِرِن vt.; (at a game) [ji+] **birin** [ژِ] بِرِن vt.

to beat down (of sun) **patin** پاتِن vt.

to beat up (assault and hit s.o. repeatedly) **felişandin** فەلِشاندِن vt.; **řepandin** ڕەپاندِن vt.

beaten: : -off the b. path **averê** ئاڤەرێ

beating: (thrashing, blows) **k'otek** کۆتەك f.; (of heart) **p'irtep'irt** پِرتەپِرت f.; **gurpegurp** گورپەگورپ f.; **gurpîn** گورپین f.

beautiful **bedew** بەدەو; **cindî** جِندی; **ciwan** جِوان ; **delal I** دەلال; **gurcî** گورجی; **k'eleş III** کەلەش; **spehî** سپەهی; **xweşik** خوەشِك ; **řind** ڕِند; **şep'al** شەپال

to beautify **xemilandin** خەمِلاندِن vt.

beauty **bedewtî** بەدەوتی f.; **ciwanî I** جِوانی f.; **spehîtî** سپەهیتی f.; **řeng û řû** ڕەنگ و ڕوو m.; **řindayî** ڕِندایی f.; **xweşikî** خوەشِکی f.; (beautiful woman) **husulcemal** هوسولجەمال f.; **gurc I** گورج f.; **p'erî II** پەری f.; **zerî I** زەری f.

beauty mark **deq** دەق f.; **xal II** خال f.

beaver **darbiř** داربِڕ m.; **kûçikê avê** کووچِکێ ئاڤێ m.

because **ji ber ko** ژِ بەر کو; **ç'imkî** چِمکی; **ç'iku ko** چِکو کۆ; **hey I** هەی

because of **ji ber** ژِ بەر; **bi xêra fk-î** بِ خێرا فکی; **dewlet serê fk-î** دەولەت سەرێ فکی; **pêxemet** پێخەمەت; **sexmerat** سەخمەرات

to become **bûn** بوون vi.; **lêhatin** لێهاتِن vi.; **man** مان vi.; **derk'etin** دەرکەتِن vi.

bed **cî** جی m.; **nivîn** نِڤین f./m.; **text** تەخت m.; (flower ~) **qarix** قارِخ m.; **şov** شۆڤ f.; **mişar I** مِشار f.

bedding **cî** جی m.; **nivîn** نِڤین f./m.; **mitêl** مِتێل f.; **cil III** جِل m.

bedclothes **cil III** جِل m.

bedroom **řazanxane** ڕازانخانە f.

bedsheet **ç'arşev** چارشەڤ f.; **sipîçal** سِپیچال f.; **fûtik** فووتِك f.

bee: (honey ~) **mêşa hingiv** مێشا هِنگِڤ f.; (~ which leaves its hive and visits others) **bars** بارس; **zeyî** زەیی f.; (type of wild bee) **kuřîfok** کوڕیفۆك f.; (quilting ~) **zibare** زِبارە f.; **p'alûte** پالووتە f.

bee eater: (bird: Merops apiaster) **şalûl** شالوول m.

beef **goştê ȟeywan** گۆشتێ حەیوان m.

beehive **kewar** کەوار f./m.; **kewarmêş** کەوارمێش f.; **selmêşk** صەلمێشك f.; (man-made) **xilêfe** خِلێفە f.

beekeeper **mêşvan** مێشڤان m.&f.

beekeeping **mêşvanî** مێشڤانی f.

beer **ava ceh** ئاڤا جەه

beestings **firo** فِرۆ m.; **zak** زاك m.; **firşik II** فِرشِك; **xîç' I** خیچ ; **xelendor I** خەلەندۆر m.

beet **silq** سِلق f.

beetle: **k'êzik** کێزِك f.; (dung ~) **gûgilêrk** گووگِلێرك f.

to befall (happen to) **lêhatin** لێهاتِن vi.; **serê fk-î hatin** سەرێ فکی هاتِن vi.

befitting **bicî** بِجی; **di cihê xwe da** دِ جِهێ خوە دا; **řewa I** ڕەوا

before (time) **ber II** بەر; **berî I** بەری; **pêş I** پێش; **di**

pêşîya fk-ê/ft-î de دِ پێشییا فکێ\فتی ده; (adv.) **pêşda** پێشدا; (place) **pêş I** پێش; **li ... pêşve** ... لِ پێشڤه; (adv.) **pêşda** پێشدا

to beg: **lavahî kirin** لاڤاهی کِرِن vt.; **jê hêvî kirin** ژێ هێڤی کِرِن vt.; **limêj kirin** لِمێژ کِرِن vt.; **t'eweqe kirin** تەوەقە کِرِن vt.; (implore) **xwe avêtin bextê yekî** خوه ئاڤێتِن بەختێ یەکی vt.; (ask for alms) **p'ars kirin** پارس کِرِن vt.

beggar **p'arsek** پارسەك m.; **xwazok** خوازۆك m.; **gede** گەدە m.; **p'epûk I** پەپووك m.; **pêxwas** پێخواس m.

beggary **p'arsekî** پارسەکی f.

begging **p'ars** پارس f.; **p'arsekî** پارسەکی f.; **deroze** دەرۆزە f.;

to begin **dest pê kirin** دەست پێ کِرِن vt.; **dest avêtin** دەست ئاڤێتِن vt.; **řabûn** ڕابوون vi. + verb

beginner: (novice) **naşî** ناشی m./f.

beginning: **destpêk** دەستپێك f.; **ser I** سەر m.; -in the beginning **berêda** بەرێدا

to begrudge **hêvşandin** هێڤشاندِن vt.

to behave **řabûn û řûniştin** ڕابوون و ڕوونِشتِن vi.

behavior **řabûn û řûniştin** ڕابوون و ڕوونِشتِن f.; **şêl** شێل f.; **ciř** جِڕ f.

to behead **serjêkirin**سەرژێکِرِن/**şerjêkirin** شەرژێکِرِن vt.

behind: **paş** پاش; **piştî II** پِشتی; **dû III** دوو; **pařa** پاڕا; **pey I** پەی; (delayed) **gîro** گیرۆ; **egle** ئەگلە

being gay **hevcinsî** هەڤجِنسی f.; **hevzayendî** هەڤزایەندی f.

beings (creatures) **mexulqet** مەخولقەت m.

belch **qilpik** قِلپِك f.

Belgian **Belçîkî** بەلچیکی

belief **bawer[î]** باوەر[ی] f.; **îtîqad** ئیتیقاد f.; **îman** ئیمان f.

to believe **bawer kirin** باوەر کِرِن vt.

to believe in **îman kirin [bi** بِ**]** ئیمان کِرِن vt.

believer (in God) **xwedênas** خوەدێ ناس *m.&f.*

bell **zengil** زەنگِل m./f.; -small ~ (on tambourine) **xişxişk** خِشخِشك f.

bell wether **pêşeng** پێشەنگ m.&f.

belligerence **destdirêjî** دەستدِرێژی f.

bellow (noise) **qîřeqîř** قیڕەقیڕ f.

belly: (stomach) **zik** زِك m.; -on one's b. **zikkêşkî** زِککێشکی; -with one's b. full **zikt'êr** زِکتێر

bellyache: -to suffer from b. **tetirxanî bûn** تەتِرخانی بوون vi.

belly button (navel) **navik** ناڤِك f./m; **nav II** ناڤ f./m.

bellyband **kejî** کەژی f.; **kolan I** کۆلان f.; **navteng** ناڤتەنگ f.; **qoş** قۆش m./f.; **teng II** تەنگ m./f.

belonging (sense of ~) **aîdiyet** ئائیدِیەت f.

belongings (of the poor) **sit'ar** سِتار f.

beloved **'ezîz** عەزیز; **delal I** دەلال; **xweşdivî** خوەشدِڤی; **ĥezkirî** حەزکِری; **dilk'etî** دِلکەتی; **meĥbûb** مەحبووب ; **yar** یار m.&f.

below **bin II** بِن; **binîya** بِنییا; **jêr** ژێر f.; **pêda I** پێدا; **ji ...û pêda** ژ ... و پێدا

belt **k'ember** کەمبەر f.; **qayîş** قاییش f.; (horse's saddle) **berteng II** بەرطەنگ m.; (woman's woolen ~) **ben** بەن m.

bend: (joint) **çene** چەنە f.; (in a road) **çivane** چِڤانە f./m.

to bend: (vt.) **çemandin** چەماندِن vt.; **tewandin** تەواندِن vt.; (vi.) **çemîn** چەمین vi.; **tewîn** تەوین vi.

to bend down (vi.) **daqûl bûn** داقوول بوون vi.

to bend over (vi.) **kûz bûn** کووز بوون vi.

beneath **bin II** بِن; **jêr** ژێر

benediction **du'a** دوعا m./f.

benefactor **xudanxêr** خودانخێر m.; **xêrxwaz** خێرخواز m.

beneficence: (charity) **îĥsan** ئیحسان f.

benefit (advantage, use) **feyde** فەیدە f.; **menfa'et** مەنفاعەت f.; **mifa** مِفا m.; **siûd** سِئوود f.; **havil** هاڤِل f./m.

to benefit **havil kirin** هاڤِل کِرِن vt.; ~ from **havil jê dîtin** هاڤِل ژێ دیتِن vt.

benevolence: **xatir** خاتِر m./f.; (charity) **îĥsan** ئیحسان f.

benevolent **dilovan** دِلۆڤان; **mihrivan** مِهرِڤان ; **dilřeĥm** دِلڕەحم; **dilşewat** دِشەوات

Bengali **Bengalî** بەنگالی

bent: (crooked) **ç'ewt** چەوت; **şaş I** شاش

bent on doing stg. **řijd** ڕِژد

bent out of shape (extremely upset) **kulzikî** کولزِکی

bent over: (stooped over) **xûz** خووز

to bequeath **wesandin** وەساندِن vt.

Berber **Berberî** بەربەری

bereaved **behîdar** بەهیدار; (woman ~ of male relatives) **p'ořkuř** پۆڕکوڕ

bereft **behîdar** بەهیدار; **bêp'ar** بێپار [+ji]; (woman ~ of male relatives) **p'ořkuř** پۆڕکوڕ

berry (mulberry) **tû I** توو f.

to beseech **xwe avêtin bextê yekî** خوه ئاڤێتِن بەختێ یەکی vt.

beside (next to) **tenişta** تەنِشتا

besides **ji ... der** ژ ... دەر; **ji bilî** ژ بِلی; **xêncî** خێنجی; **ji ... pê ve** ژ ... پێ ڤە; **pêştir ji** پێشتِر ژ

to besmear **gemirandin** گەمِراندِن vt.

best **ji hemîyan ç'êtir** ژ هەمییان چێتِر; **ç'êtirîn** چێتِرین

best man **şoşman** شۆشمان m.

bet (wager) **merc I** مەرج f./m.; **şert** شەرت m./f.; **miçilge** مِچِلگە; **řehîn** ڕەهین f.

to bet (wager) **merc girtin** مەرج گِرتِن vt.; **şert girtin**

شەرت گِرتِن vt.
to betake o.s. **xwe weranîn** خوە وەرانین\وەرئانین vt.
betrayal **bêbextî** بێبەختی **f.; nemamî** نەمامی f.; **destkîsî** دەستکیسی f.; **xiyanet** خِیانەت f.
betrayer **bêbext** بێبەخت m.
to betroth **nîşana fk-ê danîn** نیشانا فکێ دانین vt.; **şîranî xwarin** شیرانی خوارِن vt.
betrothal **xwezgînî I** خوەزگینی f.
betrothed: **dergistî** دەرگِستی/**desgirtî** دەسگِرتی m.&f.; (in infancy) **bêşk'ertim** بێشکەرتِم
better **baştir** باشتِر; **ç'êtir** چێتِر
better half (spouse) **hevser** هەڤسەر m.&f.
between **di navbera ... da** دِ ناڤبەرا ... دا; **navbeyn** ناڤبەین; (among) **nav III** ناڤ; **ort'a** ئۆرتا; **neqeba** نەقەبا
beverage (sherbet, sweet ~) **şerbet** شەربەت f.
to bewail **nalîn** نالین vi.
bewildered **gêj** گێژ; **'ecêbmayî** عەجێبمایی; **met'elmayî** مەتەلمایی; **şaşmayî** شاشمایی; **ħeyrî** حەیری; **mendehoş** مەندەهۆش; **ħêbetî** حێبەتی
bey **beg** بەگ m.;
beyond **ji ... wêve[tir** ژِ وێڤە[تِر; **ji** ... **der II** ژِ ... دەر
bib **melîtk** مەلیتك m.; **berdilk** بەردِلك f.; **bermalk** بەرمالك f./m.
bier **darbest** داربەست f.
big **mezin** مەزِن; **gir I** گِر; (huge, horsey) **girs** گِرس; **gumreh** گومرەه
bigger **mezintir** مەزِنتِر
bilateral **dualî** دوئالی
bile **zirav II** زراڤ m.
bill: (itemized list of charges) **ħesab** حەساب m.; (beak, of bird) **dim** دِم m.; **nikil** نِکِل m.
billing and cooing **qebqeb** قەبقەب f.
billy goat **nêrî I** نێری m.; **hevûrî** هەڤووری m.
bin (of clay, for storing animal fodder) **kewar** کەوار f./m.
to bind **girêdan** گِرێدان vt.; (tightly) **şidandin** شِداندِن vt.
binding (of book) **berg II** بەرگ m./f.; **cild** جِلد m.
binoculars **dûrbîn** دووربین f.
biography **serhatî** سەرهاتی f.; **jînenîgarî** ژینەنیگاری f.
bird: **t̲ewal** طەوال m./f.; (small ~) **çûk I** چووك m./f.; **teyrik I** تەیرِك m.; (large ~) **teyr** تەیر m.; **teyrede** تەیرەدە pl.; (of prey) **lorî I** لۆری f.;
bird cage **ȓeke** ڕەکە f.; **qefes** قەفەس f.
bird of prey **t̲ewalê nêçîrvan** طەوالێ نێچیرڤان m.
bird's foot trefoil **kinêrok** کِنێرۆك f.
birdseed **qût** قووت m./f.; **lext** لەخت f.
birth- (adj.) **zayînî** زایینی
birth (n.) **bûn** بوون f.; **ji dayk bûn** f.; **zayîn** زایین f.
birthday **ȓojbûn** ڕۆژبوون f.; **sersal** سەرسال f.
birthmark **xal II** خال f.
biscuit **bîskuwît** بیسکوویت; **totik I** تۆتِك f.
bishop ; (chess piece) **fîl** فیل m.
bisyllabic **duk'îteyî** دوکیتەیی
bit: (of a bridle) **bizmîk** بِزمیك f.; **gem** گەم f..; **dizgîn** دِزگین f.; **lixab** لِغاب m./f.; **lîwan** لیوان f.; (crumb, particle) **hûrik** هوورِك m.; (small piece) **parî** پاری m.; -a little bit **ħebekî** حەبەکی; **hinekî** هِنەکی; ħekekî (Ad); **piçek** پِچەك; **çîçik II** چیچِك m.
bit by bit **berebere** بەرەبەرە
bitch: (female dog) **dêlese** دێلەسە f.; **dêlik** دێلِك f.
bite (n.) **leq I** لەق f.; (small piece) **gep III** گەپ f./m.
to bite **gestin** گەستِن vt.; **leq dan** لەق دان vt.; **gevizandin** گەڤِزاندِن vt.; (of snakes, insects) **pê vedan** پێ ڤەدان vt.
biting (n.) **leq I** لەق
bitter **tal I** تال
bitter orange **narinc** نارِنج f.
bitterness **talî I** تالی f.
bittersweet **miz II** مِز
blabber **pitepit** پِتەپِت f.; **galegûrt** گالەگوورت f.; **galigal** گالِگال f.
blabbermouth **zimandirêj** زِماندِرێژ
blabbering **zimandirêj** زِماندِرێژ; **devjihev** دەڤژِهەڤ
black (adj.): **ȓeş** ڕەش; (of dogs) **ħemis** حەمِس; (shiny b., of animal's coat) **qer II** قەر
Black (n.): **yê ȓeş** یێ ڕەش; **'ereb** عەرەب m.&f.
black and blue: **êvitî** ئێڤِتی; -to turn b. **êvitîn** ئێڤِتین vi.
black caraway **ȓeşik III** ڕەشِك f.
black cumin **ȓeşik III** ڕەشِك f.
black plum **ħûlîȓeşk** حوولیڕەشك m.; **şilor** شِلۆر f.
blackbellied **zikȓeş** زِکڕەش
blackberry **dirik** دِرِك m.; **stirî I** ستِری f./m.; **tûreşk** توورەشك f.
blackbird **şalûl** شالوول m.
blackboard **depȓeş** دەپڕەش f.
blackcock **p'oȓ I** پۆڕ f./m.
to blacken (vi.) **ȓeşevehatin** ڕەشەڤەهاتِن vi.
blackness **ȓeşayî** ڕەشایی f.
blacksmith **hesinger** هەسِنگەر m.; **ħedad** حەداد m.; **nalbend** نالبەند m.; **solbend** سۆلبەند m.
bladder **mîzdan** میزدان f.
bladder senna **fisegur** فِسەگور f.
blade: (of sword) **dev I** دەڤ m.; **şilf** شِلف f.; **tî I** تی m.
blame (n.) **te'n** تەعن f./m.
to blame **lomandin** لۆماندِن vt.

blameless **r̄ûspî I** ڕووسپی
to blanch **behitîn** بەهِتین vi.
bland: (unseasoned) **kelî II** کەلی
blanket **lih̄êf** لِحێف f.; **mêzer** مێزەر f.
blasphemy **k'ifir I** کِفِر f.
to blast: (vi.) (trumpet) **bor̄în I** بۆڕین vi.
blaze: (white spot on horse's forehead) **beş II** بەش m.
bleak **dir̄** دِڕ
to bleat **bar̄în II** باڕین vi.; **k'alîn** کالین vi.; **mikîn** مِکین vi.; **galigal kirin** گالِگال کِرِن vt.
bleating **bar̄în II** باڕین f.; **mikîn** مِکین f.; **galigal** گالِگال f.; **bar̄ebar̄** باڕەباڕ f.
to bleed **r̄iskyan** ڕِسکیان vi.; **ver̄estin** ڤەڕەستِن vi.
blemish (spot, stain) **leke** لەکە f.
blending **têkilî** تێکِلی f.
blessèd **bimbarek** بِمبارەك; **pîroz** پیرۆز
blessing **du'a** دوعا m./f.; **t'iberk** تِبەرك f.
blind **kor** کۆر; **h̄afiz** حافِز
blind gut (caecum) **r̄ûvîya kor** ڕووڤییا کۆر f.; **r̄îvîkore** ڕیڤیکۆرە
blind in one eye **çavekî kor** چاڤەکی کۆر
blind man **yê kor** یێ کۆر; **h̄afiz** حافِز m.
to blink: (eyes) **niqandin I** نِقاندِن vt.; **çav qîç kirin** چاڤ قیچ کِرِن vt.
blister **p'eq** پەق f.
blithe **beşerxweş** بەشەرخوەش
blizzard **bager** باگەر f.; **bakuzîrk** باکوزیرك f./m.; **bamişt** بامِشت f.; **h̄abûr** حابوور f.
bloated: -to be ~ **betilîn** بەطِلین vi.
to block (s.o.'s path) **pêşîya fk-ê girtin** پێشییا فکێ گِرتِن vt.; **pêşî lê bir̄în** پێشی لێ بِڕین vt.; **r̄êlêgirtin** ڕێلێگِرتِن vt.
to block up (water course) **pengandin** پەنگاندِن vt.; **pêşîya fk-ê girtin** پێشییا فکێ گِرتِن vt.; **pêşî lê bir̄în** پێشی لێ بِڕین vt.
blockade **dorpêç** دۆرپێچ f.
blockage **xilxile** خِلخِلە m.
blocking (obstructing) **r̄êlêgirtin** ڕێلێگِرتِن f.
bloke **k'abra** کابرا m.; **zilam** زِلام m.
blonde **ç'ûr̄ II** چووڕ; **kej I** کەژ; **zer I** زەر; **şê** شێ
blondness **zerî III** زەری f.
blood **xwîn** خوین f.
blood brother **destbira** دەستبِرا m.
blood enemy **xwîndar** خویندار m.
blood red **gevez** گەڤەز
blood-stained **xwîndar** خویندار
blood sucker **xwînmij** خوینمِژ m.
blood-sucking **xwînmij** خوینمِژ
bloodthirsty **xwînmij** خوینمِژ
bloody **xwîndar** خویندار
to bloom **vebûn** ڤەبوون vi.
blooming **geş** گەش; **ava** ئاڤا; **şên** شێن
blossom (bud) **gupik III** گوپِك f.
to blossom **vebûn** ڤەبوون vi.
blossoming **geş** گەش; **ava** ئاڤا; **şên** شێن
blotch: (spot) **deq** دەق f.; **leke** لەکە f.
blotched (black & white, of goats) **kever** کەڤەر
blow: (stroke, hit) **derb** دەرب f./m.; **k'otek** کۆتەك f.; **weş** وەش f.; (setback, b. to one's pride) **nekse** نەکسە f.; (b. with foot, kick) **p'eh̄în** پەحین f.; (b. with paw) **lep** لەپ f./m.; (b. with stick, clug, cudgel) **şiv** شِڤ f.; **çomax̄** چۆماغ m.; **ço** چۆ m./f.; (b. with sword) **şûr I** شوور m.; (b. with whip) **qamçî** قامچی m.
to blow: (vi.) (of wind) **hatin** هاتِن vi.; (vt.) (cause to swell) **nep'ixandin** نەپِخاندِن vt.; **werimandin** وەرِماندِن vt.; **p'erçifandin** پەرچِفاندِن vt.
to blow on **p'if dan** پِف دان vt.
to blow out of proportion (exaggerate, make mountain out of molehill) **nep'ixandin** نەپِخاندِن vt.; **werpixandin** وەرپِخاندِن vt.; **mêş kirine gamêş** مێش کِرِنە گامێش
to blow up (inflate) **nep'ixandin** نەپِخاندِن vt.; **p'erçifandin** پەرچِفاندِن vt.
blowhard (braggart) **zirtek** زِرتەك m.
blue [he]**şîn** [هە]شین; (light ~) **tebesî** تەبەسی ; (navy ~) **sût II** سووت
blue-eyed [**çav**]**k'esper** [چاڤ] کەسپەر; **çavşîn** چاڤشین
blunt (dull, of knives) **kuh** کوه; -to become ~ **meh̄în I** مەحین vi.
blustering (of wind) **hufehuf** هوفەهوف m./f.
boar **beraz** بەراز m.
board: (wooden plank) **dep** دەپ m./f.; **t'exte** تەختە m.; **keval** کەڤال m.; (of wooden fence) **der̄abe** دەڕابە m./f.; (wooden front & rear b.s of cart) **kopî** کۆپی m.
to board: (a train) **k'etin t'ir̄ênê** کەتِن تِڕێنێ vi.
to boast **meth̄êt xwe kirin** مەتحێت خوە کِرِن vt.; **p'esinê xwe dan** پەسِنێ خوە دان vt.; [**of**] **xwe p'aye kirin** [**bi**] [بِ] خوە پایە کِرِن vt.
boaster **zirtek** زِرتەك m.
boastful **qur̄e** قوڕە
boat **belem** بەلەم f.; **k'eştî** کەشتی f.; **qeyk** قەیك f.; **şikev** شِکەڤ f.; -in the same boat **di heman kelekê da** دِ هەمان کەلەکێ دا
bobbin **masûr** ماسوور m.
bodkin (pack needle) **şûjin** شووژِن f.

body **beden II** بەدەن f./m.; **gewde** گەودە m.; **laş** لاش m.; **can I** جان m.

bodyguard **piştmêr** پشتمێر m.; **balbas** بالباس m.; **zirtek** زِرتەك m.

bog **çirav** چراڤ f.

bohemian **mirt'ib** مِرتِب m.

boil I (bubbling, of liquids) **k'el III** کەل f.; **coş** جۆش f.

boil II (abscess) **qunêr** قونێر f.; **tulĥ** تولح f.; (in armpit) **ĥeftûzk** حەفتووزك f.; (~on horse's back) **cedew** جەدەو f.

to boil: (vt.) **k'elandin** کەلاندِن vt.; (scald) **k'emitandin** کەمِتاندِن vt.; (slightly, bring to the boil) **kewitandin** کەوِتاندِن vt.; (vi.) **k'elîn** کەلین vi.; **fûr̄în** فوورین vi.

to boil over (overflow) **fûr̄în** فوورین vi.

boiled wheat **danû** دانوو m./pl.

boiling (n.) **k'el III** کەل f.; **coş** جۆش f.

boisterous: (rowdy, raving) **ĥêç'** حێچ;

bold **aza[d]** ئازاد; **bizirav** بِ زراڤ

bolster (large cushion) **berp'al** بەرپال f.; **zemberîş** زەمبەریش f.; **nazbalîşk** نازبالیشك f.

bolt: (door ~) **ç'ilmêre** چِلمێرە m./f.; (iron pin) **maran** ماران

bolt of lightning **şîşa birûskê** شیشا بِرووسکێ f.; **trûsk** ترووسك f.; **berq** بەرق f.

bomb **bomb** بۆمب f.

to bomb **bomb avêtin/~kirin** بۆمب ئاڤێتِن\کِرِن vt.

to bombard **bomb avêtin/~kirin** بۆمب ئاڤێتِن\کِرِن vt.

bomber: (airplane) **bombeavêj** بۆمبەئاڤێژ f.

bond (link) **p'evgirêdan** پەڤگِرێدان f.

bone **hestî** هەستی m.

bone doctor **cebar II** جەبار m.

bonesetter **cebar II** جەبار m.

bonfire **k'ûrme** کوورمە f.

book **k'itêb** کِتێب f.; **p'irtûk** پِرتووك f.; **nivîsk** نڤیسك f.

boom: (loud noise) **gur̄egur̄** گورەگور f.; **himehim** هِمەهِم f.

booming (n.) **gur̄egur̄** گورەگور f.; **himehim** هِمەهِم f.

boot (footwear) **p'otîn** پۆتین f./m.; **sapok**ساپۆك m./f.; (trunk of automobile) **sindoqa piştê** سِندۆقا پشتێ f.

bootlegger **qaç'axçî** قاچاخچی m.

bootmaker **solbend** سۆلبەند m.

booty **cerd I** جەرد f.; **t'alan** تالان m./f.; **extirme** ئەختِرمە f.

border **sînor** سینۆر m.; **t'ixûb** تِخووب m./f.; **ĥed** حەد m.; (of a picture) **p'erwaz** پەرواز f.; (of garment) **p'êsîr** پێسیر f.;

to bore (a hole, to pierce) **simtin** سِمتِن vt.; **qul kirin** قول کِرِن vt.

borer (drill) **şixab** شِخاب

born: -to be born **çêbûn** چێبوون vi.; **hatin dinyaê** vi. هاتِن دِنیائێ; **ji dayk bûn** vi. ژِ دایك بوون; **Xwedê dan** vt. خوەدێ دان; **p'eyda bûn** پەیدا بوون vi.; **welidîn** وەلِدین vi.; (of animals) **t'ifiqîn** تِفِقین vi.

born late (of animals) **virnî** ڤِرنی

to borrow: (money) **deyn kirin** دەین کِرِن vt. /**deyn standin** دەین ستاندِن vt.; **ji fk-ê deyn xwestin** ژِ فکێ دەین خوەستِن vt.

Bosnian **Bosnî** بۆسنی

bosom: **memik** مەمِك m./f.; **k'oş** کۆش f.; **p'aşil** پاشِل f.; **sîng** سینگ m./f.

bosom buddy **destbira** دەستبِرا m.

both **herdu** هەردو

to bother: (disturb) **te'darî lê kirin** تەعداری لێ کِرِن vt.; **'aciz kirin** عاجِز کِرِن vt.; **zêrandin** زێراندِن vt.; (pick a fight with, attack) **berhingarî fk-ê bûn** بەرهِنگاری فکێ بوون vi.

bothering: (disturbance) **te'darî** تەعداری f.

bottle **şûşe** شووشە f.

bottom **bin I** بن m.; **binat'ar** بِناتار f.; **binî** بِنی f.; **jêr** ژێر f.; (of the sea) **bingeh** بِنگەه f.

bough (branch) **t̲a VI** طا m.; **şirtik** شِرتِك f.; **şiv** شِڤ f.

boulder **ĥelan** حەلان m.; **neĥît** نەحیت f./m.; **tat I** تات f.; **zinar I** زِنار m./f.

to bounce (vt.: a ball) **t̲epkê li 'erdê dan** طەپکێ لِ عەردێ دان vt.

to bounce back (vi.) **p'eqîn** پەقین vi.

bound (leap, hop) **firqas** فِرقاس f.

boundary **sînor** سینۆر m.; **t'ixûb** تِخووب m./f.; **ĥed** حەد m.

boundless **bêsînor** بێ سینۆر; **bêĥed** بێ حەد

bounty: (charity) **îĥsan** ئیحسان f.

bouquet **baq I** باق m.; **qeft** قەفت f.; **gurz II** گورز f./m.

bourgeois (n.) **sermayedar** سەرمایەدار m.

bow: (arch) **kevan** کەڤان m./f.

bow and arrow **tîr û kevan** تیر و کەڤان m./f.

to bow: (vt.) **çemandin** چەماندِن vt.; **tewandin** تەواندِن vt.; (vi.) **çemîn** چەمین vi.; **tewîn** تەوین vi.; (incline the head) **p'ate vedan** پاتە ڤەدان vt.

to bow down **daqûl bûn** داقوول بوون vi.

bow-legged **çîpxar** چیپخار

bowels **pizûr** پزوور pl./f.; **r̄ovî II** رۆڤی f.; **ûr** ئوور m.

bower (temporary hut, succah) **kepir** کەپِر f.

bowl: **t'as** تاس f.; (for drinking) **k'asik** کاسِك f.; (copper, for drinking) **t'irar** تِرار m.; (large) **firaq** فِراق f./

m.; **zerik I** زەرك f.; (large metal) **qûşxane** قووشخانە f.; (of pipe) **serik** سەرك m./f.
to bowl over **ser û bin kirin** سەر و بن كرن vt.
bowman **tîravêj** تیرئاڤێژ m.
bowstring **jîh** ژیه m./f.
box: (chest, container) **qut'î** قوتی f.; **sindoq** سندۆق f./m.; **sebet** سەبەت f.; **sindirîk** سندریك f.; (square, cell [printed page]) **malik** مالك f.; (slap, smack) **sîle** سیلە f.; **şimaq** شماق f.; **t'ep II** تەپ f.
boxwood **kevot I** كەڤۆت f.
boy **kuř II** كوڕ m.; **law** لاو m.; **gede** گەدە m.; **sebî** سەبی m.
boyfriend **yar** یار m.; **dergistî** دەرگستی/**desgirtî** دەسگرتی m.
bracelet **bazin** بازن m./f.
bracken (fern) **t'ilîpeř** تلیپەڕ f./m.; **serxes** سەرخەس f./m.
brackish **şoř III** شۆڕ; **t'êrxwê** تێرخوێ
to brag **meťȟêt xwe kirin** مەتحێت خوە كرن vt.; **p'esinê xwe dan** پەسنێ خوە دان vt.
braggart **zirtek** زرتەك m.
braid **gulî I** گولی f./m.; **kezî** كەزی f.; **qeyt'an** قەیتان f.
to braid **hûnan** هوونان vt.; **vehûnan** ڤەهوونان vt.
brain **mejî** مەژی m.; **mex** مەخ
"brains": (intelligence) **aqil** ئاقل m.; **ȟiş** حش m.; **jîrayî** ژیرایی f.
brainwashing **mejîşûştin** مەژیشووشتن f.
bramble **devî** دەڤی m./f.; **dirik** درك m.; **stirî I** ستری f./m.; **tûreşk** توورەشك f.
bran **sivî** سڤی f.
branch **ta VI** طا m.; **şax** شاخ f./m.; **ç'iq** چق m.; **ç'iqil** چقل m./f.; **gulî II** گولی f./m.; **şirtik** شرتك f.; **şiv** شڤ f.; **çirpî** چرپی m./f.; (bunches of ~) **malî I** مالی f.; (clippings) **pej** پەژ *m.*; (small ~ = twig) **hej I** هەژ m.; **hejik** هەژك m.; (thin ~) **şewk** شەوك f.
brand: (cattle brand) **daẍ** داغ f.
to brand: (cattle) **daẍ kirin** داغ كرن vt.; **k'ewandin** كەواندن vt.; **sotin** سۆتن vt.; **şarandin** شاراندن vt.
to brandish **ȟejandin** حەژاندن vt.; **hilanîn** هلانین [هل ئانین] vt.; **veweşandin** ڤەوەشاندن vt.; **avêtin** ئاڤێتن vt.
bran dust **gerik I** گەرك f.
brass **birinc II** برنج m.; **sifir I** سفر f./m.
brave **aza[d]** ئازاد; **camêr** جامێر; **mêrxas** مێرخاس; **delîr** دەلیر; **zîx I** زیخ; **merd** مەرد; **qoç'ax** قۆچاخ; **bizirav** بزراڤ; **boke** بۆكە; **lok' II** لۆك m.
bravely **delîrane** دەلیرانە
bravery **camêrî** جامێری f.; **cuřet** جوڕەت f.; **mêrxasî** مێرخاسی f.; **delîrî** دەلیری; **mêranî** مێرانی f.; **merdayî** مەردایی f.; **hiner** هنەر m./f.; **qoç'axî** قۆچاخی f.; **firşik I** فرشك f./m.
brawl **cerenîx** جەرەنیخ f.; **k'eşmek'eş** كەشمەكەش f.;
bray (n.) **ziřezir** زڕەزر f.
to bray **ziřîn** زڕین vi.
braying (n.) **ziřezir** زڕەزر f.
breach **neqeb** نەقەب f.
bread **nan** نان m.; (round ~) **kuloç** كولۆچ m.; **kilor** كلۆر m.; (flat, round) **sewik** سەوك f./m.; -unleavened ~ **nanê şkeva** نانێ شكەڤا m.
bread maker **nanpêj** نانپێژ m.
breadth (width) **firehî** فرەهی f.; **pehnî II** پەهنی f.
breadwinner **nandar** ناندار m.
break: (pause, recess) **navbiřî** ناڤبڕی f.; (lull, in the rain) **kevlû** كەڤلوو f.
to break: (vt.) **şkênandin** شكێناندن vt.; (sever) **p'eřitandin** پەڕتاندن vt.; **qetandin** قەتاندن vt.; (the silence) **t'eřibandin** تەڕباندن vt.; (vi.) **bizdîn** بزدین vi.; **piçan** پچان vi.; **qetîn** قەتین vi.; **şkestin** شكەستن vi.; **p'eqîn** پەقین vi.; (pause, recess) **p'eşkilîn** پەشكلین vi.
to break a habit **t'erka 'adet dan** تەركا عادەت دان vt.; **t'erka 'adet kirin** تەركا عادەت كرن vt.
to break a record **gihîştin rekorê** گهیشتن رەكۆرێ vi.
to break away from **veqetîn** ڤەقەتین vi.
to break off (vt.) (sever) **p'ekandin** پەكاندن vt.; **qut kirin** قوت كرن vt.; (by twisting) **quraftin** قورافتن vt.; (vi.) (come off, be severed) **p'ekîn** پەكین vi.; **p'eqîn** پەقین vi.
to break one's heart **dil şkênandin** دل شكێناندن vt.
to break out in/with (disease) **derxistin** دەرخستن vt.; **vegirtin** ڤەگرتن vt.
to break the fast (of Ramadan) **fitar kirin** فتار كرن vt.
to break the ice (start a conversation) **şekirî şkandin** شەكری شكاندن vt.
to break up with s.o. **berê xwe [jê] guhastin** بەرێ خوە ژێ گوهاستن vt.
to break wind (fart) **tiř kirin** تڕ كرن vt.; **piv kirin** پڤ كرن vt.
breakfast **taştê** تاشتێ f.; **nanê sibê** نانێ سبێ m.
breast **berûk** بەرووك f.; **p'aşil** پاشل f.; **p'êsîr** پێسیر f.; (woman's) **çiçik** چچك m./f.; **memik** مەمك m./f.; (~of nursing woman) **bistan** بستان m.
breast-piece: (of harness) **berûk** بەرووك f.
breath **bîn I** بین f.; **hilm** هلم f.; (exhaled ~, puff) **p'if** پف f.
bred (educated) **p'erwerde** پەروەردە

breeching **palî II** پالی f.; **palîkurtk** پالیکورتك f.
breed **dol I** دۆل f.
breeze: **sir I** سِر f.; **ba I** با m.; (cool summer ~) **bayê ferașîn** بایێ فەراشین
brevity **kurtayî** کورتایی f.
bribe **bertîl** بەرتیل m./f.; **bexşîş** بەخشیش f.; **řuşet** ڕوشەت f.
bribe-taker **bertîlxwer** بەرتیلخوەر m.&f.
brick **k'elpîç** کەلپیچ m.; **xişt II** خِشت m.; **tabûq** تابووق
bridal chamber **gerdek** گەردەك f.
bridal gift **bûkanî** بووکانی f.
bridal veil **hêzar** هێزار f.; **xêlî I** خێلی f./m.; **pêça bûkê** پێچا بووکێ f.
bride **bûk I** بووك f.
bridegroom **zava** زاڤا m.
bridehood **bûkanî** بووکانی f.
bride-price **next** نەخت m.; **qelen** قەلەن m.;
bridewealth **qelen** قەلەن m.
bridge **p'ir I** پِر f.; (small ~) **p'irik** پِرك f./m.; (~-like part of plow) **p'irik** پِرك f./m.
bridle **celew I** جەلەو f.; **dizgîn** دِزگین f.; **gem** گەم f.; **qet'irme II** قەترمە f.; **lixab** لِغاب m./f.; **hevsar** هەڤسار m.; **lîwan** لیوان f.
to bridle **xeřandin** خەڕاندِن vt.
to brief (inform) **serwext kirin** سەروەخت کِرِن vt.
briefly **bi kurtayî** بِکورتایی
brigand **řêbiř** ڕێبِڕ m.; **nijdevan** نِژدەڤان m.; **k'eleş II** کەلەش m.; **qaç'ax** قاچاخ m.; **ḧerebaşî** حەرەباشی m.
brigandage **cerd I** جەرد f.; **řêbiřî** ڕێبِڕی f.; **t'alan** تالان m./f.; **nijdevanî** نِژدەڤانی f.; **k'eleşî** کەلەشی f.
bright **geş** گەش; **řewşen** ڕەوشەن; **řon I** ڕۆن/**řohnî I** ڕۆهنی; **biriqok** بِرِقوك; (intelligent) **bi fêm** بِ فێم; bi zihn; **jîr** ژیر; **serwext** سەروەخت; (clear, of sky) **sayî I** سایی
brightness **geşî** گەشی f.; **řewş** ڕەوش f.; **řonahî I** ڕۆناهی f.; **şemal** شەمال f.; (intelligence) **serwextî** سەروەختی f.
brilliance **geşî** گەشی f.; **řewş** ڕەوش f.; **şemal** شەمال f.; **şewq** شەوق f.
brilliant **geş** گەش ; **řewşen** ڕەوشەن ; **řon I** ڕۆن/**řohnî I** ڕۆهنی; **biriqok** بِرِقوك
brine: (saltwater) **sûravk** سووراڤك f.
to bring **anîn** ئانین/**înan** ئینان vt.; **înandin** ئیناندِن vt.; **ḧazir kirin** حازِر کِرِن vt.; **weranîn** /وەرانین وەرئانین vt.
to bring back to life (revive, resuscitate) **vejandin** ڤەژاندِن vt.; **sax kirinve** ساخ کِرِنڤە vt.
to bring close **nêzîk kirin** لێ نێزیك کِرِن vt.;
to bring down: (throw down) **dakirin** داکِرِن vt.; **tot kirin** تۆت کِرِن vt.
to bring forth (produce) **anîn holê** ئانین هۆلێ vt.
to bring to pass **pêkanîn** پێکانین vt.;
to bring to the boil **kewitandin** کەوِتاندِن vt.
to bring together **pêkanîn** پێکانین vt.; **lêkdan** لێکدان vt.
brinjal **bacanê řeş** باجانێ ڕەش m.
brink **qirax** قِراخ f./m.; **sivder** سِڤدەر f.
briny (salty) **şoř III** شۆڕ; **t'êrxwê** تێرخوێ
bristle **mûyê xinzîr**موویێ خِنزیر m.; (of brush) **dav II** داڤ f.
British **Brîtanî** بریتانی
broad **berfireh** بەرفِرەه; **fireh** فِرەه; **pehn I** پەهن
broadcloth **ç'ox** چۆخ m.
broad-shouldered **navmilfire** ناڤمِلفِرە
broad stone: (flat stone) **sel** سەل m.
broadcast **weşînek** وەشینەك f.; **weşana zindî** وەشانا زِندی f.
to broadcast (sow) **řeşandin** ڕەشاندِن vt.; **werkirin** وەرکِرِن vt.
broadcasting **weşandin** وەشاندِن f.
brochure **nivîsk** نِڤیسك f.; **belavok** بەلاڤۆك f.
to broil **sotin** سۆتِن vt.
broke (out of money) **řût** ڕووت; **bêp'ere** بێپەرە
broken (silence, peace, sleep) **şerpeze** شەرپەزە; -to be/ get ~ **şkestin** شکەستِن vi.
broken in (trained to wear saddle, of horses) **nîvzînî** نیڤزینی
broken off (severed) **qut I** قوت
brokenhearted **dilşkestî** دِلشکەستی
bronze **birinc II** بِرِنج m.; **mefreq** مەفرەق m./f.; **şib** شِب m.
brooding hen **kurk I** کورك f.
brook **cew** جەو f.; **ç'a I** چا m.; **řo II** ڕۆ m.
to brook (to endure): -to be unable to b. the notion **çavên fk-î bar nebûn** چاڤێن فکی بار نەبوون vi.
broom **gêzî** گێزی f.; **avlêk** ئاڤلێك f.; **bermalk** بەرمالك f./m.; **cerîvk** جەریڤك f.; **k'inoşe** کِنۆشە f.; **melk'es** مەلکەس f.; **sirge** سِرگە (Ad); **sivnik** سِڤنِك f.; **sizik** سِزِك f.; **şicing** شِجِنگ f.; **şirt I** شِرت f.; (large ~ for sweeping out stables) **siqavêl** سِقاڤێل f.
brothel **edebxane** ئەدەبخانە f.
brother **bira I** بِرا m.; (older b.) **kek** کەك m.
brotherhood **biratî I** بِراتی f.
brother-in-law [pl. brothers-in-law]: (brother of woman's husband) **t'î II** تی m.; (husband of one's sister)

zava زاڤا m.; (husbands of two sisters) bacinax باجِناخ m.; hevling هەڤلِنگ m.; (wife's brother) birajin بِراژِن m.; bûra بوورا m.; xizm خِزم m.

brow: (forehead) **enî** ئەنی f.; **navçav** ناڤچاڤ f./m.; **ne'tik** نەعتِك f.

brown **qehweyî** قەهوەیی

Browning HP (pistol) **ç'ardexwar** چاردەخوار f.

brown-nose **qûnalês** قوونالێس m.&f.; **solalês** سۆلالێس m.&f.

brunette **kej I** کەژ; **r̄eşkot** ڕەشکۆت m.

brush **firçe** فِرچە f./m.

to brush **firçe kirin** فِرچە کِرِن vt.; **firçe lê xistin** فِرچە لێ خِستِن vt.

to brush up [against] **r̄ûşandin** ڕووشاندِن vt.

brushwood **qirş** قِرش m.

bubble **beqbeqok** بەقبەقۆك f.

bubbling (n.) (boiling) **coş** جۆش f.; (sound of soup on stove) **bilqebilq** بِلقەبِلق f.

bucket **dewl I** دەول f.; **'elb** عەلب f.; **satil** ساتِل f.; **helgîn** هەلگین m.; (large) **sîtil** سیتِل f.

bucket carrier **dewlçî** دەولچی m.

buckle **avzûn** ئاڤزوون f.

buckshot (small shot) **saçme** ساچمە f.

buckthorn **sinc** سِنج f.

bud **bişkoj** بِشکۆژ f.; **terh** تەرە f.; **gupik III** گوپِك f.; **zîl** زیل m./f.; **aj** ئاژ f.; (about to bloom) **solîn II** سۆلین f.

buddy **heval** هەڤال m.&f.

to budge: (vi., move, stir) **livîn I** لِڤین vi.; **leqîn** لەقین vi.; **lipitîn** لِپِتین vi.; **ji cî ĥejîn** ژِ جی حەژین vi.; (vt., to cause to ~) **livandin** لِڤاندِن vt.; **leqandin** لەقاندِن vt.; **lipitandin** لِپِتاندِن vt.; -~ from (deviate from) **averê bûn** ئاڤەرێ بوون vi.

buffalo **gamêş** گامێش m.; **kel IV** کەل m.; (female ~) **mêgamêş** مێگامێش f.; **medek** مەدەك f.; **mange** مانگە f.; (male) **nêregamêş** نێرەگامێش m.

buffalo calf **gedek** گەدەك f.; **sak** ساك m.

buffoon **qeşmer** قەشمەر m.; **şemo** شەمۆ m.; **qirdik** قِردِك m.&f.

buffoonery **qeşmerî** قەشمەری f.; **qirdikî** قِردِکی f.

bug (insect) **bihuk** بِهوك f.; (small insect) **k'êzik** کێزِك f.

buggery (derogatory term for homosexuality) **qûnekî** قوونەکی f.

build: (of one's body = appearance) **qelafet** قەلافەت m.; **qedqamet** قەدقامەت f.

to build **ava kirin** ئاڤا کِرِن vt.; (stone wall) ; **nijandin** نِژاندِن vt.

building **avayî** ئاڤایی m.; **xanî** خانی m.; **xan-man** خانمان m.; -tall b. **balaxane** بالاخانە f.

Bulgarian **Bulgarî** بولگاری

bulging **bel** بەل; (of eyes) **beloq** بەلۆق; **zîq** زیق

bulgur **savar** ساڤار m./f.

bulk **govek** گۆڤەك f.

bull **ga** گا m.; **boẍ** بۆغ m.; -to be put to the b. **ç'ûne kelî** چوونە کەلی vi.

bullet **berik II** بەرِك m./f.; **gule** گولە f.

bullfrog **qûrqûrok** قوورقوورۆك f.

bullock **kel IV** کەل m.

bully **zurbe** زوربە m.

bulrush **qamir̄** قامِڕ m.

bulwark: (rampart) **çeper I** چەپەر f.; **k'ozik I** کۆزِك f.; **senger** سەنگەر m.

bum **qeşmer** قەشمەر m.; **sakol** ساکۆل m.

to bump into (to collide with) **p'ev k'etin** پەڤ کەتِن vi.; (to encounter, meet) **r̄ast hatin** ڕاست هاتِن vi.; **leqayî bûn** لەقایی بوون vi.

bumping (n.) **xurexur** خورەخور f.

bunch: **qefş** قەفش f.; **qeft** قەفت f.; (of grapes) **gûşî** گووشی m.; **harsim** هارسِم m.; (armful, while harvesting crops) **destî** دەستی m.; (of branches, tied together) **malî I** مالی f.

bundle: (bunch) **qefş** قەفش f.; (parcel) **pêçek** پێچەك f.; **piştî I** پِشتی m./f.; (of hay) **gurz II** گورز f./m.; (of tobacco leaves, etc.) **t'exe** تەخە f.

bunny --> see rabbit

bur (cockle bur) **quncir̄k** قونجِڕك f.

burden **bar I** بار m.; **barxane** بارخانە f.; **k'aş I** کاش f.; **piştî I** پِشتی m./f.

bureau: (office) **nivîsxane** نِڤیسخانە f.

burglary **t'alan** تالان m./f.

burgundy:(dark purple color) **xemrî** خەمری

burn **şewat** شەوات f.

to burn (vt.) **sotin** سۆتِن vt.; **şewitandin** شەوِتاندِن vt.; (~ on the surface, singe) **kuzirandin** کوزِراندِن vt.; (of the sun) **patin** پاتِن vt.; (vi.) (to be burnt) **şewitîn** شەوِتین vi.

burning bush **tûmê agirpêketî** توومێ ئاگِرپێکەتی m.

burnt **sotî** سۆتی; **şewitî** شەوِتی; (~ on the surface = singed) **kuzirî** کوزِری

burp **qilpik** قِلپِك f.

to burst: (vi.) **bizdîn** بِزدین vi.; **piçan** پِچان vi.; **qetîn** قەتین vi.; **p'eqîn** پەقین vi.; **t'eqîn** تەقین vi.; **terikîn I** تەرِکین vi.; (vt.) **p'ekandin** پەکاندِن vt.

to bury **binax kirin** بِناخ کِرِن vt.; **veşartin** ڤەشارتِن vt.; **mirî hilanîn** مِری هِلانین\هِلئانین vt.

bus **otobûs** ئۆتۆبووس f.

busboy (food carrier at weddings) **dolebaşî** دۆلەباشی m.

bush: (shrub) **devî** دەڤی m./f.; **kem** کەم f.; **k'ol III** کۆل f.; **t'eřaş II** تەڕاش m./f.; **t'ûm** تووم m.

"bushed" (tired) **ře't II** ڕەعت

business **k'ar II** کار m./f.; **bazirganî** بازِرگانی f.; **'emal** عەمال m./f.; **danûstandin** دانووستاندِن f.; **t'icaret** تِجارەت f.; (keeping o.s. occupied) **mijûlahî** مِژوولاهی f.

businessman **bazirgan** بازِرگان m.; **t'ucar II** توجار m.

bustard **bet** بەت f.

busy **mijûl** مِژوول; **bilî I** بِلی; -to pretend to be ~ with **xwe ft-îda xapandin** خوە فتیدا خاپاندِن vt.

busybody **t'ewt'ewe** تەوتەوە

but **lê I** لێ; **lêbelê** لێبەلێ; **bes I** بەس

butcher **goştfiroş** گۆشتفِرۆش m.

butcher shop **qesebxane** قەصەبخانە f.

butcher's knife (meat cleaver) **sat'or I** ساتۆر f.; **sîkar** سیکار f.

butt **qûn** قوون f.; **kovik** کۆڤِك f.; **pind** پِند f.; **poz II** پۆز f.; **zotik** زۆتِك f.; -cigarette ~ **qotmok** قۆتمۆك f.

butter **nivîşk** نِڤیشك m.; **řûn** ڕوون m.

to butter up (flatter, ingratiate o.s.) **xwe şîrin kirin** خوە شیرِن کِرِن vt.

buttercup (*Ranunculus*) **pêmirîşk** پێمِریشك f.

butterfly **belantîk** بەلانتیك f.; **fiřfiřok** فِرفِرۆك f.; **p'iřp'iřok** پِرپِرۆك f.; **p'erîdank** پەریدانك f.

butting: (strike with horns/antlers) **çivt** چِڤت f.

button **bişkoj** بِشکۆژ f.; **mêvok** مێڤۆك f.; **qumçe** قومچە f.

buttonhole **bişkov** بِشکۆڤ f.; **xulbok** خولبۆك f.

to buy **k'iřîn** کِڕین vt.; **standin** ستاندِن vt.

buyer **bik'iřçî** بِکِڕچی m.

buzzing (n.) **vinge-ving** ڤِنگەڤِنگ f.; **gimîn** گِمین f.; **himehim** هِمەهِم f.; (of flies) **xumxum I** خومخوم f.

by **di ... řa** دِ ... ڕا ; **pê I** پێ; (agent) **ji alîyê ... ve** ژِ ئالییێ ... ڤە; **ji terefê** ژِ تەرەفێ; **bi destê fk-ê** بِ دەستێ فکێ

by force **bi darê zorê** بِ دارێ زۆرێ

by God **wellah** وەللاه

by Jove **wellah** وەللاه

by means of **pê I** پێ

by oneself **bi nefsa xwe** بِ نەفسا خوە

C

cab (taxi) **t'aksî** تاکسی f.

cabbage **kelem I** کەلەم f./m.

cabin **k'ol II** کۆل f.

cabinet (cupboard) **dolab I** دۆلاب f.

cackling (of birds) **qîjeqîj** قیژەقیژ f.

cadaver **cendek** جەندەك m.; **cinyaz** جِنیاز m.; **k'eleş I** کەلەش m./f.; **leş** لەش m.; **meyt'** مەیت m.; **term** طەرم m.; **berat'e** بەراتە f.

cadi **qazî** قازی m.

caecum (blind gut) **řûvîya kor** ڕووڤیيا کۆر f.; **řîvîkore** ڕیڤیکۆرە

café **qawexane** قاوەخانە f.

caftan **xeftan** خەفتان m.

cage **qefes** قەفەس f.; (bird ~) **řeke** ڕەکە f.

cake: (unleavened) **kuloç** کولۆچ m.; **kilor** کِلۆر m.; (flat, round) **sewik** سەوِك f./m.; (flat ~ eaten at Yezidi festival) **t'iberk** تِبەرك f.; (c.-like pastry, mixed with grape syrup) **qawît** قاویت f./m.

calamity **bela I** بەلا f.; **bêt'ar** بێتار m.; **gosirmet** گۆسِرمەت f.; **siqûmat** سِقوومات ; **boblat** بۆبلات f.; **şetele** شەتەلە f.; **oyîn** ئۆیین f.

calculation **ĥesab** حەساب m.

calf: (new born bovine) **golik** گۆلِك m./f.; (one-year-old bovine) **mozik I** مۆزِك m.; **k'endik** کەندِك m.; **malok** مالۆك m.&f.; **parone** پارۆنە ; (young ox) **conega** جۆنەگا m.; **mozik I** مۆزِك m.; (buffalo ~) **gedek** گەدەك f.; **sak** ساك m.; (of leg) **belek II** بەلەك m.; **boqil** بۆقِل; **ç'îm I** چیم m.; **paq** پاق f./m.

calfherd **golikvan** گۆلِکڤان m.

calfherding **golikvanî** گۆلِکڤانی f.

call: (~ for help) **hawar** هاوار f.

to call **gazî kirin** گازی کِرِن vt.; **bang kirin** بانگ کِرِن vt.; **deng lê kirin** دەنگ لێ کِرِن vt.; (to name) **nav [lê]kirin** ناڤ لێ کِرِن vt.

to call on (visit) **mêvanî çûyîn** مێڤانی چوویین vi.; **mêvanî hatin** مێڤانی هاتِن vi.; (visit, a sick person) **saxtî kirin** ساغتی کِرِن vt.

to call up (on the phone) **bang kirin** بانگ کِرِن vt.; **t'elefon[î *fk*-î] kirin** تەلەفۆنی فکی کِرِن vt.

callous (rough) **p'arsû-qalim** پارسوو قالِم

callus: (swelling on the hand or foot) **deq** دەق f.

calm (adj.) **řiĥet** ڕِحەت; **t'ena I** تەنا; **aram** ئارام; **hêsa** هێسا; **firêqet** فِرێقەت; (n.) **hedan** هەدان f.; **sekin û hedan** سەکِن و هەدان f.; **t'enahî** تەناهی f.; **t'ebatî**

تەباتی f.; aramî I ئارامی f.; asayîş ئاساییش f.
to calm: (console) ber dilê fk-ê hatin بەر دِلێ فکێ هاتِن; aşt kirin ئاشت کِرِن vt.; ȟewandin حەواندِن vt.; 'edilandin عەدِلاندِن vt.
to calm down (vi.): ȟewhan حەوهان vi.; t'ebitîn تەبِتین vi.; řeȟet sekinîn ڕەحەت سەکِنین vi.; bêna fk-ê fireh bûn بێنا فکێ فِرەهـ بوون vi.; (die down) 'edilîn عەدِلین vt.
calmness aramî I ئارامی f.
to calumniate şeř avêtin ser شەڕ ئاڤێتِن سەر vt.; řû řeş kirin ڕوو ڕەش کِرِن vt.; lomandin لۆماندِن vt.
calumny: (slander, libel) 'ewanî عەوانی f.; şilt'ax شِلتاخ f.; altaxî ئالتاخی f.
camel ȟêştir حێشتِر m.; deve دەڤە f./m.; (male ~) lok' II لۆك m.; (she-~) arwane ئاروانە f.; dundil دوندِل f.; (2-3 year old she- ~) mencî مەنجی f.; (young ~) torim تۆرِم m.&f.; kûdik کوودِك f./m.; k'oçek کۆچەك m.; (2 year old ~) cencilok جەنجِلۆك m.
camel hump ȟawid حاوِد m.; milik مِلِك f.
camel thorn (thistle, Alhagi maurorum) k'erbeş کەربەش f.
cameleer heştirvan هەشتِرڤان m.; selwan سەلوان m.
camelherd heştirvan هەشتِرڤان m.; selwan سەلوان m.
camisado: (surprise night attack) şebeyxûn شەبەیخوون f.
camomile beybûn بەیبوون f.
camouflage te'lde تەعلدە m./f.
camp zome زۆمە f.; war وار m.; (army/military c.) leşkergeh لەشکەرگەهـ f.; (for refugees, etc.) wargeh وارگەهـ f./m.
campaign sefer سەفەر f.
campfire k'ûrme کوورمە f.
can: (be able) karîn کارین vt.; şiyan شِیان vt./vi.; pê ç'êbûn پێ چێبوون vi.
Canadian K'enedayî کەنەدایی
canal cû I جوو f.; kendav کەنداڤ f./m.; (subterranean) k'arêz کارێز f.; serdab سەرداب f.;
to cancel betal kirin بەتال کِرِن vt.
to cancel out betal kirin بەتال کِرِن vt.
cancer: (disease) p'enceşêr پەنجەشێر f.; (sign of zodiac) kevjal کەڤژال f.
candelabrum şemdan شەمدان f.
candidate berendam بەرەندام m.; berbijar; namzet; navkirî
candle: find فِند m.; (wax ~) şema شەما f.; mûm مووم f.; şemal شەمال f.
candlestick findank فِندانك f.; şemdan شەمدان f.
candor dilp'aqijî دِلپاقِژی f.
candy şekirok II شەکِرۆك f.; şîranî شیرانی f.
cane çomax̌ چۆماغ m.; çîv چیڤ m.; (reed) leven لەڤەن m.; qamîş قامیش m.
Canicula: (Dog Star, Sirius) gelavêj گەلاڤێژ f.
canine tooth kilb کِلب m.
cannon top II تۆپ f.
cannoneer topavêj تۆپاڤێژ m.; topçî تۆپچی m.
canteen cewdik جەودِك m.
canvas ç'arşev چارشەڤ f.
canyon dergelî دەرگەلی m.; derteng دەرتەنگ f.; dol II دۆل f.; geboz گەبۆز f.; gelî II گەلی m.; zer II زەر f.; zang زانگ f./m.; newal نەوال f.
cap (small hat) k'umik کومِك m.; kulav کولاڤ m.; şewqe شەوقە f.
capability şiyan شِیان f.
capable jêhatî ژێهاتی
capacity: -in the capacity of ȟesabê حەسابێ
capital (wealth) sermaye سەرمایە f./m.
capital city p'ayt'ext پایتەخت m./f.
capital letter girdek گِردەك f.
capitalist (n.) sermayedar سەرمایەدار m.
to capitulate hatin řaê هاتِن ڕائێ vi.
capitulation řa II ڕا f.
capricious nazdar نازدار
Capricorn karik کارِك m.
to capsize qulibîn قولِبین vi.; wergeřîn وەرگەڕین vi.
captive (n.): girtî گِرتی m.; dîl دیل m.; hêsîr I هێسیر m.
captivity dîlî دیلی f.
capture t'alan تالان m./f.
to capture girtin گِرتِن vt.; vegirtin ڤەگِرتِن vt.; qefaltin قەفالتِن vt.; (booty) t'alan kirin تالان کِرِن vt.; înandin ئیناندِن vt.
car (automobile) trimbêl ترِمبێل f.; cemse جەمسە f.; t'aksî تاکسی f.
car horn qorne قۆرنە f.
carafe gumgum گومگوم m./f.
caravan karwan کاروان m.; bazirgan بازِرگان m.; (nomadic migration) řevend ڕەڤەند m.; k'oç II کۆچ f./m.
caravan leader bazirganbaşî بازِرگانباشی m.
caravanserai xan I خان f.
caraway : -black ~ řeşik III ڕەشِك f.
carcass leş لەش m.; k'eleş I کەلەش m./f.; qetirme I قەتِرمە m.; berat'e بەراتە f.
card: (playing ~) p'eřik پەڕِك f./m.
to card (wool) jendin ژەندِن vt.; şkinîn شکِنین vt.
cardoon (Cynara cardunculus, wild artichoke) kereng کەرەنگ m./f.
care: (worry) cefa جەفا m.; k'eder کەدەر f.; k'erb کەرب

f.; **k'eser** کەسەر f.; **kovan** کۆڤان f.; **kul I** کول m./ f.; **şayîş** شاییش f./pl.; **tatêl** تاتێل f.; **xem** خەم f.; **xiyal** خِیال f.; **t'efekûrî** تەفەکووری f.; **t'alaş** تالاش f.; (attention) **p'ûte** پووتە f.; **ezet-qulix** ئەزەت قولِخ ; (looking after, taking care of) **miqatî** مِقاتی f.; **sexbêrî** سەخبێری f.; **t'îmar** تیمار f.; **p'ûte** پووتە f.

to care for: (take care of, look after) **hay jê hebûn** های ژێ هەبوون vi.; **t'îmar kirin** تیمار کِرِن vt.

carefree **betal** بەتال; **bêxem** بێخەم; **xemsar** خەمسار; **t'ewekel** تەوەکەل

carefreeness **bêxemî** بێخەمی f.

careful (cautious) **fesal** فەسال ; **miqat** مِقات

carefully (cautiously) **fesal** فەسال

careless **xemsar** خەمسار; **t'ewekel** تەوەکەل

carelessness **xemsarî** خەمساری f.

to caress **miz dan** مِز دان vt.; **p'erixandin** پەرِخاندِن vt.

caretaker **sexbêr** سەخبێر m.&f.

caring about **meraq** مەراق f.

caring for (nursing, treatment) **miqatî** مِقاتی f.; **sexbêrî** سەخبێری f.; **t'îmar** تیمار f.;

carnation **qerefîl** قەرەفیل f.

carob **xernûf** خەرنووف f.

carpenter **xerat** خەرات m.

carpet: **xalîçe** خالیچە f.; **mehfûr** مەهفوور f.; (pileless) **beȓ IV** بەر f.; **cacim** جاجِم f.; **gelt** گەلت m.; **k'ilîm** کِلیم f.; **merş** مەرش m.; **p'alas** پالاس f./m; **tej II** تەژ m.; **tejik I** تاژِك m.; **cil II** جِل f.; (of coarse wool) ; (wall-to-wall) **kombar** کۆمبار m.

carping (n.) **minemin** مِنەمِن f.

carriage **kaȓêt** کارێت f.; (bearing, personal appearance) **qedqamet** قەدقامەت f.; (horse-drawn ~) **fayton** فایتۆن f.; **firẍûn** فِرغوون f.

carrier **bargir** بارگِر m.; **ḧemal** حەمال m.

carrion **leş** لەش m.; **qetirme I** قەتِرمە m.; **berat'e** بەراتە f.

carrot **gizêr** گِزێر m./f.

to carry **birin** بِرِن vt.; (a burden) **hilgirtin** هِلگِرتِن vt.;

to carry across **derbaz kirin** دەرباز کِرِن vt.

to carry away (of rivers, seas) **ȓoda birin** ڕۆدا بِرِن vt.

to carry on: (continue) **domandin** دۆماندِن vt.

to carry out **meşandin** مەشاندِن vt.; **bi ȓê ve birin** بِ ڕێڤە بِرِن vt.; **pêkanîn** پێکانین vt.; **qedandin** قەداندِن vt.; (a task) **şert anîn** شەرت ئانین vt.

carsick: -to be ~ **pêk'etin** پێ کەتِن vi. (**bi trimbêlê k'etin** بِ ترِمبێلێ کەتِن vi.)

cart (wagon) **'erebe** عەرەبە f.; **gerdûm** گەردووم f.; (horse-drawn ~) **fayton** فایتۆن f.; **firẍûn** فِرغوون f.

cart-horse **me'negî** مەعنەگی f.

cartridge belt **ȓext** ڕەخت m./f.; -to put on a ~ **bejna xwe girêdan** بەژنا خوە گِرێدان vt.

to carve **teraştin** تەراشتِن vt.; **necirandin** نەجِراندِن vt.

casanova **tolaz** تۆلاز m.

cascade (small waterfall) **şilêr** شِلێر f.; **şirav** شِراڤ f.; **şîp** شیپ f./m.

case (grammatical) **ȓewş** ڕەوش f.; **awa** ئاوا m.

cash: (money) **p'ere I** پەرە pl./m.

to cast (to throw, toss) **avêtin** ئاڤێتِن vt.; **werkirin** وەرکِرِن vt.; (to mold, form) **dariştin** دارِشتِن vt.

to cast lots **peşk avêtin** پەشك ئاڤێتِن vt.

to cast the evil eye **nezer ji fk-ê girtin** نەزەر ژِ فکێ گِرتِن vt.

caste **tayfe** طایفە f.

castle **birc** بِرج f.; **kela** کەلا f.; **qesr** قەسر f.; (in chess) **ȓex II** ڕەخ f.

to castrate **xesandin** خەساندِن vt.

casualty **birîndar** بِریندار m.

cat **p'isîk** پِسیك f.; **k'itik II** کِتِك f./m

Catalan **Katalanî** کاتالانی

catamite (passive homosexual) **ḧîz** حیز m.; **p'ûşt** پووشت m.&f.

catapult **mencenîq** مەنجەنیق f.; **hêlekan** هێلەکان f.; **berkanî** بەرکانی f.

cataracts: (in eyes) **ava spî** ئاڤا سپی f.; **p'erda ç'e'va** پەردا چەعڤا f.

catarrh **p'ersîv** پەرسیڤ m./f.; **sat'ircem** ساتِرجەم f.; **sitam** سِتام f.

catastrophe **bela I** بەلا f.; **gosirmet** گۆسِرمەت f.; **boblat** بۆبلات f.; **siqûmat** سِقوومات; **şetele** شەتەلە f.

to catch **girtin** گِرتِن vt.; **p'êsîr girtin** پێسیر گِرتِن vt.; **zeft kirin** زەفت کِرِن vt.; **qefaltin** قەفالتِن vt.; (a disease) pê k'etin; **vegirtin** ڤەگِرتِن vt.; **girtin** گِرتِن vt. [rev. con.]

to catch a cold **bi stamê ketin** بِ ستامێ کەتِن vi.

to catch fire **agir k'etin** ئاگِر کەتِن vi.; **hilbûn** هِلبوون vi.; **vêk'etin** ڤێکەتِن vi.

to catch hold of **p'êsîr girtin** پێسیر گِرتِن vt.

to catch sight of **qişirandin** قِشِراندِن vt.

to catch up with **dan ser** دان سەر vt.

catching: (contagious) **sarî II** ساری

caterpillar **maşot** ماشۆت f.

cattle **t'ariş** تارِش m.; **çavrî** چاڤری f.; **gaȓeş** گارەش f.; **dewar** دەوار m.; **ḧeywanet** حەیوانەت m.

cattle egret (*Bubulcus ibis*) **garanîk** گارانیك f.

cattle plague **qiȓ II** قِر f.

caught: (stuck) **asê** ئاسێ
cauldron **beroş** بەرۆش f.; **dişt** دِشت f./m.; **mencel** مەنجەل f.; **sîtil** سیتِل f.
cauliflower **kelem I** کەلەم f./m.
cause **eger II** ئەگەر f.; **sebeb** سەبەب f./m.; **sedem I** سەدەم f.; **ûşt** ئووشت f.; **me'na** مەعنا f.; **neynesî** نەینەسی f.; (occasion, grounds for) **hêncet** هێنجەت f.
to cause: (s.o. to do stg.) **dan I** دان vt. + inf.
to cauterize **k'ewandin** کەواندِن vt.; **şarandin** شاراندِن vt.
cauterized: -to be c. **k'ewîn** کەوین vi.
to caution **qewîtî kirin** قەویتی کِرِن vt.; **t'emî dan** دان تەمی vt.
cautioning (n.) **t'emî** تەمی f.; **qewîtî** قەویتی f.
cautious (careful) **fesal** فەسال; **miqat** مِقات
cautiously (carefully) **fesal** فەسال
cave **şkeft** شکەفت f.; **mixare** مِغارە f.; **ziving** زِڤِنگ f.
cavern **şkeft** شکەفت f.; **mixare** مِغارە f.
to cease **ji ... rabûn** ژِ ... رابوون vi.; **t'erkandin** تەرکاندِن vt.; **dev jê berdan** دەڤ ژێ بەردان vt.; **qeran** قەران vt./vi.; **dest jê k'işandin** دەست ژێ کِشاندِن vt.; **hiştin** هِشتِن vt.; **betal kirin** بەتال کِرِن vt.; (rain) **vedan** ڤەدان vt.
cease-fire **şeřragirtin** شەڕراگِرتِن f.; **şeřrawestin** شەڕراوەستِن f.
cedar **wurz** وورز f.
to cede: (yield, give in) **daxwarin** داخوارِن vt.
ceiling **arîk** ئاریك f./m.; **kuşxank** کوشخانك pl.; **sapîtke** صاپیتکە f.; **asraq** ئاسراق f.
celebration **cejin** جەژِن f.; **de'wat** دەعوات m./f; **dîlan** دیلان f.; **şayî I** شایی f.
cell (chamber) **çavik I** چاڤِك f.; (box, square [printed page]) **malik** مالِك f.
cellar (basement) **serdab** سەرداب f.; **zêřzemîn** زێڕزەمین f.; **padval** پادڤال f.
cemetery **gořistan** گۆڕِستان f.; **qebristan** قەبرِستان f.; **t'irb** تِرب f.; (Christian ~) **gort I** گۆرت m. (Urm)
to censor **sansûr kirin** سانسوور کِرِن vt.
censorship **sansûr** سانسوور f.
censure **te'n** تەعن f./m.
cent (penny) **qurûş** قورووش m.
center **naveřast** ناڤەڕاست f.; **nîv[î** نیڤ[ی**]** f./m.; **nav II** ناڤ f./m.; **ort'e** ئۆرتە f.; (community ~) **navend** ناڤەند f.; *melbend; -at the ~ of **nav III** ناڤ
centipede **şeyê mar** شەیێ مار m.
central **navîn** ناڤین
central office (headquarters) **fermangeh** فەرمانگەه f.
century **sedsal** سەدسال f.; **ç'erx** چەرخ f./m.
cereal: (grain) **zad** زاد m.; **dexl** دەخل m.; **tene I** تەنە
cerement **ç'arşev** چارشەڤ f.; **k'efen** کەفەن m.
certain: (sure) **misoger** مِسۆگەر; **piştrast** پِشتراست; **êqîn** ئێقین/**yeqîn** یەقین; **biste** بِستە
certainly **helbet** هەلبەت; **yeqîn** یەقین
certainty **yeqîn** یەقین f.
chador **ç'adir** چادِر f.; **ç'arik** چارِك f./m.; **ç'arşev** چارشەڤ f.; **p'erde** پەردە f.; pêçe
chaff: **k'ozer I** کۆزەر f.; **'efare** عەفارە f. ; (discarded rice ~) **belim** بەلِم f.
chain: **zincîr** زِنجیر f.; (line) **řêz I** ڕێز f.; **řêzil** ڕێزِل f.; (gold or silver neckchain) **benî II** بەنی m.; **řistik** ڕِستِك f./m.; (necklace) **t'oq** تۆق m.; (series, e.g., of events) **p'êl** پێل f.; (small silver ~ as ornament on horse's bridle) **řişme** ڕِشمە m.
to chain up **qeyd kirin** قەید کِرِن vt.
chains (fetters) **qeyd** قەید f.; **zincîr** زِنجیر f.
chair **k'ursî** کورسی f./m.
chairman **serk'ar** سەرکار m.
Chaldean (Christian minority of Kurdistan) **File** فِلە m.&f.; **Suryanî** سوریانی m.&f.; **Mexîn** مەخین m.
Chaldean woman **kîlo I** کیلۆ f.
chalice **cam** جام f.; **cama meyê** جاما مەیێ f.
chamber (compartment) **çavik I** چاڤِك f.; (room) **ode** ئۆدە f.; **mezel** مەزەل f.; **ot'ax** ئۆتاخ f.; -underground c. **zindan** زِندان f./m.
chameleon **xemegurî** خەمەگوری f.
champion **leheng** لەهەنگ m.; **p'elewan** پەلەوان m.
chance: (luck) **bext** بەخت m.; **siûd** سِئوود f.; (opportunity) **delîve** دەلیڤە f.; **derfet** دەرفەت f.; **fesal** فەسال f.; **firset** فِرسەت f.; **kevlû** کەڤلوو f.; **k'ês** کێس f.; **mecal** مەجال f.; **mefer** مەفەر f.
change: (of clothes) **bedilç'ek** بەدِلچەك f./m.; **berşo** بەرشۆ f.; (small ~, petty cash) **hûrik** هوورِك m.; **p'erê hûr** پەرێ هوور m.;
to change: (vt.) **guhartin** گوهارتِن vt.; **guhastin** گوهاستِن vt.; **bedel kirin** بەدەل کِرِن vt.; **degîş kirin** دەگیش کِرِن vt; (vi.) **hatin guhartin** هاتِن گوهارتِن vi.; **ferq kirin** فەرق کِرِن vt.
to change one's mind **lêvebûn** لێڤە بوون vi.
to change the order of (transpose) **paş û pêş xistin** پاش و پێش خِستِن vt.
to change the subject **jêvebûn** ژێڤە بوون vi.
changeable **guhêrbar** گوهێربار
channel: (carved by water) **zaboq** زابۆق f.; (of river) **cew** جەو f.; **cû I** جوو f.
Chanukah --> see Hanukah.

chaos **k'eft û left** کەفت و لەفت f.; **k'af-k'ûn** کاف کوون f.; **hose** هۆسە f.; **geremol** گەرەمۆل f.; **hoqeboq** هۆقەبۆق f.
chaotic **p'erîşan** پەریشان
chap (man, fellow) **k'abra** کابرا m.; **zilam** زِلام m.
chaplet **t'izbî** تِزبی m./f.
chapter **şax** شاخ f./m.; (of the Quran) **sûret II** سوورەت m.
to char **qemandin** قەماندِن vt.; **kuzirandin** کوزِراندِن vt.
character: (hero of story) **boke** بۆکە m.; (personality) **exlaq** ئەخلاق m.; **ṯebî'et** طەبیعەت f./m.; **xeyset** خەیسەت m.; **r̄ewişt** ڕەوِشت f.; (strength of c.) **kesanetî** کەسانەتی f.
characteristic (n.): (trait) **t'aybetmendî** تایبەتمەندی f.; **xeyset** خەیسەت m.; **t'ebî'et** تەبیعەت f./m.; **sifet** سِفەت m.; **kat** کات f.; **sexlet** سەخلەت
charcoal **r̄ejî** ڕەژی f.; **fehm II** فەهم f.
charge: (onslaught, as "of the light brigade") **r̄ik'êb** ڕکێب f.
to charge: (a fee, for services rendered) **heqê xwe standin** هەقێ خوە ستاندِن vt.
to charge at (rush upon) **r̄ik'êb kirin** ڕکێب کِرِن vt.
charitable **dilr̄eḧm** دِلڕەحم
charity: (benevolence) **îḧsan** ئیحسان f.; **ṣedeqe** صەدەقە f.; **geşt** گەشت f.; **deroze** دەرۆزە f.; **p'ars** پارس f.; (fund) **weqf** وەقف f.
charlatan **gelac** گەلاج m.
charm: **nivişt** نِڤِشت f.; **t'iberk** تِبەرك f.; **t'ilism** تِلِسم f./m.; (amulet around waist) **berbejn** بەربەژن f.; (enchanting quality) **delalî** دەلالی f.; **xwînşîrînî** خوینشیرینی f.
charming **delal I** دەلال; **k'eleş III** کەلەش; **xwînşîrîn** خوینشیرین
chase: (hunting) **nêçîr** نێچیر f.; **r̄av I** ڕاڤ f.; **seyd** سەید f./m.; **şikar** شِکار f.
to chase: **qewrandin I** قەوراندِن vt.; **qewtandin** قەوتاندِن vt.; **dan ser** دان سەر vt.; (be at s.o.'s heels) **asê kirin** ئاسێ کِرِن vt.
to chase away (drive away) **r̄evandin** ڕەڤاندِن vt.
chasm **zer II** زەر f.
chat **ṣuḧbet** صوحبەت f.
to chat **ṣuḧbet kirin** صوحبەت کِرِن vt.;
chattels (of the poor) **sit'ar** سِتار f.
chatter: (idle talk, gossip) **pitepit** پِتەپِت f.; **galegûrt** گالەگوورت f.; **galigal** گالِگال f.; **kurt û p'ist** کورت و پِست f.
to chatter (of teeth) **r̄ikr̄ikîn** ڕِکڕِکین vi.
chatterbox (gossip) **zirtek** زِرتەك m.
chattering: (of teeth) **qirç'e-qirç'** قِرچەقِرچ f.
chauffeur **ajotvan** ئاژۆتڤان m.&f.
cheap **erzan** ئەرزان
cheapness **erzanî** ئەرزانی f.
cheat (trickster) **ḧîlebaz** حیلەباز m.; **dek'baz** دەکباز m.
to cheat (fool, deceive) **xapandin** خاپاندِن vt.; **lêbandin** لێباندِن vt.; **di serda birin** دِ سەردا بِرِن vt.
cheated: to be ~ **lêbyan** لێبیان vi.; **xapîn** خاپین vi.
cheating (n.) **qelpî** قەلپی f.; **t'eşqele** تەشقەلە f.; **xap** خاپ f.
to check out: (inspect, examine) **seh kirin** سەه کِرِن vt.; **saẍtî kirin** ساغتی کِرِن vt.
to check up on **t'eselî kirin** تەسەلی کِرِن vt.
checkers: (game) **dame** دامە f.
checking (n.) (examining) **saẍtî** ساغتی f.; **t'eselî** تەسەلی f.
cheek **alek** ئالەك f.; **hinarik** هِنارِك f.; **dêm II** دێم f./m.; **r̄û I** ڕوو m.; **sûret I** سوورەت m.; (inside of ~) **gup** گوپ f.; **lame** لامە f.
cheekbone **hinarik** هِنارِك f.
cheeky: (impertinent) **ḧur̄** حوڕ
cheerful **devlik'en** دەڤلِکەن; **r̄ûk'en** ڕووکەن; **beşerxweş** بەشەرخوەش
cheerfulness **r̄ûk'enî** ڕووکەنی f.
cheese: **penîr** پەنیر m.; (type of ~ made of curds) **ç'olik II** چۆلِك m.; (dried ~ rolled into balls) **ç'ortan** چۆرتان pl.; **k'eşk** [A] کەشك m./f.; (type of creamy ~) **toraq** تۆراق f.
chef **aşpêj** ئاشپێژ m.
chemist (druggist) **dermanfiroş** دەرمانفِرۆش m.&f.
chemist's (pharmacy) **dermanxane** دەرمانخانە f.
cherry: **gêlaz** گێلاز f.; **qeresî** قەرەسی f.; (sour cherry) **belalûk** بەلالووك f.; (cornelian ~) **helhelok** هەلهەلۆك f.
cherub **kerûbî** کەرووبی m.
chess **k'işik** کِشِك pl./f.; **şetrenc** شەترەنج f.; **şaxmat** شاخمات f.
chessboard **t'exteyê şetrencê** تەختەیێ شەترەنجێ m.
chest: (anat.) **sîng** سینگ m./f.; **berûk** بەرووك f.; **depa sing** دەپا سینگ; **p'aşil** پاشِل f.; **p'êsîr** پێسیر f.; (organs of chest cavity) **hinav** هِناڤ m.; (box, container) **qut'î** قوتی f.; **sindoq** سِندۆق f./m.; **sindirîk** سِندِریك f.
chest cavity **p'êsîr** پێسیر f.
chestnut (adj.) (horse's coloring) **şê** شێ; **k'umeyt** کومەیت
to chew **cûtin** جووتِن vt.; **kotin** کۆتِن vt.; **kurisandin I** کورِساندِن vt.

chewing gum **benîşt** بەنیشت m.
chic **k'eşxe** کەشخە
chick **cûcik** جووجِك m./f.; **çelîk** چەلیك m.; **ç'êl IV** چێل m.; **vaȓik** ڤارِك f.; **çîçik III** چیچِك f.; **ferx** فەرخ m.&f.
chicken **mirîşk** مریشك f.; **tûtik I** تووتِك f.; (female ~) **mamir** مامِر f.; **vaȓik** ڤارِك f.
chicken coop **pîn I** پین f.
chicken pox **mîrkut** میركوت f.
chick-peas **nok** نۆك m./f.; **alînok** ئالینۆك m.;
chicory **talîşk** تالیشك f.
chiding: (gentle ~) **dalehî** دالەهی f.
chief: **mezin** مەزِن m.; **serek** سەرەك m.; **serk'ar** سەركار m.; **serok** سەرۆك m.; **serwer** سەروەر m.; -village c. **k'eya** كەیا m.; **k'ewxwe** كەوخوە m.; **muxtar** موختار m.
chief editor **sernivîsk'ar** سەرنِڤیسكار m.&f.
chieftain (title) **mîr I** میر m.
child **zaȓo[k]** [ك]زارۆ m./f.; **çûçik I** چووچِك m.; **kuȓ II** كورِ m.; **law** لاو m.; **ewled** ئەولەدm.; **piçûk** پچووك m.; **t'ifal** تِفال f./m.; ***mindal** مِندال m.&f.; (male ~) **gede** گەدە m.; **sebî** سەبی m.; -~ of servant **xulamk'ole** خولامكۆلە m.&f.
childbed **zêstanî** زێستانی f.
childhood **zarotî** زارۆتی f.; **çûçiktî** چووچِكتی f.; **piçûkayî** پچووكایی f.; ***mindaltî** مِندالتی f.
childishness **çûçiktî** چووچِكتی f.
childless **bêweç** بێ وەچ; **bêzuȓet** بێ زورِەت; **bê dûnde** بێ دوندە; **ȓical** رِجال; **kor** كۆر; (of animals) **stewir** ستەوِر ; (of married couple) **warkor** واركۆر
childlessness **bêzuȓetî** بێ زورِەتی
children (pl. of child) **'eyal** عەیال m./f.; **piçûk** پچووك pl.; **zav-zêç** زاڤ زێچ ; **k'ulfet** كولفەت f.; **zuȓet II** زورِەت f.; **zêdehî** زێدەهی f.
chill (shudder) **teviz I** تەڤِز f.
chimney **pixêrîk** پخێریك f.
chin **çeng II** چەنگ f.; **erzen** ئەرزەن f.; **argûşk** ئارگووشك f.
china (porcelain) **ferfûr** فەرفوور m./f.
chinaware **ferfûr** فەرفوور m./f.
Chinese **Ç'înî** چینی
chips: (shavings) **qirş** قِرش m.; **qaşil** قاشِل m./f.; **telîş I** تەلیش m.
chirping: (of birds) **ç'ivte-ç'ivt** چِڤتەچِڤت f.; **wîtewît** ویتەویت f.
chirring: (of crickets) **çirke-çirk** چِركەچِرك f./m.
chisel (auger, gimlet) **mikare** مِكارە m.
to chisel **necirandin** نەجِراندِن vt.

chives **sîrim** سیرِم f.
choice (adj.): (select[ed]) **bijare** بِژارە
to choke (vi.) **xeniqîn** خەنِقین vi.; (vt.) **xeniqandin** خەنِقاندِن vt.; **fetisandin** فەتِساندِن vt.
cholera **êşa ȓeş** ئێشا رِەش
to choose **bijartin I** بِژارتِن vt.; **hilbijartin** هِلبِژارتِن vt.; **jêgirtin** ژێگِرتِن vt.; **neqandin I** نەقاندِن vt.; **begem kirin** بەگەم كِرِن vt.;**'ecibandin** عەجِباندِن vt.
to chop: (finely) **hincinîn** هِنجِنین vt.; **hûr kirin** هوور كِرِن vt.
to chop off **jêkirin** ژێكِرِن vt.; **weȓandin II** وەرِاندِن vt.; **p'ekandin** پەكاندِن vt. -to ~ s.o.'s head **serjêkirin** سەرژێكِرِن/**şerjêkirin** شەرژێكِرِن vt.
chosen: (select[ed]) **bijare** بِژارە
Christian **File** فِلە m.&f.
Christianity **filetî** فِلەتی f.
chubby **ḧut** حوت; **ḧut û pit** حوت و پت
chuckle **p'îrqîn** پیرقین f.
chuckling **p'îrqîn** پیرقین f.
chum **heval** هەڤال m.&f.; **hogir** هۆگِر m.
chunk (large piece) **loq I** لۆق m./f.; **şel III** شەل m.
church **dêr** دێر f.
churn: **k'il III** كِل m./f.; (made of animal skin) **meşk** مەشك f.; **'eyar** عەیار m.; **'eyarşîrk** عەیارشیرك f.; (made of wood) **sirsûm** سِرسووم f.; (made of clay) **xinûsî** خِنووسی
to churn (butter) **k'ilan** كِلان vt.
chute (on a mill) **şîp** شیپ f./m.
cicada **kulî I** كولی f.
cigarette **cigare** جِگارە f.; **baçik** باچِك f.
cigarette butt **qotmok** قۆتمۆك f.
cigarette smoke **kadû** كادوو f.
cinch (saddle strap) **berteng II** بەرطەنگ m.
cinnamon **darçîn** دارچین f.
circle: **xelek** خەلەك f.; **olk I** ئۆلك f.; **bazin** بازِن m./f.; **t'oq** تۆق m.; (sphere) **govek** گۆڤەك f.; (orbit) **geȓ II** گەرِ f.
circular (adj.): (round) **giroveȓ** گِرۆڤەرِ
circular (n.): (pamphlet, flyer) **belavok** بەلاڤۆك f.
to circumambulate **ç'ar rexî ft-î geȓan ...** چار رەخی گەرِان
circumambulation (of the Kaabah) **tewaf** تەواف f.
circumcised (infant boy, when being ~) **sanîk** سانیك m.
circumcision: (festivity) **cejin** جاژِن f.
circumference **ç'ar rex** چار رەخ f./pl.
circumflex (^) **k'umik** كومِك m.
circumstances **dest û dar** دەست و دار m.; **ȓewş** رِەوش

f.; **ḧal** حال m.; **ḧewal** حەوال m.; **ḧal û ḧewal** حال و حەوال m.; **kawdan** کاودان pl.; **merc I** مەرج f./m.
cistern **sarinc** سارِنج f.; **kûp** کووپ m.
city **bajar** باژار m.; **şeher** شەهەر m.; **heyşet** هەیشەت f.
city dweller **bajarî** باژاری m.
city wall **sûr I** سوور f.
civil servant **me'mûr** مەعموور m.; **k'arbidest** کاربِدەست m.; **r̄ayedar** ڕایەدار m.&f.
civil war: **şer̄ê birakujîyê** شەڕێ بِراکوژییە m.
civilization **medenîyet** مەدەنییەت f.; **şaristanî** شارِستانی f.
claim **îdî'a** ئیدیعا f.; **angaşt** ئانگاشت f.
to claim (allege) **îdî'a kirin** ئیدیعا کِرِن vt.
to clamber up **r̄ap'elikîn** ڕاپەلِکین vi.;
clamor (loud noise) **gurîn** گورین f.; **galigal** گالِگال f.; **qerebalix** قەرەبالِخ f.; **qîr̄eqîr̄** قیڕەقیڕ f.; **bir̄bir̄** بِڕبِڕ f.; **hêwirze** هێوِرزە f.; **t'eqer̄eq** تەقەڕەق f.; **hoqeboq** هۆقەبۆق f.
clan **îcax** ئیجاخ f.; **ocax** ئۆجاخ f./m.; **hoz** هۆز f.; (tribal subdivision) **berek** بەرەك f.
clanging (n.): (of bells) **zingezing** زِنگەزِنگ f.
clanking (n.): **şingîn** شِنگین f.; **şîqşîq** شیقشیق f.
to clap: (applaud) **ç'epik dan** چەپِك دان vt.
clarification **şîrove** شیرۆڤە f.; **r̄ave** ڕاڤە f.; **îzah** ئیزاه f.
to clarify **şiro vekirin** شِرۆ ڤەکِرِن vt.; **bi serda birin** بِ سەردا بِرِن vt.; **têgihandin** تێگِهاندِن vt.; **zelal kirin** زەلال کِرِن vt.
clarity **r̄onahî I** ڕۆناهی f.; **zelalî** زەلالی f.
to clash (argue, fight) **p'ev k'etin** پەڤ کەتِن vi.; **lêkdan** لێکدان vt.
class: (social ~) **ç'în** چین f./m.; (in school) **dersxane** دەرسخانە f.; **p'ol III** پۆل f.
classroom **dersxane** دەرسخانە f.
claw **çeng I** چەنگ f.; **lep** لەپ f./m.
clay **ḧer̄î** حەڕی f.; **t'eqin** تەقِن f.; (wet ~) **r̄iṯam** ڕِطام f.
clay jar **kûp** کووپ m.
clay jug **kûp** کووپ m.; **k'ûz II** کووز m.; **k'ûzik** کووزِك m.; (water jug) **sewîl** سەویل m.
clay pitcher : (wide-mouthed) **kûp** کووپ m.
clay pot **dîz** دیز f.; **hincan** هِنجان m.
clean **p'ak** پاك; **p'aqij** پاقِژ; **t'emiz** تەمِز
to clean **p'aqij kirin** پاقِژ کِرِن vt.; **maliştin** مالِشتِن vt.; **vemaliştin** ڤەمالِشتِن vt.
to clean up (tidy up, one's room) **ser û ber kirin** سەر و بەر کِرِن vt.; **lêkdan** لێکدان vt.
cleaning (n.) **p'aqijî** پاقِژی f.
cleanliness **p'akî** پاکی f.; **p'aqijî** پاقِژی f.; **t'emizî** تەمِزی f.; **ṯaret** طارەت f.
to cleanse (oneself after sex) **xwe tahfîl kirin** خوە تاهفیل کِرِن vt.
cleansing (n.) (after sex) **teḧfîl** تەحفیل
clear: **safî** سافی; **sayî I** سایی; (obvious) **aşkere** ئاشکەرە; **belû** بەلوو; **'eyan** عەیان ; **k'ifş** کِفش; **xanê** خانێ; (limpid) **zelal** زەلال; **r̄on I** ڕۆن/**r̄ohnî I** ڕۆهنی; (of water) **ber̄aq** بەڕاق; (of sky) **ç'îk-sayî** چیك سایی ; (of path, road, etc.) **serbest** سەربەست ; -to become c. (to turn out, become evident) **derketin holê** دەرکەتِن هۆلێ vi.
to clear (the table) **sifre hilanîn** سِفرە هِلانین vt.
clearing (glade) **t'ûş I** تووش f.
cleaver (meat ~, butcher's knife) **sat'or I** ساتۆر f.; **sîkar** سیکار f.
cleft (adj./pp.): -to be ~ in half/two **şiqitîn** شِقِتین vi.
cleft (n.): (crack) **derz** دەرز f.; **qelîştek** قەلیشتەك f.; **terk I I** تەرك f.; **tîş I** تیش f.
clever **aqiljîr** ئاقِلژیر; **aqilmend** ئاقِلمەند; **aqiltîj** ئاقِلتیژ; **bi zihn** بِ زِهن; **jêhatî** ژێهاتی; **ç'eleng** چەلەنگ; **zîx I** زیخ; **serwext** سەروەخت; (shrewd, cunning) **şeytan** شەیتان; **p'îç** پیچ
cleverness **ç'elengî** چەلەنگی f.; **serwextî** سەروەختی f.; **fer̄eset** فەڕەسەت f.; (cunning) **finaz** فِناز m./f.
clicking (n.) **şîqşîq** شیقشیق f.
cliff **zinar I** زِنار m./f.; **zang** زانگ f./m.; **kendal** کەندال m.; **qeya** قەیا f.; **şax** شاخ f./m.; **tat I** تات f.
climate **hewa** هەوا f.
to climb **hilk'işîn** هِلکِشین vi.; **derk'etin** دەرکەتِن vi.; **serk'etin** سەرکەتِن vi.; **quloz bûn** قولۆز بوون vi.; **r̄ap'elikîn** ڕاپەلِکین vi.; (~ to the top) **xwe dan fêzê** خوە دان فێزێ vt.
to climb down **şiqitîn** شِقِتین vi.
to cling to **nûsyan** نووسیان vi.
clinking (n.: of bells) **çingeçing** چِنگەچِنگ f.
to clip **meqes kirin** مەقەس کِرِن vt.; (of trees, etc.) **k'ezaxtin** کەزاختِن vt.; **çipilandin** چِپِلاندِن vt.; **pejikandin** پەژِکاندِن vt.; **t'er̄işandin** تەڕِشاندِن vt.
clipping (of trees) **k'ezax** کەزاخ f.
clitoris **gilik** گِلِك f.; **zîlik** زیلِك f.; **tîtilk** تیتِلك f.
cloak: (aba) **'eba** عەبا f.; (of virgin wool, without embroidery) **şalik II** شالِك f.; (shepherd's felt ~) **k'epenek** کەپەنەك m.; (fur-lined, long) **k'urk II** کورك m.
clock **sa'et** ساعەت f.; **demjimêr** دەمژمێر f.
clod **gumtil** گومتِل m.; **p'erçe** پەرچە m./f.
close (to): (near) **nêzîk** نێزیك; (intimate, of friends) **biste** بِستە

to close **girtin** گرتِن vt.; **daxistin** داخِستِن vt.; (one's eyes) **miçandin** مِچاندِن vt.; **damirandin** دامِراندِن vt.
closed **girtî** گرتی
closeness (nearness) **nêzîkayî** نێزیکایی f.
closet **dolab I** دۆلاب f.
cloth: **qumaş** قوماش m.; **caw** جاو m.; **k'efî** کەفی f.; **p'erçe** پەرچە m./f.; **pertal** پەرتال m.; (coarse ~) **ç'ox** چۆخ m.; **cang** جانگ m.; **p'aç' II** پاچ m.; (for wrapping a bundle) **buxçik** بوخچِك; **şalik II** شالِك f.; (ground ~) **mêzer** مێزەر f.; (silken ~) **meles** مەلەس f.; (small piece of ~) **p'ate II** پاتە m.; **p'eȓok** پەڕۆك m.; (for wrapping bandage) **teȓîş** تەڕیش m.
clothes **cil** جِل f./pl.; **k'inc** کِنج m.; **ç'ek** چەك m./f.; **libs** لِبس m.; (of the poor) **sit'ar** سِتار f.; (Sunday best) **ȓiħal** ڕِحال f.;
clothes moth **bizûz** بِزووز f.
clothing **cil** جِل f./pl.; **k'inc** کِنج m.; **ç'ek** چەك m./f.; **libs** لِبس m.; (of the poor) **sit'ar** سِتار f.; (Sunday best) **ȓiħal** ڕِحال f. f.
cloud **'ewr** عەور f./m.; (storm ~) **hecac** هەجاج f.; **p'elte** پەلتە f.; **t'elp** تەلپ m.
cloudburst **tavî** تاڤی f.
cloudless (clear, of sky) **sayî I** سایی
cloudy (of water) **şêlo** شێلۆ
clove **qerefîl** قەرەفیل f.
clover **nefel** نەفەل f.; **ket** کەت m./f.; **'endeko** عەندەکۆ f.
clown **qeşmer** قەشمەر m.; **şemo** شەمۆ m.; **qirdik** قِردِك m.&f.; **zirtek** زِرتەك m.
clowning **qeşmerî** قەشمەری f.; **qirdikî** قِردِکی f.
club: (mace) **gurz I** گورز m.; **hiwêzî** هِوێزی m.; (stick) **çomaẍ** چۆماغ m.; شِڤ f.; **ciniħ** جِنِح m.; **metreq** مەترەق m.; **çîv** چیڤ m.; (wooden) **şivdar** شِڤدار f.; (golf~) **çogan** چۆگان m.
clubs (in card games) **sînek** سینەك f.; **îspatî** ئیسپاتی m.
clump **gumtil** گومتِل m.
clumsy **destgiran** دەستگِران; **giran I** گِران
cluster: **gumtil** گومتِل m.; (of grapes) **gûşî** گووشی m.; **harsim** هارسِم m.
co-wife **hêwî** هێوی f.
co-worker **hevk'ar** هەڤکار m.&f.
coach (carriage) **kaȓêt** کاڕێت f.
to coagulate **mehîn II** مەهین vi.
coal **ȓejî** ڕەژی f.
coalition **hevalbendî** هەڤالبەندی f.;
coarse **qalin** قالِن; **stûr** ستوور; **xam** خام; **qube I** قوبە; (rough) **zivir** زِڤِر; **p'arsû-qalim** پارسوو قالِم
coarseness **qalinî** قالِنی f.; **stûrî** ستووری f.
coast: (shore) **p'eȓav** پەڕاڤ f.; **lêv** لێڤ f.
coat (overcoat) **hewran I** هەوران m.; **qap'ût** قاپووت f./m.; **qerpal** قەرپال m.; (long, fur-lined) **k'urk II** کورك m.
to coat (plaster) **dûtin** دووتِن vt.; **seyandin** سەیاندِن vt.; **sewax kirin** سەواخ کِرِن vt.; (base metal with gold) **tamandin** تاماندِن vt.
coat of mail (armor) **ȓext** ڕەخت m./f.; **zirx** زِرخ f.
cobbler **k'oşk'ar** کۆشکار m.; **pîneçî** پینەچی m.; **solbend** سۆلبەند m.; **soldirû** سۆلدِروو m.;
cobweb **t'evn** تەڤن m./f.; **t'evnpîrk** تەڤنپیرك f.
coccyx **kilêjî** کِلێژی m.; **qarç'ik** قارچِك f.
cock: (rooster) **dîk** دیك m.
cockerel **ç'êt** چێت m.; **şelûf** شەلووف m.
cockle bur **quncirk** قونجِڕك f.
cockroach **sîsirk** سیسِرك f.
cock's comb **şehê dîk** شەهێ دیك m.
cocoon **qoze** قۆزە f.
coerced **neçar** نەچار; **mecbûr** مەجبوور; **p'êwîst** پێویست
coffee **qawe** قاوە f.
coffee break (mid-morning) **qeretûn** قەرەتوون f.
coffee cup **fîncan** فینجان f.
coffee pot **cimcime I** جِمجِمە m.; **qirmî** قِرمی m.
coffee shop **qawexane** قاوەخانە f.
coffeehouse **qawexane** قاوەخانە f.
coffer **sindoq** سِندۆق f./m.
coffin **sindirîk** سِندِریك f.
to cogitate (to think) **hizir kirin** هِزِر کِرِن vt.; **fikirîn I** فِکرین vi.; **ȓaman I** ڕامان vi.; **p'onijîn** پۆنژین vi.
coherent **hevgirtî** هەڤگِرتی
cohesive **hevgirtî** هەڤگِرتی
coin **p'ol I** پۆل m.; **p'olik I** پۆلِك f.; (small ~) **qurûş** قورووش m.; **şeyî** شەیی m.; **t'ek** تەك f.; (small ~ on tambourine) **xişxişk** خِشخِشك f.
to coin (a word) **dariştin** دارِشتِن vt.
to coincide [with] **ȓêkk'etin** ڕێککەتِن vi.; **li hev hatin** لِ هەڤ هاتِن vi.
coincidence **ȓêkk'etin** ڕێککەتِن f.
colander (strainer) **mifsik** مِفسِك f.
cold (adj.) **sar** سار; (severe, bleak) **diȓ** دِڕ; **qerisokî** قەرسۆکی; -to be cold **cemidîn** جەمِدین vi.; **qerisîn** قەرسین vi.;
cold (n.) (catarrh, common ~) **p'ersîv** پەرسیڤ m./f.; **sat'ircem** ساتِرجەم f.; ; **sitam** سِتام f.; (cold weather) **serma** سەرما f.; **sir I** سِر f./**suȓ I** سوڕ f.; **seqem** سەقەم f.; **qir I** قِر f.; **sarî I** ساری f.; -to catch a ~ **sat'ircemî bûn** ساتِرجەمی بوون vi.
cold spell **seqem** سەقەم f.

coldness **sarî I** سارى f.
colic **qolinc II** قۆلِنج f.; -suffering from c. **qolincî I** قۆلِنجى
collaborator **cehş** جەهش m.; **destkîs** دەستكيس m.&f.; **xwefiroş** خوەفِرۆش m.
collaboration (with enemy) **destkîsî** دەستكيسى f.
collapse (of mine, etc.) **hezaz** هەزاز f.
to collapse (vi.) **hilweşîn** هِلوەشين vi.; **şihitîn** شِهتين vi.; **tot bûn** تۆت بوونvi.
collar **berstû** بەرستوو f.; **girîvan** گِريڤان m.; **p'êsîr** پێسير f.; **pisto** پِسطۆ f.; **yax** ياخ f.; **bestik** بەستِك f.
to collar **p'êsîr girtin** پێسير گِرتِن vt.
colleague **hevk'ar** هەڤكار m.&f.
to collect: (vt.) **berhev kirin** بەرهەڤ كِرِن vt.; **civandin** جِڤاندِن vt.; **k'om kirin** كۆم كِرِن vt.; **t'op kirin** تۆپ كِرِن vt.; **xir ve kirin** خِر ڤە كِرِن vt.; **lêkdan** لێكدان vt.
collection **berhevok** بەرهەڤۆك f.
collector **berevker** بەرەڤكەر m.
college ***dibistan** دِبِستان f.; **xwendegeha bilind** خوەندەگەها بِلِند f.
to collide: **p'ev k'etin** پەڤ كەتِن vi.; **lêkdan** لێكدان vt.; -to cause to ~ **qelibandin** قەلِباندِن vt.
collision **de'm II** دەعم f.
collyrium **kil I** كِل m./f.
cologne: (lavender water) **lewante** لەوانتە f.
colon (punctuation mark, :) **xalecot** خالەجۆت f.
colonel **serheng** سەرهەنگ m.
colonization **k'edxwarî** كەدخوارى f.
colonizer **dagîrker** داگيركەر m.; **k'edxwar** كەدخوار m.
colonizing (adj.) **k'edxwar** كەدخوار
color **řeng** ڕەنگ m.; **gon I** گۆن m.
colorful **belek I** بەلەك
colostrum **firo** فِرۆ m.; **zak** زاك m.; **firşik II** فِرشِك; **xîç' I** خيچ ; **xelendor I** خەلەندۆر m.
colt **canî** جانى f.; **k'uřik** كوڕِك m.; (3 year old) **berzîn I** بەرزين m.; (4 year old) **nûzîn** نووزين m.
colter (of plow) **şûrê cot** شوورێ جۆت/**şûrê kotanê** شوورێ كۆتانێ m.
column (row) **řef II** ڕەف f./m.; (pillar) **stûn** ستوون f.
comb **şeh** شەه m.; (metal c. for tightening threads on a loom) **hepik** هەپِك m.
to comb **şeh kirin** شەه كِرِن vt.; **şkinîn** شكِنين vt.
combatant (warrior) **şeřvan** شەڕڤان m.; **têkoşer** تێكۆشەر m.
combe **dol II** دۆل f.
combination (mixture, of foods) **gêlme** گێلمە f.; (hodgepodge) **gêlma gavanî** گێلما گاڤانى f.; **girara gavana** گِرارا گاڤانا f.
combing (horse) **t'îmar** تيمار f.
to come **hatin** هاتِن vi.; **werîn I** وەرين vi.; (ejaculate) **xira bûn** خِرا بوون vi
to come about (occur) **pêkhatin** پێكهاتِن vi.; **hatin pê** هاتِن پێ vi.
to come across (encounter) **t'ûşî** *ft-î* **bûn** تووشى فتى بوون vi.;
Come again? **lebê** لەبێ
to come apart **jêbûn** ژێ بوون vi.
to come around (give in) **hatin řaê** هاتِن ڕائێ vi.
to come back **vegeřîn** ڤەگەڕين vi.; **ziviřîn** زِڤِڕين vi.; **fetilîn** فەتِلين vi.
to come back to life (lit. & fig.) **hatin ser řengê xwe** هاتِن سەر ڕەنگێ خوە vi.; **vejîn** ڤەژين vi.; **geş bûn** گەش بوون vi.
to come down (be lowered) **nizm bûn** نِزم بوون vi.
to come down with (disease) **derxistin** دەرخِستِن vt.; **vegirtin** ڤەگِرتِن vt.; **girtin** گِرتِن vt. [rev. con.]; ~the plague **bi qotikê ketin** بِ قۆتِكێ كەتِن vi.
to come into existence **hatin pê** هاتِن پێ vi.
to come off (be severed) **p'ekîn** پەكين vi.; **p'eqîn** پەقين vi.; **jêbûn** ژێ بوون vi.
come on! **de I** دە; **hela I** هەلا; **k'anî II** كانى
to come out: **derk'etin** دەركەتِن vi.; **derhatin** دەرهاتِن vi.; (emanate) **vemistin** ڤەمِستِن vi.; (of publications) **derç'ûn** دەرچوون vi.
to come to an agreement **qîma xwe anîn** قيما خوە ئانين vt.
to come to blows **bi hev ç'ûn** بِ هەڤ چوون vi.
to come to life **geş bûn** گەش بوون vi.
to come to light (appear) **t'ifiqîn** تِفِقين vi.; **xuyan I** خويان vi.
to come to one's senses **serxweda hatin** سەرخوەدا هاتِن vi.; **varqilîn** ڤارقِلين vi.
to come together (meet) **gihîştin hev** گِهيشتِن هەڤ vi.
to come undone **p'ekîn** پەكين vi.
to come up (the sun) **hilhatin** هِلهاتِن vi.
comedian **henekvan** هەنەكڤان m.; **qeşmer** قەشمەر m.; **qirdik** قِردِك m.&f.; **yarîker** ياريكەر m.&f.
comedy **qeşmerî** قەشمەرى f.
comfort **řeĥetî** ڕەحەتى f.; (solace) **t'eselî** تەسەلى f.; **dilmînî** دِلمينى f.; **ĥewî** حەوى f.
to comfort (offer consolation) **t'eselî kirin** تەسەلى كِرِن vt.
comfortable **řiĥet** ڕِحەت
comforting (n.) (upon s.o.'s death) **serxweşî** سەرخوەشى

f.; **t'azîye** تازییه f.

comings and goings **çûyîn-hatin** چوویین-هاتِن f.

comma **bêhnok** بێهنۆك f.

command (order) **emir I** ئەمِر m.; **ferman** فەرمان f.; **ferwar II** فەروار f.; **ȟuk'um** حوکوم m.; **qirar** قِرار m./f.; (guidance) **serwerî** سەروەری f.

to command **ferman dan** فەرمان دان vt.

commander **fermandar** فەرماندار m.; **qumandar** قوماندار m.; **serwer** سەروەر m.

commander-in-chief **serfermandar** سەرفەرماندار m.; **serokleşker** سەرۆکلەشکەر m.

commanding (adj.) **zordest** زۆردەست

commandment **t'emî** تەمی f.

comment **têbînî** تێبینی f.

commerce **danûstandin** دانووستاندِن f.; **t'icaret** تِجارەت f.; **bazirganî** بازِرگانی f.

to commission (order, e.g., clothing from tailor) **fesilandin** فەسِلاندِن vt.

to commit (c. a reprehensible act) **yeke net'ê kirin** یەکە نەتێ کِرِن vt.; (hand over, deliver) **spartin** سپارتِن vt.

committing (n.) **t'eslîm** تەسلیم m.

common (shared) **hevbeş** هەڤبەش m.; (vulgar) **stûr** ستوور; -to become ~ (=often heard) **ȓûniştin** ڕوونِشتِن vi.; **cihê xwe girtin** جِهێ خوە گِرتِن vt.

common cold **p'ersîv** پەرسیڤ m./f.; **sat'ircem** ساتِرجەم f.; ; **sitam** سِتام f.

commotion **k'eft û left** کەفت و لەفت f.; **hose** هۆسە f.; **qerqeşûn II** قەرقەشوون; **t'evdan** تەڤدان f.; **qerebalix** قەرەبالِخ f.; **bařebař** بارەبار f.; **hêwirze** هێوِرزە f.; **hengame** هەنگامە f.

to communicate **ȓagihandin** ڕاگِهاندِن vt.

communication **ȓagihandin** ڕاگِهاندِن f.

community: ; (~ of Islam) **omet** ئۆمەت f.

companion **oldaş** ئۆلداش m.; **heval** هەڤال m.&f.; **hogir** هۆگِر m.; **hevbeş** هەڤبەش m.; **hevp'ar** هەڤپار m.; **şirîk** شِریك m.

company: (mil., group of 100 soldiers) **sedmêr** سەدمێر f.

to compare **berhev dan** بەرهەڤ دان vt.

compared to/with **himberî** هِمبەری

comparison **qiyas** قِیاس f.

compartment **çavik I** چاڤِك f.

compass: **cihetnima** جِهەتنِما f.; (pair of ~es) **p'ergal II** پەرگال f.

compassion **dilovanî** دِلۆڤانی f.; **dilȓeȟmî** دِلڕەحمی f.

compassionate **dilovan** دِلۆڤان; **dilȓeȟm** دِلڕەحم; **dilşewat** دِلشەوات

compatible **hinkufê hev** هِنکوفێ هەڤ

compatriot **hemwelatî** هەموەلاتی m.

compelled **neçar** نەچار; **mecbûr** مەجبوور

compensation: (monetary) **cirm** جِرم f.; **xerc** خەرج m./f.

to compete [with] **k'etin lecê** کەتِن لەجێ vi.; **hevȓa k'etin ȓik'êbê** هەڤڕا کەتِن ڕِکێبێ vi.

competence **ȓaye I** ڕایە

competition: (race) **lec** لەج f.; **berêkanê** بەرێکانێ f.; **pêşbazî** پێشبازی f.; **ȓik'êb** ڕِکێب f.; (rivalry) **hevrikî** هەڤرِکی f.

competitor **hevrik** هەڤرِك m.&f.; **neyar** نەیار m.

to complain **gazin kirin** گازِن کِرِن/**gazinde kirin** گازِندە کِرِن vt.; **şikyat kirin** شِکیات کِرِن vt.; **hatin zarê** هاتِن زارێ vi.; (~ about) **li fk-ê gilî kirin** لِ فکێ گِلی کِرِن vt.

complainer (plaintiff) **şikyatçî** شِکیاتچی m.; (kvetch) **navno** ناڤنۆ m.

complaint **gazin** گازِن/**gazinde** گازِندە f.; **gilî I** گِلی m. [2]; **şikyat** شِکیات m.; (formal ~, appeal) **'erza şikyat** عەرزا شِکیات f.

complete (adj.) **t'emam** تەمام; **t'ekûz** تەکووز

to complete **xelas kirin** خەلاس کِرِن vt.; **qedandin** قەداندِن vt.; **k'uta kirin** کوتا کِرِن vt.; (a task) **şert anîn** شەرت ئانین vt.

completed: -to be c. (be finished, over, done) **k'uta bûn** کوتا بوون vi.; **qedîn** قەدین vi.; **k'emilîn** کەمِلین vi.

completely: **lap** لاپ; **pêva** پێڤا; **bi t'omerî** بِ تۆنەری ; **yekser** یەکسەر; (absolutely) **bi carekê** بِ جارەکێ

complex **aloz** ئالۆز

compliance (with) **pêgirî** پێگِری f.

complicated **aloz** ئالۆز

to comply with (a law) **pêgirî kirin** پێگِری کِرِن vt.; **xwe guncandin** خوە گونجاندِن vt.

to comport o.s. **ȓabûn û ȓûniştin** ڕابوون و ڕوونِشتِن vi.

to compose (formulate) **dariştin** دارِشتِن vt.; (write poetry) **vehûnan** ڤەهوونان vt.; **sêwirandin** سێوِراندِن vt.

composite (adj.) **hevedudanî** هەڤەدودانی

composure **hedan** هەدان f.

compound (adj.) **hevedudanî** هەڤەدودانی

to comprehend **fehm kirin** فەهم کِرِن vt.; **têgihan** تێگِهان vi.; **serederî ji f-kê/f-tî derxistin** سەرەدەری ژ فکێ\فتی دەرخِستِن vt.; **lê serederî kirin** لێ سەرەدەری کِرِن vt.; **li ser ... ȓawestan ...** لِ سەر ... ڕاوەستان vi.

comprehensible **fêmbar** فێمبار

comprehension **fehm** فەهم m.; **serederî** سەرەدەری f.

to comprise **pêkanîn** پێك ئانین vt.; **vegirtin** ڤەگِرتِن vt.

compulsory **p'êwîst** پێویست; **'ecûrê tehl** عەجوورێ تەهل

comrade **oldaş** ئۆلداش m.
to conceal **veşartin** ڤەشارتِن vt.; **telandin** تەلاندِن vt.;
-o.s. **telîn** تەلین vi.
concealed (hidden) **nepenî** نەپەنی; **xewle I** خەولە
concealment **te'lde** تەعلدە m./f.
conceited (arrogant) **pozbilind** پۆزبِلِند; **difnbilind** دِفنبِلِند; **pivikî** پِڤِکی; **biṯiř I** بِطِر; **gewî** گەوی; -to be ~ **xwe werimandin** خوە وەرِماندِن vt.
concern **cefa** جەفا m.; **'emal** عەمال m./f.; **k'eder** کەدەر f.; **k'erb** کەرب f.; **k'eser** کەسەر f.; **kovan** کۆڤان f.; **kul I** کول m./f.; **meraq** مەراق f.; **şayîş** شاییش f./pl.; **tatêl** تاتێل f.; **xem** خەم f.; **xiyal** خِیال f.; **t'efekûrî** تەفەکووری f.; **t'alaş** تالاش f.; **qilqal** قِلقال f.; (matter, affair) **k'ar II** کار m./f.; **pirs** پِرس f.; **mesele** مەسەلە f.; **şuxul** شوخول m./f.; (interest) **'elaqe** عەلاقە f.; **p'ûte** پووتە f.; **mereqdarî** مەرەقداری f.
concerned (worried): **ře't II** ڕەعت; -to be concerned about [**bi ... re**] **ḧeyrîn** [بِ ... رە] حەیرین vi.; **fikirîn** فِکرین vi.; **ketin qilqalê** کەتِن قِلقالێ vi.; (occupied) + with [+ **bi...ve**] **mijûl** مِژوول [+ بِ ... ڤە]
concerning: (about) **di derheqa ... da** دِ دەرهەقا ... دا; **li ser** لِ سەر; **derbare ... da** دەرباره ... دا
to conclude **qedandin** قەداندِن vt.
conclusion **encam** ئەنجام f.; **xelasî** خەلاسی f.
to concoct [**ji**] **ber xwe derxistin** ژِ بەر خوە دەرخِستِن vt.
to condense (e.g., milk) **tîr kirin** تیر کِرِن vt.
condition: (state of affairs) **dest û dar** دەست و دار m.; **řewş** ڕەوش f.; **ḧal** حال m.; **ḧewal** حەوال m.; **ḧal û ḧewal** حال و حەوال m.; **kawdan** کاودان pl.; **k'êf** کێف f.; **merc I** مەرج f./m.; (stipulation) **merc I** مەرج f./m.; **şert** شەرت m./f.; -in bad ~ **beradayî** بەرادایی; **bêḧal** بێ حال
conditional: (grammatical term) **hekînî** هەکینی
condolence: (upon s.o.'s death) **behî** بەهی f.; **serxweşî** سەرخوەشی f.; **t'azîye** تازییە f.
conduct: (behavior) **řabûn û řûniştin** ڕابوون و ڕوونِشتِن f.; **şêl** شێل f.; **ciř** جِر f.
to conduct **meşandin** مەشاندِن vt.; **bi řê ve birin** بِ ڕێ ڤە بِرِن vt.
conduit (pipe, tube) **lûle** لوولە f.; (subterranean, clay) **ṣolîn I** صۆلین f.
cone: (pinecone) **deq** دەق f.
to confess **mikur hatin** مِکور هاتِن vi.
confidant **berdevk I** بەردەڤك m.
confidante **surdar** سوڕدار f.
confident **biste** بِستێ; bixwebawer

confidence **bawer[î]** [ی]باوەر f.; **ewle I** ئەولە f.; **îman** ئیمان f.; **ît'bar** ئیتبار f.; **bisteyî** بِستەیی
to confine **desteser kirin** دەستەسەر کِرِن vt.
confined **desteser** دەستەسەر
confinement: (childbed) **zêstanî** زێستانی f.
to confiscate **t'alan kirin** تالان کِرِن vt.; **zeft kirin** زەفت کِرِن vt.; **desteser kirin** دەستەسەر کِرِن vt.
confiscated **desteser** دەستەسەر
confiscation (seizure) **t'alan** تالان m./f.
conflict **dubendî** دوبەندی f.
to confront **bersîng girtin** بەرسینگ گِرتِن vt.
to confuse (mix up) **t'evlihev kirin** تەڤلِهەڤ کِرِن vt.; **li hev xistin** لِ هەڤ خِستِن vt.; **berevajî kirin** بەرەڤاژی کِرِن vt.; **paş û pêş xistin** پاش و پێش خِستِن vt.
confused **t'evlihev** تەڤلِهەڤ; **gêj** گێژ; **gebar** گەبار; **gildî** گِلدی; (perplexed) **'ecêbmayî** عەجێبمایی; **met'elmayî** مەتەلمایی; **şaşmayî** شاشمایی; **ḧeyrî** حەیری; **mendehoş** مەندەهۆش; **ḧêbetî** حێبەتی; -to be ~ (puzzled) **şaş man** شاش مان vi.; -to get all ~ (scrambled, mixed up) **k'etin nava hev** کەتِن ناڤا هەڤ vi.
confusion (disarray) **t'evdan** تەڤدان f.; (chaos) **hoqeboq** هۆقەبۆق f.
to congeal **mehîn II** مەهین vi.
congenital **zikmakî** زِکماکی
congenital disease **nesaxîya zikmakî** نەساخییا زِکماکی f.
to congratulate (on a holiday) **pîroz kirin** پیرۆز کِرِن vt.; (on an accomplishment) **çavřonahî dan** چاڤڕۆناهی دان vt.
congratulations **çavřonayî** چاڤڕۆنایی f.; **pîrozî** پیرۆزی f.; **bimbarekî** بِمبارەکی f.; **Cejna we pîroz be** جەژنا وە پیرۆز بە
to conjugate (verbs) **k'işandin** کِشاندِن vt.
conjugation (of verbs) **k'işandin** کِشاندِن f.
conjunction (grammatical term) **gihanek** گِهانەك f.; **p'evgirêdan** پەڤگِرێدان f.
connected [to] **eleqedar** [**bi ... ra**] ئەلەقەدار [بِ ... را]
connectedness **aîdiyet** ئائیدِیەت f.
connection **p'eywendî** پەیوەندی f.; **p'evgirêdan** پەڤگِرێدان f.; **têkilî** تێکِلی f.
to conquer: (occupy) **dagîr kirin** داگیر کِرِن vt.
conqueror **dagîrker** داگیرکەر m.; **serfiraz** سەرفِراز m.
conscience **wicdan** وِجدان f.; **îsaf** ئیساف f.
conscientious **îman** ئیمان
conscious: **haydar** هایدار; -to be ~ (aware) of **hay jê hebûn** های ژێ هەبوون vi.; **pê ḧesîn** پێ حەسین vi.

consciousness: (awareness) **hay I** های f./m.; **ĥiş** حِش m.; **agah** ئاگاه m.; **haydarî** هایداری f.
consent (acceptance) **qebûl** قەبوول f.; (agreement) **qayîlî** قاییلی f.; **řazîdilî** ڕازیدِلی f.; **řazîlixî** ڕازیلِخی f.
to consent [to] **qayîl bûn** قاییل بوون vi.; **řazîdilî dayîn** ڕازیدِلی دایین vt.; **řazîlixî dayîn** ڕازیلِخی دایین vt.;
consenting **qayîl** قاییل; **řazî** ڕازی
to consider: (regard, deem) **ĥesab kirin** حەساب کِرِن vt.; **ĥesibandin** حەسِباندِن vt.; **hejmartin** هەژمارتِن vt.; **zanîn** زانین vt. [+bi بِ]
consideration **ĥesab** حەساب m.
considered: -to be considered **ĥesab bûn** حەساب بوون vi.
to consist of **[ji …] pêkhatin** [ژِ…] پێکهاتِن vi.;
consistent **hevgirtî** هەڤگِرتی
consolation **t'eselî** تەسەلی f.; **dilmînî** دِلمینی f.
to console **ber dilê fk-ê hatin** بەر دِلێ فکێ هاتِن vi.; **t'eselî kirin** تەسەلی کِرِن vt.; **dilmînî dan** دِلمینی دان vt.
to consolidate **zexm kirin** زەخم کِرِن vt.
consonant (≠ vowel) **dengdar** دەنگدار f. & adj.; **bêdeng** بێ دەنگ
consonantal **bêdeng** بێ دەنگ
constantly **hercar** هەرجار; **hert'im** هەرتِم; **misêwa** مِسێوا; **hergav** هەرگاڤ; **berdewam** بەردەوام
constituent (element) **hêman** هێمان f.
to constitute **pêkanîn** پێك ئانین vt.;
to construct **ava kirin** ئاڤا کِرِن vt.
to consult [with] **şêwirîn** شێوِرین vi.; **qesidîn** قەسِدین vi.
consultant **şêwirdar** شێوِردار m.; **şîretk'ar** شیرەتکار m.
contact **p'evgirêdan** پەڤگِرێدان f.; **hatin û ç'ûn** هاتِن و چوون f.
to contact (get in touch with) **k'etin têkilîyê** کەتِن تێکِلییێ vi.
contagion **teşene** تەشەنە f.; **şewb** شەوب f.
contagious **k'otî** کۆتی ; **sarî II** ساری; **pejî** پەژی
to contain (roses, of a vase) **hilgirtin** هِلگِرتِن vt.;
container **aman** ئامان m./f.; (box, chest) **qut'î** قوتی f.
to contemplate (look at, watch) **nêřîn** نێڕین vt.; **mêze kirin** مێزە کِرِن vt.; (ponder) **p'onijîn** پۆنِژین vi.; **nijandin û herifandin** نِژاندِن و هەرِفاندِن vt.
contemporary **hemdem** هەمدەم; **nûjen** نووژەن; **hevç'erx** هەڤچەرخ
content (adj.) **řazî** ڕازی; **qani'** قانع
contented **řazî** ڕازی; **qani'** قانع: -to be ~ with **bi ft-î qena'et kirin** ب ... قەناعەت کِرِن vt.; **qîma xwe pê anîn** قیما خوە پێ ئانین vt.
contentment **qena'et** قەناعەت m./f.; **řazîbûn** ڕازیبوون f.; **řazîtî** ڕازیتی f.; **qîm** قیم f.
contents **naverok** ناڤەرۆك f.; **serecem** سەرەجەم f.
contest: (competition, race) **lec** لەج f.; **pêşbazî** پێشبازی f.; **řik'êb** ڕِکێب f.; (struggle) **cerenîx** جەرەنیخ f.
continent (n.) **k'îşwer** کیشوەر f.
continually **berdewam** بەردەوام; **her û her** هەر و هەر; **misêwa** مِسێوا
continuance **dom I** دۆم f.
to continue **berdewam bûn** بەردەوام بوون vi.; **dewam kirin** دەوام کِرِن vt.; **dom kirin** دۆم کِرِن vt.; **domandin** دۆماندِن vt.; **domîn** دۆمین vi.; (to last) **k'udandin** کوداندِن vt.
continuously **berdewam** بەردەوام; **misêwa** مِسێوا
contract **p'eyman** پەیمان f.; **qewl** قەول m./f.
to contract the plague (become ill) **bi qotikê ketin** بِ قۆتِکێ کەتِن vi.
to contradict one another **li hev siwar nebûn** لِ هەڤ سِوار نەبوون vi.
contrary: -on the contrary **berevajî** بەرەڤاژی
control (checking) **t'eselî** تەسەلی f.; (order, regularity) **rêk û pêkî** رێك و پێکی f.
to control **zeft kirin** زەفت کِرِن vt.
to control oneself **bi xwe karîn** بِ خوە کارین vt.
controversy **k'êşe** کێشە f.; **gengeşe** گەنگەشە f.
convalescence **saxbûn** ساخبوون f.
to convene **berhev bûn** بەرهەڤ بوون; **civîn** جِڤین vi.; **k'om bûn** کۆم بوون vi.; **t'op bûn** تۆپ بوون vi.; **xiř ve bûn** خِڕ ڤە بوون vi.; **gihîştin hev** گِهیشتِن هەڤ vi.;
conversant **agahdar** ئاگاهدار
conversation **suĥbet** صوحبەت f.; **laqirdî** لاقِردی m./f.; **qise** قِسە f.; (private c.) **xewle II** خەولە
to converse **suĥbet kirin** صوحبەت کِرِن vt.;
to convey **veguhastin** ڤەگوهاستِن vt.; (communicate) **řagihandin** ڕاگِهاندِن vt.
conviction (being convinced) **qena'et** قەناعەت m./f.; **yeqîn** یەقین f.
to convince **îqna' kirin** ئیقناع کِرِن vt.; **êqîn kirin** ئێقین کِرِن vt./**yeqîn kirin** یەقین کِرِن vt.; **qani' kirin** قانع کِرِن vt.
convinced **qani'** قانع
convoy (caravan) **karwan** کاروان m.
to coo **qebîn** قەبین vi.; **qebqeb kirin** قەبقەب کِرِن vt.
cooing **qebqeb** قەبقەب f.
cook **aşpêj** ئاشپێژ m.; **şorbeçî** شۆربەچی m.
to cook (vt.) **patin** پاتِن vt.; **lênan** لێنان vt.; **pijandin** پِژاندِن vt.; (vi.) **pijîn** پِژین vi.; (to boil) **k'elandin**

کەلاندِن vt.; (to c. only the surface of stg.) **kewitandin** کەوِتاندِن vt.; (to roast) **biraştin** بِراشتِن vt.; (to fry in butter/oil) **qijilandin** قِژِلاندِن vt.
cooked rice **p'elaw** پەلاو f.
cookie **totik I** تۆتِك f.
cool **hênik** هێنِك
coolness **hênikayî** هێنِكایی f.
coop (for animals) **k'ox** كۆخ m.
cooperation **hevk'arî** هەڤكاری f.
to cope with: (get by, manage) **berika xwe ji avê derînan** بەرِكا خوە ژِ ئاڤێ دەرینان vt.; **cilika xwe ji avê derxistin** جِلِكا خوە ژِ ئاڤێ دەرخِستِن vt.; -not to be able ~ **pê re serî dernexistin** پێ رە سەری دەرنەخِستِن vi.
copper **mîs** میس m./f.; **birinc II** بِرِنج m.; **sifir I** سِفِر f./m.
copper bowl **t'irar** تِرار m.
copper coin **p'olik I** پۆلِك f.
copper cup **t'irar** تِرار m.
coppersmith **mîsk'ar** میسكار m.
copse **daristan** دارِستان f.; **r̄êl** ڕێل f.
to copulate [with] **gan I** گان vt.; **nayîn** نایین vt.; **k'utan** كوتان vt.
to copy (transcribe) **bergirtin I** بەرگِرتِن vt.
coquetry **nazdarî** نازداری f.
coquettish **nazdar** نازدار
coral **mircan** مِرجان f.
cord **qeyt'an** قەیتان f.
core (kernel) **kakil** كاكِل m./f.
coriander **gijnîj** گِژنیژ f.
to cork **xitimandin** خِتِماندِن vt.
corn **genimeşamî** گەنِمەشامی m.; **garis[ê stanbolî]** گارِسێ ستانبۆلی m.; **genmok** گەنمۆك f.; **gilgilê Stembolê** گِلگِلێ ستەمبۆلێ m.; **lazût** لازووت m.; **zuret I** زورەت f.; -guinea ~ **xirovî** خِرۆڤی f.
corn bin **kewar** كەوار f./m.
corn poppy **bûkmezave** بووكمەزاڤە f.
cornelian cherry **helhelok** هەلهەلۆك f.
corner **k'unc** كونج m.; **goşe** گۆشە m./f.; **kujî** كوژی m./f.; **qorzî** قۆرزی f.; **qulç** قولچ m.; **qilçik** قِلچِك m.; **qulaç** قولاچ f.
corps: -army c. of 100,000 men **lek** لەك f.
corpse **cendek** جەندەك m.; **cinyaz** جِنیاز m.; **k'eleş I** كەلەش m./f.; **leş** لەش m.; **meyt'** مەیت m.; **term** طەرم m.; **berat'e** بەراتە f.; (of animal) **qetirme I** قەتِرمە m.; **berat'e** بەراتە f.; **leş** لەش m.
corral **axil** ئاخِل m.; (open air, for goats and sheep) **guhêr̄** گوهێڕ f.; **k'oz** كۆز f.; **mexel** مەخەل f./m.; **kotan I** كۆتان f.;
correct **r̄ast** ڕاست; **dirust** دِروست; **bir̄a III** بِڕا
to correct **serr̄ast kirin** سەرڕاست كِرِن vt.; **'edilandin** عەدِلاندِن vt.;
correction **t'edarik** تەدارِك m.
correctly **bi dirustî** بِ دِروستی
correctness **dirustî** دِروستی f.
corridor **sivder** سِڤدەر f.
corrupt **çirûk** چِرووك; **gelac** گەلاج
corruption **gendelî** گەندەلی f.
corvée (forced labor) **olam** ئۆلام f.; **suxre** سوخرە f.
cosmos (fig.) **Xur̄ustan** خوڕوستان f.
costs **mesref** مەسرەف f.; **xerac** خەراج m.; **xerc** خەرج m./f.
costly **biha** بِها m.; **giran I** [2] گِران; **giranbiha** گِرانبِها; **binerx** بِنەرخ
costume **qilix I** قِلِخ m.; **dilqe** دِلقە m.
costumed character **qirdik** قِردِك m.&f.
cottage: (mud c ., hut) **ḧol** حۆل f.
cotton **pembû** پەمبوو m.; (on plant) **loke** لۆكە m./f.; (fabric) **caw** جاو m.
couch grass **zîwan** زیوان f.; **firîzî** فِریزی f.
cough: (whooping ~) **xendxendok** خەندخەندۆك f.
to cough **k'uxîn** كوخین vi.
coulter --> *see* colter
counsel **şîret** شیرەت f.; **sovêt** سۆڤێت f.; -to seek ~ **şêwirîn** شێوِرین vi.; **qesidîn** قەسِدین vi.
counsellor **şêwirdar** شێوِردار m.; **şîretk'ar** شیرەتكار m.
count **ḧesab** حەساب m.
to count **hejmartin** هەژمارتِن vt.
counted: -to be counted (considered) **ḧesab bûn** حەساب بوون vi.
countenance: (face) **r̄û I** ڕوو m.; **dîndar I** دیندار f.; **sûret I** سوورەت m.
counterfeit **qelp I** قەلپ; **net'ê** نەتێ; **şapînoz** شاپینۆز
countless **bêḧesab** بێ حەساب
country: (nation) **welat** وەلات m.; **dewlet** دەولەت f.; (homeland) **niştîman** نِشتیمان f.; **mek'an** مەكان m.; (district) **semt** سەمت m.;
country road **şiver̄ê** شِڤەڕێ f.
countryside **k'ewşan** كەوشان m.
couple **cot** جۆت m.; (of cattle) **zo** زۆ m./f.
to couple with (of animals) **perîn** پەرین vi.
couplet: (short song) **dûrik** دوورِك f.
coupling (mating, of animals) **perîn** پەرین f.
courage **camêrî** جامێری f.; **cur̄et** جوڕەت f.; **mêrxasî** مێرخاسی f.; **delîrî** دەلیری; **hiner** هِنەر m./f.;

qoç'axî قۆچاخی f.; zirav II زِراڤ m.; firşik I فِرشِك f./m.; -not to get up the ~ to do stg. qêmîş nekirin قێمیش نەکِرِن vt.; -to have the ~ to do stg. ȓû girtin ڕوو گِرتِن vt.

courageous aza[d] ئازا[د]; camêr جامێر; mêrxas مێرخاس; delîr دەلیر ; zîx I زیخ; qoç'ax قۆچاخ ; bizirav بِ زِراڤ; boke بۆکە

courageously delîrane دەلیرانە

courier qasid قاسِد m.; qewaz قەواز m.

course: -in the ~ of di pêvajoya ... de دِ پێڤاژۆیا ... دە

court: (of law) dadgeh دادگەه f.; (of prominent person) dîwanxane دیوانخانە f.; dîwan دیوان f.; (royal residence) şaneşîn شانەشین f./m.

courteous camêr جامێر

courtier mifirdî مِفِردی m.

courtyard: ȟewş حەوش f.; (in front of house) bermal بەرمال f.

cousin: (of second, third, fourth degree) binam بِنام m.&f.; (female first cousin: daughter of paternal aunt) qîzmet' قیزمەت f.; (female first cousin: daughter of paternal uncle) dotmam دۆتمام f.; qîzap قیزاپ f.; (male first cousin: son of paternal uncle) pismam پِسمام m.; kuȓmam کوڕمام m.; kuȓap کوڕاپ m.; (male first cousin: son of paternal aunt) kuȓmet کوڕمەت m.; (relative) meriv مەرِڤ m.

couture t'erzîtî تەرزیتی f.; cildirûtî جِلدِرووتی f.

cover: (lid) derxwîn دەرخوین m./f.; (concealment) te'lde تەعلدە m./f.; (of book) berg II بەرگ m./f.; cild جِلد m.

to cover nixamtin نِخامتِن vt.; werkirin وەرکِرِن vt.; pêçavtin پێچاڤتِن vt.; hilçinîn هِلچِنین vt.

covering: (ground cloth) mêzer مێزەر f.

covert xef خەف; nepenî نەپەنی

covetous çavbirçî چاڤبِرچی

covetousness çavbirçîtî چاڤبِرچیتی f.

cow çêlek چێلەك f.; mange مانگە f.; (~ in heat) çêlekel چێلەکەل f.; (2-3-year-old cow) nogin نۆگِن f.

coward bizdonek بِزدۆنەك m.; tirsonek تِرسۆنەك m.; newêrek نەوێرەك m.

cowardice tirsonekî تِرسۆنەکی f.; nemerdî نەمەردی f.; newêrekî نەوێرەکی f.

cowardliness tirsonekî تِرسۆنەکی f.; nemerdî نەمەردی f.

cowardly bêxîret بێ خیرەت; tirsonek تِرسۆنەك; newêrek نەوێرەك; -to act in a c. manner nemerdî kirin نەمەردی کِرِن vt.

cowboy gavan گاڤان m.

cowherd gavan گاڤان m.; naxirvan ناخِرڤان m.

coxcomb şehê dîk شەهێ دیك m.

coy nazdar نازدار

coyness nazdarî نازداری f.

crab kevjal کەڤژال f.; *ȓeq I ڕەق m.

crack derz دەرز f.; kelş کەلش f.; qelîştek قەلیشتەك f.; terk I تەرك f.; tîş I تیش f.

to crack: (vt.) derizandin دەرِزاندِن vt.; p'ekandin پەکاندِن vt.; qelaştin قەلاشتِن vt.; qelişandin قەلِشاندِن vt.; t'eqandin تەقاندِن vt.; (nuts, with the teeth) kelotin کەلۆتِن vt.; (vi.) derizîn دەرِزین vi.; p'eqîn پەقین vi.; qelişîn قەلِشین vi.; qetîn قەتین vi.; terikîn I تەرِکین vi.

to crack open (vi.) t'eqîn تەقین vi.

cracked: (split) terk I تەرك; terikî I تەرِکی

cracked wheat germ (bulgur) savar ساڤار m./f.

cracker bîskuwît بیسکوویت

cracking (n.) şîqşîq شیقشیق f.; xurexur خورەخور f.

crackle çirke-çirk چِرکەچِرك f./m..; qirç'e-qirç' قِرچەقِرچ f.

crackling (n.) çirke-çirk چِرکەچِرك f./m..; qirç'e-qirç' قِرچەقِرچ f.; şîqşîq شیقشیق f.; (bits of fat from sheep's fattail) kizik کِزِك f./pl.

cradle landik لاندِك f.; bêşîk بێشیك f.; colan جۆلان f.; dergûş دەرگووش f.; (native place) wargeh وارگەه f./m.; (rocking ~) deydik دەیدِك f.

craft (profession, trade) sen'et سەنعەت f.

craftiness delk' دەلك f.; fen فەن m./f.

craftmanship ostatî ئۆستاتی f.

craftsman (artisan) sen'etk'ar سەنعەتکار m.; p'îşek'ar پیشەکار m.

crafty: (shrewd) şeytan شەیتان; ava bin kaê ئاڤا بِن کائێ

crag zinar I زِنار m./f.; zang زانگ f./m.; kendal کەندال m.; qeya قەیا f.; tat I تات f.; (flat, level ~) ferş فەرش f.; lat لات f.

to cram dewisandin دەوِساندِن vt.; ȟeşikandin حەشِکاندِن vt.

cramped: (crowded, narrow) berteng I بەرطەنگ

crane (bird, grus grus) quling قولِنگ m./f.

to crane (one's neck) stûyê xwe dirêj kirin ستوویێ خوە دِرێژ کِرِن vt.

cranium k'ilox کِلۆخ m.; qehf قەهف m.; k'elle II کەللە m.

crank (lever) qeȓase II قەڕاسە m./f.

crash: (loud noise) guȓîn گوڕین f.; gimîn گِمین f.; şerqîn شەرقین f.

to crash into (collide) p'ev k'etin پەڤ کەتِن vi.; lêkdan لێکدان vt.

crashing (n.) guȓîn گوڕین f.; gimîn گِمین f.; şîqşîq

شیقشیق f.; **xurexur** خورەخور f.; (of sea) **hufehuf** هەفەهوف m./f.
to crave: (of pregnant woman) **nebîranîya ft-î kirin** نەبیرانییا ... کِرِن vt.
craving: (of pregnant woman for special foods) **nebîranî** نەبیرانی f.
to crawl **k'işîn** کِشین vi.; **sûrikîn** سوورِکین vi.; **şûlikîn** شوولِکین vi.
crawling on one's belly (n.) **zikkêşkî** زِککێشکی f.
craziness **dînayî** دینایی f.; **neĥişî** نەحِشی f.; **şêtî** شێتی f.
crazy **dîn II** دین; **şêt** شێت; **aqilkuřîn** ئاقِلکوڕین; **devdîn** دەڤدین; **neĥiş** نەحِش
to creak **ç'iřîn** چِڕین vi.
creaking **çirke-çirk** چِرکەچِرک f./m..; **qirç'e-qirç'** قِرچەقِرچ f.
cream **nivîşk** نِڤیشك m.; (layer on top of yoghurt) **to I** تۆ m.; (clotted) **toxavk** تۆخاڤك f.; (horse's coloring) **qule** قولە
crease (wrinkle) **qermîçok** قەرمیچۆك f.
to create **afirandin** ئافِراندِن vt.; **xuliqandin** خولِقاندِن vt.; **řaç'andin** ڕاچاندِن vt.; (out of thin air) [ji] **ber xwe derxistin** ژِ بەر خوە دەرخِستِن vt.
created: -to be ~ **p'eyda bûn** پەیدا بوون vi.
creature **canewar** جانەوار m.; **jîndar** ژیندار
creatures (beings) **mexulqet** مەخولقەت m.
creed **dîn û mesheb** دین و مەسهەب
to creep **k'işîn** کِشین vi.; **sûrikîn** سوورِکین vi.; **şûlikîn** شوولِکین vi.
crêpe **şilikî** شِلِکی f.
cress (wild herb used in cheese) **bendik I** بەندِك f.; (watercress) **pîz** پیز m.; **kîzmas** کیزماس m.; **t'ûzik** توزِك f.; cf. **řeşad** ڕەشاد f.; **dêjnik** دێژنِك f.
crest (of mountain) **kumt** کومت m.; **gopk** گۆپك m./f.; **ĥeç'** حێچ m.; **kop I** کۆپ f./m; **k'umik** کومِك m.
crew **t'axim** تاخِم f.
crib **landik** لاندِك f.; **bêşîk** بێشیك f.; **colan** جۆلان f.; **dergûş** دەرگووش f.;
cricket **kulî I** کولی f.; **kirîstik** کِریستِك f.; **sîsirk** سیسِرك f.; -mole ~ **cobiř** جۆبِڕ m.
crime **sûc** سووج m./f.; **t'awan I** تاوان f.; **gunehk'arî** گونەهکاری f.
criminal (adj.) **gunehk'ar** گونەهکار
criminal (n.) **gunehk'ar** گونەهکار m.
crippled: **nivîşkan I** نِڤیشکان; **seqet** سەقەت; (in hand, foot) **goc** گۆج; **qop** قۆپ; **şeht** شەهت; (in foot) **leng** لەنگ; **t'opal** تۆپال
crisis **tengavî** تەنگاڤی f.
critical (essential) **fer II** فەر
criticism **řexne** ڕەخنە f./m.; **te'n** تەعن f./m.
to criticize **řexne girtin** ڕەخنە گِرتِن vt.
to croak (die, contemptuous) **temirîn** تەمِرین vi.
croaking (of frogs) **qîřeqîř** قیڕەقیڕ f.; **wîqewîq** ویقەویق f.
Croatian **K'irwatî** کِرواتی
to crochet **hîvastin** هیڤاستِن vt.
crock (bowl, vessel) **firaq** فِراق f./m.
crocodile **t'îmseh** تیمسەه
crocus **canemerg** جانەمەرگ f.; **pîvok** پیڤۆك f.
crook: (staff, cane) **çomax̂** چۆماغ m.; **çîv** چیڤ m.; (thief) **diz I** دِز m.&f.
crookèd: (bent) **ç'ewt** چەوت; **xwar** خوار; **xwaro-maro** خوارۆ مارۆ; **kêř II** کێڕ; **şaş I** شاش
crookedness **xwarayî** خوارایی f.
crop-eared (of sheep) **kuř IV** کوڕ
crops **dexl û dan** دەخل و دان m.; **deramet I** دەرامەت m.; **hasil** هاسِل f.
cross **xaç** خاچ m./f.
to cross **derbaz bûn** دەرباز بوون vi.; **bihurtin** بِهورتِن vi.
crossbeam **beşt** بەشت f.; **garîte** گاریتە m.; **k'êran** کێران m.; **max** ماخ m.
cross-eyed **şaş I** شاش
crossing **bihur** بِهور m./f.
cross-legged **çarmêrgî** چارمێرگی ; -to sit ~ **çarmêrgî vedan** چارمێرگی ڤەدان vt.
crosspiece (on shaft of shovel) **metirke** مەتِرکە f./m.
crossroads **duřiyan** دوڕیان f.
crosswise **çeperast** چەپەراست
crossword **xaçepirs** خاچەپِرس f.; **xaçerêz** خاچەرێز
crotch (of person or pair of pants) **navřan** ناڤڕان f./m ; (of shalvar) **peyk** پەیك f.; (of trousers) **p'êsîr** پێسیر f.; (inner side of thigh, from hip bone to foot) **şeq** شەق m./f.
croup (rump of quadruped) **qerp'ûz** قەرپووز m./f.; **saxirî** ساخِری f.; **t'erkû** تەرکوو f.
crow **qijik** قِژِك f.; **qiřik II** قِڕِك f.; **tilûr** تِلوور m.
crowd **gel** گەل m.; **qerebalix** قەرەبالِخ f.; **t'op I** تۆپ f.; **ferc** فەرج f.; **sixlet** سِخلەت f.
to crowd (vi.) **lex̂lemîş bûn** لەغلەمیش بوون vi.
crowded: **qerebalix** قەرەبالِخ; (narrow, cramped) **berteng I** بەرطەنگ
crowding: (dense ~ of fish during winter) **qels II** قەلس f.
crowfoot (*Ranunculus*) **pêmirîşk** پێمِریشك f.
crowing (of rooster) **bang** بانگ m./f.; (loud, shrill cry of birds) **qîjeqîj** قیژەقیژ f.
crown **t'ac** تاج m./f.; **zerazeng** زەرازەنگ f.; (of head)

k'elle II کەللە m.
crown imperial (Fritillaria imperialis) **gulexîn** گولەخین f.
crucible **conî I** جۆنی m./f.
crude (untreated) **xam** خام
cruel **bêřehm** بێ ڕەهم; **hov** هۆڤ; **diř** دڕ; **xedar** خەدار
cruelty **bêřehmî** بێ ڕەهمی f.; **hovîtî** هۆڤیتی f.; **çavsorî** چاڤسۆری f.; **xedarî** خەداری f.
crumb **hûrik** هوورك m.; (ort, scrap) **k'urtêl** كورتێل f.
to crumple **p'elaxtin** پەلاختِن vt.; **pêpes kirin** پێپەس کِرِن vt.; **t'episandin** تەپساندِن vt.
crupper **palî II** پالی f.; **palîkurtk** پالیکورتك f.; **qoş** قۆش m./f.; (rump of quadruped) **qerp'ûz** قەرپووز m./f.; **saxirî** ساخِری f.; **t'erkû** تەرکوو f.
crupper strap **p'aldûm** پالدووم m./f.
crush (mob) **sixlet** سِخلەت f.
to crush: (press, squeeze) **dewisandin** دەوِساندِن vt.; **p'erçiqandin** پەرچِقاندِن vt.; **'eciqandin** عەجِقاندِن vt.; **pêpes kirin** پێپەس کِرِن vt.; **heřişandin** هەڕشاندِن vt.; **p'elaxtin** پەلاختِن vt.; **p'ekandin** پەکاندِن vt.; **t'episandin** تەپساندِن vt.; (underfoot) **dan ber lingan** دان بەر لِنگان vt.; (grind) **hêřan** هێڕان vt.
crushed: -to be c. **heřişîn** هەڕشین vi.; **'eciqîn** عەجِقین vi.
crushed wheat: (more finely ground than savar, less finely ground than simîd) **danhêrk** دانهێرك f.; **danqut** دانقوت f./m.
crust (layer) **tî I** تی m.
crutch **binmilk** بِنمِلك m.
cry: **girî** گِری m.; **sewt** سەوت f.; **ah û zar** ئاه و زار m.; (~ for help) **hawar** هاوار f.; (loud, shrill ~ of birds) **qîjeqîj** قیژەقیژ f.
to cry: **girîn** گِرین vi.; (cry bitterly) **galigal kirin** گالِگال کِرِن vt.; (sob) **bihecîn** بِهەجین vi.; **ah û zar kirin** ئاه و زار کِرِن vt.
to cry out (shriek) **kûřîn** کووڕین vi.; **qîřîn** قیڕین vi.; **ziřîn** زِڕین vi.
crying **girî** گِری m.; **ah û zar** ئاه و زار m.
crying out (shrieking) **qîřîn** قیڕین f.
cub **ç'êjik** چێژِك m./f.; **têjik** تێژِك f.; **çelîk** چەلیك m.; **ç'êl IV** چێل m.; **cewr** جەور m./f.; **kûdik** کوودِك f./m.; (lion ~) **ferxeşêr** فەرخەشێر m.
cubit **gez I** گەز f.
cuckold **t'eres** تەرەس m.; **me'řis** مەعڕِس m.
cuckoo **p'epûk II** پەپووك f.; **pûpû** پووپوو f.
cuckooflower **pêkewk** پێکەوك f.
cuckoopint **karî II** کاری f.
cucumber **xiyar** خِیار m.; **arû** ئاروو m.; (type of large ~) **qitik** قِتِك m.; **'ecûr** عەجوور m./f.; (unripe ~) **xirtik I** خِرتِك f.; **kûtik** کوتِك/کووتِك f.; **tûtik II** تووتِك m./f.
cud **k'ayîn** کایین vi.; -to chew one's c. **k'ayîn** کایین vi.
cudgel **çomax̃** چۆماغ m.; **şiv** شِڤ f.; **cinih̃** جِنح m.; (long, thin ~) **çilak** چِلاك/**çelak** چەلاك m.; (wooden) **şivdar** شِڤدار f.
cuff: (of sleeve) **huçik** هوچِك f./m.; (slap, smack) **sîle** سیلە f.; **şimaq** شِماق f.; **t'ep II** تەپ f.
cuisine **pêjgeh** پێژگەه f.
cul de sac **nabos** نابۆس f.; **zaboq** زابۆق f.
culpability **sûc** سووج m./f.; **t'awan I** تاوان f.;
culprit **gunehk'ar** گونەهكار m.; **sebab I** سەباب m.
to cultivate: (land) **ç'andin** چاندِن vt.
cultural **ç'andî** چاندی
culture **ç'and** چاند f.; **ferheng** فەرهەنگ f.; **medenîyet** مەدەنییەت f.; **t'oře** تۆڕە f.
cultured person **xuneda** خونەدا m.
to cum (ejaculate) **xira bûn** خِرا بوون vi
cumin **zîre** زیرە f.; -black ~ **řeşik III** ڕەشِك f.
cummerbund **şûtik** شووتِك f.
cunning (n.) **delk'** دەلك f.; **fen** فەن m./f.; **finaz** فِناز m./f.
cunning (adj.): (shrewd) **şeytan** شەیتان; **ava bin kaê** ئاڤا بِن کائێ
cunt **quz** قوز m.; **virçik** ڤِرچِك
cup **t'as** تاس f.; **fîncan** فِنجان f.; **k'asik** کاسِك f.; (tumbler, drinking glass) **avxork** ئاڤخۆرك f.; **p'erdax** پەرداخ m.; **gilas** گِلاس m.; **p'eyale** پەیالە f.; (copper) **t'irar** تِرار m.
cupboard **dolab I** دۆلاب f.
cupola (dome) **qube II** قوبە f.
to curb **bersîng girtin** بەرسینگ گِرتِن vt.
curds **ç'ortan** چۆرتان pl.; **keşk** کەشك m./f.; **lorik** لۆرِك f./m.; **ç'olik II** چۆلِك m.; (what is left after whey is drained off) **şîrêj** شیرێژ f./m.; **giv** گِڤ m.; (yoghurt & water [dew] + rice) **dohîn** دۆهین f./m.
cure **çare** چارە f.; **derman** دەرمان m.; **îlac** ئیلاج f.; **çareserî** چارەسەری f.
to cure **derman kirin** دەرمان کِرِن vt.; **ç'ê kirin** چێ کِرِن vt.
cured: -to be ~ (convalesce) **sax bûn** ساخ بوون vi.
curiosity (about) **ĥewas** حەواس f.; **ĥewask'arî** حەواسکاری f.
curious **ĥewask'ar** حەواسکار
curiosity **mereqdarî** مەرەقداری f.
curl **xelek** خەلەك f.; **kezî** کەزی f.; **kurîşk** کوریشك f.; (~ falling on forehead) **t'emberî** تەمبەری f.
curly **kurîşk** کوریشك

current (n.) (electric) **ceryan** جەریان f.; (fast moving) **şîp** شیپ f./m.
current (adj.) (existing) **heyî** هەیی
to curry (a horse) **meḧes kirin** مەحەس کِرِن vt.
curry-comb **meḧes** مەحەس f.
curse **ne‘let** نەعلەت f.; **nifiř** نفِر f.; **sixêf** سِخێف f.
to curse: (call down curses upon s.o.) **nifiř lê kirin** نفِر لێ کِرِن vt.; **ne‘let kirin** نەعلەت کِرِن vt.; (abuse verbally, swear at) **ç’êř [lê] kirin** چێر لێ کِرِن vt.; **gilîyê net’ê kirin** گِلیێ نەتێ کِرِن vt.
cursing (verbal abuse) **ç’êř** چێر m./f.; **qise** قِسە f.; **xeber** خەبەر f./m.; **sixêf** سِخێف f.; (blasphemy) **k’ifir I** کِفر f.
curtain **çît I** چیت m.; **p’erde** پەردە f.; **řûpoş** ڕووپۆش f.
cushion **balgih** بالگِه m. [E]/f. [W] ; (bolster) **berp’al** بەرپال f.; **zemberîş** زەمبەریش f.; **nazbalîşk** نازبالیشك f.
to cuss (s.o. out) **ç’êř [lê] kirin** چێر لێ کِرِن vt.;
cussing **ç’êř** چێر m./f.; **qise** قِسە f.; **xeber** خەبەر f./m.; **sixêf** سِخێف f.
custody: -in custody (=under arrest) **binçav** بِنچاڤ
custom **‘adet** عادەت m./f.; **kevneşop** کەڤنەشۆپ f.; **řesim** ڕەسِم m./f.; **t’oře** تۆرە f.; **‘adet** عادەت m./f.; **řewişt** ڕەوِشت f.; **tîtal** تیتال f./pl.; **t’oře** تۆرە f.; (~s and traditions) **řabûn û řûniştin** ڕابوون و ڕوونِشتِن f.
custom house **gumrik** گومرِك f.
customary **kevneşopî** کەڤنەشۆپی
customer **bik’iřçî** بِکِرچی m.; (at a mill) **dorçî** دۆرچی m.
customs (tax & office) **gumrik** گومرِك f.
customs tax **gumrik** گومرِك f.; **baca gumrigê** باجا گومرِگێ f.
to cut **biřîn II** بِرین vt.; **qetandin** قەتاندِن vt.; (clip) **meqes kirin** مەقەس کِرِن vt.; (~ into pieces) **ker kirin** کەر کِرِن vt.; (shave hair) **kuř kirin** کوڕ کِرِن vt.; **qusandin** قوساندِن vt.
to cut down: (mow) **çinîn** چِنین vt.; **dirûtin** دِرووتِن vt.; **das kirin** داس کِرِن vt.
to cut finely (mince, chop) **hûr kirin** هوور کِرِن vt.; **hincinîn** هِنجِنین vt.
to cut in half **piçandin** پِچاندِن vt.
to cut in two **piçandin** پِچاندِن vt.
cut off (detached) **jêkirî** ژێکری; **qut I** قوت ; (of animal's tail) **qol III** قۆل
to cut off **jêkirin** ژێ کِرِن vt.; **p’ekandin** پەکاندِن vt.; **qut kirin** قوت کِرِن vt.; (interrupt) **navbiřî dan** ناڤبِری دان vt.; (clip, prune) **k’ezaxtin** کەزاختِن vt.; **çipilandin** چِپِلاندِن vt.; **pejikandin** پەژِکاندِن vt.; **t’eřişandin** تەڕشاندِن vt.
to cut short **qut kirin** قوت کِرِن vt.
cyclone **babelîsk** بابەلیسك f.; **talaz** تالاز f.
cymbal: (finger ~) **xelîl** خەلیل f.
Cyprian **Qibrisî** قِبرِسی
Cypriot **Qibrisî** قِبرِسی
Czech **Ç’ekî** چەکی

D

dachshund **bocî** بۆجی f./m.
daffodil **nêrgiz** نێرگِز f.
dagger **xencer** خەنجەر f.; **qeme** قەمە f.; **soranî II** سۆرانی f.; (sharp ~) **deban** دەبان m.
daily (adv.) **heřo** هەڕۆ
daily (n.) (newspaper) **řojname** ڕۆژنامە f.
daily bread **řizq** ڕِزق m.
dairy products **qat’ix** قاتِخ m.
dam **bend I** بەند f.; **sikir** سِکِر f.
to dam up **pengandin** پەنگاندِن vt.; **pêşîya fk-ê girtin** پێشییا فکێ گِرتِن vt.; **pêşî lê biřîn** پێشی لێ بِرین vt.
damage **zirar** زِرار f.; **zîyan** زییان f.; **xesar** خەسار f.; (fig.) **şewat** شەوات f.
to damage **zirar gihandin** زِرار گِهاندِن vt.; **zîyan gihandin** زییان گِهاندِن vt.; **xesar dan** خەسار دان vt.
damaged: -to be d. **ziyan gihîştin** زییان گِهیشتِن vi.
damages **cirm** جِرم f.; **xerc** خەرج m./f.
damaging **zirar** زِرار f.
damascened: (e.g., steel) **deban** دەبان
damned: -to be damned **cehemîn** جەهەمین vi.
damp **nem** نەم; **teř** تەڕ
to dampen **şil kirin** شِل کِرِن vt.
dampness **nemayî** نەمایی f.
dance **sema** سەما f.; **de‘wat** دەعوات m./f ; (folk ~) **govend** گۆڤەند f.
to dance **řeqisîn** ڕەقِسین vi.; **govend girtin** گۆڤەند گِرتِن vt.; **sema kirin** سەما کِرِن vt.
dance leader **sergovend** سەرگۆڤەند m.
dancer: **lîstikçî** لیستِکچی m.; **govendgêr** گۆڤەندگێر m.&f.
dancing **sema** سەما f.
dandruff **keletor** کەلەتۆر f.; **sîrik II** سیرِك f.; **nemes** نەمەس f.
Dane **Danîmarkî** دانیمارکی m.&f.

danger **talûke** تالووكه f.; **xeter** خەتەر f.; **xedarî** خەدارى f.; **metirsî** مەتِرسى f.

dangerous **xedar** خەدار; **t'ewekel** تەوەكەل

to dangle (vi.) **şor bûn** شۆر بوون vi.; **şingilîn** شِنگِلین vi.; (vt.) **şor kirin** شۆر كِرِن vt.

dangling **şor II** شۆر

Danish **Danîmarkî** دانیماركى

daphne acuminata (tree) **tevrî** تەڤرى f.

to dare **wêrîn** وێرین vt.; **t'uriş kirin** تورِش كِرِن vt.; -not to dare **devê fk-ê nek'etin** دەڤێ فكێ نەكەتِن [+ subj.]; **řûyê fk-ê nag[i]re** ڕوویێ فكێ ناگِرە [+ subj.];

daring (adj.) **bizirav** بِزِراڤ; **boke** بۆكە

daring (n.) **t[']uriş** تورِش m.

dark **tarî** تارى; **řeş** ڕەش ; (of tea) **giran I** گِران; **řeş** ڕەش; -to become or get ~ **řeşevehatin** ڕەشەڤە هاتِن vi.

dark-complected **qemer** قەمەر; **dêmqemer** دێمقەمەر

dark-complexioned **qemer** قەمەر; **dêmqemer** دێمقەمەر

to darken (vi.) **řeşevehatin** ڕەشەڤە هاتِن vi.

darkness **tarîban** تاریبان f.; **tarîtî** تاریتى f.; **tarî** تارى f.

to darn [socks] **veçinîn** ڤەچِنین vt.; **hîvastin** هیڤاستِن vt.

darnel **zîwan** زیوان f.

dash (punctuation mark: --) **xêzik** خێزِك f.

dashing (brave) **qoç'ax** قۆچاخ

dastardliness **şîrḧeramî** شیرحەرامى f.

dastardly **şîrḧeram** شیرحەرام

data **salix** سالِخ m.; **agahdarî** ئاگاهدارى f.

date: (fruit, Phoenix dactylifera): **xurme** خورمە f. [dark & soft]; **qesp I** قەسپ f. [light & hard]; (appointment, rendezvous) **jivan** ژِڤان m./f.; (calendrical ~) **t'arîx** تاریخ f.; **řoj û t'arîx** ڕۆژ و تاریخ f.

to daub **dûtin** دووتِن vt.; **seyandin** سەیاندِن vt.; **sewax kirin** سەواخ كِرِن vt.; (~ with henna) **ḧene kirin** حەنە كِرِن vt.; (~ with mud) **gemirandin** گەمِراندِن vt.

daughter **keç** كەچ f.; **qîz** قیز f.; **dot** دۆت f.; (married ~) **zeyî** زەیى f.

daughter-in-law **bûk I** بووك f.

to dawdle **xurcilîn** خورجِلین vt.

dawn **berbang** بەربانگ f.; **elind** ئەلِند f.; **ferec** فەرەج f.; **serê sibê** سەرێ سِبێ m.; **spêde** سپێدە f.; **siḧar** سِحار f.; **şebeq** شەبەق f.; **hingûr** هِنگوور f.; **segur** سەگور f.

day **řoj** ڕۆژ f.

day after (the following day) **dotira rojê** دۆتِرا رۆژێ

day after tomorrow **dusibe** دوسِبە

day before yesterday **pêr** پێر

daybreak **berbang** بەربانگ f.; **elind** ئەلِند f.; **ferec** فەرەج f.; **serê sibê** سەرێ سِبێ m.; **spêde** سپێدە f.; **siḧar** سِحار f.; **şebeq** شەبەق f.; **hingûr** هِنگوور f.; **segur** سەگور f.

daydream **xewnerojk** خەونەرۆژك f.

daylight **tava rojê** تاڤا ڕۆژێ f.; **řonahî I** ڕۆناهى f.

day's journey **qonax** قۆناخ f./m.; **menzîl** مەنزیل f.

day's march **qonax** قۆناخ f./m.; **menzîl** مەنزیل f.

to dazzle: (eyes) **delandin** دەلاندِن vt.

dazzled: (eyes) **kuh** كوه; -to be ~ **delîyan** دەلییان vi.

dead **mirî** مِرى; **bêcan** بێ جان

dead body **cendek** جەندەك m.; **cinyaz** جِنیاز m.; **k'eleş I** كەلەش m./f.; **leş** لەش m.; **meyt'** مەیت m.; **term** طەرم m.; **berat'e** بەراتە f.

dead of winter **çelê** چەلێ m.

dead-end **nabos** نابۆس f.; **zaboq** زابۆق f.

deadline **molet** مۆلەت f.

deadlock (draw or tie, in games) **pate III** پاتە f.

deadly **xedar** خەدار

deaf **keř II** كەڕ; **guhgiran** گوهگِران

deafness **keřayî I** كەڕایى f.

deal: (bargaining) **bazar** بازار f.; (matter, affair) **şuxul** شوخول m./f.

to deal with **li ser ... řawestan** لِ سەر ... ڕاوەستان vi.; **miamele kirin** مِئامەلە كِرِن vt.

dealing (with) **miamele** مِئامەلە f.

dear: (expensive) **biha** بِها m.; **giran I** [2] گِران; **giranbiha** گِرانبِها; **binerx** بِنەرخ; (beloved) **'ezîz** عەزیز; **hêja I** هێژا; **delal I** دەلال; **xweşdivî** خوەشدِڤى; -my ~ **qurban** قوربان f.; **ḧeyran** حەیران f.

dearth **kêmasî** كێماسى/**kêmayî** كێمایى f.; **xela** خەلا f.

death **mirin** مِرِن f.; **wefat** وەفات f.; **nezer** نەزەر f.; **qiř II** قِڕ f.; **neman** نەمان f.

death rattle **îskêt mirinê** ئیسكێت مِرِنە pl.; **xurexur** خورەخور f.

debate **nîqaş** نیقاش f.; **mişt û miř** مِشت و مِڕ f.; **micadele** مِجادەلە f.; **gengeşe** گەنگەشە f.

to debate **micadele kirin** مِجادەلە كِرِن vt.

debauched **t'ewekel** تەوەكەل

debauchery **qûnekî** قوونەكى f.; **tolazî** تۆلازى f.

debt **deyn II** دەین m./f.; **qer I** قەر m.; (~of labor) **mitare** مِتارە m.

debtor **deyndar** دەیندار m.&f.

decanter **gumgum** گومگوم m./f.

to decapitate **serjêkirin** سەرژێكِرِن/**şerjêkirin** شەرژێكِرِن vt.

to decay (vi.) **hilweşîn** هِلوەشین vi.; **şihitîn** شِهتین vi.; (of

food) řizîn ڕزین vi.
decayed **petot** پەتۆت; **řizî** ڕزی; **kurmî** کورمی
deceased **řeḧmetî** ڕەحمەتی; **nemir** نەمِر
deceit **bêbextî** بێ بەختی f.; **mixenetî** مِخەنەتی f.; **xiyanet** خِیانەت f.; **delk'** دەلك f.; **fêl I** فێل m./f.; **lêp** لێپ f.; **xap** خاپ f.
to deceive **xapandin** خاپاندِن vt.; **lêbandin** لێباندِن vt.; **mixenetî kirin** مِخەنەتی کِرِن vt.; **di serda birin** دِ سەردا بِرِن vt.
deceived: -to be ~ **lêbyan** لێبیان vi.; **xapîn** خاپین vi.
December **K'anûna pêşin** کانوونا پێشِن; **Ç'ileya pêşîn** چِلەیا پێشین
decency **hetk** هەتك f.; **layîqî** لاییقی f.
decent (proper) **layîq** لاییق
deception **qelpî** قەلپی f.
to decide **biryar dan** بِریار دان vt.; **qirar dan** قِرار دان vt.; **himet kirin** هِمەت کِرِن vt.
decided (insistent) **řijd** ڕژد
decision **biryar** بِریار f.; **qirar** قِرار m./f.
declaration **beyanname** بەیاننامە f.; **daxuyanî** داخویانی f.; **'elamet** عەلامەت f.
to declare **diyar kirin** دِیار کِرِن vt.
declension (of nouns & pronouns) **tewang** تەوانگ f.
to decline (vi.) (be ruined) **hilweşîn** هِلوەشین vi.; **şihitîn** شِهتین vi.; (vt.) (inflect a noun) **tewandin** تەواندِن vt.
declivity: (slope, incline) **nişîv** نِشیڤ m.
to decorate **xemilandin** خەمِلاندِن vt.; **nitirandin I** نِتِراندِن vt.
decorated **xemilî** خەمِلی; -to be ~ **xemilîn** خەمِلین vi.
decoration **xemil** خەمِل f.
decoy (dummy egg in chicken coop) **motik** مۆتِك f.; **xap** خاپ f.
decoy partridge **řibat** ڕِبات m. or adj.
decree **emir I** ئەمِر m.; **ferman** فەرمان f.; **ferwar II** فەروار f.; **ḧuk'um** حوکوم m.; **qirar** قِرار m./f.
decrepit (senile) **heřfî** هەڕفی; **kalûme** کالوومە m.&f.; **kevnare** کەڤنارە
to deduce **deranîn** دەرانین vt.
to deduct **lêkuştin** لێ کوشتِن vt.
deed **kiryar** کِریار f.; **fêl II** فێل f./m.; (evil ~) **finaz** فِناز m./f.; (heroic ~) **p'elewanî** پەلەوانی f.
to deem **ḧesab kirin** حەساب کِرِن vt.; **ḧesibandin** حەسِباندِن vt.; **hejmartin** هەژمارتِن vt.; **zanîn** زانین vt. [+bi بِ];
deep **k'ûr III** کوور
deer **ask** ئاسك f.; **gak'ûvî** گاکووڤی m.; **mambiz** مامبِز m.&f.; **xezal I** خەزال f.; **şivir** شِڤِر m. & f.
to deface **gemirandin** گەمِراندِن vt.
defamation **řûřeşî** ڕووڕەشی f.
defamed **řûřeş** ڕووڕەش
defeat **nekse** نەکسە f.
to defeat **zora [dijmin] birin** زۆرا دِژمِن بِرِن vt.; **alt' kirin** ئالت کِرِن vt.; **bê ser û ber kirin** بێ سەر و بەر کِرِن vt.; **řevandin** ڕەڤاندِن vt.; (at a game) **[ji+] birin** [ژِ] بِرِن vt.
defeated: -to be ~ **řevîn** ڕەڤین vi.
to defecate **řîtin** ڕیتِن vt.; (of animals) **bişkul kirin** بِشکول کِرِن vt.
defect **qusûr** قوسوور f.; **kêmasî** کێماسی f.
to defect to **dexaleta fk-î kirin** دەخالەتا فکی کِرِن vt.; **p'ena birin bo/ber** پەنا بِرِن بۆ\بەر vt.
defective: (weapon) **çirûk** چِرووك
to defend **berevanîya fk-î kirin** بەرەڤانییا فکی کِرِن vt.; **p'arastin** پاراستِن vt.; **p'awandin** پاواندِن vt.
defender **berevan** بەرەڤان m.; **piştîvan** پِشتیڤان m.; **piştmêr** پِشتمێر m.; **têkoşer** تێکۆشەر m.
defense **bergirî** بەرگِری f.; **berevanî** بەرەڤانی f.
defenseless: **bêpişt** بێ پِشت;(unarmed) **bêç'ek** بێ چەك
deferential treatment **'ezet-îk'ram** عەزەت ئیکرام; **'ezet-qulix** عەزەت قولِخ
deficiency **qusûr** قوسوور f.; **kêmasî** کێماسی f.; **zede** زەدە f.
deficient (lacking) **kêm I** کێم
deficit **kêmasî** کێماسی/**kêmayî** کێمایی f.
defiled: -to be defiled **lewitîn I** لەوِتین vi.; **ḧeřimîn** حەڕمین vi.
to define **k'ifş kirin** کِفش کِرِن vt.; **pênase kirin** پێناسە کِرِن vt.; **dan nasîn** دان ناسین vt.
definition **salix** سالِخ m.; **pênase** پێناسە f.; **şayes** شایەس f.
to degenerate (vi.) **hilweşîn** هِلوەشین vi.; **şihitîn** شِهتین vi.
degree **řade** ڕادە f.
delay **taloq I** تالۆق f.
to delay **taloq kirin** تالۆق کِرِن vt.; **awiqandin** ئاوِقاندِن vt.; **egle kirin** ئەگلە کِرِن vt.; **gîro kirin** گیرۆ کِرِن vt.;
delayed **gîro** گیرۆ; **egle** ئەگلە; **dereng** دەرەنگ; to be ~ **awiqîn** ئاوِقین vi.
delegation **şande** شاندە f.
to deliberate **hev birin-anîn** هەڤ بِرِن ئانین vt.; **lev şêwirîn** شێوِرین vi.; **sêwirandin** سێوِراندِن vt.
deliberation **şêwir** شێوِر f.
delicacy (tasty food) **ta'm** تاعم m./f.
delicate **nazenîn** نازەنین; **narîn** نارین; **nazik** نازِك; **tenik** تەنِك; **dilzîz** دِلزیز; (of sound) **zîz I** زیز

delicateness **tenikayî** تەنِكایی f.
delicious bi ta'm; **xweş** خوەش
delight (n.) **lezet** لەزەت f.; **k'êf** کێف f.; **sebr** سەبر f./m; **t'ab** تاب f.
to delight in **lezet dîtin** لەزەت دیتِن vt.
to deliver **spartin** سپارتِن vt.; **t'eslîm kirin** تەسلیم کِرِن vt.
deliverance **t'eslîm** تەسلیم m.; **xelasî** خەلاسی f.; **felat** فەلات f.; **řizgarî** ڕزگاری f.; **ferec** فەرەج f.
delivered: -to be delivered (to be saved, rescued) **felitîn** فەلتین vi.
delivering (n.) **t'eslîm** تەسلیم m.
deluge **lêmişt** لێمِشت f.; **tofan** تۆفان f.
demand **daxwaz** داخواز f.; **de'w II** دەعو f.
to demand **daxwaz kirin** داخواز کِرِن vt.
democracy **demokrasî** دەمۆکراسی f.
democratic **demokratîk** دەمۆکراتیك
Democratic Party of Iranian Kurdistan (KDPI) **Partiya Demokrat a Kurdistana Îranê** پارتِیا دەمۆکرات ئا کوردِستانا ئیرانێ f.
to demolish **hêrivandin** هێرِڤاندِن vt.; **hilweşandin** هِلوەشاندِن vt.
demon **dêw** دێو m.; **cin** جِن m.; **ji me ç'êtir** ژِ مە چێتِر pl.
to demonstrate **nimandin** نِماندِن vt.
den (lair of wild animal) **lan** لان f.; **qûn** قوون f.; (bear's d.) **gindor III** گِندۆر f.
denial **înk'ar** ئینکار f.
denomination **dîn û mesheb** دین و مەسهەب
to denounce **lomandin** لۆماندِن vt.; **şeř avîtin (ser)** ***fk-ê*** شەڕ ئاڤیتِن سەر فکێ vt.
dense: (thick, of liquids) **tîr II** تیر
to deny **înk'ar kirin** ئینکار کِرِن vt.
to depart **lêxistin ç'ûn** لێخِستِن چوون vt./vi.; **lêdan ç'ûn** لێدان چوون vt./vi.
to depart from (deviate from) **averê bûn** ئاڤەرێ بوون vi.
departed **averê** ئاڤەرێ
dependable **ewlekar** ئەولەکار; **merd** مەرد; **ît'bar** ئیتبار
dependents **'eyal** عەیال m./f./pl.; **zav-zêç** زاڤ زێچ
to depict **şikil k'işandin** شِکِل کِشاندِن vt.; **şikil kirin** شِکِل کِرِن vt.; **nitirandin I** نِتِراندِن vt.; **neqişandin** نەقِشاندِن vt.; **resim kirin** رەسِم کِرِن vt.
to deplume **řûç'ikandin** ڕووچِکاندِن vt.
depopulated **xiř û xalî** خِڕ و خالی
to deport **t'erĥîl kirin** تەحیل کِرِن vt.
to depose: (a monarch) **'ezil kirin** عەزِل کِرِن vt.
deposit: (pledge) **girêv** گِرێڤ f.; **řehîn** ڕەهین f.
to deposit (money) **řazandin** ڕازاندِن vt.
depository **'embar** عەمبار f.
depot: **'embar** عەمبار f.; (artillery ~) **cebirxane** جەبِرخانە f.
depravity **qûnekî** قوونەکی f.
to depress **qehirandin** قەهِراندِن vt.
depressed **bêk'êf** بێکێف; **dil̠teng** دِلطەنگ; **melûl** [**û mizdan**] [و مِزدان] مەلوول; **mirûz** مِرووز m.; -to be ~ **ber xwe k'etin** بەر خوە کەتِن vi.; **qehirîn** قەهِرین vi.; **mirûzê xwe kirin** مِرووزێ خوە کِرِن vt.
depression: (low place) **binat'ar** بِناتار f.; **t'ûş I** تووش f.; (emotional state) **dil̠tengî** دِلطەنگی f.; **melûlî** مەلوولی f.
deprived (of) **bêp'ar** [ژِ] بێ پار [+ji]
depth **k'ûrayî** کوورایی f.
deputy **mifirdî** مِفِردی m.
deranged **sergerdan** سەرگەردان
derision **tewz** تەوز f.
to derive **deranîn** دەرانین vt.; **derxistin** دەرخِستِن vt.; **hilçinîn** هِلچِنین vt.
to descend **dahatin** داهاتِن vi.; **dak'etin** داکەتِن vi.; **dadan** دادان vt.; (get off of) **peya bûn** پەیا بوون vi.; (~ gently, to slide) **xuşikîn** خوشِکین vi.
to descend upon (swoop down on) **dadan** دادان vt.
descendants **zuřet II** زوڕەت f.; **dûndan** دووندان f.; **dol I** دۆل f.; **zêdehî** زێدەهی f.; **ocax** ئۆجاخ f./m.; **war** وار m.; **etba** ئەتبا
descent: (slope) **berwar** بەروار m./f.; (downhill slope) **jordanî** ژۆردانی m.; (origin) **cins** جِنس m.
to describe **nitirandin I** نِتِراندِن vt.; **ç'êla ft-î kirin** چێلا فتی کِرِن vt.; **kat kirin** کات کِرِن vt.; pêgotin; (to narrate, tell) **vegotin** ڤەگۆتِن vt.; **vegêřan** ڤەگێڕان vt.
description **ç'êl II** چێل f.; **salix** سالِخ m.; **şayes** شایەس f.; **vegotin** ڤەگۆتِن f.
dèsert: (wilderness) **beřî II** بەڕی f.; **ç'ol** چۆل f.; **pasar I** پاسار
deserted **xiř û xalî** خِڕ و خالی; **xop'an** خۆپان
deserter (runaway) **firar** فِرار m.
to deserve **heqê xwe standin** هەقێ خوە ستاندِن vt.; **layîq bûn** لاییق بوون vi.
deserving **hêja I** هێژا; **layîq** لاییق; **stêl** ستێل
desiccated **çik I** چِك
to designate **k'ifş kirin** کِفش کِرِن vt.; **destnîşan kirin** دەستنیشان کِرِن vt.
desire **daxwaz** داخواز f.; **viyan** ڤِیان f.; **arzû** ئارزوو f./m.; **merem** مەرەم m./f.; **miraz** مِراز m./f.; **ĥewas** حەواس f.; **hesret** هەسرەت f.; **ĥez** حەز f.; **qîm** قیم f.; (feeling like doing stg.) **gêwil** گێوِل m.

to desire **bijîn I** بِژین vt.; **mêla ft-îr̄a hatin** مێلا فتیرا هاتِن vi.
despairing **bêhêvî** بێ هێڤی; **p'or̄ û p'oşman** پۆڕ و پۆشمان; **zelûl** زەلوول
desperate **bêgav** بێ گاڤ; **bêhêvî** بێ هێڤی; **bêçare** بێ چارە; **tengav** تەنگاڤ
desperation **bêgavî** بێ گاڤی f.; **bêçaretî** بێ چارەتی f.
despite **digel** دِگەل; **dijî** دِژی; **gir III** گِر ; **r̄ex̄me** ڕەغمە ; **li ser ... r̄a** لِ سەر ... ڕا
despondent (sad) **zelûl** زەلوول
despot **zordar** زۆردار m.; **xûndkar** خووندکار m.
despotic **xurt** خورت
despotism **zordarî** زۆرداری f.
dessert **şîranî** شیرانی f.; **paşîv** پاشیڤ f.
destiny **bext** بەخت m.; **enînivîs** ئەنینڤیس; **qeder II** قەدەر f.; **îqbal** ئیقبال m.; **qismet** قِسمەت m.; **yazî** یازی f.; **felek** فەلەك f.; **peşk II** پەشك f.
destitute **k'esîb** کەسیب; **bêḧal** بێ حال; (flat broke) **r̄ût** ڕووت; **bêp'ere** بێپەرە
destitution (poverty) **feqîrî** فەقیری f.; **k'esîbtî** کەسیبتی f.; **p'erîşanî** پەریشانی f.; **sêfîlî** سێفیلی f.; **xizanî** خِزانی f.; **zivarî** زِڤاری f.
to destroy **hilweşandin** هِلوەشاندِن vt.; **ne•hiştin** نەهِشتِن vt. neg.; **hêrivandin** هێرِڤاندِن vt.; **felişandin** فەلِشاندِن vt.; **t'efandin** تەفاندِن vt.; **xirab kirin** خِراب کِرِن vt.; **berza kirin** بەرزا کِرِن vt.; **t'elef kirin** تەلەف کِرِ vt.; **tarûmar kirin** تاروومار کِرِن vt.; (massacre) **k'ok qelandin** کۆك قەلاندِن vt.; **batmîş kirin** باتمیش کِرِن vt.; **qir̄ kirin** قِڕ کِرِن vt.; (to defeat, trounce) **bê ser û ber kirin** بێ سەر و بەر کِرِن vt.;
destroyed **k'ambax** کامباخ; **wêran I** وێران ; **xirab** خِراب; **tarûmar** تاروومار; -to be ~ **ne•man** نەمان vi. neg.; **têkç'ûn** تێکچوون vi.
destruction **k'af-k'ûn** کاف کوون f.; **malxirabî** مالخِرابی f.; **qir̄ II** قِڕ f.; **t'elef** تەلەف f.
to detach: (o.s., as sheep from a flock) **havîbûn** هاڤیبوون vi.
detached: **jêkirî** ژێکری; **qut I** قوت; -to be(come) d. **jêbûn** ژێ بوون vi.
detachment: (military) **cêrge** جێرگە f.; (isolation, separation) **havîbûn** هاڤیبوون f.
detailed **hûrgilî** هوورگِلی
to detain **r̄agirtin** ڕاگِرتِن vt.; **zeft kirin** زەفت کِرِن vt.; **desteser kirin** دەستەسەر کِرِن vt.
detained **desteser** دەستەسەر
detainee **dîl** دیل m.
to deteriorate (vi.) **hilweşîn** هِلوەشین vi.; **şihitîn** شِهتین vi.
to determine **k'ifş kirin** کِفش کِرِن vt.; **destnîşan kirin** دەستنیشان کِرن vt.
determined: -bound and ~ **biryardar** بِریاردار
devastated **kovan** کۆڤان
devastation (fig.) **şewat** شەوات f.
to develop: (vi.) **pêşk'etin** پێشکەتِن vi.; **wer̄ar kirin** وەڕار کِرِن vt.; (of corn, wheat, etc.) **seridîn** سەرِدین vi.
development: (growth) **wer̄ar** وەڕار f.; (progress) **pêşk'etin** پێشکەتِن f.; **pêşveç'ûn** پێشڤەچوون f.
to deviate from **averê bûn** ئاڤەرێ بوون vi.
deviated (adj.) **averê** ئاڤەرێ
devil **şeytan** شەیتان m.; **ji me ç'êtir** ژِ مە چێتِر pl.
devilishness **şeytanî** شەیتانی f.
devilry **şeytanî** شەیتانی f.
devoid [of people] **xir̄ û xalî** خِڕ و خالی
devoted **dilsoz** دِلسۆز
devotion: **dilsozî** دِلسۆزی f.; (religious ~) **ebabetî** ئەبابەتی f.
to devour **keritandin** کەرِتاندِن vt.; **vegevizandin** ڤەگەڤِزاندِن vt.
devout **dîndar III** دیندار; **olp'erest** ئۆلپەرەست
dew **avî II** ئاڤی f.; **xunav** خوناڤ f.
dexterity (skill) **fen** فەن m./f.
diabetes **nesaxîya şekirî** نەساخییا شەکِری f.
diabetic (person with diabetes) **nexweşê/a şekirê** نەخوەشێ\ا شەکِرێ m.&f.
dialect **zarava** زاراڤا m.; **lavz** لاڤز m.; **zar I** زار m.; (local ~) **devok** دەڤۆك f.
diamond **almas** ئالماس m./f.
diamonds (in card games) **dînar** دینار f.; **karo** کارۆ
diaper **p'aç[']ik** پاچِك m./f.; **pêçolk** پێچۆلك f.; **pêçek** پێچەك f.
diaphragm **de[r]fa sing** دەرفا سِنگ
diarrhea **navêş** ناڤێش f.; **nav IV** ناڤ f.; **zikç'ûn** زِکچوون f.; -to suffer from ~ **tetirxanî bûn** تەتِرخانی بوون vi.
diary **rojnivîsk** رۆژنِڤیسك f.
dice, see die (n.)
dictator **zordar** زۆردار m.
dictatorship **zordarî** زۆرداری f.
dictionary **ferheng** فەرهەنگ f.; **xebername** خەبەرنامە f.
die (n.), pl. dice **zar III** زار f.
to die **mirin** مِرِن vi.; **wefat kirin** وەفات کِرِن vt.; **ç'ûn ber dilovanîya xwedê** چوون بەر دِلۆڤانییا خوەدێ; **t'erka dunîyaê dan** تەرکا دونییائێ دان vt.; **alîjiyan bûn** ئالیژِیان بوون vi.; **p'eqîn** پەقین vi.;

pêk'etin پێ کەتِن vi.; (to go to hell) **cehemîn** جەهەمین vi.; (of Christians, used by Muslims) **girêl bûn** گِرێل بوون vi. (Urm); (of ritually unclean animals) **sekitîn** سەکِتین vi.; (of ritually clean animals) **mirar bûn** مِرار بوون vi.; (contemptuously & of animals) **temirîn** تەمِرین vi.

to die down (of wind) **'edilîn** عەدِلین vt.

diet **p'arêz II** پارێز f.

to diet **p'arêz girtin** پارێز گِرتِن vt.; **p'arêz kirin** پارێز کِرِن vt.

difference **ferq** فەرق f.; **cihêrengî** جِهێرەنگی f.; (mathematical) **hasil** هاسِل f.

different **cihê** جِهێ/**cuda** جودا; **başqe** باشقە; **mayîn I** مایین; **têvel** تێڤەل; **cihêreng** جِهێرەنگ

difficult **zeḧmet** زەحمەت; **dijwar** دِژوار; **ç'etin** چەتِن; (~ of access) **asê** ئاسێ

difficulty **ç'etinayî** چەتِنایی f.; **dijwarî** دِژواری f.; **asteng** ئاستەنگ f.; **alozî** ئالۆزی f.

diffident **şermezar** شەرمەزار; **fehêtkar** فەهێتکار; **fehêtok** فەهێتۆك; **şermoke** شەرمۆکە

to diffuse (spread, publicize) **weşandin** وەشاندِن vt.

to dig **k'olan III** کۆلان vt.; **vedan** ڤەدان vt.;

to dig up **vek'olîn** ڤەکۆلین vt.

to digest **dehandin** دەهاندِن vt.; **givêrandin** گِڤێراندِن vt.

digestion **dehandin** دەهاندِن f.; **givêrandin** گِڤێراندِن f.

digestive system **sîstema dehandinê** سیستەما دەهاندِنێ f.

digging [beneath a plant] **xepar** خەپار f.

dignified **serbilind** سەربِلِند

dignity **qedir I** قەدِر m.; **şanazî** شانازی f.; **serbilindî** سەربِلِندی f.

dilapidated (decayed) **řizî** ڕِزی; **xop'an** خۆپان

diligence **xîret** خیرەت f.; **qoç'axî** قۆچاخی f.

diligent **xebatk'ar** خەباتکار ; **qoç'ax** قۆچاخ; **xebatḧiz** خەباتحِز

dill **şiwît** شِویت f.

to dilute **p'işaftin** پِشافتِن vt.

din: (loud noise) **gur̄în** گوڕین f.; **galigal** گالِگال f.; **qerebalix** قەرەبالِخ f.; **qîr̄eqîr̄** قیرەقیر f.; **bir̄bir̄** بِربِر f.; **hêwirze** هێورزە f.; **t'eqer̄eq** تەقەڕەق f.

dinghy (small boat) **qeyk** قەیك f.

dining room **xwaringeh** خوارِنگەه f.

dinner **şîv** شیڤ f.; **nanê êvarî** نانێ ئێڤاری m.

dinner table **sifre** سِفرە f.

to dip: (vi.) **binav bûn** بِناڤ بوون; **noq bûn** نوق بوون vi.; (vt.) **binav kirin** بِناڤ کِرِن vt.; **noq kirin** نوق کِرِن vt.; **dakirin** داکِرِن vt.; (piece of bread in food) **têhilandin** تێهِلاندِن vt.

dire straits **bêgavî** بێگاڤی f.

direct (straight) **řast** ڕاست; **k'ese** کەسە

to direct (run, conduct) **meşandin** مەشاندِن vt.; **bi řê ve birin** بِرێڤە بِرِن vt.

direct object **bireser** بِرەسەر f.

direction **alî** ئالی m.; **hêl II** هێل m./f.; **řex I** ڕەخ m.; **teref** تەرەف m.; **semt** سەمت m.; **hindav** هِنداڤ f./m.; **şeq** شەق m./f.; (management, leadership) **fermandarî** فەرماندار‌ی f.; **serk'arî** سەرکاری f.; **serwerî** سەروەری f.; -in the ~ of **li ser ... ve** لِسەر ... ڤە

directives (instructions) **t'emî** تەمی f.

directly (right away) **yekser** یەکسەر

director **řêvebir** ڕێڤەبِر m.; **serk'ar** سەرکار m.

dirhem **dirav** دِراڤ f./m.

dirt: **p'îsî** پیسی f.; **qir̄êj** قِڕێژ f.; **qilêr** قِلێر f.; (soil, ground) **ax** ئاخ f.; **xwelî** خوەلی f.; (dust, powder) **t'oz** تۆز f.

dirtiness **mirdarî** مِرداری f.

dirty **ç'epel** چەپەل; **gemarî** گەماری ; **p'îs** پیس; **qir̄êj** قِڕێژ; **qilêr** قِلێر ; **mirdar** مِردار ; **dijûn II** دِژوون ; **řêvin** ڕێڤِن; **kemêl** کەمێل f.; -to become dirty (hands, clothing) **ḧer̄imîn** حەڕِمین vi.; **lewitîn I** لەوِتین vi.

disabled **nivîşkan I** نِڤیشکان; **seqet** سەقەت; **goc** گۆج; **qop** قۆپ; **kût I** کووت; **kulek I** کولەك; **şeht** شەهت

to disagree with **miqabilî fk-ê/ft-î bûn** مِقابِلی فکێ\فتی بوون vi.; (argue, clash) **p'ev k'etin** پەڤ کەتِن vi.

disagreement **k'êşe** کێشە f.; **cur̄e** جوڕە f.; **mişt û mir̄** مِشت و مِڕ f.; **dubendî** دوبەندی f.; **xirecir** خِرەجِر f.; **gengeşe** گەنگەشە f.; **lec** لەج f.

to disappear **ji holê řabûn** ژِ هۆلێ ڕابوون vi.; **beta vebûn** بەتا ڤەبوون; [**ji ber**] **winda bûn** وِندا بوون [ژِ بەر] vi.; **řed bûn** ڕەد بوون vi.; **řoda ç'ûn** ڕۆدا چوون vi.; **ẍeware bûn** غەوارە بوون vi.; **p'enese bûn** پەنەسە بوون vi.

disappeared **p'enese** پەنەسە

to disappoint: **qehirandin** قەهِراندِن vt.; (disobey) **bêdilîya fk-ê kirin** بێدِلییا فکێ کِرِن vt.

disappointed **xiyalşkestî** خِیالشکەستی ; **bêhêvî** بێ هێڤی; **p'or̄ û p'oşman** پۆڕ و پۆشمان; (greatly ~) **dilşkestî** دِلشکەستی; -to be ~ **qehirîn** قەهِرین vi.

disarmed: (unarmed) **bêç'ek** بێ چەك

disarray **t'evdan** تەڤدان f.; -in d. **tarûmar** تاروومار

disaster **bela I** بەلا f.; **bêt'ar** بێتار m.; **qeda** قەدا f./m.; **gosirmet** گۆسِرمەت f.; **siqûmat** سِقوومات ; **boblat** بۆبلات f.; **t'ifaq I** تِفاق f.; **şetele** شەتەلە f.; **oyîn** ئۆیین f.; -natural ~ **bob[e]lata xwezayî** بۆبەلاتا خوەزایی f.

to discern **ferq kirin** فەرق کِرِن vt.

disciple **mirîd** مِرید m.; **suxte** سوختە m.; **şagird** شاگِرد m.&f.

to disclose **diyar kirin** دِیار کِرِن vt.

discomfort: **neřeĥetî** نەڕەحەتی f.; -to cause ~ **te'darî lê kirin** تەعداری لێ کِرِنvt.

to discontinue **řawestandin** ڕاوەستاندِن vt.; **sekinandin** سەکِناندِن vt.; (a relationship, i.e. to break up with s.o.) **berê xwe [jê] guhastin** بەرێ خوە ژێ گوهاستِن vt.

discord **bêt'ifaqî** بێ تِفاقی f.; **dubendî** دوبەندی f.

discouraged **met'elmayî** مەتەلمایی

discourteous **bê edeb** بێ ئەدەب ; **bême'rîfet** بێ مەعریفەت

discourtesy **bê edebî** بێ ئەدەبی f.

to discover **vedîtin** ڤەدیتِن vt.

to discuss (a topic) **beĥsa/beĥsê ft-î kirin** بەحسا\بەحسێ فتی کِرِن vt.; **qala ft-î kirin** قالا فتی کِرِن vt.

discussion **beĥs** بەحس f./m.; -heated d. **gengeşe** گەنگەشە f.

disease **nexweşî** نەخوەشی f.; **nesaxî** نەساخی f.; **êş** ئێش f.; **jan** ژان f.; **qeda** قەدا f./m.; **zede** زەدە f.; (a ~of horses) **kam II** کام f.; (animal ~) **yeman II** یەمان ; -infectious ~ **şewb** شەوب f.

to disembark **peya bûn** پەیا بوون vi.

disgrace **şerm** شەرم f./m.; **şermezarî** شەرمەزاری f.; **fehêt** فەهێت f.; **řûřeşî** ڕووڕەشی f.; **'et'ib** عەتِب f.; **sosret** سۆسرەت f.; **'eyb** عەیب f.; **xax** خاخ f.

to disgrace **hetka fk-ê birin** هەتکا فکێ بِرِن vt.; **řû řeş kirin** ڕووڕەش کِرِن vt.; **kirin xax** کِرِن خاخ vt.

disgraced **fehêtkar** فەهێتکار ; **řûřeş** ڕووڕەش

disgraceful **caris** جارِس

disgruntled (feeling mistreated) **zîz II** زیز

disguise **dilqe** دِلقە m.; **qilix I** قِلِخ m.

to disguise oneself as **li xwe kirin dilẍê** … لِ خوە کِرِن دِلغێ … vt.

disgust (frustration) **qehr** قەهر f.

disgusted (deeply disappointed) **qehirîn** قەهیرین vi.

disgusting (of people) **bi'ok** بِعۆك

dish: (plate) **firaq** فِراق f./m.; **dewrî** دەوری f.; **teyfik** تەیفِك f.; **derdan II** دەردان f.; **sênîk** سێنیك f.; (large, flat ~) **lalî II** لالی f.; **sênî** سێنی f.; (pan of weighing scale) **t'a II** تا m.

disheartened **met'elmayî** مەتەلمایی

dishes **aman** ئامان pl.; **derdan II** دەردان f.

disheveled **sergerdan** سەرگەردان

dishonest **bêbext** بێ بەخت; **neřast** نەڕاست; **çirûk** چِرووك; **şîrĥeram** شیرحەرام; **qelp I** قەلپ

dishonesty **bêbextî** بێ بەختی f.; **neřastî** نەڕاستی f.; **şîrĥeramî** شیرحەرامی f.; **qelpî** قەلپی f.

dishonor **bênamûsî** بێ ناموسی f.

to dishonor **namûs hingaftin** ناموس هِنگافتِن vt.; **hetka fk-ê birin** هەتکا فکێ بِرِن vt.; **'erza fk-î şkandin** عەرزا فکی شکاندِن vt.

dishonorable **p'îs** پیس; **bênamûs** بێ ناموس; -to act in a d. manner **nemerdî kirin** نەمەردی کِرِن vt.

dishwasher (person) **firaqşo** فِراقشۆ

disillusioned **xiyalşkestî** خِیالشکەستی

disinclination **t'iřalî** تِڕالی f.

disk **qurs** قورس m.; (large convex ~ upon which bread is baked) **sêl** سێل f.

dislike **řik' I** رِك f.

to dislocate (e.g., ankle) **xelandin** خەلاندِن vt.

dislocated: -to be d. **xelyan** خەلیان vi.

to dislodge **ji cî leqandin** ژِ جی لەقاندِن vt.; **ji cî livandin** ژِ جی لِڤاندِن vt.

disloyal **t'eres** تەرەس

disloyalty **xiyanet** خِیانەت f.

to dismiss (fire, sack) **qewrandin I** قەوراندِن vt.

to dismount **peya bûn** پەیا بوون vi.; **hatin xwarê** هاتِن خوارێ vi.

disobedience **serĥişkî** سەرحِشکی f.; **serk'êşî** سەرکێشی f.

disobedient **serĥişk** سەرحِشك; **serk'êş I** سەرکێش; **erinî** ئەرِنی

to disobey **bedilîya fk-ê kirin** بێ دِلییا فکێ کِرِن vt.; **ji xebera … derk'etin** ژِ خەبەرا … دەرکەتِن vi.; **erinîn** ئەرِنین vi.

disorder (chaos) **k'eft û left** کەفت و لەفت f.; **k'af-k'ûn** کاف کوون f.; **geremol** گەرەمۆل f.; **t'evdan** تەڤدان f.; **hêwirze** هێوِرزە f.;

disordered **sergerdan** سەرگەردان

disorderliness **bêřêzî** بێ ڕێزی f.

disorderly **bê ser û ber** بێ سەر و بەر; bê rêk û pêk; **bêřêz** بێ ڕێز; **t'ewekel** تەوەکەل; **belawela** بەلاوەلا

disorganized **t'ewekel** تەوەکەل

to dispatch **şandin** شاندِن vt.; **hinartin** هِنارتِن vt.; **řê kirin** ڕێ کِرِن vt.; **veřê kirin** ڤەڕێ کِرِنvt.

to disperse: (vi.) **p'eşkilîn** پەشکِلین vi.; **veqetîn** ڤەقەتین vi.

dispersed **belav** بەلاڤ

displaced (person) **mişext** مِشەخت m.&f.; **derbeder** دەربەدەر m.

displacement: (being displaced) **mişextî** مِشەختی f.; **derbederî** دەربەدەری f.

display (exhibit) **pêşangeh** پێشانگەه f.

displeasure **k'êfnexweşî** کێفنەخوەشی f.
to dispose **'edilandin** عەدِلاندِن vt.
disposed to **mêldar** مێلدار m.; -to be d. **xîret kirin/ k'işandin** خیرەت کِرِن\کِشاندِن vt.
disposition **k'êf** کێف f.; **t'ebî'et** تەبیعەت f./m.; **řewişt** ڕەوِشت f.; **xîret** خیرەت f.; **ciř** جِڕ f.
dispute **de'w II** دەعو f.; **k'êşe** کێشە f.; **p'evç'ûn** پەڤچوون f.; **gengeşe** گەنگەشە f.
to disregard (make light of) **dan ber lingan** دان بەر لِنگان vt.; **avêtin pişt guh** ئاڤێتِن پِشت گوه vt.
disrespect **bêřêzî** بێ ڕێزی f.
disrespectful **bêřêz** بێ ڕێز
dissatisfied: -to be ~ (frown) **me'dê xwe tiřş kirin** مەعدێ خوە تِرش کِرِن vt.
dissension **bêt'ifaqî** بێ تِفاقی f.; **dubendî** دوبەندی f.
dissimulating **qelp I** قەلپ
dissimulation **qelpî** قەلپی f.
to dissociate: (o.s.) **havîbûn** هاڤیبوون vi.
dissolute **t'ewekel** تەوەکەل
to dissolve: (vt.) **ȟelandin** حەلاندِن vt.; **p'işaftin** پِشافتِن vt.; (vi.) **ȟelîn** حەلین vi.
to dissuade **ç'erixandin** چەرخاندِن vt.
distaff **t'eşî** تەشی f./m.
distance **dûrî** دووری f.; -in the ~ **ji dûrve** ژِ دوورڤە
distant **dûr** دوور
distinction: (difference) **ferq** فەرق f.; **cihêrengî** جِهێرەنگی f.
to distinguish: (tell apart) **ferq kirin** فەرق کِرِن vt.; **ft-î ji ft-î derxistin** فتی ژِ فتی دەرخِستِن vt.; **ji hev nas kirin** ژِ هەڤ ناس کِرِن vt.; **veqetandin** ڤەقەتاندِن vt.; (espy, make out) **qişirandin** قِشِراندِن vt.
to distort **gemirandin** گەمِراندِن vt.
distracted: -to be ~ (lost, in thought) **nuqim bûn** نوقِم بوون vi.
distress **xem** خەم f.; **dilṯengî** دِلتەنگی f.; **p'erîşanî** پەریشانی f.; **stûxwarî** ستووخواری f.; **tengavî** تەنگاڤی f.
distressed **bikul** بِ کول; **dilṯeng** دِلطەنگ; **p'erîşan** پەریشان; **stûxwar** ستووخوار; -to be ~ **bêna fk-ê teng bûn** بێنا فکێ تەنگ بوونvi
to distribute **dabeş kirin** دابەش کِرِن vt.; **belav kirin** بەلاڤ کِرِن vt.; **gêřan** گێڕان vt.; **geřandin** گەڕاندِن vt.
distributed: -to be d. **dabeş bûn** دابەش بوون vi.
district **herêm** هەرێم f.; **semt** سەمت m.; **lîwa** لیوا ; **navçe** ناڤچە f.; (of city) **miȟel** مِحەل f.; **t'ax I** تاخ f.; (county) **neȟî** نەحی f.; (province) **walîtî** والیتی f.
to disturb **te'darî lê kirin** تەعداری لێ کِرِن vt.; **'aciz kirin** عاجِز کِرِن vt.; (the silence) **t'eřibandin** تەڕِباندِن vt.
disturbance: **alozî** ئالۆزی f.; (bothering) **te'darî** تەعداری f.
disturbed **aloz** ئالۆز; **p'erîşan** پەریشان; (silence, peace, sleep) **şerpeze** شەرپەزە; -to be ~ (stomach): **ẍelîn** غەلین vi.; (animals) **veciniqîn** ڤەجِنِقین vi.
disunited **bêt'ifaq** بێ تِفاق
disunity **bêt'ifaqî** بێ تِفاقی f.
disyllabic **duk'îteyî** دوکیتەیی
ditch: (gutter) **cew** جەو f.; (small gutter, on a mill) **şîp** شیپ f./m.; (pit) **çal II** چال f.; **goncal** گۆنجال f.; **k'ort** کۆرت f.; (foxhole) **çeper I** چەپەر f.; (gully) **kendal** کەندال m.; **k'olge** کۆلگە f.
ditch reed **şafir I** شافِر m.
divan: (court of prominent person) **dîwan** دیوان f.; **dîwanxane** دیوانخانە f.
to dive **noq bûn** نۆق بوون vi.; **nuqim bûn** نوقِم بوون vi.
diversion **mijûlahî** مِژوولاهی f.
to divert (to amuse) **mijûl kirin** مِژوول کِرِن vt.;
to divert from (turn away) **averê kirin** ئاڤەرێ کِرِن vt.
diverse **têvel** تێڤەل
to divide **p'arve kirin** پارڤە کِرِن vt.; **dabeş kirin** دابەش کِرِن vt.; p'erçe p'erçe kirin; **ker kirin** کەر کِرِن vt.; **navbiřî dan** ناڤبِڕی دان vt.; p'irt kirin; **veqetandin** ڤەقەتاندِن vt.;
divided: -to be d. **dabeş bûn** دابەش بوون vi.
dividers (compasses) **p'ergal II** پەرگال f.
divination **fal** فال f.; **falçîtî** فالچیتی f.; **řemil** ڕەمِل f.
to divine (predict the future) **řemlê nihêřîn** ڕەملێ نِهێڕین vt.
diviner **falçî** فالچی m.&f.; **řemildar** ڕەمِلدار m.&f.
division (math.) **p'arvekirin** پارڤەکِرِن f.; **dabeşkirin** دابەشکِرِن f.; (part, section) **şax** شاخ f./m.; **dabeş** دابەش f.
to divorce **berdan** بەردان vt.
to divulge **îfşa kirin** ئیفشا کِرِن vt.
divulging (n.) **îfşa** ئیفشا m./f.
diwan (hall in which dignitary receives guests) **ode** ئۆدە f.
dizziness **gêjtî** گێژتی f.
dizzy **gêj** گێژ
to do **kirin** کِرِن vt.; (~ to s.o.) **serê fk-î anîn** سرێ فکی ئانین vt.
to do away with **ji ort'ê řakirin** ژِ ئۆرتێ ڕاکِرِن vt.; **ji nav birin** ژِ ناڤ بِرِن vt.; **ji holê řakirin** ژِ هۆلێ ڕاکِرِن vt.;
docile: **sernerm** سەرنەرم

docked (animal's tail) **qol III** قۆل
doctor **bijîşk** بژیشك m.&f.; **duxtor** دوختۆر m.&f.; **ĥek'îm** حەکیم m.; **nojdar** نۆژدار m.
document: **belge** بەلگە f.; (legal ~) **'ehd** عەهد m./f.; (written ~) **belgename** بەلگەنامە f.
to document **belge kirin** بەلگە کِرِن vt.
dodder **daralînk** دارالینك f.
doddering (senile, decrepit) **heřfî** هەرفی
doe: (female deer) **şivira mê** شِڤِرا مێ f.; **çêlekeke gak'ûvî** چێلەکەکە گاکوڤی f.
dog **kûçik** کووچِك m.; **se** سە m.; **k'elb** کەلب m.; (short, squat ~) **bocî** بۆجی f./m.; (hunting ~) **tajî** تاژی f./m.; **t'ûle** توولە m.
Dog Star: (Canicula, Sirius) **gelavêj** گەلاڤێژ f.
dogrose **şîlan I** شیلان f.
doll **bûk I** بووك f.; (traditional ~ carried by little girls to ask for alms during drought) **bûka baranê** بووکا بارانێ f.
dolt **p'ûşt** پووشت m.&f.
dome (cupola) **qube II** قوبە f.
to domesticate **kedî kirin** کەدی کِرِن vt.
domesticated (tame) **kedî** کەدی
dominance **serwerî** سەروەری f.
dominant **serdest** سەردەست; *zal
dominated (easily ~, meek) **p'arsûxwar** پارسووخوار
domination **zordestî** زۆردەستی f.
donation: (of food on first anniversary of s.o.'s death) **sersal** سەرسال f.
done: (over, finished, past) **xelas** خەلاس; **derbazbûyî** دەربازبوویی; -to be d. (finished, over) **k'uta bûn** کوتا بوون vi.; **qedîn** قەدین vi.
donkey **k'er III** کەر m.&f.; **guhdirêj** گوهدِرێژ m.; (he-ass) **nêrek'er** نێرەکەر m.; (she-ass) **mak'er** ماکەر f.; **k'era mê** کەرا مێ f.; (young of ~) **cehş** جەهش m.; **dehş** دەهش m.&f.; **k'uřik** کورِك m.
donkey dung **serkul** سەرکل m.; **sêklot** سێکلۆت m.
donkey saddle **kurtan** کورتان m.; (wooden) **p'alik** پالِك m.
door **derî I** دەری m.; (large ~) **dergeh** دەرگەه f./m.
door bolt **ç'ilmêre** چلمێرە m./f.
door frame **derç'ik** دەرچِك f.; **şêmîk** شێمیك f.; **şîpane** شیپانە f.; **řexderî** رەخدەری m./f.
door post **řexderî** رەخدەری m./f.
doorman **dergevan** دەرگەڤان m.&f.
dormer-window **k'ulek II** کولەك f.
dot: (point)**deq** دەق f.; **xal II** خال f.; **niqitk** نِقِتك f.
double: -on the ~ (quickly) **řeve-řev** رەڤەرەڤ
doubt **guman** گومان f.; **şik** شِك f.; **şebh** شەبە f.
to doubt **şik birin** شِك بِرِن vt.
doubtless **bêguman** بێ گومان; **bêşik** بێ شِك; **êqîn** ئێقین/**yeqîn** یەقین
dough **hevîr** هەڤیر m.; (rolled up ball of ~) **giştik** گِشتِك f.; (money) **p'ere I** پەرە pl./m.
dove (pigeon) **kevok** کەڤۆك f.
down (adv.) **berbijêr** بەربِژێر; **jêr** ژێر; **serbijêr** سەربِژێر; **xwar** خوار; (in crossword puzzles) **stûnî** ستوونی; **serejêr** سەرەژێر
down (n.) (eiderdown) **p'ûrt** پوورت f.; **t'ûk I** تووك f.
down in the mouth (depressed) **melûl [û mizdan]** مەلوول [و مِزدان]
downhill slope **nişîv** نِشیڤ m.; **jordanî** ژۆردانی m.
downpour **şiřik** شِرِك f.; **surik I** سورِك f. ; (sudden ~) **tavî** تاڤی f.
downspout **şiřik** شِرِك f.; **surik I** سورِك f.
downstairs **jêr** ژێر
downward **jêr** ژێر; **berbijêr** بەربِژێر; **serbijêr** سەربِژێر; **xwar** خوار
downward of **ji ...û pêda** ژِ ... و پێدا
dowry **cihaz** جهاز m.; **dermalî** دەرمالی f.
to doze **p'onijîn** پۆنِژین vi.; **hênijîn** هێنِژین vi.
dozen **derzin** دەرزِن f.
dozing off (n.) **xilmaş** خِلماش f.; **nuqrosk** نوقرۆسك pl./f.
drachma **dirav** دِراڤ f./m.
draft (mouthful of liquid) **qurt** قورت f.; **fiř I** فِر f.
drag (puff, on cigarette) **qurt** قورت f.; **hilm** هِلم f.; **qulap** قولاپ f.
to drag (pull) **k'aş kirin** کاش کِرِن vt.
dragoman **wergêř** وەرگێر m.&f.; **t'ercimeçî** تەرجِمەچی m.; **p'açveker** پاچڤەکەر m.&f.
dragon **zîha** زیها m.
dragon arum **karî II** کاری f.
dragonfly **teşîrok** تەشیرۆك f.; **ĥespa bûkê** حەسپا بووکێ f. ; **ĥespa gihîyê** حەسپا گهییێ f.
drainpipe **şiřik** شِرِك f.; **surik I** سورِك f.
drake (male duck) **sone** سۆنە m.
drama **şano** شانۆ f.
drape: (curtain) **çît I** چیت m.
draught-horse **me'negî** مەعنەگی f.
draughts: (game of checkers) **dame** دامە f.
draw (puff, on cigarette) **hilm** هِلم f.; (tie, in games) **pate III** پاتە f.
to draw (pull, extract) **k'işandin** کِشاندِن vt.; (water from a well) **hilçinîn** هِلچِنین vt.; (depict) **neqişandin** نەقِشاندِن vt.; **şikil k'işandin** شِکِل کِشاندِن vt.; **şikil kirin** شِکِل کِرِن vt.; **resim kirin** رەسِم کِرِن vt.
to draw a line **řêz kirin** رێز کِرِن vt.

to draw back (vi.) (withdraw) **xwe dane paş** خوه دانه پاش vt.; **vek'işîn** ڤەکِشین vi.; (vt.) **vek'işandin** ڤەکِشاندِن vt.

to draw lots **peşk k'işandin** پەشك کِشاندِن vt.

to draw near (approach) **lê nêzîkayî kirin** لێ نێزیکایی کِرِن vt.

to draw out **řak'işandin** راکِشاندِن vt.

to draw up (plans) **dariştin** دارِشتِن vt. ; (water from well) **hilçinîn** هِلچِنین vt.

drawer **çavik I** چاڤِك f.

drawers: (underpants) **derpê** دەرپێ m.

drawing (picture) **şikil** شِکِل m.; **řesim** رەسِم m./f.

drawing room **dîwanxane** دیوانخانە f.

drawn (sword) **tazî I** تازی

drawstring **doxîn** دۆخین f.; **oxçir** ئۆخچِر f.

dray (oxcart, sledge) **parxêl** پارخێل f.

dread **saw** ساو f.

dream **xewn** خەون f.

drenched **şilopil** شِلۆپِل

dress: (apparel) **bûsat** بووسات m./f.; **ç'ek** چەك m./f.; (type of woman's ~) **kiras** کِراس m.; **dêre** دێرە m.; **fîstan** فیستان f.; (woman's ~ worn over shalvar) **xeftan** خەفتان m.; (d. clothes, one's Sunday best) **řiĥal** رِحال f.

to dress: (vt.) **k'inc lêkirin** کِنج لێکِرِن vt.; (to curry, a horse) **meĥes kirin** مەحەس کِرِن vt.; (vi.) **k'inc li xwe kirin** کِنج لِ خوه کِرِن vt.; (pelts) **pûn** پوون vt.

to dress in black (sign of mourning) **řeş girêdan** رەش گرێدان vt.; **řeş wergirtin** رەش وەرگِرتِن vt.

to dress up as **li xwe kirin dilxê** ... لِ خوه کِرِن دِلغێ ... vt.

to dribble (a ball) **ṯepkê li 'erdê dan** طەپکێ لِ عەردێ دان vt.

dried fruit **kaçkaçk** کاچکاچك f.; **kitik I** کِتِك f.; (pressed) **bastîq** باستیق f./m.; **ç'îr** چیر m.

dried grass (used for animal fodder) **řêsî** رێسی f.

dried up **çik I** چِك

drill (exercise) **hîndarî** هینداری f.; (hole borer) **şixab** شِخاب ; **burxî** بورغی f.; [see also **mikare** مِکارە m.]

drilling machine **şixab** شِخاب

drink: (sweet beverage, sherbet) **şerbet** شەربەت f.

to drink **vexwarin** ڤەخوارِن vt.; **xwarin** خوارِن vt.

drinking glass **avxork** ئاڤخۆرك f.; **p'erdax** پەرداخ m.; **gilas** گِلاس m.; **p'eyale** پەیالە f.; **cam** جام f.

to drip **nuqutîn** نوقوتین vi.; **çikîn** چِکین vi.; **palîn II** پالین vi.

drippings (meat roasted and stored for winter use) **qelî** قەلی f.

to drive **ajotin** ئاژۆتِن vt.; (urge on animals) **xuřîn III** خورین vt.

to drive away (put to flight) **řevandin** رەڤاندِن vt.

to drive in (forcibly insert) **xistin** خِستِن vt.; **niç'andin** نِچاندِن vt.; **niç'ikandin** نِچِکاندِن vt.

to drive on [a horse] **xurandin** خوراندِن vt.

driver **ajotvan** ئاژۆتڤان m.&f.

drizzle **xunav** خوناڤ f.; **reşêş** رەشێش f.

droning (n.) **himehim** هِمەهِم f.

drool **girêz** گرێز f.; **ava dev** ئاڤا دەڤ; **t'if** تِف f.; **t'ûk II** تووك f.

to droop **çilmisîn** چِلمِسین vi.

droopy (dangling) **şor II** شۆر

drop: (of liquid) **çilk** چِلك f.; **çipik** چِپِك f.; **dilop** دِلۆپ f.; **niqitk** نِقِتك f.; **p'eşk I** پەشك f.

to drop (vt.) **xistin** خِستِن vt.; **li 'erdê dan/xistin** لِ عەردێ دان\خِستِن; **tera kirin** تەرا کِرِن vt.; (to change the subject) **jêvebûn** ژێڤە بوون vi.; (vi.) **nizm bûn** نِزم بوون vi.; **p'ekîn** پەکین vi.; **tera bûn** تەرا بوون vi.; (from one's hand) **veřestin** ڤەرەستِن vi.; (~ gently, slide) **xuşikîn** خوشِکین vi.

to drop in on: (to visit) **seradan** سەرادان vt.

to drop off: -to cause to d. o. **weřandin II** وەراندِن vt.

to drop off to sleep **xilmaş bûn** خِلماش بوون vi.

to drop out (of school, etc.) **betal kirin** بەتال کِرِن vt.

droppings: (bird ~) **ç'êrt** چێرت f.; **zirîç I** زِریچ f.

drought **ĥişkî** حِشکی f.; **bêavî** بێ ئاڤی f.; **bêbaranî** بێ بارانی f.; **ziwayî** زِوایی f.

drove: (flock, of sheep) **col** جۆل m.; (flock of sheep, for sale) **celeb II** جەلەب m.

to drown: (vi.) **binav bûn** بِناڤ بوون vi.; **řoda ç'ûn** رۆدا چوون vi.; **xeniqîn** خەنِقین vi.; **x̄erq bûn** غەرق بوون vi.; **xeřiqîn** خەرِقین vi.; **noq bûn** نۆق بوون vi.; **nuqim bûn** نوقِم بوون vi.; (vt.) **binav kirin** بِناڤ کِرِن vt.; **xeniqandin** خەنِقاندِن vt.; **x̄erq kirin** غەرق کِرِن vt.

drowning (n.) **x̄erq** غەرق f.

drowsiness **xilmaş** خِلماش f.

drug **derman** دەرمان m.

druggist **dermanfiroş** دەرمانفِرۆش m.&f.

drugstore **dermanxane** دەرمانخانە f.

drum **def I** دەف f.; **dehol** دەهۆل f.; (small, hand) **t'epliq** تەپلِق f.

drummer **defçî** دەفچی m.; **daholvan** داهۆلڤان m.&f.; **deholjen** دەهۆلژەن m.; **diholkut** دِهۆلکوت m.; **mirt'ib** مِرتِب m.

drunk (inebriated) **serxweş** سەرخوەش; **sermest** سەرمەست

drunken --> see drunk.

drunkenness **serxweşî** سەرخوەشی f.; **sermestî** سەرمەستی f.; **gêjtî** گێژتی f.

dry (of inanimate things) **ħişk** حِشك; (of animate things) **ziwa** زِوا; (arid) **bêweç** بێوەچ; (plain, of food) **řij** ڕِژ

dry farming **dêm I** دێم f.

dry land (≠ sea) **bej** بەژ f.; **řeşayî** ڕەشایی f.

dry measure (*various weights*): **devo** دەڤۆ; **kêl III** کێل; **kod** کۆد f. [2]; **olçek** ئۆلچەك f.; **qirat** قِرات f.; **somer** سۆمەر f.; **t'as** تاس f. [2]; **tilm** تِلم; **ribik** رِبِك f.

dry spell **ħişkî** حِشکی f.; **bêavî** بێ ئاڤی f.; **bêbaranî** بێ بارانی f.

to dry up: (vt.) (a well) **çikandin II** چِکاندِن vt.; **miçiqandin** مِچِقاندِن vt.; (vi.) (water source) **çikîn** چِکین vi.; **miçiqîn** مِچِقین vi.; **çik bûn** چِك بوون vi.

dryer: (clothes ~) **makîna zuhakirinê** ماکینا زوهاکِرِنێ f.

dryness **ħişkî** حِشکی f.; **ziwayî** زِوایی f.; **bêweçî** بێوەچی f.

duck: **werdek** وەردەك f.; **bet** بەت f.; **miravî** مِراڤی f.; **sone** سۆنە m.&f.

duckling **çêlordek** چێلۆردەك f.

due to (because of) **ji ber** ژ بەر; **bi xêra fk-î** بِ خێرا فکی; **dewlet serê fk-î** دەولەت سەرێ فکی; **pêxemet** پێخەمەت; **sexmerat** سەخمەرات

dugh (yoghurt drink) **dew I** دەو m.; **ç'eqilmast** چەقِلماست f./m.

dull (blunt, of knives) **kuh** کوه; (slow-witted) **sersar** سەرسار; -to become ~ **meħîn I** مەحین vi.

dullness (slow-wittedness) **sersarî** سەرساری f.

dumb: (mute) **lal I** لال

dumbfounded **'ecêbmayî** عەجێبمایی; **met'elmayî** مەتەلمایی; **şaşmayî** شاشمایی; **ħeyrî** حەیری; **mendehoş** مەندەهۆش; **ħêbetî** حێبەتی; -to be ~ **'ecêb[mayî] man** عەجێبمایی مان vi.; **met'elmayî man** مەتەلمایی مان vi.; **ħeyrîn** حەیرین vi.

dumbness: (muteness) **lalî I** لالی f.

dumbstruck **gêj** گێژ;

dun (horse's coloring) **qule** قولە ; **şê** شێ

dung **k'erme** کەرمە m./f.; **qelax** قەلاخ f.; **řîx** ڕیخ f.; **sergîn** سەرگین f./m.; **t'ers** تەرس m./f.; **zibil** زِبِل f.; (pressed) **t'epik II** تەپِك pl./m.; **t'ert** تەرت m.; **keşkûr** کەشکوور; **peyîn** پەیین m.; (donkey ~) **serkul** سەرکول m.; **sêklot** سێکلۆت m.; (mixed with straw, in rock-hard chunks) **deve II** دەڤە f.; (dried ~ caught on sheep's wool) **gincî** گِنجی f./m.; **kemêl** کەمێل f.; (dried ~) **pesarî** پەساری pl./f.; **dirg** دِرگ *m.*

dung beetle **gûgilêrk** گووگِلێرك f.;

dung heap **sergo** سەرگۆ m.; **ting** تِنگ m.

dung hill **sergo** سەرگۆ m.; **ting** تِنگ m.

dungeon **zindan** زِندان f./m.

during **di pêvajoya ... de** دِ پێڤاژۆیا ... دە

durra (guinea corn) **xirovî** خِرۆڤی f.

dusk **hingûr** هِنگوور f.; **'esir** عەسِر f.;

dust **xubar** خوبار f.; (fine powder) **t'oz** تۆز f.; **gerik I** گەرِك f.; **tirabêlk** تِرابێلك f.

dust devil **babelîsk** بابەلیسك f.; **talaz** تالاز f.

to dust off **vemaliştin** ڤەمالِشتِن vt.

Dutch **Holendî** هۆلەندی; ~ woman **Holendî** هۆلەندی f.

Dutchman **Holendî** هۆلەندی m.

duty **wezîfe** وەزیفە f.; **peywir** پەیوِر f.; **vatinî** ڤاتِنی f.; (customs tax) **gumrik** گومرِك f.; **baca gumrigê** باجا گومرِگی f.; (Islamic religious ~) **ferz** فەرز f.; (tax) **xerc** خەرج m./f.

to dwell **jîn** ژین vi.; **řûniştin** ڕوونِشتِن vi.

dwelling: (house) **xanî** خانی m.; **mezel** مەزەل f.

dye **boyax** بۆیاخ f.; **řeng** ڕەنگ m.; **derman** دەرمان m.; **xim** خِم m.

to dye **boyax kirin** بۆیاخ کِرِن vt.;

dyer **ximdar** خِمدار m.&f.

dysentery **navêş** ناڤێش f.; **nav IV** ناڤ f.; **zikç'ûn** زِکچوون f.;

E

e.g. (for example) **meselen** مەسەلەن; **wek mînak** وەك میناك; **bo nimûne** بۆ نِموونە

each **her** هەر; **herçî** هەرچی; **çiqeyse** چِقەیسە.;

each other **hev** هەڤ; **yek** یەك ; -from ~ **lêk** لێك; -to ~ **lev** لەڤ;

eagle **elîh** ئەلیە m.; **teyr** تەیر m.; **sêmiř** سێمِڕ m.; **xertel** خەرتەل m.

ear **guh** گوه m.; (of jug) **çembil** چەمبِل m.; (of corn) **simbil I** سِمبِل f.; **serî** سەری m.; (left in field after harvest) **liqat** لِقات f.

ear buds **berguhk** بەرگوهك f.

eardrum **p'erda guh** پەردا گوه f.

earlier **pêştir** پێشتِر

earlobe **keřik II** کەرك m./f.
early **zû** زوو; (at dawn) **serê sibê** سەرێ سِبێ
early evening **berêvar** بەرێڤار/بەرئێڤار f.
early morning **siĥar** سِحار f.
ear muff(s) **berguhk** بەرگوهك f.
to earn: **qazanc kirin** قازانج کِرِن vt.; (to deserve, merit) **heqê xwe standin** هەقێ خوە ستاندِن vt.; **layîq bûn** لاییق بوون vi.
earnings **me'aş** مەعاش m./f.; **heq** هەق m.
ear phone(s) **berguhk** بەرگوهك f.
earring **guhar** گوهار m./f.
earth **ax** ئاخ f.; **xwelî** خوەلی f.; **'erd** عەرد m./f.;
earthenware pot **dîz** دیز f.; **hincan** هِنجان m.
earthquake **'erdĥejîn** عەردحەژین f.; **'erdlerzîn** عەردلەرزین f.; **bîbelerz** بیبەلەرز f.; **zelzele** زەلزەلە f.
ease **asanî** ئاسانی f.; **sivikayî** سِڤِکایی f.; **gengazî** گەنگازی f. .; (comfort) **řeĥetî** ڕەحەتی f.; (solace) **ĥewî** حەوی f.
easily **bi sanahî** بی ساناهی; **bi sivikayî** بی سِڤِکایی
easily offended **sil** سِل
easiness **sivikayî** سِڤِکایی f.
east **řojhilat** ڕۆژهِلات f.; **mişriq** مِشرِق f.; **şerq** شەرق f.
Easter **hêkesor** هێکەسۆر f.
Eastern Kurdistan **Rojhilata Kurdistanê** رۆژهِلاتا کوردِستانێ f.; **Kurdistana Îranê** کوردِستانا ئیرانێ f.
easy **asan** ئاسان; **hêsa** هێسا; **bi sanahî** بِ ساناهی; **sivik** سِڤِك; **řiĥet** ڕِحەت; **gengaz** گەنگاز
easy to talk to **zarxweş** زارخوەش
to eat **xwarin** خوارِن vt.; **nan xwarin** نان خوارِن vt.; **keritandin** کەرِتاندِن vt.
eaves **sîvande** سیڤاندە f.
ebullience (ardor) **coş** جۆش f.
echo **deng vedan** دەنگ ڤەدان f.; **olan** ئۆلان f.
to echo **deng vedan** دەنگ ڤەدان vt.; **olan dan** ئۆلان دان vt.
eclipse: lunar ~ **heyvgirtin** هەیڤگِرتِن f.; solar ~ **řojgirtin** ڕۆژگِرتِن f.
economy **aborî** ئابۆری f.; (thrift) **serwerî** سەروەری f.
eddy **zivirok** زِڤِرۆك f.; **gerînek** گەرینەك f.
edge **qirax** قِراخ f./m.; **dev I** دەڤ m.; **kevî I** کەڤی f.; **p'eř** پەڕ m./f.; (of garment) **p'êsîr** پێسیر f.; (sharp ~, blade) **şilf** شِلف f.; **tî I** تی m.; -on e. (teeth) **kuh** کوه;
edible **xwar[in]bar** خوارنبار
edict **ferman** فەرمان f.
edition **ç'ap II** چاپ f.
editor-in-chief **sernivîsk'ar** سەرنِڤیسکار m.&f.
to educate **p'erwerde kirin** پەروەردە کِرِن vt.
educated **p'erwerde** پەروەردە
educated person **xuneda** خونەدا m.
education: **p'erwerde** پەروەردە f.; **t'oře** تۆڕە f.; (Islamic religious ~) **feqîtî** فەقیتی f.
eel **marmasî** مارماسی m.
effect (influence) **bandûř** باندووڕ f.; **t'esîr** تەسیرf.; **ĥuk'um** حوکوم m.
to effect: (influence) **tesîr[ê] kirin** تەسیرێ کِرِن vt.; **bihurtin** بِهورتِن vi.; (~ negatively) **jêgirtin** ژێگِرتِن vt.
effects (equipment) **k'el û p'el** کەل و پەل m./f./pl.
effeminate **serjinik** سەرژِنِك
effort **bizav** بِزاڤ f.; **hewl** هەول f.; **hewldan** هەولدان f.; **xebat** خەبات f.; **k'eft û left** کەفت و لەفت f.; (exertion) **cefa** جەفا m.; **k'ed** کەد f.; -to make an e. **bizav kirin** بِزاڤ کِرِن vt.; **pêk'ol kirin** پێکۆل کِرِن vt.;
egg **hêk** هێك f.; (dummy ~ in chicken coop) **motik** مۆتِك f.; **xap** خاپ f.
to egg on (provoke) **nav tê dan** ناڤ تێ دان vt.
egg white **spîlik I** سپیلِك f.
eggplant **bacanê řeş** باجانێ ڕەش m.
egocentrism **ezîtî** ئەزیتی f.
egoism **ezîtî** ئەزیتی f.; **'en'ene I** عەنعەنە m.
egotism **'en'ene I** عەنعەنە m.
egret: -cattle e. **garanîk** گارانیك f.
Egypt **Misir** مِسِر f.
Egyptian **Misrî** مِسری
eiderdown **p'ûrt** پوورت f.
eight **ĥeyşt** حەیشت
eighteen **ĥîjdeh** حیژدەه
eighth (adj.) **ĥeyşta** حەیشتا; **heştemîn** هەشتەمین
eighth (n.): (1/8) **heştêk** هەشتێك f.
eight hundred **heşt-sed** هەشت سەد
eighty **ĥeyştê** حەیشتێ
to ejaculate **xira bûn** خِرا بوون vi
to eke out a living (just barely make ends meet) **bi nanzikî xebitîn** بِ نانزِکی خەبِتین vi.
to elapse **k'etin ort'ê** کەتین ئۆرتێ vi.; **qedîn** قەدین vi.; **bi ser ve ç'ûn** بِ سەرڤە چوون vi.
elastic **çiř II** چِڕ
elbow **anîşk** ئانیشك f.
elder (adj.) **mezin** مەزِن; **mezintir** مەزِنتِر
elder (n.) (village ~) **maqûl** ماقوول m.; **řîspî** ڕیسپی m.
eldest **serek** سەرەك m.
to elect **hilbijartin** هِلبِژارتِن vt.

election **hilbijartin** هِلبِژارتِن f.
elector (voter) **dengder** دەنگدەر m.&f.
electric cell (battery) **pîl II** پیل f.
electric fan **p'erwane** پەروانە f.; **p'ank II** پانك f.
electricity **ceryan** جەریان f.;
elegance **k'eşxe** کەشخە f.; **k'ubar** کوبار f.; **nazikî** نازِکی f.
elegant **xemilî** خەمِلی; **k'ubar** کوبار f.; **nazik** نازِك; (of cloth) **meles** مەلەس
element **hêman** هێمان f.
elementary school **dibistan** دِبِستان f.; **dibistana seretayî** دِبِستانا سەرەتایی f.; **xwendegeha destpêkî** خوەندەگەها دەستپێکی f.; **xwendegeha pêşîn** خوەندەگەها پێشین f.
elephant **fîl** فیل m.
elevation **bilindayî** بِلِندایی f.
eleven **yanzdeh** یانزدەه
to eliminate **ji nav birin** ژ ناڤ بِرِن vt.; **ji holê rakirin** ژِ هۆلێ ڕاکِرِن vt.; **berza kirin** بەرزا کِرِن vt.; (get rid of) **ji fk-ê xelas bûn** ژِ فکێ خەلاس بن vi.; **yaxa xwe ji fk-ê xelas kirin** یاخا خوە ژ فکێ خەلاس کِرِن vt.; **k'uta bûn** کوتا بوون vi.; **jê rizgar bûn** ژێ ڕِزگار بوون vi.
eliminated: -to be e. **ji holê rabûn** ژِ هۆلێ ڕابوون vi.
ell: (cubit) **gez I** گەز f.
elm **bizî** بِزی f.
to elucidate (explain) **şiro vekirin** شِرۆ ڤەکِرِن vt.; **bi serda birin** بِ سەردا بِرِن vt.; **zelal kirin** زەلال کِرِن vt.
to emanate **vemistin** ڤەمِستِن vi.
emanation (of light) **tîrêj** تیرێژ f.
to emasculate **xesandin** خەساندِن vt.
to embarrass **çav şkênandin** چاڤ شکێناندِن vt.
embassy **balyozxane** بالیۆزخانە f.
to embellish **xemilandin** خەمِلاندِن vt.; **?nitirandin I** نِتِراندِن vt.
ember **bizot** بِزۆت m./f.; **k'ozir** کۆزِر f.; **tiraf** تِراف f.; **p'el II** پەل m./f.; **p'ereng** پەرەنگ f./m.; (ashes with e. in them) **helemor** هەلەمۆر f.
emboldened: -to be ~ to do stg. **rû girtin** ڕوو گِرتِن vt.
embrace **ĥemêz** حەمێز f.; **p'aşil** پاشِل f.
to embrace **ĥemêz kirin** حەمێز کِرِن vt.
embroidery **neqiş** نەقِش m./f.
embroidery frame **k'ergah** کەرگاه f.
emergency (adj.) **awarte** ئاوارتە
eminence **serfirazî** سەرفِرازی f.
eminent **serfiraz** سەرفِراز; **berbiçav I** بەربِچاڤ
emir **mîr I** میر m.;
emotional (spiritual) **derûnî** دەروونی
emphasis: (stress) **şidandin** شِداندِن f.; **derb** دەرب f./m.; **t'eqil** تەقِل f.
to emphasize (put stress on, accentuate) **şidandin** شِداندِن vt.
empire **ork'e** ئۆرکە f.
to employ: (use) **bi kar anîn** بِ کار ئانین; **'emilandin** عەمِلاندِن vt.; **xebitandin** خەبِتاندِن vt.; (to engage, hire) **ragirtin** ڕاگِرتِن vt.
employee **k'armend** کارمەند m.&f.
employment **peywir** پەیوِر f.
emptiness **valayî** ڤالایی f.; **boşahî I** بۆشاهی f.
empty **vala** ڤالا; xalî; **betal** بەتال; **boş I** بۆش; **cilq** جِلق; (hollow) **p'ûç'** پووچ; (deserted) **xir û xalî** خِڕ و خالی
empty-handed **destvala** دەستڤالا
empty-headed **sersar** سەرسار
empty-headedness **sersarî** سەرساری f.
encampment **war** وار m.; **zome** زۆمە f.; (nomad ~) **k'oç II** کۆچ f./m.
enchanted (magical) **efsûnî** ئەفسوونی
to encircle **dorgirtin** دۆرگِرتِن vt.; **dorpêç kirin** دۆرپێچ کِرِن vt.; **weranîn** وەرانین/وەرئانین vt.
to enclose **ĥewş kirin** حەوش کِرِن vt.; **zeft kirin** زەفت کِرِن vt.
enclosure **k'ozik I** کۆزِك f.; **p'ercan** پەرجان m./f.; (in which ewes lamb) **dolge** دۆلگە f.; **lêf** لێف f.; (open air, for sheep & goats) **guhêr** گوهێر f.
encounter **leqa** لەقا f.; **berahik** بەراهِك f.; **p'êrgîn** پێرگین f.; **pêşwaz** پێشواز
to encounter **rast hatin** ڕاست هاتِن vi.; **leqayî bûn** لەقایی بوون vi.; **p'êrgî bûn** پێرگی بوون vi.; **t'ûşî *ft-î* bûn** تووشی فتی بوون vi.; **berhingarî fk-ê bûn** بەرهِنگاری فکێ بوون vi.
to encourage **p'aldan** پالدان vt.; (~ to do evil) **nav tê dan** ناڤ تێ دان vt.
encouragement **p'aldan** پالدان f.; **halan** هالان m./f.
end **axirî** ئاخِری f.; **dawî** داوی f.; **k'utasî** کوتاسی f.; **k'uta** کوتا f.; **talî II** تالی f.; **ser I** سەر m.; **xelasî** خەلاسی f.; (of handkerchief) **qilçik** قِلچِك m.; (result) **encam** ئەنجام f.; (tip, point) **serik** سەرِك m./f.; (~ of row in a field) **sersed** سەرسەد f.
to end **qedandin** قەداندِن vt.
to end up: (turn out to be) **derhatin** دەرهاتِن vi.
endeavor **bizav** بِزاڤ f.; **hewl** هەول f.; **hewldan** هەولدان f.;
to endeavor **bizav kirin** بِزاڤ کِرِن vt.;
ending (n.) **axirî** ئاخِری f.; **k'utasî** کوتاسی f.; **xelasî**

خەلاسی f.; (grammatical ~, affix) **qertaf** قەرتاف f.

endless **bêna** بێنا; **bêsînor** بێ سینۆر; **bêĥed** بێ حەد; **bê k'utasî** بێ کوتاسی; **bêĥesab** بێ حەساب; **Serî-binî naê xanê** سەری بنی نائێ خانێ

endowment (fund) **weqf** وەقف f.

endurance **hedan** هەدان f.; **t'ab** تاب f.; **t'aqet** تاقەت f.; **t'ebatî** تەباتی f.

to endure: (withstand, bear) **tab dayîn/kirin** تاب دایین\کِرِن vt.; **t'eyax dan** تەیاخ دان vt.; **tamîş kirin** تامیش کِرِن vt.

enemy **dijmin** دِژمِن m.&f.; **neyar** نەیار m.; **'edû** عەدوو m.

energetic: -to become e. **geş bûn** گەش بوون vi.

energy **tên** تێن f./m.

to enfold **werandin I** وەراندِن vt.

to engage: (betroth) **nîşana fk-ê danîn** نیشانا فکێ دانین vt.; **şîranî xwarin** شیرانی خوارِن vt.; (hire, procure) **ȓagirtin** ڕاگِرتِن vt.

engaged **dergistî** دەرگِستی/**desgirtî** دەسگِرتی m.&f.

engagement ceremony **nîşan** نیشان f.

engagement ring **gustîlka nîşanê** گوستیلکا نیشانێ f.

English **Înglîzî** ئینگلیزی

Englishman **Înglîz** ئینگلیز m.

to engrave **necirandin** نەجِراندِن vt.

engrossed: -to be ~ (lost, in thought) **nuqim bûn** نوقِم بوون vi.

to enjoy **lezet dîtin** لەزەت دیتِن vt.

enjoyable **bi sebr** بِ سەبر

to enlighten **biriqandin** بِرِقاندِن vt.

enmity **dijminahî** دِژمِناهی f.; **neyarî** نەیاری f.

enormous **girs** گِرس; **gumreh** گومرەه; **qerase I** قەراسە; **teȓikî II** تەڕکی

enough **bes I** بەس; **t'êra xwe** تێرا خوە; -to be ~ **t'êra ft-î kirin** تێرا فتی کِرِن vt.; **qîmî ft-î kirin** قیمی فتی کِرِن vt.

to enquire **pirsyar kirin** پرسیار کِرِن vt.; **salix kirin** سالِخ کِرِن vt.

to enrich **dewlemend kirin** دەولەمەند کِرِن vt.

to enshroud **k'efen kirin** کەفەن کِرِن vt.

to ensure **piştrast kirin** پشتراست کِرِن vt.

entangled **aloz** ئالۆز; to be ~ **alozyan** ئالۆزیان vi.

to enter **k'etin** کەتِن vi.; **têk'etin** تێ کەتِن vi.; **derbaz bûn** دەرباز بن vi.; **bihurtin** بهورتِن vi.; **daxil bûn** داخِل بوون vi.; -to cause to ~ **xistin** خِستِن vt.

to entertain **mijûl kirin** مِژوول کِرِن vt.; (amuse) **k'enandin** کەناندِن vt.

entertainment **mijûlahî** مِژوولاهی f.

enthusiasm **ĥewas** حەواس f.; **k'elecan** کەلەجان f.; **coş** جۆش f.; **coş û xiroş** جۆش و خِرۆش f.

enthusiast **mêldar** مێلدار m.

entire **t'emam** تەمام; **t'evahî** تەڤاهی f.

entirely **lap** لاپ; **pêva** پێڤا; **bi t'emamî** بِ تەمامی; **bi t'omerî** بِ تۆمەری; **yekser** یەکسەر

entirety **t'emamî** تەمامی f.; **t'evahî** تەڤاهی f.; **t'omerî** تۆمەری f.

entitled (to) **mafdar** مافدار

entourage (of an emir) **sînot** سینۆت f.

entrails **pizûr** پزوور pl./f.; **ȓovî II** ڕۆڤی f.; **ûr** ئوور m.

entrance hall **sivder** سِڤدەر f.

to entreat (beg) **lavahî kirin** لاڤاهی کِرِن vt.; **jê hêvî kirin** ژێ هێڤی کِرِن vt.; **limêj kirin** لِمێژ کِرِن vt.; **t'eweqe kirin** تەوەقە کِرِن vt.

entrenched: -to become [well] ~ **ȓûniştin** ڕوونِشتِن vi.; **cihê xwe girtin** جهێ خوە گِرتِن vt.

to entrust **spartin** سپارتِن vt.; **t'eslîm kirin** تەسلیم کِرِن vt.

entrusting (n.) **t'eslîm** تەسلیم m.

to envelop (cover) **hilçinîn** هِلچِنین vt.; **pêçavtin** پێچاڤتِن vt.; **weranîn** وەرانین /وەرئانین vt.; (wrap one's arms around) **werandin I** وەراندِن vt.; (surround) **zeft kirin** زەفت کِرِن vt.

envelope **zerf** زەرف f. /**z̲erf** ظەرف m.

envious **ĥevsûd** حەڤسوود; **çavbirçî** چاڤبِرچی

environment **jîngeh** ژینگەه f.

envy **çavnebarî** چاڤنەباری f.; **çavȓeşî** چاڤڕەشی f.; **ĥevsûdî** حەڤسوودی f.; **çavbirçîtî** چاڤبِرچیتی f.

to envy **lê çavnebarî kirin** لێ چاڤنەباری کِرِن vt.; **çavȓeşî kirin** چاڤڕەشی کِرِن vt.; **xwezil li fk-ê anîn** خوەزِل لی فکێ ئانین vt.

ephemeral **p'enese** پەنەسە

epic **destan** دەستان f.

epidemic **qotik II** قۆتِك f.; **pejî** پەژی m./f.; **weba** وەبا; **şewb** شەوب f.

epilepsy **t̲ep I** طەپ/**tep** تەپ f.; **'edro** عەدرۆ

epistle (letter) **mek't'ûb** مەکتووب f.; **name** نامە f.; **k'aẍez** کاغەز f./m.

epoch **serdem** سەردەم f.; **'esir** عەسِر f.

equal (adj.) **wekhev** وەکهەڤ; **'eyn** عەین; (n. = peer) **hevbeş** هەڤبەش m.

equality **wekhevî** وەکهەڤی f.

equestrian equipment **t'axim** تاخِم f.

equilibrium **terazî** تەرازی f.

equipment ; **k'el û p'el** کەل و پەل m./f./pl.; **espab** ئەسپاب pl.; (equestrian ~) **t'axim** تاخِم f.

equitable adj.: (just, fair) **dadmend** دادمەند; **ȓewa I** ڕەوا

equity: (fairness) **dadmendî** دادمەندی f.; **dad** داد f.

equivalent **bedel** بەدەل f.; **bergind** بەرگِند f.
equivalent to **beranberî** بەرانبەری; **pêş...ve** پێش ... ڤە; **bedel** بەدەل
era **serdem** سەردەم f.; **'esir** عەسِر f.
erect (adj) **bel** بەل; **girj** گِرژ; **qişt** قِشت; **qund** قوند; **řep** ڕەپ
to erect (hoist a flag) **niç'ikandin** نِچکاندِن vt.
to erode (exhaust, wear out) **meȟandin** مەحاندِن vt.
to err (get lost) **xalifîn** خالِفین vi.
errand boy **qasid** قاسِد m.; **qewaz** قەواز m.
error **xelet** خەلەت f./m.; **şaşî** شاشی f.; **ç'ewtî** چەوتی f.; **neřastî** نەڕاستی f.
erudition **ulmdarî** ئولمداری/ولدماری f.
to erupt **pijiqîn** پژِقین vi.
escalator (lit. 'sliding staircase') **pêlpêlikên dixuşikin** پێلپێلِکێن دِخوشِکِن pl.
to escape **řevîn** ڕەڤین vi.; **felitîn** فەلِتین vi.; **hilhatin** هِلهاتِن vi.; **veřestin** ڤەڕەستِن vi.
to escort (see s.o. off) **řê kirin** ڕێ کِرِن vt.; **veřê kirin** ڤەڕێ کِرِن vt.
esophagus **zengelûk** زەنگەلووك f.; **sorîçk** سۆریچك f.
especial **t'aybetî** تایبەتی
especially **nemaze** نەمازە; **nexasme** نەخاسمە; **îlahî** ئیلاهی; **bi t'aybetî** بِ تایبەتی
espionage **destkîsî** دەستکیسی f.
to espy: (catch sight of) **qişirandin** قِشِراندِن vt.
essence **t'ebî'et** تەبیعەت f./m.
essential **fer II** فەر; **pêdivî** پێدِڤی
-est (superlative degree of adjs.) **here I** هەرە ; **-tirîn** ...ترین; **ji hemû-tir** ژِ هەموو ... تر; **t'ewrî** تەوری
to establish **damezirandin** دامەزِراندِن vt.; **saz kirin** ساز کِرِن vt.
established: -to be ~ **pêkhatin** پێکهاتِن vi.; **damezirîn** دامەزرین vi.
establisher **damezrîner** دامەزرینەر m.&f.
estate car **firxûn** فِرغوون f.
esteem **hurmet** هورمەت f.; **'erz** عەرز f.; **me'rîfet** مەعریفەت f.; **qedir I** قەدر m.; **řêz II** ڕێز f.; **řûmet** ڕوومەت f.; **giram** گِرام f.
esteemed **p'ayebilind** پایەبِلِند
estimate **t'exmîn** تەخمین f.
to estimate **t'exmîn kirin** تەخمین کِرِن vt.
estrus **guhnêr** گوهنێر f.
etc. **hwd.** هود
et cetera **hwd.** هود
eternal **bêna** بێنا; **ȟetaȟetayî** حەتاحەتایی; (immortal) **nemir** نەمِر
eternally **ȟetaȟetayî** حەتاحەتایی f.
eternity **ȟetaȟetayî** حەتاحەتایی f.
ethics **exlaq** ئەخلاق m.; **sinçî** سِنچی ; **řewişt** ڕەوِشت f.
Ethiopian **Etyopî** ئەتیۆپی
eulogy **p'aye I** پایە f.
eunuch **xadim** خادِم m.
Euphrates poplar **pelk** پەلك f.
Euphrates River **Ferat** فەرات m.
Europe **Ewrûpa** ئەورووپا f.
European **Ewrûpayî** ئەورووپایی
European hackberry **tihok** تِهۆك f.
to evaluate **nirxandin** نِرخاندِن vt.
even (adj.): (flat, level) **dûz** دووز; (of the same level) **xişt I** خِشت
even (adv.) **jî** ژی; (still [more]) **hîna** هینا
to even off (to smooth) **řenîn** ڕەنین vt.
even though **herçend** هەرچەند
evening **êvar** ئێڤار f./m.; **de'nê êvarê** دەعنێ ئێڤارێ; **moẍrib** مۆغرِب m./f.; -early ~ **berêvar** بەرئێڤار / بەرێڤار f.
evening entertainment **şevbuhêrk** شەڤبوهێرك f.
evening meal **nanê êvarî** نانێ ئێڤاری m.; **şîv** شیڤ f.
event **bûyer** بوویەر f.; **serhatî** سەرهاتی f.; **ȟewal** حەوال m.; **t'ifaq I** تِفاق f.
eventide **de'nê êvarê** دەعنێ ئێڤارێ
ever **qet I** قەت
ever since **ji ... û vir de** ژِ ... و ڤِر دە; **ewey** ئەوەی; **jêlî I** ژێلی; **jîrkî** ژیرکی
evergreen (tree) **kac** کاج f.
everlasting **bêna** بێنا; **ȟetaȟetayî** حەتاحەتایی f.
every **ȟemû** حەموو ; **her** هەر; **herçî** هەرچی; **çiqeyse** چِقەیسە
every day **her roj** هەر رۆژ/ **heřo** هەڕۆ
everyone **t'ev I** تەڤ
everything **t'ev I** تەڤ
everywhere **li hemî 'erda** لِ هەمی عەردا
evidence **belge** بەلگە f.; **belgename** بەلگەنامە f.; **berjeng** بەرژەنگ f.; **îspat** ئیسپات f.
evident **diyar** دِیار; **k'ifş** کِفش; **'eyan** عەیان; **xanê** خانێ; **xuya** خویا; -to become e. **derketin holê** دەرکەتِن هۆلێ vi.; **hatin xanê** هاتِن خانێ vi.
evil (adj.) **xirab** خِراب; **p'arsûxwar** پارسووخوار; (hostile) **şerût** شەرووت ; (ill-intentioned) **niyetxirab** نِیەت خِراب
evil (n.) (wickedness) **şeř II** شەڕ m.; **xirabî** خِرابی f.; **nexweşî** نەخوەشی f.
evil deed[s] **finaz** فِناز m./f.; **xirabî** خِرابی f.
evil eye **çavîn** چاڤین f.; **nezer** نەزەر f.

evil person **margîsk** مارگیسك m.

evil spirit **cin** جِن m.; **xilbilîk** خِلبِلیك

ewe: **mî I** مى f.; (2-3-year-old) **berdîr** بەردیر f.; (3-year-old barren ewe) **xamberdîr** خامبەردیر f.

ewer: (brass ~) **misîn** مِسین m.

exactly **dirust** دِروست; **'eynî I** عەینى; **bicî** بِجى

to exaggerate **nep'ixandin** نەپخاندِن vt.; **werpixandin** وەرپِخاندِن vt.; **mêş kirine gamêş** مێش کِرنە گامێش vt.

exam **ezmûn** ئەزموون f.; **îmt'îhan** ئیمتیهان f.;

examination: (test) **ezmûn** ئەزموون f.; **îmt'îhan** ئیمتیهان f.; (study, investigation) **lêkolîn** لێکۆلین f.; **vek'olîn** ڤەکۆلین f.; (testing) **saxtî** ساغتى f.

to examine **lêkolîn** لێکۆلین vt.; **vek'olîn** ڤەکۆلین vt.; (have a look) **dîna xwe dan** دینا خوە دان vt.; (study, investigate) **li ser ... řawestan ...** لِ سەر ... ڕاوەستان vi.; **lê hûr bûn** لێ هوور بوون vi.; (inspect) **seh kirin** سەهـ کِرِن vt.; **saxtî kirin** ساغتى کِرِن vt.; (grope) **p'elandin** پەلاندِن vt.; (~ carefully) **hûr nihêrin** هوور نِهێرِن vt.

example **mînak** میناك f.; **nimûne** نِموونە m.

to excavate **vek'olîn** ڤەکۆلین vt.

excavation **vek'olîn** ڤەکۆلین f.

excellent **p'ak** پاك; **t'aze** تازە

except for **ji ... der** ژِ ... دەر; **ji ... pêve** ژِ ... پێڤە; **ji bilî** ژِ بِلى; **xêncî** خێنجى ; **meger** مەگەر; **pêştir ji** پێشتِر ژِ

excepted from (immune to) **awarte ji** ئاوارتە ژِ

excepting (except for) **meger** مەگەر

exceptional **awarte** ئاوارتە

excess **zêdegavî** زێدەگاڤى f.; **zêdeyî** زێدەیى f.

excessive **zêde** زێدە; **ji qamê derê** ژِ قامێ دەرێ

excessively **ji qamê derê** ژِ قامێ دەرێ

exchange **bedel** بەدەل f.; **bergind** بەرگِند f.; -in ~ for **pêş...ve** پێش ... ڤە; **bedel** بەدەل; **beranberî** بەرانبەرى

to exchange [**pê**] **guhartin** پێ گوهارتِن vt.; **guhastin** گوهاستِن vt.; **veguhastin** ڤەگوهاستِن vt.; **bedel kirin** بەدەل کِرِن vt.; **degîş kirin** دەگیش کِرِن vt

to excite suspicion **şik pêşda anîn** شِك پێشدا ئانین vt.

excitement **k'elecan** کەلەجان f.; **coş** جۆش f.; **coş û xiroş** جۆش و خِرۆش f.; (commotion) **hengame** هەنگامە f.

exclamation **baneşan** بانەشان f.

excrement **p'îsî** پیسى f.; **gû** گوو m.; (of birds) **ç'êrt** چێرت f.; **zirîç I** زِریچ f.

excuse (pretext) **hêncet** هێنجەت f.

to execute **qedandin** قەداندِن vt.

executioner **celat** جەلات m.; **sat'orçî** ساتۆرچى m.

executioner's sword **sat'or I** ساتۆر f.

exempt **xelas** خەلاس

exercise **hîndarî** هیندارى f.; (athletics) **werziş** وەرزِش f./m.

to exert: (o.s.) **çerçirîn** چەرچِرین vi.; **têkoşîn** تێکۆشین vi.

exertion **cefa** جەفا m.; **bizav** بِزاڤ f.

to exhaust: (erode, wear out) **meȟandin** مەحاندِن vt.; (tire out) **westandin** وەستاندِن vt.; (o.s.) **çerçirîn** چەرچِرین vi.

exhausted: (weak, tired) **bêȟal** بێ حال; -to be e. **bihecîn** بِهەجین vi.; (finished) **qedîn** قەدین vi.

exhibit **pêşangeh** پێشانگەهـ f.

exhibition **pêşangeh** پێشانگەهـ f.

to exhort (warn) **şîret kirin** شیرەت کِرِن vt.; **t'emî dan** تەمى دان vt.

exhortation (warning) **şîret** شیرەت f.; **t'emî** تەمى f.

exile: (displaced person) **mişext** مِشەخت m.&f.; **k'oçber** کۆچبەر m.&f.; **derbeder** دەربەدەر m.; (banishment) **k'oçberî** کۆچبەرى f.; **x̂urbet** غوربەت f.; **sirgûn** سِرگوون f.

to exile **sirgûn kirin** سِرگوون کِرِن vt.

to exist **hebûn** هەبوون vi.

existence: -to come into ~ **p'eyda bûn** پەیدا بوون vi.

existing **heyî** هەیى

to exit **derk'etin** دەرکەتِن vi.; **derç'ûn** دەرچوون vi.

to expect **çaveřê bûn** چاڤەڕێ بوون vi.;

expectant **çaveřê** چاڤەڕێ

expectation **çavnihêrî** چاڤنِهێرى f.

expecting: (pregnant) **bihemil** بِ هەمِل; **bitişt** بِ تِشت; **bi zar** بِ زار; **ducanî** دوجانى; **duhala** دوهالا; **giran I** گِران; **ȟemle** حەملە; **zar II** زار; (waiting) **çaveřê** چاڤەڕێ

to expectorate (spit) **t'if kirin** تِف کِرِن vt; **t'û kirin** توو کِرِن vt

to expel **qewrandin I** قەوراندِن vt.; **qewtandin** قەوتاندِن vt.; **hey kirin** هەى کِرِن vt.

to expend (money, effort) **serf kirin** سەرف کِرِن vt.;

expenditure **mesref** مەسرەف f.; **serf** سەرف f.; **xerac** خەراج m.; **xerc** خەرج m./f.; **lêç'ûn** لێچوون f.

expense **mesref** مەسرەف f.; **serf** سەرف f.; **xerac** خەراج m.; **xerc** خەرج m./f.; **lêç'ûn** لێچوون f.

expensive **biha** بها m.; **giran I** [2] گِران; **giranbiha** گِرانبها; **binerx** بِ نەرخ

experience **ezmûn** ئەزموون f.

experienced **dinyadîtî** دِنیادیتى

experiment **ezmûn** ئەزموون f.

to experiment **ceřibandin** جەڕِباندِن vt.

expert **p'ispor** پسپۆر m.; **şareza** شارەزا m.&f.

expertise **şarezayî** شارەزایی f.; **ostatî** ئۆستاتی f.

to explain **r̄ave kirin** ڕاڤە کِرِن vt.; **şiro vekirin** شِرۆ ڤەکِرِن vt.; **bi serda birin** بِ سەردا بِرِن vt.; **têgihandin** تێ گِهاندِن vt.; **zelal kirin** زەلال کِرِن vt.

explanation **şîrove** شیرۆڤە f.; **r̄ave** ڕاڤە f.; **îzah** ئیزاه f.; **şayes** شایەس f.

to explode (vi.) **p'ekîn** پەکین vi.; **p'eqîn** پەقین vi.; **t'eqîn** تەقین vi.

exploit: (deed, feat) **kiryar** کِریار f.; **fêl II** فێل f./m.; (evil ~) **finaz** فِناز m./f.; (heroic ~) **p'elewanî** پەلەوانی f.

to exploit **k'eda xelqê xwarin** کەدا خەلقێ خوارِن vt.

exploitation **k'edxwarî** کەدخواری f.

exploitative **xwînmij** خوینمِژ

exploiter **k'edxwar** کەدخوار m.

exploiting **xwînmij** خوینمِژ

export **hinarde** هِنارده f.

to expose **xuya kirin** خویا کِرِن vt.; **aşkera kirin** ئاشکەرا کِرِن vt.; **îfşa kirin** ئیفشا کِرِن vt.

to expose to **berhingarî ft-î kirin** بەرهِنگاری فتی کِرِن vt.; **dan ber** دان بەر vt.

exposed: -to be ~ **aşkera bûn** ئاشکەرا بوون vi.;

exposing (n.) **îfşa** ئیفشا m./f.

to express **anîn zimên** ئانین زمێن vt.; **diyar kirin** دِیار کِرِن vt.; (one's feelings) **dan der** دان دەر vt.

to express gratitude **şikirîna xwe anîn** شِکِرینا خوە ئانین vt.;

extant **heyî** هەیی

to extend **dirêj kirin** دِرێژ کِرِن vt.; **r̄ak'işandin** ڕاکِشاندِن vt.

extension: (time limit) **molet** مۆلەت f.

extent **qiyas** قِیاس m.

to exterminate **ne•hiştin** نەهِشتِن vt. neg.; **k'ok qelandin** کۆك قەلاندِن vt.; **qir̄ kirin** قِڕ کِرِن vt.

extinct: (childless) **kor** کۆر; -to become ~ **ne•man** نەمان vi. neg.; -to render ~ **ocax kor kirin** ئۆجاخ کۆر کِرِن vt

extinction **neman** نەمان f.

to extinguish **t'efandin** تەفاندِن vt.; **temirandin** تەمِراندِن vt.; **vekuştin** ڤەکوشتِن vt.; **vemirandin** ڤەمِراندِن vt.; **vêsandin** ڤێساندِن vt.

extinguished: -to be ~ **t'efîn** تەفین vi.; **temirîn** تەمِرین vi.; **vemirîn** ڤەمِرین vi.; **vêsîn** ڤێسین vi.

to extirpate (uproot) **hilkirin** هِلکِرِن vt.; **k'ok qelandin** کۆك قەلاندِن vt.

extra: (spare) **berdest II** بەردەست

to extract **deranîn** دەرانین vt.; **hilk'işandin** هِلکِشاندِن vt.; **hilçinîn** هِلچِنین vt.; **r̄ak'işandin** ڕاکِشاندِن vt.

extraordinary **awarte** ئاوارتە

extremely **bêh̄ed** بێ حەد; **here I** هەرە ; **lap** لاپ; **pêva** پێڤا; **qewî zêde** قەوی زێدە

extremity **ser I** سەر m.

exuberance **coş** جۆش f.

eye **çav** چاڤ m.

eye shadow **kil I** کِل m./f.

eyebrow **birû** بِروو m./f.

eyeglasses **berçavk** بەرچاڤك m./pl.; **çavik II** چاڤِك f.

eyelash **bijang** بِژانگ f.

ezafeh **îzafe** ئیزافە f.

F

fable **mesel** مەسەل f.

fabric **qumaş** قوماش m.; **p'erçe** پەرچە m./f.; **pertal** پەرتال m.; **t'evn** تەڤن m./f.

face **r̄û I** ڕوو m.; **serçav** سەرچاڤ m.; **dev û çav** دەڤ و چاڤ; **dîndar I** دیندار f.; **sifet** سِفەت m.; **sûret I** سوورەت m.; (front) **pêşî I** پێشی f.; (sour ~, frown) **me'de** مەعدە m.; **p'ir̄çû** پِرچوو m.

to face **t'ûşî *ft-î* bûn** تووشی فتی بوون vi.; **berhingarî fk-ê bûn** بەرهِنگاری فکێ بوون vi.

face down **dever̄û** دەڤەڕوو; **zikkêşkî** زِککێشکی

face to face **ber hev** بەر هەڤ; **r̄û bi r̄û** ڕوو بِ ڕوو

faced: -to be ~ with **t'ûşî *ft-î* bûn** تووشی فتی بوون vi.;

to facilitate **rê xweş kirin** ڕێ خوەش کِرِن vt.; **hêsa kirin** هێسا کِرِن vt.

facing **r̄aber** ڕابەر; **dijber** دِژبەر; **miqabil** مِقابِل; **pêşber** پێشبەر; **li beranberî** لِ بەرانبەری

factor **hêman** هێمان f.

factory **pavlike** پاڤلِکە f.; **sazgeh** سازگەه f.

to fade (vi.) **behitîn** بەهِتین vi.; **beyîn** بەیین vi.; **çilmisîn** چِلمِسین vi.; **qermiç'în** قەرمِچین vi.; **qulibîn** قولِبین vi.; **sîs bûn** سیس بوون vi.; **r̄eng qulibîn** ڕەنگ قولِبین vi.; (vt.) **qermiç'andin** قەرمِچاندِن vt.

faded **beqem** بەقەم; **sîs II** سیس; **spîç'olkî** سپیچۆلکی

fag (derogatory term for homosexual) **qûnde** قووندە m.; **qûnek** قوونەك m.

faggot (derogatory term for homosexual) **qûnde** قووندە m.; **qûnek** قوونەك m.

to fail (vi.) **hilweşîn** هِلوەشین vi.; **şihitîn** شِهتین vi.; **têda man** تێدا مان vi.; **têkç'ûn** تێکچوون vi.
failure **têkç'ûn** تێکچوون f.
faint (weak) **sîs II** سیس ; **p'epûk I** پەپووک
to faint **neh̄iş k'etin** نەحِش کەتِن vi.; **xer̄iqîn** خەڕقین vi.; **xewirîn** خەوِرین vi.
fair (adj.): (just) **dadmend** دادمەند; **r̄ewa I** ڕەوا
fair-haired (blonde) **şê** شێ
fairness **dadmendî** دادمەندی f.; **îsaf** ئیساف f.; **dad** داد f.
fairy **p'erî II** پەری f.
faith **bawer[î]** باوەری f.; **îman** ئیمان f.; **ît'bar** ئیتبار f.; **îtîqad** ئیتیقاد f.; (religion) **dîn III** دین m.; **ol** ئۆل f.
faithful **dilsoz** دِلسۆز
faithfulness **dilsozî** دِلسۆزی f.; **pêgirî** پێگِری f.
fake **qelp I** قەلپ; **derewîn** دەرەوین; **şapînoz** شاپینۆز
fake gold **şib** شِب m.
falcon **başok** باشۆک m.; **baz I** باز m.; **elîh** ئەلیە m.
fall (autumn) **payîz** پاییز f.
to fall: **k'etin** کەتِن vi.; **nizm bûn** نِزم بوون vi.; **p'ekîn** پەکین vi.; **tera bûn** تەرا بوون vi.; (leaves) **werîn II** وەرین vi.; **weşîn** وەشین vi.; (rain & snow) **barîn I** بارین vi.; (shooting star) **xuricîn** خورِجین vi.; **r̄ijîn** ڕِژین vi.; (~ gently, slide) **xuşikîn** خوشِکین vi.
to fall asleep **k'etin xewê** کەتِن خەوێ vi.; **xewa fk-î hatin** خەوا فکی هاتِن vi.; **xewr̄a ç'ûn** خەوڕا چوون vi.
to fall behind **par̄a man** پاڕا مان vi.
to fall down (collapse) **tot bûn** تۆت بوون vi.
to fall ill (get sick) **pêk'etin** پێ کەتِن vi.; **girtin** گِرتِن vt. [rev. con.]; (with the plague) **bi qotikê ketin** بِ قۆتِکێ کەتِن vi.
to fall in love **dil k'etin** دِل کەتِن vi.;
to fall into place **tewa xwe girtin** تەوا خوە گِرتِن vt.
to fall off: (button) **şiqitîn** شِقِتین vi.; -to cause to f.o. **wer̄andin II** وەڕاندِن vt.
to fall out (of hair) **werîn II** وەرین vi.; **weşîn** وەشین vi.
to fall silent **ker̄ bûn** کەڕ بوون vi.; **bêdeng man** بێ دەنگ مان vi.
fallow land **beyar** بەیار f.; **xozan** خۆزان f./m.; **şov** شۆڤ f.
false (wrong, incorrect) **xelet** خەلەت ; **şaş I** شاش; **ç'ewt** چەوت; **şapînoz** شاپینۆز ; (counterfeit) **qelp I** قەلپ; (insincere) **p'arsûxwar** پارسووخوار
false accusation **nebûyî** نەبوویی **pl.**
falsehood: (lie) **derew** دەرەو f.; **vir̄ II** ڤِڕ f.; **ner̄astî** نەڕاستی f.
falsely: -to ~ accuse: **neweyî lê kirin** نەوەیی لێ کِرِن vt.
falsified **qelp I** قەلپ
falsity **qelpî** قەلپی f.
to falter **t'ertilîn** تەرتِلین vi.
fame **nav û deng** ناڤ و دەنگ m.; **navdarî** ناڤداری f.
familiar: **nas** ناس; **nasyar** ناسیار; (with a topic) **şareza** شارەزا; **çavnas** چاڤناس [+ li]; (close, of friends) **biste** بِستە
familiarity: **nasî** ناسی f.; **hevnasî** هەڤناسی f.; (with a topic) **şarezayî** شارەزایی f.;
to familiarize with **r̄aberî ... kirin** ڕابەری ... کِرِن vt.
family: (nuclear) **'eyal** عەیال m./f./pl.; **k'ulfet** کولفەت f.; **zav-zêç** زاڤ زێچ; **'erz û hila** عەرز و هِلا; (lineage) **binemal** بِنەمال f.; **malbat** مالبات f.; **îcax** ئیجاخ f.; **ocax** ئۆجاخ f./m.; (household) **xan-man** خانمان m.; (noble or aristocratic) **malmezin** مالمەزِن f.
family line **azbat** ئازبات f.
famine **xela** خەلا f.
famished: -to be ~ **delîyan** دەلییان vi.
famous **binav û deng** بِ ناڤ و دەنگ; **navdar** ناڤدار
fan I (manually operated) **baweşînk** باوەشینک f.; (electric) **p'erwane** پەروانە f.; **p'ank II** پانک f.
fan II (supporter, enthusiast) **h̄eyran** حەیران f.; **mêldar** مێلدار m.
fanatic (n.) **olp'erest** ئۆلپەرەست m.&f.
fancy (n.) (fantasy) **sawîr** ساویر m./f.; (whim) **qîm** قیم f.
fancy (adj.) (elegant) **xemilî** خەمِلی; **k'eşxe** کەشخە; **nazik** نازِک
fang **qîl** قیل m.; **kilb** کِلب m.; **didan** دِدان/**diran** دِران m.
fantasy **sawîr** ساویر m./f.
far **dûr** دوور
farcy (respiratory ailment of horses & donkeys) **ketew** کەتەو f.
farm **mezre** مەزرە f.
farmer **cot'k'ar** جۆتکار m.
farmhand **hodax** هۆداخ m; **mişag** مِشاگ m.; **r̄êncber** ڕێنجبەر m.
farmstead **mezre** مەزرە f.;
farness **dûrî** دووری f.
farrier **beyt'ar** بەیتار m.
fart **tir̄** تِڕ f.; **piv I** پِڤ f.; (silent ~) **fis** فِس f.; **k'uş II** کوش f.
to fart **tir̄ kirin** تِڕ کِرِن vt.; **piv kirin** پِڤ کِرِن vt.; -~ silently **fis(a kesekî/ê) hatin** فِسا کەسەکی هاتِن vi.
fashion: (way, manner) **celeb I** جەلەب m.; **form** فۆرم f.; **r̄eng** ڕەنگ m.; **cûr̄e** جووڕە m.; **t'eher** تەهەر m.
fast (adj.): (rapid) **zû** زوو; **[bi] lez I** بِ لەز; **xweş** خوەش; **ç'eleng** چەلەنگ; **h̄êl** حێل

fast (n.) (abstention from food) **řojî** ڕۆژی f.; -breaking the ~ (of Ramadan) **fitar** فِتار f.
fast-running (horse) **beza** بەزا; **qule** قولە
fasting **biřojî** بِڕۆژی
faster (one who fasts) **řojîgir** ڕۆژیگِر m.&f.
fat (adj.): **qelew** قەلەو; **k'ok I** کۆك; **xurt** خورت ; **qalin** قالِن
fat (n.): (grease) **bez I** بەز m.; **don** دۆن m.; **azûxe** ئازووغە f./m.; (bits of sheep's fattail) **kizik** کِزِك f./pl.; (of food) **çivir** چِڤِر ; (fats used in cooking, e.g., oil, shortening, etc.) **tewaş** تەواش m.
fate **bext** بەخت m.; **enînivîs** ئەنینِڤیس; **qeder II** قەدەر f.; **îqbal** ئقبال m.; **qismet** قِسمەت m.; **yazî** یازی f.; **felek** فەلەك f.; **peşk II** پەشك f.; **nesîb** نەسیب f./m.
father **bav** باڤ m. /**bab** باب m.
fatherhood **bavî** باڤی f.
father-in-law **xezûr** خەزوور m.
father-in-lawhood **xezûrtî** خەزوورتی f.
fatherland **welat** وەلات m.; **mek'an** مەکان m.
fathom (span of outstretched arms) **qulaç** قولاچ f.
fatigue **westan I** وەستان f.
fatigued (tired) **westiyayî** وەستِیایی; **ře't II** ڕەعت
fatness **qelewî** قەلەوی f.; **k'okayî** کۆکایی f.
fattail **daw I** داو f.; **dûv I** دووڤ m./f.; **dû II** دوو m.; **teřî I** تەڕی f.
fatty: (of food) **çivir** چِڤِر
fault **binas** بِناس pl.; **sûc** سووج m./f.; (defect, shortcoming) **qusûr** قوسوور f.
fauna (wildlife) **tav û teyr** تاڤ و تەیر [**tabe û teyr** تابە و تەیر];
favor: **xatir** خاتِر m./f.; (good deed) **qencî** قەنجی f.; **ç'akî** چاکی f.
to favor with **layîq kirin** لاییق کِرِن vt.
favored **serpişik** سەرپِشِك
fawn (young of deer) **kara xezal** کارا خەزال f.; **xifş** خِفش f.
fear **tirs** تِرس f.; **xof** خۆف f.; (great ~) **saw** ساو f.
to fear **tirsîn** تِرسین vi. [+ji]; **xof kirin** خۆف کِرِن vt..; (be scared to death) [+ji] **bizdîn** بزدین vi.
fearless **çavsor** چاڤسۆر; **melk'emotê mêrê kulê** مەلکەمۆتێ مێرێ کولێ m.
fearlessness **cuřet** جوڕەت f.
feast **şayî I** شایی f.; **xirêf** خِرێف f.; (meal with good foods) **şîlan II** شیلان f.; **naz û ne'met** ناز و نەعمەت
Feast of Tabernacles **kepreşîne** کەپرەشینە f.
feat **fêl II** فێل f./m.; (heroic ~) **p'elewanî** پەلەوانی f.
feather **bask** باسك m.; **p'eř** پەڕ m./f.; (plumage) **p'ûrt** پوورت f.
features: (facial ~) **dirûv** دِرووڤ m.; (traits) **sexlet** سەخلەت
February **Sibat** سِبات f.
feces: **gû** گوو m.; **destav** دەستاڤ f.; (of birds) **ç'êrt** چێرت f.; **zirîç I** زِریچ f.
fed up [with] **zivêr [ji** ژ] **زڤێر**; **kulzikî** کولزِکی: -to be f. (to be sick and tired of) **k'erixîn** کەرِخین vi. **zivêr bûn** زڤێر بوون vi.; **anîn serê pozê** ***fk-î*** ئانین سەرێ پۆزێ فکی vt.; **k'ezebreşî bûn** کەزەبرەشی بوون vi.
feeble **p'epûk I** پەپووك; **kalûme** کالوومە m.&f.
feeble-minded: -to become f. **xerifîn** خەرِفین vi.
feed **alif** ئالِف m.; **alîk** ئالیك f./m.; **êm** ئێم m.; (dried winter fodder) **p'ût I** پووت m.
to feed: (animals) **alif kirin/dan** ئالِف کِرِن\دان vt.; **xwedî kirin** خوەدی کِرِن vt.; (one's family) **debirandin** دەبِراندِن vt.; **'ebûr kirin** عەبوور کِرِن vt.;
feedbag **cuher** جوهەر m.
to feel: (to sense) **hest kirin** هەست کِرِن/**hîs kirin** هیس کِرِن vt.; **ḧesîn** حەسین vi.
to feel like [doing stg.] **mêl ft-îřa hatin** مێل فتیڕا هاتِن vi.; **qîma fk-î hatin** قیما فکی هاتِن vi.; **xîret kirin/k'işandin** خیرەت کِرِن\کِشاندِن vt.; **gêwilê fk-î hebûn** گێولێ فکی هەبوون vi.
to feel sorry for **gunehê xwe lê anîn** گونەهێ خوە لێ ئانین vt.
feeling **hest** هەست/**hîs** هیس f.; -to give s.o. the feeling that... **ḧesandin** حەساندِن vt.
feet --> see foot
to feign **xwe cîyê** [or **dewsa**] **fk-ê/ft-î danîn** خوە جییێ [دەوسا] فکێ\فتی دانین vt.
felicitations **pîrozî** پیرۆزی f.
fellow (man, chap) **k'abra** کابرا m.; **zilam** زِلام m.
fellow countryman **hemwelatî** هەموەلاتی m.
felon (whitlow) **mûmar** موومار f.
felt: (material) **kulav** کولاڤ m./f.
felt carpet **kulav** کولاڤ m./f.; **t̲at̲î** طاطی m.
felt hat **k'oloz** کۆلۆز m.
felt rug **kulav** کولاڤ m./f.; **t̲at̲î** طاطی m.
female: **mê** مێ f.; (f. person) **afret** ئافرەت f.; (of animals) **mak** ماك f.; (of canines) **dêl I** دێل f.
feminine **mê** مێ
fen: (swamp) **genav** گەناڤ f.; cimcime II; **çirav** چِراڤ f.
fence **çeper I** چەپەر f.; **k'ozik I** کۆزِك f.; **sûr I** سوور f.; (made of brush) **sênc** سێنج f.; (wooden or reed ~) **t̲an** طان m.; **p'ercan** پەرجان m./f.; (wooden ~

around field) **şûre I** شووره f.; (iron ~) **sîme** سیمه m.; (stone ~) **k'elek II** کەلەك f.
to fence in **ȟewş kirin** حەوش کِرِن vt.
fennel **řizyane** رِزیانه f.
fenugreek **şembelûle** شەمبەلوولە f.
ferment **hêvên** هێڤێن m.
to ferment (vi.) **germixîn** گەرمِخین vi.; (of yoghurt) **mehîn II** مەهین vi.; (vt.) **meyandin** مەیاندِن vt.
fern **t'ilîpeř** تِلیپەڕ f./m.; **serxes** سەرخەس f./m.
ferocious **çavsor** چاڤسۆر; **diř** دِڕ; **gurêx̌** گورێغ; **xedar** خەدار
ferocity **çavsorî** چاڤسۆری f.; **gurtî** گورتی f.; **xedarî** خەداری f.
fertile: (land) **bijûn** بِژوون; **t'êrber** تێربەر
fervor **xîret** خیرەت f.;
festival (held at sheikh's tomb) **zêw** زێو f.
festivities **cejin** جەژن f.
fetters (chains) **qeyd** قەید f.; **zincîr** زنجیر f.; -fetters and chains **qeyd û çîdar** قەید و چیدار f.
fever **t'a III** تا f.
few: **kêm I** کێم; -a few **çend** چەند
fiancé(e) **dergistî** دەرگِستی/**desgirtî** دەسگِرتی m.&f.
fib: (lie) **derew** دەرەو f.; **viř II** ڤِڕ f.
fibbing (n.) (telling lies) **viřekî** ڤِڕەکی f.
fiber: (thread) **dav II** داڤ f.
fickle **p'arsûxwar** پارسووخوار
fidelity **dilsozî** دِلسۆزی f.; **pêgirî** پێگِری f.
field **zevî** زەڤی f.; **mezre** مەزره f.; (fertilized ~) **axpîn** ئاخپین f.; (plowable ~) **k'irêbe** کِرێبه f.; (plowed ~) **şov** شۆڤ f.; (~ plowed once) **k'irêbe** کِرێبه f.; (plowed & sown) **k'ewşan** کەوشان m.; **hox** هۆخ m.; (plowed & sown, but not harvested ~) **kat II** کات f.; (~of study) **war** وار m.; **biyav** بیاڤ m.; (open space) **qad** قاد f.
field mouse **sêvle** سێڤله ; **mişkê teřezinê** مِشکێ تەڕەزِنێ m.
field poppy **bûkmezave** بووکمەزاڤه f.
fierce **çavsor** چاڤسۆر; **diř** دِڕ; **gurêx̌** گورێغ; **t'und** توند; **ȟêç'** حێچ; (fig.) **dijwar** دِژوار
fierceness **çavsorî** چاڤسۆری f.; **t'undî** توندی f.
fifteen **panzdeh** پانزدەه
fifth (adj.) **pêncem** پێنجەم; **pênca** پێنجا; (n.): (1/5) **pêncêkî** پێنجێکی f.
fiftieth (adj.) **pênciyem** پێنجِیەم
fifty **pêncî I** پێنجی
fig **hejîr** هەژیر f.; (dried ~) **kitik I** کِتِك f.
fig tree **hejîr** هەژیر f.
fight: (brawl) **cerenîx** جەرەنیخ f.; **de'w II** دەعو f.; **ceng** جەنگ f./m.; **doz** دۆز f.; **gelemşe** گەلەمشه f.; **gelş** گەلش f.; **k'eşmek'eş** کەشمەکەش f.; **p'evç'ûn** پەڤچوون f.; **k'eft û left** کەفت و لەفت f.; **lec** لەج f. ; **sefer** سەفەر f.; (battle, war) **şeř I** شەڕ m.; (struggle) **têkoşîn** تێکۆشین f.; -to put up a ~ **li ber xwe dan** لِ بەر خوه دان vt.
to fight (argue) **p'evç'ûn** پەڤچوون vi.; **hev xwarin** هەڤ خوارِن vt.; **p'ev k'etin** پەڤ کەتِن vi.; (do battle) **şeř kirin** شەڕ کِرِن vt.; (struggle) **têkoşîn** تێکۆشین vi.
fighter **şeřvan** شەڕڤان m.; **têkoşer** تێکۆشەر m.
figure: (outward appearance) **qelafet** قەلافەت m.; **qedqamet** قەدقامەت f.; (indistinct ~) **qeret'û** قەرەتوو m./f.; **řeşayî** رەشایی f.
filament(s) **řîşî** ریشی m./f.; **dav II** داڤ f.
filbert **bindeq** بِندەق/**findeq** فِندەق f.
filbert tree **dara bindeqê** دارا بِندەقێ f.
file (rasp) **kartik** کارتِك f.; **êge** ئێگه f.; (row) **řêz I** رێز f.; **řef II** رەف f./m.; **şerît** شەریت f.
to file down **řenîn** رەنین vt.
filial piety **kuřtî II** کوڕتی f.
filings (shavings) **qaşil** قاشِل m./f.; **telîş I** تەلیش m.
Filipino **Filipînî** فِلیپینی
to fill **t'ijî kirin** تژی کِرِن vt.; **dagirtin** داگِرتِن vt.; (~ to the brim) **mişt kirin** مِشت کِرِن vt.; (to cram, stuff) **dewisandin** دەویساندِن vt.
to fill up **têkirin** تێ کِرِن vt.
filled: (~ to the brim) **mişt II** مِشت
film: (lining on meat) **betan** بەتان m.; (membrane) **p'erde** پەرده f.; (skin on milk) **to I** تۆ m.
filter **parzûn** پارزوون m.
to filter: (strain) **parzinandin** پارزِناندِن vt.; **palandin** پالاندِن vt.; **dakirin** داکِرِن vt.
filtered: -to be ~ **palîn II** پالین vi.
filth **qilêr** قِلێر f.; **qiřêj** قِرێژ f.; **qiřêjayî** قِرێژایی f.
filthy **gemarî** گەماری; **qiřêj** قِرێژ; **mirdar** مِردار ; **p'îs û pelos** پیس وپەلۆس
final (last) **paşîn** پاشین; **dawîn** داوین; -**ê dûmahîkê** ئێ دووماهیکێ
finally **axirîyê** ئاخِرییێ.; **dawîyê** داوییێ; **di encamê de** دِ ئەنجامێ ده; **bi k'utasî** بِ کوتاسی; **talî II** تالی f.
financial **diravî** دِراڤی
to find **dîtin** دیتِن vt.; **p'eyda kirin** پەیدا کِرِن vt.; **vedîtin** ڤەدیتِن vt.
to find fault with **me'na fk-ê geřîn** مەعنا فکێ گەڕین vi.
to find one's way **vêk'eftin** ڤێکەفتِن vi.
to find out (about) **pê ȟesîn** پێ حەسین vi.; **salix hildan** سالِخ هِلدان vt.; **hay jê hebûn** های ژێ هەبوون vi.;

seh kirin سەهـ کِرِن vt.

to find one's way: -not to ~ (out of a situation) r̄ê jê dernexistin رێ ژێ دەرنەخِستِن vi.

fine (n.): (penalty) cerîme جەریمە f.; cirm جِرم f.

fine (adj.): (nice) xweş خوەش; k'eşxe کەشخە ; (high quality) cindî جِندی; t'ekûz تەکووز; t'aze تازە; (in small particles) hûr I هوور/hûrik هوورِك; hûrhûrik' هوورهوورِك

to fine cirmdar kirin جِرمدار کِرِن vt.

fine dust t'oz تۆز f.; gerik I گەرِك f.; tirabêlk تِرابێلك f.

fined: (sentenced to paying a fine) cirmdar جِرمدار

finery xeml û xêl خەمل و خێل m./xeml û xêz خەمل و خێز m.

finger t'ilî I تِلی f.; bêç'î II بێچی f.; -index ~ t'ilîya nîşanê تِلییا نیشانێ; -middle ~ tilîya nêvî تِلییا نێڤی f.; t'ilîya ort'ê تِلییا ئۆرتێ f.; -ring ~ t'ilîya gustîlê تِلییا گوستیلێ

finger joint geh I گەهـ f.

finger-ring gustîl گوستیل f.

fingernail neynûk نەینووك f.; dirnax̄ دِرناغ m.

fingertips serê tipla سەرێ تِپلا ; gumik گومِك f.

to finish xelas kirin خەلاس کِرِن vt.; qedandin قەداندِن vt.; k'uta kirin کوتا کِرِن vt.

finished: (over, done) xelas خەلاس; derbazbûyî دەربازبوویی; -to be f. (over, done) k'uta bûn کوتا بوون vi.; qedîn قەدین vi.; k'emilîn کەمِلین vi.

fir (tree) kac کاج f.; merx مەرخ f.; darûk داروك f.

fire agir ئاگِر m.; ar ئار m.; p'êt I پێت f.; şewat شەوات f.; r̄ivîn رِڤین f.

to fire (dismiss, sack, from a job) qewrandin I قەوراندِن vt.; (heat up a kiln) sincirandin سِنجِراندِن vt.; (shoot a gun) t'eqandin تەقاندِن vt.; tifing berdan تِفِنگ بەردان vt.; xesar kirin خەسار کِرِن vt.

fire crackers agirbazî ئاگِربازی f.

fire engine erebeya agirkujiyê/îtfaiyeyê ئەرەبەیا ئاگِرکوژییێ\ئیتفائیەیێ f.

fire tongs p'elegirk پەلەگِرك f.; maşik II ماشِك f.

fire worship agirp'erestî ئاگِرپەرەستی f.

fire worshipper agirp'erest ئاگِرپەرەست m.

firebrand bizot بِزۆت m./f.; p'el II پەل m./f.; p'ereng پەرەنگ f./m.

firefighter agirkuj ئاگِرکوژ m.

firefly pispisok I پسپسۆك f.

fireman agirkuj ئاگِرکوژ m.

firepan (of firearm) ax̄zûtî ئاغزووتی f.

fireplace pixêrîk پخێریك f.; ocax ئۆجاخ f./m.; t'ifik تِفِك f.

firewood êzing ئێزِنگ m.; qoçik قۆچك m.; (twigs) hej I هەژ m.; hejik هەژِك m.; (pieces of chopped ~) qîtik II قیتِك ; qoçik قۆچِك m.; (wet ~) ter̄ik II تەرِك m.

fireworks agirbazî ئاگِربازی f.

firing pin (part of gun trigger) dîkê t'ivingê دیکێ تِڤِنگێ m.

firm: (sturdy) zexm I زەخم; t'eyax تەیاخ; (tight) ḧişk حِشك ; qalin قالِن; (stiff, hard) r̄eq II رەق; (stable) tamîş تامیش

firmament govekêd 'ezmîne گۆڤەکێد عەزمینە pl.

firman ferman فەرمان f.

firmness (strength) zexmî زەخمی f.

first: pêşîn پێشین; 'ewil عەوِل; yekem یەکەم; sift سِفت; (favored) serpişik سەرپِشِك; -at first berêda بەرێدا; ji r̄êve ژِ رێڤە

first-born nuxurî نوخوری m.

first fruits nûbar نووبار f.

first milk (beestings, colostrum) firo فِرۆ m.; zak زاك m.; firşik II فِرشِك; xîç' I خیچ ; xelendor I خەلەندۆر m.

first rate p'ayebilind پایەبِلِند

fish masî ماسی m./f.

fish eggs xerz خەرز m.

fish hook şewk شەوك f.

fish roe xerz خەرز m.

fishbone dasî داسی m.; stirî I ستِری f./m.

fisherman masîgîr ماسیگیر m.; t'or̄van تۆرڤان m.

fishing rod şewk شەوك f.

fishnet t'or̄ I تۆر f./m.

fissure: (crack) derz دەرز f.; kelş کەلش f.; qelîştek قەلیشتەك f.; terk I تەرك f.; tîş I تیش f.

fist mist مِست f./m.; k'ulm کولم f.

fisticuff sîle سیلە f.; şimaq شِماق f.; t'ep II تەپ f.

fit (hale and hearty, robust) p'ît I پیت

fitting: (suitable) layîq لایق; babet II بابەت; hink'ûf هِنکووف; -to be ~ lêhatin لێ هاتِن vi.

five pênc پێنج

five hundred pêncsed پێنجسەد

to fix: (repair) ç'ê kirin چێ کِرِن vt.; (make, prepare) ç'ê kirin چێ کِرِن vt.; (set, determine) k'ifş kirin کِفش کِرِن vt.

to fix up 'edilandin عەدِلاندِن vt.

fixed: (of stare) zîq زیق; -to be fixed (stuck, planted) daçikîn داچِکین vi.

flag al[a] ئال[ئالا] f.; bêraq بێراق f.

flag-bearer beyraqbir بەیراقبِر m.; bêraqdar بێراقدار m.

flakey (unreliable) t'eres تەرەس

flambeau (torch) xetîre خەتیرە f.

flame **agir** ئاگِر m.; **alav** ئالاڤ f.; **p'êt I** پێت f.; **şewat** شەوات f.; **řivîn** رِڤین f.

flank **k'êlek** کێلەک f.; **tenişt** تەنِشت f.; **p'al** پال f./m.

flap: (panel, of a skirt) **daw I** داو f.; **damen** دامەن m.; **p'êş II** پێش f.; (outer f. of tent) **hêşî** هێشی f.

to flap (vi.) (of flag) **p'êl dan** پێل دان vt.

to flap about (vi.) **p'irpitîn** پرپتین vi.

to flare up (flame) **vêk'etin** ڤێ کەتِن vi.

flash (of lightning) **trûsk**ترووسک f.

to flash (vi.) (of sparks) **p'ekîn** پەکین vi.

flashlight **pîl II** پیل f.

flask **gumgum** گومگوم m./f.; (bottle) **şûşe** شووشە f.; (goatskin) **cewdik** جەودِک m.

flat: (even, level) **dûz** دووز; **pehn I** پەهن

flat broke **řût** رووت; **bêp'ere** بێپەرە

flat stone: (broad stone) **sel** سەل m.

flatiron **ût'î** ئووتی f.

to flatter (ingratiate o.s.) **xwe şîrin kirin** خوە شیرین کِرِن vt.

flatulence **tiř** تِر f.; **piv I** پِڤ f.; (silent) **fis** فِس f.; **k'uş II** کوش f.

flavor **lezet** لەزەت f.

flaw: (defect) **qusûr** قوسوور f.; **kêmasî** کێماسی f.

flax **k'itan** کِتان f.

to flay: (to skin) **gurandin** گوراندِن vt.

flea **kêç'** کێچ f.

to flee **řevîn** رەڤین vi.; **felitîn** فەلتین vi.; **hilhatin** هِلهاتِن vi.; **xwe averê kirin** خوە ئاڤەرێ کِرِن vt.; -to cause to ~ **řevandin** رەڤاندِن vt.

fleet (adj.) (swift) **beza** بەزا; **qule** قولە

fleet (n.) (of ships) **stol** ستۆل f.

Flemish **Flamanî** فلامانی

flesh **goşt** گۆشت m.

flexible (pliant) **teř** تەر; **çiř II** چِر

flickering **çirsavêj** چِرساڤێژ

flier: see flyer

to fling (sling, throw at) **veweşandin** ڤەوەشاندِن vt.; **virvirandin** ڤِرڤِراندِن vt.;

flint **berheste** بەرهەستە m.; **heste** هەستە m.; **arbeşk** ئربەشك m.

flintstone **berheste** بەرهەستە m.; **heste** هەستە m.; **arbeşk** ئربەشك m.

flock: (of birds) **řef I** رەف m./f.; **t'elp** تەلپ m.; (of sheep) **pez** پەز m.; **kerî II** کەری m.; **col** جۆل m.; **ẍar II** غار m.; **sûrî** سووری m.; (small f. of sheep) **kewal** کەوال f./pl.; (of sheep, for sale) **celeb II** جەلەب m.; (of wolves) **guhnêr** گوهنێر f.

flood **lêmişt** لێمِشت f.; **lehî** لەهی f.; **şape II** شاپە f.; **sêlav** سێلاڤ f.; **tofan** تۆفان f.

flooding (n.) **avřabûn** ئاڤرابوون f.

floor: **'erd** عەرد m./f.; (story of a building) **qat** قات m./f.; ("the floor" = the right to speak) **destûra peyvê** دەستوورا پەیڤێ

flour **ard** ئارد m.; **arvan** ئارڤان m.

flourishing **ava** ئاڤا; **şên** شێن

flow **ceryan** جەریان f.

to flow: **herikîn** هەرِکین vi.; **k'işîn** کِشین vi.

flower **gul** گول f.; **kulîlk** کولیلک f.; **çîçek** چیچەک f.; **mom I** مۆم f.

flower bed **şov** شۆڤ f.; **qarix** قارِخ m.

flowing: (fluent) **řewan II** رەوان ; (strongly ~, of rain, etc.) **guř II** گور

flu **p'ersîv** پەرسیڤ m./f.; **sat'ircem** ساتِرجەم f.

fluent **řewan II** رەوان

fluff (down) **t'ûk I** تووک f.

fluid (adj.) **avî I** ئاڤی ; **řon II** رۆن

fluid (n.) **řon II** رۆن m.

fluidity **řonî II** رۆنی f.

flute: (kaval) **bilûr** بلوور f.; (wind instrument) **nefîr** نەفیر m.

flute player **bilûrvan** بلوورڤان m.

to flutter about (as in throes of death) **p'irpitîn** پرپتین vi.

fly **mêş** مێش f.; -forest fly **şêz** شێز f.; -sand fly **axûrk** ئاخویرك/ئاخوورك f.

to fly **fiřîn** فِرین vi.; **teyîrîn** تەییرین vi.

to fly into a rage **kerbêt fk-î bûnewe = vebûn** کەربێت فکی بوونەوە\ڤەبوون vi.; **'ernê fk-ê řabûn** عەرنێ فکێ رابوون vi.; **'ernê fk-ê pê girtin** عەرنێ فکێ پێ گِرتِن vt.

fly swatter **mêşkuj** مێشکوژ f.

to fly the coop **xwe averê kirin** خوە ئاڤەرێ کِرِن vt.

to fly up **hilfiřîn** هِلفِرین vi.

fly whisk **mêşkuj** مێشکوژ f.

flyer: (pamphlet, circular) **belavok** بەلاڤۆك f.

foal **canî** جانی f.; **k'uřik** کورِك m.; (3-year-old) **berzîn I** بەرزین m.; (4-year-old) **nûzîn** نووزین m.

foam **k'ef I** کەف f.; (~ on butter) **dewjin** دەوژِن f.

fodder **alif** ئالِف m.; **alîk** ئالیك f./m.; **êm** ئێم m.; (winter sheep fodder) **çilo II** چلۆ m.; (dried winter ~) **p'ût I** پووت m.; (dried grass or hay) **řêsî** رێسی f.

foe **dijmin** دژمِن m.&f.; **neyar** نەیار m.; **'edû** عەدوو m.

fog **mij** مژ m./f.; **dûman** دوومان f.; **moran** مۆران f.; **kirove** کِرۆڤە f.; **xumam** خومام f.; (thick ~) **t'elp** تەلپ m.

foiled attempt **têkç'ûn** تێکچوون f.

fold **qat** قات m./f.; **tew I** تەو f.; (wrinkle) **qermîçok**

قەرمیچۆك f.; (leaf of door) **felq** فەلق f.
to fold **pêçan** پێچان vt.; **qat kirin** قات کِرِن vt.
folk (adj.) **gelêrî** گەلێری
folk (n.) **gel** گەل m.; **xelq** خەلق m.; **net'ewe** نەتەوە f./m.; **'ebadile** عەبادِلە f.
folkdance **govend** گۆڤەند f.
folkdancer **govendgêr** گۆڤەندگێر m.&f.
folklore **zargotin** زارگۆتِن f.; **folklor** فۆلکلۆر f.; **kelep'ûr** کەلەپوور m.
folksy **gelêrî** گەلێری
folktale **çîrok** چیرۆك f.; **ḧekyat** حەکیات f.
to follow **dan dû** دان دوو vt.; **dan pey** دان پەی vt.; **dû ç'ûn** دوو چوون vi.; **dû hatin** دوو هاتِن vi.; **dû k'etin** دوو کەتِن vi.; **pey hatin** پەی هاتِن vi.; **şopandin** شۆپاندِن vt.; (a law or rule) **pêgirî kirin** پێگِری کِرِن vt.
to follow advice **şîreta fk-î hildan** شیرەتا فکی هِلدان vt.; **dan pey şîreta fk-î** دان پەی شیرەتا فکی vt.;
to follow in s.o.'s footsteps (tracks) **r̄êç'a fk-ê/ft-î çûyîn** رێچا فکێ\فتی چوویین vi.
follower **mirîd** مِرید m.; **etba** ئەتبا ; **şagird** شاگِرد m.&f.
following (adj.) (last) **paşîn** پاشین
following (n.) (compliance, adherence) **pêgirî** پێگِری f.
following day: -on the ~ **dotira rojê** دۆتِرا رۆژێ; **r̄ojtir** رۆژتِر
fond of (~ eating) **çil III** چِل
to fondle (caress, pet) **miz dan** مِز دان vt.; **p'erixandin** پەرِخاندِن vt.;
fondness ***delalî** دەلالی f.
food **aş** ئاش m./f.; **xurek** خورەك m.; **xwarin** خوارِن f.; **zad** زاد m.; **nan** نان m.; **emek** ئەمەك m.; **qût** قووت m./f.; **r̄izq** رِزق m.; **êm** ئێم m.; (good ~) **naz û ne'met** ناز و نەعمەت ; (for trip) **azûẍe** ئازووغە f./m.;
food carrier (at weddings) **dolebaşî** دۆلەباشی m.
foodstuff **qût** قووت m./f.
fool **qeşmer** قەشمەر m.; **eḧmeq** ئەحمەق m.&f.
to fool **xapandin** خاپاندِن vt.; **lêbandin** لێباندِن vt.; **di serda birin** دِ سەردا بِرِن vt.
fooled: -to be ~ **lêbyan** لێبیان vi.; **xapîn** خاپین vi.
foolish (of people) **aqilsivik** ئاقِلسِڤِك; **eḧmeq** ئەحمەق; (of deeds) **bêserî** بێ سەری
foolishness **eḧmeqî** ئەحمەقی f.
foot: **pê II** پێ m.; **ling** لِنگ m.; **qedûm** قەدووم m.; (of child) **pepik** پەپِك m.; (of inanimate object) **binp'î** بِنپی f.; (of mountain) **binat'ar** بِناتار f.; **damen** دامەن m.; **p'al** پال f./m.; **qunt'ar** قونتار f.; **dang** دانگ f.
foot and mouth disease **mazber** مازبەر; **tebeq I** تەبەق f.
footnote **jêrenot** ژێرەنۆت f.; **têbînî** تێبینی f.
footprint **dewsa lingan** دەوسا لِنگان; (animal ~s) **ta V** تا m.
footshackles **çîdar** چیدار f.
footsoldier **peya I** پەیا m.
footstep **gav** گاڤ f.; **pêngav** پێنگاڤ f.; **şop** شۆپ f.
footwear **pêlav** پێلاڤ f.; **sol** سۆل f.; **meras** مەراس m.; **qondere** قۆندەرە f.
for [ji] **bo II** ژِ بۆ; **bona** بۆنا; **ji ... re** ژِ ... رە; **seba** سەبا; **li** لِ; (in favor of, pro, supporting [a cause]) **mêldar** مێلدار
for example **meselen** مەسەلەن; **wek mînak** وەك میناك; **bo nimûne** بۆ نِموونە
for free **belaş** بەلاش; **bêp'ere** بێپەرە; **hewante** هەوانتە
for instance **meselen** مەسەلەن; **wek mînak** وەك میناك; **bo nimûne** بۆ نِموونە
for no reason **cîyê bela sebeb** جییێ بەلا سەبەب
for sure **t'eqez** تەقەز
for the sake of **bo xatira** بۆ خاتِرا; **seba** سەبا; **pêxemet** پێخەمەت; **sexmerat** سەخمەرات
forage **alif** ئالِف m.; **alîk** ئالیك f./m.
foray **cerd I** جەرد f.
to forbid **qedexe kirin** قەدەخە کِرِن vt.; **berbend kirin** بەربەند کِرِن vt; **ne•hiştin** نەهِشتِن vt. neg.
forbidden **qedexe** قەدەخە; (according to Islam) **ḧeram** حەرام
force (strength, might) **ḧêl** حێل f.; **hêz** هێز f.; **qedûm** قەدووم m.; **qewat** قەوات f.; **qudret** قودرەت f.; **xurtî** خورتی f.; **zexm I** زەخم f.; [2]; **zor I** زۆر f.; **zordestî** زۆردەستی f.; **birî** بِری f.; (violence) **k'otek** کۆتەك f.
to force (stg. on s.o.) **dan ber** دان بەر vt.
forced **neçar** نەچار; **mecbûr** مەجبوور ; **p'êwîst** پێویست
forced labor **olam** ئۆلام f.; **suxre** سوخرە f.
forceful **bihêz** بِ هێز; (of rain) **xurt** خورت
ford **bihur** بِهور m./f.
forearm **zend I** زەند f./m.
forecast **pêşbînî** پێشبینی f.
forefront **berahik** بەراهِك f.
forehead **enî** ئەنی f.; **navçav** ناڤچاڤ f./m.; **ne'tik** نەعتِك f.
foreign **bîyanî** بییانی; **xerîb** خەریب
foreign country **ẍurbet** غوربەت f.; **xerîbstan** خەریبستان f.
foreign land **ẍurbet** غوربەت f.; **xerîbstan** خەریبستان f.
foreigner **xerîb** خەریب m.

forelock **ne'tik** نەعتِك f.; **t'ûncik** توونجِك f.; **t'emberî** تەمبەری f.
foremost **pêşîn** پێشین
forest **daristan** دارِستان f. : **dehl** دەهل f./m.; **mêşe** مێشە f./m.; **r̄êl** ڕێل f.
forest fly **şêz** شێز f.
forever **ḧetaḧetayî** حەتاحەتایی f.
foreword: (preface) **pêşgotin** پێشگۆتِن f.
forged (counterfeit) **qelp I** قەلپ
to forget [ji] **bîra fk-î ç'ûn/kirin** ژِ بیرا فکی چوو\کِرِن
to forgive **bexşandin** بەخشاندِن vt.; **'efû kirin** عەفوو کِرِن vt.; **lêborîn** لێ بۆرین vt.; **lê xweş bûn** لێ خوەش بوون vi.
forgiveness **'efû** عەفوو m./f.; **lêborîn** لێبۆرین f.
fork: **ç'engal I** چەنگال f.; **ç'etel** چەتەل f./m.; (~ in the road) **dur̄iyan** دوڕیان f.; (3-pronged ~ for tamping down threads on a loom) **pîjik I** پیژك m.
form **şikil** شِکِل m.; **t'eşe** تەشە f./m.; **teva I** تەڤا m.; **form** فۆرم f.; **qalib** قالِب m.; (appearance) **qelafet** قەلافەت m.; **dilqe** دِلقە m.
to form (cast, mold) **darişti̇n** دارِشتِن vt.
formal (official) **r̄esmî** ڕەسمی; **fermî** فەرمی
formal request (petition) **'arîze** عاریزە f.; **'erziḧal** عەرزِحال f.
formicary (anthill) **kurmorî** کورمۆری f.; **mûristan** مووریستان f.
to formulate **darişti̇n** دارِشتِن vt.
to fornicate [with] **gan I** گان vt.; **nayîn** نایین vt.; **k'utan** کوتان vt.; (of animals) **perîn** پەرین vi.
fornication (mating, of animals) **perîn** پەرین f.
to forsake **lê badan** لێ بادان vt.
fort **kela** کەلا f.
fortieth **ç'ilem** چِلەم
fortifications **çeper I** چەپەر f.; **k'ozik I** کۆزِك f.; **senger** سەنگەر m.
fortified **asê** ئاسێ
to fortify **asê kirin** ئاسێ کِرِن vt.
fortress **kela** کەلا f.; **birc** بِرج f.; **asêgeh** ئاسێگەه f.
fortunate **bextewar** بەختەوار
fortune: (one's ~, in divination) **fal** فال f.; (good fortune) **oxir** ئۆغِر f.; **bextewarî** بەختەواری f.; **îqbal** ئیقبال m.; **qismet** قِسمەت m.; **siûd** سِئوود f.; (one's fate) **felek** فەلەك f.; **peşk II** پەشك f.; **nesîb** نەسیب f./m.
fortune teller **falçî** فالچی m.&f.; **r̄emildar** ڕەمِلدار m.&f.; **pîldar** پیلدار m.
fortune telling **fal** فال f.; **r̄emil** ڕەمِل f.; (profession of diviner) **falçîtî** فالچیتی f.
forty **ç'il** چِل
forward: **berpêş** بەرپێش; -to look f. to **çaver̄ê bûn** چاڤەڕێ بوون vi.;
foul (dirty) **p'îs** پیس; **xop'an** خۆپان; (base, vile) **caris** جارِس
foul-mouthed **devgû** دەڤگوو
foul smell **kur̄eder** کوڕەدەر f.
foul-smelling **genî** گەنی
found (situated, located) **mewcûd** مەوجوود
to found **damezirandin** دامەزِراندِن vt.; **saz kirin** ساز کِرِن vt.
foundation: (basis) **bin I** بِن m.; **binat'ar** بِناتار f.; **bingeh** بِنگەه f.; **binî** بِنی f.; **esas** ئەساس m.; **ḧîm** حیم m.; (of house) **dang** دانگ f.; (association, corporate body) **sazî** سازی f.; **weqf** وەقف f.
founded: -to be ~ **pêkhatin** پێکهاتِن vi.; **damezirîn** دامەزرین vi.
founder **damezrîner** دامەزرینەر m.&f.
fountain **şadîrewan** شادیرەوان f.
four **ç'ar I** چار ; -on all fours **ç'arlepî** چارلەپی f.; -unit of 4 items **nûrî** نووری
four hundred **ç'arsed** چارسەد
four-legged animal **ç'arpê** چارپێ adj. & m./f.
fourteen **ç'ardeh** چاردەه
fourth (adj.): **ç'ara** چارا; **ç'arem[în]** چارەمین
fourth (n.): (1/4) **ç'arêk** چارێك f.; **ribik** رِبِك f.
fox **r̄ovî I** ڕۆڤی m.
fox cub **çêlîyê rûvî** چێلییێ رووڤی m.
foxhole **çeper I** چەپەر f.; **k'ozik I** کۆزِك f.; **senger** سەنگەر m.
foyer **heywan I** هەیوان f.
fragile (easily hurt) **dilzîz** دِلزیز; (tender) **nazik** نازِك
fragility (tenderness) **nazikî** نازِکی f.
fragment **p'erçe** پەرچە m./f.
fragrant **bînxweş** بینخوەش
frame **ç'arçove** چارچۆڤە f.; **p'erwaz** پەرواز f.; (build, appearance of a person) **qedqamet** قەدقامەت f.; -door ~ **şîpana derî** شیپانا دەری f.; -; -embroidery ~ f. **k'ergah** کەرگاه f.; -window ~ **şîpanê pencerê** شیپانێ پەنجەرێ m.
framework **ç'arçove** چارچۆڤە f.;
francolin (type of quail) **p'or̄ I** پۆڕ f./m.
frank **dilp'ak** دِلپاك; **jidil** ژِدِل
frankly **jidil** ژِدِل
frankness **dilp'aqijî** دِلپاقژی f.; **dilp'akî** دِلپاکی f.
fratricide **birakujî** بِراکوژی f.
fraud **xap** خاپ f.; **t'eşqele** تەشقەلە f.
freckle **xal II** خال f.; **deq** دەق f.; **kula Ḧelebê** کولا حەلەبێ f.

free: (liberated) **aza[d]** ئازاد; **serbest** سەربەست; **řizgar** رِزگار; (idle) **betal** بەتال; **vala** ڤالا; (exempt) **xelas** خەلاس
to free **řizgar kirin** رِزگار کِرِن vt.
free lunch: -to get a ~ (profit from s.o. else's labor) **bi şopa şiẍrevana ketin** بِ شوّپا شِغرەڤانا کەتِن vi.
free of charge **belaş** بەلاش; **bêp'ere** بێپەرە; **hewante** هەوانتە
free ride: -to get a ~ (profit from s.o. else's labor) **bi şopa şiẍrevana ketin** بِ شوّپا شِغرەڤانا کەتِن vi.
free trade **bazirganîya azad** بازِرگانییا ئازاد f.; **bazirganîya serbest** بازِرگانییا سەربەست f.
freed (liberated) **řizgar** رِزگار; **qurtar** قورتار; -to be ~ **řizgar bûn** رِزگار بوون vi.; **veřestin** ڤەرِەستِن vi.;-being ~ from stg. **felat** فەلات f.; **řizgarî** رِزگاری f.; **xelasî** خەلاسی f.
freedom **azadî** ئازادی f.; **serbestî** سەربەستی f.; **řizgarî** رِزگاری f. : ~ from stg. **felat** فەلات f.; **xelasî** خەلاسی f.; **řizgarî** رِزگاری f.; -~ from care **bêxemî** بێخەمی f.
freedom fighter **pêşmerge** پێشمەرگە m.&f.
freeloader (parasite) **k' urtêlxur** کورتێلخور m.&f.
to freeze: (vi.) **cemidîn** جەمِدین vi.; **qefilîn** قەفِلین vi.; **qerimîn** قەرِمین vi.; **qerisîn** قەرِسین vi.; **qeşa girtin** قەشا گِرتِن f.; (with fright) **qutifîn** قوتِفین vi.; (be numb with cold) **simirîn** سِمِرین vi.; (fig., e.g., in politics) **mehîn II** مەهین vi.; **meyandin** مەیاندِن vt.
to freeze up (vi.) (stiffen) **tevizîn** تەڤِزین vi.
freezer **avsark** ئاڤسارك f.
freezing (cold) **qerisokî** قەرِسوّکی
French **Firensî** فِرەنسی
frenzied **ḧêç'** حێچ
frequently **t'im** تِم
fresh **t'aze** تازە; **nû** نوو; **teř** تەڕ; **'ecer** عەجەر; (cool) **hênik** هێنِك; (insolent) **bitiř I** بِطِڕ; **gewî** گەوی
freshness ; (coolness) **hênikayî** هێنِکایی f.
to fret (worry, vi.) **k'eder k'işandin** کەدەر کِشاندِن vt.; **qilqilîn** قِلقِلین vi.
Friday **Înî** ئینی f.; **Cume** جومە f.
fridge **sarincok** سارِنجوّك f.; **avsark** ئاڤسارك f.
friend **heval** هەڤال m.&f.; **hogir** هوّگِر m.; **dost** دوّست m.&f.; **yar** یار m.&f.; **oldaş** ئوّلداش m.
friendly **ciřxweş** جِرخوەش; rihsivik
friendship **hevaltî** هەڤالتی f.; **dostî** دوّستی f.; **yarî I** یاری f.
frigate (warship) **fergêt** فەرگێت f.
fright **tirs** تِرس f.; **saw** ساو f.; **xof** خوّف f.
to frighten **tirsandin** تِرساندِن vt.; **xof kirin** خوّف کِرِن vt.; **veciniqandin** ڤەجِنِقاندِن vt.
frightened: **ziravqetî** زِراڤقەتی; -to be ~ **veciniqîn** ڤەجِنِقین vi.
frigid (cold) **qerisokî** قەرِسوّکی
frigidity **sarî I** ساری f.
fringe[s]: (tassel) **gûfik** گووفِك f.; **gulik** گولِك pl.; **řîşî** ڕیشی m./f.
to frisk (search one's person) **p'elandin** پەلاندِن vt.
frisky **sergerm** سەرگەرم
Fritillaria imperialis **gulexîn** گولەخین f.
frivolous **t'ewekel** تەوەکەل
frog **beq** بەق f./m.; (bullfrog) **qûrqûrok** قوورقووروّك f.
from **ji I** ژ; **li** لِ
from above **serda** سەردا
from afar **ji dûrve** ژ دوورڤە
from all around **ji her alî** ژِ هەر ئالی
from all sides **ji her alî** ژِ هەر ئالی
from behind **pařa** پارِا; **ji paş** ژِ پاش
from below **jêla** ژێلا
from end to end **seranser** سەرانسەر
from every which way **ji her alî** ژِ هەر ئالی
from head to toe **seranser** سەرانسەر; **ji şimikê ta kumikê** ژِ شِمِکێ تا کومِکێ
from here **ji vira** ژِ ڤِرا
from now on **ji niha û wêvatir** ژِ نِها و وێڤاتِر; **hew piştir** هەو پِشتِر; **ji vir bi şûn ve** ژِ ڤِر بِ شوون ڤە; **vira hada** ڤِرا هادا;
from the point of view of **ji alîyê ... ve** ژِ ئالییێ ... ڤە
from the standpoint of **ji alîyê ... ve** ژِ ئالییێ ... ڤە
from top to bottom **ji şimikê ta kumikê** ژِ شِمِکێ تا کومِکێ
front (n.) **pêşî I** پێشی f.; (forward part, e.g., in automobile) **sîng** سینگ m./f.
front seat (in automobile) **sîng** سینگ m./f.
front line **cephe** جەپهە f.
front part **pêşî I** پێشی f.
front tooth (incisor) **diranê fîq** دِرانێ فیق m.
frontier **sînor** سینوّر m.; **t'ixûb** تِخووب m./f.; **ḧed** حەد m.
frost **xûsî** خووسی f.; **qiřav** قِراڤ f.; **qeşa** قەشا f.; **ḧişkî** حِشکی f.; **seqem** سەقەم f.
froth **k'ef I** کەف f.
frown **p'iřçû** پِرچوو m.
to frown **me'dê xwe tiřş kirin** مەعدێ خوە تِرش کِرِن vt.; **p'iřçûyê xwe kirin** پِرچوویێ خوە کِرِن vt.; **řû qermiç'andin** ڕوو قەرمِچاندِن vt.
frozen **cemidî** جامِدی ; **qefilî** قەفِلی
fruit: **ber** بەر **V** f./m.; **êmîş** ئێمیش m. [1]; **fîkî** فیکی m./f.;

mêwe مێوە m.; (dried) **kaçkaçk** کاچکاچک f.; (newly ripening) **balete** باڵەتە f.
fruit and nuts **ç'erez** چەرەز m.
fruitful (fertile) **t'êrber** تێربەر
fruitless **bêber** بێ بەر; **xirş** خِرش
fruit roll (dried pressed fruit) **bastîq** باستیق f./m.; **ç'îr** چیر m.
to frustrate **qehirandin** قەهِراندِن vt.
frustrated: **kulzikî** کولزِکی; -to be ~ **qehirîn** قەهِرین vi.
frustration **qehr** قەهر f.
to fry **qelandin** قەلاندِن vt.; **qewrandin II** قەوراندِن vt.; (in butter or oil) **qijilandin** قِژِلاندِن vt.
frying pan **t'awe** تاوە f.; **miqilk** مِقِلک f.
to fuck **gan I** گان vt.; **nayîn** نایین vt.; **k'utan** کوتان vt.
fuel **ardû** ئاردوو m.; **şewat** شەوات f.
fugitive: (runaway) **firar** فِرار m.; **qaç'ax** قاچاخ m.; **r̄evî I** ڕەڤی m.; (displaced person) **mişext** مِشەخت m.&f.; **derbeder** دەربەدەر m.
full **t'ijî** تِژی; (filled to the brim) **mişt II** مِشت; (satisfied, having had one's fill) **t'êr I** تێر; **zikt'êr** زکتێر
full moon **hîver̄on** هیڤەڕۆن f.; **tava hîvê** تاڤا هیڤێ f.
full stop (period) **xal II** خاڵ f.
fully **lap** لاپ; **pêva** پێڤا
to fume (be very angry) **xeyidîn** خەیِدین vi.
fun **k'êf** کێف f.; **sebr** سەبر f./m.; **t'ab** تاب f.
function **rol** رۆل f.; **wezîfe** وەزیفە f.
fund (endowment) **weqf** وەقف f.
fundamental **bingehîn** بِنگەهین; **ḧîmlî** حیملی
funeral **hewarî** هەواری f.;
funeral procession **k'otel** کۆتەل f.
funnel **kovik** کۆڤِک f.; **mastêrk** ماستێرک f.; **gewrî** گەوری f.
fur (of animals) **pirç'** پِرچ f./m.; **t'ûk I** تووک f.; **k'urk II** کورک m.
furious **har** هار; **ḧêç'** حێچ; -to become ~ **xeyidîn** خەیِدین vi.; **hêrsa fk-ê hatin** هێرسا فکێ هاتِن vi.
furnace **ocax** ئۆجاخ f./m.; **t'ifik** تِفِک f.
furrow (in brow) **qermîçok** قەرمیچۆک f.; **çiqir** چِقِر pl.; (in field) **şov** شۆڤ f.; **şax** شاخ f./m.; **xet** خەت f./m.; **mişar I** مِشار f.
furrow's end **sersed** سەرسەد f.
fury **hêrs** هێرس f.; **xezeb** خەزەب f.; **'ern** عەرن m./f.; **k'erb** کەرب m.; **çavsorî** چاڤسۆری f.; **ḧiddet** حِددەت f.; **harî** هاری f.
fuse (percussion cap) **ax̄zûtî** ئاغزووتی f.
fuselage **qerqode** قەرقۆدە m.
fusillade **şêlik** شێلِک f./m.;
fuss (uproar) **bar̄ebar̄** باڕەباڕ f.
fussy **t'or̄in II** تۆڕِن m.
futile **betal** بەتال
future **paşer̄oj** پاشەڕۆژ f.; **siberoj** سِبەرۆژ f.

G

gadfly **moz I** مۆز f.; **k'ermêş** کەرمێش f.
Gaelic (Irish) **Îrlandî** ئیرلاندی
gain **qazanc** قازانج f./m.; **xêr û bêr** خێر و بێر f.
to gain **qazanc kirin** قازانج کِرِنvt.
to gain on (catch up with) **dan ser** دان سەر vt.
gait (walk) **bi r̄ê ve ç'ûn** بِ ڕێ ڤە چوون f.
gall: (bile) **zirav II** زِراڤ m.; (abscess on horse's back) **cedew** جەدەو f.
gall bladder **zirav II** زِراڤ m.
galled (afflicted with sores on horse's back) **cedewî** جەدەوی
gallop **çargav** چارگاڤ f.; **x̄ar I** غار m.
to gallop **çargavî kirin** چارگاڤی کِرِن vt.; **x̄ar kirin** غار کِرِن vt.; -to let ~, cause to ~ (horses) **qoş kirin** قۆش کِرِن vt.; **x̄ar dan** غار دان vt.
galloping (n.) **x̄ar I** غار m.
gallows **daraxaç** داراخاچ f.; **sêdare** سێدارە f.; **sêp'î** سێپی f.
gambler **qumarbaz** قومارباز m.
gambling **qumar** قومار f.
game **lîstik** لیستِک f.; **yarî II** یاری f.; **t'ir̄ane** تِڕانە f.;(~ played with 9 small stones) **nehberk** نەهبەرک f.; (~ played with stones/tiles) **heftok** هەفتۆک pl.; (hunted animals, quarry) **şikar** شِکار f.
game board **t'exte** تەختە m.
game of chance **qumar** قومار f.
gang **cerd I** جەرد f.; **nijde** نِژدە f.
to gang up on: **lê civîn** لێ جِڤین vi.
gaol (= jail) **girtîgeh** گِرتیگەه f.; **ḧebs** حەبس f.; **zindan** زِندان f./m.
gap (breach) **neqeb** نەقەب f.; (interval) **navbir̄î** ناڤبِڕی f.
gap-toothed **diranfîq** دِرانفیق; **firk III** فِرک; **fîq** فیق
gaping (of wound) **jev** ژەڤ
garb **ç'ek** چەک m./f.
garbage **gilêş** گِلێش m.; **zibil** زِبِل f.
garbage dump **zaboq** زابۆق f.; **ting** تِنگ m.
garbanzo beans **nok** نۆک m./f.; **alînok** ئالینۆک m.
to garble **berevajî kirin** بەرەڤاژی کِرِن vt.; **paş û pêş xistin** پاش و پێش خِستِن vt.

garden **baxçe** باخچە m.; **baẍ** باغ m.; **bîstan** بیستان m.; (vegetable ~) **le'tik** لەعتِك f.
garden bed **şov** شۆڤ f.
garden cress **řeşad** ڕەشاد f.; **dêjnik** دێژنِك f.
garden peppergrass **řeşad** ڕەشاد f.; **dêjnik** دێژنِك f.
gardener **baẍvan** باغڤان m.; **cenan** جەنان m.; **řezvan** ڕەزڤان m.
garland: (wreath) **gulwaz** گولواز m./f.; **gulbend** گولبەند f.
garlic **sîr** سیر f.; (wild ~) **sîrim** سیرِم f.; (mountain ~) **soryas** سۆریاس f.
garlic press: (wooden ~) **sîrkut** سیرکوت m.
garment: (made of coarse wool or sackcloth) **lop** لۆپ f.; (worn over shirt, held in place with belt) **xeftan** خەفتان m.; (man's outer g.) **arxalix** ئارخالِخ m.
garnet **lal II** لال m./f.
gas: (flatulence) **tiř** تِڕ f.; **piv I** پِڤ f.; (silent flatulence) **fis** فِس f.; **k'uş II** کوش f.
gasping (n.) **hilkehilk** هِلکەهِلك f.
gate **dergeh** دەرگەه f./m.; **dev I** دەڤ m.
gatekeeper **dergevan** دەرگەڤان m.&f.
gatekeeping **dergevanî** دەرگەڤانی f.
to gather: (vi.) **berhev bûn** بەرهەڤ بوون vi.; **civîn** جِڤین vi.; **k'om bûn** کۆم بوون vi.; **t'op bûn** تۆپ بوون vi.; **xiř ve bûn** خِڕ ڤە بوون vi.; **leẍlemîş bûn** لەغلەمیش بوون vi.; (vt.) **berhev kirin** بەرهەڤ کِرِن vt.; **civandin** جِڤاندِن vt.; **k'om kirin** کۆم کِرِن vt.; **t'op kirin** تۆپ کِرِن vt.; **xir ve kirin** خِر ڤە کِرِن vt.; **hildan** هِلدان vt.; **lêkdan** لێکدان vt.
gatherer **berevker** بەرەڤکەر m.
gathering **civat** جِڤات f.; **t'op I** تۆپ f.
to gather up **hildan** هِلدان vt.; **hilçinîn** هِلچِنین vt.;
gauze: (fine ~) **ç'arik** چارِك f./m.
gay: (homosexual) **hevcins** هەڤجِنس; **hevcinsxwaz** هەڤجِنسخواز m.&f.; **hevzayend** هەڤزایەند; (merry) **geş** گەش
gayness (homosexuality) **hevcinsî** هەڤجِنسی f.; **hevzayendî** هەڤزایەندی f.
gazelle **ask** ئاسك f.; **xezal I** خەزال f.; **mambiz** مامبِز m.&f.; (young ~) **xifş** خِفش f.
gecko **kilîfe** کِلیفە m.; **marmaroşk I** مارمارۆشك f.
geese --> see goose
to geld **xesandin** خەساندِن vt.
gelding **exte** ئاختە m.;
gem **cewahir** جەواهِر m./f.
to geminate **cot bûn** جۆت بوون vi.
Gemini **cêwî** جێوی m.; **leyl û mecnûn** لەیل و مەجنوون f.
gendarme **cendirme** جەندِرمە m.
gender: (grammatical) **zayend** زایەند f.; **cins** جِنس m.; **zarav** زاراڤ m.
general (adj.): (public) **giştî** گِشتی
generality **t'omerî** تۆمەری f.
generation **cîl** جیل f.; **nifş** نِفش f./m.; **govek** گۆڤەك f.
generosity **camêrî** جامێری f.; **k'erem** کەرەم f.; **merdayî** مەردایی f.; (generous deed) **himmet** هِممەت f.;
generous **camêr** جامێر/ **ciwamêr** جِوامێر; **merd** مەرد; **nandar** ناندار
genial **řûk'en** ڕووکەن
genie **cin** جِن m.; **ji me ç'êtir** ژِ مە چێتِر pl.
genitalia **'eyb** عەیب f.
gentle: (light, delicate) **nazenîn** نازەنین; **narîn** نارین; **nazik** نازِك; (of breeze) **tenik** تەنِك; (affectionate) **dilovan** دِلۆڤان; (compassionate) **dilşewat** دِلشەوات; (easily hurt, fragile) **dilzîz** دِلزیز; (soft, mild) **nerm** نەرم; **şîrin** شیرِن; (of sound) **zîz I** زیز; (meek) **řûnerm** ڕوونەرم
gentleman **camêr** جامێر m./ **ciwamêr** جِوامێر m.; **xweşmêr** خوەشمێر m.; **t'ořin II** تۆڕِن m.
gentleness **řûnermî** ڕوونەرمی f.; **nazikî** نازِکی f.; **nermî** نەرمی f.; **şîrînî** شیرینی f.; (of cloth, etc.) **tenikayî** تەنِکایی f.
gently **berxweda** بەرخوەدا
genuine **řast** ڕاست; **biřa III** بِڕا; **xweřû** خوەڕوو; **řasteqîne** ڕاستەقینە
genuineness **řastî** ڕاستی f.; **biřatî II** بِڕاتی f.
geomancer **řemildar** ڕەمِلدار m.&f.
geomancy **řemil** ڕەمِل f.
Georgian (native of Caucasian Georgia): (adj.) **Gurcî** گورجی; (n.) **Gurc I** گورج m.&f.
germ (cracked wheat ~) **savar** ساڤار m./f.
German (adj.) **Elmanî** ئەلمانی
to get: (to become) **bûn** بوون vi.; **lêhatin** لێ هاتِن vi.; **man** مان vi.; (to receive) **wergirtin** وەرگِرتِن vt.; **standin** ستاندِن vt.; (to obtain, acquire) **bi dest xistin** بِ دەست خِستِن vt.; **bi dest ve anîn** بِ دەست ڤە ئانین vt.; **hasil kirin** هاسِل کِرِن vt.; **p'eyda kirin** پەیدا کِرِن vt.; (to engage, hire) **řagirtin** ڕاگِرتِن vt.; (stg. unpleasant: beating, punishment) **xwarin** خوارِن vt.
Get away! (scram!) **wêda** وێدا
to get away (escape) **felitîn** فەلِتین vi.
to get by (cope, manage) **berika xwe ji avê derînan** بەرِکا خوە ژِ ئاڤێ دەرینان vt.; **cilika xwe ji avê derxistin** جِلِکا خوە ژِ ئاڤێ دەرخِستِن vt.

to get down **dahatin** داهاتِن vi.; **dak'etin** داکەتِن vi.; **peya bûn** پەیا بوون vi.

to get even with: (pay s.o. back, punish) **heqê fk-î da hatin** هەقێ فکی دا هاتِن vi.

to get in touch with **k'etin têkilîyê** کەتِن تێکِلییێ vi.

to get lost (lose one's way) **winda bûn** وِندا بوون vi.; **ḧeyrîn** حەیرین vi.; **xalifîn** خالِفین vi.

Get out! (scram!) **wêda** وێدا

to get out (of car, bus, etc.) **peya bûn** پەیا بوون vi.; **hatin xwarê** هاتِن خوارێ vi.

to get ready **k'arê xwe kirin** کارێ خوە کِرِن vt.; **t'edarik kirin** تەدارِك کِرِن vt.; -to ~ to attack **xwe şidandin** خە شِداندِن vt.

to get rid of **ji fk-ê xelas bûn** ژِ فکێ خەلاس بن vi.; **yaxa xwe ji fk-ê xelas kirin** یاخا خوە ژِ فکێ خەلاس کِرِن vt.; **k'uta bûn** کوتا بوون vi.; **jê řizgar bûn** ژێ ڕِزگار بوون vi.; **jê vehesîn** ژێ ڤەهەسین vi.

to get sick **pêk'etin** پێ کەتِن vi.;

to get up: (to rise) **řabûn** ڕابوون vi.; (to wake up) **ji xew řabûn** ژِ خەو ڕابوون vi.;

to get well (be healed) **qenc bûn** قەنج بوون vi.; (recuperate) **serxweda hatin** سەرخوەدا هاتِن vi.

gezo (manna, sweet dew) **gezo** گەزۆ m./f.

gherkin **'ecûr** عەجوور m./f.

ghost **qeret'û** قەرەتوو m./f.; **řeşe** ڕەشە f./m.; **sawîr** ساویر m./f.

gibbet **daraxaç** داراخاچ f.; **sêdare** سێدارە f.; **sêp'î** سێپی f.

giddiness **gêjtî** گێژتی f.

giddy **gêj** گێژ

gift **dayîn II** دایین f.; **diyarî** دِیاری f.; **xelat** خەلات f./m.; **pêşk'êş** پێشکێش f.; **perû** پەروو f.

gigantic **girs** گِرس; **gumreh** گومرەه; **qerase I** قەراسە

giggle **p'îrqîn** پیرقین f.

giggling **p'îrqîn** پیرقین f.

to gild **tamandin** تاماندِن vt.

gimlet **burẍî** بورغی f.; (auger) **mikare** مِکارە m.

to gin (wool) **jendin** ژەندِن vt.;

ginger **zencefîl** زەنجەفیل f.

to gird o.s. (put on cartridge belt) **bejna xwe girêdan** بەژنا خوە گِرێدان vt.

girder **beşt** بەشت f.; **garîte** گارایتە m.; **k'êran** کێران m.; **max** ماخ m.

girl **keç** کەچ f.; **qîz** قیز f.; **dot** دۆت f.; **zerî I** زەری f.; (affectionate term for one's wife) **pitê** پِتێ f.(voc.)

girlfriend **yar** یار f.; **dergistî** دەرگِستی f.

girlhood **qîztî** قیزتی f.

girth (saddle ~) **berteng II** بەرطەنگ m.; **teng II** تەنگ m./f.

girth strap **p'aldûm** پالدووم m./f.

to give: **dan I** دان vt.; (a gift) **bexşandin** بەخشاندِن vt.; **pêşk'êş kirin** پێشکێش کِرِن vt.

to give a tour **gêřan** گێڕان vt.; **geřandin** گەڕاندِن vt.

to give back (return) **vegeřandin** ڤەگەڕاندِن vt.; **ziviřandin** زِڤِڕاندِن vt.

to give birth **zayîn** زایین vt.; **welidîn** وەلِدین vi.; **welidandin** وەلِداندِن vt.; **ber pîrka k'etin** بەر پیرکا کەتِن vi.; **řazan** ڕازان vi.; (of dogs) **t'eliqîn** تەلِقین vi.; (of mares, horses) **firk bûn** فِرك بوون vi.

to give in: (surrender) **hatin řaê** هاتِن ڕائێ vi.; (yield, cede) **daxwarin** داخوارِن vt.

to give refuge to: **ḧewandin** حەواندِن vt.; **cî kirin** جی کِرِن vt.; **hêwirandin** هێوِراندِن vt.;

to give to understand **têgihandin** تێ گِهاندِن vt.

to give up (surrender, capitulate) **hatin řaê** هاتِن ڕائێ vi.; ~ on s.o. **ji *fk-î* bêhêvî bûn** ژِ فکی بێ هێڤی بوون vi.

to give up on (abandon, renounce) **dest ji *ft-î* k'işandin** دەست ژِ فتی کِشاندِن vt.; **dev jê berdan** دەڤ ژێ بەردان vt.; **berê xwe [jê] guhastin** بەرێ خوە ژێ گوهاستِن vt.

glad **dilxweş** دِلخوەش; **k'êfxweş** کێفخوەش; **şa** شا; **bextewar** بەختەوار;

glad tidings (good news) **mizgînî** مِزگینی f.

glade (clearing) **t'ûş I** تووش f.

gladly **ser çavê min** سەر چاڤێ مِن

glance: **mêze** مێزە f.; **nezer** نەزەر f.; **zên I** زێن f.; (scornful) **aviř** ئاڤِڕ m./f.

to glance at **zên dan** زێن دان vt.

gland **toşpî** تۆشپی f.

glans (head of penis) **gupik III** گوپِك f.

to glare at **aviřê xwe dan** ئاڤِڕێ خوە دان vt.

glass: (material) **şûşe** شووشە f.; **cam** جام f.; (small tea ~) **p'eyale** پەیالە f.; **îstekan** ئیستەکان f.; (drinking ~, tumbler) **avxork** ئاڤخۆرك f.; **p'erdax** پەرداخ m.; **gilas** گِلاس m.; **p'eyale** پەیالە f.; (shards of ~) **dîndoq** دیندۆق f.

glass jewelry **dîndoq** دیندۆق f.

glass marble **dîndoq** دیندۆق f.

glasses: (eyeglasses) **berçavk** بەرچاڤك m./pl.; **çavik II** چاڤِك f.

glaucoma **ava řeş** ئاڤا ڕەش f.

gleam **tîrêj** تیرێژ f.

to gleam **teyisîn** تەیسین vi.

gleaner **liqatvan** لِقاتڤان m.&f.

gleaning **liqat** لِقات f.
to glide **xuşikîn** خوشِكين vi.
glimmer (of light) **sînahî** سيناهى f.
to glimmer **teyisîn** تەيِسين vi.
to glisten **teyisîn** تەيِسين vi.
to glitter **biriqîn** بِرقين vi.; **birûsîn** بِرووسين vi.; **çirûsîn** چِرووسين vi.; **teyisîn** تەيِسين vi.; **teys dan** تەيس دان vt.
glittering **çirsavêj** چِرساڤێژ
globe thistle **şekrok** شەكرۆك
gloomy (sad) **melûl** مەلوول; **mirûz** مِرووز; **t'efekûrî** تەفەكوورى; **zelûl** زەلوول
glove **lepik** لەپِك m.; **destgork** دەستگۆرك f.; **t'etik** تەتِك m.
glue: (shoemakers' & bookbinders' ~) **gûlik** گوولِك ; **şîrêz** شيرێز f.
to glue **zeliqandin** زەلِقاندِن vt.; **pêvekirin** پێڤەكِرِن vt.; **pêvenan** پێڤەنان vt.; **nûsandin** نووساندِن vt.
gluey **çiř II** چِڕ
gluttonous **xure** خورە; **çil III** چِل
to gnash (one's teeth) **sîqirandin** سيقِراندِن vt.
gnashing: (of teeth) **çirke-çirk** چِركەچِرك f./m.; **qirç'e-qirç'** قِرچەقِرچ f.
gnat **p'êşî II** پێشى m.; **vizik I** ڤِزِك f.
to gnaw **kurisandin I** كورِساندِن vt.; **kotin** كۆتِن vt.; **vegevizandin** ڤەگەڤِزاندِن vt.
to go **ç'ûn** چوون vi.; **heřîn** هەڕين vi.; **qedimîn** قەدِمين vi.; **xwe weranîn** خوە وەرانين /خوە وەرئانين vt.; (walk) **meşîn** مەشين vi.; **bi řê ve ç'ûn** بِ ڕێ ڤە چوون vi.
to go after (to set out in search of) **bi dû k'etin** بِ دوو كەتِن vi.
to go astray **winda bûn** وِندا بوون vi.; **xalifîn** خالِفين vi.; **havîbûn** هاڤيبوون vi.; **wergeřîn** وەرگەڕين vi.
to go back (to return, vi.) **vegeřîn** ڤەگەڕين vi.; **ziviřîn** زِڤِڕين vi.; **fetilîn** فەتِلين vi.
to go back on one's word **lêvebûn** لێڤەبوون vi.
to go bad **ȟeřimîn** حەڕمين vi.; **fesidîn** فەسِدين vi.; **řizîn** ڕِزين vi.; **helisîn** هەلِسين vi.
to go before (precede, lead) **li pêşîya fk-ê k'etin** لِ پێشييا فكێ كەتِن vi.
go-between (arbitrator) **berevan** بەرەڤان m.; **navgîn** ناڤگين m.
to go down **dahatin** داهاتِن vi.; **dak'etin** داكەتِن vi.; **peya bûn** پەيا بوون vi.
to go forward **pêşk'etin** پێشكەتِن vi.
to go home to mother (of angry wives) **zîz bûn** زيز بوون vi.
to go into **têk'etin** تێ كەتِن vi.; (details, etc.) **li ser ... řawestan** لِ سەر ... ڕاوەستان vi.
to go off (be fired, of gun) **t'eqîn** تەقين vi.
to go on (light up) **hilbûn** هِلبوون vi.
to go out **derk'etin** دەركەتِن vi.; **derhatin** دەرهاتِن vi.; (be extinguished) **t'efîn** تەفين vi.; **temirîn** تەمِرين vi.; **vemirîn** ڤەمِرين vi.; **vêsîn** ڤێسين/ڤێ سين vi.
to go out of existence **ne•man** نەمان vi. neg.
to go over (with fine-tooth comb) **hûr nihêrin** هوور نِهێرِن vt.
to go to bed **řak'etin** ڕاكەتِن vi.; **řazan** ڕازان vi.; **nivistin** نِڤِستِن vi.
to go to sleep **řak'etin** ڕاكەتِن vi.; **řazan** ڕازان vi.; **k'etin xewê** كەتِن خەوێ vi.; **xewa fk-î hatin** خەوا فكى هاتِن vi.; **xewřa ç'ûn** خەوڕا چوون vi.; (of feet, hands, etc.) **qerimîn** قەرِمين vi.; **tevizîn** تەڤِزين vi.
to go out **derk'etin** دەركەتِن vi.; **derç'ûn** دەرچوون vi.
to go up **derk'etin** دەركەتِن vi.; (the sun) **hilhatin** هِلهاتِن vi.
goad: (oxgoad) **misas** مِساس f.
to goad: (drive, spur on) **xuřîn III** خوڕين vt.; **xurandin** خوراندِن vt.; **zixt lê xistin** زِخت لێ خِستِن vt.
goal **armanc** ئارمانج f.; **qesd** قەسد f.; **mebest** مەبەست f.; **meqsed** مەقسەد f.; **merem** مەرەم m./f.; **nêt** نێت f.; **miraz** مِراز m./f.
goat (billy ~, male ~) **nêrî I** نێرى m.; (nanny ~, female ~) **bizin** بِزِن f.; (1-3-year-old female ~) **tuştîr** توشتير f.; (angora ~) **ç'ûr I** چوور ; **ȟîtik** حيتِك ; (young male g.) **hevûrî** هەڤوورى m.; (1-2-year-old male ~) **gîsk** گيسك m.; (2-3-year-old male goat) **kûr I** كوور m.; **s̱ayis̱** صايِص m.; (4-year-old male ~) **maz I** ماز m.; (5-year-old male ~) **qert** قەرت
goat's hair **kulk** كولك f.
goat's wool **kej II** كەژ f.
goatherd **naxirvan** ناخِرڤان m.
goatsbeard (bot. Tragopogon pratensis) **gêzbelok** گێزبەلۆك f.; -yellow g. **siping** سِپِنگ f./m.
goatskin sack **'eyar** عەيار m.; **'eyarşîrk** عەيارشيرك f.; **meşk** مەشك f.; (for storing water) **k'unk** كونك m.; **cewdik** جەوِدك m.
to gobble up **keritandin** كەرِتاندِن vt.
goblet **cam** جام f.; **cama meyê** جاما مەيێ f.
God **Xwedê** خودێ m.; **Elah** ئەلاه m.; **cebar I** جەبار m.
God-fearing **xwedênas** خودێ ناس *adj.*
godfather **kirîv** كِريڤ m.

godless person (*pejorative term*) **me'r̄is** مەعرِس m.
godson **sanîk** سانیك m.
goggle-eyed **beloq** بەلۆق; **zîq** زیق
going on (e.g., 16 going on 17) *see* **qulibîn** قولِبین vi.
goiter **perîzade** پەریزادە f.
gold **zêr̄** زێڕ m.
gold coins **zêr̄** زێڕ pl.
gold merchant **zêr̄ker** زێڕکەر m.
gold pieces **zêr̄** زێڕ pl.
golden **zêr̄în** زێڕین
goldsmith **zêr̄ker** زێڕکەر m.
good (adj.) **baş** باش; **qenc** قەنج; **r̄ind** ڕِند; **p'ak** پاك; **xweş** خوەش; **ç'ê** چێ; **ç'ak** چاك
good (n.) **feyde** فەیدە f.; **menfa'et** مەنفاعەت f.; **siûd** سِئوود f.
good breeding **'edeb I** عەدەب f.
good bye (said by guest to signal his intention to leave) **xatira te** خاتِرا تە; (response of host) **oẍir be** ئۆغِر بە
good-for-nothing **sakol** ساكۆل m.; **qeşmer** قەشمەر m.; **t'ewt'ewe** تەوتەوە; **emekḧeram** ئەمەكحەرام m.; **t'ewş** تەوش; **hewante** هەوانتە
good housekeeping (thrift, economy) **serwerî** سەروەری f.
good humor **xweşî** خوەشی f.
good-humored **r̄ûk'en** ڕووکەن
good luck **oẍir** ئۆغِر f.
good-natured **dilr̄eḧm** دِلڕەحم; **xoş-meşreb** خۆشمەشرەب; **cir̄xweş** جِڕخوەش
good news **mizgînî** مِزگینی f.
good omen **t'iberk** تِبەرك f.
good reputation **hetk** هەتك f.
good spirits **xweşî** خوەشی f.
good turn: (a favor) **qencî** قەنجی f.
good will **xatir** خاتِر m./f.; **xêrxwazî** خێرخوازی f.
goodheartedness **dilç'akî** دِلچاکی f.
goodness **başî** باشی f.; **qencî** قەنجی f.; **ç'akî** چاکی f.; **xêr I** خێر f.; **r̄indayî** ڕِندایی f.; **k'erem** کەرەم f.; **p'akî** پاکی f.; **dilr̄eḧmî** دِلڕەحمی f.; **xweşî** خوەشی f.
goods (property) **mal II** مال m.; **eşya** ئەشیا m.; **pertal** پەرتال pl.; (of the poor) **sit'ar** سِتار f.
goose **qaz** قاز f.
goose bumps **girîzok** گِریزۆك m.
goose flesh **girîzok** گِریزۆك m.
gooseherd **qazvan** قازڤان m.
gopher: (errand boy, messenger) **qasid** قاسِد m.; **qewaz** قەواز m.
Gorani (Kurdistani language) **Goranî** گۆرانی
gorge: (ravine, canyon) **dergelî** دەرگەلی m.; **derteng** دەرتەنگ f.; **geboz** گەبۆز f.; **gelî II** گەلی m.; **zer II** زەر f.; **zang** زانگ f./m.; **dehl** دەهل f./m.; **newal** نەوال f.
gorgeous **gurcî** گورجی
gosling **çêlqaz** چێلقاز f.
gossip (idle talk) **galegûrt** گالەگوورت f.; **galigal** گالِگال f.; **kurt û p'ist** کورت و پست f.; **paşgotinî** پاشگۆتِنی f.; **gotgotk** گۆتگۆتك f.; **xeyb** خەیب f.; (malicious ~) **qumsîtî** قومسیتی f.; (person who spreads rumors) **qumsî** قومسی m.; **t'ewt'ewe** تەوتەوە m.; **zirtek** زِرتەك m.; -to be the subject of ~ **bûn benîştê devê xelkê** بوون بەنیشتێ دەڤێ خەلکێ vi.
to gossip **p'isp'isandin** پِسپِساندِن vt.; (engage in malicious ~) **qumsîtî kirin** قومسیتیی کِرِن vt.
gossiping **hetikber** هەتِکبەر; **ḧevsûd** حەڤسوود
gotten: -to be g. (obtained) **bît'er bûn** بیتەر بوون vi.;
to gouge: (hollow out) **ver̄otin** ڤەڕۆتِن vt.
gourd **kundir** کوندِر f./m.; **gindor I** گِندۆر f.
gourmand **çil III** چِل
to govern **serwerî kirin** سەروەری کِرِن vt.
government **ḧukumet** حوکومەت f.; **dewlet** دەولەت f.; **fermandarî** فەرمانداری f.
governor **mîr I** میر m.; **walî** والی m.; **fermandar** فەرماندار m.; **milûk I** مِلوك m.; (provincial) **walî** والی m.
governorate **wîlayet** ویلایەت f.;
governorship **walîtî** والیتی f.
gown: (full-sleeved upper garment) **benîş** بەنیش m.
to grab **standin** ستاندِن vt.; **hildan** هِلدان vt.; **dadan** دادان vt.
grace **k'ubar** کوبار f.
graceful **k'ubar** کوبار; **şep'al** شەپال; (gentle, delicate) **nazenîn** نازەنین
gracious **mêhvanxoş** مێهڤانخۆش; **mêvandar** مێڤاندار; **mêvanḧiz** مێڤانحِز; **mêvanperwer** مێڤانپەروەر
grade: (class, year in school) **dersxane** دەرسخانە f.; **p'ol III** پۆل f.; (degree, level) **r̄ade** ڕادە f.
grade school **dibistan** دِبِستان f.
gradually **berebere** بەرەبەرە
to graduate **derç'ûn** دەرچوون vi.
graft: (transplant) **patrome** پاترۆمە f.
to graft **patrome kirin** پاترۆمە کِرِن vt.; **tamandin** تاماندِن vt.
grain (cereal) **zad** زاد m.; **dexl** دەخل m.; **tene I** تەنە; (seed) **tov** تۆڤ m.; **t'oxim** تۆخِم m.; (particle) **ḧeb** حەب f./m.; **lib** لِب f.; **êmegê cotane** ئێمەگێ

جۆتانه; (roasted ~s of wheat) **qeynok** قەینۆك m.; (cooked wheat ~) **dan II** دان m.; (unwinnowed ~) **t'êx** تێخ f.
grain measures: **ç'ap I** چاپ f.; **'elb** عەلب f.; **fitre I** فِترە; **somer** سۆمەر f.
grammar **řêziman** ڕێزمان f./m.
grammatical case **řewş** ڕەوش f.; **awa** ئاوا m.
granary **'embar** عەمبار f.; **pange** پانگە f.; **kadîn** کادین f.
grand (elegant, noble) **k'ubar** کوبار f.
grandchild **nevî** نەڤی m.&f.
granddaughter **nevî** نەڤی f.
grandfather **bapîr** باپیر m.; **kalik I** کالِك m.
grandma **ecî** ئەجی f.
grandmother **dapîr** داپیر f.; **pîrik** پیرِك f.; **ecî** ئەجی f.; **pîredê** پیرەدێ f.
grandson **nevî** نەڤی m.
grannie **ecî** ئەجی f.
to grant: (to condescend to ~, *sarcastic*) **layîq kirin** لایيق کِرِن vt.
granulated: -to be ~ (of honey) **řiskyan** ڕسکیان vi.
grape: **tirî** تِری m./f.; (single ~) **tilî II** تِلی f.; (unripe, sour) **besîre** بەسیرە m.; **cûr** جوور m.; **harsim** هارسِم m.; şilûr; (yellow, sweet ~) **binête'tî** بِنێتەعتی m.; *types of grape*: **gozane** گۆزانە; **işqir** ئِشقِر; **mezrona** مەزرۆنا ; **misebq** مِسەبق; **sincêrî** سِنجێری; **torane** تۆرانە; **xanoq** خانۆق
grape juice **ava tirî** ئاڤا تِری f.
grape leaves: (stuffed ~) **dolme** دۆلمە/**dolme** ضۆلمە pl.; **îprax** ئیپراخ f.
grape molasses **aqit** ئاقِت m.; **dims** دِمس m./f.; **doşav** دۆشاڤ f.; **mot** مۆت m.;
grapevine **mêw** مێو m.
grapevine branches (cut from vine) **tûreh** توورەه
to grapple with **berhingarî fk-ê bûn** بەرهِنگاری فکێ بوون vi.
to grasp (comprehend) **li ser ... řawestan** ... لِ سەر ڕاوەستان vi.
grass **gîya** گییا m.; (dry ~) **p'ûş I** پووش m.; (bales of dried ~ as animal fodder) **řêsî** ڕێسی f.
grateful **spasdar** سپاسدار; **minetdar** مِنەتدار
gratefulness **spasdarî** سپاسداری f.
grating: (railing) **deřabe** دەڕابە m./f.
gratis (for free) **belaş** بەلاش; **bêp'ere** بێپەرە; **hewante** هەوانتە
gratitude **spasdarî** سپاسداری f.; **şikir[în** شِکِرین f.; **minet** مِنەت f.; **řazîlixî** ڕازیلِخی f.
gratuity **bexşîş** بەخشیش f.

grave **goř I** گۆڕ f./m.; **mexber** مەغبەر m./f.; **mezel** مەزەل f. [3]; **t'irb** تِرب f.; **qebr** قەبر m.
gravel **bixûr** بِغوور m.; **xîç'ik** خیچِك m.; **zuxr** زوغر m.
gravestone **kêl I** کێل f.; **kevirê t'irbê** کەڤِرێ تِربێ m.
graveyard **gořistan** گۆڕِستان f.; **qebristan** قەبرِستان f.; **t'irb** تِرب f.; (Christian ~) **gort I** گۆرت m. (Urm)
gravity: (respect, dignity) **qedir I** قەدِر m.
gray **bor I** بۆر; **boz** بۆز; **cûn I** جوون; **gewr** گەور; **xwelîreng** خوەلیرەنگ; (color of sheep's coat) **kew II** کەو
to graze: (of sheep) **çêrîn** چێرین vi.; (to scratch) **řûşandin** ڕووشاندِن vt.
grazing (of sheep, before dawn) **palîn I** پالین f.
grease **bez I** بەز m.; **don** دۆن m.; **azûxe** ئازووغە f./m.; (ointment) **derman** دەرمان m.
greasy: (of food) **çivir** چِڤِر
great **mezin** مەزِن; **gumreh** گومرەه
greater **mezintir** مەزِنتِر
great-grandchild **nevîç'iřk** نەڤیچِڕك m.
greatness **mezinahî** مەزناهی f.
greed **řijdî** ڕِژدی f.; **evsenetî** ئەڤسەنەتی f.; **tima** تِما f.; **çavbirçîtî** چاڤبِرچیتی f.
greediness **ç'ikûsî** چِکووسی f.
greedy **ç'ikûs** چِکووس; **çirûk** چِرووك; **devbeş** دەڤبەش; **řijd** ڕِژد; **evsene** ئەڤسەنە; **tima** تِما; **çavbirçî** چاڤبِرچی; **qesîs** قەسیس/**xesîs** خەسیس; (in devouring food) **çil III** چِل
Greek **Yewnanî** یەونانی; **Řom** ڕۆم m.
green **k'esk** کەسك; **[he]şîn** هەشین; **t'aze** تازە; (unripe, of grains & nuts) **firîk** فِریك f.; (unripe, of melons) **k'al II** کال
green gram: (Phaseolus aureus) **maş** ماش f.
green onion **pîvazteřk** پیڤازتەڕك f.
greenery **heşînatî** هەشیناتی f.
greenhorn **cahil** جاهِل /**cihêl** جِحێل; **naşî** ناشی; **xam** خام; **t'ifal** تِفال f./m.
greenness **heşînatî** هەشیناتی f.; **k'eskayî** کەسکایی f.
greens (wild edible ~) **p'incar** پِنجار m./f.
to greet: (come out to meet) **berbiřî bûn** بەربِڕی بوون ; **ç'ûn berahîk'ê** چوون بەراهیکێ vi.; **ç'ûn pêrgînê** چوون پێرگینێ vi.; (send greetings) **silava lê kirin** سِلاڤا لێ کِرِن vt.
greeting **silav** سِلاڤ f.
grenade **narincok** نارِنجۆك f.
grey --> see gray.
greyhound **tajî** تاژی f./m.
grief **cefa** جەفا m.; **k'eder** کەدەر f.; **k'erb** کەرب f.; **k'eser** کەسەر f.; **kovan** کۆڤان f.; **kul I** کول m./f.;

şayîş شاییش f./pl.; **xem** خەم f.; **xiyal** خِیال f.; **hesret** ھەسرەت f.; **zelûlî** زەلوولی f.; (mourning) **şîn I** شین f.; (trouble) **cezaret** جەزارەت f.; **karkinî** کارکِنی pl.
grief-stricken **zelûl** زەلوول
to grieve **xem xwarin** خەم خوارِن vt.; **xem k'işandin** خەم کِشاندِن vt.; **xem kirin** خەم کِرِن vt.; **ber fk-ê, ft-î k'etin** بەر فکێ، فتی کەتِن vi.
grieved **bikul** بِکول
grill: (for cooking) **xaçirgan** خاچِرگان f./m.; (railing) **caẍ** جاغ m.;
to grill **biraştin** بِراشتِن vt.
grim reaper **ȓuhistîn** ڕوهِستین m.
grimace **p'iȓçû** پِرچوو m.; **aviȓ** ئاڤِر m./f.
to grimace **me'dê xwe tiȓş kirin** مەعدێ خوە تِرش کِرِن vt.; **p'iȓçûyê xwe kirin** پِرچوویێ خوە کِرِن vt.
to grin **girnijîn** گِرنِژین vi.
to grind **hêȓan** هێڕان vt.; **miz dan** مِز دان vt.; -one's teeth **sîqirandin** سیقِراندِن vt.
grinder: (hand mill) **destaȓ** دەستاڕ m.; (molar tooth) **diranên k'ursî** دِرانێن کورسی pl.
grinning (unpleasantly) **qîç** قیچ
gritting: (of teeth) **çirke-çirk** چِرکەچِرك f./m..; **qirç'e-qirç'** قِرچەقِرچ f.
groan **axîn** ئاخین f.; **int'în** ئِنتین f.; **nalenal** نالەنال f.; **nalîn** نالین f.
to groan **int'în** ئِنتین vi.; **nalîn** نالین vi.
groaning **axîn** ئاخین f.; **int'în** ئِنتین f.; **nalenal** نالەنال f.; **nalîn** نالین f.
groom (bride's husband) **zava** زاڤا m.; (horse groomer) **seyîs I** سەییس m.
to groom (horse) **t'îmar kirin** تیمار کِرِن vt.
grooming (horse) **t'îmar** تیمار f.
to grope (frisk) **p'elandin** پەلاندِن vt.
Groschen **qurûş** قورووش m.
grotto **şkeft** شکەفت f.; **miẍare** مِغارە f.
ground (land) **ax** ئاخ f.; **xwelî** خوەلی f.; **'erd** عەرد m./f.; (uncultivated land) **satar** ساتار m./f.
ground beef (grilled ~) **şifte** شِفتە f.
ground cloth **mêzer** مێزەر f.
ground lamb (grilled ~) **şifte** شِفتە f.
grounds (cause, occasion for) **hêncet** هێنجەت f.; **neynesî** نەینەسی f.
group **biȓ I[3]** بِر m./f.; **cima'et** جِماعەت f.; **civat** جِڤات f.; **cêrge** جێرگە f.; **k'om II** کۆم f.; **k'omele** کۆمەلە f.; **grûb** گرووب f.; **ṯayfe** طایفە f.; **t'axim** تاخِم f. ; (unit, as of cavalrymen) **selef** سەلەف m.
grouse (bird) **qijik** قِژِك f.
grove **daristan** دارِستان f.; **ȓêl** ڕێل f.; **gorange** گۆرانگە f.
to grow (vt.) (beard) **ȓih berdan** ڕِه بەردان vt.; (put forth shoots, of young plant) **aj dan** ئاژ دان vt.
to grow ears (corn) **seridîn** سەرِدین vi.
to grow old **ya xwe k'etin** یا خوە کەتِن vi.
to grow up **mezin bûn** مەزِن بوون vi.
growling **miȓemiȓ** مِرەمِر f.
grown up (adult) **mezin** مەزِن m.
growth: (development) **weȓar** وەڕار f.
to grudge **hêvşandin** هێڤشاندِن vt.
grumbling (n.) **vinge-ving** ڤِنگەڤِنگ f.
to grunt **miqandin** مِقاندِن vt.; **int'în** ئِنتین vi.
grunting (n.) **miȓemiȓ** مِرەمِر f.; **himehim** هِمەهِم f.
guard **mifirdî** مِفِردی m.; **nobetdar** نۆبەتدار m.; **p'awan I** پاوان m.; **zêrevan** زێرەڤان m.&f.; **qerewil** قەرەوِل m.; **segman** سەگمان m.; **balbas** بالباس m.; **ersewil** ئەرسەوِل m.
to guard **p'awandin** پاواندِن vt.
guard duty (patrol, watch) **nobet** نۆبەت f.; **qerewiltî** قەرەوِلتی f.; **zêrevanî** زێرەڤانی f.
guarding (n.) **zêrevanî** زێرەڤانی f.
guerrilla **pêşmerge** پێشمەرگە m.&f.
guess **t'exmîn** تەخمین f.
to guess **têderxistin** تێ دەرخِستِن vt.; **deranîn** دەرانین vt.; **t'exmîn kirin** تەخمین کِرِن vt.
guest **mêvan** مێڤان m.&f.
guidance **ȓêberî** ڕێبەری f.; **serk'arî** سەرکاری f.; **serwerî** سەروەری f.
guide **beled II** بەلەد m.; **ȓêber** ڕێبەر m.&f.; **ȓêzan** ڕێزان m.; (guidebook) **ȓêber** ڕێبەر f.
to guide **meşandin** مەشاندِن vt.; **bi ȓê ve birin** بِ ڕێ ڤە بِرِن vt.
guidebook **ȓêber** ڕێبەر f.
guile **delk'** دەلك f.; **fêl I** فێل m./f.; **lêp** لێپ f.
guilt **sûc** سووج m./f.; **gune II** گونە m.; **t'awan I** تاوان f.
guiltless **bêsûc** بێ سووج; **gune I** گونە
guilty **gunehk'ar** گونەهکار; **sûcdar** سووجدار; **t'awanbar** تاوانبار
guinea corn (durra, indian millet) **xirovî** خِرۆڤی f.
gulf **kendav** کەنداڤ f./m.
the Gulf War **Şeȓê Kendavê Farisî** شەڕێ کەنداڤێ فارِسی m.
gullet **zengelûk** زەنگەلووك f.; **sorîçk** سۆریچك f.
gullibility **xeşîmî** خەشیمی f.
gullible **xeşîm** خەشیم; **sawîlke** ساویلکە
gully **dergelî** دەرگەلی m.; **derteng** دەرتەنگ f.; **geboz** گەبۆز f.; **gelî II** گەلی m.; **zer II** زەر f.; **zang** زانگ f./m.; **kendal** کەندال m.; **k'olge** کۆلگە f.;

(narrow ~) **newal** نەوال f.
gulp **fiř I** فِڕ f.; **qurt** قورت f.
to gulp down **qurtandin** قورتاندِن vt.; **qurt qurt vexwarin** قورت قورت ڤەخوارِن vt.
gum: (natural resin) **debûş** دەبووش; **şîrêz** شیریَز f.; **benîşt** بەنیشت m.
gums **p'idî** پِدی f.; **alûme** ئالوومە m.
gun **debançe** دەبانچە f.; (rifle) **t'ifing** تِفِنگ f.; **şeşderb** شەشدەرب f.; **şeşxane** شەشخانە f.
gunner **topavêj** تۆپاڤێژ m.; **topçî** تۆپچی m.
gunpowder **barût** بارووت f.; **t'êz** تێز f.
gunpowder maker **barûtpêj** بارووتپێژ m.
Gurani --> see Gorani.
gurgling **gurpegurp** گورپەگورپ f.; (sound of soup on stove) **bilqebilq** بِلقەبِلق f.
to gush (vi.) **pijiqîn** پژِقین vi.; **veřestin** ڤەڕەستِن vi.
gushing: (of heavy rain) **guř II** گوڕ; **vizik II** ڤِزِك f.
guts (intestines) **pizûr** پِزوور pl./f.; **řodî** ڕۆدی pl.; **řovî II** ڕۆڤی f.; **ûr** ئوور m.
gutter **cew** جەو f.; (on a mill) **şîp** شیپ f./m.; (on roof) **şiřik** شِڕِك f.; **surik I** سورِك f.
guy **k'abra** کابرا m.; **zilam** زِلام m.
gymnastics **werziş** وەرزِش f./m.
gypsum **ces** جەس f.; **gec** گەج f.; **k'ils** کِلس f.
Gypsy: (musician) **begzade** بەگزادە m.; **mirt'ib** مِرتِب m.; (artisan) **boşe** بۆشە m.; **dome** دۆمە m.; **gewende** گەوەندە m&f.; **qereçî** قەرەچی m.

H

habit **'adet** عادەت m./f.; **xeyset** خەیسەت m.
to habituate (accustom) **lê banandin** لێ باناندِن vt.; **hîn kirin** هین کِرِن vt.; **'elimandin** عەلِماندِن vt.
hackberry **tihok** تِهۆك f.
hadj **ĥec** حەج f.; -to go on the ~ **ç'ûne ĥacê** چوونە حاجێ vi.
hadji **ĥecî** حەجی m.
haemanthus hybridus (asphodel) **soryas** سۆریاس f.
haft: (of sword) **qebd** قەبد f./m.; **balçîq** بالچیق f.
haggling **bazar** بازار f.
hail: (precipitation) **teyrok** تەیرۆك f.; **gijlok** گژلۆك f.; **zîpik I** زیپِك f.; (tiny ~) **savarok** ساڤارۆك f.; **xilolîk** خِلۆلیك f.
hailstones **gijlok** گژلۆك f.; (tiny ~) **savarok** ساڤارۆك f.; **xilolîk** خِلۆلیك f.
hair: (single h.) **mû** موو m.; (head of ~) **p'oř III** پۆڕ m./f.; **pirç'** پرچ f./m.; **t'ûk I** تووك f.; (unkempt, tousled ~) **gijik** گژِك f.; (of animals) **t'ûk I** تووك f.; (bristle) **dav II** داڤ f.
hairdresser **delak** دەلاك m.; **sertaş** سەرتاش m.
hale: -hale and hearty **bijûn** بِژوون; **sax û selamet** ساخو سەلامەت; **p'ît I** پیت ; **zîx I** زیخ
half **nîv** نیڤ m.
half-dozen **nîvderzin** نیڤدەرزِن f.
half-heartedly **bi kulzikî** بِ کولزِکی
half-hour **nîvsaet** نیڤسائەت f.
hall: (corridor) **sivder** سِڤدەر f.; (for receiving guests) **dîwanxane** دیوانخانە f.
hallucination **sawîr** ساویر m./f.
halter **hevsar** هەڤسار m.; **řişme** ڕِشمە m.; **dizgîn** دِزگین f.
halting place **war** وار m.
halvah **helva** هەلڤا f.; **xebûs** خەبویس/خەبووس f.
hame **xenîke** خەنیکە f.
hamlet **mezre** مەزرە f.;
hammer **ç'akûç** چاکووچ m.; (large ~) **zomp** زۆمپ m.; **ç'ilmêre** چِلمێرە m.; (small ~) **qalûnç** قالوونچ m.
hand **dest** دەست m.; **çeng I** چەنگ f.; **ç'epik** چەپِك m.; **ç'epil** چەپِل m.; (whole ~, with palm and fingers) **lep** لەپ f./m.; (h. of child) **pepik** پەپِك m.; **t'etik** تەتِك m.; (applause) **ç'epik** چەپِك m.; (farm ~ = worker) **hodax** هۆداخ m; (5 fingers of the hand) **şeyê dest** شەیێ دەست m.
to hand **dirêj kirin** دِرێژ کِرِن vt.
hand drum **t'epliq** تەپلِق f.
hand grenade **narincok** نارِنجۆك f.
hand mill **destař** دەستاڕ m.; **giřik** گِڕِك f.
to hand over (deliver, entrust) **spartin** سپارتِن vt.; **t'eslîm kirin** تەسلیم کِرِن vt.
handbag **ç'eltik I** چەلتِك m.
handbook **řêber** ڕێبەر f.
handcuffs **zincîr** زِنجیر f.
handful **baq I** باق m.; **çeng I** چەنگ f.; **mist** مِست f./m.; **k'ulm** کولم f.; **qefş** قەفش f.; qoře; (small ~) **qeft** قەفت f.
handicapped **nivîşkan I** نِڤیشکان
handing over (n.) **t'eslîm** تەسلیم m.
handkerchief **destmal** دەستمال f.; **kevnik** کەڤنِك f./m.
handle: (of jug) **çembil** چەمبِل m.; **ç'epil** چەپِل m.; (of spoon) **dox** دۆخ f.; (of sword) **qebd** قەبد f./m.; **balçîq** بالچیق f.; (on traditional plow) **destedû** دەستەدوو f.; **maç' III** ماچ f.; (on fan or knapsack) **lepik** لەپِك m.
handle bar (wooden ~ used in churning butter) **lewleb**

لەولەب f./m.
handmaid **carî** جاری f.
handsome **cindî** جِندی; **k'eleş III** کەلەش; **xweşik** خوەشِك; **şep'al** شەپال; **spehî** سپەهی
hand-to-mouth **nanzikî** نانزِکی
handwriting **xet** خەت pl.
handy (available) **berdest II** بەردەست; (good with one's hands) **desthel** دەستهەل
to hang: (vt.) **daliqandin** دالِقاندِن vt.; **darda kirin** داردا کِرِن vt.; **hilawîstin** هِلاویستِن vt.; **r̄axistin** ڕاخِستِن vt.; (execute by hanging: past tense - hanged) **xeniqandin** خەنِقاندِن vt.; (vi.) **daliqîn** دالِقین vi.; **darda bûn** داردا بوون vi.
to hang down (vi.) **şor bûn** شۆر بوون vi.; **şingilîn** شِنگِلین vi.; (vt.) (through a hole) **şor kirin** شۆر کِرِن vt.
to hang out (to dry) **r̄axistin** ڕاخِستِن vt.
to hang up (a person, thing) **hilawîstin** هِلاویستِن vt.
hanging **darda** داردا; -to be left. h. **şor bûn** شۆر بوون vi.; **şingilîn** شِنگِلین vi.;
hanging down **şor II** شۆر
hanging out **şor II** شۆر
hangman **celat** جەلات m.
hangnail **pîj I** پیژ m.
hank (of yarn) **gulok** گولۆك f.; **peng I** پەنگ f./m.
to hanker for: (of pregnant woman) **nebîranîya ft-î kirin** نەبیرانییا فتی کِرِن vt.
hankering: (of pregnant woman for special foods) **nebîranî** نەبیرانی f.
hanky **destmal** دەستمال f.
Hanukah **çirahûrka** چراهوورکا f.
to happen **qewimîn** قەومین vi.; **çêbûn** چێبوون vi.; **pêkhatin** پێکهاتِن vi.; **hatin pê** هاتِن پێ vi.; (~to s.o.) **lêhatin** لێ هاتِن vi.; **serê fk-î hatin** سەرێ فکی هاتِن vi.
happiness **dilxweşî** دِلخوەشی f.; **şayî I** شایی f.
happy **dilxweş** دِلخوەش; **k'êfxweş** کێفخوەش; **şa** شا; **bextewar** بەختەوار; **malava** مالاڤا; **xudanbext** خودانبەخت; **beşerxweş** بەشەرخوەش; -to be happy with one's lot **ji ĥalê xwe razî bûn** ژِ حالێ خوە رازی بوون vi.
to harass **te'darî lê kirin** تەعداری لێ کِرِن vt.; **berteng kirin** بەرطەنگ کِرِن vt.
harbor **bender I** بەندەر f.
hard: (difficult) bi zeĥmet; **dijwar** دِژوار; **r̄eq II** ڕەق; **ç'etin** چەتِن; (of hearing) **giran I** گِران; (of rain) **xurt** خورت; (tight, firm) **ĥişk** حِشك
hard of hearing **guhgiran** گوهگِران
hard-pressed (desperate) **tengav** تەنگاڤ
hard to come by **qetlazî** قەتلازی
hard to find **qetlazî** قەتلازی
hard-working **xebatk'ar** خەباتکار; **xebatĥiz** خەباتحِز
to harden (vi.) **qerimîn** قەرمین vi.
hardheaded **serĥişk** سەرحِشك; **serk'êş I** سەرکێش; **serr̄eq**
hardly **ancax-ancax** ئانجاخ ئانجاخ; **hew** هەو; **hew mabû** هەو مابوو; **bi qetlazî** ب قەتلازی
hardness **ç'etinayî** چەتِنایی f.; **dijwarî** دِژواری f.; **ĥişkî** حِشکی f.
hardship **ç'etinayî** چەتِنایی f.; **dijwarî** دِژواری f.
hardworking **qoç'ax** قۆچاخ
hardy **t'eyax** تەیاخ
hare: **k'erguh** کەرگوه m./f.; (young ~) **xirnaq** خِرناق m.&f.
harem **herem** هەرەم f.; **heremodesî** هەرەمۆدەسی f.
harlot **qalt'ax** قالتاخ f.
harm **zirar** زِرار f.; **zîyan** زییان f.; **xesar** خەسار f.; **xirabî** خِرابی f.; **zede** زەدە f.
to harm **zirar gihandin** زِرار گِهاندِن vt.; **zîyan gihandin** زییان گِهاندِن vt.; **xesar dan** خەسار دان vt.
harmed: -to be h. **ziyan gihîştin** زییان گِهیشتِن vi.
harmful **zirar** زِرار
harmless (of people) **feqîr** فەقیر
to harmonize (make agree) **li hev anîn** لِ هەڤ ئانین vt.
harness (head-~ for horse) **hevsar** هەڤسار m.; (silver bridle ~) **r̄ext** ڕەخت m./f.; **r̄işme** ڕِشمە m.
to harness (oxen) **qoş kirin** قۆش کِرِن vt.
harp **ç'eng IV** چەنگ f.
harpoon **niştir** نِشتِر m./f.
harrow **mangêr̄** ماناگێڕ f.; (wooden harrow) **mehlî I** مەهلی f.; (roller) **t'apan** تاپان f.; **şûnkê serbanî** شوونکێ سەربانی m.
harsh **dir̄** دِڕ; **zivir** زِڤِر ; **p'arsû-qalim** پارسوو قالِم; **xedar** خەدار; (of sound) **zîz I** زیز
harshness **ç'etinayî** چەتِنایی f.; **xedarî** خەداری f.
harvest: **xerman** خەرمان m.; (crops, produce) **hasil** هاسِل f.; **zad** زاد m.
to harvest **çinîn** چِنین vt.; **das kirin** داس کِرِن vt.; **dirûtin** دِرووتِن vt.; **p'aleyî kirin** پالەیی کِرِن vt.
harvester **p'ale** پالە m.
haste **lez I** لەز f.
hasty [bi] **lez I** بِ لەز;
hat **k'um** کوم m./f.; **kulav** کولاڤ m.; **şewqe** شەوقە f.; (cone-shaped felt h.) **k'oloz** کۆلۆز m.; (small) **k'umik** کومِك m.; (worn by sheikhs & dervishes) **t'ac** تاج m./f.

hatchet **balt'e** بالته m.; **bivir** بڤِر m./f; **tevir** تەڤِر m./f.; -double-headed ~ **tevirzîn** تەڤِرزین m.; -small ~ **tevrik I** تەڤرِك m.
hatless (with uncovered head) **serqot** سەرقوت
hatred **r̄ik' I** رِك f.
hauberk **zirx** زرخ f.
haughtiness **pozbilindî** پۆزبِلِندی f.; **qur̄etî** قورەتی f.; **serbilindî** سەربِلِندی f.; **'en'ene I** عەنعەنە m.; **serfirazî** سەرفِرازی f.
haughty **pozbilind** پۆزبِلِند; **difnbilind** دِفنبِلِند; **qur̄e** قورە; **serbilind** سەربِلِند; **k'ubar** کوبار; **serfiraz** سەرفِراز; **nefsmezin** نەفس مەزِن; **pivikî** پِڤِکی; **biṯir̄ I** بِطِر; **gewî** گەوی
haunch: (thigh) **hêt** هێت f.; **r̄an** ران m.; **tilor I** تِلۆر m.; **k'emax** کەماخ f.; **qor̄ik** قۆرِك f.; **hingul** هِنگول m.
to have **hebûn** هەبوون vi. [2]
to have one's doubts **k'etin şika** کەتِن شِکا vi.
haversack **heban** هەبان f.
havoc (disorder) **hêwirze** هێورزە f.;
hawk **qereqûş** قەرەقووش; **xertel** خەرتەل m.
hawker **'etar** عەتار m.
Hawrami (Kurdistani language) **Hewramî** هەورامی
hawthorn: (azarole) **gîjok** گیژۆك f.; **şîlan I** شیلان f.
hay **p'ûş I** پووش m.; **gîya** گییا m.; (used for animal fodder) **r̄êsî** رێسی f.
haycock: (shock, stook) **gidîş** گدیش f.; **gîşe** گیشە f.
hayloft **kadîn** کادین f.; **merek** مەرەك f.
haymow **kadîn** کادین f.; **merek** مەرەك f.
hazard **talûke** تالوکە f.
hazel grouse (bird) **qijik** قِژِك f.
hazelnut **bindeq** بِندەق/**findeq** فِندەق f.
hazelnut tree **dara bindeqê** دارا بِندەقێ f.
he **ew** ئەو
he-ass **nêrek'er** نێرەکەر m.
head **ser I** سەر m.; **serî** سەری m.; **k'elle II** کەللە m.; **kur̄ III** کور m.; **mejî** مەژی m.; (leader, person in charge) **mezin** مەزِن m.; **serek** سەرەك m.; **desthilatdar** دەستهِلاتدار m.&f.; **serk'ar** سەرکار m.; **serok** سەرۆك m.; **serwer** سەروەر m.; **r̄ayedar** رایەدار m.&f.; **r̄êvebir** رێڤەبِر m.; **fermandar** فەرماندار m.; (village ~) **k'eya** کەیا m.; **k'ewxwe** کەوخوە m.; **muxtar** موختار m.; (~ of the house) **malxwê** مالخوێ m.; **sermiyan** سەرمِیان m.; (~ of penis) **gupik III** گوپِك f.
head and trotters **k'elle paçe** کەللە پاچە f.; **ser û pê** سەر و پێ pl./f.
head cold **p'ersîv** پەرسیڤ m./f.; **sat'ircem** ساتِرجەم f.; ; **sitam** سِتام f.
to head for **qesda ft-î kirin** قەسدا فتی کِرِن vt.
head kerchief **egal** ئەگال f.; (woman's) **şemaq I** شەماق f.
headache **serêş** سەرێش f.; **jana seriya** ژانا سەرِیا
headband **şar I** شار f.
headdress: (Kurdish men's) **cemedanî** جەمەدانی f.; **dersok** دەرسۆك f./m.; **şemil** شەمِل f.; (women's) **ç'arik** چارِك f./m.; **k'esrewan** کەسرەوان ; (fine muslin women's) **terḧî** تەرحی f.; (black-silver woman's) **şar I** شار f.; (bride's white) **dox̄e** دۆغە f.
headless **bêserî** بێ سەری
headline (in newspaper) **sernivîs** سەرنِڤیس f.; **sergotar** سەرگۆتار f.;
headman **muxtar** موختار m.; **k'eya** کەیا m.; **k'ewxwe** کەوخوە m.
headquarters **qerargeh** قەرارگەه f.; **fermangeh** فەرمانگەه f.
headscarf: **egal** ئەگال f.; (woman's, brightly colored) **hêratî** هێراتی f.; (woman's silk) **t'emezî** تەمەزی f.; (woman's, white) **fûtik** فووتِك f.; **çît I** چیت m.; (worn by unmarried girl) **ḧibrî** حِبری f.
headstrong **serḧişk** سەرحِشك; **serk'êş I** سەرکێش
to heal (vi.) **sax bûn** ساخ بوون vi.; **k'ewîn** کەوین vi.; (vt.) **ç'ê kirin** چێ کِرِن vt.
healed: -to be ~ **qenc bûn** قەنج بوون vi.; **k'ewîn** کەوین vi.
healing (n.) **saxbûn** ساخبوون f.
health **saxî** ساخی f.; **selametî** سەلامەتی f.; **sehet II** سەهەت f.; **ḧal** حال m.; **xweşî** خوەشی f.
healthful **bijûn** بژوون
healthy **sax** ساخ; **saxlem** ساخلەم; **p'ak** پاك; **qenc** قەنج; **selamet** سەلامەت; **bijûn** بژوون; (robust) **p'ît I** پیت
heap (pile) **kuç'** کوچ m./**qûç'** قووچ f.; **lod** لۆد f./m.; **k'om II** کۆم f.; **londer** لۆندەر ; (of stones) **şkêr** شکێر f./m.; **xilxile** خِلخِلە m.; **k'elek II** کەلەك f.; (of straw, on threshing floor) **cêz I** جێز f.
to hear **bihîstin** بِهیستِن vt.; **guh lê bûn** گوه لێ بوون vi.; **seh kirin** سەه کِرِن vt.; **ḧesîn** حەسین vi.; **lê t'esele bûn** لێ تەسەلە بوون vi.
to hear an echo **guh lê bûneve** گوه لێ بوونەڤە vi.
heart **dil** دِل m.; **dil û hinav** دِل و هِناڤ; -not to have the ~ to do stg. **qêmîş nekirin** قێمیش نەکِرِن vt.; -with all one's h. **jidil** ژدِل
heart attack: -to have a ~ **têda hatin** تێدا هاتِن vi.
heartache **jana dila** ژانا دِلا f.; **şewata dil** شەواتا دِل f.
heartbeat: ; (rapid ~) **p'irtep'irt I** پِرتەپِرت f.; **gurpegurp** گورپەگورپ f.; **gurpîn** گورپین f.

heartburn **bersojk** بەرسۆژك f.
heartfelt **jidil** ژدِل
hearth **pixêrîk** پخێریك f.; **ocax** ئۆجاخ f./m.
heartless **bêdil** بێ دِل
heart-rending **dilsoj** دِلسۆژ
hearts (in card games) **kupe** کوپە f.; **dilik** دِلِك m.
heat **germî** گەرمی f.; **k'el III** کەل f.; **tên** تێن f./m.; (ardor, zeal) **germegerm** گەرمەگەرم f.; (rut, for animals) **gon II** گۆن m.; **guhnêr** گوهنێر f.
to heat up (vt.) **sor kirin** سۆر کِرِن vt.; **şarandin** شاراندِن vt.; (oven) **sincirandin** سِنجِراندِن vt.; (vi.) (oven) **sincirîn** سِنجِرین vi.
heath (uncultivated ground) **satar** ساتار m./f.
heaven **bihuşt** بِهوشت f.; **cenet** جەنەت f.; **'ezman I** عەزمان m./pl.
heavens **govekêd 'ezmîne** گۆڤەکێد عەزمینە pl.; **felek** فەلەك f.
heaviness **giranî** گِرانی f.; **t'eqil** تەقِل f.
heavy **giran I** گِران; (of rain or snow) **stûr** ستوور
heavy industry **senĥeta giran** سەنحەتا گِران
Hebrew **Îbranî** ئیبرانی
hedge **çeper I** چەپەر f.; **tan** طان m.; **k'ozik I** کۆزِك f.; **p'ercan** پەرجان m./f.; **sênc** سێنج f.; (stone ~) **k'elek II** کەلەك f.
hedgehog **jûjî** ژووژی m./f.
to heed [advice] **şîreta fk-î hildan** شیرەتا فکی هِلدان vt.; **dan pey şîreta fk-î** دان پەی شیرەتا فکی vt.;
heel **panî I** پانی f.; **ç'im II** چِم m.
hegemony **serwerî** سەروەری f.
hegirah **mişextî** مِشەختی f.
heifer **nogin** نۆگِن f.
height: (stature) **bejn** بەژن f.; **qam** قام f.; **qedqamet** قەدقامەت f.; (elevation) **bilindayî** بِلِندایی f.
heir **mîratgir** میراتگِر m.&f.
heiress **mîratgir** میراتگِر f.
heirless **kor** کۆر
held: -to be ~ (meeting) **li dar k'etin** لِ دار کەتِن vi.
hell **cehnem** جەهنەم f.; **dojeh** دۆژەه f. : -to go to hell **cehemîn** جەهەمین vi.
helm (rudder) **maç' III** ماچ f.
help **arîk'arî** ئاریکاری f.; (cure, remedy) **çare** چارە f.; **himmet** هِممەت f.
to help **arîk'arî kirin** ئاریکاری کِرِن vt.
helper **arîk'ar** ئاریکار m.
helpful **kêrhatî** کێرهاتی; miradĥasil
helpless **bêçare** بێ چارە
helplessness **bêçaretî** بێ چارەتی f.
hem **damen** دامەن m.; **daw I** داو f.; **dang** دانگ f.
hemp **k'indir** کِندِر m./f.
hen: **vaȓik** ڤاڕك f.; (brooding ~) **kurk I** کورك f.
hence (from here) **ji vira** ژ ڤِرا
henceforth **ji niha û wêvatir** ژ نِها و وێڤاتِر; **hew piştir** هەو پِشتِر; **vira hada** ڤِرا هادا
henchman **piştmêr** پِشتمێر m.; **balbas** بالباس m.; **zirtek** زِرتەك m.
henna **ĥene** حەنە f.; -to daub with henna **ĥene kirin** حەنە کِرِن vt.
henpecked **serjinik** سەرژِنِك
hepatitis **zerik III** زەرِك f.
her **wê I** وێ
herald **delal II** دەلال m.; (wedding ~) **ȓovî I** ڕۆڤی m.; **pêşkese** پێشکەسە m.
herb: **gîya** گیا m. ; -wild mountain ~ **çorîn** چۆرین f.
herd **kerî II** کەری m.; **col** جۆل m.; **x̄ar II** غار m.; **sûrî** سووری m.; **t'elp** تەلپ m.; (small h. of sheep) **kewal** کەوال f./pl.; (of cattle) **gaȓan** گاڕان f.; **naxir** ناخِر f.; (of horses) **ȓevo** ڕەڤۆ m./f.(; **îrxî** ئیرخی m./f.; **qefle I** قەفلە f.;
herder **naxirvan** ناخِرڤان m.
herding: (cattle ~) **gavantî** گاڤانتی f.;
herdsman **şivan** شِڤان m.
here **li vir** لِ ڤِر; **vir I** ڤِر; **va I** ڤا; -here and there **cîcîna** جیجینا
hereafter (the ~) **piştdawî** پِشتداوی f.; **axret** ئاخرەت f.
heritage **kelep'ûr** کەلەپوور m.
hermit **k'oçek** کۆچەك m.
hero **gernas** گەرناس m.; **'efat** عەفات m.; **'egît** عەگیت ; **fêris** فێرِس m.; **leheng** لەهەنگ m.; **mêrxas** مێرخاس m.; **p'elewan** پەلەوان m.; (of story) **boke** بۆکە m.
heroism **mêrxasî** مێرخاسی f.
herself **xwe** خوە
hesitant **dudil** دودِل
to hesitate **dudil bûn** دودِل بوون vi.
hesitation **dudilî** دودِلی f.
to hew **teraştin** تەراشتِن vt.
to hibernate **tevizîn** تەڤِزین vi.
hibernation **tevizîna zivistanê** تەڤِزینا زِڤِستانێ f.
hiccough **qilpik** قِلپِك f.; **îsk** ئیسك pl.
hiccup **qilpik** قِلپِك f.; **îsk** ئیسك pl.
to hiccup **qilpik hatin** قِلپِك هاتِن vi.
hidden (secret) **nepenî** نەپەنی; **xewle I** خەولە
hide (n.): (skin) **ç'erm** چەرم m.; **kevil** کەڤِل f./m.; **pîst** پیست m.
to hide (vt.) **veşartin** ڤەشارتِن vt.; **telandin** تەلاندِن vt.; (vi.) **xwe veşartin** خوە ڤەشارتِن vt.; **xwe telandin**

خوه تەلاندِن vt.; **telîn** تەلین vi.; **xwe dane ber** خوه دانه بەر vt.
hide-and-seek **veşartok** ڤەشارتوك f.
high **bilind** بِلِند; **berz** بەرز; **quloz** قولۆز
high culture **t'oře** تۆڕە f.
high-mindedness **himmet** هِممەت f.
high quality (adj.) **t'ekûz** تەكووز; **xas** خاس
high ranking **p'ayebilind** پایەبِلِند; **bilindp'aye** بِلِندپایە
high school **xwendingeha amadeyî** خوەندِنگەها ئامادەیی f.; **xwendegeha navîn** خوەندەگەها ناڤین f.
higher than (upward of) **ji ...û pêhel** ژِ ... و پێهەل
highest **jorîn** ژۆرین
highlander **çîyayî** چییایی m.&f.
highly **lap** لاپ
highness **bilindayî** بِلِندایی f.
highway **ca'de** جاعدە f.
to hijack (kidnap, abduct) **řevandin** ڕەڤاندِن vt.
hijacker **k'eleşê hewayê** كەلەشێ هەوایێ m.
hijrah **mişextî** مِشەختی f.
hill **gir II** گِر m.; **banî II** بانی m./f.; **dîyar II** دییار m.; **zûr** زوور m.; **kuç'** كوچ m.; **t'op III** تۆپ m.
hillock **gir II** گِر m.; **banî II** بانی m./f.; **dîyar II** دییار m.; **t'op III** تۆپ m.; **zûr** زوور m.;
hillside **qunt'ar** قونتار f.; **teřazin** تەڕازِن f.; **pesar** پەسار m.; **zûr** زوور m.;
hilltop **semt** سەمت m.; **sergir I** سەرگِر m.;
hilt: (of sword) **qebd** قەبد f./m.; **balçîq** بالچیق f.
him **wî** وی; (as direct obj. of past tense vt.) **ew** ئەو
himself **xwe** خوە
to hinder **pêşîya fk-ê girtin** پێشییا فكێ گِرتِن vt.; **pêşî lê biřîn** پێشی لێ بِڕین vt.; **řêlêgirtin** ڕێلێگِرتِن vt.; **t'eřibandin** تەڕِباندِن vt.; **ne•hiştin** نەهِشتِن vt. neg.
hindering **řêlêgirtin** ڕێلێگِرتِن f.
hindrance **asteng** ئاستەنگ f.
hip **k'emax** كەماخ f.; **hêt** هێت f.; **qořik** قۆڕِك f.; **hingul** هِنگول m.
Hippobosca equina (forest fly) **şêz** شێز f.
to hire: (engage, procure) **řagirtin** ڕاگِرتِن vt.
his **wî** وی
to hiss: (of snakes) **k'ufîn** كوفین vi.
hissing (n.) (of snakes) **k'ufîn** كوفین f.; (sound of boiling liquid) **k'izek'iz** كِزەكِز f.; (of boiling oil) **qiçeqiç** قِچەقِچ f.
historian **dîroknas** دیرۆكناس m.&f.
history **dîrok I** دیرۆك f.; **t'arîx** تاریخ f.
hit: (blow, stroke) **derb** دەرب f./m.; **weş** وەش f.; **k'otek** كۆتەك f.; (puff, drag on cigarette) **hilm** هِلم f.; **qulap** قولاپ f.
to hit **lêdan** لێ دان vt.; **lêxistin** لێ خِستِن vt.; **k'utan** كوتان vt.; **jendin** ژەندِن vt.; **řepandin** ڕەپاندِن vt.; (a target) **hingaftin** هِنگافتِن vt.
to hit the road (set out on a trip) **řê k'etin** ڕێ كەتِن vi.
hither **hêrve** هێرڤە
hives: (urticaria) **lûr** لوور f.
hoarfrost **xûsî** خووسی f.; **qiřav** قِڕاڤ f.
hobo **gede** گەدە m.; **derbeder** دەربەدەر m.
hodgepodge **gêlma gavanî** گێلما گاڤانی f.; **girara gavana** گِرارا گاڤانا f.
hodja (imam, mullah) **mela** مەلا m.
hoe **tevir** تەڤِر m./f.; **kulbe** كولبە f.
to hoe **tevir dan/kirin** تەڤِر دان\كِرِن vt.; **kulbe kirin** كولبە كِرِن vt.; **xepare kirin** خەپارە كِرِن vt.
hoeing **xepar** خەپار f.
hog **beraz** بەراز m.; **xinzîr** خِنزیر f./m.
to hoist: **hildan** هِلدان vt.; **hilanîn** [هِلئانین] هِلانین vt.; (flag) **dabinartin** دابِنارتِن vt.; **niç'ikandin** نِچِكاندِن vt.
to hold **girtin** گِرتِن vt.; (flowers, of a vase) **hilgirtin** هِلگِرتِن vt.; (keep, preserve) **řagirtin** ڕاگِرتِن vt.; (a conference) **li dar xistin** لِ دار خِستِن vt.; **pêkanîn** پێك ئانین vt.; **gêřan** گێڕان vt.; **geřandin** گەڕاندِن vt.
to hold back: (restrain, stop) **řagirtin** ڕاگِرتِن vt.
to hold in check **řagirtin** ڕاگِرتِن vt.
to hold up: (prop up) **řagirtin** ڕاگِرتِن vt.
hole: (opening) **qul I** قول f.; **qûn** قوون f.; (pit) **çal II** چال f.; **goncal** گۆنجال f.; **k'ort II** كۆرت f.; (in ceiling to let in light) **k'ulek II** كولەك f.; **řojin** ڕۆژِن f.; **p'ace** پاجە f.; (in boulder in which rain water collects) **qax** قاخ f./m.
holiday **cejin** جەژِن f.; (Muslim ~) **'eyd** عەید f.
hollow (adj.) **p'ûç'** پووچ; **cilq** جِلق ; (of rocks) **kuş** كوش; **fisfisok** فِسفِسۆك
hollow (n.) (geographical depression) **t'ûş I** تووش f.
to hollow out **veřotin** ڤەڕۆتِن vt.; **necirandin** نەجِراندِن vt.
holly (Ilex) **k'erbeş** كەربەش f.
hollyhock (rose mallow) **hêro** هێرۆ f.
holy
holy book: (Koran) **misĥef** مِسحەف f.
holy place **zîyaret** زییارەت f./m.
home **mal I** مال f.; (native place) **wargeh** وارگەه f./m.; -h. for the poor **xêretxane** خێرەتخانە f.; -to go ~ to mother (of angry wives) **zîz bûn** زیز بوون vi.
homeland **niştîman** نِشتیمان f.; **war** وار m.; **welat** وەلات

m.; **wargeh** وارگەه f./m.
homeless **derodero** دەرۆدەرۆ; **derbeder** دەربەدەر; **mişext** مِشەخت (m.&f.)
homelessness **derbederî** دەربەدەری f.
homesick: -to be ~ **bîna fk-ê derhatin** بینا فکێ دەرهاتِن; **bêrîya II fk-ê kirin** بێرییا فکێ کِرِن vt.
homesickness **bêrî II** بێری f.; **mukurî** موکوری f.
homework **spartek** سپارتەك f.
homogeneous **hevcins** هەڤجِنس
homosexual (adj./n.) **hevcins** هەڤجِنس; **hevcinsxwaz** هەڤجِنسخواز m.&f.; **hevzayend** هەڤزایەند; (passive h., catamite) **ḧîz** حیز m.; **qûnde** قووندە m.; **qûnek** قوونەك m.
homosexuality **hevcinsî** هەڤجِنسی f.; **hevzayendî** هەڤزایەندی f.; (derogatory term) **qûnekî** قوونەکی f.
to hone (whet, sharpen) **hesûn** هەسوون vt.; **sûtin** سووتِن vt.; **tûj kirin** تووژ کِرِن vt.; **seqa kirin** سەقا کِرِن vt.
honest **xudanbext** خودانبەخت ; **serřast** سەرڕاست
honesty **dilp'aqijî** دِلپاقژی f.
honey **hingiv** هِنگِڤ/**hingivîn I** هِنگِڤین m.
honeycomb: **nanê mêşa** نانێ مێشا m.; **şan** شان f.; (new, light ~) **şema** شەما f.; (old, dark ~) **movane** مۆڤانە f.
honeymoon **bûkanî** بووکانی f.
honeysuckle **fisegur** فِسەگور f.
honor **şeref** شەرەف f.; **namûs** ناموس f.; **'erz** عەرز f.; **hurmet** هورمەت f.; **me'rîfet** مەعریفەت f.; **qedir I** قەدِر m.; **řêz II** ڕێز f.; **řûmet** ڕوومەت f.; **'ezet** عەزەت f.; **giram** گِرام f.; **serfirazî** سەرفِرازی f.; **xatir** خاتِر m./f.; (decency, good reputation) **hetk** هەتك f.; **p'erda řû** پەردا ڕوو f.; **'erz û hila** عەرز و هِلا ; (sense of ~) **řû I** ڕوو m.
to honor **řêz girtin** ڕێز گِرتِن vt.; **hurmet girtin** هەرمەت گِرتِن vt.; **me'rîfeta fk-ê girtin** مەعریفەتا فکێ گِرتِن vt.; **giram girtin** گِرام گِرتِن vt; **qedir girtin** قەدِر گِرتِن vt.
honorable **biřêz** بِ ڕێز; **maqûl** ماقوول ; **serfiraz** سەرفِراز; **qedirgiran** قەدِرگِران; (innocent) **dilṣaf** دِلصاف
honored **maqûl** ماقوول ; **biřêz** بِ ڕێز; **řêzdar II** ڕێزدار; **qedirgiran** قەدِرگِران; -more h. **pêştir** پێشتِر
hoof **sim** سِم f.; (of split-hoofed ruminants) **ç'im I** چِم f.
hoof and mouth disease **mazber** مازبەر; **tebeq I** تەبەق f.
hook: (fish ~) **şewk** شەوك f.; (projection used for hanging) **ç'iqil** چِقِل m./f./ **çuqum** چوقوم ; **nîk** نیك m./f.; **ç'engel I** چەنگەل m./f.; (on pack saddle) **heçî I** هەچی f./m.; **werqîl** وەرقیل f.
hoop **xelek** خەلەك f.; **olk I** ئۆلك f.; **t'oq** تۆق m.
hoopoe **p'epûk II** پەپووك f.
hop **banz** بانز f.; **firqas** فِرقاس f.; **lotik** لۆتِك f.; **ç'indik** چِندِك f.
to hop **çeng III bûn** چەنگ بوون vi.
hope **hêvî** هێڤی f.; **omîd** ئۆمید m./f.; **guman** گومان f.; (cure, remedy) **çare** چارە f.; -in ~[s] of **qemî** قەمی
to hope **hêvîdar bûn** هێڤیدار بوون vi.; **gumana xwe anîn** گومانا خوە ئانین vt.
hopeful **hêvîdar** هێڤیدار
hopeless: **bêhêvî** بێ هێڤی ; -hopeless situation **bêgavî** بێ گاڤی f.
hopping (n.) **ç'indik** چِندِك f.
horizon **aso** ئاسۆ f.
horizontal **asoyî** ئاسۆیی; **çeperast** چەپەراست
horn: (animal ~) **strû** ستروو m.; **qoç'** قۆچ m.; **şax** شاخ f./m.; (car ~) **qorne** قۆرنە f.; (wind instrument) **nefîr** نەفیر m.
hornet **stêng** ستێنگ m.; **moz I** مۆز f.
hornless **k'ol IV** کۆل
horoscope **birc** بِرج f.
horse: **hesp** هەسپ m./f.; (hack) **bergîr** بەرگیر m./f.; (castrated ~) **exte** ئەختە m.; (pedigreed ~) **me'negî** مەعنەگی f.
horse cloth **cil II** جِل f.
horse-drawn carriage **fayton** فایتۆن f.; **firẍûn** فِرغوون f.
horse groomer **seyîs I** سەییس m.
horse herder **řevoçî** ڕەڤۆچی m.; **îrxîçî** ئیرخیچی m.
horse manure **peyîn** پەیین m.; **t'ers** تەرس m./f.
horse race **qoş** قۆش m./f.
horse tack **t'axim** تاخِم f.
horsefly **moz I** مۆز f.; **k'ermêş** کەرمێش f.
horseherd **řevoçî** ڕەڤۆچی m.; **îrxîçî** ئیرخیچی m.
horseman **siwar** سِوار m.
horse-parsley (smyrnium olusatrum) **xelendor II** خەلەندۆر f.
horseradish **tivira tûj** تِڤِرا تووژ f.
horseshoe **nal** نال f.
horse-stealing **extirme** ئەختِرمە f.
horse-thievery **extirme** ئەختِرمە f.
horsey: (big, horsey) **girs** گِرس
hose: (waterhose) **marpîç** مارپیچ m./f.; **sonde** سۆندە f.
hospitable **mêhvanxoş** مێهڤانخۆش; **mêvandar** مێڤاندار; **mêvanḧiz** مێڤانحِز; **mêvanperwer** مێڤانپەروەر; **nandar** ناندار
hospital **nexweşxane** نەخوەشخانە f.

hospitality **mêvanî** مێڤانی f.; **'ezet** عەزەت f.
to hospitalize **řazandin** ڕازاندِن vt.
host **mazûban** مازووبان m.&f.; **mêvandar** مێڤاندار m.&f.;
hostile **şerût** شەرووت
hostility **neyarî** نەیاری f.; **řik' I** ڕِك f.
hot **germ** گەرم; (to the touch) **k'el III** کەل ; (red hot) **sincirî** سِنجِری; (spicy) **tûj** تووژ; **dijwar** دِژوار; **sor** سۆر; **no** نۆ
hot springs **germav** گەرماڤ f.
hot water bottle **cewdik** جەودِك m.
hotel **ûtêl** ئووتێل f.
hound **kûçik** کووچِك m.; **se** سە/**şe** صە m.; **k'elb** کەلب m.; **tajî** تاژی f./m.
hour (60 minutes) **sa'et** ساعەت f.; **demjimêr** دەمژمێر f.
houri **horî** هۆری f.; (beautiful woman) **husulcemal** هوسولجەمال f.
house **mal I** مال f.; **xanî** خانی m.; **xan-man** خان مان m.; (lineage) **binemal** بِنەمال f.; **azbat** ئازبات f.; **îcax** ئیجاخ f.; (two story h.) **mendele** مەندەلە f.
to house **ȟewandin** حەواندِن vt.; **cî kirin** جی کِرِن vt.; **hêwirandin** هێوِراندِن vt.
house arrest: -under h.a. **desteser** دەستەسەر
household **mal I** مال f.; **xan-man** خان مان m.
housewife **bermalî** بەرمالی f.; **kevanî** کەڤانی f.
hovel (hut, shack) **k'ox** کۆخ m.; **k'ol II** کۆل f.
how? **ç'awa[n]** چاوان; **ç'erê** چەرێ; **ç'ilo I** چِلۆ; **ç'ito** چِتۆ; **şkû** شکوو
how come? (why) **ç'ima?** چِما; **bo ç'î** بۆ چی; **qey** قەی
how many? **ç'end** چەند
how much? **ç'iqas** چِقاس; **ç'end** چەند
howdah **me'f** مەعف f.
however **digel vî ç'endî** دِگەل ڤی چەندی; **lêbelê** لێبەلێ
however much **ç'endî** چەندی; **herçend** هەرچەند
to howl **lûrîn** لوورین vi.; **qûřîn** قووڕین vi.; **ziřîn** زِڕین vi.; (of dogs) **řeyîn I** ڕەیین vi.; **'ewtîn** عەوتین vi.; **kastekast kirin** کاستەکاست کِرِن vt.; **kûzîn** کووزین vi.
howling **'ewte'ewt** عەوتەعەوت f.; **kastekast** کاستەکاست f.; **kute-kut** کوتەکوت; **řeyîn I** ڕەیین f.; **qûřîn** قووڕین f.; **kûzîn** کووزین f.
hubbub **hose** هۆسە f.; **k'eft û left** کەفت و لەفت f.; **qerqeşûn II** قەرقەشوون; **hoqeboq** هۆقەبۆق f.; **guřîn** گوڕین f.; **qerebalix** قەرەبالِخ f.; **qîřeqîř** قیڕەقیڕ f.; **bařebař** بارەبار f.; **biřbiř** بِربِر f.; **hêwirze** هێوِرزە f.; **t'eqeřeq** تەقەڕەق f.
hue (color) **řeng** ڕەنگ m.; **gon I** گۆن m.
hug **ȟemêz** حەمێز f.
to hug **ȟemêz kirin** حەمێز کِرِن vt.
huge **girs** گِرس; **gumreh** گومرەه; **qerase I** قەراسە; **teřikî II** تەڕکی
hullaballoo **bařebař** بارەبار f.
human being **bende** بەندە m.; **benîadem** بەنیئادەم m.; **meriv** مەرِڤ m.; **însan** ئینسان m.; **'evd I** عەڤد m.; **qûl** قوول m.
humaneness **merivtî** مەرِڤتی f.
humanity **merivtî** مەرِڤتی f.; **zilamtî** زِلامتی f.
humble **nefspiçûk** نەفس پچووك; **dilnizm** دِلنِزم
to humiliate **namûs hingaftin** نامووس هِنگافتِن vt.
humility **dilnizmî** دِلنِزمی f.
humming (n.) **miřemiř** مِرەمِر f.; **xumxum I** خومخوم f.; **himehim** هِمەهِم f.
humor: **ȟenek** حەنەك f.; **tewz** تەوز f.; **t'iřane** تِرانە f.; **yarî II** یاری f.; (mood) **beşer I** بەشەر f.
humorous anecdote **pêk'enok** پێکەنۆك f./m.; **meselok** مەسەلۆك f.
hump: (hunch) **qopik** قۆپِك m.; (camel's ~) **ȟawid** حاوِد m.; **milik** مِلِك f.
humpback **kûz I** کووز
humpbackedness **kûzayî** کووزایی f.
hunch (hump) **qopik** قۆپِك m.
hunchback **kûz I** کووز
hunchbackedness **kûzayî** کووزایی f.
hunched over (suffering from bad back) **piştkul** پِشتکول
hundred **sed** سەد
hundreds of **bi sedan** بِ سەدان
Hungarian **Macarî** ماجاری; **Hungarî** هونگاری
hunger **birçîtî** بِرچیتی f.; **nêz I** نێز f.; **xela** خەلا f.
hungry **birçî** بِرچی/**birsî** بِرسی; -to be ~ **delîyan** دەلییان vi.
hunt **nêçîr** نێچیر f.; **řav I** ڕاڤ f.; **seyd** سەید f./m.; **şikar** شِکار f.
to hunt **ç'ûne řavê** چوونە راڤێ vi.
hunter **nêçîrvan** نێچیرڤان m.; **seydvan** سەیدڤان m.; **şikarçî** شِکارچی m.; **segman** سەگمان m.
hunting **nêçîr** نێچیر f.; **řav I** ڕاڤ f.; **seyd** سەید f./m.; **şikar** شِکار f.
hunting dog **tajî** تاژی f./m.; **t'ûle** توولە m.
huntsman **nêçîrvan** m.; **seydvan** m.; **şikarçî** شِکارچی m.
to hurl **avêtin** ئاڤێتِن vt.; **virvirandin** ڤِرڤِراندِن vt.
hurried **[bi] lez I** بِ لەز; **şerpeze** شەرپەزە
hurry (n.) **lez I** لەز f.; **zûyetî** زوویەتی f.
to hurry **lezandin** لەزاندِن vt. & vi.
hurt (adj./pp.): (injured) **birîndar** بِریندار; (offended) **dilmayî** دِلمایی; -to be h. **ziyan gihîştin** زییان

گهیشتِن vi.
hurt (n.): **xesar** خەسار f.
to hurt (vt.) **zirar gihandin** زرار گِهاندِن vt.; **zîyan gihandin** زییان گِهاندِن vt.; **birîndar kirin** بریندار کِرِن vt.; **xesar dan** خەسار دان vt.; (vi.) (ache, smart) **êşîn** ئێشین vi.; **arîn** ئارین vi.; **jendin** ژەندِن vt.;
to hurt s.o.'s feelings **dil şkênandin** دِل شکێناندِن vt.
husband **mêr** مێر m.; **şû** شوو/شوی m.; **hevser** هەڤسەر m.
husk: (discarded rice ~) **belim** بەلم f.; (rice ~) **p'ûşk** پووشك m.; **tûşk** تووشك/تویشك m.
hut **ĥol** حۆل f.; **ĥolik** حۆلِك f.; **k'ox** كۆخ m.; **k'ol II** كۆل f.; (temporary ~, bower) **kepir** کەپر f.
hyacinth **sunbul** سونبول m./f.
hybrid **p'îç** پیچ m.
hyena **k'eftar̄** کەفتار f./m.; **gornebaş** گۆرنەباش m.
hymn: (Yezidi religious ~) **beyt** بەیت f.
hyphen (-) **bendik II** بەندِك f.
hypocrisy **dur̄ûtî** دوڕووتی f.; **qelpî** قەلپی f.
hypocrite **dur̄û I** دوڕوو
hypocritical **dur̄û I** دوڕوو; **salûs** سالووس; **qelp I** قەلپ
hypodermic needle **derzî** دەرزی f.; **şirînqe** شِرینقە f.

I

I **ez** ئەز
i.e. [=id est] **ango** ئانگۆ; **dêmek** دێمەك; **ye'nî** یەعنی
ibex **pezk'ûvî** پەزکووڤی m.
ice **cemed** جەمەد m./f.; **qeşa** قەشا f.
ice cream **qeşaşîr** قەشاشیر f.; **berfeşîr** بەرفەشیر f.; *bestenî; *dondirme; *qerimok
icebox **sarincok** سارِنجۆك f.; **avsark** ئاڤسارك f.
Icelandic **Îslendî** ئیسلەندی
icicle **şembelîlk I** شەمبەلیلك f.
idea **fikir** فِکِر f.; **hizir** هِزِر f.; **guman** گومان f.; **mitale** مِتالە f.; **r̄aman I** ڕامان f.; **xiyal** خِیال f.; **nêt** نێت f.; **t'evdîr** تەڤدیر f.
identical **'eynî I** عەینی; **heman I** هەمان
to identify **dan nasîn** دان ناسین vt.; **destnîşan kirin** دەستنیشان کِرِن vt.
identity **şexsîyet** شەخسییەت f.; **nasname** ناسنامە f.
identity card **nasname** ناسنامە f.
idle **betal** بەتال; **vala** ڤالا; **t'ir̄al** تِڕال; **tol I** تۆل; (trifling) **ji aş û baş** ژِ ئاش و باش
idle talk (chatter, prattle) **pitepit** پِتەپِت f.; **galigal** گالِگال f.
idleness **betalî** بەتالی f.; **valayî** ڤالایی f.
idler **tolaz** تۆلاز m.
idol **senem** سەنەم m.
if **eger I** ئەگەر; **meger** مەگەر; **ko I** کۆ; **wekî** وەکی
if only **xwezî** خوەزی [+ past subj.]
iftar **fitar** فِتار f.
to ignite **vêxistin** ڤێ خِستِن vt.; **pêxistin** پێ خِستِن vt.; **hilkirin** هِلکِرِن vt.; **dadan** دادان vt.; **şewitandin** شەوِتاندِن vt.
ignited: -to be i. **hilbûn** هِلبوون vi.
ignoble **bê'esil** بێ عەسِل
ignorance **nezanî** نەزانی f.; **xeşîmî** خەشیمی f.
ignorant **nezan** نەزان; **cahil** جاهِل/**ciĥêl** جِحێل ; (naive) **xeşîm** خەشیم; **sawîlke** ساویلکە; (uninformed) **bêxeber** بێ خەبەر
to ignore **avêtin pişt guh** ئاڤێتِن پِشت گوهـ vt.
ilk (type, sort) **t'exlît** تەخلیت m.
ill **nexweş** نەخوەش; **nesax** نەساخ; -to fall ill **pêk'etin** پێ کەتِن vi.;
ill-behaved **şûm** شووم; **bitir̄ I** بِطِڕ; **gewî** گەوی
ill-fated **bêqidoş** بێ قِدۆش
ill-intentioned **niyetxirab** نِیەت خِراب
ill-mannered **bê edeb** بێ ئەدەب; **bê'esil** ڤێ عەسِل; **bême'rîfet** بێ مەعریفەت
ill-omened **bêqidoş** بێ قِدۆش
ill-tempered **bême'de** بێ مەعدە ; **gurêẍ** گورێغ
ill will **r̄ik' I** ڕِك f.
illegal **bêrê** بێ رێ
illegitimacy **p'îçî** پیچی f.
illegitimate child **p'îç** پیچ m.
illiteracy **nexwendîtî** نەخوەندیتی f.
illiterate **nexwendî** نەخوەندی; **cahil** جاهِل/**ciĥêl** جِحێل
illness **nexweşî** نەخوەشی f.; **nesaxî** نەساخی f.; **qeda** قەدا f./m.; **zede** زەدە f.
to illuminate **şemal dayîn** شەمال دایین vt.
image (picture) **wêne** وێنە f.; **sifet** سِفەت m.; **sûret I** سوورەت m.; **şikil** شِکِل m.
imaginary **aşopî** ئاشۆپی
imagination **xiyal** خِیال f.; **aşop** ئاشۆپ f.
to imagine **xiyal kirin** خِیال کِرِن vt.; **sêwirandin** سێوِراندِن vt.
imaginings (fantasy) **sawîr**ساویر m./f.
imam **mela** مەلا m.
to imbibe **vexwarin** ڤەخوارِن vt.
to imitate **zar ve kirin** زار ڤە کِرِن vt.

imitating (n.) **zar I** زار m.
immature **cahil** جاهِل/**ciĥêl** جِحێل ; (of fruits, plants) **xam** خام
immaturity **cahilî** جاهِلی f.; **xamtî** خامتی f.; (of fruits) **k'altî II** كالتی f.
immediately **pêr̄a-pêr̄a** پێڕا پێڕا; **destxweda** دەستخوەدا; **t'avilê** تاڤلێ; **dem û dest** دەم و دەست; **cîbicî** جی ب جی ; **hema** هەما; **yekser** یەكسەر; **di cih da** دِ جِه دا; **k'ezelik** كەزەلِك;
to immerse: **binav kirin** بِن ئاڤ كِرِن vt.
immersed **ẍerq** غەرق; **caris** جارِس
immigrant **k'oçber** كۆچبەر m.&f.
immigration **k'oçberî** كۆچبەری f.
immoral **bênamûs** بێ ناموس; **bêrê** بێ رێ
immorality **bênamûsî** بێ ناموسی f.
immortal **nemir** نەمِر
immune to (excepted from) **awarte ji** ئاوارتە ژِ
to impale **qazux kirin** قازوخ كِرِن vt.
impassable **asê** ئاسێ
impatience **bêsebirî** بێ سەبِری f.; **bêhntengî** بێهنتەنگی f.
impatient **bêsebir** بێ سەبِر
imperative **fermanî** فەرمانی
imperfection **qusûr** قوسوور f.; **kêmasî** كێماسی f.
imperial fritillary (Fritillaria imperialis) **gulexîn** گولەخین f.
imperialism **k'edxwarî** كەدخواری f.
imperialist **k'edxwar** كەدخوار m.
imperialistic **k'edxwar** كەدخوار m.
imperious **zordest** زۆردەست
impertinent **ĥur̄** حوڕ; **p'arsûstûr** پارسووستوور
impetuous **dir̄** دِڕ
implement: (tool) **amîr** ئامیر m./f.
to implore **xwe avêtin bextê yekî** خوە ئاڤێتِن بەختێ یەكی vt.; **lavahî kirin** لاڤاهی كِرِن vt.; **jê hêvî kirin** ژێ هێڤی كِرِن vt.; **limêj kirin** لِمێژ كِرِن vt.; **t'eweqe kirin** تەوەقە كِرِن vt.
impolite: (rude) **bê edeb** بێ ئەدەب; **bême'rîfet** بێ مەعریفەت
impoliteness **bê edebî** بێ ئەدەبی f.
import **hawirde** هاوِردە f.
to import **hawirde kirin** هاوِردە كِرِن vt.
importance **giringî** گِرِنگی f.
important **giring** گِرِنگ; **berk'eftî** بەركەفتی; **watedar** واتەدار
impostor **gelac** گەلاج m.
impotence **sistî** سِستی f.
impotent **nemêr** نەمێر

to impound **desteser kirin** دەستەسەر كِرِن vt.
impregnable **asê** ئاسێ
impression (influence) **t'esîr** تەسیر f.; (printing) **ç'ap II** چاپ f.; **neşir** نەشِر f./m.
imprisonment **dîlî** دیلی f.
improbable **dûr** دوور
improper: -to consider ~ **ne li r̄ê dîtin** نە لِ ڕێ دیتِن vt.
to improve (vi.) **wer̄ar kirin** وەڕار كِرِن vt.;
improvement **pêşveç'ûn** پێشڤەچوون f.
impudence **zimandirêjî** زِماندِرێژی f.; **bêşermî** بێ شەرمی f.
impudent **zimandirêj** زِماندِرێژ; **bêşerm** بێ شەرم; **p'arsûstûr** پارسووستوور
impure: **p'îs** پیس; (of animals Muslims may not eat) **mirar** مِرار ; -to become ritually i. **ĥer̄imîn** حەڕِمین vi.
in **di ... da** دِ...دا ; **li** لِ; **nav III** ناڤ; **daxilî** داخِلی
in a bad mood **bême'de** بێ مەعدە; **bedbeşer** بەدبەشەر
in a rush **şerpeze** شەرپەزە
in a swoon **bêĥiş** بێ حِش
in addition **serda** سەردا; **zêdebar** زێدەبار
in any case **heyneyse** هەینەیسە
in attendance (present) **ĥazir** حازِر
in bad spirits **bême'de** بێ مەعدە; **bedbeşer** بەدبەشەر
in chaos **sergerdan** سەرگەردان
in charge: -person in charge **fermandar** فەرماندار m.; **osta** ئۆستا m.; **mezin** مەزِن m.; **r̄ayedar** ڕایەدار m.&f.; **r̄êvebir** ڕێڤەبِر m.; **desthilatdar** دەستهِلاتدار m.&f.; **serk'ar** سەركار m.; **serwer** سەروەر m.; **zordest** زۆردەست m.&f./adj.
in debt **deyndar** دەیندار m.&f.; **qerdar** قەردار
in detail **hûrgilî** هوورگِلی
in disarray **tarûmar** تاروومار
in error **ner̄ast** نەڕاست
in exchange for **pêş...ve** پێش ... ڤە; **bedel** بەدەل; **beranberî** بەرانبەری
in existence **mewcûd** مەوجوود
in favor of: **mêldar** مێلدار ; -to be i.f.o. stg. **mêla fk-ê ser ft-î hebûn** مێلا فكێ سەر فتی هەبوون vi.; **mêldarîya ft-ê kirin** مێلدارییا فتێ كِرِن vt.
in front of **li ber** لِ بەر; **pêş I** پێش; **li ... pêşve** لِ ... پێشڤە; **di pêşîya fk-ê/ft-î de** دِ پێشییا فكێ\فتی دە
in good health **ser r̄engê xwe** سەر ڕەنگێ خوە
in good spirits **beşerxweş** بەشەرخوەش
in hope[s] of **qemî** قەمی
in-laws **xizm** خِزم pl.; **xinamî** خِنامی m.&f.; **taloq II** تالۆق m.
in love **dilk'etî** دِلكەتی; **evîndar** ئەڤیندار; **dildar** دِلدار;

aşiq ئاشِق; **maşoq** ماشۆق

in mourning **behîdar** بەهیدار

in order (tidy, orderly) **ser û ber** سەر و بەر

in order that **bila** بِلا conj. [+ subj.]; **da II** دا conj. [+ subj.]; **ĥeta** حەتا [+ ko + subj.]; **t'a IV** تا [+ko + subj.]; **deqene** دەقەنە conj. [+ subj.] ; **seba** سەبا [+ subj.]; **wekî** وەکی [+ subj.]

in pain **lîyan I** لییان

in pairs (two by two) **zo bi zo** زۆ بِ زۆ

in power **desthilatdar** دەستهِلاتدار

in return (back) **paşda** پاشدا

in ruins **k'ambax** کامباخ; **wêran I** وێران

in spite of: **digel** دِگەل; **dijî** دِژی; **gir III** گِر; **r̄eẍme** رەغمە; **li ser ... r̄a** لِ سەر ... را; -in spite of oneself **bêĥemdî xwe** بێ حەمدی خوە

in such a way **wisa** وِسا

in that way **wilo** وِلۆ

in the course of **di pêvajoya ... de** دِ پێڤاژۆیا ... دە

in the direction of **li ser ... ve** لِ سەر ... ڤە

in toto (all in all) **serhevda** سەرهەڤدا

in vain **badîhewa** بادیهەوا; **t'ewş** تەوش; **cîyê bela sebeb** جییێ بەلا سەبەب; **hewante** هەوانتە

inaccessible **asê** ئاسێ

inactivity **betalî** بەتالی f.

inadmissible **net'ê** نەتێ

inappropriate: **bêrê** بێ رێ ; (insolent) **bêqûn** بێ قوون; -to consider ~ **ne li r̄ê dîtin** نە لِ رێ دیتِن vt.

inauspicious **bêqidoş** بێ قِدۆش

inborn **zikmakî** زِکماکی

incantation **du'a** دوعا m./f.; **îsmê sêrê** ئیسمێ سێرێ m.

incessantly **berdewam** بەردەوام; **misêwa** مِسێوا

incident **bûyer** بوویەر f.

incisor (front tooth) **diranê fîq** دِرانێ فیق m.

to incite **lê sor kirin** لێ سۆر کِرِن vt.; **nav tê dan** ناڤ تێ دان vt.; **şarandin** شاراندِن vt.; **têkdan** تێکدان vt.; (bees, wasps) **azirandin** ئازِراندِن vt.

incitement **halan** هالان m./f.

inclination **ĥewas** حەواس f.; **k'êf** کێف f.; **mêl** مێل f.; **xîret** خیرەت f.

incline: (slope) **berwar** بەروار m./f.; **xwarayî** خوارایی f.; (downhill slope) **nişîv** نِشیڤ m.; **jordanî** ژۆردانی m.; (uphill slope) **jihelî** ژِهەلی m.

to incline **tewandin** تەواندِن vt.

inclined to **mêldar** مێلدار ; -to be i. **xîret kirin/ k'işandin** خیرەت کِرِن\کِشاندِن vt.

to include **vegirtin** ڤەگِرتِن vt.

income **hasil** هاسِل f.

incomplete **nîvişkan** نیڤِشکان; **nîvco** نیڤجۆ

incorrect: (wrong) **xelet** خەلەت; **şaş I** شاش; **ner̄ast** نەراست; **ç'ewt** چەوت

incorrectness **ner̄astî** نەراستی f.

to increase **zêde kirin** زێدە کِرِن vt.

incredible **seyr** سەیر

to incur [s.o.'s wrath] **xurîn I** خورین vi.

incurable **xedar** خەدار

incursion: (raid) **cerd I** جەرد f.

indebted **qerdar** قەردار

indecent **bêhetik** بێ هەتِك

indecisive **dudil** دودِل

indecisiveness **dudilî** دودِلی f.

indelicate **xam** خام

indemnity (war ~) **t'alan** تالان m./f.

indentured servant **misexir** مِسەخِر m.

independence **serxwebûn** سەرخوەبوون f.; **serbixweyî** سەربِخوەیی f.; **serbestî** سەربەستی f.

independent **serbixwe** سەربِخوە ; **serbest** سەربەست ; **serxwe** سەرخوە ; **serxwebûyî** سەرخوەبوویی ; (self-willed) **xweser** خوەسەر

index **p'êr̄ist** پێرِست f.

index finger **t'ilîya nîşanê** تِلییا نیشانێ

Indian (from India) **Hindî I** هِندی

Indian millet **xirovî** خِرۆڤی f.

Indian pulse: (Phaseolus aureus) **maş** ماش f.

to indicate **nimandin** نِماندِن vt.;

indication **berjeng** بەرژەنگ f.

indifference **xemsarî** خەمساری f.

indifferent **sar** سار; **xemsar** خەمسار

indigence (poverty) **feqîrî** فەقیری f.; **k'esîbtî** کەسیبتی f.; **p'erîşanî** پەریشانی f.; **sêfîlî** سێفیلی f.; **xizanî** خِزانی f.; **zivarî** زِڤاری f.

indigent **bêp'ere** بێپەرە

indigestion **bersojk** بەرسۆژك f.; -to suffer from ~ **tetirxanî bûn** تەتِرخانی بوون vi.

indignation **'ern** عەرن m./f.

indigo **çivît** چِڤیت f.; **heş** هەش f.

indiscreet **zimandirêj** زِماندِرێژ; **devjihev** دەڤژِهەڤ

individual (person) **nefer** نەفەر f./m.; **t'akekes** تاکەکەس m.

indolence **sistî** سِستی f.

Indonesian **Îndonezî** ئیندۆنەزی

to indulge: (~ in the pleasures of this world) **k'etin k'êfa dunîayê** کەتِن کێفا دونیایێ vi

industrial revolution **şoreşa p'îşesazîyê** شۆرەشا پیشەسازییێ f.

industrious **xebatk'ar** خەباتکار; **qoç'ax** قۆچاخ; **xebatĥiz** خەباتحِز

industriousness **qoç'axî** قۆچاخی f.

industry: **p'îşesazî** پیشەسازی f.; **sen'et** سەنعەت f.; (diligence) **xîret** خیرەت f.; **qoç'axî** قۆچاخی f.; -heavy ~ **senĥeta giran** سەنحەتا گِران; -light ~ **senĥeta sivik** سەنحەتا سِڤِك; **p'îşesazîya biçûk** پیشەسازییا بِچووك

inebriated (drunk) **serxweş** سەرخوەش; **sermest** سەرمەست

inebriation (drunkenness) **serxweşî** سەرخوەشی f.; **sermestî** سەرمەستی f.

inept **destgiran** دەستگِران

inexpensive **erzan** ئەرزان

inexperience **cahilî** جاهِلی f.; **xamtî** خامتی f.

inexperienced **nezan** نەزان; **cahil** جاهِل/**ciĥêl** جِحێل; **naşî** ناشی; **xam** خام; **t'ifal** تِفال f./m.

infancy **pitikî** پِتِکی f.

infant **zaȓeke sawa** زارِەکە ساوا f.; **şîrmêj** شیرمێژ m./f.; **dergûş** دەرگووش f.; **pitik II** پِتِك m.&f.

infantry footsoldier **peya I** پەیا m.

infected **kul I** کول

infection **teşene** تەشەنە f.; **k'otîbûn** کۆتیبوون f.; (i. of fingertip, whitlow) **mûmar** موومار f.

infectious **k'otî** کۆتی ; **pejî** پەژی ; **sarî II** ساری

infectious disease (epidemic) **şewb** شەوب f.

inferior **jêrîn** ژێرین: -to be inferior to **daxwarin** داخوارِن vt.

infertile (of animals) **stewir** ستەوِر

infertility **bêzuȓetî** بێ زورِەتی; (of animals) **stewrî** ستەوری f.

infested: (with fleas or lice) **dijûn II** دِژوون

infidel **bêol** بێ ئۆل; **k'afir** کافِر m.&f.; **xwedênenas** خوەدێ نەناس m.&f.

infinite **bêĥed** بێ حەد

infinitive **mesder** مەسدەر f./m.; **ȓader** رِادەر f.

inflamed **teşene** تەشەنە

inflammation **teşene** تەشەنە f.

to inflate **nep'ixandin** نەپخاندِن vt.; **werpixandin** وەرپخاندِن vt.; **p'erçifandin** پەرچِفاندِن vt.

inflated (puffed up) **girj** گِرژ

to inflect (e.g., decline) **tewandin** تەواندِن vt.

inflection (of nouns) **tewang** تەوانگ f.

influence **bandûȓ** باندوورِ f.; **t'esîr** تەسیر f.; **ĥuk'um** حوکوم m.

to influence **tesîr[ê] kirin** تەسیرێ کِرِن vt.; **bihurtin** بِهورتِن vi.

influenza **p'ersîv** پەرسیڤ m./f.; **sat'ircem** ساتِرجەم f.

to inform **ȓagihandin** رِاگِهاندِن vt.; **pê ĥesandin** پێ حەساندِن vt.; **'elam kirin** عەلام کِرِن vt.; **haydar kirin** هایدار کِرِن vt.; (bring up to date) **serwext kirin** سەروەخت کِرِن vt.

to inform on s.o. (report s.o. to the authorities, tattle) **qumsîtî kirin** قومسیتی کِرِن vt.

information *pêzanîn; **p'eyam** پەیام f./m.; **zanyarî** زانیاری f.; (news) **deng û bas** دەنگ و باس f.; **salix** سالِخ m.; **hay I** های f./m.; **nûçe** نووچە f.; **agah** ئاگاه m.; **agahdarî** ئاگاهداری f.; **haydarî** هایداری f.

informed: (knowledgeable) **serwext** سەروەخت; **bilyan** بِلیان; **agahdar** ئاگاهدار; **haydar** هایدار; -to be ~ about **hay jê hebûn** های ژێ هەبوون vi.

informer **destkîs** دەستکیس m.&f.; **qumsî** قومسی m.; ***altax** ئالتاخ m.

informing **'elam** عەلام m./f.; (reporting s.o. to the authorities, tattling) **qumsîtî** قومسیتی f.

ingot (bar, e.g., of gold) **qurs** قورس m.

to ingratiate o.s. **xwe şîrin kirin** خوە شیرِن کِرِن vt.

inhabitant **akincî** ئاکِنجی m.&f.; **niştecih** نِشتەجِه m.&f.; **binelî** بِنەلی m.; **ehl** ئەهل m.; (~s) **xelq** خەلق m.; (original ~) **binecî** بِنەجی m.; (~s = population) **şênî** شێنی pl.

inhabited place **avan** ئاڤان f.

inhaling (of cigarette smoke) **qurt** قورت f.; **qulap** قولاپ f.

inheritance ; **kelep'ûr** کەلەپوور m.

inheritor (heir) **mîratgir** میراتگِر m.&f.

initial (first) **'ewil** عەوِل

initiative **insiyatîf** ئِنسِیاتیف f.

initiator **sebab I** سەباب m.

to injure **zirar gihandin** زِرار گِهاندِن vt.; **zîyan gihandin** زییان گِهاندِن vt.; **birîndar kirin** بِریندار کِرِن vt.

injured **birîndar** بِریندار; -to be i. **ziyan gihîştin** زییان گِهیشتِن vi.

injurious **zirar** زِرار

injury **birîn I** بِرین f.; **zirar** زِرار f.; **zîyan** زییان f.; **şewat** شەوات f.; **xirabî** خِرابی f.

injustice **te'darî** تەعداری f.

ink **ĥubir** حوبِر f.

ink pen **qelem** قەلەم f./m.

to inlay **neqişandin** نەقِشاندِن vt.; ***deqandin** دەقاندِن vt.; **quȓemîş kirin** قورِەمیش کِرِن vt.

inlet (bay) **kendav** کەنداڤ f./m.; **k'uncê be'rê** کونجێ بەعرێ m.;

inn **xan I** خان f.

innate **zikmakî** زِکماکی

inner **derûnî** دەروونی

innocence **bêgunehtî** بێ گونەهتی f.; **bêsûcî** بێ سووجی f.; **xamtî** خامتی f.
innocent **bêguneh** بێ گونەه; **bêsûc** بێ سووج; **gune I** گونه; **r̄ûspî I** ڕووسپی; (naïve) **dilşaf** دِلصاف
innocuous **feqîr** فەقیر
innumerable **bêĥesab** بێ حەساب
to inoculate **derzî lêdan** دەرزی لێدان vt.
inoffensive **feqîr** فەقیر
to inquire --> see to enquire.
insane **dîn II** دین; **şêt** شێت; **neĥiş** نەحِش; **aqilkur̄în** ئاقِلکوڕین
insanity **dînayî** دینایی f.; **neĥişî** نەحِشی f.; **şêtî** شێتی f.
insatiability **evsenetî** ئەڤسەنەتی f.
insatiable **evsene** ئەڤسەنە; **devjihev** دەڤژهەڤ
inscription **nivîsk** نِڤیسك f.
insect: **bihuk** بهوك f.; (small ~) **k'êzik** كێزِك f.; (small biting ~) **quzgezk** قوزگەزك f.
insect repellent **mêşkuj** مێشکوژ f.
insecure **p'arsûxwar** پارسووخوار
insensitive **sersar** سەرسار; **p'arxan-qalim** پارخان قالِم
insensitivity **sersarî** سەرساری f.
to insert: (put into) **xistin** خِستِن vt.; **têxistin** تێ خِستِن vt.; **têkirin** تێ کِرِن vt.; **daxil kirin** داخِل کِرِن vt.; **avêtin** ئاڤێتِن vt.; (stick, thrust) **k'utan** کوتان vt.; **çikandin I** چِکاندِن vt.; **daçikandin** داچِکاندِن vt.; **ĥeşikandin** حەشِکاندِن vt.; **niç'ikandin** نِچِکاندِن vt.; **çikilandin** چِکِلاندِن vt.
inside (n.) **daxil** داخِل f.
inside [of] (prep. & adv.) **di ... da** دِ ... دا; **hindur̄** هِندوڕ m.; **nav III** ناڤ; **têda** تێدا; **zik** زِك m.; **daxilî** داخِلی; **jor** ژۆر
inside out **berevajî** بەرەڤاژی; **vajî** ڤاژی
insidious **ava bin kaê** ئاڤا بِن کائێ
insincere **p'arsûxwar** پارسووخواور; **qelp I** قەلپ
insincerity **qelpî** قەلپی f.
to insist (on) **r̄ijd bûn (li ser)** ڕژد بوون (لِ سەر) vi.; **rijdî/riştî kirin** ڕژدی\رِشتی کِرِن vt.
insistence **r̄ijdî** ڕژدی f.
insistent **r̄ijd** ڕژد
insofar as **hemîn** هەمین
insolence **zimandirêjî** زِماندِرێژی f.
insolent **zimandirêj** زِماندِرێژ; **ĥur̄** حوڕ ; **p'arsûstûr** پارسووستوور; **biţir̄ I** بِطِڕ; **gewî** گەوی
to inspect: (examine, check out) **seh kirin** سەه کِرِن vt.; **saẍtî kirin** ساغتی کِرِن vt.; **lê hûr bûn** لێ هوور بوون vi.; (grope) **p'elandin** پەلاندِن vt.
to install o.s. (settle down) **cî girtin** جی گِرتِن vt.; **bi cî bûn** بِ جی بوون vi.; **damezirîn** دامەزِرین vi.
instant **gav** گاڤ f.; **kêlî** کێلی f.; **çirik I** چِرك f.
instantly **pêr̄a-pêr̄a** پێڕا پێڕا
instead of **li şûna** لِ شوونا; **dewsa** دەوسا; **ji dêla ... ve** ژِ دێلا ... ڤە
to instigate **lê sor kirin** لێ سۆر کِرِن vt.; **nav tê dan** ناڤ تێ دان vt.; **şarandin** شاراندِن vt.;
instinctive **zikmakî** زِکماکی
institution **dezgeh** دەزگەه f.; **sazî** سازی f.
to instruct **ders gotin** دەرس گۆتِن vt.; **ders dan** دەرس دان vt..; **'elimandin** عەلِماندِن vt.; **nîşan dan** نیشان دان vt.; **fêr kirin** فێر کِرِن vt.; **hîn kirin** هین کِرِن vt.; (as one's legacy) **wesandin** وەساندِن vt.
instructions (directives) **t'emî** تەمی f.
instructor **dersdar** دەرسدار m.&f.; **mamosta** مامۆستا m.&f.; **seyda** سەیدا m.; **şîretk'ar** شیرەتکار m.
instrument **amîr** ئامیر m./f.; **alav II** ئالاڤ m.; **p'ergal II** پەرگال f.; -s of production **pergalên berkêşanê** پەرگالێن بەرکێشانێ pl.
insult **dijûn I** دژوون m.; **qise** قِسە f.; **xeber** خەبەر f./m.; **sixêf** سِخێف f.
to insult: (verbally abuse) **ç'êr̄ [lê] kirin** چێڕ لێ کِرِن vt.; (dishonor) **hetka fk-ê birin** هەتکا فکێ بِرِن vt.; **çav şkênandin** چاڤ شکێناندِن vt.; (one another) **r̄abûn r̄ûyê hev** ڕابوون ڕوویێ هەڤ vi.
insulted: -to be ~ **xeyidîn** خەیِدین vi.
insurrection **serhildan** سەرهِلدان f.; **sewr** سەور f.
intact (whole) **sax** ساخ
integrity: (honesty) **dilp'aqijî** دِلپاقژی f.
intellectual (person) **r̄ewşenbîr** ڕەوشەنبیر m.
intellectuality **r̄ewşenbîrtî** ڕەوشەنبیرتی f.
intelligence **aqil** ئاقِل m.; **ĥiş** حِش m.; **mejî** مەژی m.; **serwextî** سەروەختی f.; **jîrayî** ژیرایی f.
intelligent **'aqil I** عاقِل; **aqiljîr** ئاقِلژیر; **aqilmend** ئاقِلمەند; **bi fêm** بِ فێم; bi zihn; **ĥişyar** حِشیار; **jîr** ژیر; **serwext** سەروەخت; **zîx I** زیخ
intelligentsia **r̄ewşenbîrtî** ڕەوشەنبیرتی f.
to intend **qesda ft-î kirin** قەسدا فتی کِرِن vt.; **li ber bûn** لِ بەر بوون vi.
intensity **şidet** شِدەت f.
intent (of a look, stare) **zîq** زیق
intention **armanc** ئارمانج f.; **qesd** قەسد f.; **mebest** مەبەست f.; **meqsed** مەقسەد f.; **merem** مەرەم m./f.; **nêt** نێت f.
to inter **binax kirin** بِناخ کِرِن; **veşartin** ڤەشارتِن vt.
to interact (with) **r̄abûn û r̄ûniştin** ڕابوون و ڕوونِشتِن vi.
to intercept: **berhingarî fk-ê bûn** بەرهِنگاری فکێ بوون vi.

intercession ; **himmet** هیممەت f.
intercourse **hatin û ç'ûn** هاتِن و چوون f.
interest: (advantage, profit) **berjewendî** بەرژەوەندی f.; **menfa'et** مەنفاعەت f.; (concern) **'elaqe** عەلاقە f.; **meraq** مەراق f.; **mereqdarî** مەرەقداری f.; **p'ûte** پووتە f.; (predilection, passion, desire) **ȟewas** حەواس f.; **ȟewask'arî** حەواسکاری f.; (accrued ~ of money) **selef** سەلەف m.; -to lose ~ in **destê** ***fk-ê*** **sar bûn** دەستێ فکێ سار بوون vi.; **berê xwe [jê] guhastin** بەرێ خوە ژێ گوهاستِن vt.; -to take an ~ in **p'ûte pê kirin** پووتە پێ کِرِن vt.; **eleqedar bûn** ئەلەقەدار بوون
to interest **bala fk-ê k'işandin** بالا فکێ کِشاندِن vt.
interested (in) **eleqedar** ئەلەقەدار; **ȟewask'ar** حەواسکار
interesting **balk'êş** بالکێش; **bi sebr** بی سەبر; **ȟewask'ar** حەواسکار m.
to interfere **k'etin ort'ê** کەتِن ئۆرتێ vi.; **maytêkirin** مای تێ کِرِن vt.; **xwe têkilî kirin** خوە تێکِلی کِرِن vt.; **qarişî ft-î bûn** قارِشی فتی بوون vi.
interference **may** مای f.; **têkilî** تێکِلی f.
interior **hindur̄** هِندوڕ m.; **nav II** ناڤ f./m.; **zik** زِك m.; **daxil** داخِل f.
interjection **baneşan** بانەشان f.
intermediary **berevan** بەرەڤان m.; **navgîn** ناڤگین m.
intermediate **navîn** ناڤین
internal **derûnî** دەروونی
international **navnet'eweyî** ناڤنەتەوەیی
to interpret: **şiro vekirin** شِرۆ ڤەکِرِن vt.; **lê serederî kirin** لێ سەرەدەری کِرِن vt.; (translate) **t'ercime kirin** تەرجِمە کِرِن vt.; **p'açve kirin** پاچڤە کِرِن vt.; (of dreams) **ȟel kirin** حەل کِرِن vt.
interpretation: **şîrove** شیرۆڤە f.; **r̄ave** ڕاڤە f.; **îzah** ئیزاه f.; (oral translation) **t'ercime** تەرجِمە f.; **p'açve** پاچڤە f.; (of dreams) **şîrove** شیرۆڤە f.; **ȟel** حەل m.
interpreter **t'ercimeçî** تەرجِمەچی m.; **wergêr̄** وەرگێڕ m.&f.; **p'açveker** پاچڤەکەر m.&f.
interpreting (oral translation) **p'açve** پاچڤە f.
to interrogate **pirsyar kirin** پِرسیار کِرِن vt.
to interrupt **bir̄în II** بِڕین vt.; **navbir̄î dan** ناڤبِڕی دان vt.; **qut kirin** قوت کِرِن vt.; (i. s.o.'s work) **t'er̄ibandin** تەڕباندِن vt.
interruption **navbir̄î** ناڤبِڕی f.
interval **navber** ناڤبەر f.; **navbeyn** ناڤبەین f.; **navbir̄î** ناڤبِڕی f.
to intervene **k'etin ort'ê** کەتِن ئۆرتێ vi.; **maytêkirin** مای تێ کِرِن vt.
intervention **têkilî** تێکِلی f.; (helpful ~) **himmet** هِممەت f.
interview **hevpeyvîn** هەڤپەیڤین f.; çavpêk'eftin
to interweave **hûnan** هوونان vt.;
intestines **pizûr** پِزوور pl./f.; **r̄odî** ڕۆدی pl.; **r̄ovî II** ڕۆڤی f.; **ûr** ئوور m.; -large ~ **r̄ûvîya qalin** ڕووڤییا قالِن f.; **r̄îvîyê stûr** ڕیڤییێ ستوور m.; (large ~, of animals) **sincoq** سِنجۆق m.; -small ~ **r̄ûvîya zirav** ڕووڤییا زراڤ f.; **r̄îvîyê barik** ڕیڤییێ بارِك m.
into **nav III** ناڤ
into pieces **elep'arçe** ئەلەپارچە
intoxicated **serxweş** سەرخوەش; **sermest** سەرمەست
intoxication **serxweşî** سەرخوەشی f.; **sermestî** سەرمەستی f.; **gêjtî** گێژتی f.
intransitive **negerguhêz** نەگەرگوهێز; **nederbazbûyî** نەدەربازبوویی; **neger̄andî** نەگەڕاندی
intrigue **delk'** دەلك f.
to introduce **dan nasîn** دان ناسین vt.; **r̄aberî ... kirin** ڕابەری ... کِرِن vt.; **pêşxistin** پێشخِستِن vt.; -~ o.s. **xwe dan nas kirin** خوە دان ناس کِرِن vt.
introduction: (preface) **pêşgotin** پێشگۆتِن f.
inundation **lehî** لەهی f.; **lêmişt** لێمِشت f.; **şape II** شاپە f.; **sêlav** سێلاڤ f.; **tofan** تۆفان f.
invader **dagîrker** داگیرکەر m.
invàlid (inadmissible) **net'ê** نەتێ; **betal** بەتال
to invalidate **betal kirin** بەتال کِرِن vt.
inventiveness **hiner** هِنەر m./f.
to invert **paş û pêş xistin** پاش و پێش خِستِن vt.
inverted **vajî** ڤاژی
to invest (money) **r̄azandin** ڕازاندِن vt.
to investigate **lêkolîn** لێکۆلین vt.; **vek'olîn** ڤەکۆلین vt.; **li ser ... r̄awestan** لِ سەر ... ڕاوەستان vi.; **lê hûr bûn** لێ هوور بوون vi.
investigation **lêkolîn** لێکۆلین f.; **vek'olîn** ڤەکۆلین f.
invisible (concealed) **nepenî** نەپەنی
to invite **vexwendin** ڤەخوەندِن vt.; **'ezimandin** عەزماندِن vt.; **dawet kirin** داوەت کِرِن vt.; **gazî kirin** گازی کِرِن vt.
invited **vexwendî** ڤەخوەندی
involuntarily **bêȟemdî xwe** بێ حەمدی خوە
involved **têkildar** تێکِلدار; (too deeply ~) **caris** جارِس; -to get ~ **xwe têkil fk-î/ft-î kirin** خوە تێکِلفکی\فتی کِرِن vt.
involvement **têkilî** تێکِلی f.
Iran **Îran** ئیران f.
Iranian (n.): (Persian) **ecem** ئەجەم m.; **Faris** فارِس m.
Iraq **Îraq** ئیراق f.
ire (wrath, anger) **hêrs** هێرس f.; **xezeb** خەزەب f.
iris: (flower) **bilbiz** بِلبِز f.
Irish **Îrlandî** ئیرلاندی; ~ woman **Îrlandî** ئیرلاندی f.
Irishman **Îrlandî** ئیرلاندی m.

iron (adj.) **hesinî** هەسِنی

iron (n.) **hesin** هەسِن/**asin** ئاسِن m.; (flatiron, for pressing garments) **ût'î** ئووتی f.

to iron (press) **ût'î kirin** ئووتی کِرِن vt.

iron grill (for cooking) **xaçirgan** خاچِرگان f./m.

irregular **bêřêz** بێ ڕێز ; **neřast** نەڕاست; **bêrê** بێ رێ

irreligious **bêol** بێ ئۆل

irresolute **dudil** دودِل

irresoluteness **dudilî** دودِلی f.

irridentism **cudaxwazî** جوداخوازی f.

irridentist **cudaxwaz** جوداخواز m.&f.

to irrigate **řebisandin** ڕەبِساندِن vt.; **řifse kirin** ڕِفسە کِرِن vt.

irrigated (adj.) **avî I** ئاڤی

irrigated land **řifse** ڕِفسە m.

irrigation ditch **mişar I** مِشار f.

to irritate: -to be irritated **bihecîn** بِهەجین vi.; **k'ezebreşî bûn** کەزەبرەشی بوون vi.

irritated (sore, of wound) **teşene** تەشەنە

irritation: **'ern** عەرن m./f.; (skin ~) **řîş** ڕیش f.

isabel (horse's coloring) **qule** قولە ; **şê** شێ

Islam Îslam; **misilmanî** مِسِلمانی f.

Islamic judge **qazî** قازی m.

island **girav II** گِراڤ/**gir-av** گِرئاڤ f.; **ada** ئادا f.; **cizîr** جزیر f.

to isolate: **veder kirin** ڤەدەر کِرِن vt.; (o.s.) **havîbûn** هاڤی بوون vi.

isolated **xewle I** خەولە; **veder** ڤەدەر

isolation **havîbûn** هاڤیبوون f.

Israeli **Îsraîlî** ئیسرائیلی

issue: (matter, problem) **mesele** مەسەلە f.; **pirs** پِرس f.; **pirsgirêk** پِرسگِرێك f.; **şuxul** شوخول m./f.; (of journal) **hejmar** هەژمار f.

to issue (publish) **weşandin** وەشاندِن vt.; **neşir kirin** نەشِر کِرِن vt.

issued: -to be issued (of publications) **derç'ûn** دەرچوون vi.; **neşir bûn** نەشِر بوون vi.

it **ew** ئەو; **ew yek** ئەو یەك; (in time and weather expressions) **dinya** دِنیا f.; **wê I** وێ ; **wî** وی

Italian **Îtalî** ئیتالی

itch **giř IV** گِڕ m.

to itch: (vi.) **xurîn I** خورین vi.

itching **giř IV** گِڕ m.

itinerant **derbeder** دەربەدەر

its (f.) **wê I** وێ; (m.) **wî** وی

itself **xwe** خوە

itsy-bitsy **biç'ûçik** بِچووچِك

ivory **hestîyê fîla** هەستییێ فیلا m.

ivy **lavlav** لاڤلاڤ f.; **badak** باداك f.

J

jacinth (precious stone) **yaqût** یاقووت m.

jackal **ç'eqel** چەقەل m.; **torî I** تۆری m./f.; **wawîk** واویك m./f.

jacket: (traditional man's homespun woolen j.) **şapik** شاپِك m.; **bergûz** بەرگووز m.; (man's j. with knee-length flaps) **arxalix** ئارخالِخ m.; (woman's ~) **delme** دەلمە m.; (woman's embroidered ~) **mîtan** میتان m.

jail **girtîgeh** گِرتیگەه f.; **ȟebs** حەبس f.; **zindan** زِندان f./m.

January **K'anûna paşin** کانوونا پاشِن; **Ç'ileya paşîn** چِلەیا پاشین

Japanese **Japonî** ژاپۆنی

jar: (clay ~) **cer** جەر f./m.; (large clay water ~) **den I** دەن m.; **lîn** لین m.

jasmine **nefel** نەفەل f.

jaundice **zerik III** زەرِك f.; **qîç'ikayî** قیچِکایی f.

javelin **řim** ڕِم m./f.; **cerîd** جەرید f.

jaw **çeng II** چەنگ f.; **lame** لامە f.

jaw bone **çeng II** چەنگ f.; **lame** لامە f.; **argûşk** ئارگووشك f.

jaw muscle **karêj I** کارێژ m.

jealous **dexes** دەخەس; **ȟevsûd** حەڤسوود ; **k'umřeş** کومڕەش

jealousy **dexesî** دەخەسی f.; **ȟevsûdî** حەڤسوودی f.; **k'umřeşî** کومڕەشی f.; **çavnebarî** چاڤنەباری f.; **çavřeşî** چاڤڕەشی f.

jereed (type of horse race) **cerîd** جەرید f.

jerk **qeşmer** قەشمەر m.;

Jerusalem **Qudus** قودوس f.

Jerusalem artichoke **sêva bin 'erd** سێڤا بِن عەرد;

jester **qeşmer** قەشمەر m.; **şemo** شەمۆ m.; **yarîker** یاریکەر m.&f.; **qirdik** قِردِك m.&f.

jesting **qeşmerî** قەشمەری f.

jet (stream of water) **şiřik** شِڕِك f.; **surik I** سورِك f.; **şîp** شیپ f./m.; **vizik II** ڤِزِك f.

Jew **Cihû** جهوو m.&f.

jewel **cewahir** جەواهِر m./f.; **xişir** خِشِر m./f.

jewelry (of glass) **dîndoq** دیندۆق f.
jingling (n.) **zingezing** زنگەزنگ f.; **şîqşîq** شیقشیق f.
jinn **cin** جن m.; **ji me ç'êtir** ژ مه چێتر pl.; **ferĥît** فەرحیت m.
jinxed **bêyom** بێ یۆم
job **şuxul** شوخول/شۆل **şol** m./f.; **k'ar II** کار m./f.; **îş** ئیش m.; **peywir** پەیور f.
to join (an organization) **gihîştin** گهیشتن vi.; **daxil bûn** داخل بوون vi.
joiner (carpenter) **xerat** خەرات m.
joint: (bend) **çene** چەنە f.; (anat.) **movik** مۆڤك f.; **zend I** زەند f./m.; (finger ~) **geh I** گەه f.
jointly **pêřa** پێڕا
joke **ĥenek** حەنەك f.; **qerf** قەرف f. ; **tewz** تەوز f.; **tinaz** تناز m.; **t'iřane** تڕانە f.; **qelîbotk** قەلیبۆتك f.; **yarî II** یاری f.; **pêk'enok** پێکەنۆك f./m.; **laqirdî** لاقردی m./f.; **meselok** مەسەلۆك f.
to joke **laqirdî kirin** لاقردی کرن vt.; **qerf lê kirin** قەرف لێ کرن vt.
joke teller **henekvan** هەنەکڤان m.; **yarîker** یاریکەر m.&f.
jokester **henekvan** هەنەکڤان m.; **qeşmer** قەشمەر m.; **yarîker** یاریکەر m.&f.; **qirdik** قردك m.&f.
joking **qeşmerî** قەشمەری f.; **tinaz** تناز m.
jolt **dehf III** دەهف f.
Jordanian **'Urdunî** ئوردونی
journal **kovar** کۆڤار f.
journalism **řojnamevanî** ڕۆژنامەڤانی f.
journalist **řojnamevan** ڕۆژنامەڤان m.&f.
journey (trip) **řêwîtî** ڕێویتی f.; **sefer** سەفەر f.
joy (delight) **sebr** سەبر f./m; **t'ab** تاب f.; (happiness) **şayî I** شایی f.; (rejoicing) **şabûn** شابوون f.
joyous **geş** گەش
judge **dadger** دادگەر m.&f.; **dadpirs** دادپرس m.; **ĥakim** حاکم m.; -Islamic ~ **qazî** قازی m.
jug **cer** جەر f./m.; **gumgum** گومگوم m./f.; **kûp** کووپ m.; (clay j.) **k'ûz II** کووز m.; (small or medium-sized water j.) **k'edûn** کەدوون m.; **kûpik** کووپك m.; **lûlik** لوولك f.; **sewîl** سەویل m.
juice **av** ئاڤ f.; (concentrated) **şîrêz** شیرێز f.
July **Tîrmeh** تیرمەه f.; **T'emûz** تەمووز f.
jump **banz** بانز f.; **firqas** فرقاس f.; **lotik** لۆتك f.; **ç'indik** چندك f.
to jump **bazdan** بازدان vt.; **firqas kirin** فرقاس کرن vt.; **lotik dan [xwe]** لۆتك دان خوە vt.; **pengizîn** پەنگزین vi.; **çeng III bûn** چەنگ بوون vi.; **hilpekirin** هلپەکرن vt.; **xwe avêtin** خوە ئاڤێتن vt.; (with fright, be startled) **t'ertilîn** تەرتلین vi.; **veciniqîn** ڤەجنقین vi.
to jump over ; **xwe qevaztin** خوە قەڤازتن vt.
to jump up (rise, ascend) **quloz bûn** قولۆز بوون vi.; (be startled) **hilfiřîn** هلفڕین vi.
jumping (n.) **ç'indik** چندك f.
junction **duřiyan** دوڕیان f.
June **Ĥezîran** حەزیران f.
juniper tree **hevris** هەڤرس m.; **merx** مەرخ f.
junk (genitalia) **'eyb** عەیب f.
jurisprudence **feqîtî** فەقیتی f.
jurisprudent **feqî** فەقی m;.
just (adj.): (fair) **dadmend** دادمەند; **řewa I** ڕەوا
just (adv.) (only) **t'ek** تەك
just now **t'aze** تازە
just then **ĥeniz** حەنز
justice **dadmendî** دادمەندی f.; **îsaf** ئیساف f.; **dad** داد f.
justified: -to feel ~ **řûyê xwe spî kirin** ڕوویێ خوە سپی کرن vt.

K

kaffiyeh **cemedanî** جەمەدانی f.; **kevîng** کەڤینگ f.; **dersok** دەرسۆك f./m.; **p'oşî** پۆشی m.; **şemil** شەمل f.
Kaiser's crown (Fritillaria imperialis) **gulexîn** گولەخین f.
kaladosh --> see *keledosh.*
Kazakh **Qazaxî** قازاخی
KDP [Kurdish Democratic Party] **Partiya Demokrat a Kurdistanê** پارتیا دەمۆکرات ئا کوردستانێ f.
KDPI [Democratic Party of Iranian Kurdistan] **Partiya Demokrat a Kurdistana Îranê** پارتیا دەمۆکرات ئا کوردستانا ئیرانێ f.
to keep: (hold, preserve) **řagirtin** ڕاگرتن vt.; **p'arastin** پاراستن vt.; **hilanîn** [هلئانین] هلانین vt.; **hilgirtin** هلگرتن vt.; (~ animals) **řagirtin** ڕاگرتن vt.; -to keep an eye on **çav li fk-ê bûn** چاڤ ل فك بوون; **çavêd xwe ji ft-î nebiřîn** چاڤێد خوە ژ فتی نەبڕین
to keep away (vi.) from **xwe dane paş** خوە دانە پاش vt.
to keep in check **řagirtin** ڕاگرتن vt.
to keep up with (follow) **şopandin** شۆپاندن vt.
to keep watch **nobe girtin** نۆبە گرتن vt.
keledosh **k'eledoş** کەلەدۆش f.
kerchief: **egal** ئەگال f.; **k'efî** کەفی f.; (men's headdress) **cemedanî** جەمەدانی f.; **dersok** دەرسۆك f./m.; **kevîng** کەڤینگ f.; **p'oşî** پۆشی m.; **şemil** شەمل f.;

(girl's head scarf) **ĥibrî** حِبری f.; (woman's head scarf) **k'itan** کِتان f.; **terĥî** تەرحی f.; **laç'ik** لاچِك f.; **ç'arik** چارِك f./m.; **t'emezî** تەمەزی f.; **şar I** شار f.; **şemaq I** شەماق f.
kernel **dan II** دان m.; **kakil** کاکِل m./f.; **ĥeb** حەب f./m
kettle **cimcime I** جِمجِمە m.
key **kilît** کِلیت f.; **mifte** مِفتە f.
khan: (inn) **xan I** خان f.
kick **çivt** چِڤت f.; **p'eĥîn** پەحین f.; **řefes** ڕەفەس f.; **lotik** لۆتِك f.; (with both hind legs, ofdonkey) **tîzik** تیزِك f.
to kick **çivt lêdan** چِڤت لێ دان vt.; (of animals) **lîtik havêtin** لیتِك هاڤێتِن vt.; **řefes kirin** ڕەفەس کِرِن vt.; (of animals, with both hind legs) **tîzik lê dan** تیزِك لێ دان vt.; **hilavêtin** هِلاڤێتِن vt.
to kick out (expel) **qewrandin I** قەوراندِن vt.; **hey kirin** هەی کِرِن vt.
kicking with both hind legs (donkey): **tîzik** تیزِك f.
kid: (young goat) **kar I** کار f.; (1-2-year-old male goat) **gîsk** گیسك m.; (2-3-year-old male goat) **kûr I** کوور m.; (young gazelle) **xifş** خِفش f.
to kidnap **řevandin** ڕەڤاندِن vt.
kidney **gurçik** گورچِك f.
kilim **beř IV** بەڕ f.; **cacim** جاجِم f.; **gelt** گەلت m.; **k'ilîm** کِلیم f.; **merş** مەرش m.; **p'alas** پالاس f./m.; **tej II** تەژ m.; **tejik I** تەژِك m.; **cil II** جِل f.; **mêzer** مێزەر f.
to kill **kuştin** کوشتِن vt.; **mirandin** مِراندِن vt.; (massacre) **qiř kirin** قِڕ کِرِن vt.
killer **mêrkuj** مێرکوژ m.; **xwînî** خوینی m.&f.; **řuhistîn** ڕوهِستین m.
kiln **hêtûn** هێتوون f.
kilo **k'îlo II** کیلۆ f.
kilogram **k'îlo II** کیلۆ f.
kin **xizm** خِزم m.
kind (adj.) **dilovan** دِلۆڤان; **mihrivan** مِهرِڤان ; **dilřeĥm** دِلرەحم; **dilşewat** دِلشەوات; **ciřxweş** جِرخوەش
kind (n.): (type, sort) **cins** جِنس m.; **cûře** جووڕە m.; **řeng** ڕەنگ m.; **t'exlît** تەخلیت m.
kind-hearted **camêr** جامێر; **dilovan** دِلۆڤان; **mihrivan** مِهرِڤان ; **dilřeĥm** دِلرەحم; **dilşewat** دِلشەوات
to kindle: **vêxistin** ڤێخِستِن vt.; **pêxistin** پێخِستِن vt.; **hilkirin** هِلکِرِن vt.; **şewitandin** شەوِتاندِن vt.; (stove) **dadan** دادان vt.; **daxistin** داخِستِن vt.;
kindling **serçavk** سەرچاڤك f.
kindness **dilřeĥmî** دِلرەحمی f.; **řindayî** ڕِندایی f.
king **ĥakim** حاکِم m.; **p'adşa** پادشا m.; **xûndkar** خووندکار m.; (of non-Muslim country) **qiral** قِرال m.;
kingdom **memlek'et** مەملەکەت m.; **ork'e** ئۆرکە f.
kingship **p'adşatî** پادشاتی f.; **xûndkarî** خووندکاری f.
Kirghiz **Qirgizî** قِرگِزی
kiss **maç' I** ماچ f./m.; **paç' I** پاچ f.; **řamûsan** ڕامووسان f.
to kiss **maç' kirin** ماچ کِرِن vt.; **hatin řûyê fk-ê ...** هاتِن ڕوویێ فکێ vi.; **paç' kirin** پاچ کِرِن vt.; **řamûsan** ڕامووسان vt.
kitchen **aşxane** ئاشخانە f.; **pixêrîk** پخێریك f.; **pêjgeh** پێژگەه f.
kitchen garden **le'tik** لەعتِك f.
kite (flying toy) **fiřfiřok** فِڕفِڕۆك f.; (bird, zool. Milvus) **kolare** کۆلارە f.; **qereqûş** قەرەقووش ; **xertel** خەرتەل m.
kitten **çêlpisik** چێلپِسِك f.
kitty-cat **p'isîk** پیسِك f.
to knead **stiran II** ستِران vt.; **hevîr kirin** هەڤیر کِرِن vt.; **şêlan** شێلان vt.
knee **çok** چۆك f./m.; **ejnû** ئەژنوو f.; **kabok** کابۆك f.; (joint, bend) **çene** چەنە f.
kneecap **sêvsêvok** سێڤسێڤۆك f.
to kneel: **daqûl bûn** داقوول بوون vi.; (squat) **qelefiskî řûniştin** قەلەفِسکی ڕوونِشتِن vi.; (of camels) **xiya bûn** خِیا بوون vi.; **nixan** نِخان vi.; -to cause to ~ (of camels) **xiya kirin** خِیا کِرِن vt.; **nixandin** نِخاندِن vt.; **tixandin** تِخاندِن vt.
kneeling (of camels) **xiya** خِیا
knife **k'êr III** کێر f.; (for cutting meat) **hisan** هِسان m.; (meat cleaver, butcher's ~) **sat'or I** ساتۆر f.; **sîkar** سیکار f.; (large) **şefir** شەفِر f.; (old, rusty ~) **kalûme** کالوومە m.&f.; **kevlû** کەڤلوو f.
knight: **p'elewan** پەلەوان m.; **siwar** سِوار m.; (in chess) **fêris** فێرِس m.
to knit **çinîn** چِنین vt.
to knit (of bones) **cebirîn** جەبِرین vi.; **k'ewîn** کەوین vi.
to knit one's brow (be sullen) **me'dê xwe kirin** مەعدێ خوە کِرِن vt.; **mirûzê xwe kirin** مِرووزێ خوە کِرِن vt.
knitting needle **pîj I** پیژ m.; **caẍ** جاغ m.
knob **ç'epil** چەپِل m.
knock (sound, noise) **şerqîn** شەرقین f.
to knock over: (drop) **li 'erdê dan** لِ عەردێ دان; **tera kirin** تەرا کِرِن vt.; **ser û bin kirin** سەر و بِن کِرِن vt.
to knock together **qelibandin** قەلِباندِن vt.
knocking (loud ~) **xurexur** خورەخور f.
knoll **gir II** گِر m.; **banî II** بانی m./f.; **dîyar II** دِیار m.
knot **girê** گِرێ f.; **bend I** بەند f.; (easily untied ~) **xilf** خِلف f.; **xerboqe** خەربۆقە f.

know (n.): -to be in the know about **hay jê hebûn** های ژێ هەبوون vi.

to know (a fact) **zanîn** زانین vt.; **zanibûn** زانِبوون vt.; (be acquainted with) **nas kirin** ناس کِرِن vt.; **nasîn** ناسین vt.

knowing **zane** زانه; **bilyan** بِلیان

knowledge **zanyarî** زانیاری f.; **zanîn** زانین f.; **me'rîfet** مەعریفەت f.; **ulm** ولم\ئولم m.; **zanetî** زاناتی f.; (information) **salix** سالِخ m.; **hay I** های f./m.; **agah** ئاگاه m.; **agahdarî** ئاگاهداری f.; **haydarî** هایداری f.

knowledgeable **zane** زانه; **bilyan** بِلیان; **agahdar** ئاگاهدار

known: (well known) **navdar** ناڤدار; -to make ~ to ; **ȓaberî ... kirin** ڕابەری ... کِرِن vt.

knucklebone **deq** دەق f.; **k'ap II** کاپ f.

kohl **kil I** کِل m./f.

kolbar (porter) **k'olber** کۆلبەر m.

Komala Party of Iranian Kurdistan **Komeleya Şoreşger û Zehmetkêşên Kurdistana Îranê** کۆمەلەیا شۆرەشگەر و زەهمەتکێشێن کوردِستانا ئیرانێ f.

kopeck **kapêk** کاپێك f./m.

Koran **quran** قوران f.; **misȟef** مِسحەف f.

Koran reciter **ȟafiz** حافِز m.

Korean **K'oreyî** کۆرەیی

kuftah **k'utilk** کوتِلك f./m.

Kurd **K'urd** کورد m.; **Ek'rad** ئەکراد m.; **Kurmanc** کورمانج m.

Kurdish: **K'urdî** کوردی; (language: northern dialects) **Kurmancî** کورمانجی; (traditionally, typically ~) **k'urdewarî** کوردەواری

Kurdish Democratic Party (KDP) **Partiya Demokrat a Kurdistanê** پارتِیا دەمۆکرات ئا کوردِستانێ f.

Kurdish Democratic Party of Iran (KDPI) **Partiya Demokrat a Kurdistana Îranê** پارتِیا دەمۆکرات ئا کوردِستانا ئیرانێ f.

Kurdish identity **K'urdayetî** کوردایەتی f.

Kurdishness **K'urdayetî** کوردایەتی f.

Kurdish speaker **Kurdîaxêv** کوردی ئاخێڤ m.&f.

Kurdish-speaking **K'urdîzan** کوردیزان; **Kurdîaxêv** کوردی ئاخێڤ

Kurdistan **K'urdistan** کوردِستان f.

Kurdistan of Iran **Rojhilata Kurdistanê** رۆژهِلاتا کوردِستانێ f.; **Kurdistana Îranê** کوردِستانا ئیرانێ f.

Kurdistan of Iraq **Başûrê Kurdistanê** باشووری کوردِستانێ m.; **Kurdistana Îraqê** کوردِستانا ئیراقێ f.

Kurdistan of Syria **Rojavayê Kurdistanê** رۆژاڤایێ کوردِستانێ m.; **Kurdistana Sûriyê** کوردِستانا سووریێ f.; **Binxet** بِنخەت f.; **Başûrê biçûk** باشووری بِچووك m.

Kurdistan of Turkey **Bakurê Kurdistanê** باکورێ کوردِستانێ m.; **Kurdistana Tirkiyê** کوردِستانا تِرکییێ f.

Kurdistan Workers' Party(PKK) **Partiya Karkerên Kurdistanê** پارتِیا کارکەرێن کوردِستانێ f.

Kurdologist **K'urdolog** کوردۆلۆگ m.&f.; **Kurdnas** کوردناس m.&f.; **K'urdzan** کوردزان m.&f.

Kurdology **K'urdolojî** کوردۆلۆژی f.; **Kurdnasî** کوردناسی f.; **K'urdzanî** کوردزانی f.

Kurmanji **Kurmancî** کورمانجی f./adj.

Kurmanji speaker **Kurmancîaxêv** کورمانجی ئاخێڤ m.&f.

Kurmanji-speaking **Kurmancîaxêv** کورمانجی ئاخێڤ

kurush **qurûş** قورووش m.

Kuwaiti **K'uweytî** کووەیتی

kvetch (complainer) **navno** ناڤنۆ m.

L

labor **xebat** خەبات f.; **k'ar II** کار m./f.; **şuxul** شوخول/**şol** شۆل m./f.; **emek** ئەمەك m.; **k'ed** کەد f.; (forced l., corvée) **olam** ئۆلام f.; **suxre** سوخره f.

labor pains **çîk** چیك f.; **jan** ژان f.; **janên biçûkî** ژانێن بِچووکی pl.

laborer **hodax** هۆداخ m; **xebatk'ar** خەباتکار m.; **ȓêncber** ڕێنجبەر m.

lack **qusûr** قوسوور f.; **kêmasî** کێماسی/**kêmayî** کێمایی f.; **zede** زەده f.

lack of faith **k'ifir I** کِفِر f.

lack of funds **bêp'eretî** بێ پەرەتی f.

lack of honor **bênamûsî** بێ ناموسی f.

lack of respect **bêȓêzî** بێ ڕێزی f.

lack of water **bêavî** بێ ئاڤی f.

lacking: (missing) **kêm I** کێم; (in need of) **muhtac** موهتاج; **pêdivî** پێدِڤی

lacking support **bêpişt** بێ پِشت

lactiferous (animal) **doşanî** دۆشانی f.

ladder **nerdewan** نەردەوان f.; **pêlegan** پێلەگان f.; **pêpelîng** پێپەلینگ f./m.; **pêstirk** پێستِرك f.; **silim** سِلِم m.

ladle **hesk** هەسك f.; (smaller than *hesk*) **çoçik** چۆچِك f.; (wooden spoon) **çemçik** چەمچِك f.; **k'efgîr** کەفگیر

f.; -skimming ~ **mifsik** مِفسِك f.
to ladle up **hilçinîn** هِلچِنين vt.
lady **stî** ستی f.; **xanim** خانِم f.; **xatûn** خاتوون f.
lady beetle: (ladybug) **xalxalok** خالخالۆك f.
lady bird: (ladybug) **xalxalok** خالخالۆك f.
ladybug **xalxalok** خالخالۆك f.
lady's man **tolaz** تۆلاز m.
laid out (of corpse) **pîj III** پیژ
laid waste (in ruins) **wêran I** وێران; **xop'an** خۆپان
lair (den of wild animal) **lan** لان f.; **qûn** قوون f.; (bear's l.) **gindor III** گِندۆر f.
lake: **gol** گۆل f.; **geř III** گەڕ f.; (small ~) **gom II** گۆم f.; (small mountain ~, tarn) **bêrm** بێرم m./f.
lamb **berx** بەرخ f./m.; (1-3 weeks old) **bêçî I** بێچی ; (roasted ~) **biryan I** بِریان m.; **parîv** پاریڤ f.
lame **leng** لەنگ; **lenger I** لەنگەر; **t'opal** تۆپال; **seqet** سەقەت; **qop** قۆپ; **kulek I** کولەك; **kût I** کووت; (in hand) **goc** گۆج; **qop** قۆپ ; **şeht** شەهت; **şil II** شِل ; -to be ~ **kulîn** کولین vi.;
lame goat **kulek I** کولەك f.
lame sheep **kulek I** کولەك f.
lameness **t'opalî** تۆپالی f.
to lament: **nalîn** نالین vi.; **zarîn** زارین vi.; (wail for the dead) **lorîn** لۆرین vi.; **lûbandin** لووباندِن vt.; **şîn kirin** شین کِرِن vt.; **zêmar kirin** زێمار کِرِن vt.
lamenting (wailing in pain) **zarezar** زارەزار f.
lammergeier **daleřeş** دالەڕەش m.
lamp **çira I** چرا f.; **fanos** فانۆس f.; **şemal** شەمال f.
lance: (spear) **nize** نزە f.; **niştir** نِشتِر m./f.; **řim** ڕِم m./f.
to lance (a boil) **derkirin** دەرکِرِن vt.; **'eciqandin** عەجِقاندِن vt.
lancet **niştir** نِشتِر m./f.
land: **'erd** عەرد m./f.; (dry ~, ≠ sea) **bej** بەژ f.; **řeşayî** ڕەشایی f.; (fertile ~ on river bank) **çewlîk** چەولیك f.; **ç'em** چەم m.; (native ~) **wargeh** وارگەه f./m.; (territory) **aqar** ئاقار m./f.; **war** وار m.
to land **dahatin** داهاتِن vi.; **danîn** دانین vt.; **dadan** دادان vt.; **veniştin** ڤەنِشتِن vi.
land mass (continent) **k'îşwer** کیشوەر f.
land mine **leqem** لەقەم f.; **tepînk** تەپینك f.
landlord **serwêrê malê** سەروێرێ مالێ m.
landslide **aşît** ئاشیت f.; **řenî** ڕەنی f.; **hezaz** هەزاز f.
lane: (narrow street) **kûçe** کووچە f.; **kolan II** کۆلان f.; **'ewc** عەوج f.; **zaboq** زابۆق f.
language **ziman** زِمان m.; **lavz** لاڤز m.; **zar I** زار m.; **zarav** زاراڤ m.; **lewxet** لەوغەت f.
lantern **çira I** چرا f.; **fanos** فانۆس f.; **şemal** شەمال f.
lap **k'oş** کۆش f.; **dang** دانگ f.; (of garment) **damen** دامەن m.; **daw I** داو f.; **p'êş II** پێش f.; **dang** دانگ f.
lapel **p'êsîr** پێسیر f.
to lapidate (stone to death) **dan ber beran/keviran** دان بەر بەران\کەڤران vt.; **kevir kirin** کەڤِر کِرِن vt.; **zebandin** زەباندِن vt.
lard **bez I** بەز m.
larder (storage shed) **k'ox** کۆخ m.
large **mezin** مەزِن; **gir I** گِر; (~ and clumsy) **girs** گِرس
large intestine **řûvîya qalin** ڕووڤییا قالِن f.; **řîvîyê stûr** ڕیڤییێ ستوور m.; (of animal) **sincoq** سِنجۆق m.
larger **mezintir** مەزِنتِر
lark (Alaudidae) **têtî** تێتی f.
larynx **qiřik I** قِڕك f.
lash (with whip) **qamçî** قامچی m.
lass **zerî I** زەری f.
lassitude **westan I** وەستان f.
last (final) **paşîn** پاشین; **dawîn** داوین; **-ê dûmahîkê** ئێ دووماهیکێ
to last **ajotin** ئاژۆتِن vt.; **domîn** دۆمین vi.; **k'işandin** کِشاندِن vt.; **k'udandin** کوداندِن vt.; **vek'işîn** ڤەکِشین vi.; **vek'işandin** ڤەکِشاندِن vt.
last name (surname) **paşnav** پاشناڤ m.
last night **şevêdî** شەڤێدی ; **doh êvarê** دۆه ئێڤارێ
last will and testament **wesyet** وەصیەت f.; **qewîtî** قەویتی f.
last year **par I** پار; **sala borî** سالا بۆری
last-born: (baby of the family) **binhemban** بِنهەمبان m.&f.; **paşlandik** پاشلاندِك m.&f.
late **dereng** دەرەنگ; (delayed, behind) **gîro** گیرۆ; **egle** ئەگلە; (deceased) **řeĥmetî** ڕەحمەتی; **nemir** نەمِر; (born ~, of thin animals) **virnî** ڤِرنی; to be ~ **awiqîn** ئاوقین vi.
late afternoon **berêvar** بەرئێڤار/بەرێڤار f.
lateness **derengî** دەرەنگی f.
later **derengtir** دەرەنگتِر; (then) **paşê** پاشێ; **dûřa** دووڕا; **hingê** هِنگێ; **şûnda** شووندا
lather I (foam) **k'ef I** کەف f.
lather II (one who works a lathe) **xerat** خەرات m.
laugh **k'en** کەن m.
to laugh **k'enîn** کەنین vi.; -to make s.o. ~ **k'enandin** کەناندِن vt.
laughingstock **qeşmer** قەشمەر m.; **şemo** شەمۆ m.; **pêk'enok** پێکەنۆك f./m.; **qirdik** قِردِك m.&f.
laughter **k'en** کەن m.
laundress **cilşo** جِلشۆ f.
laundry **balav** بالاڤ f.
laundry day **berav** بەراڤ f.

laundrywoman **cilşo** جِلشۆ f.
lavash (long, flat bread) **loş** لۆش m.
lavatory **avdestxane** ئاڤدەستخانە f.; **avřêj I** ئاڤرێژ f.; **ç'olik III** چۆلِك f.; **daşir** داشِر f.; **destav** دەستاڤ f.; **destavxane** دەستاڤخانە f.; **edebxane** ئەدەبخانە f.; **qedemge** قەدەمگە f.;
lavender water **lewante** لەوانتە f.
law **qanûn** قانوون f.; **zagon** زاگۆن f.; **heq** هەق m.; **ferman** فەرمان f.
law suit **doz** دۆز f.; **şikyat** شِكيات m.
lawful **řewa I** ڕەوا
lawyer **ebûqat** ئەبووقات m.&f.
to lay a trap **tepikê li ber fk-î danan** طەپِكێ لِ بەر فكی دانان vt.; **vedan** ڤەدان vt.
to lay an ambush **xwe lê nitirandin** خوە لێ نِترانڈِن vt.; **bose danan/vedan** بۆسە دانان\ڤەدان vt.
layer **ç'în** چین f./m.; **t'ebax II** تەباخ m./f.; **tî I** تی m.; (thin film on milk, or cream on top of yoghurt) **to I** تۆ m.
laziness **t'iřalî** تِڕالی f.; **t'embelî** تەمبەلی f.; **sistî** سِستی f.; **xemsarî** خەمساری f.
lazy **t'embel** تەمبەل; **t'iřal** تِڕال; **bêxîret** بێ خیرەت; **xemsar** خەمسار
lead (chemical element: Pb) **qerqeşûn I** قەرقەشوون f.; **zirêç** زِرێچ m./f.
to lead **meşandin** مەشاندِن vt.; **bi řê ve birin** بِ ڕێ ڤە بِرِن vt.; (go before) **li pêşîya fk-ê k'etin** لِ پێشییا فكێ كەتِن; (govern) **serwerî kirin** سەروەری كِرِن vt.
lead article **sernivîsar I** سەرنِڤیسار f.; **sergotar** سەرگۆتار f.
to lead astray **dageřandin** داگەڕاندِن vt.; **di serda birin** دِ سەردا بِرِن vt.
leader: **rêber** ڕێبەر m.&f.; **rêzan** ڕێزان m.; **mezin** مەزِن m.; **serek** سەرەك m.; **serok** سەرۆك m.; **serwer** سەروەر m.; **pêşeng** پێشەنگ m.&f.; (detachment leader [mil.]) **ç'awîş** چاویش m.; (spiritual ~) **şêx** شێخ m.
leaderless **bêserî** بێ سەری
leadership **rêberî** ڕێبەری f.; **fermandarî** فەرمانداری f.; **mezinahî** مەزِناهی f.; **serk'arî** سەركاری f.; **serwerî** سەروەری f.
leaf (pl. leaves): **belg** بەلگ m.; **p'el I** پەل m./f.; **t'ebax II** تەباخ m./f.; (large leaf) **belç'im** بەلچِم m.; (autumn foliage) **xezal II** خەزال f.; (of door) **felq** فەلق f.
lean: (thin) **jar I** ژار; **lawaz** لاواز ; **lexer** لەغەر; **narîn** نارین; **qels I** قەلس; **zeyf** زەیف; **zirav I** زِراڤ; **çiř II** چِڕ
to lean (vt.) **p'esartin** پەسارتِن vt.; **hilp'esartin** هِلپەسارتِن vt.
to lean against **p'aldan** پالدان vt.; **xwe spartin** خوە سپارتِن vt.
to lean over **daqûl bûn** داقوول بوون vi.
leanness **jarî** ژاری f.; **ziravî** زِراڤی f.
leap **banz** بانز f.; **firqas** فِرقاس f.; **lotik** لۆتِك f.; **ç'indik** چِندِك f.
to leap **çeng III bûn** چەنگ بوون ; **pengizîn** پەنگِزین vi.; **xwe qevaztin** خوە قەڤازتِن vt.; **lotik dan [xwe]** لۆتِك دان خوە vt.; **xwe hilavêtin** خوە هِلاڤێتِن vt.; **hilpekirin** هِلپەكِرِن vt.
to leap at: (pounce on) **řahiştin ser** ڕاهِشتِن سەر vt.
leaping **ç'indik** چِندِك f.
to learn **hîn[î ...] bûn** هینی ... بوون vi.; **'elimîn** عەلِمین vi.; **fêr[î ...] bûn** فێری ... بوون vi.
to learn by heart (memorize) **ji ber kirin** ژِ بەر كِرِن vt.; *rewa kirin
learnèd **zane** زانە
learning (n.) (erudition) **'ulmdarî** ئولمداری/ولمداری f.
leather strap **qayîş** قاییش f.; **p'aldûm** پالدووم m./f.
leave: (permission) **emir I** ئەمِر m.; **řuxset** ڕوخسەت f.
to leave **berdan** بەردان vt.; **hiştin** هِشتِن vt.; **t'erk dan** تەرك دان vt.; **t'erkandin** تەركاندِن vt.; **letilandin** لەتِلاندِن vt.; (come/go out) **derk'etin** دەركەتِن vi.; **derhatin** دەرهاتِن vi.; **derç'ûn** دەرچوون vi.; (to depart) **lêxistin ç'ûn** لێخِستِن چوون vt./vi.; **lêdan ç'ûn** لێدان چوون vt./vi.
to leave alone **dev jê berdan** دەڤ ژێ بەردان vt.; **jêvebûn** ژێڤەبوون vi.
to leave off (doing stg.) (to cease, stop, quit) **ji ... řabûn** ژِ ... ڕابوون vi.; **t'erkandin** تەركاندِن vt.; **dev jê berdan** دەڤ ژێ بەردان vt.; **[jê] qeran** ژێ قەران vt./vi.; **dest jê k'işandin** دەست ژێ كِشاندِن vt.; **hiştin** هِشتِن vt.;
leaven **hêvên** هێڤێن m.; **hevîrtirş** هەڤیرتِرش m.
Lebanese **Lubnanî** لوبنانی
Lebanon oak **dîndar II** دیندار f.
lecture **gotar** گۆتار f.
ledge **çene** چەنە f.
leech **zûrî** زووری f./m.
leek (allium porrum) **kurad** كوراد f.; **kewer** كەوەر f.
leer **aviř** ئاڤِڕ m./f.
to leer at **avirê xwe dan** ئاڤِرێ خوە دان vt.
left: (direction) **çep** چەپ
left behind (backward) **paşdamayî** پاشدامایی; -to be ~ **veman** ڤەمان vi.; **paře man** پاڕا مان vi.
left wing **çepgir** چەپگِر

leftist **çepgir** چەپگِر

leg **ling** لِنگ m.; **pê II** پێ m.; **qedûm** قەدووم m.; **qor I** قۆر m.; (bird's leg) **çîp** چیپ f.; (~ of a trip) **qonax** قۆناخ f./m.; (lower part of trouser ~) **deling** دەلِنگ m./f.

leg irons **çîdar** چیدار f.

legacy **kelep'ûr** کەلەپوور m.

legal damages **xerc** خەرج m./f.

legal suit (law suit) **doz** دۆز f.; **şikyat** شِکیات m.

legband **xirxal** خِرخال m./f.

leggings **zengal** زەنگال f.

legitimate **r̄ewa I** ڕەوا

lemon **lîmon** لیمۆن f.

to lend: (money) **deyn dan** دەین دان vt.

length **dirêjahî** دِرێژاهی f.

leniency **dilpêvebûn** دِلپێڤەبوون f.

lentil **nîsk** نیسك f.; (cooked ~s) **mişewiş** مِشەوِش f.

lentil soup **şorbenîsk** شۆربەنیسك f.

Leo **şêr I** شێر m.

leopard **piling** پِلِنگ m.

lepidium (wild herb used in cheese) **bendik I** بەندِك f.

leprosy **k'otîbûn** کۆتیبوون f.

lesion **zede** زەدە f.

lesson **ders** دەرس f.

lest **deqene** دەقەنە conj. [+ subj.]

let **bila** بِلا conj. [+ subj.]

to let: (allow) **hiştin** هِشتِن vt.; **îzin dan** ئیزِن دان vt.; **r̄êdan** ڕێدان vt.; (causative) **dan I** دان vt. + inf.

to let alone **dev jê berdan** دەڤ ژێ بەردان vt.; **jêvebûn** ژێڤەبوون vi.

to let be (to let alone) **jêvebûn** ژێڤەبوون vi.

to let down **dakirin** داکِرِن vt.; (lower, into a pit) **dahiştin** داهِشتِن vt.

to let fall (drop) **xistin** خِستِن vt.

to let go [of] **berdan** بەردان vt.

to let in (allow to enter) **ĥemilandin** حەمِلاندِن vt.

to let know **pê ĥesandin** پێ حەساندِن vt.; **haydar kirin** هایدار کِرِن vt.

to let off (a shot) **xesar kirin** خەسار کِرِن vt.

to let up (cease, of rain) **vedan** ڤەدان vt.

let's see! **k'anî II** کانی

letter (epistle) **name** نامە f.; **mek't'ûb** مەکتووب f.; **k'ax̄ez** کاغەز f./m.; (l. of alphabet) **tîp** تیپ f.

leucoma **ava spî** ئاڤا سپی f.

level (adj.): (flat, even) **dûz** دووز

level (n.): **ast** ئاست m./f.; (degree) **r̄ade** ڕادە f.

to level **r̄enîn** ڕەنین vt.

lever (crank) **qer̄ase II** قەڕاسە m./f.

leveret: (young hare) **xirnaq** خِرناق m.&f.

liar **derewîn** دەرەوین m.&f.; **derewker** دەرەوکەر m.&f.; **vir̄ek** ڤِڕەك m.

libel **'ewanî** عەوانی f.; **şilt'ax** شِلتاخ f.; **xeyb** خەیب f.; ***altaxî** ئالتاخی f.

to libel **lomandin** لۆماندِن vt.; **şer̄ avîtin (ser)** ***fk-ê*** شەڕ ئاڤیتِن سەر فکێ vt.

to liberate **r̄izgar kirin** ڕِزگار کِرِن vt.

liberated **r̄izgar** ڕِزگار; to be ~ **r̄izgar bûn** ڕِزگار بوون vi.

liberation **r̄izgarî** ڕِزگاری f.

libertine **forq** فۆرق m.&f.; **qab II** قاب m.; **tol I** تۆل m.&f.; **tolaz** تۆلاز m.

liberty **azadî** ئازادی f.; **serbestî** سەربەستی f.; **r̄izgarî** ڕِزگاری f.

Libra **mêzîn** مێزین f.; **pêvir û mêzîn** پێڤِر و مێزین f.; **terazî** تەرازی f.

librarian **k'itêbxanevan** کِتێبخانەڤان m.&f.

library **k'itêbxane** کِتێبخانە f.; **p'irtûkxane** پِرتووکخانە f.

Libyan **Lîbî** لیبی

lice --> see louse.

licit **r̄ewa I** ڕەوا

to lick **alastin** ئالاستِن vt.

lid: (cover) **derxwîn** دەرخوین m./f.

lie: (fib, falsehood) **derew** دەرەو f.; **vir̄ II** ڤِڕ f.; **ner̄astî** نەڕاستی f.

to lie (tell lies) **vir̄ kirin** ڤِڕ کِرِن vt.

to lie down **serê xwe danîn** سەرێ خوە دانین vt.; **p'aldan** پالدان vt.; **r̄ak'etin** ڕاکەتِن vi.; **r̄amedîn** ڕامەدین vi.; **xwe dirêj kirin** خوە دِرێژ کِرِن vt.; **r̄azan** ڕازان vi.; **nivistin** نِڤِستِن vi.; **vek'etin** ڤەکەتِن vi.; **velezîn** ڤەلەزین vi.; **xwe velezandin** خوە ڤەلەزاندِن vt.; (of sick or tired equines) **merixîn** مەرِخین vi.

to lie in wait for (ambush) **xwe lê nitirandin** خوە لێ نِتِراندِن vt.; **bose danan/vedan** بۆسە دانان\ڤەدان vt.

lieutenant colonel **serheng** سەرهەنگ m.

life **jîn** ژین vi.; **'emir II** عەمِر m.

life partner **hevser** هەڤسەر m.&f.

life story (biography, memoir) **serhatî** سەرهاتی f.

lifeless: (dead) **bêcan** بێ جان

lifestyle **r̄abûn û r̄ûniştin** ڕابوون و ڕوونِشتِن f.

lifetime **t'emen** تەمەن m.

to lift **hildan** هِلدان vt.; **hilanîn** هِلانین\هِلئانین vt.; **hilgirtin** هِلگِرتِن vt.; **r̄akirin** ڕاکِرِن vt.; **hevraz kirin** هەڤراز کِرِن vt.; (a person) **hilbir̄în** هِلبِڕین vt.; **hilgaftin** هِلگافتِن vt.; (to remove) **hilkirin**

هِلکِرِن vt.
lifted (raised up) **quloz** قولۆز
light (adj.): 1) color : (of tea) **sivik** سِڤِك; **vebûyî** ڤەبوویی ; **zer** زەر ; (bright) **řon I** ڕۆن /**řohnî I** ڕۆهنی
2) weight: **sivik** سِڤِك; **bêtên** بێ تێن; (gentle) **tenik** تەنِك; to make ~ of: **dan ber lingan** دان بەر لِنگان vt.;
light (n.): **řonahî I** ڕۆناهی f.; **nûr** نوور f.; **řewş** ڕەوش f.; **şemal** شەمال f.; **şewq** شەوق f.; (lamp) **çira I** چِرا f.; **fanos** فانۆس f.; **şemal** شەمال f.; (dim, weak ~) **sînahî** سیناهی f.
to light: **vêxistin** ڤێ خِستِن vt.; **pêxistin** پە خِستِن vt.; **hilkirin** هِلکِرِن vt.; **şewitandin** شەوِتاندِن vt.; (stove) **dadan** دادان vt.; **daxistin** داخِستِن vt.; **kuç'ik dadan/danîn** کوچِك دادان\دانین vt.
light blue **tebesî** تەبەسی
light industry **senĥeta sivik** سەنحەتا سِڤِك; **p'îşesazîya biçûk** پیشەسازییا بِچووك
light rain **reşêş** رەشێش f.
to light up (vi.) **hilbûn** هِلبوون vi.; (vt.) **şemal dayîn** شەمال دایین vt.
lighting **řonahî I** ڕۆناهی f.; **şemal** شەمال f.
lightness (of weight) **sivikayî** سِڤِکایی f.
lightning **birûsk** بِرووسك f.; **blêç** بلێچ f./m.; **beledî** بەلەدی f.
lightning bolt **şîşa birûskê** شیشا بِرووسکێ f.; **trûsk** ترووسك f.; **berq** بەرق f.
lightning bug (firefly) **pispisok I** پِسپِسۆك f.
lightweight **sivik** سِڤِك; **bêtên** بێ تێن
light-witted **t'ewekel** تەوەکەل; **aqilsivik** ئاقِلسِڤِك
likability --> likeability.
likable --> likeable.
like (similar to) **wek** وەك; **mîna** مینا; **fena** فەنا ; **şitî II** شِتی; **nola** نۆلا (as) **ĥesabê** حەسابێ
to like **'ecibandin** عەجِباندِن vt.; **k'êfa fk-ê ji ... re hatin** کێفا فکێ ژِ ... رە هاتِن vi; **begem kirin** بەگەم کِرِن ; **evandin** ئەڤاندِن vt.
likeability **xwînşîrînî** خوینشیرینی f.
likeable **řiĥsivik** ڕِهسِڤِك; **xwînşîrîn** خوینشیرین
to liken [stg. to stg. else] **şibandin** شِباندِن vt.
likewise **herwiha** هەروِها
liking: -to s.o.'s liking **bi dilê fk-ê** بِ دِلێ فکێ
lily **sosin** سۆسِن f.
limb **endam** ئەندام m.; **lebat II** لەبات m.
limb from limb **elep'arçe** ئەلەپارچە
lime: (gypsum) **ces** جەس f.; **gec** گەج f.; **k'ils** کِلس f.
limekiln **hêtûn** هێتوون f.
limelight: -to avoid the ~ **xwe dane paş** خوە دانە پاش vt.
limit **sînor** سینۆر m.; **t'ixûb** تِخووب m./f.; **ĥed** حەد m.; (time ~) **molet** مۆلەت f.
limitless **bêĥesab** بێ حەساب; **bêsînor** بێ سینۆر; **bêĥed** بێ حەد
limp **şil II** شِل ; **sist** سِست
to limp **kulîn** کولین vi.; **lengirîn** لەنگِرین vi.; **licimîn** لِجِمین vi.
limpid **zelal** زەلال; **řon I** ڕۆن /**řohnî I** ڕۆهنی;
limpidity **zelalî** زەلالی f.
limping **leng** لەنگ; **t'opal** تۆپال; **kulek I** کولەك; **kût I** کووت
limpness **sistî** سِستی f.
line **řêz I** ڕێز f.; **xet** خەت f./m.; **qoř II** قۆڕ f.; **şax** شاخ f./m.; **şerît** شەریت f.; (family, lineage) **binemal** بِنەمال f.; **malbat** مالبات f.; **nifş** نِفش f./m.; (in forehead) **çiqir** چِقِر pl.; (of writing, poetry, etc.) **řêzik** ڕێزِك f.; (small ~) **xêzik** خێزِك f.
line dance **govend** گۆڤەند f.
to line up (vt.) **řêz kirin** ڕێز کِرِن vt.
lineage **binemal** بِنەمال f.; **azbat** ئازبات f.; **malbat** مالبات f.; **îcax** ئیجاخ f.; **nifş** نِفش f./m.
linen **caw** جاو m.; **k'itan** کِتان f.
linguist **zimanzan** زِمانزان m.&f.
linguistics **zimanzanî** زِمانزانی f.
lining: (on meat) **betan** بەتان m.
link **p'evgirêdan** پەڤگِرێدان f.; (final l. in chain) **olk I** ئۆلك f.
lintel **serder** سەردەر f.
lion **şêr I** شێر m.
lion cub **ferxeşêr** فەرخەشێر m.
lioness **dêleşêr** دێلەشێر f.
lip **lêv** لێڤ f.; (of jug) **kevî I** کەڤی f.
liquid (adj.) **avî I** ئاڤی; **řon II** ڕۆن
liquid (n.) **řon II** ڕۆن m.
liquidity **řonî II** ڕۆنی f.
lira: (Turkish currency) **baqnot** باقنۆت f./m.
to listen (to) **guhdarî kirin** گوهداری کِرِن vt.; **guh dan/kirin** گوه دان\کِرِن vt.
listener **guhdar** گوهدار m.&f.
listening **guhdarî** گوهداری f.
listless **sar** سار
literary **edebî I** ئەدەبی; **wêjeyî** وێژەیی
literate person **xuneda** خونەدا m.
literature **edebiyat** ئەدەبیات f.; **wêje** وێژە f.
lithe (pliant, young) **teř** تەڕ
litigant **şikyatçî** شِکیاتچی m.
litter: (stretcher) **darbest** داربەست f.; **me'f** مەعف f.
littérateur **t'ořevan I** تۆڕەڤان m.; **wêjevan** وێژەڤان m.

little **piçûk** پچووك; **çûçik I** چووچك ; **qicik** قِجِك; -a little (somewhat) **çendek** چەندەك; **hindik** هِندِك; **hine I** هِنە; **hinekî** هِنەكی; **kêm I** كێم; **piçek** پچەك

little bit **ĥebekî** حەبەكی; **hinekî** هِنەكی; ĥekekî (Ad); **piçek** پچەك ; **çîçik II** چیچك m.

little finger **qilîç'k** قِلیچك f.; **t'ilîya çûk** تِلییا چووك

littleness **piçûkayî** پچووكایی f.

live [lajv] (alive) **zindî** زِندی/**zêndî** زێندی

live broadcast **weşana zindî** وەشانا زندی f.

to live [lɪv] **jîn** ژین vi.; **debirîn** دەبرین vi.; (dwell, reside) **jîn** ژین vi.; **r̄ûniştin** ڕوونشتِن vi.; -to live to see **'emir kirin** عەمِر كِرِن vt.

livelihood **debar** دەبار f.; **'ebûr** عەبوور m.; **'emal** عەمال m./f.

liveliness **ç'apikî** چاپكی f.; **ç'elengî** چەلەنگی f.; **jîrayî** ژیرایی f.

lively **ç'apik I** چاپك; **jîr** ژیر; **zêndî** زێندی

liver **ceger** جەگەر f./m.; **cegera r̄eş** جەگەرا ڕەش f.; **cerg** جەرگ m./f.; **k'ezeba r̄eş** كەزەبا ڕەش f.; **p'işa r̄eş** پشا ڕەش f.; **mêlak** مێلاك f.

livestock **ĥeywanet** حەیوانەت m.; (cattle) **t'ariş** تارِش m.; **çavrî** چاڤری f.; **gar̄eş** گاڕەش f.; **dewar** دەوار m.; (sheeps & goats) **sewal I** سەوال m.

living (adj.) (alive) **sax** ساخ; **jîndar** ژیندار

living: (n.) (sustenance) **debar** دەبار f.; **'ebûr** عەبوور m.

lizard **bûkmar** بووكمار f.; **margîsk** مارگیسك m.; **mazîzerk** مازیزەرك f.; (chameleon) **xemegurî** خەمەگوری f.; (medium-sized or large) **dîya mara** دییا مارا f.; (large) **qumqumok** قومقومۆك f.; (small ~) **mazelîlk** مازەلیلك f.; (wall gecko) **marmaroşk I** مارمارۆشك f.; **kilîfe** كلیفە m.

load: (burden) **bar I** بار m.; **barxane** بارخانە f.; **k'aş I** كاش f.; **piştî I** پشتی m./f.

to load: **bar kirin** بار كِرِن vt.; **lêkirin** لێ كِرِن vt.; **têkirin** تێ كِرِن vt.; (~ onto shoulder) **hilgirtin** هِلگِرتِن vt.; (~ a rifle) **dagirtin** داگِرتِن vt.

loafer (idler) **tolaz** تۆلاز m.

loan **qer I** قەر m.

to loan: (money) **deyn dan** دەین دان vt.

to lob (throw, cast) **avêtin** ئاڤێتِن vt.; **werkirin** وەركِرِن vt.

lobby **heywan I** هەیوان f.

local **dereke** دەرەكە ; **xwecihî** خوەجِهی

local inhabitant **xwecihî** خوەجِهی m.; **binecî** بِنەجی m.; **binelî** بِنەلی m.

located **mewcûd** مەوجوود ; **danî** دانی

lock: (of hair) **gulî I** گولی f./m.; **t'ûncik** توونجِك f.; (of woman's hair) **bisk** بِسك f.; **kezî** كەزی f.; (on door) **qifil** قِفِل f.; **mifte** مِفتە f.; **kilît** كِلیت f.

to lock **dadan** دادان vt.; **daxistin** داخِستِن vt.; **mifte kirin** مِفتە كِرِن vt.; **qifil dan** قِفِل دان vt.; **qifil kirin** قِفِل كِرِن vt.

locust **kulî I** كولی f.

to lodge (vi.: stop for the night) **ĥewîn** حەوین vi.; **hêwirîn** هێورین vi.; (vt.: give lodging to) **ĥewandin** حەواندِن vt.; **cî kirin** جی كِرِن vt.; **hêwirandin** هێوراندِن vt.

lodgings (quarters, residence) **menzîl** مەنزیل f.

log: (hollowed out ~) **bot** بۆت

loins **damen** دەمان m.

loneliness **t'enêtî** تەنێتی f.; **t'ektî** تەكتی f.

lonely **xewle I** خەولە

long **dirêj** دِرێژ

long bearded **r̄ihdirêj** ڕِهدِرێژ

to long for **bijîn I** بژین vt.; **mêla fk-î/ft-î kirin /k'işandin** مێلا فكی\فتی كِرِن\كِشاندِن vt.; **mukurîya (kesekî) kirin** موكورییا (كەسەكی) كِرِن vt.

long time: -for a long time **ji mêj ve** ژِ مێژ ڤە; **zûda** زوودا

longing (for): **hesret** هەسرەت f.; **mukur̄î** موكوڕی f.; (homesickness) **bêrî II** بێری f.

long-lived **'emirdirêj** عەمِردِرێژ

look: **mêze** مێزە f.; **nezer** نەزەر f.; **zên I** زێن f.; (scornful) **avir̄** ئاڤِڕ m./f.; (stern, angry) **doçika çavan** دۆچكا چاڤان ; (checking) **t'eselî** تەسەلی f.

to look **bala xwe dan** بالا خوە دان vt.; **dîna xwe dan** دینا خوە دان vt.; **zên dan** زێن دان vt.

to look after: (take care of) **miqatî fk-î bûn** مِقاتی فكی بوون vi.; **xwedî lê kirin** خوەدی لێ كِرِن vt.; **hay jê hebûn** های ژێ هەبوون vi.; **t'îmar kirin** تیمار كِرِن vt.

to look at (watch) **nêrîn** نێرین vt.; **mêze kirin** مێزە كِرِن vt.; **fer̄icîn** فەڕجین vi.; **tê fikirîn** تێ فِكِرین vi. (**fikirîn II** فِكِرین vi.); **lê t'emaşe kirin** تەماشە كِرِن vt.

to look forward to **çaver̄ê bûn** چاڤەڕێ بوون vi.;

to look in on **t'eselî kirin** تەسەلی كِرِن vt.; (a sick person) **sax̄tî kirin** ساغتی كِرِن vt.

to look into: (investigate) **lêkolîn** لێ كۆلین vt.; **lê hûr bûn** لێ هوور بوون vi.

to look like (resemble) **şibîn** شِبین vi.; **man** مان vi.; **şeklê *fkî* dan** شەكلێ فكی دان vt.

looking after (caring for) **miqatî** مِقاتی f.; **t'îmar** تیمار f.

looking glass (mirror) **nênik I** نێنِك f.; **'eynik** عەینِك f.; **qotî I** قۆتی f.; **hêlî** هێلی f.; **mirêk** مِرێك f.; (large ~) **'eyne** عەینە f.

looks: (appearance) **bejnbal** بەژنبال f.; **dirûv** درووڤ m.; **qelafet** قەلافەت m.
loom: (weaver's ~) **t'evn** تەڤن m./f.; **xanût** خانووت f.; **dezgeh** دەزگەه f.
loop **xelek** خەلەك f.
loose **sist** سِست; (of stitches) **fiř II** فِڕ; (dangling) **şor II** شۆڕ; (wild, dissolute) **t'ewekel** تەوەكەل; -on the ~ **beradayî** بەرادایی/**beředayî** بەڕەدایی
to loose (let loose, fire, a shot) **xesar kirin** خەسار کِرِن vt.
to loosen: **sist kirin** سِست کِرِن vt.; **vekirin** ڤەکِرِن vt.; (cock of gun) **çeqandin** چەقاندِن vt.
to loot **t'alan kirin** تالان کِرِن vt.
looting (n.) **t'alan** تالان m./f.
to lop off (of trees) **k'ezaxtin** کەزاختِن vt.; **çipilandin** چِپلاندِن vt.; **pejikandin** پەژِکاندِن vt.; **t'eřişandin** تەڕشاندِن vt.
lopping off (of trees) **k'ezax** کەزاخ f.
loquacious **zimandirêj** زِماندِرێژ; **devjihev** دەڤژِهەڤ
lord **beg** بەگ m.; (head of the house) **malxwê** مالخوێ m.; **sermiyan** سەرمِیان m.; **serwer** سەروەر m.
lorry (truck) **p'îqab** پیقاب f.
to lose **winda kirin** وِندا کِرِن vt.; **berza kirin** بەرزا کِرِن vt.; (at a game) **dořandin** دۆڕاندِن vt.
to lose control **vebehîn** ڤەبەهین vi.
to lose interest in **destê** ***fk-ê*** **sar bûn** دەستێ فکێ سار بوون vi.; **berê xwe [jê] guhastin** بەرێ خوە ژێ گوهاستِن vt.
to lose one's turn **sotin (geřa xwe)** سۆتِن (گەڕا خوە) vi.
to lose one's way **winda bûn** وِندا بوون vi.; **ȟeyrîn** حەیرین vi.; **xalifîn** خالِفین vi.
loss **t'elef** تەلەف f.; **xesar** خەسار f.
lost **winda** وِندا; **berza** بەرزا; (astray) **ȟeyrî** حەیری; -to be/get ~ **řoda ç'ûn** ڕۆدا چوون vi.; **winda bûn** وِندا بوون vi.; (to be ~ in thought) **nuqim bûn** نوقِم بوون vi.;
lot: (portion, share) **behr I** بەهر f.; **beş I** بەش f./m.[2]; **p'ar II** پار f.; **p'ay** پای f./m.; **pişk** پِشك f.; (~ in life, luck) **bext** بەخت m.; **qismet** قِسمەت m.; **felek** فەلەك f.; **peşk II** پەشك f.; **nesîb** نەسیب f./m.
lots (for lottery) **peşk II** پەشك f.
lottery **peşk II** پەشك f.
loud **bilind** بِلِند; (coarse) **qube I** قوبە
to lounge (sprawl out, lie down) **velezîn** ڤەلەزین vi.
louse (pl. lice): **spî II** سپی f.; (young ~) **nûtik** نووتِك f.; (larva of ~) **řişk** ڕِشك f.
to louse up (spoil, ruin) **p'ûç' kirin** پووچ کِرِن vt.
lovable **xwînşîrîn** خوینشیرین
lovableness **xwînşîrînî** خوینشیرینی f.
love **evîn** ئەڤین f.; **evîndarî** ئەڤینداری f.; **dildarî** دِلداری f.; **eşq** ئەشق f.; **ȟub** حوب f.; **muȟbet** موحبەت f.; **ȟez** حەز f.
to love **jê ȟez kirin** ژێ حەز کِرِن vt.; **viyan** ڤِیان vt. [+ obl.prn.]; **ȟebandin** حەباندِن vt.; **evandin** ئەڤاندِن vt.
love making **k'êf [û] ȟenek** کێف و حەنەك
lovely: (beautiful) **xweşik** خوەشِك
lover **aşiq** ئاشِق m.; **dost** دۆست m.&f.; **yar** یار m.&f.
low **nizm** نِزم; **xwar** خوار; **melûl** مەلوول
to low **bařîn II** باڕین vi.; **bořîn I** بۆڕین vi.; **orîn** ئۆرین vi.
low profile: -to keep a ~ **xwe dane paş** خوە دانە پاش vt.
lower: (inferior) **jêrîn** ژێرین
to lower: **dakirin** داکِرِن vt.; **daxistin** داخِستِن vt.; (s.o. down into a pit) **dahiştin** داهِشتِن vt.
lower case letter **hûrdek** هووردەك f.
lower part **jêr** ژێر f.; **dang** دانگ f.
lower than (downward of, below) **ji ...û pêda** ژِ ... و پێدا
lowness **nizmî** نِزمی f.; (treachery) **nemerdî** نەمەردی f.
loyal **dilsoz** دِلسۆز
loyalty **dilsozî** دِلسۆزی f.; **pêgirî** پێگِری f.
lucerne **heliz** هەلِز f.
luck **bext** بەخت m.; **felek** فەلەك f.; **oxir** ئۆغِر f.; **nesîb** نەسیب f./m.; (good luck) **bextewarî** بەختەواری f.; **îqbal** ئیقبال m.; **siûd** سِئوود f.
lucky **bextewar** بەختەوار ; **xudanbext** خودانبەخت
to lug **ȟembeltî kirin** حەمبەلتی کِرِن vt.
lugging **ȟemalî** حەمالی f.
lull: (in the rain) **kevlû** کەڤلوو f.
to lull: (put to sleep) **morîya xewê avîtin guhê fk-î** مۆریيا خەوێ ئاڤیتِن گوهێ فکی vt.;
lullaby **lorî II** لۆری f.; -to sing lullabies **lorandin** لۆراندِن vt.
lumbago **qolinc II** قۆلِنج f.; -suffering from l. **qolincî I** قۆلِنجی
lumbar nerve **řiha qolincê** ڕِها قۆلِنجێ f.
lumberjack **darbiř** داربِڕ m.
lump: (of ice, etc.) **şel III** شەل m.; (swollen node) **tulȟ** تولح f.
lunar eclipse **heyvgirtin** هەیڤگِرتِن f.
lunch (midday meal) **firavîn** فِراڤین f.; **nanê nîvro** نانێ نیڤرۆ m.; naverok; **taştê** تاشتێ f.(Hk)
lung **cegera spî** جەگەرا سپی f.; **k'ezeba spî** کەزەبا سپی f.; **mêlak** مێلاك f.; **p'işa spî** پِشا سپی f.; **sîh I** سیه f.
luster **şewq** شەوق f.

lustre --> see luster.
luxury **sentenet** سەنتەنەت f.
lye **ziřk** زِرك f.
lye water **ava ziřkê** ئاڤا زِركێ f.
lying (n.) (telling lies) **viřekî** ڤِرەكی f.
lying down **řamedîyayî** ڕامەدییایی
lying on one's back **řamedîyayî** ڕامەدییایی
lynx **weşeq** وەشەق f.
lyre **ç'eng IV** چەنگ f.

M

mace **gurz I** گورز m.; **hiwêzî** هِوێزی m.; **ciniḧ** جِنِح m.
Macedonian **Makedonî** ماكەدۆنی
machine **makîne** ماكینە f.
mad: (angry) **sil** سِل; **simêlřeş** سِمێلڕەش; (crazy) **dîn II** دین; **şêt** شێت; **neḧiş** نەحِش; **aqilkuřîn** ئاقِلكوڕین; (raving) **ḧêç'** حێچ; (rabid) **har** هار; -to get ~ (angry) at **ẍezibîn** غەزِبین vi.; **k'eribîn** كەرِبین vi.; **erinîn** ئەرِنین vi.;
madam **stî** ستی f.; **xanim** خانِم f.
madder **soring** سۆرِنگ f.; [see also **batov** باتۆڤ f.]
made: -to be made **çêbûn** چێ بوون vi.
made of **ji I** ژِ
made ready: -to be ~ **pêkhatin** پێكهاتِن vi.
madness: (craziness) **dînayî** دینایی f.; **neḧişî** نەحِشی f.; **şêtî** شێتی f.; (being rabid) **harî** هاری f.
magazine (periodical) **kovar** كۆڤار f.; (of gun) **xeşab** خەشاب
magic **sêr I** سێر f.; **efsûnî** ئەفسوونی f.
magic spell **îsmê sêrê** ئیسمێ سێرێ m.
magical **efsûnî** ئەفسوونی
magistrate **ḧakim** حاكِم m.
magnanimity **dilřeḧmî** دِلڕەحمی f.; **himmet** هِممەت f.
magnanimous **ciwamêr** جِوامێر ; **dilřeḧm** دِلڕەحم
magnificence **sentenet** سەنتەنەت f.
to magnify **zêde kirin** زێدە كِرِن vt.
magnifying glass **cama mezinkirinê** جاما مەزِنكِرِنێ f.
magpie **keşkele** كەشكەلە f.; **qijik** قِژِك f.; **qiřik II** قِرِك f
mahaleb cherry **kinêr** كِنێر f.
maidservant **carî** جاری f.; **xadim** خادِم f.; **qerwaş** قەرواش f.
maimed **seqet** سەقەت
main character (of story) **boke** بۆكە m.
main office (headquarters) **fermangeh** فەرمانگەه f.
to maintain (claim) **îdî'a kirin** ئیدیعا كِرِن vt.
maintaining (assertion) **îdî'a** ئیدیعا f.; **angaşt** ئانگاشت f.
maize: (corn) **genimeşamî** گەنِمەشامی m.; **garis[ê stanbolî]** گارِسێ ستانبۆلی m.; **genmok** گەنمۆك f.; **gilgilê Stembolê** گِلگِلێ ستەمبۆلێ m.; **lazût** لازووت m.; **zuret I** زورەت f.
majority **p'iřanî** پِرانی f.; **gelemperî** گەلەمپەری f.
to make **ç'ê kirin** چێ كِرِن vt.; **dirust kirin** دِروست كِرِن vt.; **řaç'andin** ڕاچاندِن vt.; (for dinner) **lênan** لێ نان vt.; (to found, establish) **saz kirin** ساز كِرِن vt.; (~ s.o. do stg.) **dan I** دان vt. + inf.; (render, cause to be) **derxistin** دەرخِستِن vt.
to make a copy **bergirtin I** بەرگِرتِن vt.
to make a name for o.s. **xwera nav qazanc kirin** خوەرا ناڤ قازانج كِرِن vt.
to make a profit **qazanc kirin** قازانج كِرِن vt.
to make an agreement **şert girêdan** شەرت گِرێدان vt.
to make do with (be contented with) **bi ft-î qenaet kirin** ب فتی قەنائەت كِرِن vt.; **qîma xwe pê anîn** قیما خوە پێ ئانین vt.
to make for (head for) **qesda ft-î kirin** قەسدا فتی كِرِن vt.
to make fun of **tewza xwe lê kirin** تەوزا خوە لێ كِرِن vt.; **tewzê xwe pê kirin** تەوزێ خوە پێ كِرِن vt.; **qerf lê/pê kirin** قەرف لێ\پێ كِرِن vt.
to make late **awiqandin** ئاوِقاندِن vt.; **egle kirin** ئەگلە كِرِن vt.; **gîro kirin** گیرۆ كِرِن vt.;
to make light of **dan ber lingan** دان بەر لِنگان vt.;
to make off with **xwe averê kirin** خوە ئاڤەرێ كِرِن vt.
to make out: (to espy, catch sight of, distinguish) **qişirandin** قِشِراندِن vt.
to make peace (between 2 warring parties) **aşt kirin** ئاشت كِرِن vt.; **li hev anîn** لِ هەڤ ئانین vt.; **fesla fk-î kirin** فەسلا فكی كِرِن vt.
to make ready (to prepare) **ḧazir kirin** حازِر كِرِن vt.; **amade kirin** ئامادە كِرِن vt.
to make sense [to s.o.] **k'etin serê fk-ê** كەتِن سەرێ فكێ vi.;
to make up: (vi.) (to be reconciled) **li hev hatin** لِ هەڤ هاتِن vi.; **pêkhatin** پێكهاتِن vi.; **p'ev k'etin** پەڤ كەتِن vi.; (vt.) (constitute) **pêkanîn** پێك ئانین vt.; (concoct) **[ji] ber xwe derxistin** ژِ بەر خوە دەرخِستِن vt.
to make use of **bi kar anîn** بِ كار ئانین vt; **'emilandin** عەمِلاندِن vt.; **xebitandin** خەبِتاندِن vt.
malaria **t'a û lerz** تا و لەرز f.; **lerzeta** لەرزەتا f.
male **nêr** نێر
malediction: (curse) **ne'let** نەعلەت f.; **nifiř** نِفِر f.

malevolence **zikřeşî** زکرِەشی f.
malevolent **zikřeş** زکرِەش
malice **zikřeşî** زکرِەشی f.
malicious **zikřeş** زکرِەش
mallet: (sledgehammer) **gеřan II** گەران m.; **mirc** مِرج m.; (large ~) **mêk'ut** مێکوت m.; **zomp** زۆمپ m.; **ç'ilmêre** چمێره m.; (for beating burghul or wheat) **k'utik I** کوتِك m.
mallow **tolik** طۆلِك/**tolik** تۆلِك f.
Maltese **Maltayî** مالتایی
man **mêr** مێر m.; **meriv** مەرڤ m.; **peya I** پەیا m.; **k'abra** کابرا m.; **zilam** زلام m.; (human being) **qûl** قوول m.; (subordinate) **balbas** بالباس m.
man of letters **t'ořevan I** تۆرەڤان m.; **wêjevan** وێژەڤان m.
manacles **zincîr** زِنجیر f.
to manage (direct) **meşandin** مەشاندِن vt.; **bi řê ve birin** ب رێ ڤە بِرِن vt.; (cope with, get by) **berika xwe ji avê derînan** بەرِکا خوە ژ ئاڤێ دەرینان vt.; **cilika xwe ji avê derxistin** جِلِکا خوە ژ ئاڤێ دەرخِستِن vt.
management **fermandarî** فەرماندارى f.
manager **řêvebir** رێڤەبِر m.; **serk'ar** سەرکار m.
mandarin orange **lalengî** لالەنگی f.
mane **bijî I** بژی m./f.; **gulî I** گولی f./m.
mange **giř IV** گِر m.
mangy **gurî** گوری; **k'otî** کۆتی
manhood **mêranî** مێرانی f.; **zilamtî** زلامتی f.
to manifest o.s. **xuyan I** خویان vi.
manifesto **daxuyanî** داخویانی f.
manliness **merivtî** مەرِڤتی f.; **mêranî** مێرانی f.; **zilamtî** زلامتی f.
manly **qoç'ax** قۆچاخ
manna **gezo** گەزۆ m./f.
manner: (way, style) **awa** ئاوا m.; **celeb I** جەلەب m.; **cûre** جوره m.; **řeng** رەنگ m.; **t'eher** تەهەر m.; **form** فۆرم f.;
manners: (good ~) **'edeb I** عەدەب f.; **řabûn û řûniştin** رابوون و روونِشتِن f.
manor **qonax** قۆناخ f./m.; **qonax** قۆناخ f./m.; **xan-man** خان مان m.
man's **nêr** نێر
manservant **lele** لەلە m.
mansion **qonax** قۆناخ f./m.; **xan-man** خان مان m.; **qesr** قەسر f.
mantis **balbalok** بالبالۆك f.; **hespê fatma nebî** هەسپێ فاتما نەبی m.; **hespê nebî** هەسپێ نەبی m.; **hespê pêxember** هەسپێ پێخەمبەر m.
manual (handbook) **řêber** رێبەر f.
manufacturing (n.) **p'îşesazî** پیشەسازی f.; **sen'et** سەنعەت f.;
manure: **t'ers** تەرس m./f.; **zibil** زِبِل f.; (goat or sheep's ~) **bişkul** بِشکول pl./f.; **peyîn** پەیین m.; **dirg** دِرگ *m.*; (dried cow ~) **k'erme** کەرمە m./f.; **qelax** قەلاخ f.; **řîx** ریخ f.; **sergîn** سەرگین f./m.; (pressed) **t'epik II** تەپِك pl./m.; **t'ert** تەرت m.; **keşkûr** کەشکوور; **pesarî** پەساری pl./f.; (horse ~) **peyîn** پەیین m.; (mixed with straw, in rock-hard chunks) **deve II** دەڤە f.
manuscript **destnivîs** دەستنِڤیس f.
many **gelek** گەلەك; **p'iř II** پِر; **ze'f** زەعف; **mişe** مِشە; **zor II** زۆر
map **nexşe** نەخشە f.
maple tree **kevot I** کەڤۆت f.
marble **mermer** مەرمەر m.; (small glass ball, which boys play with) **mat I** مات f.; **t'ebel** تەبەل f.; **ẍar III** غار f.; **dîndoq** دیندۆق f.
March (month) **Adar** ئادار f.
mare (female horse) **mehîn I** مەهین f.
marjoram **cat'irî** جاتِری f.; **nefel** نەفەل f.
mark **nîşan** نیشان f.; **navnîşan** ناڤنیشان m./f.; **berjeng** بەرژەنگ f.
to mark: **k'ifş kirin** کِفش کِرِن vt.; (leave a mark on) **deqandin** دەقاندِن vt.
marker: (wooden ~ on grain husks) **şeqil** شەقِل f.
market **bazar** بازار f.; **sûk** سووك f.
marketplace **bazar** بازار f.; **sûk** سووك f.
marking **navnîşan** ناڤنیشان m./f.
marriage **zewac** زەواج f.; **nikha** نِکها f.; (civil ~) **mehir** مەهِر f.
married: -to get married **zewicîn** زەوِجین vi.; **mehr kirin** مەهر کِرِن vt.; (of man) **jin anîn/standin** ژن ئانین\ستاندِن vt.; (of woman) **şû kirin** شوو کِرِن vt.; **mêr kirin** مێر کِرِن vt.;
marrow **mejî** مەژی m.; (squash, type of vegetable) **qaqareş** قاقارەش f.
to marry: (s.o. off) **zewicandin** زەوِجاندِن vt.; **şû dan** شوو دان vt.; **nikha kirin** نِکها کِرِن vt.; **guhastin** گوهاستِن vt.; (be wed) **zewicîn** زەوِجین vi.; **mehr kirin** مەهر کِرِن vt.; (of man) **jin anîn/standin** ژن ئانین\ستاندِن vt.; (of woman) **şû kirin** شوو کِرِن vt.; **mêr kirin** مێر کِرِن vt.;
marsh: (swamp) **genav** گەناڤ f.; **çirav** چِراڤ f.; cimcime II;
marten **kûşk** کووشك\کویشك m.; **kûze** کووزە f.
marvel **'ecêb** عەجێب f.; **sosret** سۆسرەت f.; **gosirmet** گۆسِرمەت f.; **k'eramet** کەرامەت m.

masculine **nêr** نێر
masculinity **merivtî** مەرڤتی f.; **mêranî** مێرانی f.; **zilamtî** زلامتی f.
to mash: (press, squeeze) **dewisandin** دەوِساندِن vt.; **p'erçiqandin** پەرچِقاندِن vt.; **heřişandin** هەرِشاندِن vt.; **p'elaxtin** پەلاختِن vt.; **pêpes kirin** پێپەس کِرِن vt.; **t'episandin** تەپِساندِن vt.
mashed: -to be m. **heřişîn** هەرِشین vi.
mask **řûpoş** ڕووپۆش f.
mass (of clouds) **t'elp** تەلپ m.
massacre **k'omkujî** کۆمکوژی f.
to massacre **qiř kirin** قِر کِرِن vt.; **miştax ji wan çêkirin** مِشتاخ ژِ وان چێکِرِن vt.
to massage **miz dan** مِز دان vt.; **p'erixandin** پەرِخاندِن vt.; **firikandin** فِرکاندِن vt.
masses (of people) **mexulqet** مەخولقەت m.
master **xwedî** خوەدی m.; (of a trade or profession) **osta** ئۆستا m.; (of the house) **malxwê** مالخوێ m.; **sermiyan** سەرمِیان m.; **serwer** سەروەر m.
masterpiece **şaheser** شاهەسەر
mat: **qisîl** قِسیل f.; **ḧesîr** حەسیر f.; (sleeping ~) **doşek** دۆشەك f.; (thin ~) **p'alas** پالاس f./m.
match: (for kindling fire) **neftik** نەفتِك f.; **k'irpît** کِرپیت f.; **pitik I** پِتِك f.; (well suited for each other) **banek û bagurdanek** بانەك و باگوردانەك; -to be no ~ for s.o. **ne•karîn** نەکارین vt.; **ne•şiyan** نەشِیان vt./vi.
matchmaker **xwazgîn** خوازگین m.&f.
mate (lover) **yar** یار m.&f.; (spouse) **hevser** هەڤسەر m.&f.
to mate **cot bûn** جۆت بوون vi.; (of animals) **perîn** پەرین vi.
material **kereste** کەرەستە m.; (cloth) **qumaş** قوماش m.; **tixarîs** تِخاریس f.
materiel **k'el û p'el** کەل و پەل m./f./pl.; -war materiel **k'el û p'elên cengê** کەل و پەلێن جەنگێ pl.
mating **guhnêr** گوهنێر f.; **perîn** پەرین f.
mating season **gon II** گۆن m.; **guhnêr** گوهنێر f.; **dema/gera perînê** دەما\گەرا پەرینێ f.
matter: (issue, problem) **mesele** مەسەلە f.; **pirs** پِرس f.; **şuxul** شوخول m./f.; **zede** زەدە f.; (topic, subject) **mijar** مِژار f.; (pus) **'edab** عەداب f.; **k'êm II** کێم f.; **nêm** نێم f.
mattock **k'uling** کولِنگ m.
mattress **mitêl** مِتێل f.; **doşek** دۆشەك f.; **cil III** جِل m.; **qisîl** قِسیل f.; (thin ~ for sitting) **nehlîk** نەهلیك f.
mature **qerd I** قەرد
to mature (vi.) **pijîn** پِژین vi.; **k'emilîn** کەمِلین vi.
matzoh **nanê şkeva** نانێ شکەڤا m.
maund **min II** مِن f.
maximum (at most) **gelek gelek** گەلەك گەلەك
May (month) **Gulan** گولان f.
maybe **belkî** بەلکی; **çêdibît** چێدِبیت ; **qemî** قەمی; **qey** قەی
me **min** مِن
meadow **ç'ayîr** چاییر f.; **ç'îmen** چیمەن m.; **mêrg** مێرگ f.; **satar** ساتار m./f.
meadow salsify (Tragopogon pratensis) **siping** سِپِنگ f./m.
meal **nan** نان m.; (m. eaten before dawn during Ramazan) **paşîv** پاشیڤ f.; -to have a ~ **nan xwarin** نان خوارِن vt.
meaning **me'na** مەعنا f.; **wate** واتە f.; **têgih** تێگِه f./m.; **nêt** نێت f.
meaningful **watedar** واتەدار
meaningless **bême'na** بێ مەعنا
meanness **tisqîtî** تِسقیتی f.
means ; **hiner** هِنەر m./f.; **navgîn** ناڤگین f.; **espab** ئەسپاب pl.
meanspiritedness **tisqîtî** تِسقیتی f.
meantime: -in the ~ **di wê navberê da** دِ وێ ناڤبەرێ دا
measles **sorik** سۆرِك f.; **bîrov** بیرۆڤ f.;
measure **qiyas** قِیاس m.; (step) **pêngav** پێنگاڤ f.; **gav** گاڤ f.; -to make to m. (a garment) **fesilandin** فەسِلاندِن vt.
to measure **pîvan** پیڤان vt.
measurement **qeys** قەیس f.
meat **goşt** گۆشت m.; (roasted and stored for winter use) **qelî** قەلی f.
meat cleaver (butcher's knife) **sat'or I** ساتۆر f.; **sîkar** سیکار f.
meat seller **goştfiroş** گۆشتفِرۆش m.
medal **nîşan** نیشان f.
medallion **nîşan** نیشان f.
to meddle (interfere) **k'etin ort'ê** کەتِن ئۆرتێ vi.; **maytêkirin** مای تێکِرِن vt.; **qarişî ft-î bûn** قارِشی فتی بوون vi.
meddlesome (nosy) **maytêker** مای تێکەر
meddling **may** مای f.
Mede **Med** مەد/**Mad** ماد m.
the Media **dezgehên řagihandinê** دەزگەهێن ڕاگِهاندِنێ pl.
mediation **berevanî** بەرەڤانی f.
mediator **berevan** بەرەڤان m.
medicine **derman** دەرمان m.
medicine man **nojdar** نۆژدار m.

Mediterranean medlar: (azarole, hawthorn) **gîjok** گیژۆك f.

medium (means of attaining something) **navgîn** ناڤگین f.

medley (hodgepodge) **gêlma gavanî** گێلما گاڤانی f.; **girara gavana** گِرارا گاڤانا f.

meek **feqîr** فەقیر; **p'arsûxwar** پارسووخوار; **r̄ûnerm** ڕوونەرم; **nefspiçûk** نەفس پچووك

meekness **r̄ûnermî** ڕوونەرمی f.

to meet: (vi.) **civîn** جڤین vi.; **gihîştin hev** گِهیشتِن هەڤ vi.; **xir̄ ve bûn** خِڕ ڤە بوون vi.; (to encounter) **r̄ast hatin** ڕاست هاتِن vi.; **leqayî bûn** لەقایی بوون vi.; **p'êrgî bûn** پێرگی بوون vi.; (become acquainted with a person) **nasîya xwe dayîn** ناسییا خوە داییِن vt.; (greet, come out to ~) **berbir̄î bûn** بەربِڕی بوون vi. ; **ç'ûn berahîk'ê** چوون بەراهیکێ vi.; **ç'ûn pêrgînê** چوون پێرگینێ vi.

to meet in private **xewle kirin** خەولە کِرِن vt.

meeting **k'ombûn** کۆمبوون f.; **civat** جڤات f.; **civîn** جڤین f.; (encounter) **leqa** لەقا f.; **berahik** بەراهِك f.; **p'êrgîn** پێرگین f.; **pêşwaz** پێشواز

melancholia **jana r̄eş** ژانا ڕەش f.; **mirûz** مِرووز m.

melancholy **sewda** سەودا m.; (causing ~) **dilsoj** دِلسۆژ; -to be ~ **mirûzê xwe kirin** مِرووزێ خوە کِرِن vt.

melody (tune) **nexme** نەخمە f.; **leylan** لەیلان f.; **newa** نەوا f.

melon: **gindor I** گِندۆر f.; **k'al III** کال m.; **petêx** پەتێخ m.; **qawin** قاوِن m.; (dark) **qaqareş** قاقارەش f.; (small, yellow) **şimamok** شِمامۆك f.; (unripe ~) **talik** تالِك m.

melon patch **p'arêz I** پارێز f.; **werz** وەرز m.; **mişar I** مِشار f.

to melt: (vt.) **ḧelandin** حەلاندِن vt.; **bihoştin** بِهۆشتِن vt.; **p'işaftin** پِشافتِن vt.; (vi.) **ḧelîn** حەلین vi.; **sincirîn** سِنجِرین vi.

member **endam** ئەندام m.; **hevalbend** هەڤالبەند m.&f.; (limb) **endam** ئەندام m.; **lebat II** لەبات m.

membership **aîdiyet** ئائیدِیەت f.;**hevalbendî** هەڤالبەندی f.

membrane **p'erde** پەردە f.

member **endam** ئەندام m.

memoir **serhatî** سەرهاتی f.; bîranîn f.

to memorize **ji ber kirin** ژ بەر کِرِن vt.; *rewa kirin

memory **bal II** بال f.; **bîr I** بیر f.; **zên I** زێن f.

menace: (threat) **gef** گەف m./f.; **metirsî** مەترِسی f.

to mend (socks) **veçinîn** ڤەچِنین vt.; **hîvastin** هیڤاستِن vt.

mendicant: (beggar) **p'arsek** پارسەك m.; **xwazok** خوازۆك m.; **gede** گەدە m.

menses **cil** جِل pl.

mental **derûnî** دەروونی

mental illness **nexweşiya derûnî** نەخوەشِیا دەروونی f.

mentality **zihniyet** زِهنِیەت f.

mention **ç'êl II** چێل f.; **kat** کات f.; bîranîn f.

to mention **ç'êla ft-î kirin** چێلا فتی کِرِن vt.; **kat kirin** کات کِرِن vt.; bîr anîn vt.

mercenary **xwefiroş** خوەفِرۆش m.

merchandise **mal II** مال m.; **eşya** ئەشیا m.; **pertal** پەرتال pl.

merchant **bazirgan** بازِرگان m.; **t'ucar II** توجار m.

merciful **dilovan** دِلۆڤان; **dilr̄eḧm** دِلرِەحم; **dilşewat** دِلشەوات

merciless **bêr̄ehm** بێ ڕەهم; **melk'emotê mêrê kulê** مەلکەمۆتێ مێرێ کولێ m.

mercilessness **bêr̄ehmî** بێ ڕەهمی f.

mercy **dilovanî** دِلۆڤانی f.; **dilpêvebûn** دِلپێڤەبوون f.; **dilr̄eḧmî** دِلرِەحمی f.

merit **hêjayî** هێژایی f.; **layîqî** لاییقی f.

to merit (deserve) **heqê xwe standin** هەقێ خوە ستاندِن vt.; **layîq bûn** لاییق بوون vi.

merry **geş** گەش; **serxweş** سەرخوەش; **dilxweş** دِلخوەش; **devlik'en** دەڤلِکەن; **beşerxweş** بەشەرخوەش; (fun-loving) **xoş-meşreb** خۆش مەشرەب

Mesopotamia **Mezra Bohtan** مەزرا بۆهتان f.;

mess (disorder, chaos) **k'eft û left** کەفت و لەفت f.; **k'af-k'ûn** کاف کوون f.; **geremol** گەرەمۆل f.

to mess up (spoil, ruin) **têkdan** تێکدان vt.; **p'ûç' kirin** پووچ کِرِن vt.; **ser û bin kirin** سەر و بِن کِرِن vt.

message **p'eyam** پەیام f./m.

messed up **p'epûk I** پەپووك; **p'erîşan** پەریشان; **ser û bin** سەر و بِن; **bê ser û ber** بێ سەر و بەر

messenger **qasid** قاسِد m.; **qewaz** قەواز m.

messy **bê ser û ber** بێ سەر و بەر

meter (poetic) **t'eqil** تەقِل f.

method **r̄êbaz** ڕێباز f. ; **celeb I** جەلەب m.; **t'eher** تەهەر m.

methodical **rêk û pêk** رێك و پێك

methodicalness **rêk û pêkî** رێك و پێکی f.

Mexican **Meksîkî** مەکسیکی

Mhallmi **miḧelmî** مِحەلمی m.&f.

to micturate **mîstin** میستِن vt.

midday meal (lunch) **firavîn** فِراڤین f.; **nanê nîvro** نانێ نیڤرۆ m.

middle (n.) (center) **naver̄ast** ناڤەڕاست f.; **nîv[î** نیڤی f./m.; **navend** ناڤەند f.; **ort'e** ئۆرتە f.; **nav II** ناڤ f./m.; (waist) **navteng** ناڤتەنگ f.; -in the ~ of **nav III** ناڤ

middle (adj.) (central) **navîn** ناڤین

Middle East **Rojhilata Navîn** رۆژهِلاتا ناڤین f.

middle finger **tilîya nêvî** تلییا نێڤی f.; **tilîya navîn** تلییا ناڤین f.; **t'ilîya ort'ê** تلییا ئۆرتێ f.
middle-aged **navsera** ناڤسەرا
middleman **berevan** بەرەڤان m.; **navgîn** ناڤگین m.
midge (mosquito) **k'ermêş** کەرمێش f.
midnight **nîvê şevê** نیڤێ شەڤێ m.
midrib (=central vein of leaf) **bistî** بستی f.
midst **hindav** هنداڤ f./m.; **hol II** هۆل f.
might: (power) **ḧêl** حێل f.; **hêz** هێز f.; **qedûm** قەدووم m.; **qewat** قەوات f.; **qudret** قودرەت f.; **zexm I** زەخم f.; **zor I** زۆر f.; **derb** دەرب f./m.; **zordestî** زۆردەستی f.; **t'aqet** تاقەت f.; **birî** بری f.
mighty **bihêz** ب هێز; **gumreh** گومرەه; **ḧêl** حێل
migrant **mişext** مشەخت m.&f.
to migrate **k'oç kirin** کۆچ کرن vt.
migration **k'oç II** کۆچ f./m.; **mişextî** مشەختی f.; (from winter to summer pasture) **r̄evend** ڕەڤەند m.
milch cow **doşanî** دۆشانی f.
mild **nerm** نەرم; **r̄ûnerm** ڕوونەرم
mildew **k'efik** کەفك f.; **zeng** زەنگ f.
mildness **r̄ûnermî** ڕوونەرمی f.; **nermî** نەرمی f.
milieu **nav II** ناڤ f./m.
militant (warrior) **şer̄van** شەڕڤان m.
military camp **leşkergeh** لەشکەرگەه f.
military commander **serfermandar** سەرفەرماندار m.; **serokleşker** سەرۆکلەشکەر m.
military position **wargeh** وارگەه f./m.
military unit **yekîne** یەکینە f.; **r̄êz I** ڕێز f.; **selef** سەلەف m.
militia **milîs** ملیس m.
milk **şîr I** شیر m.
to milk **dotin** دۆتن vt.
milk products **qat'ix** قاتخ m.
milk-pail **mencelok** مەنجەلۆك f.
milk thistle **givzonik** گڤزۆنك f.
milkmaid: (for sheep) **bêrîvan** بێریڤان f.
milkweed **talîşk** تالیشك f.
Milky Way **R̄îya Kadiz** ڕییا کادز f.
mill **aş** ئاش m.; (hand ~) **destar̄** دەستاڕ m.
mill-hand **keraş** کەراش m.
miller **aşvan** ئاشڤان m.; **keraş** کەراش m.
millet **herzin** هەرزن m.; **garis** گارس m.; **gilgil** گلگل m.; **t̲ale** طالە f.; -Indian ~ **xirovî** خرۆڤی f.
millstone **beraş** بەراش m.; **deng II** دەنگ m.
mina: (maund) **min II** من f.
minaret **minare** منارە f.
to mince: (chop finely) **hincinîn** هنجنین vt.; **hûr kirin** هوور کرن vt.
mincemeat: -to make m. out of **bê ser û ber kirin** بێ سەر و بەر کرن vt.;
mind **bal II** بال f.; **zên I** زێن f.; -to be of a m. to **li ber bûn** ل بەر بوون vi.
mindset **zihniyet** زهنیەت f.
mine: (mineral mine) **kan I** کان f.; (land mine) **leqem** لەقەم f.; **tepînk** تەپینك f.;
minister (Protestant) **qeşe** قەشە m.; (government ~) **wezîr** وەزیر m.; **şalyar** شالیار m.
ministry (government ~) **wezaret** وەزارەت f.; **wezîrî** وەزیری f.; **şalyarî** شالیاری f.
minority **kêmanî** کێمانی f.; hindikahî
minstrel **dengbêj** دەنگبێژ m.; (Gypsy musician) **mirt'ib** مرتب m.
minstrelsy **dengbêjî** دەنگبێژی f.
mint (plant) **pûng** پوونگ f.; **pûjan** پووژان f.; **tihtavik** تهتاڤك f.
minus (-) **kêm I** کێم
minute (n.): (60 seconds) **deqe** دەقە/**deqîqe** دەقیقە f.; **hûrdem** هووردەم f.
minute (adj.): **hûr I** هوور
minuteness **hûrayî** هوورایی f.
miracle **'ecêb** عەجێب f.; **k'eramet** کەرامەت m.
mirage **leylan** لەیلان f.
mire: (mud) **ḧer̄î** حەڕی f.; **r̄it̲am** ڕطام f.
mirror: **nênik I** نێنك f.; **'eynik** عەینك f.; **qotî I** قۆتی f.; **hêlî** هێلی f.; **mirêk** مرێك f.; (large ~) **'eyne** عەینە f.
miscarriage: -to have a ~ **ber xwe kirin** بەر خوە کرن vt.; **ber çûyîn** بەر چوویین vi.; **ber avîtin** بەر خوە ئاڤێتن vt.
to miscarry (a fetus) **ber xwe kirin** بەر خوە کرن vt.; **ber çûyîn** بەر چوویین vi.; **ber avîtin** بەر خوە ئاڤێتن vt.
mischievous **nesekinî** نەسەکنی; **şûm** شووم
misdeed **k'irêtî** کرێتی f.
miserable: (wretched, poor) **belengaz** بەلەنگاز; **malxirab** مالخراب; **miskîn** مسکین; **r̄eben I** ڕەبەن; **p'erîşan** پەریشان; **p'epûk I** پەپووك; **şerpeze** شەرپەزە; **sêfîl** سێفیل; **sergerdan** سەرگەردان; **hêsîr I** هێسیر m.; **xwelîser I** خوەلیسەر; (distressed) **bikul** ب کول; **stûxwar** ستووخوار; (~ woman) **kezîkurê** کەزیکورێ f.; -to be ~ **mirûzê xwe kirin** مرووزێ خوە کرن vt.
miserliness **ç'ikûsî** چکووسی f.; **r̄ijdî** ڕژدی f.; **tima** تما f.
miserly **ç'ikûs** چکووس; **çirûk** چرووك; **r̄ijd** ڕژد; **devbeş** دەڤبەش; **tima** تما; **qesîs** قەسیس/**xesîs** خەسیس
misery: (wretchedness) **belengazî** بەلەنگازی f.; **p'erîşanî**

پەریشانی f.; **şerpezeyî** شەرپەزەیی f.; **sêfîlî** سێفیلی f.; **stûxwarî** ستووخواری f.
misfortune **bela I** بەلا f.; **bextřeşî** بەختڕەشی f.; **malxirabî** مالخِرابی f.; **bêt'ar** بێتار m.; **bêyomî** بێ یۆمی f.; **'ecêb** عەجێب f.; **qeda** قەدا f./m.; **qezîya** قەزییا f.; **oyîn** ئۆیین f.; **t'eşqele** تەشقەلە f.; **gosirmet** گۆسِرمەت f.; **siqûmat** سِقوومات; **boblat** بۆبلات f.; **şetele** شەتەلە f.; **xax** خاخ m.
misgiving (apprehension) **tasewas** تاسەواس f.
mishap **qezîya** قەزییا f.; **oyîn** ئۆیین f.
to mislead **dageřandin** داگەڕاندِن vt.; **di serda birin** دِ سەردا بِرِن vt.
misleading **şapînoz** شاپینۆز
to misplace **berza kirin** بەرزا کِرِن vt.; **winda kirin** وِندا کِرِن vt.
Miss (unmarried woman) **xatûn** خاتوون f.
to miss: (long for, be homesick) **bêriya fk-î kirin** بێرییا فکی کِرِن vt.; **bîra fk-ê kirin** بیرا فکێ کِرِن vt.; **ji fk-î xerîb bûn** ژِ فکی خەریب بوون vi.; **mêla fk-î/ft-î kirin/k'işandin** مێلا فکی\فتی کِرِن\کِشاندِن vt.; **mukurîya (kesekî) kirin** موکورییا (کەسەکی) کِرِن vt.; (to arrive too late for) **ji … man** ژِ ... مان vi.; **xerîba fk-î kirin** خەریبا فکی کِرِن vt.
missing (whereabouts unknown) **berza** بەرزا; **winda** وِندا; (lacking, deficient) **kêm I** کێم
mission (delegation) **şande** شاندە f.
mist **mij** مِژ m./f.; **dûman** دوومان f.; **moran** مۆران f.; **kirove** کِرۆڤە f.; **xumam** خومام f.
mistake: (error) **xelet** خەلەت f./m.; **şaşî** شاشی f.; **ç'ewtî** چەوتی f.; **qusûr** قوسوور f.;
to mistake (stg. for stg. else) **ĥesibandin** حەسِباندِن vt.; **şibandin** شِباندِن vt.
mistaken **xelet** شاش; -to be ~ **şaş bûn** شاش بوون vi.
Mister **biřêz** بِڕێز; **řêzdar II** ڕێزدار; (title of respect) **cenab** جەناب m.
to mix **têkil kirin** تێکِل کِرِن vt.; **li hev xistin** لِ هەڤ خِستِن vt.; (mix dry with water) **p'işaftin** پِشافتِن vt.
to mix up (confuse) **t'evlihev kirin** تەڤلِهەڤ کِرِن vt.; **li hev xistin** لِ هەڤ خِستِن vt.; **têkil kirin** تێکِل کِرِن vt.; **berevajî kirin** بەرەڤاژی کِرِن vt.; **paş û pêş xistin** پاش و پێش خِستِن vt.
mixed up (confused) **t'evlihev** تەڤلِهەڤ; **têkil** تێکِل; -to get all ~ **k'etin nava hev** کەتِن ناڤا هەڤ vi.
mixing (n.) **têkilî** تێکِلی f.
mixture **têkilî** تێکِلی f.; (of foods) **gêlme** گێلمە f.; (odd ~) **gêlma gavanî** گێلما گاڤانی f.; **girara gavana** گِرارا گاڤانا f.
moan **axîn** ئاخین f.; **int'în** ئِنتین f.; **nalenal** نالەنال f.; **nalîn** نالین f.; (in pain) **zarezar** زارەزار f.
to moan **int'în** ئِنتین vi.; **nalîn** نالین vi.; (in pain) **zarîn** زارین vi.
moaning **axîn** ئاخین f.; **int'în** ئِنتین f.; **nalenal** نالەنال f.; **nalîn** نالین f.; (in pain) **zarezar** زارەزار f.
mob (crowd) **qerebalix** قەرەبالِخ f.; **t'op I** تۆپ f.; **ferc** فەرج f.; **sixlet** سِخلەت f.
moccasin (primitive goatskin slipper) **řeşik II** ڕەشِك f.
to mock (tease) **tewza xwe lê kirin** تەوزا خوە لێ کِرِن vt.; **tewzê xwe pê kirin** تەوزێ خوە پێ کِرِن vt.; **me'na fk-ê geřîn** مەعنا فکە گەڕین vi.
mockery **finaz** فِناز m./f.; **te'n** تەعن f./m.; **tewz** تەوز f.; **tinaz** تِناز m.
mode (of verb) **řawe** ڕاوە f.; **t'eher** تەهەر m.
model **nimûne** نِموونە m.
modern **nûjen** نووژەن; **hemdem** هەمدەم; **hevç'erx** هەڤچەرخ
modest **nefspiçûk** نەفس پچووك; **dilnizm** دِلنِزم
modesty **dilnizmî** دِلنِزمی f.
modifier (adjective) **řengdêr** ڕەنگدێر f.
mohair **merez II** مەرەز f.
moist **teř** تەڕ
to moisten **şil kirin** شِل کِرِن vt.
moisture **xunav** خوناڤ f.; **şilî** شِلی f.
molar (tooth) **azû** ئازوو f./m.; **diranên k'ursî** دِرانێن کورسی pl.
molasses: see also grape molasses
mold (form, bar) **qalib** قالِب m.; (fungus) **k'ef I** کەف f.; **k'efik** کەفِك f.; (mildew) **zeng** زەنگ f.
to mold (cast, form) **dariştin** دارِشتِن vt.
moldy **k'efikî** کەفِکی
mole: (animal, *Talpidae*) **mişkê kor** مِشکێ کۆر m.; (spy) **sîxur** سیخور m.
mole cricket (*Gryllotalpa vulgaris*) **cobiř** جۆبِڕ m.
molehill: -to make a mountain out of a ~ **mêş kirine gamêş** مێش کِرِنە گامێش vt.
mom **dayê** دایێ f.
moment **bîstek** بیستەك f.; **deqe** دەقە f.; **gav** گاڤ f.; **le'z II** لەعز f.; **qeder I** قەدەر m./f.; -at that very m. **ĥeniz** حەنِز
mommy **dayê** دایێ f.; **inik** ئِنِك f.
monarch **ĥakim** حاکِم m.; **p'adşa** پادشا m.; **qiral** قِرال m.; **silt'an** سِلتان m.; **xûndkar** خووندکار m.
monarchy **xûndkarî** خووندکاری f.; **ork'e** ئۆرکە f.; **memlek'et** مەملەکەت m.
monastery **dêr** دێر f.
Monday **Duşem** دوشەم f.
monetary **diravî** دِراڤی

money **p'ere I** پەرە pl./m.; **dirav** دِراڤ f./m.; -paper ~ **baqnot** باقنۆت f./m.
money changer **diravguhêr** دِراڤگوهێر m.
Mongolian **Mongolî** مۆنگۆلی
mongrel **p'îç** پیچ m.
monitor **sexbêr** سەخبێر m.&f.
monk **řeben II** ڕەبەن m.; **êris** ئێرِس m.; **k'eşîş** کەشیش m.
monkey **meymûn** مەیموون f.
monosyllabic **yekk'îteyî** یەککیتەیی
monster **hût** هووت m.; **k'afir** کافِر m.&f.
month **meh** مەه f.; **heyv** هەیڤ f.
monument **heyk'el** هەیکەل m./f.
to moo **bařîn II** باڕین vi.; **bořîn I** بۆڕین vi.; **ořîn** ئۆڕین vi.
mood **beşer I** بەشەر f.; (bad ~) **mirûz** مِرووز m.; (of verb) **řawe** ڕاوە f.; **t'eher** تەهەر m.
moon **hîv** هیڤ/**heyv** هەیڤ f.
moon-eyed **beloq** بەلۆق; **zîq** زیق
moonlight **tavehîv** تاڤەهیڤ f.; **hîveřon** هیڤەڕۆن f.
moonshine **tavehîv** تاڤەهیڤ f.; **hîveřon** هیڤەڕۆن f.
morals **exlaq** ئەخلاق m.; **sinçî** سِنچی ; **řewişt** ڕەوِشت f.
more **bêtir** بێتِر; **p'itir** پِتِر; **p'iřtir** پِڕتِر; ze'ftir; **zêde[tir** زێدەتِر
moreover **serda** سەردا
morning **sibe** سِبە f.; **de'nê sibê** دەعنێ سِبێ; (early ~) **serê sibê** سەرێ سِبێ m.; **spêde** سپێدە f.; **siȟar** سِحار f.
morning star: (Venus) **karwankuj** کاروانکوژ f.; **Qurix** قورِخ f.
Moroccan **Meẍrîbî** مەغریبی
morose: **mirûz** مِرووز ; -to be ~ **me'dê xwe kirin** مەعدێ خوە کِرِن vt.
morphology **p'eyivsazî** پەیڤسازی f.
morsel **parî** پاری m.; **p'erçe** پەرچە m./f.; **gep III** گەپ f./m.
mortal (deadly) **xedar** خەدار
mortar **conî I** جۆنی m./f.
Moslem **misilman** مِسِلمان/**bisilman** بِسِلمان m.&f.
mosque **mizgeft** مِزگەفت f.
mosquito **p'êşî II** پێشی m.; **mixmixk** مِخمِخك f.; **k'ermêş** کەرمێش f.; **vizik I** ڤِزِك f.
moss (Musci) **k'evz** کەڤز f.
most: (majority) **p'iřanî** پِڕانی f.; **gelemperî** گەلەمپەری f.; (the ~, superlative of adjs.) **here I** هەرە ; **t'ewrî** تەوری; **-tirîn** ترین; **ji hemû [x]-tir** ژِ هەموو []تر; -at [the very] ~ **gelek gelek** گەلەك گەلەك
moth **belantîk** بەلانتیك f.; **fiřfiřok** فِرفِرۆك f.; **p'iřp'iřok** پِرپِرۆك f.; **p'erwane** پەروانە f.; -clothes m. **bizûz** بِزووز f.
mother **dê I** دێ f.; **inik** ئِنِك f.; (of animals) **mak** ماك f.; (woman in childbed) **zêstan** زێستان f.
mother tongue **zimanê zikmakî** زِمانێ زِکماکی m.
motherhood **dêtî** دێتی f.
mother-in-law **xesû** خەسوو f.
motion **bizav** بِزاڤ f.; **ȟej I** حەژ f.; **lebat I** لەبات f.; **qelq** قەلق f.; -to set in ~ **livandin** لِڤاندِن vt.
motive **me'na** مەعنا f.
motto **dirûşm** دِرووشم f.
mould: see mold
mound **gir II** گِر m.; **banî II** بانی m./f.; **dîyar II** دییار m.
to mount: **serk'etin** سەرکەتِن vi.; (ascend, climb stairs) **hilk'işîn** هِلکِشین vi; (ride, a horse) **li ...siwar bûn** لِ ... سِوار بوون vi.; (cause to ride) **li ...siwar kirin** لِ ... سِوار کِرِن vt.; (mate, couple with, of animals) **perîn** پەرین vi.; -to allow to mount (of horse) **ȟemilandin** حەمِلاندِن vt.
mountain **çîya** چییا m.; **mil** مِل m.; (adj.) **k'ûvî** کووڤی; -to make a ~ out of a molehill **mêş kirine gamêş** مێش کِرِنە گامێش vt.
mountain dweller **çîyayî** چییایی m.&f.
mountain goat **pezk'ûvî** پەزکووڤی m.
mountain pass **neqeb** نەقەب f.; **gelî II** گەلی m.; (narrow ~) **zuxir** زوخِر m./f.
mountain range **xilxile** خِلخِلە m.
mountain ridge **xilxile** خِلخِلە m.
mountain slope **şax** شاخ f./m.
mountaineer **çîyayî** چییایی m.&f.
mountainside **p'al** پال f./m.; **qunt'ar** قونتار f.
mountaintop(s) **gaz û bêlan** گاز و بێلان pl.; **kumt** کومت m.; **gopk** گۆپك m./f.; **ȟeç'** حێچ m.; **kop I** کۆپ f./m.; **k'umik** کومِك m.
mounting (mating, coupling, of animals) **perîn** پەرین f.
to mourn (the dead) **lorîn** لۆرین vi.; **lûbandin** لووباندِن vt.; **şîn kirin** شین کِرِن vt.; **zêmar kirin** زێمار کِرِن vt.; **řeş girêdan** ڕەش گرێدان vt.; **řeş wergirtin** ڕەش وەرگِرتِن vt.
mournful **xemgîn** خەمگین ; **t'efekûrî** تەفەکووری; -to make ~ **t'efekûrî kirin** تەفەکووری کِرِن vt.
mourning: **şîn I** شین f.; **zêmar** زێمار f.; -in mourning **behîdar** بەهیدار
mouse **mişk** مِشك m.
moustache **simbêl** سِمبێل f./m./pl.
mouth **dev I** دەڤ m.
mouthful **parî** پاری m.

move: (in a game) **dest** دەست m.
to move: (vi.) (to budge, stir) **livîn I** لِڤين vi.; **leqîn** لەقین vi.; **lipitîn** لِپتین vi.; **ji cî ȟejîn** ژ جی حەژین vi.; **p'irpitîn** پرپتین vi.; **lebat kirin** لەبات کِرن vt.; (be on the move) **dageřîn** داگەڕین vi.; **qedimîn** قەدِمین vi.; (vt.) (cause to budge) **livandin** لِڤاندِن vt.; **leqandin** لەقاندِن vt.; **ji cî leqandin** ژ جی لەقاندِن vt.; **lipitandin** لِپتاندِن vt.; **gêřan** گێڕان vt.; **geřandin** گەڕاندِن vt.; (pull, yank, as a rope) **t'eqil lêdan** تەقِل لێدان vt.
to move *stg.* around (vt.) **gêřan** گێڕان vt.; **geřandin** گەڕاندِن vt.
to move forward (advance) **pêşda çûyîn** پێشدا چوویین vi.
movement **bizav** بزاڤ f.; **ȟej I** حەژ f.; **lebat I** لەبات f.; **lipat** لِپات f.; **qelq** قەلق f.; **t'evdan** تەڤدان f.; (political ~) **t'evgeř** تەڤگەڕ f.
to mow **çinîn** چِنین vt.; **dirûtin** دِروویتِن vt.; **das kirin** داس کِرن vt.
Mrs. **xanim** خانِم f.
Ms. **xanim** خانِم f.; **xatûn** خاتوون f.
much **gelek** گەلەك; **p'iř II** پڕ; **ze'f** زەعف; **zêde** زێدە
muck **çirav** چِراڤ f.
mucus: (snot) **çilka poz** چِلکا پۆز f.; **çilm** چِلم m.; **fiş** فِش m.; **k'ilmîş** کِلمیش m./f.; **lîk** لیك f.
mud **ȟeřî** حەڕی f.; **quř** قوڕ f.; **t'eqin** تەقِن f.; **řitam** ڕِطام f.; (dirty ~) **lîç** لیچ f.; ~ and water for making bricks: **cebil** جەبِل f.
muddy **řêvin** ڕێڤِن; (of water) **şêlo** شێلۆ
mulberry **tû I** توو f.
mulct: (fine) **cerîme** جەریمە f.; **cirm** جِرم f.
mule **exte** ئەختە m.; **hêstir II** هێستِر m./f.; **qant'ir** قانتِر m./f.
to mull over (ponder) **nijandin û herifandin** نِژاندِن و هەرِفاندِن vt.; **sêwirandin** سێوِراندِن vt.
mullah **mela** مەلا m.
multilateral **p'iřalî** پڕالی
multiplication **carandin** جاراندِن f.; **lêkdan** لێکدان vt.
to multiply (math.) **carandin** جاراندِن vt.; **lêkdan** لێکدان vt.
multitude: (crowd) **gel** گەل m.; **sixlet** سِخلەت f.
to mumble (~ plaintiff song) **nehwirandin** نەهوِراندِن vt.
mung bean: (Phaseolus aureus) **maş** ماش f.
murder **mêrkujî** مێرکوژی f.
murderer **mêrkuj** مێرکوژ m.; **xwînî** خوینی m.&f.; **řuhistîn** ڕوهِستین m.;
murmur (of water) **xumxum I** خومخوم f.
to murmur (of water) **şiřîn II** شِڕین vi.; **şirşiřandin** شِرشِڕاندِن vi.
murmuring (of water) **gujeguj** گوژەگوژ f.; **şiřîn II** شِڕین f.; **xulexul** خولەخول f.; **xumxum I** خومخوم f.
murrain (plague of domestic animals) **qotik II** قۆتِك f.
muscle: (of forearms and shins): **zeblek** زەبلەك f.
museum **mûzexane** موزەخانە f.
mushroom **karî I** کاری f.; **karkevîk** کارکەڤیك; **kiyark** کِیارك f.; **kufkarik** کوفکارِك f.; **k'umik** کومِك m.; **gidark** گِدارك; -poisonous ~ (toadstool) **fisegur** فِسەگور f.
music **mûzîk** مووزیك f.
musician: **mûzîkvan** مووزیکڤان m.; (nomadic, Roma [Gypsy]) **begzade** بەگزادە m.; **mirt'ib** مِرتِب m.; **qereçî** قەرەچی m.; **sazbend** سازبەند m.
Muslim **misilman**/**bisilman** مِسِلمان/بِسِلمان m.&f.; (Yezidi term) **ȟuseynî** حوسەینی m.;
muslin: (fine ~) **ç'arik** چارِك f./m.
must (n.) (unfermented wine) **şîrêz** شیرێز f.
[to] must **viyan** ڤِیان vt. + subj.; **gerek** گەرەك + subj.; **p'êwîst** پێویست + subj.; **lazim** لازِم + subj.
mute **lal I** لال;
muteness **lalî I** لالی f.
mutilated (maimed) **seqet** سەقەت
to mutter **nehwirandin** نەهوِراندِن vt.
muttering **miřemiř** مِڕەمِڕ f.; **minemin** مِنەمِن f.; **p'ilep'il** پِلەپِل f.
mutual **dualî** دوئالی
mutual acquaintanceship **hevnasî** هەڤناسی f.
muzzle (of gun) **lûle** لوولە f.
my **min** مِن
my dear **qurban** قوربان f.
myopia (nearsightedness) **şevkorî** شەڤکۆری f.
myopic (nearsighted) **şevkor** شەڤکۆر
myrtle **mord** مۆرد f.
myself **xwe** خوە

N

to nag **me'na fk-ê geřîn** مەعنا فکێ گەڕین vi.; **serê fk-î xwarin** سەرێ فکی خوارِن vt.
nail: (metal fastener) **bizmar** بِزمار m.; **mix** مِخ m.; (at tip of oxgoad) **zixt** زِخت f.; (finger~) **neynûk** نەینووك f.; **dirnax̌** دِرناغ m.
nail polish **şibẍa nînoka** صِبغا نینۆکا
naïve **xeşîm** خەشیم; **dilşaf** دِلصاف; **nezan** نەزان; **cahil**/**ciȟêl** جاهِل/جِحێل; **naşî** ناشی; **sawîlke** ساویلکە;

xam خام; **xizan** خِزان
naïveté **xamtî** خامتی f.; **xeşîmî** خەشیمی f.
naked **r̄ût** ڕووت; **tazî I** تازی; **şilf tazî** شِلف تازی; **zelût** زەلووت; **kot I** کۆت
nakedness **r̄ûtayî** ڕووتایی f.; **tazîtî** تازیتی f.
namaz: (Islamic prayer ritual) **nimêj** نِمێژ f./**limêj** لِمێژ f.
name **nav I** ناڤ m.
to name **danîn** دانین vt.; **nav [lê]kirin** ناڤ لێکِرِن vt.
namesake **berşî** بەرشی m.&f.
nanny goat **bizin** بِزِن f.; (1-3-year-old female goat) **tuştîr** توشتیر f.
nap: -to take a nap **çavêt xwe germ kirin** چاڤێت خوە گەرم کِرِن vt.; **p'onijîn** پۆنژین vi.
to nap **çavêt xwe germ kirin** چاڤێت خوە گەرم کِرِن vt.; **p'onijîn** پۆنژین vi.
nape (of neck) **stû** ستوو m.; **stukur** ستوکور f.; **p'ate I** پاتە f.; **paştû** پاشستوو m.
nappy (diaper) **p'aç[']ik** پاچِك m./f.; **pêçolk** پێچۆلك f.; **pêçek** پێچەك f.
narcissus **nêrgiz** نێرگِز f.
to narrate **gilî kirin** گِلی کِرِن vt.; **kat kirin** کات کِرِن vt.; **neqil kirin** نەقِل کِرِن vt.; **r̄iwayet kirin** ڕوایەت کِرِن vt.; **vegotin** ڤەگۆتِن vt.; **vegêr̄an** ڤەگێڕان vt.; **gêr̄an** گێڕان vt.; **ger̄andin** گەڕاندِن vt.
narration **vegêr̄an** ڤەگێڕان f.; **vegotin** ڤەگۆتِن f.
narrative **serhatî** سەرهاتی f.; **çîr̄ok** چیرۆك f.; **ḧekyat** حەکیات f.; **çîvanok** چیڤانۆك f.; **qelîbotk** قەلیبۆتك f.; **qirwelk** قِروەلك pl.; **neqil** نەقِل f.; **r̄iwayet** ڕوایەت f.
narrow: **teng I** تەنگ; (cramped, crowded) **berteng I** بەرطەنگ
narrowness **tengavî** تەنگاڤی f.
nastiness **tisqîtî** تِسقیتی f.
natal (relating to birth) **zayînî** زایینی
nation: (a people) **gel** گەل m.; **net'ewe** نەتەوە f./m.; **niştîman** نِشتیمان f.; **milet** مِلەت m.; **xelq** خەلق m.; (country) **dewlet** دەولەت f.
national **net'eweyî** نەتەوەیی; **gelêrî** گەلێری
nationalism **net'ewep'erestî** نەتەوەپەرەستی f.; **net'eweyetî** نەتەوەیەتی f.
nationalist (n.) **net'ewep'erest** نەتەوەپەرەست m.&f.
nationalistic **net'ewep'erest** نەتەوەپەرەست
nationality **net'eweyetî** نەتەوەیەتی f.
nationhood **net'eweyetî** نەتەوەیەتی f.
native **bineçî** بِنەجی m.; **binelî** بِنەلی m.; **xwecihî** خوەجِهی m.; (adj.) **zikmakî** زِکماکی
native land **war** وار m.; **wargeh** وارگەه f./m.
native place **war** وار m.; **wargeh** وارگەه f./m.
natural **xwezayî** خوەزایی; **zikmakî** زِکماکی
natural disaster **bobelata xwezayî** بۆبەلاتا خوەزایی f.
nature **t̲ebî'et** طەبیعەت f./m.; **xweza** خوەزا f.; **siruşt** سِروشت f./m.; (disposition, temperament) **k'êf** کێف f.; **t̲ebî'et** طەبیعەت f./m.; **r̄ewişt** ڕەوِشت f.; **xîret** خیرەت f.; **cir̄** جِڕ f.
naughty **nesekinî** نەسەکِنی; **şûm** شووم
nausea **vereşî** ڤەرەشی f.
nauseated: -to be ~ **qilqilîn** قِلقِلین vi.; **ver[e]şîya fk-î hatin** ڤەرەشییا فکی هاتِن vi.
nauseous: -to be ~ **x̄elîn** غەلین vi.; **qilqilîn** قِلقِلین vi.; **ver̄eşîn** ڤەڕەشین vi.; **pêk'etin** پێ کەتِن vi.; -to make ~ **ver̄eşandin** ڤەڕەشاندِن vt.; **verşîya** ***fk-î*** **hatin** ڤەرشییا فکی هاتِن vi.
navel **navik** ناڤِك f./m.; **nav II** ناڤ f./m.
navy (fleet of ships) **stol** ستۆل f.
navy blue **sût II** سووت
near **nêzîk** نێزیك; (next to) **tenişta** تەنِشتا
to near (approach) **lê nêzîkayî kirin** لێ نێزیکایی کِرِن vt.; **nêzîkî fk-î/ft-î bûn** نێزیکی فکی\فتی بوون vi.
nearly: (almost) **teyê bigota** تەیێ بِگۆتا
nearness (closeness, proximity) **nêzîkayî** نێزیکایی f.
nearsighted **şevkor** شەڤکۆر
nearsightedness **şevkorî** شەڤکۆری f.
neat: (tidy) **p'ak** پاك; **p'aqij** پاقِژ; **t'emiz** تەمِز; **ser û ber** سەر و بەر; (chic, smart) **k'eşxe** کەشخە
necessary **lazim** لازِم; **gerek** گەرەك; **p'êwîst** پێویست; **pêdivî** پێدِڤی; **fer II** فەر; -to be ~ **viyan** ڤِیان vt. + subj.
necessity **ḧewce** حەوجە m.; **lazimayî** لازِمایی f.; **mecbûrî** مەجبووری f.; **pêdivî** پێدِڤی f.
neck **stû** ستوو m.; **qeper** قەپەر f.
necklace: **t'oq** تۆق m.; **berdilk** بەردِلك f.; **gerden** گەردەن f.; (gold or silver neckchain) **benî II** بەنی m.; **r̄istik** ڕِستِك f./m.
nectarine **teraqî** تەراقی f.
need **ḧewce** حەوجە m.; **pêdivî** پێدِڤی f.
to need **ḧewcê ft-î bûn** حەوجە فتی بوون vi.; **viyan** ڤِیان vt. [+ obl. prn.]; **pêdivî bûn** پێدِڤی بوون vi.
needle **derzî** دەرزی f.; (hypodermic) **şirînqe** شِرینقە f.; (knitting ~) **pîj I** پیژ m.; (pack[ing] ~) **şûjin** شووژِن f.
needy **muhtac** موهتاج; **zelûl** زەلوول
negative **neyînî** نەیینی
neglect **xemsarî** خەمساری f.
to neglect **avêtin pişt guh** ئاڤێتِن پِشت گوه vt.
neglected **beradayî** بەرادایی
neglectful **xemsar** خەمسار

neglectfulness **xemsarî** خەمساری f.
negligence **t'exsîr** تەخسیر f.; **xemsarî** خەمساری f.
negligent: **xemsar** خەمسار; -to be ~ **t'exsîr kirin** تەخسیر کِرِن vt.
to negotiate **dan û standin** دان و ستاندِن vt.
negotiations **danûstandin** دانووستاندِن f.
Negro **ȓeş** ڕەش; **'ereb** عەرەب m.&f.
neighbor **cînar** جینار /**cîran** جیران m.&f.
neighborhood **miȟel** مِحەل f.; **t'ax I** تاخ f.
neighborliness **cînarî** جیناری f.
neither … nor **ne … ne** نە ... نە
nephew: (brother's son) **brazî** برازی m.; **t'oȓin II** تۆڕِن m.; (sister's son) **xwarzî** خوارزی m.; **êgan** ئێگان m.&f.; (husband's brother's son) **t'îza** تیزا m.
nerve: **ȓeh** ڕەه f.; **t'emar** تەمار f.; (bravery, audacity) **firşik I** فِرشِك f./m.; (central ~ of leaf) **bistî** بِستی f.; -not to get up the ~ to do stg. **qêmîş nekirin** قەمیش نەکِرِن vt.; -to have the ~ to do stg. **ȓû girtin** ڕوو گِرتِن vt.
nervousness **bêhntengî** بێهنتەنگی f.
nest **hêlîn** هێلین f.; (den, lair) **lan** لان f.
Nestorian (Christian minority of Kurdistan) **File** فِلە m.&f.; **Mexîn** مەخین m.
net **t'oȓ I** تۆڕ f./m.; **merat** مەرات f.
nettle **gezgezok** گەزگەزۆك f.; **k'ergezk** کەرگەزك f.
nettle rash: (urticaria, hives) **lûr** لوور f.
nettle tree **şengêl** شەنگێل f.
neutral **alînegir** ئالینەگِر
never **t'ucar** توجار; **t'u ç'ax** تو چاخ; **t'u wext** تو وەخت
nevertheless **digel vê hindê** دِگەل ڤێ هِندێ; **li ser hindê ȓa** لِ سەر هِندێ ڕا; **dîsa** دیسا
new **nû** نوو; **t'aze** تازە; **teȓ** تەڕ; **'ecer** عەجەر
New Year's Day **sersal** سەرسال f.
newborn **sawa** ساوا
newly-saddled **nûzîn** نووزین
newness **nûtî** نووتی f.
news: (news item) **berat'e** بەراتە f.; **cab** جاب f.; **deng û bas** دەنگ و باس f.; **'elamet** عەلامەت f.; **nûçe** نووچە f.; **xeber** خەبەر f./m.; **salix** سالِخ m.; **p'eyam** پەیام f./m.; **hay I** های f./m.; (good ~) **mizgînî** مِزگینی f.
news writer **p'eyamhinêr** پەیامهِنێر m.&f.
newspaper **ȓojname** ڕۆژنامە f.
newt **xecxecok** خەجخەجۆك m.
next **din I** دِن; (last) **paşîn** پاشین
next day: -on the ~ **dotira rojê** دۆتِرا رۆژێ; **ȓojtir** ڕۆژتِر
next to **tenişta** تەنِشتا;
next world (the hereafter) **piştdawî** پِشتداوی f.; **axret** ئاخرەت f.
to nibble at **kurisandin I** کورِساندِن vt.; **kotin** کۆتِن vt.; **vegevizandin** ڤەگەڤِزاندِن vt.
nice **xweş** خوەش; **k'eşxe** کەشخە ; (person) **miskîn** مِسکین; **xwînşîrîn** خوینشیرین; (charming, handsome) **k'eleş III** کەلەش
niceness **xwînşîrînî** خوینشیرینی f.
niece: (brother's daughter) **brazî** برازی f.; (sister's daughter) **xwarzî** خوارزی f.; **êgan** ئێگان m.&f.; (husband's brother's daughter) **t'îza** تیزا f.
night **şev I** شەڤ f.
night feeding (of animals) **şevîn** شەڤین f.
night grazing (of animals) **şevîn** شەڤین f.; **palîn I** پالین f.
night-blind **şevkor** شەڤکۆر
night-blindness **şevkorî** شەڤکۆری f.
nightingale **bilbil I** بِلبِل f./m.
nightmare **mêrdezime** مێردەزِمە m.
nimble **ç'ust** چوست
nine **neh** نەه
nine hundred **nehsed** نەهسەد
nine lives: -with n. (of cats) **heftcanî** هەفتجانی; **ȟeftriȟ** حەفترِح (lit. '7 lives')
nineteen **nozdeh** نۆزدەه
ninety **not** نۆت
ninth (adj.) **nehem** نەهەم; **neha** نەها; (n.): (1/9) **nehêk** نەهێك f.
nipple **çiçik** چِچِك m./f.
nit (louse larva) **ȓişk** ڕِشك f.
niter **şoȓe** شۆڕە f.
no **na** نا; **nexêr** نەخێر
no (adj. = not any) **t'u II** تو
no good (bad natured) **şîrȟeram** شیرحەرام
no longer **nema** نەما
no matter how much **herçend** هەرچەند
no more **nema** نەما
no one **kes** کەس m. [+ neg.]; **t'u kes** تو کەس
noble **ciwamêr** جوامێر ; (adj.) **k'ubar** کوبار; **maqûl** ماقوول ; **t'oȓin II** تۆڕِن
nobleman **begzade** بەگزادە m.; **cindî** جِندی m.; **'eyan** عەیان m.; **giregir I** گِرەگِر pl.; **t'oȓin II** تۆڕِن m.
nobody **kes** کەس m. [+ neg.]; **t'u kes** تو کەس
nodding off (dozing off) **nuqrosk** نوقرۆسك pl./f.
node: (lump, protuberance) **tulȟ** تولح f.
noise: (sound) **deng I** دەنگ m.; (loud ~) **biȓbiȓ** بِڕبِڕ f.; **galegûrt** گالەگوورت f.; **galigal** گالِگال f.; **guȓîn** گوڕین f.; **hêwirze** هێوِرزە f.; **hose** هۆسە f.; **k'im-k'imî** کِمکِمی f.; **qajeqaj** قاژەقاژ f.; **qalmeqal**

قالمەقال f.; **qareqar** قارەقار f.; **qerebalix** قەرەبالِخ f.; **qîr̄eqîr̄** قیڕەقیڕ f.; **r̄eqer̄eq** ڕەقەڕەق f.; **şerqîn** شەرقین f.; **t'eqer̄eq** تەقەڕەق f.; (rattling, clanking) **şingîn** شِنگین f.

noisy **bi hose** بِ هۆسە

nomad **k'oçer** کۆچەر m.&f.

nomadic: -~ group **obe** ئۆبە f.; ~ way of life **k'oçerî** کۆچەری f.

non-aspirated **nehilmî** نەهِلمی

non-Muslim **k'afir** کافِر m.&f.; **xwedênenas** خودێ نەناس m.&f.

non-partisan **alînegir** ئالینەگِر

none **t'u II** تو

nonsense **xeberêd berevajî** خەبەرێد بەرەڤاژی

nonsensical **elet'ewş** ئەلەتەوش; **bême'na** بێ مەعنا

noodles **şiîre** شِئیرە

noon **nîvro** نیڤرۆ m./f.; **de'nê nîvro** دەعنێ نیڤرۆ

noon meal **nanê nîvro** نانێ نیڤرۆ m.

noontime **nîvro** نیڤرۆ m./f.; **de'nê nîvro** دەعنێ نیڤرۆ

north **bakur** باکور f./m.; **mifriq** مِفرِق f.; **şemal** شەمال f.

north wind **şemal** شەمال f.

Northern Kurdistan **Bakurê Kurdistanê** باکورێ کوردِستانێ m.; **Kurdistana Tirkiyê** کوردِستانا تِرکییێ f.

Norwegian **Norwecî** نۆروەجی

nose **difn** دِفن m./f.; **poz I** پۆز m.; **kepî** کەپی f./m.; **fir̄n** فِڕن f.; **bêvil** بێڤِل f.

nosebag **cuher** جوهەر m.

nosebleed **r̄iskyan** ڕِسکیان f. : -to have a ~ **r̄iskyan** ڕِسکیان vi.; **ver̄estin** ڤەڕەستِن vi.

nosering **xizêm** خِزێم f.; **qerefîl** قەرەفیل f.

nostalgia **mukur̄î** موکوڕی f.

nostril **bêvil** بێڤِل f.; **difn** دِفن m./f.; **fir̄n[ik]** فِڕنِك f; **ximximk** خِمخِمك f.; **kepî** کەپی f./m.; **kulfik I** کولفِك f.

nosy **maytêker** مایتێکەر ; **t'ewt'ewe** تەوتەوە

not **na-** نا; **ne** نە;

not any **t'u II** تو

not at all **qet I** قەت; **t'ew II** تەو

not in the least **t'ew II** تەو

notable (adj.) **berbiçav I** بەربِچاڤ

notable (n.) **maqûl** ماقوول m.

note (memo, comment) **têbînî** تێبینی f.; foot~ **jêrenot** ژێرەنۆت f.

notebook **deft'er** دەفتەر f.; **p'er̄awî** پەڕاوی

noteworthy **berk'eftî** بەرکەفتی

nothing **t'utişt** توتِشت; tiştek [+ neg.]; **çi** چ [+ neg.]; **tişt** تِشت m./f. [+ neg.]

to notice **çav lêk'etin** چاڤ لێ کەتِن vi.; **'îşandin** عیشاندِن vt.

noticeable **berçav II** بەرچاڤ

notification **'elam** عەلام m./f.; **'elamet** عەلامەت f.

notwithstanding **gir III** گِر ; **digel vê hindê** دِگەل ڤێ هِندێ; **li ser hindê r̄a** لِ سەر هِندێ ڕا;

noun **nav I** ناڤ m.; **navdêr** ناڤدێر f.

November **Ç'irîya paşîn** چِرییا پاشین f.; **Mijdar** مِژدار f.

novice **naşî** ناشی m./f.

now **niha** نِها/**noke** نۆکە; vê gavê; **t'aze** تازە; **îdî** ئیدی

nowhere **t'u cîyada** تو جییادا

nucleus **kakil** کاکِل m./f.

nude **r̄ût** ڕووت; **tazî I** تازی; **şilf tazî** شِلف تازی; **zelût** زەلووت; **kot I** کۆت

nudity **r̄ûtayî** ڕووتایی f.; **tazîtî** تازیتی f.

numb: -to be ~ **qerimîn** قەرِمین vi.; **simirîn** سِمِرین vi.; **ji serma şewitîn** ژِ سەرما شەوِتین vi.; (of feet or hands) **tevizîn** تەڤِزین vi.

number **hejmar** هەژمار f.

numeral **hejmar** هەژمار f.

numerous **boş II** بۆش

numbness (falling asleep, of hand or foot) **teztezînk** طەزطەزینك f.

nun **r̄eben II** ڕەبەن f.; **rahîbe** راهیبە f.

nuptials **mehir** مەهِر f.; **nikha** نِکها f.

nurse: (medical ~) **hemşîre** هەمشیرە f.; (wetnurse) **dayîn III** دایین f.; **daşîr** داشیر f.

to nurse (suckle) **mêjandin** مێژاندِن vt.; (care for) **t'îmar kirin** تیمار کِرِن vt.

nursing (looking after) **miqatî** مِقاتی f.; **t'îmar** تیمار f.

nut: (walnut) **gûz** گووز/گویز f.

nut meat (nucleus) **kakil** کاکِل m./f.

nuts: (testicles) **gun** گون m.; **batî** باتی m.; **hêlik** هێلِك f./m.

nyctalopic (night-blind) **şevkor** شەڤکۆر

O

O (m.) **lo** لۆ; (f.) **lê III** لێ; (pl.) **gelî I** گەلی ; (all genders & numbers) **ya I** یا

oak: **mazî** مازی f.; (evergreen ~, holm ~) **benav** بەناڤ f.; (Lebanon ~) **dîndar II** دیندار f.

oar **bêr** بێر f.

oath **sond** سۆند f.; **qesem** قەسەم m.; **'ehd** عەهد m./f.

oba **obe** ئۆبە f.

obese: (fat) **qelew** قەلەو
obesity **qelewî** قەلەوی f.
to obey **lê guh dan** لێ گوهـ دان vt.; **gora fk-ê kirin** گۆڕا فکێ کِرِن vt.; (a law) **pêgirî kirin** پێگِری کِرِن vt.
obeying (n.) (compliance, adherence) **pêgirî** پێگِری f.
object **eşya** ئەشیا m.; (grammatical: direct ~) **bireser** بِرەسەر f.
to object: (register disapproval) **dey kirin** دەی کِرِن vt.; **[li] ber ft-î rabûn** لِ بەر فتی ڕابوون vi.;
objective *adj*. (unbiased) **babetî** بابەتی
objects (equipment, effects) **k'el û p'el** کەل و پەل m./f./pl.
obligated **p'êwîst** پێویست
obligation **wezîfe** وەزیفە f.; **mecbûrî** مەجبووری f.; **vatinî** ڤاتِنی f.; (gratitude) **minet** مِنەت f.; (religious duty) **ferz** فەرز f.
obligatory **p'êwîst** پێویست ; -to be ~ **viyan** ڤِیان vt. + subj.
obliged **neçar** نەچار; **mecbûr** مەجبوور; **p'êwîst** پێویست; -to be obliged (be grateful) **minet k'işandin** مِنەت کِشاندِن vt.
oblique **vêl** ڤێل
oboe (zurna) **zirne** زِرنە f.
obscure (dark) **tarî** تاری
observant (religious) **dîndar III** دیندار; **olp'erest** ئۆلپەرەست
observation: (surveillance) **çavdêrî** چاڤدێری f.; **zêrevanî** زێرەڤانی f.; **nêrevanî** نێرەڤانی f.; ***dîdevanî** دیدەڤانی f.
to observe (watch) **nêrîn** نێرین vt.; **mêze kirin** مێزە کِرِن vt.; **fericîn** فەرِجین vi.; **lê t'emaşe kirin** لێ تەماشە کِرِن vt.; **nêrevanî lê kirin** نێرەڤانی لێ کِرِن vt.; **tê fikirîn** تێ فِکِرین vi. (**fikirîn II** فِکِرین vi.); **şopandin** شۆپاندِن vt.; (comply with, of rules) **pêgirî kirin** پێگِری کِرِن vt.
observer **zêrevan** زێرەڤان m.&f.; **nêrevan** نێرەڤان m.; ***dîdevan** دیدەڤان m.
obsessed with **caris** جارِس
obstacle **asteng** ئاستەنگ f.; **hed û sed** حەد و سەد ; **t'eşqele** تەشقەلە f.
obstinacy **serhişkî** سەرحِشکی f.; **serk'êşî** سەرکێشی f.; **rik' I** ڕِك f.; **serreqî** سەرڕەقی f.; **'eynat** عەینات f.
obstinate (stubborn) **serhişk** سەرحِشك; **serk'êş I** سەرکێش; **serreq** سەرڕەق; -to be ~ **xezirîn** خەزِرین vi.
to obstruct **pêşîya fk-ê girtin** پێشییا فکێ گِرتِن vt.; **pêşî lê birîn** پێشی لێ بِرین vt.; **rêlêgirtin** ڕێ لێ گِرتِن vt.
obstructing (s.o.'s way) **rêlêgirtin** ڕێلێگِرتِن f.
obstruction **xilxile** خِلخِلە m.
to obtain: (get, acquire) **wergirtin** وەرگِرتِن vt.; **standin** ستاندِن vt.; **hasil kirin** هاسِل کِرِن vt.; **bi dest ve anîn** بِ دەست ڤە ئانین vt.; **bi dest xistin** بِ دەست خِستِن vt.; **p'eyda kirin** پەیدا کِرِن vt.
obtained: -to be o. **bît'er bûn** بیتەر بوون vi.;
obtuse (dull) **kuh** کوهـ; (slow-witted) **sersar** سەرسار
obtuseness **sersarî** سەرساری f.
obvious **diyar** دیار; **xuya** خویا; **aşkere** ئاشکەرە; **belû** بەلوو; **k'ifş** کِفش; **'eyan** عەیان; **xanê** خانێ; **berçav II** بەرچاڤ
ocean **behr** بەحر f.
occasion (special event) helkeftin; minasebet; (chance, opportunity) **delîve** دەلیڤە f.; **derfet** دەرفەت f.; **fesal** فەسال f.; **firset** فِرسەت f.; **kevlû** کەڤلوو f.; **k'ês** کێس f.; (grounds, cause) **hêncet** هێنجەت f.; (one time, one round) **neqil** نەقِل f.
occident **roj-ava** ڕۆژئاڤا f.
occupation **'emal** عەمال m./f.; **mijûlahî** مِژوولاهی f.
occupied + with [+ **bi...ve**] **mijûl** مِژوول بِ ... ڤە; **bilî I** بِلی [+ *ezafeh*]
occupier **dagîrker** داگیرکەر m.
to occupy **dagîr kirin** داگیر کِرِن vt.; **zeft kirin** زەفت کِرِن vt.; **vegirtin** ڤەگِرتِن vt.; (to entertain) **mijûl kirin** مِژوول کِرِن vt.
to occur (happen) **qewimîn** قەومین vi.; **hatin pê** هاتِن پێ vi.; (take place) **li dar k'etin** لِ دار کەتِن vi.; **pêkhatin** پێکهاتِن vi.
occurrence **bûyer** بوویەر f.; **serhatî** سەرهاتی f.; **hewal** حەوال m.; **t'ifaq I** تِفاق f.
October **Ç'irîya pêşîn** چِرییا پێشین f.; **Cotmeh** جۆتمەهـ f.
octopus **heştpê** هەشتپێ f./m.
odd (peculiar) **seyr** سەیر; **'ecêb** عەجێب
odor **bîn I** بین f.
oesophagus --> see esophagus
of **ji I** ژِ
of high rank **p'ayebilind** پایەبِلِند; **bilindp'aye** بِلِندپایە
off the beaten path **averê** ئاڤەرێ
off work (free) **betal** بەتال; **vala** ڤالا
to offend: (curse) **ç'êr [lê] kirin** چێر لێ کِرِن vt.; (insult) **dil hiştin** دِل هِشتِن vt.
offended **dilmayî** دِلمایی; -to be ~ **xeyidîn** خەیِدین vi.
offender **destdirêj** دەستدِرێژ m.&f.
offense: (crime) **sûc** سووج m./f.; (violation) **destdirêjî** دەستدِرێژی f.
to offer **pêşk'êş kirin** پێشکێش کِرِن vt.; **berpêş kirin** بەرپێش کِرِن vt.

offering: (gift) **pêşk'êş** پێشکێش f.
office: (bureau) **nivîsxane** نِڤیسخانه f.; (central ~, main ~) **fermangeh** فەرمانگەه f.
official (adj.) **řesmî** ڕەسمی; **fermî** فەرمی
official (n.) (civil servant) **me'mûr** مەعموور m.; **k'arbidest** کاربِدەست m.; **řayedar** ڕایەدار m.&f.
offspring **zuřet II** زوڕەت f.; **dûndan** دووندان f.; **dol I** دۆل f.; **ewled** ئەولەد m.; **ocax** ئۆجاخ f./m.; **zêdehî** زێدەهی f.; -without ~: **bê dûnde** بێ دووندە; **bêzuřet** بێ زوڕەت
often **t'im** تِم; gelek caran
ogre **dêw** دێو m.; **hût** هووت m.
oil: (olive oil) **zeyt** زەیت f./m.; (petroleum) **neft** نەفت f.; (cooking ~) **řûn** ڕوون m.; (oil products used in cooking) **tewaş** تەواش m.
oily: (of food) **çivir** چِڤِر
ointment **melhem** مەلهەم f.; **derman** دەرمان m.
OK **bila[nî]** بِلانی
oka: (unit of weight) **ĥuqe** حوقە f.; **weqî** وەقی f.
old: (things) **kevn** کەڤن; **kevnare** کەڤنارە; (people) **pîr** پیر; **kal I** کال; **mezin** مەزِن; **navsera** ناڤسەرا; **sere I** سەرە; (senile, decrepit) **heřfî** هەڕفی; **kalûme** کالوومە m.&f.
old age **kalî** کالی f.; **pîrayî** پیرایی f.; (of things) **kevnayî** کەڤنایی f.
old fogey **k'eftař** کەفتاڕ f./m.
old man **îxt'iyar** ئیختیار m.; **kal I** کال m.; **kalik I** کالِك m.; **pîr** پیر m.; (village elder) **řîspî** ڕیسپی m.
old mother **pîredê** پیرەدێ f.
old woman **dapîr** داپیر f.; **pîr** پیر f.; **pîrejin** پیرەژِن f.; **pîrik** پیرِك f.; **pîredê** پیرەدێ f.
older **mezin** مەزِن; **mezintir** مەزِنتِر
older brother **kek** کەك m.; **birayê mezin** بِرایێ مەزِن m.
older sister **etik** ئەتِك f.
oldest (child) **nuxurî** نوخوری m.; **serek** سەرەك m.
oldness **kevnayî** کەڤنایی f.
oleander **jale** ژالە f.; **řûl** ڕوول f.; **ziqûm** زِقووم f.
oleaster **gûsinc** گووسِنج f.; **sinc** سِنج f.
olio (hodgepodge) **gêlma gavanî** گێلما گاڤانی f.; **girara gavana** گِرارا گاڤانا f.
olive **zeyt'ûn** زەیتوون f.
olive oil **zeyt** زەیت f./m.; **řûnê zeyt'ûnê** ڕوونێ زەیتوونێ m.
olive tree **dara zeyt'ûnê** f. دارا زەیتوونێ
Omani **'Umanî** عومانی
omelette: **hêkerûn** هێکەروون f.; **sewikê hêka** سەوکێ هێکا m.; (~-like dish) **mirtoxe** مِرتۆخە f.
omen **'elamet** عەلامەت f.
on **li** لِ; **ser II** سەر; **li ser** لِ سەر
on behalf of **ji pêş…ve** ژِ پێش ... ڤە
on duty **nobetdar** نۆبەتدار
on good terms **vêk** ڤێك; **aşt** ئاشت
on one's belly **zikkêşkî** زِککێشکی
on one's feet (standing up) **şipîya** شِپییا
on one's own **serbixwe** سەربِخوە; **bi xwe** بِ خوە; **bi nefsa xwe** بِ نەفسا خوە
on that side **wêvetir** وێڤەتِر;
on the contrary **berevajî** بەرەڤاژی
on the double **řeve-řev** ڕەڤەڕەڤ
once **carekê** جارەکێ; **neqlek** نەقلەك; **wextekê** وەختەکێ
once again **ji nû ve** ژِ نوو ڤە
one **yek** یەك f.; (of a pair) **fer I** فەر f.; **kit** کِت f.; **t'ek** تەك f.; (impersonal, e.g., 'one must') **însan** ئینسان m.; **meriv** مەرِڤ m.
one another **hev** هەڤ; **yek** یەك
one by one **yeko-yeko** یەکۆ یەکۆ
one each **yek û …** یەك و ... /**êk û …** ئێك و ...
one of a kind **takî t'enê** تاکی تەنێ
[the] one who **herçî** هەرچی
oneness **yekîtî** یەکیتی f.
oneself **xwe** خوە
onion **pîvaz** پیڤاز f.; -green *or* spring ~ **pîvazteřk** پیڤازتەڕك f.
only **t'ek** تەك; **t'enê** تەنێ
onset: (start, beginning) **destpêk** دەستپێك f.; (onslaught) **řik'êb** ڕِکێب f.
onslaught (charging at) **řik'êb** ڕِکێب f.
onto **li** لِ
open **vekirî** ڤەکِری; **vebûyî** ڤەبوویی; (gaping, of wound) **jev** ژەڤ
to open (vt.) **vekirin** ڤەکِرِن vt.; (one's eyes wide) **beliqandin II** بەلِقاندِن vt.; (one's mouth) **beş kirin** بەش کِرِن vt.; **vegirtin** ڤەگِرتِن vt.; (vi.) (flowers) **bişkavtin** بِشکاڤتِن vt.; **vebûn** ڤەبوون vi.
open air museum **mûzexaneya servekirî** موزەخانەیا سەرڤەکِری f.
to open up (vi.) (flowers) **vebûn** ڤەبوون vi.
opened **vekirî** ڤەکِری; **vebûyî** ڤەبوویی: -to be ~ **vebûn** ڤەبوون vi.
opening: (aperture) **qul I** قول f.; **dev I** دەڤ m.; **qelîştek** قەلیشتەك f.; (in ceiling to let in light) **k'ulek II** کولەك f.; **řojin** ڕۆژِن f.; **p'ace** پاجە f.
openmouthed **devjihev** دەڤژِهەڤ
to operate (to run) **gêřan** گێڕان vt.; **geřandin** گەڕاندِن vt.
to operate on (perform surgery) **'emeliyat kirin** عەمەلیات کِرِن vt.

operation: (action) **kiryar** کِریار f.; (surgical) **'emeliyat** عەمەلِیات f.

opinion **dîtin** دیتِن f.; **fikir** فِکِر f.; **nezer** نەزەر f.; **řay I** رای f.; **nêt** نێت f.

opponent **hevrik** هەڤرِك m.&f.

opportunity **delîve** دەلیڤە f.; **derfet** دەرفەت f.; **fesal** فەسال f.; **firset** فِرسەت f.; **kevlû** کەڤلوو f.; **k'ês** کێس f.; **mecal** مەجال f.; **mefer** مەفەر f.

to oppose **berhingarî fk-ê bûn** بەرهِنگاری فکێ بوون vi.; **miqabilî fk-ê/ft-î bûn** مِقابِلی فکێ\فتی بوون vi.; (to resist) **li ber xwe dan** لِ بەر خوە دان vt.

opposed: -to be o. to **miqabilî fk-ê/ft-î bûn** مِقابِلی فکێ\فتی بوون vi.

opposing **dijber** دِژبەر; **miqabil** مِقابِل; **pêşber** پێشبەر

opposite (n.) **berevajî** بەرەڤاژی;

opposite (prep.) (facing) **řaber** رابەر; **dijber** دِژبەر; **miqabil** مِقابِل; **himberî** هِمبەری; **pêşber** پێشبەر; **li beranberî** لِ بەرانبەری

opposition: (resistance) **hevrikî** هەڤرِکی f.

to oppress **tepeser kirin** تەپەسەر کِرِن vt; **berteng kirin** بەرطەنگ کِرِن vt.; **p'erçiqandin** پەرچِقاندِن vt.; **zêrandin** زێراندِن vt.

oppressed **bindest** بِندەست; -to be ~ **'eciqîn** عەجِقین vi.

oppression **te'darî** تەعداری f.; **k'otek** کۆتەك f.; **ç'ews** چەوس; **p'est** پەست f.; **pêk'utî** پێکوتی ; **xurtî** خورتی f.; **zordarî** زۆرداری f.; **zordestî** زۆردەستی f.

oppressor **zordar** زۆردار m.

optative ***bilanî II** بِلانی

optimism **geşbînî** گەشبینی f.

optimist **geşbîn** گەشبین m.&f.

optimistic **geşbîn** گەشبین

opus: (work of art) **afirandin** ئافِراندِن f.; **berhem** بەرهەم f.; **nivîsar I** نِڤیسار f.

or **yan I** یان

or else (otherwise) **nexo** نەخۆ

oral (spoken) **devkî** دەڤکی

orange (adj.) (color) **qîç'ik** قیچِك

orange (n.): (sweet) **p'irteqal** پِرتەقال f.; (sour, bitter) **narinc** نارِنج f.; (mandarin ~) **lalengî** لالەنگی f.

orange juice **ava p'irteqala** ئاڤا پِرتەقالا f.

orbit **govek** گۆڤەك f.; **geř II** گەر f.

orchard: (fruit ~) **dehl** دەهل f./m.; **baẍ** باغ m. (wine ~) **řez** رەز m.

ordeal (test) **şert** شەرت m./f.

order: (command) ***destûr** دەستوور f.; **emir I** ئەمِر m.; **ferman** فەرمان f.; **ferwar II** فەروار f.; **ḧuk'um** حوکوم m.; **qirar** قِرار m./f.; **t'emî** تەمی f.; (good organization) **rêk û pêkî** رێك و پێکی f.; (the social ~) **p'ergal I** پەرگال f.

to order: (command) **ferman dan** فەرمان دان vt.; (to commission, as clothes from a tailor) **fesilandin** فەسِلاندِن vt.

orderly (n.) (person on duty) **nobetdar** نۆبەتدار m.

orderly (adj.): **ser û ber** سەر و بەر; -to be o. **'edilîn** عەدِلین vt.

organ: (of the body) **endam** ئەندام m.; **lebat II** لەبات m.; (of chest cavity) **hinav** هِناڤ m.

organization **řêkxistin** رێکخِستِن f.; **dezgeh** دەزگەه f.; **sazgeh** سازگەه f.; -good ~ (order, regularity) **rêk û pêkî** رێك و پێکی f.

to organize **řêkxistin** رێکخِستِن vt.; **'edilandin** عەدِلاندِن vt.; (hold a meeting) **li dar xistin** لِ دار خِستِن vt.; **pêkanîn** پێکانین vt.; **gêřan** گێران vt.; **geřandin** گەراندِن vt.

organized: -to be ~ **pêkhatin** پێکهاتِن vi.

orgasm **xweşî** خوەشی f.

orient **řojhilat** رۆژهِلات f.; **şerq** شەرق f.

orientalist **řojhilatnas** رۆژهِلاتناس m.

orientalistics **řojhilatnasî** رۆژهِلاتناسی f.

orifice **qelîştek** قەلیشتەك f.

origin: **'esil** عەسِل m.; **cins** جِنس m.; **kan I** کان f.; (clan, lineage) **îcax** ئیجاخ f.; (source) **jêder** ژێدەر m.; (spring of water) **kanî I** کانی f.

original **xweřû** خوەروو

ornament **xemil** خەمِل f.; (for woman or horse) **řext** رەخت m./f.; (woman's jewels) **xişir** خِشِر m./f.;

ornate **xemilî** خەمِلی

ornery **şîrḧeram** شیرحەرام

orphan: (fatherless child) **êt'îm** ئێتیم m.&f.; (motherless child) **sêwî** سێوی m.&f.

orphanage **êt'îmxane** ئێتیمخانە f.; **sêwîxane** سێویخانە f.

orphanhood: (fatherlessness) **êt'îmî** ئێتیمی f.; (motherlessness) **sêwîtî** سێویتی f.

ort (food scrap) **k'urtêl** کورتێل f.

orthography **řastnivîs** راستنِڤیس f.

osiers **şokêt bîyê** شۆکێت بییێ pl.

ossifrage: (lammergeier) **daleřeş** دالەرەش m.

ostensibly **xwedêgiravî** خوەدێگِراڤی ; **qaşo I** قاشۆ

ostentatious **bitiř I** بِطِر

osteopath **cebar II** جەبار m.

ostrich **hêştirme** هێشترمە f.

other **din I** دِن; **mayîn I** مایین

[the] other day **vê p'êlê** ڤێ پێلێ ;

[the] other side of **ji ...wêve[tir]** ژ ... وێڤەتر

other than **ji bilî** ژ بِلی; **xêncî** خێنجی

others **xelq** خەلق m.
otherwise **nexo** نەخۆ
otter **seyê avê** سەیێ ئاڤێ m.; **mîya avê** میا ئاڤێ f.
ounce **ĥuqe** حوقە f.; **weqî** وەقی f.
our **me** مە
ourselves **xwe** خوە
out and about **bi gund ve** بِ گوند ڤە
out of (from) **ji I** ژِ
out of breath: -being o.o.b. **hilkehilk** هِلکەهِلك f.
out of work (unemployed, idle) **tol I** تۆل
outcome **dawî** داوی f.; **encam** ئەنجام f.
outcrop: (sharp rock protrusion on a mountain) **çelexte** چەلەختە m.
outer garment: (men's) **arxalix** ئارخالِخ m.
outfit (clothing) **espab** ئەسپاب pl.
outgoes (expenses) **lêç'ûn** لێچوون f.
outing (picnic) **seyran** سەیران f.
outlay (expenditure) **mesref** مەسرەف f.; **xerac** خەراج m.; **xerc** خەرج m./f.
outside **der II** دەر; **derve** دەرڤە; **veder** ڤەدەر
outside of **ji ... der** ژِ ... دەر; **ji ... pêve** ژِ ... پێڤە; **ji ... veder** ژِ ... ڤەدەر;
outskirts **qirax** قِراخ f./m.; **p'eř** پەڕ m./f.; **kevî I** کەڤی f.; **k'êlek** کێلەك f.
outstanding (eminent) **serfiraz** سەرفِراز
oven **kuçik II** کوچِك f./m.; **t'ifik** تِفِك f.; **ocax** ئۆجاخ f./m.; (bread ~) **tendûr** طەندوور f.; **fiřne** فِرنە f.
oven-baked bread **nanê tenûrê** نانێ طەنوورێ m.
over: (above) **hindav serê** هِنداڤ سەرێ; **jor** ژۆر; **řaser** ڕاسەر; **di ser ... re** دِ سەر ... رە; (at s.o.'s house) **bal I** بال; **cem** جەم; **hinda I** هِندا; **lalê** لالێ; **li def** لِ دەف; **nik I** نِك; **řex I** ڕەخ; (finished, past, done) **xelas** خەلاس; **derbazbûyî** دەربازبوویی; -to be o. (finshed, done) **k'uta bûn** کوتا بوون vi.; **qedîn** قەدین vi.; (of pregnancy) **seřřast bûn** سەرڕاست بوون vi.
overcoat **hewran I** هەوران m.; **qap'ût** قاپووت f./m.; **qerpal** قەرپال m.; (threadbare ~) **p'ot** پۆت m.
to overcome **zeft kirin** زەفت کِرن vt.
overeater **çil III** چِل
to overflow (boil over) **fûřîn** فووڕین vi.
to overpower **zeft kirin** زەفت کِرن vt.; **mala Cihû hasê kirin** مالا جِهوو هاسێ کِرن vt.
to overreact **mêş kirine gamêş** مێش کِرنە گامێش vt.
overseeing **serk'arî** سەرکاری f.
overseer **serk'ar** سەرکار m.
to overstate **nep'ixandin** نەپِخاندِن vt.; **werpixandin** وەرپِخاندِن vt.
to overturn (vi.) **qulibîn** قولِبین vi.; **wergeřîn** وەرگەڕین vi.; (vt.) **wergeřandin** وەرگەڕاندِن vt.; **ser û bin kirin** سەر و بِن کِرن vt.
overturned: -to be ~ **qulibîn** قولِبین vi.; **wergeřîn** وەرگەڕین vi.
owing: (in debt) **deyndar** دەیندار; **qerdar** قەردار;
owl **kund** کوند m.; **bûm** بووم m.; **p'epûk II** پەپووك f.
to own **xwedî bûn** خوەدی بوون vi.
owner **xwedî** خوەدی m.; **serwer** سەروەر m.; **milûk I** مِلووك m.
ownerless **bêxwedî** بێ خوەدی
ownership **xwedîtî** خوەدیتی f.
ox **ga** گا m.; **boẍ** بۆغ m.; (mountain or wild ~) **gak'ûvî** گاکووڤی m.
oxbow **k'ulabe** کولابە f./m.; **guhnîr** گوهنیر m.; **samî** سامی
oxcart **parxêl** پارخێل f.; **ereba ga** ئەرەبا گا f.; **gerdûm** گەردووم f.
oxgoad **misas** مِساس f.

P

pace: (step) **gav** گاڤ f.; **pêngav** پێنگاڤ f.
to pacify **'edilandin** عەدِلاندِن vt.; **ĥewandin** حەواندِن vt.
pack: (~ of wolves) **gel** گەل m.; **p'eřanî** پەڕانی f.; (woman's ~, carried on back) **parzûn** پارزوون m.
to pack: (prepare a bundle) **pêçan** پێچان vt.; (stuff, cram) **dewisandin** دەوِساندِن vt.
to pack up: (a load) **dagirtin** داگِرتِن vt.; **bar kirin** بار کِرن vt.
pack needle **şûjin** شووژِن f.
pack saddle **kurtan** کورتان m.; (wooden ~) **p'alik** پالِك m.; (camel's ~) **ĥawid** حاوِد m.
package **pêçek** پێچەك f.; **piştî I** پِشتی m./f.
packing needle **şûjin** شووژِن f.
pact **p'eyman** پەیمان f.; **'ehd** عەهد m./f.
paddle: (oar) **bêr** بێر f.; (washing ~) **şûnik** شوونِك m.; (Ping Pong) **t'ûs** تووس m.
padlock **qifil** قِفِل f.
page: (of a book, etc.) **řûp'el** ڕووپەل f.; **berper** بەرپەر m.
pail: (bucket) **dewl I** دەول f.; **'elb** عەلب f.; **satil** ساتِل f.; **helgîn** هەلگین m.; (large) **sîtil** سیتِل f.; (milk-p.) **mencelok** مەنجەلۆك f.

pain: **êş** ئێش f.; **jan** ژان f.; **azar** ئازار f.; **derd** دەرد m.; **şewat** شەوات f.; **çîk** چیك f.; (~ in one's side) **neks** نەکس f.; (headache) **serêş** سەرێش f.; (sharp ~) **te'n** تەعن f./m.

pains **cefa** جەفا m.; **derd** دەرد m.; **t'ab** تاب f.; -labor ~ **çîk** چیك f.; **jan** ژان f.; **janên biçûkî** ژانێن بچووکی pl.

paint **boyax** بۆیاخ f.; **ṙeng** ڕەنگ m.; **derman** دەرمان m.; **s̱ibx̱e** صبغە f.

to paint **boyax kirin** بۆیاخ کِرِن vt.; (depict) **şikil k'işandin** شِکِل کِشاندِن vt.; **şikil kirin** شِکِل کِرِن vt.

paint brush **firça reng kirinê** فِرچا رەنگ کِرِنێ f.

painter (artist) **wênek'ar** وێنەکار m.&f.

painting (picture) **şikil** شِکِل m.; **keval** کەڤال m.; **ṙesim** ڕەسِم m./f.

pair **cot** جۆت m.; (of cattle) **zo** زۆ m./f.

Pakistani **P'akistanî** پاکِستانی

pal **heval** هەڤال m.&f.

palace **qesr** قەسر f.; **qonax** قۆناخ f./m.; **koçk** کۆچك f.

palate: (roof of mouth) **p'idî** پِدی f.; **alûme** ئالوومە m.; **panka devî** پانکا دەڤی f.

pale (adj.) **zer I** زەر; **spîç'olkî** سپیچۆلکی; **zerhimî** زەرهِمی; -to turn ~ **ṙeng qulibîn** ڕەنگ قولبین vi.

pale (n.) (stake, rod) **qazux** قازوخ m./f.; **sik'e** سِکە f.

Palestinian **Filistînî** فِلِستینی

pallid **zer I** زەر; **spîç'olkî** سپیچۆلکی; **zerhimî** زەرهِمی

pall-mall (game like polo) **k'aşo** کاشۆ m.

pallor **zerî III** زەری f.

palm: (of hand) **çeng I** چەنگ f.; **ç'epil** چەپل m.; **pank I** پانك f.; **k'ef II** کەف f.; **hundurê dest** هوندورێ دەست m.

palpable **diyar** دِیار; **k'ifş** کِفش; **xuya** خویا; **xanê** خانێ; **berçav II** بەرچاڤ

palpitation **gurpegurp** گورپەگورپ f.; **gurpîn** گورپین f.

pampered: (spoiled) **beradayî** بەرادایی; **bitiṟ I** بِطِر; **gewî** گەوی

pamphlet: (flyer, circular) **belavok** بەلاڤۆك f.; **nivîsk** نِڤیسك f.

pancake **şilikî** شِلِکی f.

pancreas **şîlav** شیلاڤ f.

pander **qurumsax** قوورومساخ m.

pane (of glass) **cam** جام f.

panel: (flap, of skirt) **damen** دامەن m.

pannier **sepil** سەپِل f.

panorama **bergeh** بەرگەه f.; **dîmen** دیمەن f./m.

to pant (be out of breath) **helkehelka** ***yekî*** **bûn** هەلکەهەلکا یەکی بوون vi.

panting (n.) **hilkehilk** هِلکەهِلك f.

pants (baggy trousers) **şal I** شال m.; (European trousers) **p'antol** پانتۆل m.

paper **k'ax̱ez** کاغەز f./m.; (cigarette ~) **p'el I** پەل m./f.; **t'ebax II** تەباخ m./f.

paper money (lira) **baqnot** باقنۆت f./m.

parable **mesel** مەسەل f.

paradise **bihuşt** بهوشت f.; **cenet** جەنەت f.

parallel **hevterîb** هەڤتەریب

paralyzed: (in the hand or foot) **şeht** شەهت; **şil II** شِل

parasite **k'edxwar** کەدخوار m.; **k' urtêlxur** کورتێلخور m.&f.

parasitic **xwînmij** خوینمِژ; **k'edxwar** کەدخوار m.

parasol **sîtavk** سیتاڤك f.; **sîwan** سیوان f.; **şemse** شەمسە f.

parcel (package) **pêçek** پێچەك f.; (small ~ of land) **le'tik** لەعتِك f.

pardon **'efû** عەفوو m./f.; **lêborîn** لێبۆرین f.

to pardon **lêborîn** لێبۆرین vt.; **'efû kirin** عەفوو کِرِن vt.; **bexşandin** بەخشاندِن vt.; **lê xweş bûn** لێ خوەش بوون vi.

parents **dê û bav** دێ و باڤ pl.

to park (a car) **sekinandin** سەکِناندِن vt.

parley (deliberation) **şêwir** شێوِر f.

parlor **heywan I** هەیوان f.

parsley **bexdenûs** بەخدەنووس f.

parsimonious **ç'ikûs** چکووس ; **çirûk** چرووك; **devbeş** دەڤبەش; **ṙijd** ڕِژد; **evsene** ئەڤسەنە; **tima** تِما; **qesîs** قەسیس/**xesîs** خەسیس

parsimony **ṙijdî** ڕِژدی f.

part: (section) **beş I** بەش f./m.; **biṙ I** بِڕ m.; **pişk** پشك f.; ***deq** دەق f.; **ker I** کەر m./**kerî I** کەری m.; **şax** شاخ f./m.; **qet II** قەت m.; **dabeş** دابەش f.; (portion, share) **behr I** بەهر f.; **beş I** بەش f./m.[2]; **p'ar II** پار f.; **p'ay** پای f./m.; **pişk** پشك f.; (role) **rol** رۆل f.

to part company **ji [hev] qetîn** ژِ هەڤ قەتین vi.; **ji … veqetîn** ژِ… ڤەقەتین vi.

partiality: (predilection, desire) **ḧewas** حەواس f.

participant **beşdar** بەشدار m.&f.; **pişkdar** پشکدار m.

to participate **beşdar bûn** بەشدار بوون vi.; **xwe têkilî kirin** خوە تێکِلی کِرِن vt.

participating **beşdar** بەشدار; **pişkdar** پشکدار

participation **beşdarî** بەشداری f.; pişikdarî

particle **hûrik** هوورِك m.; **p'irtik** پِرتِك f./m.

particular **t'aybetî** تایبەتی; **xas** خاس

particularly **nemaze** نەمازە; **nexasme** نەخاسمە; **îlahî** ئیلاهی; **bi t'aybetî** بِ تایبەتی

partisan (Kurdish ~) **pêşmerge** پێشمەرگە m.&f.

partition **çît I** چیت m.; **p'erde** پەردە f.
partner **hevbeş** هەڤبەش m.; **hevp'ar** هەڤپار m.; **hevk'ar** هەڤکار m.&f.; **şirîk** شِریك m.; (spouse) **hevser** هەڤسەر m.&f.
partnership **hevk'arî** هەڤکاری f.
partridge **kew I** کەو m./f.; (decoy ~, trained hunting ~) **řibat** ڕِبات m. or adj.; (female ~) **marî** ماری f.; **mêkew** مێکەو f.; **kewa mê** کەوا مێ f.; (male ~) **nêrekew** نێرەکەو m.
partridge hunter **kewgîr** کەوگیر m.
parturition **zêstanî** زێستانی f.
party (political) **partî** پارتی f.
pasha **p'aşa** پاشا m.
Pashto **P'aştûyî** پاشتوویی
pass **dirb I** دِرب f.; (mountain ~) **neqeb** نەقەب f.; **gelî II** گەلی m.; (narrow mountain ~) **zuxir** زوخِر m./f.
to pass: (vt.) **bihurandin** بِهوراندِن vt.; **derbaz kirin** دەرباز کِرِن vt.; (to hand stg. to s.o.) **dirêj kirin** دِرێژ کِرِن vt.; (vi.) **bihurtin** بِهورتِن vi.; **derbaz bûn** دەرباز بوون vi.; (of time) **k'etin ort'ê** کەتِن ئۆرتێ vi.; **qedîn** قەدین vi.; **bi ser ve ç'ûn** بِ سەر ڤە چوون vi.
to pass around (distribute) **gêřan** گێڕان vt.; **geřandin** گەڕاندِن vt.
to pass away: (die) **ç'ûn ber dilovanîya xwedê** چوون بەر دِلۆڤانییا خوەدێ vi.; **wefat kirin** وەفات کِرِن vt. ; **alîjiyan bûn** ئالیژیان بوون vi.;
to pass out (distribute) **dabeş kirin** دابەش کِرِن vt.; **belav kirin** بەلاڤ کِرِن vt.; **gêřan** گێڕان vt.; **geřandin** گەڕاندِن vt.; (faint) **neĥiş k'etin** نەحِش کەتِن vi.; **xeřiqîn** خەڕِقین vi.; **xewirîn** خەوِرین vi.
passage **bihur** بِهور m./f.; **dirb I** دِرب f.; (mountain pass) **neqeb** نەقەب f.
passageway **bihur** بِهور m./f.
passion **eşq** ئەشق f.; **eşq û muĥbet** ئەشق و موحبەت; **k'el û şewat** کەل و شەوات; **şewat** شەوات f.; **ĥiddet** حِددەت f.; **sewda** سەودا m.; (predilection, desire, inclination) **ĥewas** حەواس f.
passion play (Shiite) **t'azîye** تازییە f.
passionately **bi k'el û şewat** بِ کەل و شەوات
Passover (Jewish holiday) **cejna şkeva** جەژنا شکەڤا f.
passport **p'asaport** پاساپۆرت f.
past: (over, finished) **derbazbûyî** دەربازبوویی
paste: (shoemakers' & bookbinders' ~) **gûlik** گوولِك; **şîrêz** شیرێز f.
to paste **zeliqandin** زەلِقاندِن vt.; **pêvekirin** پێڤەکِرِن vt.; **pêvenan** پێڤەنان vt.
pastime **mijûlahî** مِژوولاهی f.
pastry: (filled with crushed walnuts) **k'ade** کادە f./m.; (cake-like, mixed with grape syrup) **qawît** قاویت f./m.
pasturage **çêre** چێرە m./f.; **çêregeh** چێرەگەه m./f.
pasture **çêre** چێرە m./f.; **çêregeh** چێرەگەه m./f.; (with green lush grass) **çerwan** چەروان m.; (with brown, dry grass, in winter and fall) **k'oz** کۆز f.; (reserved for wintertime) **p'awan II** پاوان f.; **qorix** قۆرِخ f.; -summer ~ **zozan** زۆزان f.; **zome** زۆمە f.; -to take out to pasture **çêrandin** چێراندِن vt.
pastureland: **k'oz û çerwan** کۆز و چەروان ; (lush ~) **çerwan** چەروان m.; (dry ~) **k'oz** کۆز f.
patch **pîne** پینە m.; **p'ate II** پاتە m.; (melon field) **p'arêz** پارێز f.; **werz** وەرز m.; **mişar I** مِشار f.
to patch **pîne kirin** پینە کِرِن vt.
patella (kneecap) **sêvsêvok** سێڤسێڤۆك f.
patent: (obvious) **aşkere** ئاشکەرە; **belû** بەلوو
path **dirb I** دِرب f.; **řêç' II** ڕێچ f.; **şiveřê** شِڤەڕێ f.; **pêgeh** پێگەه f.; -off the beaten p. **averê** ئاڤەرێ
patience **sebr** سەبر f./m.; **hedan** هەدان f.; **t'ab** تاب f.; **bînfirehî** بینفِرەهی f.; **t'ebatî** تەباتی f.
patient (adj.) **bînfireh** بینفِرەه; **bi sebr** بِ سەبر; -to be ~ **sebr kirin** سەبر کِرِن vt.; **tamîş kirin** تامیش کِرِن vt.
patio **berbanik** بەربانِك m.; **bersifk** بەرسِفك f.; **heywan I** هەیوان f.; **ĥewş** حەوش f.
patriot **welatp'arêz** وەلاتپارێز m.
Patriotic Union of Kurdistan **Yekîtiya Nîştimanî ya Kurdistanê** یەکیتیا نیشتِمانی یا کوردِستانێ f.
patrol (watch, guard duty) **nobet** نۆبەت f.
patron **piştîvan** پِشتیڤان m.
patronage **piştîvanî** پِشتیڤانی f.
paucity **kêmasî** کێماسی/**kêmayî** کێمایی f.
pauper **p'epûk I** پەپووك m.
pause (break, recess) **navbiřî** ناڤبِڕی f.
to pause (take a break) **p'eşkilîn** پەشکِلین vi.
paw **lep** لەپ f./m.
to paw: (~ the ground) **pêk'ol kirin** پێکۆل کِرِن vt.
pawing: (~ the ground) **pêk'ol** پێکۆل f.
pawn **peyak** پەیاك f.; (pledge, deposit) **řehîn** ڕەهین f.
to pay: **p'ere dan** پەرە دان vt.; (~ a visit) **seradan** سەرادان vt.
to pay a visit to **mêvanî çûyîn** مێڤانی چوویین vi.; **mêvanî hatin** مێڤانی هاتِن vi.
to pay attention to **p'ûte pê kirin** پووتە پێ کِرِن vt.
to pay back: (to punish s.o.) **heqê fk-î da hatin** هەقێ فکی دا هاتِن vi.

to pay off (a debt) **ji bin deynê ft-î derketin** ژِ بِن دەینێ فتی دەرکەتِن vi.

payment **xerc** خەرج m./f.; (for services rendered) **heqyat** هەقیات f.

PDK --> See KDP.

pea **polik II** پۆلِك/**lopik** لۆپِك pl.; **lowûk** لۆووك f.; **kelî** کەلی f.; **gilol II** گِلۆل f.; (wild ~, vetch) **şolik** شۆلِك/**şoqil** شۆقِل m./f.; -like 2 ~s in a pod **banek û bagurdanek** بانەك و باگوردانەك

peace **aştî** ئاشتی f.; (tranquility) **řeĥetî** ڕەحەتی f.; **t'ebatî** تەباتی f.

peace of mind **dişliq** دِشلِق f.

peaceful **řiĥet** ڕِحەت; **aram** ئارام; **hêsa** هێسا; **t'ena I** تەنا

peace-loving **aştîxwaz** ئاشتیخواز

peach **xox** خۆخ f.

peak: **gaz û bêlan** گاز و بێلان pl.; **kumt** کومت m.; **gopk** گۆپك m./f.; **ĥeç'** حەچ m.; **kop I** کۆپ f./m.; **k'umik** کومِك m.; **semt** سەمت m.; (tall, pointy mountain ~) **çel II** چەل m.

pear **hermê** هەرمێ f.; **karçîn** کارچین f.; types of pear include: **alîsork** ئالیسۆرك f.; **ĥezîranî** حەزیرانی f.; **kirosik** کِرۆسِك m.; **şekok** شەکۆك f.; **şitû** شِتوو f.

pearl **cewahir** جەواهِر m./f.; **duř** دوڕ f.; **mircan** مِرجان f.

peas --> see pea

peasant **cot'k'ar** جۆتکار m.; **gundî** گوندی m.

peasantry **gundîtî** گوندیتی f.

pebble **bixûr** بِغوور m.; **xîç'ik** خیچِك m.; **zuxr** زوغر m.

peculiar **seyr** سەیر; **'ecêb** عەجێب

pedagogue **lele** لەلە m.

peddler: (itinerant ~) **ç'erçî** چەرچی m.; **'etar** عەتار m.

pedestrian **peya I** پەیا m.

pedlar: (itinerant ~) **ç'erçî** چەرچی m.; **'etar** عەتار m.

peel: (shell, rind) **qalik** قالِك f./m.; **qaşil** قاشِل m./f.; **qelp II** قەلپ m.; **tîvil** تیڤِل m./f.; (baker's p., for getting cakes out of hot oven) **hestîf** هەستیف f.

to peel **qalik kirin** قالِك کِرِن vt.; **spî kirin** سپی کِرِن vt.; **ji qelp kirin** ژِ قەلپ کِرِن vt.; **tîvil kirin** تیڤِل کِرِن vt.

peer (one's equal) **hevbeş** هەڤبەش m.; **hevp'ar** هەڤپار m.

peerless **bêhempa** بێ هەمپا

pellets (BB pellets, buckshot) **saçme** ساچمە f.

pelt (skin, hide) **kevil** کەڤِل f./m; **pîst** پیست m.

to pelt *with* **werkirin** وەرکِرِن vt.; (~ with stones) **ber tê werkirin** بەر تێ وەرکِرِن vt.; **zebandin** زەباندِن vt.; **dan ber beran/keviran** دان بەر بەران\کەڤِران vt.; **kevir kirin** کەڤِر کِرِن vt.

pen: (ink pen) **qelem** قەلەم f./m.; **pênûs** پێنووس f.; (enclosure for domestic animals) **k'ox** کۆخ m.; (livestock corral) **axil** ئاخِل m.; (sty) **axur** ئاخور m./f.; (in which ewes lamb) **dolge** دۆلگە f.; **lêf** لێف f.; (open air, for sheep & goats) **guhêř** گوهێڕ f.; **k'oz** کۆز f.; **mexel** مەخەل f./m.; **kotan I** کۆتان f.; **ĥewş** حەوش f.

penalty: (fine) **cerîme** جەریمە f.; **cirm** جِرم f.

penchant [for] **xîret** خیرەت f.

pencil **qelemzirêç** قەلەمزِرێچ f.

pendulum **şaqûl** شاقوول f./m.

to penetrate **têxistin** تێ خِستِن vt.

penetrating (of a stare, look) **zîq** زیق

peninsula **nîvgirav** نیڤگِراڤ f.

penis **kîr** کیر m.; **teřik II** تەڕِك m.; **xir I** خِر m.; **hêlik** هێلِك f./m.; **qamîş** قامیش m.; **'ewîc** عەویچ m.; (baby boy's ~) **çûçik I** چووچِك m.

penitent **p'oşman** پۆشمان/**peşîman** پەشیمان; **t'obekar** تۆبەکار

penknife **k'êrik** کێرِك f.

penniless (broke) **řût** ڕووت; **bêp'ere** بێپەرە

penny **qurûş** قورووش m.

people: **xelq** خەلق m.; **'ebadile** عەبادِلە f.; **mexulqet** مەخولقەت m.; (folk, nation) **gel** گەل m.; **net'ewe** نەتەوە f./m.; **milet** مِلەت m.; (~ of Islam) **omet** ئۆمەت f.; (one, they) **însan** ئینسان m.; **meriv** مەرِڤ m.

pepper **bîber** بیبەر f.; **îsot** ئیسۆت f.; **guncik** گونجِك; **ĥiçĥar** حِچحار m./f.; **back** باجك m.; (spice) **dermanê germ** دەرمانێ گەرم

peppercress (wild herb used in cheese) **bendik I** بەندِك f.

to perceive **ĥesîn** حەسین vi.; **dîtin** دیتِن vt.; **seh kirin** سەه کِرِن vt.; **'îşandin** عیشاندِن vt.

percent **selef** سەلەف m.

percentage **rêje** ڕێژە f.

perch **lîs** لیس m./f.

to perch: (alight, of birds) **danîn** دانین vt.; **dadan** دادان vt.; **veniştin** ڤەنِشتِن vi.; **lûsîn** لووسین vi.

percussion cap **axzûtî** ئاغزووتی f.

perdition (loss) **t'elef** تەلەف f.; (extinction) **neman** نەمان f.

perfect (adj.) **t'ekûz** تەکووز

perfected: -to be ~ **k'emilîn** کەمِلین vi.

perfidy **bêbextî** بێ بەختی f.; **xiyanet** خِیانەت f.

perforated **qul I** قول

to perform (carry out) **meşandin** مەشاندِن vt.; **bi řê ve birin** بِ ڕێ ڤە بِرِن vt.; (p. an evil deed) **gilîyê net'ê kirin** گِلییێ نەتێ کِرِن vt.

to perform surgery **'emeliyat kirin** عەمەلیات کِرِن vt.

perfume seller **'etar** عەتار m.

perhaps **belkî** بەلکی; **çêdibît** چێدِبیت; **qemî** قەمی
pericardium **p'erda dil** پەردا دِل f.
peril **talûke** تالووکە f.; **xeter** خەتەر f.; **xedarî** خەداری f.; **metirsî** مەترسی f.
perineum (inside of thighs, crotch) **navřan** ناڤران f./m.
period: (time ~) **dem I** دەم f./m.; **serdem** سەردەم f.; **'esir** عەسِر f.; **nîr II** نیر m.; (a while) **heyam** هەیام m.; **xêl I** خێل f.; (full stop) **xal II** خال f.; (woman's menses) **cil** جِل pl.; (8-hour ~ of the day) **dan III** دان m.
periodical (journal) **kovar** کۆڤار f.
to perish **ne•man** نەمان vi. neg.; **pêk'etin** پێ کەتِن vi.
permissible: (legitimate) **řewa I** ڕەوا
permission **destûr** دەستوور f.; **îzin** ئیزِن f.; **řêdan** ڕێدان f.; **řuxset** ڕوخسەت f.; **emir I** ئەمِر m.
permit **destûr** دەستوور f.
to permit **řêdan** ڕێدان vt.; **destûr dan** دەستوور دان vt.; **îzna fk-ê dan** ئیزنا فکێ دان vt.
permitted: (according to Islam) **ḧelal** حەلال
perplexed (confused) **gêj** گێژ; **'ecêbmayî** عەجێبمایی; **met'elmayî** مەتەلمایی; **şaşmayî** شاشمایی; **ḧeyrî** حەیری; **mendehoş** مەندەهۆش; **ḧêbetî** حێبەتی
persecution **te'darî** تەعداری f.
perseverance **dom I** دۆم f.
Persian (adj.): **Farsî** فارسی
Persian (n.): **'ecem** عەجەم m.; **Faris** فارس m.
persistance **dom I** دۆم f.
person **însan** ئینسان m.; **kes** کەس m.; **meriv** مەرِڤ m.; **zat** زات m.; **nefer** نەفەر f./m.; **k'abra** کابرا m.; **peya I** پەیا m.
personage **zat** زات m.
personality **kesanetî** کەسانەتی f.; **şexsîyet** شەخسییەت f.
perspicacity **feřeset** فەرەسەت f.
perspiration **xûdan** خوودان f.
to perspire **xûdan** خوودان vi.
to persuade **îqna' kirin** ئیقناع کِرِن vt.; **êqîn kirin** ئێقین کِرِن vt./**yeqîn kirin** یەقین کِرِن vt.
persuaded **qani'** قانِع
pertinent **bicî** بِ جی; **di cihê xwe da** دِ جهێ خوە دا
pertussis: (whooping cough) **xendxendok** خەندخەندۆك f.
peshmerga **pêşmerge** پێشمەرگە m.&f.
pessimism **řeşbînî** ڕەشبینی f.
pessimist **řeşbîn** ڕەشبین m.&f.
pessimistic **řeşbîn** ڕەشبین; **zelûl** زەلوول
to pester **serê fk-î xwarin** سەرێ فکی خوارِن vt.
pestilence **qotik II** قۆتِك f.; **pejî** پەژی m./f.; **şewb** شەوب f.; **weba** وەبا
pestle **desteconî** دەستەجۆنی m.; **mêk'ut** مێکوت m.
to pet (caress, fondle) **miz dan** مِزدان vt.; **p'erixandin** پەرِخاندِن vt.
petition **'arîze** عاریزە f.; **'erziḧal** عەرزِحال f.
petroleum (oil) **neft** نەفت f.
pettiness **hûrayî** هوورایی f.
petty (small) **hûr I** هوور; (trifling) **ji aş û baş** ژِ ئاش و باش
petty cash **hûrik** هوورِك m.; **p'erê hûr** پەرێ هوور m.
phaeton (carriage) **fayton** فایتۆن f.
phantom (ghost) **sawîr** ساویر m./f.
pharmacist **dermanfiroş** دەرمانفِرۆش m.&f.
pharmacy **dermanxane** دەرمانخانە f.
pharynx **gewrî** گەوری f.; **ḧefik** حەفِك f.
phase **qonax** قۆناخ f./m.
phenomenon **diyarde** دِیاردە f.
phlegm **belxem** بەلغەم f.; **lîk** لیك f.;
phone **t'elefon** تەلەفۆن f.
to phone up **bang kirin** بانگ کِرِن vt.; **t'elefon**[**î** ***fk-î***] **kirin** تەلەفۆنی فکی کِرِن vt.
phony (n.) **gelac** گەلاج m.; (adj.) **şapînoz** شاپینۆز
photograph **wêne** وێنە f./m.; **řesim** ڕەسم m./f.; **sûret I** سوورەت m.; **şikil** شِکِل m.
to photograph **wêne girtin** وێنە گِرتِن vt.; **şikil k'işandin** شِکِل کِشاندِن vt.; **şikil kirin** شِکِل کِرِن vt.; **resim k'işandin** رەسِم کِشاندِن vt.; **wêne k'işandin** وێنە کِشاندِن vt.
photographer **wênek'êş** وێنەکێش m.&f.; **wênek'ar** وێنەکار m.&f.
phrase **lewẍet** لەوغەت f.
physician **bijîşk** بژیشك m.&f.; **duxtor** دوختۆر m.&f.; **ḧek'îm** حەکیم m.; **nojdar** نۆژدار m.
piastre: -five piaster coin **ç'erxî** چەرخی
pick (=pickaxe) **k'uling** کولِنگ m.; **tevir** تەڤِر m./f.
to pick: (choose) **bijartin I** بژارتِن vt.; **jêgirtin** ژێگِرتِن vt.; (pluck: flowers, fruit) **çinîn** چِنین vt.; **quraftin** قورافتِن vt.
to pick a fight with **berhingarî fk-ê bûn** بەرهنگاری فکێ بوون vi.; **me'na fk-ê geřîn** مەعنا فکێ گەرین vi.
to pick on (bully) **me'na fk-ê geřîn** مەعنا فکێ گەرین vi.
to pick out (choose) **neqandin I** نەقاندِن vt.
to pick up: (to remove) **řahiştin** ڕاهِشتِن vt. [+ dat. constr.]; **hilanîn** [هِل ئانین] هِلانین vt.; **řakirin** ڕاکِرِن vt.; **hildan** هِلدان vt.; (to raise, lift) **hevraz kirin** هەڤراز کِرِن vt.; **hilgirtin** هِلگِرتِن vt.; (a person, in one's arms) **hilbiřîn** هِلبِرین vt.; **hilgaftin** هِلگافتِن vt.
pickaxe **k'uling** کولِنگ m.; **tevir** تەڤِر m./f.
to pickle **k'esidandin** کەسِداندِن vt.; **vegirtin** ڤەگِرتِن vt.

pickpocket **pêxwas** پێخواس m.
picky **t'ořin II** تۆڕن
pickup truck **p'îqab** پیقاب f.
picnic **seyran** سەیران f.; (held at sheikh's tomb) **zêw** زێو f.
picnicker **seyranî** سەیرانی m.&f.
picture **wêne** وێنە f./m.; **řesim** ڕەسِم m./f.; **sûret I** سوورەت m.; **sifet** سِفەت m.; **şikil** شِکِل m.; **keval** کەڤال m.
to picture (imagine) **sêwirandin** سێوِراندِن vt.
picture taker (photographer) **wênek'êş** وێنەکێش m.&f.
piebald **belek I** بەلەك; **kever** کەڤەر
piece **ker I** کەر m./**kerî I** کەری m.; **p'ar II** پار f.; **parî** پاری m.; **p'erçe** پەرچە m./f.; **şeq** شەق m./f.; **telîş** تەلیش m.; **qet II** قەت m.; (small ~) **gepek** گەپەك f.; (large ~) **loq I** لۆق m./f.; **şel III** شەل m.
piecemeal **berebere** بەرەبەرە
to pierce **qul kirin** قول کِرِن vt.; **simtin** سِمتِن vt.
piercing (of sound) **zîz I** زیز
pig **beraz** بەراز m.; **domiz** دۆمِز; **weȟş** وەحش f.; **xinzîr** خِنزیر f./m.; (female ~, sow) **mahû** ماهوو f.
pigeon **kevok** کەڤۆك f.
pigheaded (stubborn) **serȟişk** سەرحِشك; **serk'êş I** سەرکێش; **serřeq**; -to be ~ **xezirîn** خەزِرین vi.
piglet **kûdik** کوودِك f./m.; **çêlkê beraz** چێلکێ بەراز m.
pike: (lance) **niştir** نِشتِر m./f.
pilaf **p'elaw** پەلاو f.
pile: (heap) **kuç'** کوچ m./**qûç'** قووچ f.; **lod** لۆد f./m.; **k'om II** کۆم f.; **londer** لۆندەر ; (orderly stack) **t'exe** تەخە f.; (of stones) **şkêr** شکێر f./m.; **xilxile** خِلخِلە m.; **k'elek II** کەلەك f.; (of straw, on threshing floor) **cêz I** جێز f.; (spike, stake) **sing I** سِنگ m.; **sik'e** سِکە f.
to pile up **nijandin** نِژاندِن vt.
to pilfer **dizîn** دِزین vt.
pilgrimage: **zîyaret** زییارەت f./m.; (~ to Mecca, hadj) **ȟec** حەج f.
pill **ȟeb** حەب f./m.
pillage **t'alan** تالان m./f.
to pillage **t'alan kirin** تالان کِرِن vt.
pillar (column) **stûn** ستوون f.; (for propping up crossbeam in village houses) **kûtek** کووتەك m.
pillow **balgih** بالگِه m. [E]/f. [W]; **balîf** بالیف m.; -large ~ (bolster) **berp'al** بەرپال f.; **zemberîş** زەمبەریش f.; **nazbalîşk** نازبالیشك f.
pilot **balafiřvan** بالافِڕڤان m.
pimp **qurumsax** قورومساخ m.; **qebrax** قەبراخ m.; **me'řis** مەعڕِس m.
pimple **pizik** پِزِك f.; **zipik** زِپِك f.
pin [connecting the beam to the body of a plow] **xep** خەپ f.; (iron p., bolt) **maran** ماران
pin cushion **derzîdank** دەرزیدانك f.
pincers **maşik II** ماشِك f.
pinch (of salt) **loq I** لۆق f.; (tweak) **nuquç** نوقوچ f.; **quncirik** قونجِرك f.
pine (tree) **kac** کاج f.
to pine for (to long for) **mêla fk-î/ft-î kirin /k'işandin** مێلا فکی\فتی کِرِن\کِشاندِن vt.; **mukurîya (kesekî) kirin** موکوریيا (کەسەکی) کِرِن vt.
pine branch **k'ajûk** کاژووك
pinecone **deq** دەق f.
pink **pîvazî** پیڤازی
pinkie **qilîç'k** قِلیچك f.; **t'ilîya çûk** تِلییا چووك
pioneer **pêşeng** پێشەنگ m.&f.
pious **dîndar III** دیندار; **olp'erest** ئۆلپەرەست
pip: (fruit pit) **dendik** دەندِك f.; **sîsik I** سیسِك f.
pipe **qelûn** قەلوون f.; (tube) **lûle** لوولە f.; **şiv** شِڤ f.; (clay water conduit) **s̱olîn I** صۆلین f.
piper **bilûrvan** بِلوورڤان m.
piping hot **sincirî** سِنجِری
piracy **k'eleşî** کەلەشی f.
pirate **keleşê deryayê** کەلەشێ دەریایێ m.
Pisces **masî** ماسی m./f.
piss (urine) **mîz** میز f.
to piss **mîstin** میستِن vt.
pistachio **fistiq** فِستِق f.; **p'iste** پِستە f.
pistol **debançe** دەبانچە f.; **ç'ardexwar** چاردەخوار f.
pit: (well) **bîr II** بیر f.; (hole) **çal II** چال f.; **goncal** گۆنجال f.; **k'ort II** کۆرت f.; **hezaz** هەزاز f.; (fruit stone) **dendik** دەندِك f.; **sîsik I** سیسِك f.
pitch (tar) **qîr I** قیر f.
to pitch (a tent) **vedan** ڤەدان vt.; **vegirtin** ڤەگِرتِن vt.
pitcher: (ewer: brass or copper ~) **misîn** مِسین m.
pitchfork **milêb** مِلێب f.; **tebûr** تەبوور n. ; (2-pronged) **kunore** کونۆرە m.; (3-pronged) **sêguh I** سێگوه m.; (wooden) **k'arêc** کارێج f.
pitiful **řeben I** ڕەبەن; **miskîn** مِسکین; **xwelî li ser** خوەلی لِ سەر/**xwelîser I** خوەلیسەر
pitiless **bêřehm** بێ ڕەهم
pitter-patter (of rain) **gujeguj** گوژەگوژ f.
pity **dilřeȟmî** دِلڕەحمی f.; **gune II** گونە m.; **ȟeyf** حەیف f.; -to feel pity for s.o. **ȟeyfa fk-î [li] fk-î hatin** حەیفا فکی لِ فکی هاتِن vi.; -What a ~! **mixabin** مِخابِن; **xebînet** خەبینەت f.
to pity **gunehê xwe lê anîn** گونەهە خە لە ئانین vt.
PKK [Kurdistan Workers' Party] **Partiya Karkerên**

Kurdistanê پارتیا کارکەرێن کوردِستانێ f.
to placate **qani‘ kirin** قانع کِرِن vt.
place **cî** جی m.; **der I** دەر f.; **dever I** دەڤەر f.; **dews** دەوس f.; **êrdim** ئێردِم f.; **şûn** شوون f.; **mek'an** مەکان m.; **yêr** یێر f.; ~ to stay (for the night) **hêwirge** هێوِرگە f.; (native ~) **wargeh** وارگەه f./m.
to place **danîn** دانین vt.; **têkirin** تێ کِرِن vt.; **[bi] cî kirin** ب جی کِرِن vt.; **avêtin** ئاڤێتِن vt.
placed **danî** دانی
placenta **hevalçûk** هەڤالچووك f./m.; **p'izdan** پِزدان f.
plague **qotik II** قۆتِك f.; **pejî** پەژی m./f.; **weba** وەبا; **şewb** شەوب f.; (cattle ~) **qiȓ II** قِڕ f.
plain (adj.): (simple) **sade** سادە ; (unseasoned, of food) **ȓij** ڕِژ; **t'isî** تِسی; **bêȓûn** بێ ڕوون
plain (n.): (flat, warm region) **beȓî II** بەڕی f.; **best** بەست f.; **ç'ol** چۆل f.; **deşt** دەشت f.; **dûz** دووز f.; **pehnî II** پەهنی f.; **pasar I** پاسار; (flat and wide ~) **mexer** مەخەر f.
plains dweller **deştî** دەشتی m.&f.
plaintiff **şikyatçî** شِکیاتچی m.
plait **gulî I** گولی f./m.; **kezî** کەزی f.
to plait **hûnan** هوونان vt.; **vehûnan** ڤەهوونان vt.
plan: **nexşe** نەخشە f.; **qesd** قەسد f.; (plot) **t'evdîr** تەڤدیر/**tedbîr** تەدبیر f.
to plane: (shave, trim) **daȓotin** داڕۆتِن vt.; **veȓotin** ڤەڕۆتِن vt.; **ȓenîn** ڕەنین vt.
plane tree **çinar** چِنار f.
planet **gerestêr** گەرەستێر f.
plank: (wooden board) **dep** دەپ m./f.; **t'exte** تەختە m.
plant I **riwek** رِوەك f./m.; (grass) **gîya** گیيا m.; (wild edible ~) **p'incar** پِنجار m./f.; (melon,etc. ~) **p'in III** پِن m.;
plant II (factory) **pavlike** پاڤلِکە f.; **sazgeh** سازگەه f.
to plant: (seeds) **ç'andin** چاندِن vt.; (trees) **çikandin I** چِکاندِن vt.; **çikilandin** چِکِلاندِن vt.; **dabinartin** دابِنارتِ vt.; (trees, flowers) **daçikandin** داچِکاندِن vt.; **niç'ikandin** نِچِکاندِن vt.
planted: -to be p. (stuck, thrust) **daçikîn** داچِکین vi.
planting **ç'andin** چاندِن f.
plashing (n.) **xurexur** خورەخور f.
plaster **ces** جەس f.; **gec** گەج f.; **k'ils** کِلس f.; **sewax** سەواخ f.
to plaster **dûtin** دووتِن vt.; **seyandin** سەیاندِن vt.; **sewax kirin** سەواخ کِرِن vt.
plate **firaq** فِراق f./m.; **dewrî** دەوری f.; **teyfik** تەیفِك f.; **sênîk** سێنیك f.; (large, flat ~) **lalî II** لالی f.; **sênî** سێنی f.
to plate (coat, gild) **tamandin** تاماندِن vt.
plates **aman** ئامان pl.; **firaq** فِراق f./m.
platform: (raised ~ on roof or in vineyard) **herzal** هەرزال f./m.
platter (large, flat dish) **lalî II** لالی f.; **lengerî** لەنگەری f.; **sênî** سێنی f.
play (drama) **şano** شانۆ f.
to play **lîstin** لیستِن vt.; **yarî kirin** یاری کِرِن vt.; (musical instrument) **lêdan** لێ دان vt.; **lêxistin** لێ خِستِن vt.; **jendin** ژەندِن vt.
to play a role **ȓolekê leyîstin** ڕۆلەکێ لەییستِن vt.
to play jokes on **qerf lê kirin** قەرف لێ کِرِن vt.
player **lîstikvan** لیستِکڤان m.; **yarîker** یاریکەر m.&f.
playing card **p'eȓik** پەڕِك f./m.
plaything: (toy) **lîstok** لیستۆك f.
plaza **meydan** مەیدان f.
pleasant **xweş** خوەش
pleasantness **xweşî** خوەشی f.
pleasantry **qerf** قەرف f.
to please **kêfa fk-ê bi/ji bk-î ȓa hatin** کێفا فکێ ب\ژِ بکی ڕا هاتِن vi.
pleased **dilxweş** دِلخوەش; **k'êfxweş** کێفخوەش ; **ȓazî** ڕازی
pleasure **k'êf** کێف f.; **ḧez** حەز f.; **lezet** لەزەت f.; **sebr** سەبر f./m; **t'ab** تاب f.; **xweşî** خوەشی f.; **dilxweşî** دِلخوەشی f.
pleat **qat** قات m./f.; **tew I** تەو f.;
pledge **nezir** نەزر f.; (deposit) **ȓehîn** ڕەهین f.
to pledge **nezir kirin** نەزر کِرِن vt.
Pleiades **pêvir** پێڤِر f.
plenipotentiary **me‘mûr** مەعموور m.
plentiful **ze'f** زەعف ; **mişe** مِشە; **boş II** بۆش; **bol** بۆل
plenty (n.): (abundance) **boşahî II** بۆشاهی f.
plenty (adj.): **ze'f** زەعف ; **mişe** مِشە; **boş II** بۆش; **bol** بۆل
pliant **teȓ** تەڕ; -to become ~ **nermijîn** نەرمِژین vi.
pliers **maşik II** ماشِك f.
plop! **gurm!** گورم interj.
plot **t'evdîr** تەڤدیر/**tedbîr** تەدبیر f.; (of land) **le'tik** لەعتِك f.; **p'erçe** پەرچە m./f.
plough --> see plow.
ploughman --> see plowman.
plow **cot** جۆت m.; **halet** هالەت m./f.; **k'otan II** کۆتان f.; **hevcaȓ** هەڤجاڕ *m.*
to plow **cot ajotin** جۆت ئاژۆتِن vt./**cot kirin** جۆت کِرِن vt.; **kêlan** کێلان vt.; **‘erd ȓakirin** عەرد ڕاکِرِن vt.; -to p. a field **zevî hilkirin** زەڤی هِلکِرِن vt.
plow-beam **hincar** هِنجار f.; **şûrik I** شوورِك m.; **şûrê cot** شووری جۆت/**şûrê kotanê** شووری کۆتانێ m.
plowable field **k'irêbe** کِرێبە f.

plowed field --> see under: field.
plowing (n.) **şov** شۆڤ f.
plowman **cot'k'ar** جۆتکار m.
plowshare **gîsin** گیسِن m.
pluck (animal viscera) **pizûr** پزوور pl./f.; (courage) **zirav II** زراڤ m.
to pluck: (flowers, fruit) **çinîn** چنین vt.; (feathers) **řûç'ikandin** رووچکاندِن vt.; **p'eřitandin** پەرِتاندِن vt.; **qusandin** قوساندِن vt.
to plug up **xitimandin** خِتِماندِن vt.; **pengandin** پەنگاندِن vt.
plum: **ȟilû I** حِلوو f.; **încas** ئینجاس f.; **hêrûg** هێرووگ f.; (black ~) **ȟûlîřeşk** حوولیرەشك m.; **şilor** شِلۆر f.
plumage **p'ûrt** پوورت f.; **bask** باسك m.
plumb line **şaqûl** شاقوول f./m.
plump: (chubby) **ȟut** حوت; **ȟut û pit** حوت و پت; (fat) **qelew** قەلەو ; **k'ok I** کۆك
plumpness **qelewî** قەلەوی f.; **k'okayî** کۆکایی f.
plunder **cerd I** جەرد f.; **t'alan** تالان m./f.; **extirme** ئەختِرمە f.
to plunder (rob) **şelandin** شەلاندِن vt.; **t'alan kirin** تالان کِرِن vt.
plundering (n.) **t'alan** تالان m./f.
to plunge: (sink, immerse): (vi.) **binav bûn** بِناڤ بوون vi.; **noq bûn** نۆق بوون vi.; (vt.) **binav kirin** بِناڤ کِرِن; **noq kirin** نۆق کِرِن vt.; (thrust, insert) **çikandin I** چِکاندِن vt.; **daçikandin** داچِکاندِن vt.; **ȟeşikandin** حەشِکاندِ vt.; **çikilandin** چِکِلاندِن vt.
plural **p'iřhejmar** پرهەژمار
plurality (crowd) **sixlet** سِخلەت f.
plush (pelouche) **qutnî** قوتنی m.
pocket **berîk** بەریك f.; **cêb** جێب f.; **kûrik I** کوورِك f.
pocketknife **k'êrik** کێرِك f.
poem **hozan I** هۆزان f.; **helbest** هەلبەست f.; **şêr II** شێر f.
poet **hozanvan** هۆزانڤان m.; **helbestvan** هەلبەستڤان m.; **şayîr** شاییر m.
poetry **hozan I** هۆزان f.; **şêr II** شێر f.
point: (dot, spot) **xal II** خال f.; **deq** دەق f.; **niqitk** نِقِتك f.; (pointed tip) **nîk** نیك m./f.; **nikil** نِکِل m.; **ser I** سەر m.; **serik** سەرِك m./f.; **xişt III** خِشت m./f.; (~ of needle) **nikulê derzîyê** نِکولێ دەرزییێ m.
point of view (opinion) **řay I** رای f.
pointer (index finger) **t'ilîya nîşanê** تِلییا نیشانێ f.
pointless **bêfeyde** بێ فەیدە
poison **jehr** ژەهر f.; **axû** ئاخوو f.; (rat ~) **mergemûş** مەرگەمووش f./m.
Polar star **Qurix** قورِخ f.
pole: **qazux** قازوخ m./f.; (column) **stûn** ستوون f.; (metal fence ~) **caẍ** جاغ m.; (straight wooden ~) **řot** رۆت m.; **çîv** چیڤ m.; (of plow) **mijane** مِژانە f.; **morsele** مۆرسەلە f.; (on cart, attached to front axle) **k'ulabe** کولابە f./m.; (on plow, connecting plow beam to yoke) **sermijank** سەرمِژانك f.
policeman **cendirme** جەندِرمە m.
policy **řêbaz** رێباز f.
polish: (shoe ~) **boyax** بۆیاخ f.
Polish (from Poland) **P'olonî** پۆلۆنی
to polish **biriqandin** بِرِقاندِن vt.; **çirûsandin** چِرووساندِن vt.; **hesûn** هەسوون vt.; **teyisandin** تەیِساندِن vt.; (shoes) **boyax kirin** بۆیاخ کِرِن vt.; **siboq kirin** سِبۆق کِرِن vt.;
polite **'edeb I** عەدەب
politeness **maqûlî** ماقوولی f.
political **siyasî** سِیاسی ; **řamyarî** رامیاری
politician **siyasetvan** سِیاسەتڤان m.
politics **siyaset** سِیاسەت f.
polled: (hornless) **k'ol IV** کۆل
pollen **gerik I** گەرِك f.
polluted: -to be ~ **lewitîn I** لەوِتین vi.
polo **k'aşo** کاشۆ m.
polysyllabic **p'iřk'îteyî** پرکیتەیی
pomegranate **hinar** هِنار f.
pommel (of saddle) **qalt'ax** قالتاخ m.; **qerp'ûz** قەرپووز m./f.
pomp **sentenet** سەنتەنەت f.
pond **gom II** گۆم f.; **gol** گۆل f.
to ponder (to think, reflect) **hizir kirin** هِزر کِرِن vt.; **fikirîn I** فِکِرین vi.; **p'onijîn** پۆنِژین vi.; **nijandin û herifandin** نِژاندِن و هەرِفاندِن vt.; **řaman I** رامان vi.; **sêwirandin** سێوِراندِن vt.
pondering (thinking) **mitale** مِتالە f.
ponytail: (horse's tail) **dehf II** دەهف
pood (unit of weight) **p'ût II** پووت f.
pool: **ȟewz** حەوز m.; (small ~) **birk** بِرك f.; **gol** گۆل f.; **geř III** گەر f.; **geřik II** گەرِك f.; **lîç** لیچ f.; (dammed up ~) **peng II** پەنگ m.
"pooped" (tired) **ře't II** رەعت
poor: **xizan** خِزان; **feqîr** فەقیر ; **jar I** ژار; **k'esîb** کەسیب; (flat broke) **řût** رووت; **bêp'ere** بێپەرە; (wretched, miserable) **belengaz** بەلەنگاز; **miskîn** مِسکین; **p'erîşan** پەریشان; **řeben I** رەبەن; **şerpeze** شەرپەزە; **sêfîl** سێفیل; **sergerdan** سەرگەردان ; **hêsîr I** هێسیر m.; **xwelî li ser** خوەلی لِ سەر/ **xwelîser I** خوەلیسەر; **zelûl** زەلوول
poor health **bedȟalî** بەدحالی f.
to pop (vi.) **'eciqîn** عەجِقین vi.

to pop (vt.) (cause to explode) **'eciqandin** عەجِقاندِن vt.
poplar **sipindar** سِپِندار f.; **qewax I** قەواخ; **evran** ئەڤران ; (Euphrates ~) **pelk** پەلك f.
popping (n.): **şîqşîq** شیقشیق f.; **xurexur** خورەخور f.; (of bones) **çirke-çirk** چِركەچِرك f./m..; **qirç'e-qirç'** قِرچەقِرچ f.
poppy (flower) **bûkmezave** بووكمەزاڤە f.
popular (folk) **gelêrî** گەلێری
population: (inhabitants) **şênî** شێنی pl.; **xelq** خەلق m.
population center **heyşet** هەیشەت f.; **şênî** شێنی f.
porcelain (chinaware) **ferfûr** فەرفوور m./f.
porch **berbanik** بەربانِك m.; **bersifk** بەرسِفك f.
porcupine **sîxur** سیخور m.; **jûjûyê berezî** ژووژوویێ بەرەزی m.
pork **goştê beraz** گۆشتێ بەراز m.; **goştê xinzîr** گۆشتێ خِنزیر m.
porridge **aş** ئاش m./f.
port: (seaport) **bender I** بەندەر f.
porter **bargir** بارگِر m.; **ĥemal** حەمال m.; **k'olber** كۆلبەر m.
portion: (lot, share) **behr I** بەهر f.; **beş I** بەش f./m.[2]; **p'ar II** پار f.; **p'ay** پای f./m.; **pişk** پِشك f.; **peşk II** پەشك f.
portrait **sûret I** سوورەت m.
to portray **nitirandin I** نِتِراندِن vt.
Portuguese **P'ortugalî** پۆرتوگالی
to pose: (~ as, pretend to be) **xwe cîyê** [or **dewsa**] **fk-ê/ ft-î danîn** خوە جییە\دەوسا فكێ\فتی دانین vt.
position: (comfortable ~) **semt** سەمت m.; **fesal** فەسال f.; (military ~) **wargeh** وارگەھ f./m.
to position [**bi**] **cî kirin** بِ جی كِرِن vt.
positive (≠negative) **erênî** ئەرێنی
possessor **xwedî** خوەدی m.
possibility **derfet** دەرفەت f.; **k'ês** كێس f.; **mecal** مەجال f.; **mefer** مەفەر f.; **gengazî** گەنگازی f.
possible: **mumkin** مومكِن; **pêkan** پێكان; **gengaz** گەنگاز; -to be ~ **çêbûn** چێبوون vi.
post: (tent stake) **çîxin** چیخِن m.; **sing I** سِنگ m.; **qazux** قازوخ m./f.; **sik'e** سِكە f.; (pillar, column) **stûn** ستوون f.
post office **p'ostexane** پۆستەخانە f.
posterior **k'emax** كەماخ f.; **qoř̄ik** قۆرِك f.; **qûn** قوون f.; **zotik** زۆتِك f.
posterity **etba** ئەتبا; **war** وار m.
to postpone **taloq kirin** تالۆق كِرِن vt.
postponement **taloq I** تالۆق f.
pot: (container) **aman** ئامان m./f.; (for cooking) **qûşxane** قووشخانە f.; **qazik** قازِك f.; (large cauldron) **beroş** بەرۆش f.; **diřt** دِشت f./m.; **mencel** مەنجەل f.; (clay ~) **hincan** هِنجان m.; **dîz** دیز f.
potassium nitrate **şoř̄e** شۆرە f.
potato **k'artol** كارتۆل f.; **bin'erdk** بِنعەردك f.
potpourri (hodgepodge) **gêlma gavanî** گێلما گاڤانی f.; **girara gavana** گِرارا گاڤانا f.
potter **p'irûd** پِروود m.&f.; **qewaq** قەواق m.
to pounce on **ř̄ahiştin ser** ڕاهِشتِن سەر vt.; **xwe avêtin ser** خوە ئاڤێتِن سەر vt.; **felitîn** فەلِتین vi.
to pound **k'utan** كوتان vt.
to pour **ř̄êtin I** ڕێتِن vt.; **ř̄ijandin** ڕِژاندِن vt.; **ř̄o kirin** ڕۆ كِرِن vt.; **têkirin** تێ كِرِن vt.; **lêkirin** لێ كِرِن vt.
to pour boiling water over **k'emitandin** كەمِتاندِن vt.
to pour into (e.g., tea into glass) **têkirin** تێ كِرِن vt.
to pour out vi. : (smoke) **k'işîn** كِشین vi.
pouring: (of rain) **guř̄ II** گوڕ
poverty **feqîrî** فەقیری f.; **k'esîbtî** كەسیبتی f.; **p'erîşanî** پەریشانی f.; **sêfîlî** سێفیلی f.; **xizanî** خِزانی f.; **zivarî** زِڤاری f.
powder: ; (fine ~, dust) **t'oz** تۆز f.; **gerik I** گەرِك f.
power **hêz** هێز f.; **qewat** قەوات f.; **qudret** قودرەت f.; **derb** دەرب f./m.; **dewlet** دەولەت f.; **şiyan** شِیان f.; **tên** تێن f./m.; **t'aqet** تاقەت f.; **birî** بِری f.; (authority) **desthilat** دەستهِلات f.; **ĥuk'um** حوكوم m.; **emir I** ئەمِر m.; **ř̄aye I** ڕایە ; **zordestî** زۆردەستی f.
powerful **xurt** خورت ; **zexm I** زەخم; **gumreh** گومرەھ; **ĥêl** حێل
powerless **p'arsûxwar** پارسووخوار; **sist** سِست
powerlessness **sêfîlî** سێفیلی f.; **sistî** سِستی f.; **bindestî** بِندەستی f.
practice (usage) **t'oř̄e** تۆرە f.
prairie **best** بەست f.; **deşt** دەشت f.; **ř̄ast** ڕاست f.; **ç'ol** چۆل f.; **mêrg** مێرگ f.
praise **p'esin** پەسِن m./f.; **meth̆** مەتح f./m.; **p'aye I** پایە f.
to praise **p'esin dan** پەسِن دان vt.; **meth̆ kirin** مەتح كِرِن vt.; (to excess, too much) **werimandin** وەرِماندِن vt.
prattle (idle talk, chatter) **pitepit** پِتەپِت f.
prayer **du'a** دوعا m./f.; **lavahî** لاڤاهی f.; **hêvî** هێڤی f.; **t'eweqe** تەوەقە f.;; (Islamic prayer ritual) **nimêj** نِمێژ f./**limêj** لِمێژ f.;
prayer rug **şemlik** شەملِك f.
praying mantis **balbalok** بالبالۆك f.; **hespê fatma nebî** هەسپێ فاتما نەبی m.; **hespê nebî** هەسپێ نەبی m.; **hespê pêxember** هەسپێ پێخەمبەر m.
pre-eminent **pêştir** پێشتِر
to precede (go before) **li pêşîya fk-ê k'etin** لِ پێشیيا فكێ

کەتِن
precinct (county) **neĥî** نەحی f.;
precious **binerx** بِ نەرخ; **bi qîmet** بِ قیمەت; **xas** خاس
precipice **zang** زانگ f./m.; **zer II** زەر f.; **kendal** کەندال m.; **şax** شاخ f./m.; **tat I** تات f.
to precipitate (settle, in liquid) **palîn II** پالین vi.
precipitation **şilî** شِلی f.
precipitous (steep) **ȓik II** ڕِك
precocious: (in sexual matters, of females) **kalvêj** کالڤێژ f.
precociousness: (in sexual matters, of females) **kalvêjî** کالڤێژی f.
precocity: (in sexual matters, of females) **kalvêjî** کالڤێژی f.
predatory bird **lorî I** لۆری f.; **ṯewalê nêçîrvan** طەوالێ نێچِرڤان m.
to predict (the future) **ȓemlê nihêȓîn** ڕەملێ نِهێڕین vt.; **pêşbînî kirin** پێشبینی کِرِن vt.
prediction **pêşbînî** پێشبینی f.
predilection **ĥewas** حەواس f.
preface **pêşgotin** پێشگۆتِن f.
to prefer **bi ser ft-î de girtin** بِ سەر فتی دە گِرتِن vt.
prefix **pêşp'irtik** پێشپِرتِك f.
pregnant: (of animals) **avis** ئاڤِس; (of mares) **ava** ئاڤا; (of women) **bihemil** بِ هەمِل; **bi ĥal** بِ حال; **bitişt** بِ تِشت; **bi zar** بِ زار; **ducanî** دوجانی; **duhala** دوهالا; **giran I** گِران; **ĥemle** حەملە; **zar II** زار; -to be ~ **bi zar bûn** بِ زار بوون vi.
preoccupation: (worry, concern) **'emal** عەمال m./f.
preoccupied + with [+ **bi...ve**] **mijûl** [+ بِ ... ڤە] مِژوول
to preoccupy **mijûl kirin** مِژوول کِرِن vt.
preparations **k'arûbar** کاروبار m.; **t'evdîr** تەڤدیر f.; (for a journey) **t'edarik** تەدارِك m.; -to make ~ **t'edarik kirin** تەدارِك کِرِن vt.
to prepare (vt.) **amade kirin** ئامادە کِرِن vt.; **ĥazir kirin** حازِر کِرِن vt.; **pêkanîn** پێك ئانین vt.; (vi.; = to get prepared) **t'edarik kirin** تەدارِك کِرِن vt.; (to make) **ç'ê kirin** چێ کِرِن vt.; **dirust kirin** دِروست کِرِن vt.; (to cook) **lênan** لێ نان vt.; (meat) **heşandin** هەشاندِن vt.
to prepare oneself **k'arê xwe kirin** کارێ خوە کِرِن vt.
to prepare the way for (facilitate) **ȓê xweş kirin** ڕێ خوەش کِرِن vt.
prepared (ready) **ĥazir** حازِر; **amade** ئامادە; -to be ~ (made ready) **pêkhatin** پێك هاتِن vi.
preposition **daçek** داچەك f.
present (adj.) (in attendance) **ĥazir** حازِر; **mewcûd** مەوجوود; (current, existing) **heyî** هەیی
present (n.) (gift) **diyarî** دیاری f.; **dayîn II** داییِن f.; **xelat** خەلات f./m.; **pêşk'êş** پێشکێش f.; **perû** پەروو f.
to present **pêşk'êş kirin** پێشکێش کِرِن vt.; **ȓaberî ... kirin** ڕابەری ... کِرِن vt.; **berpêş kirin** بەرپێش کِرِن vt.; **bexşandin** بەخشاندِن vt.; **pêşxistin** پێشخِستِن vt.
preservation **mihafeze** مِهافەزە f.
to preserve: (to keep, preserve) **ȓagirtin** ڕاگِرتِن vt.; **p'arastin** پاراستِن vt.; **mihafeze kirin** مِهافەزە کِرِن vt.; **hilanîn** [هِل ئانین] هِلانین vt.; **hilgirtin** هِلگِرتِن vt.; (to pickle) **k'esidandin** کەسِداندِن vt.; **vegirtin** ڤەگِرتِن vt.
president **serok** سەرۆك m.; **sedir** سەدِر m.
the press **ç'apemenî** چاپەمەنی f.; (printing) **neşir** نەشِر f./m.
to press: **guvaştin** گوڤاشتِن vt.; **dewisandin** دەوِساندِن vt.; **p'erçiqandin** پەرچِقاندِن vt.;***dakirin** داکِرِن vt.; (to iron, of garments) **ût'î kirin** ئووتی کِرِن vt.
pressed (desperate) **tengav** تەنگاڤ
pressure **fişar** فِشار f.; **ç'ews** چەوس; **p'est** پەست f.; **pêk'utî** پێکوتی f.; **zext I** زەخت f.
to presume **t'exmîn kirin** تەخمین کِرِن vt.
to pretend: (~ to be s.o.) **xwe cîyê** [or **dewsa**] **fk-ê/ft-î danîn** خوە جییێ\دەوسا فتی دانین vt.; **xwe avêtin** خوە ئاڤێتِن vt.; (~ to be busy with stg.) **xwe ft-îda xapandin** خوە فتیدا خاپاندِن vt.
pretentious **biṯiȓ I** بِطِڕ
pretext **hêncet** هێنجەت f.
pretty **bedew** بەدەو; **cindî** جِندی; **ciwan** جِوان ; **delal I** دەلال; **gurcî** گورجی; **k'eleş III** کەلەش; **spehî** سپەهی; **xweşik** خوەشِك; **k'eşxe** کەشخە
prevailing (existing) **heyî** هەیی
to prevaricate (tell lies) **viȓ kirin** ڤِڕ کِرِن vt.
to prevent **pêşîya fk-ê girtin** پێشییا فکێ گِرتِن vt.; **pêşî lê biȓîn** پێشی لێ بِڕین vt.; **ȓêlêgirtin** ڕێ لێ گِرتِن vt.; **t'eȓibandin** تەڕِباندِن vt.; **berbend kirin** بەربەند کِرِن vt; **ne•hiştin** نەهِشتِن vt. neg.
prevention **ȓêlêgirtin** ڕێلێگِرتِن f.
price **biha** بِها m.; **nerx** نەرخ f./m.; **heq** هەق m.
to prick up: (vt.) (one's ears) **guhê xwe bel kirin** گوهێ خوە بەل کِرِن vt.; **beliqandin II** بەلِقاندِن vt.; (vi.) **ȓep bûn** ڕەپ بوون vi.
pricked up: (animal's ears) **bel** بەل; **miç I** مِچ
to prickle: (vi.) (be numb, of hands or feet) **tevizîn** تەڤِزین vi.
pride: **şanazî** شانازی f.; **serbilindî** سەربِلِندی f.; **k'ubar** کوبار f.; **p'aye I** پایە f.; (arrogance) **pozbilindî** پۆزبِلِندی f.; **quȓetî** قوڕەتی f.; **serfirazî** سەرفِرازی

f.; (self-respect) **xîret** خیرەت f.
priest (Christian ~) **qeşe** قەشە m.; **k'eşîş** کەشیش m.; **êris** ئێرس m.; (Yezidi ~) **xumxum II** خومخوم m.
primary **'ewil** عەوِل
prime minister **serekwezîr** سەرەکوەزیر m.
primer (percussion cap) **axzûtî** ئاغزووتی f.
primitive: (uncouth, savage) **hov** هۆڤ
prince **mîr I** میر m.; **pismîr** پسمیر m.
princess **mîr I** میر f.; **dotmîr** دۆتمیر f.; (wife of emir) **jinmîr** ژنمیر f.
principal (adj.) **ḧimlî** حیملی
principality **mîrnişînî** میرنِشینی f.
print **ç'ap II** چاپ f.
to print **ç'ap kirin** چاپ کِرِن vt.; **neşir kirin** نەشِر کِرِن vt.
printer **ç'apxane** چاپخانە f.; **neşirxane** نەشِرخانە f.
printing **ç'ap II** چاپ f.; **neşir** نەشِر f./m.
printing house **ç'apxane** چاپخانە f.; **neşirxane** نەشِرخانە f.
prior **pêştir** پێشتِر
priority **armanca serpişik** ئارمانجا سەرپِشِك
prison **girtîgeh** گِرتیگەھ f.; **ḧebs** حەبس f.; **zindan** زِندان f./m.
prisoner **girtî** گِرتی m.; **dîl** دیل m.; **hêsîr I** هێسیر m.
private: -to have a p. talk **xewle kirin** خەولە کِرِن vt.
private conversation **xewle II** خەولە
private parts **'eyb** عەیب f.
pro (in favor of, supporting [a cause]) **mêldar** مێلدار
probability **mecal** مەجال f.
problem **pirsgirêk** پِرسگِرێك f.; **arêşe** ئارێشە f.; **mesele** مەسەلە f.; **pirs** پِرس f.; **derd** دەرد m.; **zede** زەدە f.; **t'eşqele** تەشقەلە f.; **alozî** ئالۆزی f.; -to come to s.o. with a problem **qesidîn** قەسِدین vi.
procedure **r̄êbaz** ڕێباز f.
process **pêvajo** پێڤاژۆ f.; **kiryar** کِریار f.
to procrastinate **awiqandin** ئاوِقاندِن vt.; **egle kirin** ئەگلە کِرِن vt.; **gîro kirin** گیرۆ کِرِن vt.;
to procure: (get, acquire, obtain) **hasil kirin** هاسِل کِرِن vt.; **bi dest ve anîn** بِ دەست ڤە ئانین vt.; **bi dest xistin** بِ دەست خِستِن vt.; **p'eyda kirin** پەیدا کِرِن vt.; (to engage, hire) **r̄agirtin** ڕاگِرتِن vt.
procurer **qurumsax** قورومساخ m.
to prod **xur̄în III** خوڕین vt.; **xurandin** خوراندِن vt.; **zixt lê xistin** زِخت لێ خِستِن vt.
produce: (crops) **dexl û dan** دەخل و دان m.; **deramet I** دەرامەت m.; **hasil** هاسِل f.
to produce **ç'ê kirin** چێ کِرِن vt.; **anîn holê** ئانین هۆلێ vt.
producer **derhêner** دەرهێنەر m.
product **ber V** بەر f./m.; **berhem** بەرهەم f.; **hasil** هاسِل f.
production **berkêşan** بەرکێشان f.
productive: (fertile) **bijûn** بِژوون; **t'êrber** تێربەر
profession **sen'et** سەنعەت f.; pîşe
professor **mamosta** مامۆستا m.&f.; **dersdar** دەرسدار m.&f.; **seyda** سەیدا m.
professorship **mamostayî** مامۆستایی f.
profile: -to keep a low ~ **xwe dane paş** خوە دانە پاش vt.
profit: (benefit, use) **feyde** فەیدە f.; (advantage, interest) **berjewendî** بەرژەوەندی f.; **menfa'et** مەنفاعەت f.; **xêr û bêr** خێر و بێر f.; (gain) **qazanc** قازانج f./m.;
profligate **forq** فۆرق m.&f.; **qab II** قاب m.; **tol I** تۆل m.&f.; **tolaz** تۆلاز m.
profound **k'ûr III** کوور
profundity **k'ûrayî** کوورایی f.
progeny **zur̄et II** زوڕەت f.; **dûndan** دووندان f.; **dol I** دۆل f.; **war** وار m.; **zêdehî** زێدەهی f.
program **bername** بەرنامە f.; (agenda) **r̄ojev** ڕۆژەڤ f.
progress **pêşveç'ûn** پێشڤەچوون f.; **pêşdaç'ûn** پێشداچوون f.; **pêşk'etin** پێشکەتِن f.; **wer̄ar** وەڕار f.
to progress: (vi.) (develop) **pêşk'etin** پێشکەتِن vi.; **wer̄ar kirin** وەڕار کِرِن vt.
progression **pêvajo** پێڤاژۆ f.
progressive (politically) **pêşver̄û** پێشڤەڕوو; **pêşk'etî** پێشکەتی; **pêşveçûyî** پێشڤەچوویی
to prohibit **qedexe kirin** قەدەخە کِرِن vt.; **berbend kirin** بەربەند کِرِن vt; **ne•hiştin** نەهِشتِن vt. neg.
prohibited **qedexe** قەدەخە; (according to Islam) **ḧeram** حەرام
prohibition (religious) **ḧeramî** حەرامی f.
projection: (stg. sticking out) **çene** چەنە f.
promenade (walk, stroll) **seyran** سەیران f.; **seyrange** سەیرانگە f.
prominent: (well-known [person]) **k'ifş** کِفش; **binav û deng** بِناڤ و دەنگ; **navdar** ناڤدار; **serfiraz** سەرفِراز; **berbiçav I** بەربِچاڤ ; (bulging) **bel** بەل
promiscuous **doxînsist** دۆخینسِست ; şerwalsist
promise **soz** سۆز m./f.; **'ehd** عەهد m./f.; **qise** قِسە f.; **qirar** قِرار m./f.;
to promise **soz dan** سۆز دان vt.
promontory **mil** مِل m.
to promote **pêşxistin** پێشخِستِن vt.; (make stg. seem desirable) **ber dilê fk-î şîrin kirin** بەر دیلە فکی شیرِن کِرِن vt.
prone: (face down) **dever̄û** دەڤڕوو; **zikkêşkî** زِککێشکی
pronoun **cînav** جیناڤ m.; **p'ronav** پرۆناڤ f./m.;

bedelnav بەدەلناڤ m.
to pronounce: **bi lêv kirin** ب لێڤ کِرِن vt.; **xwendin** خوەندِن vt.
proof **îspat** ئیسپات f.; **belge** بەلگە f.; **berjeng** بەرژەنگ f.
to prop up: (hold up) **ř̄agirtin** ڕاگِرتِن vt.; **p'esartin** پەسارتِن vt.; **hilp'esartin** هِلپەسارتِن vt.
propagation **neşir** نەشِر f./m.
propensity **mêl** مێل f.; **xîret** خیرەت f.; -to have a p. for **mêl ft-îřa hatin** مێل فتیرا هاتِن vi.
proper **bicî** بجی; **di cihê xwe da** دِ جیهێ خوە دا; **layîq** لاییق ; **dirust** دِروست
proper name **serenav** سەرەناڤ m.
proper noun **serenav** سەرەناڤ m.
properly **bi dirustî** بِ دِروستی; [bi] **p'akî** بِ پاکی; **t'emiz** تەمِز
properness **layîqî** لاییقی f.
property (goods) **mal II** مال m.; (characteristic, trait) **t'aybetmendî** تایبەتمەندی f.; **xeyset** خەیسەت m.; **t'ebî'et** تەبیعەت f./m.; **sifet** سِفەت m.; **kat** کات f.; **sexlet** سەخلەت
prophet **p'êxember** پێخەمبەر m.
prophethood **p'êxembertî** پێخەمبەرتی f.
proportion **rêje** ڕێژە f.
proposal **pêşniyar** پێشنیار f.
to propose **pêşniyar kirin** پێشنیار کِرِن vt.; **berpêş kirin** بەرپێش کِرِن vt.; (a task) **şert avêtin** شەرت ئاڤێتِن vt.
proprietor **milûk I** مِلووك m.
propriety **dirustî** دِروستی f.; **layîqî** لاییقی f.
prose **p'exşan** پەخشان f.
prose writer **p'exşannivîs** پەخشان نڤیس m.&f.
prosecutor: -public ~ **dozger** دۆزگەر m.
to prosper ; **şên bûn** شێن بوون vi.
prosperity **şênahî** شێناهی f.; **xweşî** خوەشی f.
prosperous **ava** ئاڤا; **şên** شێن; **malava** مالاڤا ; **p'î II** پی
prostitute **qab II** قاب f.; **qûnek** قوونەك m.; **kirûng** کِروونگ f.
prostitution **qabtî** قابتی f.
prostrate **deveřû** دەڤەڕوو
protagonist **boke** بۆکە m.
to protect **p'arastin** پاراستِن vt.; **mihafeze kirin** مِهافەزە کِرِن vt.; **p'awandin** پاواندِن vt.; **xwedî kirin** خوەدی کِرِن vt.; **ħemandin** حەماندِن vt.
protection **bergirî** بەرگِری f.; **mihafeze** مِهافەزە f.; **piştîvanî** پشتیڤانی f.
protector **piştîvan** پشتیڤان m.; **piştmêr** پشتمێر m.
protruding (erect) **bel** بەل; **girj** گِرژ; **qişt** قِشت; **qund** قوند; **ř̄ep** ڕەپ
protuberance **çene** چەنە f.; (lump, node) **tulħ** تولح f.
proud **serbilind** سەربِلِند; **k'ubar** کوبار; **quře** قوڕە ; **pozbilind** پۆزبِلِند; **difnbilind** دِفنبِلِند; **serfiraz** سەرفِراز; **qube I** قوبە; **fiřnax** فِڕناخ; -to be ~ of **xwe p'aye kirin [bi]** خوە پایە کِرِن ب vt.
to prove **îspat kirin** ئیسپات کِرِن vt.
to prove right (vt.) **ř̄ûspî derxistin** ڕووسپی دەرخِستِن vt.
proven right **ř̄ûspî I** ڕووسپی
provenance **cins** جِنس m.
proverb **gotina pêşîyan** گۆتِنا پێشییان f.; **mesel** مەسەل f.; **met'elok** مەتەلۆك f.
proverbial saying **met'elok** مەتەلۆك f.
provider (breadwinner) **nandar** نان‌دار m.
province **herêm** هەرێم f.; **wîlayet** ویلایەت f.; **walîtî** والیتی f.
provisions: (food for trip) **azûxe** ئازووغە f./m.; **zad** زاد m.; **zexîre** زەخیرە f.; (food) **ř̄izq** ڕِزق m.
to provoke **lê sor kirin** لێ سۆر کِرِن vt.; **nav tê dan** ناڤ تێ دان vt.; **şarandin** شاراندِن vt.; **têkdan** تێکدان vt.; (bees, wasps) **azirandin** ئازِراندِن vt.
proximity (closeness) **nêzîkayî** نێزیکایی f.
prudent **maqûl** ماقوول
to prune **k'ezaxtin** کەزاختِن vt.; **çipilandin** چِپِلاندِن vt.; **pejikandin** پەژِکاندِن vt.; **t'eřişandin** تەڕِشاندِن vt.
pruning (of trees) **k'ezax** کەزاخ f.
pruning hook **diryas** دِریاس f.; **şalok** شالۆك f.; **k'êlendî** کێلەندی f.; **melexan** مەلەخان f.; **qirim** قِرِم f.;
psalm **zebûr** زەبوور f.
psychological **derûnî** دەروونی
pubes **ř̄ov** ڕۆڤ m./f.
pubic hair **ř̄ov** ڕۆڤ m./f.
public (adj.) **giştî** گِشتی; **civakî** جِڤاکی
public opinion **ř̄aya giştî** ڕایا گِشتی f.
public prosecutor **dozger** دۆزگەر m.
public sale (auction) **mezad** مەزاد f.; **herac** هەراج f.
publication **ç'ap II** چاپ f.; **weşan II** وەشان f.
to publicize **weşandin** وەشاندِن vt.
to publish **weşandin** وەشاندِن vt.; **ç'ap kirin** چاپ کِرِن vt.; **neşir kirin** نەشِر کِرِن vt.
published: -to be published **derç'ûn** دەرچوون vi.
publisher: (printing house) **ç'apxane** چاپخانە f.; **neşirxane** نەشِرخانە f.; **weşanxane** وەشانخانە f.
publishing house **weşanxane** وەشانخانە f.
puck (hockey ~) **gog** گۆگ f.; **hol I** هۆل f.
puckered: **girj** گِرژ ; -to be ~ **qermiç'în** قەرمِچین vi.
puckered up: (of mouth) **mûç II** مووچ
puddle **birk** بِرك f.; **gol** گۆل f.; **geřik II** گەڕِك f.; **lîç** لیچ f.

puff **p'if** پف f.; (on cigarette) **hilm** هِلم f.; **qulap** قولاپ f.
to puff **p'if kirin** پف کِرِن vt.
to puff up (vi.) (to swell) **nep'ixîn** نەپخین vi.; **p'erçifîn** پەرچِفین vi.; **werimîn** وەرِمین vi.; (vt.) (cause to swell) **nep'ixandin** نەپخاندِن vt.; **werimandin** وەرِماندِن vt.
puffed up (inflated) **girj** گِرژ; (swollen) **pişpişî** پشپشی
puffy (tired, of eyes) **pişpişî** پشپشی
PUK [Patriotic Union of Kurdistan] **Yekîtiya Nîştimanî ya Kurdistanê** یەکیتیا نیشتِمانی یا کوردِستانێ f.
puke (vomit) **vereşî** ڤەرەشی f.
to pull **k'işandin** کِشاندِن/**k'êşan** کێشان vt.; **r̄ak'işandin** ڕاکِشاندِن vt.; **t'eqil lêdan** تەقِل لێدان vt. ; (drag) **k'aş kirin** کاش کِرِن vt.; (~ the trigger) **çeqandin** چەقاندِن vt.
to pull back **vek'işandin** ڤەکِشاندِن vt.
to pull out **hilçinîn** هِلچِنین vt.; (nail) **hilk'işandin** هِلکِشاندِن vt.; (~ by the roots) **hilkirin** هِلکِرِن vt.; **k'ok qelandin** کۆك قەلاندِن vt.; **r̄ak'işandin** ڕاکِشاندِن vt.; (feathers) **r̄ûç'ikandin** ڕووچِکاندِن vt.
to pull tight **r̄agirtin** ڕاگِرتِن vt.
pulse: (Phaseolus aureus) **maş** ماش f.
to pulverize **miz dan** مِز دان vt.; **k'utan** کوتان vt.
pumpkin **kundir** کوندِر f./m.; **gindor I** گِندۆر f.; **kulind** کولِند m.
punctuation **xalbendî** خالبەندی f.
puniness **monî** مۆنی f.
to punish ceza kirin; (to p. s.o. according to his deserts) **heqê fk-î da hatin** هەقێ فکی دا هاتِن vi.
punishment **cezaret** جەزارەت f.
puny **bêweç** بێ وەچ; **mon** مۆن
pupil: (of the eye) **bibiq** بِبِق f.; **r̄eşik I** ڕەشِك f.; (student) **xwendek'ar** خوەندەکار m.&f.; **şagird** شاگِرد m.&f.; **qutabî** قوتابی m.&f.
puppy **cewr** جەور m./f.; **kûçik** کووچِك m.; **t'ûle** توولە m.
to purchase (buy) **k'ir̄în** کِڕین vt.
pure **ber̄aq** بەڕاق; **zelal** زەلال; **p'ak** پاك; **safî** سافی; (of heart) **dilp'ak** دِلپاك; (unadulterated) **xwer̄û** خوەڕوو ; **p'etî** پەتی; (gold or silver) **qal II** قال
pure white **çîl-sipî** چیل سِپی ; **sîs I** سیس
purification **t̲aret** طارەت f.; (after sex) **teh̄fîl** تەحفیل
to purify **zelal kirin** زەلال کِرِن vt.; (gold or silver) **qal kirin** قال کِرِن vt.; (oneself after sex) **xwe tahfîl kirin** خوە تاهفیل کِرِن vt.
purity **zelalî** زەلالی f.; **p'akî** پاکی f.; (of heart) **dilp'akî** دِپاکی f.; (ritual ~) **t̲aret** طارەت f.
purity of purpose **dilp'aqijî** دِلپاقِژی f.

purl (of water) **xumxum I** خومخوم f.
to purl (of water) **şir̄în II** شِڕین vi.; **şirşir̄andin** شِرشِڕاندِن vi.
purling (of water) **gujeguj** گوژەگوژ f.; **şir̄în II** شِڕین f.; **xulexul** خولەخول f.; **xulîn** خولین f.; **xumxum I** خومخوم f.
purple **binefşî** بِنەفشی; **mor I** مۆر; **erx̄ewanî** ئەرغەوانی; **şîrkî** شیرکی; (dark ~) **xemrî** خەمری
purple star thistle **ç'aqir** چاقِر f.
purpose **armanc** ئارمانج f.; **qesd** قەسد f.; **mebest** مەبەست f.; **meqsed** مەقسەد f.; **merem** مەرەم m./f.; **nêt** نێت f.
purring **mir̄emir̄** مِڕەمِڕ f.
purse **cente** جەنتە f.; -shepherd's purse **xwêdank** خوێدانك f.
purslane **pêrpîne** پێرپینە f.
to pursue **berdan dû** بەردان دوو vt.; [bi] **dû k'etin** بِ دوو کەتِن; **dan dû** دان دوو vt.; **dan pey** دان پەی vt.; **dû ç'ûn** دوو چوون vi.; **dû hatin** دوو هاتِن vi.; **pey hatin** پەی هاتِن vi.; (chase) **qewrandin I** قەوراندِن vt.; **qewtandin** قەوتاندِن vt.; **dan ser** دان سەر vt.; (stalk) **ji dû neqetîn** ژِ دوو نەقەتین vi.
pus **'edab** عەداب f.; **k'êm II** کێم f.; **nêm** نێم f.
push **dehf III** دەهف f.
to push **dehf dan** دەهف دان vt.
to push back **def' kirin** دەفع کِرِن vt.
Pushtu --> See Pashto.
pussy (vagina) **quz** قوز m.; **virçik** ڤِرچِك
pustule **pizik** پِزِك f.
to put **danîn** دانین vt.; **kirin** کِرِن vt.; **dan I** دان vt.; **têkirin** تێ کِرِن vt.; [bi] **cî kirin** بِ جی کِرِن vt.; **avêtin** ئاڤێتِن vt.
to put aside **'ezil kirin** عەزِل کِرِن vt.
to put forth shoots **aj dan** ئاژ دان vt.
to put in **têkirin** تێ کِرِن vt.
to put in hospital **nivandin** نِڤاندِن vt.
to put in one's place **bêvila yekî gemirandin/firikandin/mizdan** بێڤِلا یەکی گەمِراندِن\فِرکاندِن\مِزدان vt.
to put in order: **ser û ber kirin** سەر و بەر کِرِن vt.; **lêkdan** لێکدان vt.; -to be put in order **'edilîn** عەدِلین vt.
to put into: (insert) **têxistin** تێ خِستِن vt.; **daxil kirin** داخِل کِرِن vt.; **çikilandin** چِکِلاندِن vt.
to put off (delay) **taloq kirin** تالۆق کِرِن vt.; **awiqandin** ئاوِقاندِن vt.; **egle kirin** ئەگلە کِرِن vt.; **gîro kirin** گیرۆ کِرِن vt.;
to put on: (clothes) **wergirtin** وەرگِرتِن vt.; **werkirin** وەرکِرِن vt.

to put on airs (be conceited) **xwe werimandin** خوه وەرماندِن vt.
to put out (fire, lights) **t'efandin** تەفاندِن vt.; **temirandin** تەمِراندِن vt.; **vekuştin** ڤەکوشتِن vt.; **vemirandin** ڤەمِراندِن vt.; **vêsandin** ڤێ ساندِن vt.
to put stress on (accentuate, emphasize) **şidandin** شِداندِن vt.
to put to bed **ȓazandin** ڕازاندِن vt.; **nivandin** نِڤاندِن vt.; **velezandin** ڤەلەزاندِن vt.
to put to death **kuştin** کوشتِن vt.; **mirandin** مِراندِن vt.
to put to flight (drive away) **ȓevandin** ڕەڤاندِن vt.
to put to sleep **ȓazandin** ڕازاندِن vt.; **nivandin** نِڤاندِن vt.; **velezandin** ڤەلەزاندِن vt.
to put to the bull: -to be ~ **ç'ûne kelî** چوونە کەلی vi.
to put together (a conference) **pêkanîn** پێك ئانین vt.;
to put up: (house, give lodging to, accommodate) **ḧewandin** حەواندِن vt.; **cî kirin** جی کِرِن vt.; **hêwirandin** هێوِراندِن vt.; ~with (bear, endure) **tab dayîn/kirin** تاب دایین\کِرِن vt.;
to put up to (provoke) **nav tê dan** ناڤ تێ دان vt.
putrid **genî** گەنی
puzzled: -to be ~ **şaş man** شاش مان vi.
pyjama-cord **doxîn** دۆخین f.

Q

Qatari **Qeterî** قەتەری
quack: (impostor, phony) **gelac** گەلاج m.
quack grass **zîwan** زیوان f.
quadruped **ç'arpê** چارپێ adj. & m./f.
quail **'ebdal** عەبدال m./f.; **k'êrasû** کێراسوو f.; **kutefir** کوتەفِر ; (francolin) **p'oȓ I** پۆڕ f./m.
to quake: (vi., to tremble) **lerzîn** لەرزین vi.; **ȓe'ilîn** ڕەعِلین vi.
quality (trait) **sifet** سِفەت m.; **tebî'et** طەبیعەت f./m.; **xeyset** خەیسەت m.; **sexlet** سەخلەت
quantity **ç'ap I** چاپ f.; **mixdar** مِخدار m./f.; **qas** قاس m./f.; **qeder I** قەدەر m./f.; -small quantity **ḧeb** حەب f./m.
quarrel **doz** دۆز f.; **ceng** جەنگ f./m.; **cerenîx** جەرەنیخ f.; **de'w II** دەعو f.; **gelemşe** گەلەمشە f.; **gelş** گەلش f.; **k'êşe** کێشە f. **k'eft û left** کەفت و لەفت f.; **k'eşmek'eş** کەشمەکەش f.; **p'evç'ûn** پەڤچوون f.; **qîreqîȓ** قیرەقیڕ f.; **şeȓ I** شەڕ m.; **têkç'ûn** تێکچوون f.; **xirecir** خِرەجِر f.; **lec** لەج f.
to quarrel (argue) **p'evç'ûn** پەڤچوون vi.; **hev xwarin** هەڤ خوارِن vt.; **şeȓ bûn** شەڕ بوون vi.
quarry (hunters' game) **şikar** شِکار f.
quarter: (fourth) **ç'arêk** چارێك f.; **ribik** رِبِك f.; (of city) **miḧel** مِحەل f.; **t'ax I** تاخ f.
quarters (residence, lodgings) **menzîl** مەنزیل f.; **koçk** کۆچك f.
quatrain **ç'arîne** چارینە f.
queen (wife of emir) **jinmîr** ژنمیر f.; (in chess) **ferzîn** فەرزین m.
queen bee **şaheng** شاهەنگ f.
to quench (steel) **seqa kirin** سەقا کِرِن vt.
quern: (hand mill) **destaȓ** دەستاڕ m.
question **pirsyar** پِرسیار f.; **sual** سوئال f./m.; (matter, problem, issue) **pirs** پِرس f.; **mesele** مەسەلە f.
to question **pirsyar kirin** پِرسیار کِرِن vt.
question mark **xalepirs** خالەپِرس f.
quick: (rapid) **zû** زوو; **[bi] lez I** بِ لەز; **xweş** خوەش; **ḧêl** حێل; (nimble) **ç'eleng** چەلەنگ; **ç'ust** چوست ; **ç'alak** چالاك; (q.-witted) **serwext** سەروەخت
quickly **ȓeve-ȓev** ڕەڤەڕەڤ
quickness **ç'alakî** چالاکی f.
quick-witted **jêhatî** ژێهاتی; **serwext** سەروەخت
quiet (adj.) **bêdeng** بێ دەنگ; **mit̠** مِط; **keȓ II** کەڕ ; **hêdî** هێدی; (calm, tranquil) **ȓiḧet** ڕِحەت; **aram** ئارام; **hêsa** هێسا; **t'ena I** تەنا; (inoffensive, harmless) **feqîr** فەقیر ; (of animals) **sernerm** سەرنەرم;
quiet (n.) **aramî I** ئارامی f.
to quiet down **t'ebitîn** تەبِتین vi.; **ḧewhan** حەوهان vi.
quietly **berxweda** بەرخوەدا; **hêdî** هێدی
quilt **orxan** ئۆرخان f.; **liḧêf** لِحێف f.
quince **bih** بِه f.
quisling **destkîs** دەستکیس m.&f.; **xwefiroş** خوەفِرۆش m.
quit! (stop doing stg.) **bes I** بەس [+ imperative];
to quit: (leave off, abandon) **ji ... ȓabûn** ژِ ... ڕابوون vi.; **t'erkandin** تەرکاندِن vt.; **dev jê berdan** دەڤ ژێ بەردان vt.; **qeran** قەران vt./vi.; **dest jê k'işandin** دەست ژێ کِشاندِن vt.; **hiştin** هِشتِن vt.; **betal kirin** بەتال کِرِن vt.
quitch grass **zîwan** زیوان f.; **firîzî** فِریزی f.
quite **ep'êce** ئەپێجە; **lap** لاپ
quiver: (shudder) **firk I** فِرك f.; **girîzok** گِریزۆك m.; (sheath for arrows) **t'êlk'êş** تێلکێش
to quiver **ḧejîn** حەژین vi.; **lerzîn** لەرزین vi.; **kil II bûn** کِل بوون vi.; **ȓicifîn** ڕِجِفین vi.; **ȓe'ilîn** ڕەعِلین vi.
Quran **Quran** قوران f.; **misḧef** مِسحەف f.
Quran reciter **ḧafiz** حافِز m.
Quranic verse **ayet** ئایەت f.

R

rabbi **malim** مالِم m.
rabbit **k'erguh** کەرگوھ m./f.
rabbit cub **xirnaq** خِرناق m.&f.
rabid **har** ھار
rabies **harî** ھاری f.
race: (species) **cins** جِنس m.; **nijad** نِژاد m.; **dol I** دۆل f.; (contest, competition) **lec** لەج f.; **pêşbazî** پێشبازی f.
to race: (vt.: a horse) **bezandin** بەزاندِن vt.;
racism **nijadp'erestî** نِژادپەرەستی f.
racist **nijadp'erest** نِژادپەرەست
racket (tennis ~) **t'ûs** تووس m.
radiance **geşî** گەشی f.
radiant **geş** گەش ; **řewşen** ڕەوشەن ; **řon I** ڕۆن /**řohnî I** ڕۆھنی;
radiation **tîrêj** تیرێژ f.
radio **řadyo** ڕادیۆ f.
radio station **îstgeh** ئیستگەھ f.
radish **tivir** تِڤِر f./m.
radius **govek** گۆڤەك f.
raffle **peşk II** پەشك f.
raft **kelek I** کەلەك f.; **'ebrik** عەبرِك; **k'erx** کەرخ f.
raftsman **kelekvan** کەلەکڤان m.
rag **kerkon** کەرکۆن m.; **kevnik** کەڤنِك f./m.; **p'eřok** پەڕۆك m.; **p'aç' II** پاچ m.; **p'aç[']ik** پاچِك m./f.; **p'ate II** پاتە m.; **pertal** پەرتال m.; **pîne** پینە m.; **qerpal** قەرپال m.; **p'ot** پۆت m.; (for wiping sweat off horse) **gelveşîn** گەلڤەشین f.
rage **çavsorî** چاڤسۆری f.; **'ern** عەرن m./f.; **qehr** قەھر f.; -to fly into a r. **'ernê fk-ê řabûn** عەرنێ فکێ ڕابوون vi.; **'ernê fk-ê pê girtin** عەرنێ فکێ پێ گِرتِن vt.; **kerbêt fk-î bûnewe = vebûn** کەربێت فکی بوونەوە\ڤەبوون vi.; **erinîn** ئەرِنین vi.
to rage: (be very angry) **xeyidîn** خەیِدین vi.; **hêrsa fk-ê hatin** ھێرسا فکێ ھاتِن vi.; (to storm) **gujeguj kirin** گوژەگوژ کِرِن vt.
ragged robin **pêkewk** پێکەوك f.
raging (of sea) **hufehuf** ھوفەھوف m./f.
ragseller **pîneçî** پینەچی m.
raid **cerd I** جەرد f.
raiding party: (gang) **cerd I** جەرد f.; **nijde** نِژدە f.
railing **deřabe** دەڕابە m./f.; **caẍ** جاغ m.
railroad **řêḧesin** ڕێحەسِن f.
railway **řêḧesin** ڕێحەسِن f.
rain **baran** باران f.; **şilî** شِلی f.; -light ~ **reşêş** رەشێش f.
to rain **barîn I** بارین vi.
to rain down on (shower with) **barandin** باراندِن vt.
rain water: (in a natural hole in boulder) **ava qaxê** ئاڤا قاخێ f.
rainbow **k'eskesor** کەسکەسۆر f.; **kêrestûn** کێرەستوون f.; **bûka baranê** بووکا بارانێ f.
raindrop **p'eşk I** پەشك f.
rainstorm **barove** بارۆڤە f.
rainy weather **şilî** شِلی f.
to raise: **hildan** ھِلدان vt.; **hilanîn** ھِلاندن\ھِل ئانین vt.; **řakirin** ڕاکِرِن vt.; **hevraz kirin** ھەڤراز کِرِن vt.; (flag) **dabinartin** دابِنارتِن vt.; (lamp wick) **hilbiřîn** ھِلبِڕین vt.; (a person, in the air) **hilgaftin** ھِلگَفتِن vt.; (voice) **hildan** ھِلدان vt.
raised up (high) **quloz** قولۆز
raisin **mewîj** مەویژ m./f.; **k'işmîş** کِشمیش m./f.; (low-quality ~s on the ground) **bistaq** بِستاق; **teyk** تەیك ; (boiled ~) **tilîk** تِلیك
to rake: (unwinnowed grain into heap) **t'êx kirin** تێخ کِرِن vt.
raki **'ereq** عەرەق f.
ram: (male sheep) **beran** بەران m.; (1-2-year-old ram) **kaviř** کاڤِڕ m.; (2-3-year-old ram) **şek** شەك m.; (3-year-old ram) **hogiç/hogiç'** هۆگِچ m.; (3-4-year-old ram) **xirt** خِرت m.; (3-5-year-old ram) **maz I** ماز m.; (5-year-old ram) **qert** قەرت
to ram **dewisandin** دەوِساندِن vt.
rambunctious (naughty, of children) **nesekinî** نەسەکِنی
rampart **beden I** بەدەن f.; **çeper I** چەپەر f.; **k'ozik I** کۆزِك f.; **senger** سەنگەر m.; (city wall) **sûr I** سوور f.
rancid **kurmî** کورمی
rancor **zikřeşî** زِکڕەشی f.
rancorous **zikřeş** زِکڕەش
rank (row) **řef II** ڕەف f./m.
ransom **miçilge** مِچِلگە
to rap (make rapping noise) **řepîn** ڕەپین vi.
rapid **zû** زوو; **[bi] lez I** بِ لەز; **ç'eleng** چەلەنگ
rapidity **lezatî** لەزاتی f.; **ç'elengî** چەلەنگی f.
rapping **řepîn** ڕەپین *vi.*
rare **qetlazî** قەتلازی
rascal **tolaz** تۆلاز m.
rash (n.): (inflammation on arm) **lûr** لوور f.; **giř IV** گِڕ

m.
rasp (file) **kartik** کارتِك f.; **êge** ئێگە f.
raspberry **tûşêmî** تووشێمی f.
rat **cird** جِرد m.
rat poison **mergemûş** مەرگەمووش f./m.
rate **rêje** رێژە f.
rather: (quite) **ep'êce** ئەپێچە; (but r., instead) **hema** هەما; **lê I** لێ ; **wêvetir** وێڤەتِر
ratio **rêje** رێژە f.
ratsbane **mergemûş** مەرگەمووش f./m.
rattle (child's toy) **xişxişk** خِشخِشك f.; -death r. **xurexur** خورەخور f.
rattling (n.): (metallic sound) **zingezing** زِنگزِنگ f.; **şingîn** شِنگین f.; **çingeçing** چِنگەچِنگ f.; **şîqşîq** شیقشیق f.
ravage **k'af-k'ûn** کاف کوون f.
ravaged **kovan** کۆڤان; **tarûmar** تاروومار;
raven **qijik** قِژِك f.
ravine **dergelî** دەرگەلی m.; **derteng** دەرتەنگ f.; **geboz** گەبۆز f.; **gelî II** گەلی m.; **zer II** زەر f.; **zang** زانگ f./m.; **dehl** دەهل f./m.; **kendal** کەندال m.; **newal** نەوال f.
raw **xam** خام
raw material **kehresteyê xav** کەرەستەیێ خاڤ m.
ray (of light) **tîrêj** تیرێژ f.
to raze (=destroy) **hilweşandin** هِلوەشاندِن vt.; **tarûmar kirin** تاروومار کِرِن vt.
razed (to the ground) **k'ambax** کامباخ; **tarûmar** تاروومار;
razor **gûzan** گووزان m.
to reach **gihan I** گِهان vi.; **gihîştin** گِهیشتِن vi.; **hingaftin** هِنگافتِن vt.; (a goal) **[bi] cî kirin** بِ جی کِرِن vt.
reactionary **paşveřû** پاشڤەڕوو
to read **xwendin** خوەندِن vt.
reader **xwendevan** خوەندەڤان m.
readiness **hazirayî** هازِرایی f.; (willingness) **řazîlixî** ڕازیلِخی f.
ready **ȟazir** حازِر; **amade** ئامادە; (willing) **řazî** ڕازی; -to get ~ (for a trip) **t'edarik kirin** تەدارِك کِرِن vt.
real **řast** ڕاست; **biřa III** بِڕا; **xweřû** خوەڕوو ; **řasteqîne** ڕاستەقینە
reality **řastî** ڕاستی f.; **biřatî II** بِڕاتی f.
to realize **têgihan** تێ گِهان vi.; **varqilîn** ڤارقِلین vi.
realm **memlek'et** مەملەکەت m.; **ork'e** ئۆرکە f.
to reap **çinîn** چِنین vt.; **dirûtin** دِرووتِن vt.; **das kirin** داس کِرِن vt.
reaping (n.) **xerman** خەرمان m.
rear (backside) **k'emax** کەماخ f.; (of quadruped, or of saddle) **t'erkû** تەرکوو f.;
rear end **qûn** قوون f.; **zotik** زۆتِك f.
reason: (cause) **eger II** ئەگەر f.; **sebeb** سەبەب f./m.; **sedem** سەدەم f.; **ûşt** ئووشت f.; **me'na** مەعنا f.; **neynesî** نەینەسی f.; (sense) **aqil** ئاقِل m.; **ȟiş** حِش m.; **sewda** سەودا m.; -for no r. **cîyê bela sebeb** جییێ بەلا سەبەب
reasonable **maqûl** ماقوول
rebel **şoreşgeř** شۆرەشگەڕ m.
to rebel **řawestan** ڕاوەستان vi.
rebellion **serhildan** سەرهِلدان f.; **şoreş** شۆرەش f.; **sewr** سەور f.
rebellious **erinî** ئەرِنی
rebirth **vejîn** ڤەژین f.
to rebound **p'eqîn** پەقین vi.
rebuke: (friendly, gentle ~) **dalehî** دالەهی f.
recalcitrant: -to be r. (refuse to obey) **erinîn** ئەرِنین vi.
to recall: (remember) **hatin bîra fk-ê** هاتین بیرا فکێ vi.
to receive: (get, obtain) **wergirtin** وەرگِرتِن vt.; **standin** ستاندِن vt.; (guests) **qebûl kirin** قەبوول کِرِن vt.; **'ezet kirin** عەزەت کِرِن vt.; **ȟewandin** حەواندِن vt.; **cî kirin** جی کِرِن vt.; **hêwirandin** هێوِراندِن vt.; (stg. unpleasant: blows, punishment) **xwarin** خوارِن vt.
recent **nû** نوو; **t'aze** تازە
receptacle **derdan II** دەردان f.
reception hall **dîwanxane** دیوانخانە f.; **dîwan** دیوان f.; **heywan I** هەیوان f.
recess (break, pause) **navbiřî** ناڤبِڕی f.
to recess: (vi.) **p'eşkilîn** پەشکِلین vi.
to recite **xwendin** خوەندِن vt.
reciter: (of romances) **dengbêj** دەنگبێژ m.; (of Koran) **ȟafiz** حافِز m.
reckless **t'ewekel** تەوەکەل
to reckon **hejmartin** هەژمارتِن vt.
recognition: (for a favor rendered, gratitude) **minet** مِنەت f.
to recognize **nas kirin** ناس کِرِن vt.; **nasîn** ناسین vt.
to recommend **qewîtî kirin** قەویتی کِرِن vt.; **berpêş kirin** بەرپێش کِرِن vt.
recommendation **şîret** شیرەت f.; **qewîtî** قەویتی f.
recompensation ; **heqyat** هەقیات f.
to reconcile (2 warring parties) **aşt kirin** ئاشت کِرِن vt.; **li hev anîn** لِ هەڤ ئانین vt.; **fesla fk-î kirin** فەسلا فکی کِرِن vt.; **pêkanîn** پێك ئانین vt.;
reconciled **aşt** ئاشت ; **vêk** ڤێك; -to be ~ **li hev hatin** لِ هەڤ هاتِن vi.; **p'ev k'etin** پەڤ کەتِن vi.
reconciliation **fesil** فەسِل f.

to reconquer **vegirtin** ڤەگِرتِن vt.
to record (voice, sound) **vegirtin** ڤەگِرتِن vt.; **qeyd kirin** قەید کِرِن vt.
to recount **gilî kirin** گِلی کِرِن vt.; **kat kirin** کات کِرِن vt.; **neqil kirin** نەقِل کِرِن vt.; **r̄iwayet kirin** ڕِوایەت کِرِن vt.; **vegotin** ڤەگۆتِن vt.; **vegêr̄an** ڤەگێڕان vt.; **gêr̄an** گێڕان vt.; **ger̄andin** گەڕاندِن vt.
to recover (vi.) (recuperate) **serxweda hatin** سەرخوەدا هاتِن vi.
recovery (convalescence) **saxbûn** ساخبوون f.
recreation **k'êf** کێف f.
rectum **r̄ûvîya r̄ast** ڕووڤییا ڕاست f.
to recuperate **serxweda hatin** سەرخوەدا هاتِن vi.
red **sor** سۆر; (blood ~) **gevez** گەڤەز
red-haired **ç'ûr̄ II** چووڕ; **kej I** کەژ;
red hot **sincirî** سِنجِری;
red poppy **bûkmezave** بووکمەزاڤە f.
red sauce **metfînî** مەتفینی f.
red star thistle **ç'aqir** چاقِر f.
reddish (color of horses) **şê** شێ
reddish-brown (color of horses) **k'iĥêl** کِحێل; **k'umeyt** کومەیت
reddish-yellow (color of goats) **xez** خەز
redhead **ç'ûr̄ II** چووڕ; **kej I** کەژ
redness **sorayî** سۆرایی f.
reed **qamîş** قامیش m.; **zil** زِل f.; (dry ~) **kelkele** کەلکەلە; (type of ~) **qamir̄** قامِڕ m.; (cane) **leven** لەڤەن m.; (on a loom) **befş** بەفش m.
reed instrument (zurna) **zirne** زرنە f.
to reel: (stagger) **licimîn** لِجِمین vi.
to refine (gold or silver) **qal kirin** قال کِرِن vt.
refined **k'ubar** کوبار f.; (elegant, of cloth) **meles** مەلەس; (gold or silver) **qal II** قال
refined person **xuneda** خونەدا m.
refinement **k'ubar** کوبار f.
to reflect: (to think) **dan ĥişê xwe** دان حِشێ خوە vt.; **hizir kirin** هِزِر کِرِن vt.; **fikirîn I** فِکِرین vi.; **r̄aman I** ڕامان vi.; **sêwirandin** سێوِراندِن vt.
reflection: (thinking, pondering) **mitale** مِتالە f.
refractory **serĥişk** سەرحِشك; **serk'êş I** سەرکێش
refreshment (at betrothal) **şîranî** شیرانی f.
refrigerator **sarincok** سارِنجۆك f.; **avsark** ئاڤسارك f.
refuge (shelter) **sit'ar** سِتار f.; **nivan** نِڤان f.; **dexalet** دەخالەت f.; **p'ena** پەنا f.
refugee **p'enaber** پەنابەر m.; -being a ~ **p'enaberî** f.
refusal **înk'ar** ئینکار f.
refuse (garbage, rubbish) **zibil** زِبِل f.
to refuse **înk'ar kirin** ئینکار کِرِن vt.
to refuse to budge (be stubborn) **xezirîn** خەزِرین vi.
to regain consciousness **serxweda hatin** سەرخوەدا هاتِن vi.
regard: (concern) **p'ûte** پووتە f.; (consideration) **ĥesab** حەساب m.
to regard as: (consider, deem) **ĥesab kirin** حەساب کِرِن vt.; **ĥesibandin** حەسِباندِن vt.; **hejmartin** هەژمارتِن vt.; **zanîn** زانین vt. [+bi بِ]
regarded: -to be regarded (as) **ĥesab bûn** حەساب بوون vi.
regarding: (about) **di derheqa ... da** دِ دەرهەقا ... دا; **li ser** لِ سەر
regards: (greeting[s]) **silav** سِلاڤ f.
regimen (diet) **p'arêz II** پارێز f.
region **dever I** دەڤەر f.; **herêm** هەرێم f.; **semt** سەمت m.; **ork'e** ئۆرکە f.; **navçe** ناڤچە f.
regret **p'oşmanî** پۆشمانی f.; **k'eser** کەسەر f.
to regret **p'oşman bûn** پۆشمان بوون vi.
regretful **p'oşman** پۆشمان/**peşîman** پەشیمان; **p'or̄ û p'oşman** پۆڕ و پۆشمان
regrettable circumstance **xebînet** خەبینەت f.
regular **rêk û pêk** ڕێك و پێك; **r̄êzdar I** ڕێزدار
regularity **rêk û pêkî** ڕێك و پێکی f.
regulation: (rule) **qanûn** قانوون f.
regulations **destûr** دەستوور f.
reign (rule) **ĥuk'um** حوکوم m.; **qirar** قِرار m./f.; **p'adşatî** پادشاتی f.;
reindeer **şivirê kedî** شِڤِرێ کەدی m.
to reinforce **şidandin** شِداندِن vt.; **zexm kirin** زەخم کِرِن vt.
reins **celew I** جەلەو f.; **dizgîn** دِزگین f.;**bizmîk** بِزمیك f.; **gem** گەم f.; **lix̄ab** لِغاب m./f.; **qet'irme II** قەتِرمە f.; **hevsar** هەڤسار m.; **lîwan** لیوان f.
to reiterate **dubare kirin** دوبارە کِرِن vt.
to rejoice **şa bûn** شا بوون vi.
rejoicing **şabûn** شابوون f.
relapse **nekse** نەکسە f.
to relate: (a story) **gilî kirin** گِلی کِرِن vt.; **kat kirin** کات کِرِن vt.; **vegêr̄an** ڤەگێڕان vt.; **neqil kirin** نەقِل کِرِن vt.; **vegotin** ڤەگۆتِن vt.; **gêr̄an** گێڕان vt.; **ger̄andin** گەڕاندِن vt.
related [to] **eleqedar [bi ... ra]** ئەلەقەدار [بِ ... را]
relation (kin, relative) **meriv** مەرِڤ m.; (connection through marriage) **merivtî** مەرِڤتی f.; (connection) **têkilî** تێکِلی f.; **p'eywendî** پەیوەندی f.
relations **p'eywendî** پەیوەندی f.; **hatin û ç'ûn** هاتِن و چوون f.
relationship (connection) **p'evgirêdan** پەڤگِرێدان f.;

p'eywendî پەیوەندی f.; **têkilî** تێکِلی f.; [romantic] **yarî I** یاری f.

relative (n.): (kin) **xizm** خِزم m.; **meriv** مەرڤ m.; (by marriage, in-law) **xinamî** خِنامی m.&f.; **taloq II** تالۆق m.

to relax **bîna xwe vedan** بینا خوە ڤەدان vt.; **vehesîn** ڤەهەسین vi.; **hêsa bûn** هێسا بوون vi.; **xwe rîhet kirin** خوە رِحەت کِرِن vt.;

released: ;-to be ~ (be set free) **veřestin** ڤەڕەستِن vi.

reliability **dilsozî** دِلسۆزی f.

reliable **ewlekar** ئەولەکار; **saxlem** ساخلەم; **merd** مەرد; **xudanbext** خودانبەخت; **ît'bar** ئیتبار; **dilsoz** دِلسۆز

reliance **bawer[î]** باوەری f.; **ewle I** ئەولە f.

relieved: -to be relieved of (rid of) **k'uta bûn** کوتا بوون vi.; **jê vehesîn** ژێ ڤەهەسین vi.

religion **dîn III** دین m.; **ol** ئۆل f.

religious (devout) **dîndar III** دیندار; **olp'erest** ئۆلپەرەست

religious devotion **ebabetî** ئەبابەتی f.

religious fanatic **olp'erest** ئۆلپەرەست m.&f.

to relocate (forcibly, to deport) **t'erĥîl kirin** تەرحیل کِرِن vt.

reluctance **bêdilî** بێ دِلی f.; **xwe-dane-paş** خوەدانەپاش f.

reluctant: **sar** سار; -to be ~ **xwe dane paş** خوە دانە پاش vt.

to remain (stay) **man** مان vi.

to remain behind **veman** ڤەمان vi.; **pařa man** پارا مان vi.

remainder **hasil** هاسِل f.

remains **bermayî** بەرمایی f.

remark **têbînî** تێبینی f.

remarkable **seyr** سەیر

remedy **çare** چارە f.; **derman** دەرمان m.; **îlac** ئیلاج f.; **himmet** هِممەت f.; **hiner** هِنەر m./f.; **çareserî** چارەسەری f.; (~ to a situation, way out) **p'ergal I** پەرگال f.

to remember **hatin bîra fk-ê** هاتِن بیرا فکێ vi.

remembrance **xatir** خاتِر m./f.;

remiss: -being ~ **t'exsîr** تەخسیر f.; -to be ~ **t'exsîr kirin** تەخسیر کِرِن vt.

remnants **bermayî** بەرمایی f.

remote **dûr** دوور

to remove: **řahiştin** ڕاهِشتِن vt. [+ dat. constr.]; **hilanîn** هِلانین\هِل ئانین vt.; **hilbiřîn** هِلبِڕین vt.; **hilkirin** هِلکِرِن vt.; **řakirin** ڕاکِرِن vt.; **vekirin I** ڤەکِرِن vt. [+**ji** ژ/**li** لِ]; (to cut off) **jêkirin** ژێکِرِن vt.; (to do away with) **ji holê řakirin** ژ هۆلێ ڕاکِرِن vt.; **ji ort'ê řakirin** ژ ئۆرتێ ڕاکِرِن vt.; (clothing) **şelandin** شەلاندِن vt.; **danîn** دانین vt.; **şiqitandin** شِقِتاندِن vt.; **[ê]xistin** ئێخِستِن vt.; (take out) **deranîn** دەرانین vt.; **derxistin** دەرخِستِن vt.; (from office) **'ezil kirin** عەزِل کِرِن vt.

remuneration **heqyat** هەقیات f.

renaissance **vejîn** ڤەژین f.

to rend: (tear) **p'eřitandin** پەڕِتاندِن vt.

to render **derxistin** دەرخِستِن vt.

rendezvous **jivan** ژِڤان m./f.

to renege **lêvebûn** لێڤە بوون vi.

rennet **firşik I** فِرشِك

rennet bag **şîlav** شیلاڤ f.

to renounce **dev jê berdan** دەڤ ژێ بەردان vt.; **dest ji *ft-î* k'işandin** دەست ژِ فتی کِشاندِن vt.;**berê xwe [jê] guhastin** بەرێ خوە ژێ گوهاستِن vt.

renown (fame) **nav û deng** ناڤ و دەنگ m.; **navdarî** ناڤداری f.

repair **t'edarik** تەدارِك m.

to repair: (fix) **ç'ê kirin** چێ کِرِن vt.; (darn, mend) **hîvastin** هیڤاستِن vt.

to repeal (a law) **řakirin** ڕاکِرِن vt.;

to repeat: **dubare kirin** دوبارە کِرِن vt.; **ducar kirin** دوجار کِرِن vt.; **wek'ilandin** وەکِلاندِن vt.; (keep repeating) **[gotin û] bilandin** گۆتِن و بِلاندِن vt.

repellent: -insect ~ **mêşkuj** مێشکوژ f.

to repent **t'obe kirin** تۆبە کِرِن vt.; **li xwe zivirîn** لِ خوە زِڤِڕین vi.

repentance **p'oşmanî** پۆشمانی f.; **t'obe** تۆبە f.

to replace **şûna fk-î girtin** شوونا فکی گِرتِن vt.

replacement **bedel** بەدەل f.

to reply **bersiv dan** بەرسِڤ دان vt.; **cab dan** جاب دان vt.; **vegeřandin** ڤەگەڕاندِن vt.; **ziviřandin** زِڤِڕاندِن vt.

report **rapor** راپۆر f.; **'elam** عەلام m./f.; **'elamet** عەلامەت f.; (of gun) **xurexur** خورەخور f.

to report **řagihandin** ڕاگِهاندِن vt.; **salix dayîn** سالِخ دایین vt.

repose: (quiet, tranquility) **řeĥetî** ڕەحەتی f.; **t'enahî** تەناهی f.; **dişliq** دِشلِق f.

reporter **p'eyamhinêr** پەیامهِنێر m.&f.; nûçegiha

to represent: (describe, portray) **nimandin** نِماندِن vt.; **nitirandin I** نِتِراندِن vt.

representation (in parliament) **nûnertî** نوونەرتی f.

representative **nûner** نوونەر m.&f.; **me'mûr** مەعموور m.

to repress **tepeser kirin** تەپەسەر کِرِن vt.; **berteng kirin** بەرتەنگ کِرِن vt..; **p'erçiqandin** پەرچِقاندِن vt.

to reprimand **'erza fk-î şkandin** عەرزا فکی شکاندِن vt.; **berhingarî fk-ê bûn** بەرهِنگاری فکێ بوون vi.

reproach **te'n** تەعن f./m.; (friendly, gentle ~) **dalehî** دالەهی f.

reproof **te'n** تەعن f./m.

republic **k'omar** کۆمار f.

to repulse: (push back) **def' kirin** دەفع کِرِن vt.

repulsive **k'irêt** کِرێت

repulsiveness **k'irêtî** کِرێتی f.

reputation: **nav I** ناڤ m.; (good ~) **hetk** هەتك f.; -person with bad ~ **navno** ناڤنۆ m.

request **daxwaz** داخواز f.; **lavahî** لاڤاهی f.; **hêvî** هێڤی f.; **t'eweqe** تەوەقە f.; **de'w II** دەعو f.; (petition) **'arîze** عاریزە f.; **'erziĥal** عەرزِحال f.

to request **xwestin** خوەستِن vt.; **lavahî kirin** لاڤاهی کِرِن vt.; **jê hêvî kirin** ژێ هێڤی کِرِن vt.; **limêj kirin** لِمێژ کِرِن vt.; **t'eweqe kirin** تەوەقە کِرِن vt.

to require **viyan** ڤِیان vt. [+ obl. prn.]

rescue **xelasî** خەلاسی f.

to rescue **bi hawara fk-î ç'ûn** بِ هاوارا فکی چوون vi.; **p'êsîra fk-ê ji bk-ê xilas kirin** پێسیرا فکێ ژِ بکێ خِلاس کِرِن vt.; **qurtar kirin** قورتار کِرِن vt.; **xelas kirin** خەلاس کِرِن vt.

rescued (saved) **qurtar** قورتار: -to be rescued **felitîn** فەلتین vi.; **veřestin** ڤەرەستِن vi.; (be relieved of, rid of) **k'uta bûn** کوتا بوون vi.; **jê vehesîn** ژێ ڤەهەسین vi.

to research **lêkolîn** لێ کۆلین vt.; **vek'olîn** ڤەکۆلین vt.

research: (examination) **lêkolîn** لێکۆلین f.; **vek'olîn** ڤەکۆلین f.

to resemble **şibîn** شِبین vi.; **man** مان vi.; **şeklê *fkî* dan** شەکلێ فکی دان vt.

resembling (like, similar to) **wek** وەك; **mîna** مینا; **fena** فەنا; **şitî II** شِتی; **nola** نۆلا

resentful **zikřeş** زِکرەش; **kulzikî** کولزِکی

resentfully **bi kulzikî** بِ کولزِکی

reserve: (store, supply) **zexîre** زەخیرە f.

to reserve (a place) **cih veqetandin** جِه ڤەقەتاندِن vt.

reservoir **ĥewz** حەوز m.; **peng II** پەنگ m.

to reside **jîn** ژین vi.; **řûniştin** روونِشتِن vi.

residence **hêwirge** هێورگە f.; **menzîl** مەنزیل f.; **mek'an** مەکان m.; **xan-man** خانمان m.

resident **akincî** ئاکِنجی m.&f.; **ehl** ئەهل m.

resilient **kitka ĥeftriĥ** کِتکا حەفترِح f. (lit. 'cat with 7 lives)

resin: (natural ~) **debûş** دەبووش ; **şîrêz** شیرێز f.; **benîşt** بەنیشت m.

to resist **li ber xwe dan** لِبەر خوە دان vt.

resistance **berxwedan** بەرخوەدان f.; (opposition) **hevrikî** هەڤرِکی f.; (stubbornness) **'eynat** عەینات f.

to resolve: (~ to do stg.) **himet kirin** هِمەت کِرِن vt.; (a feud between 2 warring parties) **aşt kirin** ئاشت کِرِن vt.; **fesla fk-î kirin** فەسلا فکی کِرِن vt.

to resound (echo, reverberate) **deng vedan** دەنگ ڤەدان vt.

resourcefulness **hiner** هِنەر m./f.; **feřeset** فەرەسەت f.

respect **hurmet** هورمەت f.; **'erz** عەرز f.; **me'rîfet** مەعریفەت f.; **qedir I** قەدِر m.; **'ezet** عەزەت f.; **řêz II** رێز f.; **řûmet** روومەت f.; **giram** گِرام f.; **xatir** خاتِر m./f.

to respect **řêz girtin** رێز گِرتِن vt.; **hurmet girtin** هەرمەت گِرتِن vt.; **me'rîfeta fk-ê girtin** مەعریفەتا فکێ گِرتِن vt.; **giram girtin** گِرام گِرتِن vt; **qedir girtin** قەدِر گِرتِن vt.

respectability **namûs** ناموس f.

respectable **miskîn** مِسکین ; **maqûl** ماقوول; **qedirgiran** قەدِرگِران; **p'ayebilind** پایەبِلِند

respected **biřêz** بِ رێز; **maqûl** ماقوول; **řêzdar II** رێزدار; **berbiçav I** بەربِچاڤ; **qedirgiran** قەدِرگِران; **p'ayebilind** پایەبِلِند

respectful **giramgîr** گِرامگیر;

respite: (time limit) **molet** مۆلەت f.

to respond **dey kirin** دەی کِرِن vt.; **bersiv dan** بەرسِڤ دان vt.; **cab dan** جاب دان vt.; **vegeřandin** ڤەگەراندِن vt.; **ziviřandin** زِڤِراندِن vt.

response **bersiv I** بەرسِڤ f.; **cab** جاب f.

responsibility **berpirsîyarî** بەرپرسییاری f.; **cabdarî** جابداری f.; (duty) **peywir** پەیوِر f.

responsible **berpirsîyar** بەرپرسییار ; **cabdar** جابدار

rest: (remains) **bermayî** بەرمایی f.; (the ~ of) **mayîn I** مایین ; (peace, tranquility) **řeĥetî** رەحەتی f.; **hedan** هەدان f.; **sekin û hedan** سەکِن و هەدان f.; **sekin** سەکِن f.; **t'ebatî** تەباتی f.

to rest **bîna xwe vedan** بینا خوە ڤەدان vt.; **vehesîn** ڤەهەسین vi.; **hêsa bûn** هێسا ابوون vi.; **xwe řiĥet kirin** خوە رِحەت کِرِن vt.; -to cause s.o. to [take a] ~ **vêsandin** ڤێ ساندِن vt.

to rest against: (lean against) **p'aldan** پالدان vt.

restaurant **xwaringeh** خوارِنگەه f.; **xwarinxane** خوارِنخانە f.

restive **serĥişk** سەرحِشك; **serk'êş I** سەرکێش

restless [of children] **şûm** شووم; **nesekinî** نەسەکِنی

to restrain (stop, hold back) **řagirtin** راگِرتِن vt.; **zeft kirin** زەفت کِرِن vt.; (bridle, of horses) **xeřandin** خەراندِن vt.

restricted area **qorix** قۆرِخ f.

restrictions **qeyd** قەید f.

restroom **avdestxane** ئاڤدەستخانە f.; **avrêj I** ئاڤرێژ f.; **ç'olik III** چۆلِك f.; **daşir** داشِر f.; **destav** دەستاڤ f. ; **destavxane** دەستاڤخانە f.; **edebxane** ئەدەبخانە f.; **qedemge** قەدەمگە f.;
result **encam** ئەنجام f.; **dawî** داوی f.; **k'uta** کوتا f.; **talî II** تالی f.; **berhem** بەرهەم f.; **hasil** هاسِل f.; **t'omerî** تۆمەری f.
to resuscitate **vejandin** ڤەژاندِن vt.; **sax kirinve** ساخ کِرنڤە vt.
retinue **piştmêr** پشتمێر m.
to retract **vek'işandin** ڤەکِشاندِن vt.
to retreat (vi.) **xwe dane paş** خوە دانە پاش vt.; **vek'işîn** ڤەکِشین vi.
retribution **cezaret** جەزارەت f.
return (n.) **vegeř** ڤەگەڕ f.
to return: (vi.) (come back) **vegeřîn** ڤەگەڕین vi.; **ziviřîn** زِڤِڕین vi.; **fetilîn** فەتِلین vi.; **dageřîn** داگەڕین vi.; (vt.) **vegeřandin** ڤەگەڕاندِن vt.; **ziviřandin** زِڤِڕاندِن vt.; (a greeting) **wergirtin** وەرگِرتِن vt.; **vedan** ڤەدان vt.; **vegirtin** ڤەگِرتِن vt.;
to return home (of cattle) **veqetîn** ڤەقەتین vi.
to reveal **xuya kirin** خویا کِرِن vt.; **aşkera kirin** ئاشکەرا کِرِن vt.; **îfşa kirin** ئیفشا کِرِن vt.; (one's feelings) **dan der** دان دەر vt.
revealed: -to be ~ **aşkera bûn** ئاشکەرا بوون vi.;
revealing (n.) **îfşa** ئیفشا m./f.
revenge **t'ol II** تۆل f.; **ĥeyf** حەیف f.; **'evdîn** عەڤدین f.; -to take revenge **tol standin/vekirin** تۆل ستاندِن\ڤەکِرِن vt.; **ĥeyf hildan/standin** حەیف هِلدان\ستاندِن vt.; **'evdîn vekirin** عەڤدین ڤەکِرِن vt.
to reverberate (echo) **deng vedan** دەنگ ڤەدان vt.
reverberation (echo) **olan** ئۆلان f.
reverie **mitale** مِتالە f.; **xewnerojk** خەونەرۆژك f.
reversed **berevajî** بەرەڤاژی; **vajî** ڤاژی; **ser û bin** سەر و بِن
to revile (to abuse verbally) **lêxuřîn** لێ خوڕین vi.
revision (checking) **t'eselî** تەسەلی f.
to revive (vt.) **vejandin** ڤەژاندِن vt.; **sax kirinve** ساخ کِرنڤە vt.; (vi.) **vejîn** ڤەژین vi.; **hatin ser řengê xwe** هاتِن سەر ڕەنگێ خوە vi.
revived: -to be ~ (come back to life, lit. & fig.) **hatin ser řengê xwe** هاتِن سەر ڕەنگێ خوە vi.; **vejîn** ڤەژین vi.
revolt **serhildan** سەرهِلدان f.; **şoreş** شۆرەش f.; **sewr** سەور f.
to revolt **řawestan** ڕاوەستان vi.; **řabûn serxwe** ڕابوون سەرخوە vi.
revolution **serhildan** سەرهِلدان f.; **şoreş** شۆرەش f.; **sewr** سەور f.
revolutionary (adj.) **şoreşgerî I** سۆرەشگەری
revolutionary (n.) **şoreşgeř** شۆرەشگەڕ m.
to revolve **ç'erx bûn** چەرخ بوون vi.; **ziviřîn** زِڤِڕین vi.; **zîz III bûn** زیز بوون vi.;
revolver (six-shooter pistol) **şeşar** شەشار f.; **şeşxane** شەشخانە f.; **şeşderb** شەشدەرب f.
reward **xelat** خەلات f./m.; **peřû** پەڕوو f.; (sustenance) **řizq** ڕِزق m.
rheumatic (n.) **bawî** باوی m.
rheumatism **ba II** با f.
rhinoceros **k'erkedan** کەرکەدان m.
rhubarb **řibês** ڕِبێس f.
rhyme **serwa** سەروا f.; **beşavend** بەشاڤەند f.; **paşbend** پاشبەند f.; **qafiye** قافِیە f.
rhythm **t'eqil** تەقِل f.
rib **parsû** پارسوو f./m.; **parxan** پارخان f.
ribbon **şerît** شەریت f.; **qeyt'an** قەیتان f.
rice: (cooked) **birinc I** بِرِنج m./f.; **p'elaw** پەلاو f.; (in the husk) **ç'eltûk** چەلتوك m./f.; (burnt ~ at bottom of pot) **veřenk** ڤەڕەنك f.; **binê beroşê** بِنێ بەرۆشێ m.
rice husk **p'ûşk** پووشك m.
rich: **dewlemend** دەولەمەند; **maldar** مالدار; **xurt** خورت; **dewletî** دەولەتی; **p'î II** پی; **heyî** هەیی; (fertile) **bijûn** بِژوون; (of food) **çivir** چِڤِر
rich man **dewletî** دەولەتی m.
riches **dewlemendî** دەولەمەندی f.; **maldarî** مالداری f.; **malhebûn** مالهەبوون f.
rick **lod** لۆد f./m.; (agricultural) **xerman** خەرمان m.
rid: -to be rid of **ji fk-ê xelas bûn** ژ فکێ خەلاس بوون vi; **yaxa xwe ji fk-ê xelas kirin** یاخا خوە ژ فکێ خەلاس کِرِن vt.; **k'uta bûn** کوتا بوون vi.; **jê řizgar bûn** ژێ ڕِزگار بوون vi.; **jê vehesîn** ژێ ڤەهەسین vi.
riddance **xelasî** خەلاسی f.; **felat** فەلات f.; **řizgarî** ڕِزگاری f.
riddle **mamik** مامِك f.; **têderxistinok** تێدەرخِستِنۆك f.; **tiştanok** تِشتانۆك f.; **apik** ئاپِك
to ride (a horse) **li ...siwar bûn** لِ ... سِوار بوون vi.
rider **siwar** سِوار m.
ridge (mountain ~ made of massive boulders) **tat I** تات f.
ridicule (mockery) **finaz** فِناز m./f.; **te'n** تەعن f./m.; **tinaz** تِناز m.
ridiculous **elet'ewş** ئەلەتەوش; **bême'na** بێ مەعنا
rifle **t'ifing** تِفِنگ f.; **şeşderb** شەشدەرب f.; **şeşxane** شەشخانە f.
right (adj.): (correct) **řast** ڕاست; **dirust** دِروست; **biřa III**

بِرا; **heq** هەق; (direction, ≠left) **ȓast** ڕاست

right (n.): (to do stg.) **maf** ماف m.; **destûr** دەستوور f.; **heq** هەق m.; **ḧed** حەد m.;

right away **yekser** یەکسەر

right wing **ȓastgir** ڕاستگِر

rightist **ȓastgir** ڕاستگِر

rightness **dirustî** دِروستی f.

rim: (edge) **dev I** دەڤ m.; **kevî I** کەڤی f.

rime: (frost) **xûsî** خووسی f.; **qiȓav** قِڕاڤ f.

rind (shell, peel) **qalik** قالِك f./m.; **qaşil** قاشِل m./f.; **qelp II** قەلپ m.; **tîvil** تیڤِل m./f.

ring: (hoop, circle) **xelek** خەلەك f.; **olk I** ئۆلك f.; (wooden ~ on pack saddle) **heçî I** هەچی f./m.; **werqîl** وەرقیل f.; (finger ~) **gustîl** گوستیل f.; (signet ~) **mor II** مۆر f.; **p'îlat** پیلات f.

ring finger **t'ilîya gustîlê** تِلییا گوستیلێ f.

ringing (n.: tinkling of bells) **çingeçing** چِنگەچِنگ f.

ringlet (of woman's hair) **kezî** کەزی f.

to rinse: (dishes) **ç'iȓ kirin** چِڕ کِرِن vt. [**ç'iȓ I**]

to rip: (vt.) **qelaştin** قەلاشتِن vt.; **qelişandin** قەلِشاندِن vt.; **ç'iȓandin** چِڕاندِن vt.; **diȓandin** دِڕاندِن vt.; (vi.) **ç'iȓîn** چِڕین vi.; **diȓîn I** دِڕین vi.; **qelişîn** قەلِشین vi.

to ripen (vi.) **pijîn** پِژین vi.; **k'emilîn** کەمِلین vi.; (of pustule) **'eciqîn** عەجِقین vi.

to rise **ȓabûn** ڕابوون vi.; **quloz bûn** قولۆز بوون vi.; (dough, the sun) **hilhatin** هِلهاتِن vi.; (smoke) **k'işîn** کِشین vi.; **hilbûn** هِلبوون vi.

to rise up against **ber … ȓabûn** بەر ... ڕابوون vi.; **ȓawestan** ڕاوەستان vi.

rising (n.) [of water] **avȓabûn** ئاڤڕابوون f.

risk **metirsî** مەترسی f.; **t[']uriş** تورِش m.

to risk **t'uriş kirin** تورِش کِرِن vt.;

risky **t'ewekel** تەوەکەل

rites: (of burial) **hewarî** هەواری f.

ritual ablutions: (Islamic) **destnimêj** دەستنِمێژ f.

rival **hevrik** هەڤرِك m.&f.; **neyar** نەیار m.

rivalry **hevrikî** هەڤرِکی f.

river **çem** چەم m.; **av** ئاڤ f.; **ç'a I** چا m.; **ȓo II** ڕۆ m.; **ȓûbar** ڕووبار m./f.; **şet** شەت m.

riverbank **bar II** بار f.; **p'eȓav** پەڕاڤ f.; **kevî I**[2] کەڤی f.

riverbed **newal** نەوال f.; (dry ~, wadi) **mesîl** مەسیل f.

roach (cockroach) **sîsirk** سیسِرك f.

road **ȓê** ڕێ f.; **dirb I** دِرب f.; (country or rural ~) **şiverê** شِڤەرێ f.; (highway) **ca'de** جاعدە f.

roaming (adj.) **derodero** دەرۆدەرۆ; **derbeder** دەربەدەر

roaming (n.) **derbederî** دەربەدەری f.

roan (color of horses) **şê** شێ

roar (noise) **qîȓeqîȓ** قیڕەقیڕ f.; (of lions) **qîjeqîj** قیژەقیژ f.

to roar: (of thunder) **guȓîn** گوڕین vi.

roaring (of lions) **qîjeqîj** قیژەقیژ f.

to roast **biraştin** بِراشتِن vt.; **sotin** سۆتِن vt.; (cook only the outside of stg.) **kewitandin** کەوتاندِن vt.

roasted lamb **biryan I** بِریان m.; **parîv** پاریڤ f.

to rob **dizî kirin** دِزی کِرِن vt.; **şelandin** شەلاندِن vt.; **t'alan kirin** تالان کِرِن vt.

robber **ȓêbiȓ** ڕێبِڕ m.; **nijdevan** نِژدەڤان m.; **k'eleş II** کەلەش m.; **qaç'ax** قاچاخ m.; **diz I** دِز m.&f.

robbery **cerd I** جەرد f.; **ȓêbiȓî** ڕێبِڕی f.; **t'alan** تالان m./f.; **nijdevanî** نِژدەڤانی f.; **k'eleşî** کەلەشی f.

robe: (~of honor) **xelat** خەلات f./m.; (long, belted, made of heavy material) **mîtan** میتان m.

robust (healthy, strong) **p'ît I** پیت

rock: **kevir** کەڤِر m.; **kuç'** کوچ m.; (stone) **ber III** بەر m.; (large ~) **ḧîm** حیم m.; (large, flat ~, boulder) **ḧelan** حەلان m.; **ferş** فەرش f.; **lat** لات f.; **neḧît** نەحیت f./m.; **tat I** تات f.; (cliff, crag) **zinar I** زِنار m./f.

to rock (vi.) **ḧejîn** حەژین vi.; (vt.): **ḧejandin** حەژاندِن vt.; **veweşandin** ڤەوەشاندِن vt.; (cradle) **lorandin** لۆراندِن vt.

rocket **mûşek** مووشەك f.

rocking (n.) **weş** وەش f.

rod: (stick, staff) **ço** چۆ m./f.; **çogan** چۆگان m.; **çomax̄** چۆماغ m.; **gopal** گۆپال m.; **şiv** شِڤ f.; **xir I** خِر m.; **çîv** چیڤ m.; (iron ~) **şîş** شیش f.; (on yoke, tied around ox's neck) **k'ulabe** کولابە f./m.; (straight wooden ~) **ȓot** ڕۆت m.; (stake) **qazux** قازوخ m./f.; **sik'e** سِکە f.

rodent **ȓawir** ڕاوِر m.

roe (fish eggs) **xerz** خەرز m.

roiled (turbid, cloudy, of water) **şêlo** شێلۆ

Rojava **Rojava** ڕۆژاڤا m./f.; **Rojavayê Kurdistanê** ڕۆژاڤایێ کوردِستانێ m.; **Kurdistana Sûriyê** کوردِستانا سوورییێ f.; **Binxet** بِنخەت f.

role **rol** ڕۆل f.; **wezîfe** وەزیفە f.

roll (of paper) **pêçek** پێچەك f. ; (thick, round bread ~ with hole in center) **girde** گِردە ; (of thunder) **ȓeqeȓeq** ڕەقەڕەق f.; **xumxum I** خومخوم f.

to roll: (vi.) **gindirîn** گِندِرین vi.; **girêl bûn** گِرێل بوون vi.; **gêr bûn** گێر بوون vi.; **gulol bûn** گولۆل بوون vi.; **hol bûn** هۆل بوون vi.; **tot bûn** تۆت بوون vi.; (~ all over, of dropped round objects) **virvirîn** ڤِرڤِرین vi.; (~ around, as in the dust) **gevizîn** گەڤِزین vi.; (vt.) **gindirandin** گِندِراندِن vt.; **gêr kirin** گێر کِرِن vt.; **gulol kirin** گولۆل کِرِن vt.; **hol**

kirin هۆل كِرِن vt.;
to roll flat (roof, etc.) **gêr̄an** گێڕان vt.; **ger̄andin** گەڕاندِن vt.
to roll up (one's sleeves) **hilk'işandin** هِلكِشاندِن vt.; **hilmiştin** هِلمِشتِن vt.; **hildan** هِلدان vt.; **vedan** ڤەدان vt.; **vemaliştin** ڤەمالِشتِن vt.
roller: (cylinder for flattening mud roofs) **bagirdan** باگِردان m.; **lox** لۆخ f.; **gundor II** گوندۆر m.; (harrow) **t'apan** تاپان f.; **şûnkê serbanî** شوونکێ شەربانی m.
rolling pin (long, thin ~ for making bread) **tîrok** تیرۆك f./m.
Roma (Gypsy): (musician) **begzade** بەگزادە m.; **mirt'ib** مِرتِب m.; (artisan) **boşe** بۆشە m.; **dome** دۆمە m.; **gewende** گەوەندە m&f.; **qereçî** قەرەچی m.
romance: (tragic love story) **beyt** بەیت f.; **qewl** قەول m./f.
Romanian **R̄omanyayî** ڕۆمانیایی
roof **ban II** بان m.; **serban** سەربان m.; **sit'ar** سِتار f.; **xanî** خانی m.; (~ of mouth) **p'idî** پِدی f.; **alûme** ئالوومە m.
roof-roller **bagirdan** باگِردان m.; **lox** لۆخ f.; **gundor II** گوندۆر m.;
rook: (bird) **tilûr** تِلوور m.; **qijik** قِژِك f.; **qir̄ik II** قِڕِك f; (in chess) **r̄ex II** ڕەخ f.
room (chamber) **ode** ئۆدە f.; **mezel** مەزەل f.; **ot'ax** ئۆتاخ f.
rooms **koçk** کۆچك f.
roomy **berfireh** بەرفِرەه
roost **lîs** لیس m.
to roost **lîs bûn** لیس بوون vi.; **lûsîn** لووسین vi.
rooster **dîk** دیك m.
root **bingeh** بِنگەه f.; **k'ok II** کۆك f.; **r̄eh** ڕەه f.
rooted: -to be r. (stuck, trapped) in **daçikîn** داچِکین vi.
rope **ben** بەن m.; **kap I** کاپ m.; **k'indir** کِندِر m./f.; **werîs** وەریس m.; **şerît** شەریت f.; (thick white ~) **qirnap** قِرناپ f.
ropy **çir̄ II** چِڕ
rosary **t'izbî** تِزبی m./f.
rose **gul** گول f.
rose mallow (hollyhock) **hêro** هێرۆ f.
to rot **r̄izîn** ڕِزین vi.; **helisîn** هەلِسین vi.; (stay long time in heat) **germixîn** گەرمِخین vi.
to rotate (vi.) **ç'erx bûn** چەرخ بوون vi.; **zivir̄în** زِڤِڕین vi.; **zîz III bûn** زیز بوون vi.; (vt.) **ç'erixandin** چەرِخاندِن vt.
rotl (unit of weight) **r̄itil I** ڕِتِل f.
rotten (pp./adj.): **r̄izî** ڕِزی; **petot** پەتۆت; **p'ûç'** پووچ; **kurmî** کورمی; (egg) **cilq** جِلق ; (of person's character) **şîrḧeram** شیرحەرام
rough: (coarse, unrefined) **qalin** قالِن ; **stûr** ستوور; **zivir** زِڤِر; (of people) **p'arsû-qalim** پاراسوو قالِم; -to be rough (of the sea) **ç'eliqîn** چەلِقین vi.
roughness **qalinî** قالِنی f.
Roumanian --> see Romanian
round **girover̄** گِرۆڤەڕ
to round up: (gather) **t'op kirin** تۆپ کِرِن vt.; (sheeps & goats) **guhêr̄ kirin** گوهێڕ کِرِن vt.
roundness **gulover̄î** گولۆڤەڕی f.
to rouse o.s. **veciniqîn** ڤەجِنِقین vi.
to rout (chase) **qewrandin I** قەوراندِ vt.; **qewtandin** قەوتاندِن vt.
roving (adj.) **derodero** دەرۆدەرۆ; **derbeder** دەربەدەر
roving (n.) **derbederî** دەربەدەری f.
row \rō\ (rank) **r̄êz I** ڕێز f.; **r̄ef II** ڕەف f./m.; (line) **şerît** شەریت f.;
row \raŭ\ (quarrel) **doz** دۆز f.; **ceng** جەنگ f./m.; **cerenîx** جەرەنیخ f.; **de'w II** دەعو f.; **gelemşe** گەلەمشە f.; **gelş** گەلش f.; **k'êşe** کێشە f. **k'eft û left** کەفت و لەفت f.; **k'eşmek'eş** کەشمەکەش f.; **p'evç'ûn** پەڤچوون f.; **qîr̄eqîr** قیڕەقیر f.; **şer̄ I** شەڕ m.; **têkç'ûn** تێکچوون f.; **xirecir** خِرەجِر f.; **lec** لەج f.
to row **bêr kirin** بێر کِرِن vt.; **dan bêrê** دان بێرێ vt.;
rowdy **ḧêç'** حێچ
royal court **şaneşîn** شانەشین f./m.
royal residence **şaneşîn** شانەشین f./m.
to rub: (massage) **miz dan** مِز دان vt.; **p'erixandin** پەرِخاندِن vt.; **firikandin** فِرِکاندِن vt.; **gemirandin** گەمِراندِن vt.; (polish) **hesûn** هەسوون vt.; (~ two things together, to start a fire) **pêxistin** پێ خِستِن vt.; **sûtin** سووتِن vt.
rubaiyyat **ç'arîne** چارینە f.
rubbery **çir̄ II** چِڕ
rubbish **gilêş** گِلێش m.; **zibil** زِبِل f.
ruble **manat** مانات m.
ruby **lal II** لال m./f.; **yaqût** یاقووت m.
ruckus **t'evdan** تەڤدان f.
rudder **maç' III** ماچ f.
rude **bê edeb** بێ ئەدەب; **bême'rîfet** بێ مەعریفەت; **stûr** ستوور; (coarse, untreated) **xam** خام
rudeness **bê edebî** بێ ئەدەبی f.; **nezanî** نەزانی f.; **stûrî** ستووری f.
ruffed grouse (bird) **qijik** قِژِك f.
rug: **xalîçe** خالیچە f.; (kilim, flatweave ~) **ber̄ IV** بەڕ f.; **tej II** تەژ m.; **tejik I** تەژِك m.; (prayer ~) **şemlik** شەملِك f.; (thin sitting ~) **p'alas** پالاس f./m.

ruin (n.) ; **k'af-k'ûn** کاف کوون f.; **malxirabî** مالخِرابی f.; **qiř II** قِر f.

to ruin: (destroy) **hilweşandin** هِلوەشاندِن vt.; **t'efandin** تەفاندِن vt.; **xirab kirin** خِراب کِرِن vt.; **tarûmar kirin** تاروومار کِرِن vt.; (spoil, mess up) **têkdan** تێکدان vt.; **p'ûç' kirin** پووچ کِرِن vt.; **ser û bin kirin** سەر و بِن کِرِن vt.; (~ s.o.'s reputation) **hetka fk-ê birin** هەتکا فکێ بِرِن vt.; **şkênandin** شکێناندِن vt.; (to defeat, trounce) **bê ser û ber kirin** بێ سەر و بەر کِرِن vt.; (bread) **k'ût kirin** کووت کِرِن vt.

ruined: **k'ambax** کامباخ; **kovan** کۆڤان; **xirab** خِراب; **xop'an** خۆپان; **p'ûç'** پووچ; **tarûmar** تاروومار; (bread) **k'ût II** کووت m.; -to be ruined **ȟeřimîn** حەرِمین vi.; **têkç'ûn** تێکچوون vi.; **sotin** سۆتِن vi.; (reputation) **şkestin** شکەستِن vi.

ruins (of building) **kavil** کاڤِل m.

rule: **qanûn** قانوون f.; ***destûr** دەستوور f.; **řesim** رِەسِم m./f.; (king's reign) **p'adşatî** پادشاتی f.; **qirar** قِرار m./f.; **xûndkarî** خووندکاری f.

ruler: (monarch) **ȟakim** حاکِم m.; **p'adşa** پادشا m.; **silt'an** سِلتان m.; **xûndkar** خووندکار m.; (governor) **fermandar** فەرماندار m.

rulership **fermandarî** فەرمانداری f.

Rumanian --> see Romanian

to rumble **guřeguř kirin** گورِەگورِ کِرِن vt.

rumbling (n.) **gurîn** گورین f.; **guřeguř** گورِەگورِ f.; **gimîn** گِمین f.; **xulexul** خولەخول f.; **řeqeřeq** رِەقەرِەق f.; (of thunder) **xurexur** خورەخور f.

to ruminate (chew one's cud) **k'ayîn** کایین vi.

rumor **deng I** دەنگ m.; **gotgotk** گۆتگۆتك f.; **kurt û p'ist** کورت و پِست f.

rump (backside) **poz II** پۆز f.; (of quadruped) **qerp'ûz** قەرپووز m./f.; **saxirî** ساخِری f.; **t'erkû** تەرکوو f.

to rumple (wrinkle) **qermiç'andin** قەرمِچاندِن vt.

rumpus (commotion) **t'evdan** تەڤدان f.

to run (vi.) **bazdan** بازدان vt.; **bezîn** بەزین vi.; **řevîn** رِەڤین vi.; (vt.) (to conduct) **meşandin** مەشاندِن vt.; **bi řê ve birin** بِ رِێ ڤە بِرِن vt.; (to operate, a machine, etc.) **gêřan** گێران vt.; **geřandin** گەراندِن vt.

to run away **řevîn** رِەڤین vi.; **felitîn** فەلِتین vi.; **hilhatin** هِلهاتِن vi.;

to run into (collide with) **p'ev k'etin** پەڤ کەتِن vi.; (encounter) **řast hatin** رِاست هاتِن vi.; **leqayî bûn** لەقایی بوون vi.

runaway (fugitive) **firar** فِرار m.; **qaç'ax** قاچاخ m.; **řevî I** رِەڤی m.

run-down **xop'an** خۆپان

rung (of ladder) **hewq** هەوق; **nerdewan** نەردەوان f.

rural road **şiverê** شِڤەرێ f.

ruse **ȟîle** حیلە f.; **fêl I** فێل m./f.; **lêp** لێپ f.; **delk'** دەلك f.

rush **lez I** لەز f.; **zûyetî** زوویەتی f.

to rush upon (charge on) **řik'êb kirin** رِکێب کِرِن vt.

rushing (of water) **xumxum I** خومخوم f.

Russian (adj.) **Řûsî** رِووسی; (n.) **Řûs I** رِووس m.

rust **zeng** زەنگ f.; **jeng** ژەنگ f.

to rust **jeng girtin** ژەنگ گِرتِن vt.

to rustle (leaves) **xuşîn** خوشین vi.

rustling (n.) **xurexur** خورەخور f.; **xuşexuş** خوشەخوش f.; (leaves) **xuşîn** خوشین f.

rusty **zengarî** زەنگاری; **jengarî** ژەنگاری; (sword, knife) **kalûme** کالوومە

rut: (being in heat, of animals) **gon II** گۆن m.; **guhnêr** گوهنێر f.

rye **şilêl** شِلێل m.; **aç'ar** ئاچار m.

rye bread **nanê şilêlî** نانێ شِلێلی m.

rye grass **zîwan** زیوان f.

S

saber: (Egyptian ~) **k'ose misrî** کۆسە مِسری

sack: (bag) **cendik** جەندِك f.; **ç'ewal** چەوال m.; **mêşok** مێشۆك m.; **tûr I** توور m.; **xurc** خورج f.; (handbag) **ç'eltik I** چەلتِك m.; (factory made ~) **gûnîk** گوونیك\گوینیك m.; **ferde** فەردە m.; (large ~) **t'êř III** تێر f.; (hemp ~) **t'elîs** تەلیس m.; (sheepskin ~) **heban** هەبان f.; (large, goathair ~) **xerar** خەرار m.

to sack (fire, dismiss, from a job) **qewrandin I** قەوراندِن vt.

sackcloth **ç'arşev** چارشەڤ f.

sacrifice **qurban** قوربان f.; **gorî** گۆری f.; **cangorî** جانگۆری ; **ȟeyran** حەیران f.

to sacrifice **qurban kirin** قوربان کِرِن vt.; **gorî kirin** گۆری کِرِن vt.

sad **bêk'êf** بێ کێف; **melûl [û mizdan]** مەلوول و مِزدان; **xemgîn** خەمگین; **zelûl** زەلوول; **kovan** کۆڤان; **t'efekûrî** تەفەکووری; **p'osîde** پۆسیدە; (of sound) **zîz I** زیز; (causing sadness) **dilsoj** دِلسۆژ; -to be ~ **ber xwe k'etin** بەر خوە کەتِن vi.; **qehirîn** قەهِرین vi.; **t'efekûrî bûn** تەفەکووری بوون vi.; **bêna fk-ê teng bûn** بێنا فکێ تەنگ بوون vi; **xem k'işandin** خەم کِشاندِن vt.; **xem kirin** خەم کِرِن vt.; **k'eribîn**

کەربین vi.
to sadden **melûl kirin** مەلوول کِرِن vt.; **qehirandin** قەهِراندِن vt.; **t'efekûrî kirin** تەفەکووری کِرِن vt.
saddle **zîn I** زین m.; **bûsat** بووسات m./f.; (wooden pack ~) **p'alik** پالِك m.
to saddle up **şidandin** شِداندِن vt.; **zîn kirin** زین کِرِن vt.
saddlebag **xurc** خورج f.; **xurcezîn** خورجەزین f.; **heqîb** هەقیب f.; (large ~) **t'êr̄ III** تێڕ f.; **şel II** شەل f.
saddle-girth **kejî** کەژی f.; **kolan I** کۆلان f.; **navteng** ناڤتەنگ f.; **qoş** قۆش m./f.; **teng II** تەنگ m./f.; **berteng II** بەرطەنگ m.
saddlemaker **zînker** زینکەر m.; **ser̄ac** سەڕاج m.
saddler **zînker** زینکەر m.; **ser̄ac** سەڕاج m.
sadness **melûlî** مەلوولی f.; **zelûlî** زەلوولی f.; **xemgînî** خەمگینی f.; **mirûz** مِرووز m.
safe **t'ena I** تەنا; **selamet** سەلامەت
safe and sound **sax û selamet** ساخ و سەلامەت
safekeeping **anemetî** ئانەمەتی f.
safety **selametî** سەلامەتی f.; **t'enahî** تەناهی f.; **ewlekarî** ئەولەکاری f.; **asayîş** ئاسایِیش f.
sage: (wise man) **zane** زانە m.; **'aqildar** عاقِلدار m.; **aqilmend** ئاقِلمەند m.
Sagittarius **kevan** کەڤان m./f.
said **gotî** گۆتی pp.
Saint John's bread (carob) **xernûf** خەرنووف f.
Saint Lucie cherry **kinêr** کِنێر f.
sake **xatir** خاتِر m./f.; -for the ~ of: **bo xatira** بۆ خاتِرا; **seba** سەبا; **pêxemet** پێخەمەت; **sexmerat** سەخمەرات
salah: (Islamic prayer ritual) **nimêj** نمێژ f./**limêj** لِمێژ f.;
salamander: (newt) **xecxecok** خەجخەجۆك m.
salary **me'aş** مەعاش m./f.; **heq** هەق m.
saliva **girêz** گرێز f.; **ava dev** ئاڤا دەڤ ; **t'if** تِف f.; **t'ûk II** تووك f.; **lîk** لیك f.; **xwezî II** خوەزی f.
salsify (meadow ~, Tragopogon pratensis) **siping** سِپِنگ f./m.
salt **xwê** خوێ f.
to salt **xwê kirin** خوێ کِرِن f.
salt cellar **xwêdank** خوێدانك f.
salt shaker **xwêdank** خوێدانك f.
salted **t'êrxwê** تێرخوێ
saltless **kelî II** کەلی; **bê xwê** بێ خوێ
saltpeter **şor̄e** شۆڕە f.
saltpeter manufacturer **şorecî** شۆرەجی m.
saltwater **sûravk** سووراڤك f.
salty **şor̄ III** شۆڕ; **t'êrxwê** تێرخوێ
salute (military greeting) **p'ate I** پاتە f.
to salute **p'ate avêtin** پاتە ئاڤێتِن vt.; **p'ate lê xistin** پاتە لێ خِستِن vt.
salvation **r̄izgarî** ڕزگاری f.; **xelasî** خەلاسی f.; **felat** فەلات f.; **ferec** فەرەج f.
salve (ointment) **melhem** مەلهەم f.
salvo: (volley) **derb** دەرب f./m.
same **'eynî I** عەینی; **yek** یەك; **heman I** هەمان; (of the ~ length or size) **xişt I** خِشت; the ~ size as **t'emet** تەمەت
sample **nimûne** نِموونە m.
sampling (tasting of food) **ta'm** تاعم m./f.
sanctuary (asylum, refuge) **p'ena** پەنا f.
sand **xîz** خیز m./f.; **qûm** قووم f.
sand fly **axûrk** ئاخوورك\ئاخویرك f.
sandal: (leather peasant ~) **ç'arox** چارۆخ f.; **k'alik II** کالِك f.; **kelêj I** کەلێژ f.
sandwich **balolk** بالۆلك f.; **ḧoç** حۆچ m.
sapling (young tree) **şitil** شِتِل f./m.; **xilp** خِلپ f.
sapper: (land mine expert) **leqemçî** لەقەمچی m.
satan **şeytan** شەیتان m.
satchel **cente** جەنتە f.
sated **t'êr I** تێر; **zikt'êr** زِکتێر
satisfaction **qena'et** قەناعەت m./f.; **r̄azîbûn** ڕازیبوون f.; **r̄azîtî** ڕازیتی f.; **dilxweşî** دِلخوەشی f.; **qîm** قیم f.
satisfied **dilxweş** دِلخوەش; **k'êfxweş** کێفخوەش; **qani'** قانِع; **qayîl** قاییل; **r̄azî** ڕازی; (full, sated) **t'êr I** تێر; **zikt'êr** زِکتێر; -to be ~ with **bi ft-î qenaet kirin** ب فتی قەقنائەت کِرِن vt.; **qîma xwe pê anîn** قیما خوە پێ ئانین vt.
Saturday **Şemî** شەمی f.; **Paşînî** پاشینی; **Sebt** سەبت f.;
sauce **avik** ئاڤِك f.
saucepan **t'awe** تاوە f.; **miqilk** مِقِلك f.
saucer: (small plate) **zerf** زەرف f. /**z̲erf** ظەرف m.
sausage **sincoq** سِنجۆق m.
savage **dir̄** دِڕ; **hov** هۆڤ; **t'or̄ II** تۆڕ
savagery **hovîtî** هۆڤیتی f.; **wehşî** وەهشی f.
to save: (to keep, preserve) **p'arastin** پاراستِن vt.; **hilanîn** هِلانین\هِل ئانین vt.; **hilgirtin** هِلگِرتِن vt.; (to rescue) **xelas kirin** خەلاس کِرِن vt.; **qurtar kirin** قورتار کِرِن vt.; **p'êsîra fk-ê ji bk-ê xelas kirin** پەسیرا فکێ ژ بکێ خەلاس کِرِن vt.; -to s. for the winter **hilanîn zivistanê** هِلانین زِڤِستانێ vt.
to save up (money) **vegirtin** ڤەگِرتِن vt.
saved (rescued) **qurtar** قورتار; -to be saved (to be rescued) **felitîn** فەلتین vi.; **ver̄estin** ڤەڕەستِن vi.
saw: (tool) **bir̄ek** بِرەك f.; **mişar II** مِشار f.
sawdust **gerik I** گەرِك f.; **telîş I** تەلیش m.
to say **gotin** گۆتِن vt.

saying **mesel** مەسەل f.;
saz (stringed instrument with long neck) **saz** ساز m.; **t'embûr** تەمبوور f.
saz player (musician) **sazbend** سازبەند m.
scab **giř IV** گِڕ m.; **qalik** قالِك f./m.
scabbard (sword sheath) **kalan** کالان m.; **qab I** قاب f.
scabby: (mangy) **gurî** گوڕی; **k'otî** کۆتی
to scald **k'emitandin** کەمِتاندِن vt.
scalding (n.) **şewat** شەوات f.
scale (dish of weighing scales) **t'a II** تا m.
scales **şihîn** شِهین f.; **mêzîn** مێزین f.; **terazî** تەرازی f.; (astrological sign) **pêvir û mêzîn** پێڤِر و مێزین f.
scalpel **niştir** نِشتِر m./f.
scandal **şermezarî** شەرمەزاری f.; **fehêt** فەهێت f.; **sosret** سۆسرەت f.; **gosirmet** گۆسِرمەت f.; **xax** خاخ f.
scandalmonger **qumsî** قومسی m.
scandalous **çirûk** چِرووك
scarab: (dung beetle) **gûgilêrk** گووگِلێرك f.
scarce **qetlazî** قەتلازی
scarcely **ancax-ancax** ئانجاخ ئانجاخ; **hew** هەو; **hew mabû** هەو مابوو; **bi qetlazî** ب قەتلازی
scarcity **kêmasî** کێماسی/**kêmayî** کێمایی f.
to scare **tirsandin** تِرساندِن vt.
scarecrow **batirsok** باتِرسۆك f.; **řeşe** ڕەشە f./m.
scared **ziravqetî** زِراڤقەتی; -to be ~ **tirsîn** تِرسین vi.; (be scared to death) [+**ji**] **bizdîn** [ژِ] بِزدین vi.
scaredy-cat (coward) **tirsonek** تِرسۆنەك m.
scarf: (girl's head scarf) **ĥibrî** حِبری f.; (woman's head scarf) **k'itan** کِتان f.; (woman's white head~) **fûtik** فووتِك f.; (woman's colored headscarf) **hêratî** هێراتی f.
Scat! (scram! get out!) **wêda** وێدا
to scatter **dêrandin** دێراندِن vt.; **virvirandin** ڤِرڤِراندِن vt.; (grain) **řaxistin** ڕاخِستِن vt.; **řeşandin** ڕەشاندِن vt.; **werkirin** وەرکِرِن vt.
scattered **belav** بەلاڤ; (disorderly) **belawela** بەلاوەلا; **tarûmar** تاروومار
scene **dîmen** دیمەن f./m.
scenery **dîmen** دیمەن f./m.
scent **bîn I** بین f.
sceptre **çogan** چۆگان m.
scheme: (plot) **t'evdîr** تەڤدیر/**tedbîr** تەدبیر f.; (trick, ruse) **delk'** دەلك f.
scheming **'ewan II** عەوان
schism **dubendî** دوبەندی f.
to schlep **ĥembeltî kirin** حەمبەلتی کِرِن vt.
scholar **řewşenbîr** ڕەوشەنبیر m.; **zane** زانە m.; **'ulmdar** ئولمدار m.; **t'ořevan I** تۆڕەڤان m.; -literary ~ **edebiyatnas** ئەدەبیاتناس *m.*
scholarship **'ulmdarî** ئولمداری f.
school: **xwendegeh** خوەندەگەه f.; **xwendinxane** خوەندِنخانە f.; **mek't'eb** مەکتەب f.; **edebxane** ئەدەبخانە f.; (elementary ~, grade ~) **dibistan** دِبِستان f.
school of arts and crafts **xwendegeha destxetan** خوەندەگەها دەستخەتان f.
schoolboy **qutabî** قوتابی m.
schoolgirl **qutabî** قوتابی f.
science **zanistî** زانِستی f.; **'ulm** ئولم m.
scientist **'ulmdar** ئولمدار m.
scissors **cawbiř** جاوبِڕ f./m.; **meqes** مەقەس f.; (sheep shears) **hevring** هەڤرِنگ f.; **qilix II** قِلِخ m.
scoffing **tinaz** تِناز m.
to scold **'erza fk-î şkandin** عەرزا فکی شکاندِن vt.; **berhingarî fk-ê bûn** بەرهِنگاری فکێ بوون vi.; **jêřa xeber dan** ژێڕا خەبەر دان vt.
scolding (n) **te'n** تەعن f./m.
scoop (large ladle) **k'efgîr** کەفگیر f.
to scoop up **hilçinîn** هِلچِنین vt.
to scorch **kuzirandin** کوزِراندِن vt.; (scald) **k'emitandin** کەمِتاندِن vt.
scorched: -to be scorched **kuziryan** کوزِریان vi.
scorn **tewz** تەوز f.
Scorpio **dûp'işk** دووپِشك f.
scorpion **dûp'işk** دووپِشك f.
Scottish **Skotlendî** سکۆتلەندی
scoundrel **qeşmer** قەشمەر m.; **sakol** ساکۆل m.; **emekĥeram** ئەمەکحەرام m.; **t'eres** تەرەس m.; **t'ewt'ewe** تەوتەوە ; **me'řis** مەعڕِس m.
scout **nêřevan** نێڕەڤان m.; **pêşeng** پێشەنگ m.&f.
scowl **p'iřçû** پِڕچوو m.
to scowl **p'iřçûyê xwe kirin** پِڕچوویێ خوە کِرِن vt.; **me'dê xwe tirş kirin** مەعدێ خوە تِرش کِرِن vt.; **řû qermiç'andin** ڕوو قەرمِچاندِن vt.
Scram! (scat! get out!) **wêda** وێدا
scrambled: -to be ~ (get all mixed up) **k'etin nava hev** کەتِن ناڤا هەڤ vi.
scrap (of food; ort) **k'urtêl** کورتێل f.
to scrape **veřotin** ڤەڕۆتِن vt.; **řêç kirin** ڕێچ کِرِن vt.; **řenîn** ڕەنین vt.; **řûşandin** ڕووشاندِن vt.
to scratch: **ĥeřişandin** حەڕِشاندِن vt.; [an itch] **xurandin** خوراندِن vt.; (scrape) **řenîn** ڕەنین vt.; **řûşandin** ڕووشاندِن vt.; (an itch) **xurandin** خوراندِن vt.; (the soil) **vedan** ڤەدان vt.
scratched: -to be s. **ĥeřişîn** حەڕِشین vi.

to scream **qîrîn** قیرین vi.; **kûrîn** کوورین vi.; **qûrîn** قوورین vi.; **qîjîn** قیژین vi.
screaming (n.) **qîrîn** قیرین f.; **qûrîn** قوورین f.; **vinge-ving** ڤِنگەڤِنگ f.; **biřbiř** بِربِر f.; **qîjîn** قیژین f.
to screech **kûrîn** کوورین vi.; **qîrîn** قیرین vi.; **qîjîn** قیژین vi.
screeching (n.) **qîjîn** قیژین f.
screen **p'erde** پەردە f.
screw **burxî** بورغی f.
to screw: (copulate) **gan I** گان vt.; **nayîn** نایین vt.; **k'utan** کوتان vt.
to screw in **badan** بادان vt.; **şidandin** شِداندِن vt.
screwdriver **dernefîs** دەرنەفیس m.
screwed: -to be s. (in a difficult situation) **li ser agir bûn** لِ سەر ئاگِر بوون vi.
script **xet** خەت f./m.
scrotum **řitil II** رِتِل f.; **hêlik** هێلِك f./m.; **'ewîc** عەویج m.
scrounger **k' urtêlxur** کورتێلخور m.&f.
to scrub (wash thoroughly) **veşûştin** ڤەشووشتِن vt.
scuffle **cerenîx** جەرەنیخ f.
sculpture **heyk'el** هەیکەل m./f.; **p'eyker** پەیکەر m.
scum: (foam, lather) **k'ef I** کەف f.
scurf **keletor** کەلەتور f.; **sîrik II** سیرِك f.; **k'eçelî** کەچەلی f.; **nemes** نەمەس f.
scurfy **k'eçel** کەچەل
to scutch **vejandin** ڤەژاندِن vt.;
scythe **diryas** دِریاس f.; **şalok** شالۆك f.; **k'êlendî** کێلەندی f.; **melexan** مەلەخان f.; **qirim** قِرِم f.
sea **beȟr** بەحر f.
seal: (stamp) **mor II** مۆر f.; **p'îlat** پیلات f.; (wooden ~ on grain husks) **şeqil** شەقِل f.
to seal **xitimandin** خِتِماندِن vt.
seam **dirwar** دِروار f.
seamstress **cildirû** جِلدِروو f.
seaport **bender I** بەندەر f.
to sear **qemandin** قەماندِن vt.; **kuzirandin** کوزِراندِن vt.
search (n.) **saxtî** ساغتی f.
to search (one's person) **p'elandin** پەلاندِن vt.
seared: -to be seared **kuziryan** کوزِریان vi.
seashore **lêva beȟrê** لێڤا بەحرێ f.
season **demsal** دەمسال f.; **werz** وەرز m.; (time period) **nîr II** نیر m.
seasoned: (experienced) **dinyadîtî** دِنيادیتی
seat (of government) **p'ayt'ext** پایتەخت m./f.
to seat **řûnandin** رووناندِن vt.
to secede xwe vekişandin; **havîbûn** هاڤیبوون vi.
secessionism **cudaxwazî** جوداخوازی f.
secessionist **cudaxwaz** جوداخواز m.&f.
secluded **xewle I** خەولە
second (adj.): (2nd) **dudua** دودوئا; **duyem** دویەم
second (n.): (moment) **bîstek** بیستەك f.; (60th of a minute) **çirik I** چِرِك f.; **kêlî** کێلی f.
secret (adj.) **nepenî** نەپەنی; **xef** خەف; **xewle I** خەولە ; -to gather in s. **xewle kirin** خەولە کِرِن vt.
secret (n.) **siř II** سِر f.; **řaz** راز f.
secret gathering **xewle II** خەولە
secret meeting **xewle II** خەولە
secretly **[bi] dizîka** بِ دِزیکا; **teletel** تەلەتەل; **keřekeř** کەرەکەر
section **beş I** بەش f./m.; **pişk** پِشك f.; **şax** شاخ f./m.;
secure: (safe) **t'ena I** تەنا; **selamet** سەلامەت
security **selametî** سەلامەتی f.; **ewlekarî** ئەولەکاری f.; **t'enahî** تەناهی f.; **asayîş** ئاسایيش f.
security forces **asayîş** ئاسایيش f.; **hêzên ewlekariya dewletê** هێزێن ئەولەکاریا دەولەتێ pl.
sedan (litter) **me'f** مەعف f.
to see **dîtin** دیتِن vt.; **dîna xwe dan** دینا خوە دان vt.; (to watch, look at) **nêrîn** نێرین vt.; **mêze kirin** مێزە کِرِن vt.;
to see s.o. off (escort) **řê kirin** رێ کِرِن vt.; **veřê kirin** ڤەرێ کِرِن vt.
see saw **zîqûzîř** زیقووزِر f.; **zirnazîq** زِرنازیق f.; **qiřneqos** قِرنەقۆس f.
seed **dan II** دان m.; **tov** تۆڤ m.; **t'oxim** تۆخِم m.; **ȟeb** حەب f./m.; **lib** لِب f.; (edible, as sunflower ~s, pumpkin ~s, etc.) **tovik** طۆڤِك m.; (sperm) **avik** ئاڤِك f.; **dol I** دۆل f.
seeing (n.): **dîn I** دین f.
to seek asylum **dexaleta fk-î kirin** دەخالەتا فکی کِرِن vt.; **p'ena birin bo/ber** پەنا بِرِن بۆ\بەر vt.
to seek counsel **qesidîn** قەسِدین vi.
to seek refuge **dexaleta fk-î kirin** دەخالەتا فکی کِرِن vt.; **p'ena birin bo/ber** پەنا بِرِن بۆ\بەر vt.
to seem **xuyan I** خویان vi.; (it seems) **mîna ye** مینا یە
seems: It seems [to me] **[ji min] t'irê** ژِ مِن تِرێ
seen: -to be ~ **xuya bûn** خویا بوون vi.; **xuyan I** خویان vi.
seething (n.) (boiling) **coş** جۆش f.
Segavi (folk dance) **Sêgavî** سێگاڤی f.
to seize **girtin** گِرتِن vt.; **standin** ستاندِن vt.; **zeft kirin** زەفت کِرِن vt.; **qefaltin** قەفالتِن vt.; **p'êsîr girtin** پێسیر گِرتِن vt.; **vegirtin** ڤەگِرتِن vt.; (confiscate) **desteser kirin** دەستەسەر کِرِن vt.; (s. the opportunity) **k'etin mecalê** کەتِن مەجالێ vi.; (occupy) **dagîr kirin** داگیر کِرِن vt.
seized (confiscated) **desteser** دەستەسەر
seizure: (s. by force) **t'alan** تالان m./f.; **k'otek** کۆتەك f.

select (adj.): (choice, chosen) **bijare** بژاره
to select **bijartin I** بژارتِن vt.; **hilbijartin** هِلبژارتِن vt.; **jêgirtin** ژێ گرتِن vt.; **neqandin I** نەقاندِن vt.
selected: **bijare** بژاره
self **nefs** نەفس f.
self effacing **nefspiçûk** نەفس پچووك
self-esteem **şanazî** شانازی f.; **serbilindî** سەربِلِندی f.
self important **pivikî** پِڤکی
self-indulgent **çil III** چِل
selfish **ç'ikûs** چِکووس; **evsene** ئەڤسەنە; **řijd** ڕِژد; **çavbirçî** چاڤبِرچی
selfishness **ç'ikûsî** چِکووسی f.; **evsenetî** ئەڤسەنەتی f.; **çavbirçîtî** چاڤبِرچیتی f.
self-respect: (pride) **xîret** خیرەت f.; **şanazî** شانازی f.; **serbilindî** سەربِلِندی f.
self-respecting: (proud) **serbilind** سەربِلِند
self-willed **xweser** خوەسەر
to sell **firotin** فِرۆتِن vt.
semen **avik** ئاڤِك f.
to send **şandin** شاندِن vt.; **hinartin** هِنارتِن vt.; **řê kirin** ڕێ کِرِن vt.; **veřê kirin** ڤەڕێ کِرِن vt.
to send flying **fiřandin** فِڕاندِن vt.; **veweşandin** ڤەوەشاندِن vt.
senile **heřfî** هەڕفی; **kalûme** کالوومە m.&f.; -to become *or* go s. **xerifîn** خەرِفین vi.
senior (eldest) **serek** سەرەك m.
senna (bladder ~) **fisegur** فِسەگور f.
sense: (reason, intelligence) **aqil** ئاقِل m.; **ḧiş** حِش m.; **mejî** مەژی m.; **sewda** سەودا m.; **fikir** فِکِر f.; (feeling) **hest** هەست/**hîs** هیس f.; (meaning) **me'na** مەعنا f.; **wate** واتە f.; **têgih** تێگِه f./m.; -to make s. [to s.o.] **k'etin serê fk-ê** کەتِن سەرێ فکێ vi.;
to sense: (to feel) **hest kirin** هەست کِرِن/**hîs kirin** هیس کِرِن vt.; (perceive) **ḧesîn** حەسین vi.; **dîtin** دیتِن vt.
senseless **bême'na** بێ مەعنا
sensibility **hestiyarî** هەستِیاری f.
sensible **maqûl** ماقوول
sensitive (touchy) **sil** سِل; (of sound) **zîz I** زیز
sensitive spot **cîyê** ***fk-êyî*** **zede** جییێ فکێیی زەدە m.
sensitivity **hestiyarî** هەستِیاری f.
sentence: (grammar) **hevok** هەڤۆك f.; (legal) **ḧuk'um** حوکوم m.; **daraz** داراز f.
sentinel **nobetdar** نۆبەتدار m.; **qerewil** قەرەوِل m.
sentry **nobetdar** نۆبەتدار m.; **qerewil** قەرەوِل m.
separate **cihê** جِهێ/**cuda** جودا; **başqe** باشقە
to separate (vi.) **ji [hev] qetîn** ژ هەڤ قەتین vi.; (vt.) **veqetandin** ڤەقەتاندِن vt.; **vavartin** ڤاڤارتِن vt.; (wheat from chaff) **şkevik kirin** شکەڤِك کِرِن vt.; (woody fibers of flax, etc., by beating) **vejandin** ڤەژاندِن vt.;
separated: -to be ~ from **veqetîn** ڤەقەتین vi.
separateness **cudayî** جودایی f.
separation: (isolation, detachment) **havîbûn** هاڤیبوون f.
separatism **cudaxwazî** جوداخوازی f.
separatist **cudaxwaz** جوداخواز m.&f.
September **Îlon** ئیلۆن f.
to sequester (confiscate) **desteser kirin** دەستەسەر کِرِن vt.
Serbian **Sirbî** سِربی
serene (calm) **aram** ئارام; **t'ena I** تەنا; **firêqet** فِرێقەت
serenity **aramî I** ئارامی f.
sergeant **ç'awîş** چاویش m.
series (e.g., of attacks) **p'êl** پێل f.
sermon: **gotar** گۆتار f.; (Islamic) **we'z** وەعز f.
serpent **zîha** زیها m.
servant **benî I** بەنی m.; **pêşxizmet** پێشخِزمەت m.; **xizmetk'ar** خِزمەتکار m.; **xulam** خولام m.; **qerebaşî** قەرەباشی m.; **ç'awîş** چاویش m.; **p'îşek'ar** پیشەکار m.; (female ~) **qerwaş** قەرواش f.; **carî** جاری f.
to serve (render service) **qulix kirin** قولِخ کِرِن vt.; **k'arguzarî kirin** کارگوزاری کِرِن vt. ; (be s.o.'s slave) **xulamtîya fk-î kirin** خولامتیيا فکی کِرِن vt.
service **xizmet** خِزمەت f.; **qulix** قولِخ f.; **k'arguzarî** کارگوزاری f.; (military) **vatinî** ڤاتِنی f.; -at your s. **lebê** لەبێ
servitude **ç'awîşî** چاویشی f.; **qulix** قولِخ f.; **xulamtî** خولامتی f.
sesame **kuncî** کونجی m.
set: (game) **dest** دەست m.; (of clothes) **qat** قات m./f.; (of dishes, tools, etc.) **t'axim** تاخِم f.
to set (fix, determine) **k'ifş kirin** کِفش کِرِن vt.; (jewels) **quřemîş kirin** قوڕەمیش کِرِن vt.; (of wheat) **seridîn** سەرِدین vi.; (put, place) **têkirin** تێ کِرِن vt.
to set a trap **t̲epikê li ber fk-î danan** طەپِکێ لِ بەر فکی دانان vt.; **vedan** ڤەدان vt.
to set *bones* **cebirandin** جەبِراندِن vt.
to set fire to **agir berdan** ئاگِر بەردان vt.
to set free: ;-to be ~ **veřestin** ڤەڕەستِن vi.
to set in motion **livandin** لِڤاندِن vt.
set on (insistent, decided) **řijd (li ser)** ڕِژد (لِ سەر)
to set on fire **şewitandin** شەوِتاندِن vt.
to set out (on a trip) **řê k'etin** ڕێ کەتِن vi.; (on horseback) **k'udandin** کوداندِن vt.
to set out after **berdan dû** بەردان دوو vt.; **[bi] dû**

k'etin بـ دوو کەتِن vi.; **qesda ft-î kirin** قەسدا فتی کِرِن vt.
to set the stage for (prepare the way for, facilitate) **r̄ê xweş kirin** رێ خوەش کِرِن vt.
to set up: (establish, found) **damezirandin** دامەزِراندِن vt.; (to organize) **r̄êkxistin** رێکخِستِن vt.; **'eyar kirin** عەیار کِرِن vt.; (hold, a meeting) **li dar xistin** ل دار خِستِن vt.; (pitch a tent) **vedan** ڤەدان vt.; **vegirtin** ڤەگِرتِن vt.
setback (relapse) **nekse** نەکسە f.
to settle (vi.) (birds, aircraft) **veniştin** ڤەنِشتِن vi.; (precipitate, in liquid) **palîn II** پالین vi.; (vt.) (a feud between 2 parties) **aşt kirin** ئاشت کِرِن vt.; **fesla fk-î kirin** فەسلا فکی کِرِن vt.
to settle down **cî girtin** جی گِرتِن vt.; **bi cî bûn** بـ جی بوون vi.; **damezirîn** دامەزِرین vi.
settlement: (resolution of a feud) **fesil** فەسِل f.; (town) **heyşet** هەیشەت f.; **avan** ئاڤان f.
seven **ħeft** حەفت; -with 7 lives (of cats) **heftcanî**; **ħeftriħ** حەفترِحهەفتجانی
seven hundred **heftsed** هەفتسەد
seventeen **hevdeh** هەڤدەه
seventh (n.): (1/7) **ħeftêk** حەفتێك f.
seventh (adj.): **ħefta** حەفتا/**heftemîn** هەفتەمین
seventy **ħeftê II** حەفتێ
to sever **p'er̄itandin** پەڕتاندِن vt.; **p'ekandin** پەکاندِن vt.; **qut kirin** قوت کِرِن vt.; **qetandin** قەتاندِن vt.; **piçandin** پچاندِن vt.
several **cihêreng** جِهێرەنگ
severe **t'und** توند; **dir̄** دِڕ; **tûj** تووژ; **no** نۆ
severed: **jêkirî** ژێکری; **qut I** قوت; -to be(come) s. **jêbûn** ژێ بوون vi.
Seville orange **narinc** نارِنج f.
to sew **dirûtin** دِرووتِن vt.; **çinîn** چِنین vt.
sewer **leqem** لەقەم f.
sewerman **leqemçî** لەقەمچی m.
sewing (n.) **t'erzîtî** تەرزیتی f.; **cildirûtî** جِلدِرووتی f.
sewing machine **cildirû** جِلدِروو f.
sex **cins** جِنس m.; (sexual intercourse) **guhnêr** گوهنێر f.
sex addict **doxînsist** دۆخینسِست ; şerwalsist
sexual intercourse **guhnêr** گوهنێر f.
sexy: (gorgeous) **gurcî** گورجی
shack **ħol** حۆل f.; **ħolik** حۆلِك f.; **k'ox** کۆخ m.; **k'ol II** کۆل f.
shackles **qeyd** قەید f.
shade: **sî I** سی f.; **sêber** سێبەر f.; **sihik II** سِهِك f.; (shady place) **bindarûk** بنداروك f.
shadow **sî I** سی f.; **sêber** سێبەر f.; **sihik II** سِهِك f.
shady side (of mountain) **nizar I** نِزار m.; **dubur** دوبور m.; **zimank** زِمانك f.
shaft **dox** دۆخ f.; (of light) **tîrêj** تیرێژ f.; (of plow) **mijane** مِژانە f.; (on cart, attached to front axle) **k'ulabe** کولابە f./m.; (on plow, connecting plow beam to yoke) **sermijank** سەرمِژانك f.
shaikh **şêx** شێخ m.
shaikhhood **şêxetî** شێخەتی f.
to shake: (vi.) **ħejîn** حەژین vi.; **lerzîn** لەرزین vi.; **kil II bûn** کِل بوون vi.; **r̄icifîn** ڕِجِفین vi.; **r̄e'ilîn** ڕەعِلین vi. ; (vt.) **daweşandin** داوەشاندِن vt.; **kil II kirin** کِل کِرِن vt.; **ħejandin** حەژاندِن vt.; **weşandin** وەشاندِن vt.; **veweşandin** ڤەوەشاندِن vt.; (cause to tremble) **r̄icifandin** ڕِجِفاندِن vt.; (~ a liquid) **ç'eliqandin** چەلِقاندِن vt.
to shake off **veweşandin** ڤەوەشاندِن vt.
to shake out **weşandin** وەشاندِن vt.; **veweşandin** ڤەوەشاندِن vt.
shaking (n.) (trembling) **weş** وەش f.; lerz
shall (future marker for verbs) **dê II** دێ; **wê II** وێ
shallot **k'ixs** کِخس f.
shallow **tenik** تەنِك; **meyav** مەیاڤ; (of dish) **vêl** ڤێل
shallow water **meyav** مەیاڤ f.
shallowness **tenikayî** تەنِکایی f.
shame **şerm** شەرم f./m.; **fedî** فەدی f.; **fehêt** فەهێت f.; **'et'ib** عەتِب f.; **sosret** سۆسرەت f.; **p'erda r̄û** پەردا ڕوو f.; **şermezarî** شەرمەزاری f.; **'eyb** عەیب f.; (sense of ~) **r̄û I** ڕوو m.; -What a ~! **mixabin** مِخابِن; **xebînet** خەبینەت f.
shamed **fehêtkar** فەهێتکار
shameless **bêşerm** بێ شەرم; **bêhetik** بێ هەتِك; **caris** جارِس
shamelessness **bêşermî** بێشەرمی f.
shape: (form) **şikil** شِکِل m.; **t'eşe** تەشە f./m.; **teva I** تەڤا m.; **form** فۆرم f.; (appearance) **qelafet** قِلافەت m.; **dilqe** دِلقە m.; -in bad ~ **bê ser û ber** بێ سەر و بەر
shapely **bejnzirav** بەژنزِراڤ
share: (portion, lot) **behr I** بەهر f.; **beş I** بەش f./m.[2]; **p'ay** پای f./m.; **pişk** پِشك f.
to share **p'arve kirin** پارڤە کِرِن vt.;
sharecropper **mirêba** مِرێبا m.
sharecropping **mirêbatî** مِرێباتی f.
shared (common) **hevbeş** هەڤبەش m.
shareholder **pişkdar** پِشکدار m.; **beşdar** بەشدار m.&f.; **hevp'ar** هەڤپار m.
Shariah (Islamic code of law) **şerîet** شەریئەت f.
sharp **tûj** تووژ; **no** نۆ; **pîj I** پیژ; (harsh, abrupt) **dir̄** دِڕ; **t'und** توند; **xurt** خورت; (clever) **bi zihn** بِ زِهن;

jêhatî ژێهاتی; **serwext** سەروەخت; **ç'eleng** چەلەنگ; (of sound) **zîz I** زیز

to sharpen (whet) **hesûn** هەسوون vt.; **sûtin** سووتِن vt.; **tûj kirin** تووژ کِرِن vt.; **seqa kirin** سەقا کِرِن vt.; **teraştin** تەراشتِن vt.

sharpening stone **hesan II** هەسان m.

sharpness **tûjî** تووژی f.; (cleverness) **serwextî** سەروەختی f.; (vehemence) **t'undî** توندی f.

to shatter **heřişandin** هەڕِشاندِن vt.

to shave: (cut hair) **kuř kirin** کوڕ کِرِن vt.; **qusandin** قوساندِن vt.; (to plane) **dařotin** داڕۆتِن vt.; **teraştin** تەراشتِن vt.; **řenîn** ڕەنین vt.

shaved **kuř IV** کوڕ; **p'ořkuř** پۆڕکوڕ

shaving brush **firça riha** فِرچا رِها f.; **firçeya riyan** فِرچەیا رِیان f.; **firçeya traşê** فِرچەیا تراشێ f.

shavings: **qaşil** قاشِل m./f.; (wood~) **qirş** قِرش m.

she **ew** ئەو

she-ass **mak'er** ماکەر f.; **k'era mê** کەرا مێ f.

she-camel **arwane** ئاروانە f.; **dundil** دوندِل f.; **mencî** مەنجی f.

she-goat **bizin** بِزِن f.

she-wolf **dêlegur** دێلەگور f.

sheaf: (of hay) **xorim** خۆرِم f.; (large ~ of wheat) **gîşe** گیشە f.; **gidîş** گِدیش f.; [see also **qefil** قەفِل m.]

shears (for shaving sheep) **hevring** هەڤرِنگ f.; **qilix II** قِلِخ m.

sheath (of sword) **kalan** کالان m.; **qab I** قاب f.; **t'êlk'êş** تێلکێش

shed **k'ox** کۆخ m.

sheep: **pez** پەز m.; (female ~) **mî I** می f.; (2-3-year-old) **berdîr** بەردیر f.; (3 year-old) **bijaştîr** بِژاشتیر f.; (3 year-old barren ewe) **xamberdîr** خامبەردیر f.; see also **ram.**

sheep owner **xwedîpez** خوەدیپەز m.

sheep shears **hevring** هەڤرِنگ f.; **qilix II** قِلِخ m.

sheep trotters **ser û pê** سەر و پێ pl.; **k'elle paçe** کەللە پاچە f.

sheepdog **sepandî** سەپاندی m.; **seê gurêx̂** سەئێ گورێغ /**seyê gure** سەیێ گورە m.

sheepfold: (for milking sheep) **bêrî I** بێری f.; (nighttime ~) **hevêz** هەڤێز f.; **hevşî** هەڤشی m./f.

sheepmilking **bêrî I** بێری f.

sheer (steep) **řik II** ڕِك

sheet: (bedsheet) **ç'arşev** چارشەڤ f.; **sipîçal** سِپیچال f.; **fûtik** فووتِك f.; (of paper) **p'eř** پەڕ m./f.; **t'ebax II** تەباخ m./f.; **belg** بەلگ m./f.; (of glass) **cam** جام f.

sheik --> see shaikh.

Sheikhani (folk dance) **Şêxanî** شێخانی f.

shelf **řef II** ڕەف f./m.

shell (rind, peel) **qalik** قالِك f./m.; **qaşil** قاشِل m./f.; **qelp II** قەلپ m.; **tîvil** تیڤِل m./f.

to shell: (peel) **qalik kirin** قالِك کِرِن vt.; (shower with bullets) **gulebaran kirin** گولەباران کِرِن vt.

shelling: (torrent of bullets) **gulebaran** گولەباران f.

shelter **nivan** نِڤان f.; **sit'ar** سِتار f.; **te'lde** تەعلدە m./f.; **p'ena** پەنا f.

to shelter **ḧewandin** حەواندِن vt.; **cî kirin** جی کِرِن vt.; **hêwirandin** هێوِراندِن vt.

shepherd **şivan** شِڤان m.; **naxirvan** ناخِرڤان m.

shepherding **şivantî** شِڤانتی f.

shepherd's bag **xwêdank** خوێدانك f.

shepherd's-purse (edible plant) **nankî çûke** نانکی چووکە m.; (portable pouch) **xwêdank** خوێدانك f.

sherbet (sweet beverage) **şerbet** شەربەت f.

shield **mert'al** مەرتال f./m.

to shield (protect) **ḧemandin** حەماندِن vt.

to shift: (vt.) ; (vi.) (turn, move) **dageřîn** داگەڕین vi.

shin **çîp** چیپ f.; **t'eşk** تەشك f.

shine **çirûsk** چِرووسك f.; **řewş** ڕەوش f.; **şemal** شەمال f.; **şewq** شەوق f.; **tîrêj** تیرێژ f.

to shine: (vt.) **biriqandin** بِرِقاندِن vt.; **çirûsandin** چِرووساندِن vt.; **teyisandin** تەیِساندِن vt.; (polish shoes) **boyax kirin** بۆیاخ کِرِن vt.; **siboq kirin** سِبۆق کِرِن vt.; (vi.) **biriqîn** بِرِقین vi.; **birûsîn** بِرووسین vi.; **çirûsîn** چِرووسین vi.; **teyisîn** تەیِسین vi.; **p'eřlemîş bûn** پەڕلەمیش بوون vi.; **teys dan** تەیس دان vt.

shining (adj.) **geş** گەش; **řewşen** ڕەوشەن ; **řon I** ڕۆن/**řohnî I** ڕۆهنی; **biriqok** بِرِقۆك

shining (n.) **tîrêj** تیرێژ f.

shiny **geş** گەش; **řewşen** ڕەوشەن ; **řon I** ڕۆن/**řohnî I** ڕۆهنی; **biriqok** بِرِقۆك

ship **gemî** گەمی f.; **k'eştî** کەشتی f.

to shirk *one's responsibility* **xwe ji ber *ft-î* dan alî** خوە ژِ بەر فتی دان ئالی vt.

shirking [of one's duties] **xemsar** خەمسار

shirt **kiras** کِراس m.; **îşlik** ئیشلِك m.; **qemîs** قەمیس m.; **qutik** قوتِك m.

shish-kebab **k'ebab** کەباب m./f.

shit **gû** گوو m.

to shit **řîtin** ڕیتِن vt.

to shiver **ḧejîn** حەژین vi.; **lerzîn** لەرزین vi.; **řicifîn** ڕِجِفین vi.; **ře'ilîn** ڕەعِلین vi.; **kil bûn** کِل بوون vi.; **řikřikîn** ڕِکڕِکین vi.

shivering (n.) **řicaf** ڕِجاف f.

shock: (haycock, stook of hay) **gidîş** گِدیش f.; **gîşe** گیشە

f.; **lod** لۆد f./m.

shocked **hicmetî** هِجمەتی; -to be ~ **hicmetî bûn** هِجمەتی بوون vi.

shoe: **pêlav** پێلاڤ f.; **sol** سۆل f.; **meras** مەرەاس m.; **qondere** قۆندەرە f.; (infant's ~) **p'apûç'k** پاپووچك f.; (leather peasant sandal) **ç'arox** چارۆخ f.; **k'alik II** كالِك f.; **kelêj I** كەلێژ f.; (old, worn out) **şekal** شەكال m.

to shoe (horse) **nal kirin** نال كِرِن vt.;

shoelace **şîrox** شیرۆخ f.; **ben** بەن m.; **qeyt'an** قەیتان f.

shoemaker **soldirû** سۆلدِروو m.; **solbend** سۆلبەند m.; **k'oşk'ar** كۆشكار m.;

shoestring **şîrox** شیرۆخ f.; **ben** بەن m.

shoot (bud, sprout) **terh** تەرە f.; **gupik III** گوپِك f.; **zîl** زیل m./f.; **aj** ئاژ f.; -to put forth ~s **aj dan** ئاژ دان vt.

to shoot teqe lê kirin; (~ an arrow) **tîr avêtin** تیر ئاڤێتِن vt.; (a gun) **t'eqandin** تەقاندِن vt.; **tifing berdan** تِفِنگ بەردان vt.; **xesar kirin** خەسار كِرِن vt.

to shoot forth (vi.) **pijiqîn** پژِقین vi.

to shoot out (vi.) (emanate) **vemistin** ڤەمِستِن vi.; (spurt) **pijiqîn** پژِقین vi.; **veřestin** ڤەڕەستِن vi.

shop **dik'an** دِكان f.

shopkeeper **dik'andar** دِكاندار m.&f.; **'etar** عەتار m.

shore: (coast) **p'eřav** پەڕاڤ f.; **lêv** لێڤ f.; (river bank) **kevî I** كەڤی f.; **bar II** بار f.

shorn (shaved) **kuř IV** كوڕ

short: **kurt I** كورت; **kin** كِن; **k'ese** كەسە; (of stature) **bejnkurt** بەژنكورت; **qut I** قوت; **hûr I** هوور; (too ~, of rope) **gurc II** گورج

short-haired **p'ořkuř** پۆڕكوڕ

short story **kurteçîrok** كورتەچیرۆك f.

shortage **kêmasî** كێماسی/**kêmayî** كێمایی f.; (of food) **xela** خەلا f.

shortcoming **qusûr** قوسوور f.; **kêmasî** كێماسی f.

shortcut **řîya k'ese** ڕییا كەسە f.

shortness **kurtayî** كورتایی f.; **kinayî** كِنایی f.

shortness of breath **bêhntengî** بێهنتەنگی f.

shot: (syringe, needle) **derzî** دەرزی f.; **şirînqe** شِرینقە f.; -to give s.o. a ~ (inoculate) **derzî lêdan** دەرزی لێدان vt.

shoulder **mil** مِل m.; **pîl I** پیل m.; **p'ol II** پۆل m.

to shoulder (a burden) **hilgirtin** هِلگِرتِن vt.;

shoulder blade **pî I** پی m.; **mil** مِل m./f.; **navmil** ناڤمِل f./m.; **p'ol II** پۆل m.; (place between ~s) **qolinc I** قۆلِنج f.

shout (noise) **qîřeqîř** قیرەقیر f.; **sewt** سەوت f.; **qîjîn** قیژین f.

to shout **qîřîn** قیرین vi.; **qûřîn** قووڕین vi.; **lêlandin** لێلاندِن vt.; **qîjîn** قیژین vi.

shouting **qîřîn** قیرین f.; **qûřîn** قووڕین f.; **biřbiř** بِڕبِڕ f.; **qîjîn** قیژین f.

shove **dehf III** دەهف f.

to shove **dehf dan** دەهف دان vt.

shovel: (wooden) **bêr** بێر f.; (iron) **meř II** مەڕ f.; (metal ~ for cleaning out fireplace) **carût** جاروت f.; (snow ~) **befrî** بەفری f.; **berfmal** بەرفمال f.

show (n.) **t'emaşe** تەماشە f.

to show **nîşan dan** نیشان دان vt.; **xuya kirin** خویا كِرِن vt.; **řaberî ... kirin** ڕابەری ... كِرِن vt.; **rayî yekî dan** ڕایی یەكی دان vt.; (indicate) **nimandin** نِماندِن vt.; (one's feelings) **dan der** دان دەر vt.

to show up: (appear, come to light) **t'ifiqîn** تِفِقین vi.; **xuyan I** خویان vi.

to shower *with* (to pelt *with*) **werkirin** وەركِرِن vt.; **barandin** باراندِن vt.

showing off **p'aye I** پایە f.

shrapnel **saçme** ساچمە f.

shrewd: (cunning) **şeytan** شەیتان

shrewdness **feřeset** فەڕەسەت f.

shrewish **caris** جارِس

to shriek **kûřîn** كووڕین vi.; **qîjîn** قیژین vi.

shrieking (n.) **qîjîn** قیژین f.

shrill: (sound, voice) **ḧişk** حِشك; **zîz I** زیز

shrine (place of pilgrimage) **zîyaret** زییارەت f./m.; **ocax** ئۆجاخ f./m.

to shrink: (vi.) **têkç'ûn** تێكچوون vi.; çiřveç'ûn

shroud **ç'arşev** چارشەڤ f.; **k'efen** كەفەن m.

shrub: (bush) **devî** دەڤی m./f.; **kem** كەم f.; **k'ol III** كۆل f.; **t'eřaş II** تەڕاش m./f.; **t'ûm** تووم m.

shudder **firk I** فِرك f.; **girîzok** گِریزۆك m.; **teviz I** تەڤِز f.

to shudder (vi.) **veciniqîn** ڤەجِنِقین vi.

shut: (closed) **girtî** گِرتی; (of mouth) **[dev]mûç II** دەڤمووچ

to shut: (to close) **girtin** گِرتِن vt.; **daxistin** داخِستِن vt.; (one's eyes) **miçandin** مِچاندِن vt.; **damirandin** دامِراندِن vt.

to shut up: (lock) **dadan** دادان vt.; (be quiet) **keř bûn** كەڕ بوون vi.

shutter: (window ~) **felq** فەلق f.; (roll-down wooden ~) **deřabe** دەڕابە m./f.

shy: **fehêtkar** فەهێتكار; **fehêtok** فەهێتۆك; **şermoke** شەرمۆكە; -to be shy **fedî kirin** فەدی كِرِن vt.; **şerm kirin** شەرم كِرِن vt.; -to be too ~ to do stg. **řûyê fk-ê nag[i]re** ڕوویێ فكێ ناگِرە [+ subj.]

shyness **fedî** فەدی f.

sick **nexweş** نەخوەش; **nesax** نەساخ; **bedĥal** بەدحال; -to get ~ **pêk'etin** پێ کەتِن vi.;

sick and tired (of) **zivêr [ji** ژِ**]** زِڤێر; **kulzikî** کولزِکی: -to be s. of stg. **k'erixîn** کەرِخین vi.; **zivêr bûn** زِڤێر بوون vi.; **anîn serê pozê *fk-î*** ئانین سەرێ پۆزێ فکی vt.; **k'ezebreşî bûn** کەزەبرەشی بوون vi.

sick with grief **kulecergî** کولەجەرگی

sickle **das** داس f.; (small ~) **qalûnç** قالوونچ m.

sickliness **monî** مۆنی f.

sickly **mon** مۆن; **p'epûk I** پەپووك

sickness **nexweşî** نەخوەشی f.; **nesaxî** نەساخی f.; **qeda** قەدا f./m.; **zede** زەدە f.

side **alî** ئالی m.; **hêl II** هێل m./f.; **k'êlek** کێلەك f.; **tenişt** تەنِشت f.; **teref** تەرەف m.; **biř I** بِڕ m.; **semt** سەمت m.; **řex I** ڕەخ m.; **hindav** هِنداڤ f./m.; **mil** مِل m.; **qirax** قِراخ f./m.; **şeq** شەق m./f.; (flank) **p'al** پال f./m.; (of mountain) **k'aş II** کاش f.; **qunt'ar** قونتار f.; (of river) **bar II** بار f.; **lêv** لێڤ f.; -from all sides **ç'arhilqe** چارهِلقە; **ç'arnikar** چارنِکار; -to be on s.o.'s side (to support, be in favor of) **mêla fk-ê ser ft-î hebûn** مێلا فکێ سەر فتی هەبوون vi.

to side with s.o. [in a dispute] **alîyê fk-î girtin** ئالییێ فکی گِرتِن vt.

sideburns **ceynik** جەینِك f.

siege **dorpêç** دۆرپێچ f.

siege tower **ç'irpe** چِرپە m.

sieve: (winnow, fine s. for sorting grain) **bêjing** بێژِنگ f.; **mifsik** مِفسِك f.; (flour ~) **moxil** مۆخِل f.; **seřad** سەڕاد f.

to sift **moxil kirin** مۆخِل کِرِن vt.; **bêjing kirin** بێژِنگ کِرِن vt.; **seřad kirin** سەڕاد کِرِن vt.; **serad dan** سەراد دان vt.

sigh **axîn** ئاخین f.; **k'eser** کەسەر f.; (deep, sad s.) **ĥezing** حەزِنگ f.; (tsk tsk) **niç'** نِچ; **niç'eniç'** نِچەنِچ f.

to sigh: (deeply) **int'în** ئِنتین vi.; **ĥezing k'işandin** حەزِنگ کِشاندِن vt.

sighing (of wind) **guveguv** گوڤەگوڤ f.

sight **bînahî** بیناهی f.; **dîn I** دین f.; (spectacle) **dîmen** دیمەن f./m.; **t'emaşe** تەماشە f.; **bergeh** بەرگەه f.; **ferc** فەرج f.

sign **'elamet** عەلامەت f.; **nîşan** نیشان f.; **navnîşan** ناڤنیشان m./f.; **berjeng** بەرژەنگ f.

to signal **nîşan kirin** نیشان کِرِن vt.

signet ring **mor II** مۆر f.; **p'îlat** پیلات f.

significance: (importance) **giringî** گِرِنگی f.; (meaning) **me'na** مەعنا f.; **wate** واتە f.; **têgih** تێگِه f./m.; **nêt** نێت f.

significant **berk'eftî** بەرکەفتی; **giring** گِرِنگ; **watedar** واتەدار

silence **bêdengî** بێدەنگی f.; **mitî** مِطی f.

silent **bêdeng** بێ دەنگ; **mit** مِط; **keř II** کەڕ

silently **teletel** تەلەتەل; **keřekeř** کەڕەکەڕ

silhouette **qeret'û** قەرەتوو m./f.; **řeş** ڕەش m.; **řeşayî** ڕەشایی f.

silk **hevirmiş** هەڤِرمِش m.; **herîr** هەریر m.; (silken cloth) **meles** مەلەس f.

silkworm **kurmê hevirmiş** کورمێ هەڤِرمِش m.

silly **p'ûç'** پووچ; **bêserî** بێ سەری; **hewante** هەوانتە

silo: (small s.) **kewar** کەوار f./m.

silver **zîv** زیڤ m.

silversmith **zîvker** زیڤکەر m.

similar (+ to) **wek** وەك; **mîna** مینا; **fena** فەنا; **şitî II** شِتی; **nola** نۆلا; **wekhev** وەکهەڤ

simpatico **xwînşîrîn** خوینشیرین

simple **asan** ئاسان; **hêsa** هێسا; **sade** سادە; **řiĥet** ڕِحەت; **xweřû** خوەڕوو; **gengaz** گەنگاز; (naïve) **dilsaf** دِلصاف; **xeşîm** خەشیم; **sawîlke** ساویلکە

simplicity **sadetî** سادەتی f.; **gengazî** گەنگازی f.

simurgh **sêmiř** سێمِڕ m.

sin **gune II** گونە m.; **gunehk'arî** گونەهکاری f.

since: (time) **ji ... û vir de** ژِ ... و ڤِر دە; **ewey** ئەوەی; **jêlî I** ژێلی; **jîrkî** ژیرکی; (reason) **ji ber ko** ژِ بەر کۆ; **ç'imkî** چِمکی; **ç'iku ko** چِکو کۆ; **hey I** هەی; **hemîn** هەمین; **madam** مادام

since when? **ma** ما

sincere **dilp'ak** دِلپاك; **jidil** ژِدِل

sincerely **jidil** ژِدِل

sincerity **dilp'aqijî** دِپاقِژی f.; **dilp'akî** دِللپاکی f.

sinew **betan** بەتان m.; **řeh** ڕەه f.

sinewy **çiř II** چِڕ

sinfulness **gunehk'arî** گونەهکاری f.

to sing **stiran I** سترِان vt.; **stranan gotin** سترانان گۆتِن vt.; **k'ilam gotin** کِلام گۆتِن vt.; **lêlandin** لێلاندِن vt.; (of partridges) **xwendin** خوەندِن vt.

to singe **qemandin** قەماندِن vt.; **kuzirandin** کوزِراندِن vt.

singed: -to be singed **kuziryan** کوزِریان vi.

singer: **stiranbêj** سترِانبێژ m.; (poet) **şayîr** شاییر m.; (traditional bard) **dengbêj** هۆزانڤان m.; (leader of dance songs) **dîlokvan** دیلۆکڤان m.

singing (n.) **lewxet** لەوغەت f.; (of rooster) **bang** بانگ m./f.

single: (alone) **t'ek** تەك; (unmarried) **azib** ئازِب m.

singular **yekhejmar** یەکهەژمار

sink (basin) ; (bathroom s.) **destşok** دەستشۆك f.

to sink: (vi.) **binav bûn** بِناڤ بوون vi.; **řoda ç'ûn** ڕۆدا

چوون vi.; **nizm bûn** نِزم بوون vi.; **xeniqîn** خەنِقین vi.; **x̄erq bûn** غەرق بوون vi.; **xer̄iqîn** خەڕِقین vi.; **noq bûn** نۆق بوون vi.; **nuqim bûn** نوقِم بوون vi.; (vt.) **binav kirin** بِناڤ کِرِن vt.; **x̄erq kirin** غەرق کِرِن vt.

sinking (n.) **x̄erq** غەرق f.

sinner **gunehk'ar** گونەهکار m.

sip (gulp, swig, swallow) **fir̄ I** فِڕ f.; **qurt** قورت f.

to sip **fir̄ lê dan** فِڕ لێ دان vt.; **qurtandin** قورتاندِن vt.

Sirius: (Canicula, Dog Star) **gelavêj** گەلاڤێژ f.

sister **xûşk** خووشك f.; (married ~) **zeyî** زەیی f.; (older ~) **etik** ئەتِك f.; (nun) **r̄eben II** ڕەبەن f.; **rahîbe** راهیبە f.; (nurse) **hemşîre** هەمشیرە f.

sister-in-law: **diş** دِش f.; (man's wife's sister) **baltûz** بالتووز f.; (brother's wife) **bûk I** بووك f.; **jinbira** ژِنبِرا f.; (wife of husband's brother; wives of 2 brothers) **jint'î II** ژِنتی f.; **cayî** جایی f.; (woman's husband's sister) **zeyî** زەیی f.

to sit **r̄ûniştin** ڕوونِشتِن vi.; (of animals) **mexel bûn/ hatin** مەخەل بوون\هاتِن vi.; (of camels) **xiya bûn** خِیا بوون vi.; **nixan** نِخان vi.; -to cause to ~ **r̄ûnandin** ڕووناندِن vt.; (of camels) **xiya kirin** خِیا کِرِن vt.; **nixandin** نِخاندِن vt.; **tixandin** تِخاندِن vt.

to sit still **'edilîn** عەدِلین vt.

situated **mewcûd** مەوجوود; **danî** دانی

situation **dest û dar** دەست و دار m.; **r̄ewş** ڕەوش f.; **ḧal** حال m.; **ḧewal** حەوال m.; **kawdan** کاودان pl.; -to be in a difficult ~ **li ser agir bûn** لِ سەر ئاگِر بوون vi.

six **şeş** شەش; (half-dozen) **nîvderzin** نیڤدەرزِن f.

six hundred **şeşsed** شەشسەد

six-chamber rifle **şeşxane** شەشخانە f.; **şeşderb** شەشدەرب f.

six-footed **şeşpê** شەشپێ

six-shooter pistol (revolver) **şeşar** شەشار f.; **şeşxane** شەشخانە f.; **şeşderb** شەشدەرب f.

sixteen [16] **şanzdeh** شانزدەه

sixteenth (adj.) **şanzdehem** شانزدەهەم

sixth (adj.) **şeşa** شەشا; **şeşem** شەشەم

sixth (n.): (1/6) **şeşêk** شەشێك f.

sixty **şêst** شێست

size **mezinahî** مەزناهی f.; **qeys** قەیس f.; (bulk, volume) **govek** گۆڤەك f.; the same ~ as **t'emet** تەمەت

to sizzle: (fry in butter or oil) **qijilandin** قِژِلاندِن vt.

sizzling (n.) **k'izek'iz** کِزەکِز f.; **qiçeqiç** قِچەقِچ f.

to skate **xuşikîn** خوشِکین vi.

skein: (ball of yarn) **gulok** گولۆك f.; **peng I** پەنگ f./m.; **girov** گِرۆڤ

skeleton **qerqode** قەرقۆدە m.

skewbald (animal's coloring) **qule** قولە

skewer **bist I** بِست f.; **şîş** شیش f.; **cax̄** جاغ m.; **xişt III** خِشت m./f.

skiff (small boat) **qeyk** قەیك f.

skill **me'rîfet** مەعریفەت f.; **hiner** هِنەر m./f.; **fen** فەن m./f.; **sen'et** سەنعەت f.

skilled **jêhatî** ژێهاتی

skillful **zîx I** زیخ

skimming ladle **mifsik** مِفسِك f.

skin **ç'erm** چەرم m.; (animal hide) **kevil** کەڤِل f./m.; **pîst** پیست m.; (animal ~ used as receptacle) **meşk** مەشك f.; (shell, rind) **qalik** قالِك f./m.; **qaşil** قاشِل m./f.; **qelp II** قەلپ m.; **tîvil** تیڤِل m./f.; (thin film on milk) **to I** تۆ m.

to skin **gurandin** گوراندِن vt.

skin bag **meşk** مەشك f.

skinny **jar I** ژار; **lawaz** لاواز; **lex̄er** لەغەر; **narîn** نارین; **qels I** قەلس; **zeyf** زەیف; **zirav I** زِراڤ; **çir̄ II** چِڕ

skip (hop) **ç'indik** چِندِك f.

skipping (n.: hopping) **ç'indik** چِندِك f.

skirl: (shrill sound) **gimîn** گِمین f.

skirt: (of coat, mountain) **damen** دامەن m.; **daw I** داو f.; **p'êş II** پێش f.

skittish: -to be ~ (of horses) **quloz bûn** قولۆز بوون vi.

skull **k'ilox** کِلۆخ m.; **qehf** قەهف m.; **k'elle II** کەللە m.

sky **'ezman I** عەزمان m./pl.; **şargeh** شارگەه

skylight **k'ulek II** کولەك f.; **r̄ojin** ڕۆژِن f.; **p'ace** پاجە f.

skyscraper **balaxane** بالاخانە f.

slab: (stone ~) **sel** سەل m.; **ferş** فەرش f.; **lat** لات f.; **tat I** تات f.

slack (loose) **sist** سِست

slackness **sistî** سِستی f.

slander **şer̄ II** شەڕ m.; **'ewanî** عەوانی f.; **şilt'ax** شِلتاخ f.; **altaxî** ئالتاخی f.; **qumsîtî** قومسیتی f.; **nebûyî** نەبوویی pl.; **neweyî** نەوەیی pl.; **nemamî** نەمامی f.; **xeyb** خەیب f.

to slander **qumsîtî kirin** قومسیتی کِرِن vt.; **şer̄ avêtin ser** شەڕ ئاڤێتِن سەر vt.; **şilt'ax kirin** شِلتاخ کِرِن vt.; **neweyî lê kirin** نەوەیی لێ کِرِن vt.

slanderer **altax** ئالتاخ m.; **ḧevsûd** حەڤسوود m.; **qumsî** قومسی m.; **nemam** نەمام m.; **p'ûşt** پووشت m.&f.

slandering (adj.) **hetikber** هەتِکبەر; (n.) **qumsîtî** قومسیتی f.

slandersome **ḧevsûd** حەڤسوود

slanted: (at an angle) **lêç** لێچ; **vêl** ڤێل; (uneven) **ner̄ast** نەڕاست

slap **sîle** سیلە f.; **şimaq** شِماق f.; **t'ep II** تەپ f.

to slaughter: (livestock) **vekuştin** ڤەکوشتِن vt.; **gurandin** گوراندِن vt.; **serjêkirin** سەرژێکِرِن/**şerjêkirin** شەرژێکِرِن vt.

slaughterhouse **qesebxane** قەصەبخانە f.

slave **bende** بەندە m.; **benî I** بەنی m.; **'evd I** عەڤد m.; **k'ole** کۆلە m.; **hêsîr I** هێسیر m.; **misexir** مِسەخِر m.; **qerebaşî** قەرەباشی m.; **qûl** قوول m.; (female) **carî** جاری f.

slave owner **k'oledar** کۆلەدار m.

slavery **xulamtî** خولامتی f.

sled: **qol IV** قۆل f.; **taxok** تاخۆك f.;(timber sled) **parxêl** پارخێل f.

sledge: **qol IV** قۆل f.; **taxok** تاخۆك f.; (wooden threshing ~) **kam I** کام f.; **patoz** پاتۆز f.

sledgehammer **geřan II** گەڕان m.; **mirc** مِرج m.

sleep **xew** خەو f.

to sleep **řak'etin** ڕاکەتِن vi.; **nivistin** نِڤستِن vi.; **řazan** ڕازان vi.; (contemptuous) **p'erçifîn** پەرچِفین vi.

sleeping in **têştexew** تێشتەخەو f.

sleeping late **têştexew** تێشتەخەو f.

sleeping mat **doşek** دۆشەك f.

sleepyhead **xewar** خەوار m.

sleeve **huçik** هوچِك f./m.; **mil** مِل m.; **zend[ik]** زەندِك f./m.; **qol I** قۆل m.; -hanging ~ **lewendî** لەوەندی f.

sleigh **qol IV** قۆل f.; **taxok** تاخۆك f.

slender **zirav I** زِراڤ; **nazik** نازِك

slenderness **ziravî** زِراڤی f.

slice: **şeq** شەق m./f.; **telîş I** تەلیش m.; (small piece) **gep III** گەپ f./m.; (of bread) **parî** پاری m.; (large ~ of bread) **loq I** لۆق m./f.

slick (slippery) **şayik** شایِك

to slide: (slip, stumble, of foot) **teĥisîn** تەحِسین vi.; **şemitîn** شەمِتین vi.; **şiqitîn** شِقِتین vi.; **řaşiqitîn** ڕاشِقِتین vi.; -to cause to ~ **şemitandin** شەمِتاندِن vt.; (glide) **xuşikîn** خوشِکین vi.

slightly **sivik sivik** سِڤِك سِڤِك

slim **jar I** ژار; **lawaz** لاواز; **leẍer** لەغەر; **narîn** نارین; **qels I** قەلس; **zeyf** زەیف; **zirav I** زِراڤ

sling (for throwing stones) **kevirkan** کەڤِرکان m.; **berkanî** بەرکانی f.

to sling (fling, throw at) **veweşandin** ڤەوەشاندِن vt.

slingshot **qosk** قۆسك m./f.; **darlastîk** دارلاستیك f.

to slink away (sneak away) **sûrikîn** سوورِکین vi.

to slip (foot) **teĥisîn** تەحِسین vi.; **şemitîn** شەمِتین vi.; **şiqitîn** شِقِتین vi.; **řaşiqitîn** ڕاشِقِتین vi.; (out of one's hand) **veřestin** ڤەڕەستِن vi.; -to cause to ~ **teĥisandin** تەحِساندِن vt.; **şemitandin** شەمِتاندِن vt.

slipknot **xilf** خِلف f.; **xerboqe** خەربۆقە f.

slipper **şimik** شِمِك f.; **mes I** مەس f.; **p'apûç'k** پاپووچك f.; (rag s., peasant shoe) **kelêj I** کەلێژ f.; (primitive goatskin moccasin) **řeşik II** ڕەشِك f.

slippery **şematokî** شەماتۆکی; **şayik** شایِك; *teĥesok

slipshod **sist** سِست

slit **derz** دەرز f.; **qelîştek** قەلیشتەك f.; **terk I** تەرك f.

to slither **xuşîn** خوشین vi.

slithering **xuşîn** خوشین f.

sliver **pîj I** پیژ m.

slobber **girêz** گِرێز f.; **ava dev** ئاڤا دەڤ f.; **t'if** تِف f.; **t'ûk II** تووك f.

slogan **dirûşm** دِرووشم f.

slope **berp'al** بەرپال f.; **berwar** بەروار m./f.; **p'al** پال f./m.; **k'aş II** کاش f.; **teřazin** تەڕازِن f.; **xwarayî** خوارایی f.; **pesar** پەسار m.; (mountain ~) **defa ç'îyê** دەفا چییێ f.; **qunt'ar** قونتار f.; **p'êş II** پێش f.; **sîng** سینگ m.; **şax** شاخ f./m.; (downhill ~) **nişîv** نِشیڤ m.; **jordanî** ژۆردانی m.; (uphill ~) **jihelî** ژِهەلی m.; **hevraz** هەڤراز m./f.

sloping: (~ downward) **lêç** لێچ

sloppiness **mirdarî** مِرداری f.

sloppy **bê ser û ber** بێ سەر و بەر

to slosh around (of liquids) **ç'eliqîn** چەلِقین vi.

Slovak **Slovakî** سلۆڤاکی

Slovene **Slovenî** سلۆڤەنی

slovenliness **mirdarî** مِرداری f.; **qiřêjayî** قِڕێژایی f.

slovenly **ç'epel** چەپەل

slow **hêdî** هێدی; **giran I** گِران; (s.-witted) **sersar** سەرسار

slow moving: (person) **destgiran** دەستگِران

slow-witted **sersar** سەرسار

slow-wittedness **sersarî** سەرساری f.

to slug (hit, strike) **řepandin** ڕەپاندِن vt.

sluggish **destgiran** دەستگِران; (of water) **peng II** پەنگ; -to be ~ (of rivers) **qerimîn** قەرِمین vi.

slumber **xew** خەو f.

to slurp (while drinking) **fiř kirin** فِڕ کِرِن vt.

slush **lêlav** لێلاڤ f.; **şilop'e** شِلۆپە f.

slut **qalt'ax** قالتاخ f.; **p'ûşt** پووشت f.

sly **ava bin kaê** ئاڤا بِن کائێ; **p'îç** پیچ m.

slyness **delk'** دەلك f.; **fen** فەن m./f.

smack: (slap) **sîle** سیلە f.; **şimaq** شِماق f.

small **piçûk** پِچووك; **çûçik I** چووچِك; **qicik** قِجِك; **çûk II** چووك; **hûr I** هوور

small intestine **řûvîya zirav** ڕووڤیيا زِراڤ f.; **řîvîyê barik** ڕیڤییێ بارِك m.

small letter (lower case letter) **hûrdek** هووردەك f.

small of the back **qořik** قۆڕِك f.

small shot (buckshot) **saçme** ساچمە f.

small window **kulêr** كولێر f.

smallness **piçûkayî** پچووكایی f.; **hûrayî** هوورایی f.

smallpox **xurîk** خوریك f.

smart **'aqil I** عاقِل; **aqiljîr** ئاقِلژیر; **aqilmend** ئاقِلمەند; **aqiltîj** ئاقِلتیژ; **bi zihn** بِ زهن; **zîx I** زیخ; **bi fêm** بِ فێم; **jîr** ژیر; **serwext** سەروەخت; (neat, chic) **k'eşxe** كەشخە

to smart (ache, hurt) **êşîn** ئێشین vi.; **arîn** ئارین vi.; **jendin** ژەندِن vt.;

smart-aleck **zimandirêj** زِماندِرێژ; **ḧuř** حوڕ; **biṯiř I** بِطِڕ; **gewî** گەوی

to smash **p'erçiqandin** پەرچِقاندِن vt.; **heřişandin** هەڕِشاندِن vt.; **felişandin** فەلِشاندِن vt.

smashed: -to be s. **heřişîn** هەڕِشین vi.

to smear **dûtin** دووتِن vt.; **seyandin** سەیاندِن vt.; **sewax kirin** سەواخ كِرِن vt.; **gemirandin** گەمِراندِن vt.; (butter on bread) **têdan** تێ دان vt.

smell **bîn I** بین f.; (putrid ~) **kuředer** كوڕەدەر f.

to smell: (to perceive the odor of stg.) **bîn pozê fk-ê k'etin** بِن پۆزێ فكێ كەتِن vi.

to smelt **bihoştin** بِهۆشتِن vt.; **ḧelandin** حەلاندِن vt.; **şarandin** شاراندِن vt.

smile **k'en** كەن m.; **řûk'enî** ڕووكەنی f.

to smile **bişkurîn** بِشكورین vi.; **girnijîn** گِرنِژین vi.; **beşişîn** بەشِشین vi.; **k'enîn** كەنین vi.; **mizicîn** مِزِجین vi.; -to make s.o. ~ **k'enandin** كەناندِن vt.

smiling (adj.: cheerful) **devlik'en** دەڤلِكەن; **řûk'en** ڕووكەن

smiling (n.) **řûk'enî** ڕووكەنی f.

smith: (blacksmith) **hesinger** هەسِنگەر m.; **ḧedad** حەداد m.; **nalbend** نالبەند m.; **solbend** سۆلبەند m.

smoke **dû IV** دوو m./f.(; (chimney ~, thick ~) **dûk'el** دووكەل f./m.; **kadû** كادوو f.; (thick ~) **t'elp** تەلپ m.

to smoke: (cigarettes) **cixare k'işandin** جِغارە كِشاندِن vt.; **vexwarin** ڤەخوارِن vt.

smoke hole **řojin** ڕۆژِن f.; **pîpok** پیپۆك f.

smoking-pipe **qelûn** قەلوون f.

smooth **hilû I** هِلوو; **pehn I** پەهن; **şayik** شایِك

to smooth (plane, shave) **řenîn** ڕەنین vt.

to smooth out **şayik kirin** شایِك كِرِن vt.

to smother **xeniqandin** خەنِقاندِن vt.; **fetisandin** فەتِساندِن vt.

smuggler **qaç'axçî** قاچاخچی m.

smut: (disease of wheat) **korik** كۆرِك f.

smyrnium olusatrum (Alexanders, horse-parsley) **xelendor II** خەلەندۆر f.

snack: (cracked nuts) **kakil** كاكِل m./f.; (dried fruit & nuts) **ç'erez** چەرەز m.

snaffle (of horse's bridle) **gem** گەم f.

snail **guhşeytan** گوهشەیتان f.; **hiseynok** هِسەینۆك f.; **şeytanok** شەیتانۆك m.; -to go at a ~'s pace (move very slowly) **bi řêvaç'ûna k'ûsî řê ç'ûn** بِ ڕێڤاچوونا كووسی ڕێ چوون vi.

snake **mar I** مار m.

to snap: (vt.) **piçandin** پِچاندِن vt.; (vi.) **bizdîn** بِزدین vi.; **piçan** پِچان vi.; **qetîn** قەتین vi.

to snap off (cut off) **jêkirin** ژێ كِرِن vt.; **qetandin** قەتاندِن vt.

snapping: (with fingers) **fîtik II** فیتِك f.

snare **dav I** داڤ f.; **telhe** تەلهە f.; **ṯepik I** طەپِك f.; **xefik** خەفِك f.

snarling **mířemiř** مِڕەمِڕ f.

sneak (stealthful person) **qumsî** قومسی m.

to sneak away **sûrikîn** سوورِكین vi.

to sneak up on **şûlikîn** شوولِكین vi.

sneakily [bi] **dizîka** بِ دِزیكا; **teletel** تەلەتەل

sneaky **xewle I** خەولە

sneeze **bêhnişk** بێهنِشك f.

to sneeze **bêhnijîn** بێهنِژین vi.; **hênijîn** هێنِژین vi.; **pêkijîn** پێكِژین vi.; **sebr hatin** سەبر هاتِن vi.

sniveling (n.) **vinge-ving** ڤِنگەڤِنگ f.

to snore **p'ixep'ix kirin** پِخەپِخ كِرِن vt.

snoring (n.) **p'ixep'ix** پِخەپِخ f.; **xurexur** خورەخور f.

to snort (grunt) **miqandin** مِقاندِن vt.

snorting **xurexur** خورەخور f.

snot: (mucus) **çilka poz** چِلكا پۆز; **çilm** چِلم m.; **fiş** فِش m.; **k'ilmîş** كِلمیش m./f.; **lîk** لیك f.

snow **berf** بەرف/**befir** بەفِر f.; (crisp, frozen ~) **kurşe** كورشە f.; (melting ~) **lêlav** لێلاڤ f.; (~ mixed with rain) **şilop'e** شِلۆپە f.; **xilolîk I** خِلۆلیك f.

to snow **barîn I** بارین vi.

snow shoe **kelle I** كەللە f.; **lîyan II** لییان f./m.

snow shovel **befrî** بەفری f.; **berfmal** بەرفمال f.

snow white **qerqaş** قەرقاش; **çîl-sipî** چیل سِپیsnowball **gulîfîtk** گولیفیتك f.

snowdrift **şape I** شاپە f.

snowdrop (Galanthus nivalis) **pîvok** پیڤۆك f.

snowfall **barîna berfê** بارینا بەرفێ f.

snowflake **kulî II** كولی f.

snowstorm **bager** باگەر f.; **bakuzîrk** باكوزیرك f./m.; **bamişt** بامِشت f.; **ḧabûr** حابوور f.

snuff **birmût** بِرمووت f.; **nişûk** نِشووك f.

so: (so much, that much) **ewqas** ئەوقاس; **ewqedr** ئەوقەدر; **hind** هِند ; (thus) **wisa** وِسا; **wiha** وِها; **wer** وەر; **wilo** وِلۆ

so long as **ḧeta** حەتا; **madam** مادام

so many **hind** هِند/**hinde** هِندە; **hilqeys** هِلقەیس

so much **ewqas** ئەوقاس; **haqas** هاقاس; **ewqedr** ئەوقەدر; **hind** هِند/**hinde** هِندە; **hilqeys** هِلقەیس

so that (in order that) **ḧeta** حەتا [+ko + subj.]; **t'a IV** تا [+ko + subj.]; **bila** بِلا conj. [+ subj.]; **da II** دا conj. [+ subj.]; **deqene** دەقەنە conj. [+ subj.]; **wekî** وەکی [+ subj.]

soaked **ẍerq** غەرق

soaking wet **şilopil** شِلۆپِل ; **ter̄ û telîs** تەڕ و تەلیس

so-and-so **behvan** بەهڤان; **filan** فِلان; **filankes** فِلانکەس

soap **sabûn** سابوون f.

soapy water **arav** ئاراڤ f.

sob (n.) **vinge-ving** ڤِنگەڤِنگ f.; **ah û zar** ئاه و زار m.

SOB (son of a bitch) **s̱ebav** صەباڤ m.

to sob **bihecîn** بهەجین vi.; **ah û zar kirin** ئاه و زار کِرِن vt.; **kûzîn** کووزین vi.

sobbing (n.) **vinge-ving** ڤِنگەڤِنگ f.; **ah û zar** ئاه و زار m.; **kûzîn** کووزین f.

sociable **cir̄xweş** جِڕخوەش

social **civakî** جِڤاکی

society **civak** جِڤاك f.; (association) **civat** جِڤات f.

sodomy (derogatory term for homosexuality) **qûnekî** قوونەکی f.

soft **nerm** نەرم; **şîrin** شیرِن; (of voices, sounds) **zirav I** زِراڤ; (smooth) **şayik** شایِك

soft-boiled [egg] **dilme** دلمە

to soften (smooth out) **şayik kirin** شایِك کِرِن vt.; (become soft and pliant) **nermijîn** نەرمِژین vi.

softly **hêdî** هێدی

softness **nermî** نەرمی f.; **şîrînî** شیرینی f.; (of voice, sounds) **ziravî** زِراڤی f.; (of cloth, etc.) **tenikayî** تەنِکایی f.

soil: (dirt, earth) **ax** ئاخ f.; **xwelî** خوەلی f.; (rich ~ on river bank) **çewlîk** چەولیك f.

soiled (dirty) **ç'epel** چەپەل; **gemarî** گەماری; **p'îs** پیس; **qir̄êj** قِڕێژ; **qilêr** قِلێر; **mirdar** مِردار; **dijûn II** دِژوون; **r̄êvin** ڕێڤِن; **kemêl** کەمێل f.; -to be ~ **lewitîn I** لەوتین vi.

solace **t'eselî** تەسەلی f.; **dilmînî** دِلمینی f.; **ḧewî** حەوی f.

solar eclipse **r̄ojgirtin** ڕۆژگِرتِن f.

soldier **serbaz** سەرباز m.; **esker** ئەسکەر m.; **leşker** لەشکەر m.; **nefer** نەفەر f./m.; **ersewil** ئەرسەوِل m.; (Kurdish freedom fighter) **pêşmerge** پێشمەرگە m.&f.; (agha's man) **balbas** بالباس m.

to soldier (pretend to be busy with) **xwe ft-îda xapandin** خوە فتیدا خاپاندِن vt.

sole (adj.): **t'ek** تەك

sole (n.): (of foot) **binê ling** بِنێ لِنگ m.; **panka pê** پانکا پێ f.; (of shoe) **binp'î** بِنپی f.

solid: (firm, strong) **meḧkem** مەحکەم; **t'eyax** تەیاخ; **r̄eq II** ڕەق; (of [flint]stones) **qesp II** قەسپ

solitary **xewle I** خەولە

solitude **t'enêtî** تەنێتی f.; **t'ektî** تەکتی f.

solution: (remedy) **çare** چارە f.; **çareserî** چارەسەری f.; **ḧel** حەل m.; **himmet** هِممەت f.

to solve **çareser kirin** چارەسەر کِرِن vt.; **ḧel kirin** حەل کِرِن vt.; -~ a problem **mesele qedandin** مەسەلە قەداندِن vt.;

some **çend** چەند; **hin** هِن/**hine I** هِنە; **hinek** هِنەك;

somebody **bejnek** بەژنەك; **hinek** هِنەك; **kes** کەس m.

someone **bejnek** بەژنەك; **hinek** هِنەك; **kes** کەس m.

somer (unit of weight) **somer** سۆمەر f.

sometimes **carcaran** جارجاران; **carina** جارِنا; **hindek caran** هِندەك جاران; **geh II** گەه

somewhat **çendek** چەندەك

son **kur̄ II** کوڕ m.; **law** لاو m.; **gede** گەدە m.

son of a bitch **t'eres** تەرەس m.; **s̱ebav** صەباڤ m.

song: **stiran I** ستِران f.; **k'ilam** کِلام f.; **leylan** لەیلان f.; (lament) **bacî** باجی f.; (short ~) **dûrik** دوورِك f.; (dance, lyrical, or love ~) **dîlok** دیلۆك f.; (dance ~) **dîlan** دیلان f.; **bacî** باجی f.; (war ~) **şer̄ I** شەڕ m.

sonhood **kur̄tî II** کوڕتی f.

son-in-law [pl. sons-in-law] **zava** زاڤا m.

soon **zû** زوو; **hema** هەما

soot: **dû IV** دوو m./f.; (thin layer) **dûk'el** دووکەل f./m.; (thick layer) **tenî** تەنی f.

to soothe **ber dilê fk-ê hatin** بەر دِلێ فکێ هاتِن vi.; **aşt kirin** ئاشت کِرِن vt.; **ḧewandin** حەواندِن vt.; **'edilandin** عەدِلاندِن vt.

sophisticated: (worldly) **dinêzan** دِنێزان

sopping wet **şilopil** شِلۆپِل

sorcery **sêr I** سێر f.; **efsûnî** ئەفسوونی f.

Sorani **Soranî I** سۆرانی

Sorani speaker **Soranîaxêv** سۆرانی ئاخێڤ m.&f.

Sorani-speaking **Soranîaxêv** سۆرانی ئاخێڤ

sore (adj.) **kul I** کول; **teşene** تەشەنە

sore (n.): ; (in armpit) **ḧeftûzk** حەفتووزك f.; (~on horse's back) **cedew** جەدەو f.

sorghum **ṯale** طالە f.

sorrel (adj.) (color of horses) **şê** شێ

sorrel (n.) **tirşo** تِرشۆ m.

sorrow **derd** دەرد m.; **hesret** هەسرەت f.; **xem** خەم f.; **xemgînî** خەمگینی f.; **jan** ژان f.; **k'eder** کەدەر f.; **mirûz** مِرووز m.; **zelûlî** زەلوولی f.; **p'osîdeyî** پۆسیدەیی f.; (regret) **p'oşmanî** پۆشمانی f.

sorrowful **kovan** کۆڤان
sorry: (regretful) **p'oşman** پۆشمان/**peşîman** پەشیمان; **p'oř û p'oşman** پۆڕ و پۆشمان; (sad, upset) **p'osîde** پۆسیدە; -to feel sorry for **gunehê xwe lê anîn** گونەهێ خە لێ ئانین vt.
sort: (kind, type) **cins** جنس m.; **cûře** جووڕە m.; **řeng** ڕەنگ m.; **t'exlît** تەخلیت m.
to sort out (e.g., stones from rice) **şkevik kirin** شکەڤِك کِرِن vt.; **veqetandin** ڤەقەتاندِن vt.; **vavartin** ڤاڤارتِن vt.; **neqandin I** نەقاندِن vt.; **bijartin I** بژارتِن vt.
SOS [=Save Our Ship]: (call for help) **hawar** هاوار f.
soul **can I** جان m.; **řuh** ڕوه m./f.; **nefs** نەفس f.
soul snatcher **řuhistîn** ڕوهِستین m.
sound (adj.) **saxlem** ساخلەم
sound (n.) **deng I** دەنگ m.; **sewt** سەوت f.; (vague ~) **pêjin** پێژِن f.; (rattling, clanking) **şingîn** شِنگین f.
to sound: **sewt dayîn** سەوت داپین vt.; to s. like **deng dan** دەنگ دان vt.
soup **şorbe** شۆربە f.; (of dew and cooked wheat) **mehîr** مەهیر f.
soup chef **şorbeçî** شۆربەچی m.
soup kitchen **xêretxane** خێرەتخانە f.
sour **tirş** تِرش; (mildly ~, tart) **miz II** مِز
sour cherry **belalûk** بەلالووك f.
sour orange **narinc** نارِنج f.
sour plum **şilor** شِلۆر f.
source **çavkanî** چاڤکانی f.; **jêder** ژێدەر m.; **kanî I** کانی f.; **kan I** کان f.; **selef** سەلەف m.; **mak** ماك f.
sourness **tirşayî** تِرشایی f.
south **başûr** باشوور f./m.; **cenûb** جەنووب f.; **nişîv** نِشیڤ m.
Southern Kurdistan **Başûrê Kurdistanê** باشوورێ کوردِستانێ m.; **Kurdistana Îraqê** کوردِستانا ئیراقێ f.
sovereign (n.) **xûndkar** خووندکار m.
sovereignty **serwerî** سەروەری f.; **xûndkarî** خووندکاری f.
sow (female pig) **mahû** ماهوو f.
to sow: (plant seeds) **ç'andin** چاندِن vt.; (sprinkle) **werkirin** وەرکِرِن vt.
sown field **k'ewşan** کەوشان m.
space (gap, interval) **navbiřî** ناڤبِڕی f.
spacious **berfireh** بەرفِرەه; **fireh** فِرەه
spade **metirke** مەتِرکە f./m.; **tevir** تەڤِر m./f.
spades (in card games) **maçe** ماچە f.; **qeremaç** قەرەماچ m.; **kaxezê niştir** کاغەزێ نِشتِر m.
span: (unit of measure) **bost** بۆست f.; (s. of outstretched arms, fathom) **qulaç** قولاچ f.
Spanish **Spanî** سپانی
spare: (extra) **berdest II** بەردەست
to spare **hêvşandin** هێڤشاندِن vt.; (rescue) **qurtar kirin** قورتار کِرِن vt.
spare horse **êrdek** ئێردەك f.
spark **peşk III** پەشك f.; **p'êt I** پێت f.; **p'irîsk** پِریسك f.; **çirûsk** چِرووسك f.; **çirs** چِرس f.
sparkle **çirûsk** چِرووسك f.; **çirs** چِرس f.
to sparkle **biriqîn** بِرِقین vi.; **birûsîn** بِرووسین vi.; **çirûsîn** چِرووسین vi.; **teyisîn** تەیِسین vi.; **teys dan** تەیس دان vt.
sparkling **çirsavêj** چِرساڤێژ
sparring: (verbal ~) **şeředev** شەڕەدەڤ f.
sparrow **beytik** بەیتِك m.; **çûk I** چووك m./f.; **guncêşk** گونجێشك m.
spasm **teviz I** تەڤِز f.
to spatter: (vi.) **ç'eliqîn** چەلِقین vi.
spawn (fish roe) **xerz** خەرز m.
to speak **axaftin** ئاخافتِن vi./vt.; **p'eyivîn** پەیِڤین vi.; **dey kirin** دەی کِرِن vt.; **deng[ê xwe] kirin** دەنگێ خوە کِرِن vt.; **mijûl dan** مِژوول دان vt.; **xeber dan** خەبەر دان vt.; **qise kirin** قِسە کِرِن vt.; **şor kirin** شۆر کِرِن vt.; **ştaxilîn** شتاغِلین vi.; (of animals, in folktales) **deng ç'ûn** دەنگ چوون vi.
to speak about **beȟsa/beȟsê ft-î kirin** بەحسا\بەحسێ فتی کِرِن vt..; **qala ft-î kirin** قالا فتی کِرِن vt.
speaker (spokesman) **p'eyivdar** پەیِڤدار m.&f.; **qiseker** قِسەکەر m.&f.
speaking (talk) **qise** قِسە f.;
spear **niştir** نِشتِر m./f.; **řim** ڕِم m./f.; **nize** نِزە f.; **cerîd** جەرید f.
spearhead **zerg** زەرگ f./m.
special **t'aybetî** تایبەتی; **xas** خاس
specialist **p'ispor** پسپۆر m.; **şareza** شارەزا m.&f.
specialization **şarezayî** شارەزایی
species **cins** جنس m.; **dol I** دۆل f.
specimen **nimûne** نموونە m.
speck of dust **t'oz** تۆز f.; **gerik I** گەرِك f.; **tirabêlk** تِرابێلك f.
speckled: (ears, of goats) **taq** تاق
spectacle (show) **t'emaşe** تەماشە f.; **bergeh** بەرگەه f.; **ferc** فەرج f.; **dîmen** دیمەن f./m.
spectacles: (eyeglasses) **berçavk** بەرچاڤك m./pl.; **çavik II** چاڤِك f.
spectator **nêřevan** نێڕەڤان m.
specter --> See spectre.
spectre (ghost) **řeşe** ڕەشە f./m.; **sawîr** ساویر m./f.

speech: (talking) **gilî I** گلی m.; **lavz** لاڤز m.; **qise** قِسه f.; **qewl** قەول m./f.; **zar I** زار m.; **zarav** زاراڤ m.; (oration) **gotar** گۆتار f.; (muffled ~) **vinge-ving** ڤِنگەڤِنگ f.

speed **lezatî** لەزاتی f.

to speed (vi.) **řevîn** ڕەڤین vi.

to speed up (vt.) **lezandin** لەزاندِن vt.

speedily **řeve-řev** ڕەڤەڕەڤ

speedy (horse) **beza** بەزا; **qule** قوله

speedy recovery **selametî** سەلامەتی f.

spell: (magic s., incantation) **îsmê sêrê** ئیسمێ سێرێ m.

to spend: (time) **bihurandin** بِهوراندِن vt.; **derbaz kirin** دەرباز کِرِن vt.; (money) **mezaxtin** مەزاختِن vt.; **serf kirin** سەرف کِرِن vt.

sperm **avik** ئاڤِك f.; **dol I** دۆل f.; **tov** تۆڤ m.; **t'oxim** تۆخِم m.

sphere: (ball, circle) **govek** گۆڤەك f.

spice **derman** دەرمان m.

spiciness **tûjî** تووژی f.

spicy **tûj** تووژ; **dijwar** دِژوار; **sor** سۆر

spider **pîrhevok** پیرهەڤۆك f.; **pîrik** پیرِك f. [4]; **pîr** پیر f. [4]; **t'evnpîrk** تەڤنپیرك f.; **dapîroşk** داپیرۆشك f.; **pêrtevînk** پێرتەڤینك f.; **p'indepîr** پِندەپیر f.; -tarantula ~ **gindir** گِندِر f.

spike: (ear, of corn) **simbil I** سِمبِل f.; (stake) **sing I** سِنگ m.; **sik'e** سِکه f.

to spill (vt.) **řêtin I** ڕێتِن vt.; **řijandin** ڕژاندِن vt.; **lêkirin** لێ کِرِن vt.; **řo kirin** ڕۆ کِرِن vt.; (vi.) **řijîn** ڕِژین vi.

spin: (walk, stroll) **fitil** فِتِل f.; **geř II** گەڕ f.

to spin: (vi.) **ç'erx bûn** چەرخ بوون vi.; **ziviřîn** زِڤِڕین vi.; **zîz III bûn** زیز بوون vi.; (vt.) **zîzikandin** زیزِکاندِن vt.; (wool) **řêstin** ڕێستِن vt.; (wool; web of spiders) **řaç'andin** ڕاچاندِن vt.

spinach **spînax** سپیناخ f.

spinal column **mezmezk** مەزمەزك m./f.

spindle **t'eşî** تەشی f./m.; **dox** دۆخ f.

spine **mezmezk** مەزمەزك m./f.

spinning (adj.; like a top) **zîz III** زیز

spinning top **ziviřok** زِڤِڕۆك f.; **vizik I** ڤِزِك f.; **zîzok** زیزۆك f.; **mis'ar** مِسعار f.

spiral **ziviřok** زِڤِڕۆك f.

spirit: (soul) **can I** جان m.; **řuh** ڕوه m./f.

to spirit away **berza kirin** بەرزا کِرِن vt.

spirits: (mood) **beşer I** بەشەر f.; -to be in bad spirits **xwe xistin vî halî** خوه خِستِن ڤی هالی vt.

spiritual **derûnî** دەروونی

spiritual leader **şêx** شێخ m.

spit: (saliva) see spittle; (skewer) **bist I** بِست f.; **şîş** شیش f.;

to spit **t'if kirin** تِف کِرِن vt; **t'û kirin** توو کِرِن vt

spite **zikřeşî** زِکڕەشی f.

spiteful **zikřeş** زِکڕەش

spitefully **bi kulzikî** بِ کولزِکی

spittle **girêz** گِرێز f.; **ava dev** ئاڤا دەڤ f.; **t'if** تِف f.; **t'ûk II** تووك f.; **lîk** لیك f.; **xwezî II** خوەزی f.

to splash: (vi.) **ç'eliqîn** چەلِقین vi.; **p'ekîn** پەکین vi.; (gently) **xuşîn** خوشین vi.; (vt.) **pijiqandin I** پِژِقاندِن vt.; **ç'eliqandin** چەلِقاندِن vt.

splashing (n.) **xuşîn** خوشین f.; **xuşexuş** خوشەخوش f.

to splatter (vi.) **p'ekîn** پەکین vi.; (vt.) **ç'eliqandin** چەلِقاندِن vt.

spleen **dêdik** دێدِك f.; **fateřeşk** فاتەڕەشك f.; **teḧêl** طەحێل f.; **xalxalk** خالخالك f./m.

splendid **şaneşîn** شانەشین

splendor **sentenet** سەنتەنەت f.

splinter **pîj I** پیژ m.; **qirş** قِرش m.; **p'erçe** پەرچە m./f.; **telîş I** تەلیش m.

split (adj.) **terk I** تەرك; **terikî I** تەرِکی; -to be ~ in half **şiqitîn** شِقِتین vi.

split (n.) **derz** دەرز f.; **qelîştek** قەلیشتەك f.; **terk I** تەرك f.; **tîş I** تیش f.; (schism) **dubendî** دوبەندی f.

to split: (vt.) **qelaştin** قەلاشتِن vt.; **qelişandin** قەلِشاندِن vt.; **derizandin** دەرِزاندِن vt.; **p'ekandin** پەکاندِن vt.; **t'eqandin** تەقاندِن vt.; (vi.) **bizdîn** بِزدین vi.; **piçan** پِچان vi.; **qetîn** قەتین vi.; **t'eqîn** تەقین vi.; **terikîn I** تەرِکین vi.; **derizîn** دەرِزین vi.; **p'eqîn** پەقین vi.; **qelişîn** قەلِشین vi.; (in half) **şiqitîn** شِقِتین vi.

to spoil: (vi.) **ḧeřimîn** حەڕِمین vi.; **fesidîn** فەسِدین vi.; (vt.) **têkdan** تێکدان vt.; **p'ûç' kirin** پووچ کِرِن vt.

spoiled: (pampered) **beradayî** بەرادایی; **biṯiř I** بِطِڕ; **gewî** گەوی; (ruined) **p'ûç'** پووچ; -to be spoiled (of food, water) **ḧeřimîn** حەڕِمین vi.; **fesidîn** فەسِدین vi.; (be ruined) **têkç'ûn** تێکچوون vi.

spoils: (booty) **cerd I** جەرد f.; **t'alan** تالان m./f.; **extirme** ئەختِرمە f.

spoke (of wheel) **qazux** قازوخ m./f.

spoken (oral) **devkî** دەڤکی

spokesman **p'eyivdar** پەیڤدار m.&f.; **qiseker** قِسەکەر m.&f.; **berdevk I** بەردەڤك m.

sponge: (parasite) **k'edxwar** کەدخوار m.

sponger (parasite) **k' urtêlxur** کورتێلخور m.&f.

sponging (adj.) (parasitic) **k'edxwar** کەدخوار m.

to spook **veciniqandin** ڤەجِنِقاندِن vt.; **tirsandin** تِرساندِن vt.

spool: (of thread) **masûr** ماسوور m.
spoon: **kefçî** کەفچی m.; (wooden ~) **çemçik** چەمچِك
sports **werziş** وەرزِش f./m.
spot: (place) **cî** جی m.; **der I** دەر f.; **dever I** دەڤەر f.; **dews** دەوس f.; **êrdim** ئێردِم f.; **şûn** شوون f.; **mek'an** مەکان m.; (blotch) **xal II** خال f.; **deq** دەق f.; (stain) **leke** لەکە f.
spotted: (stained) **lekedar** لەکەدار; (ears, of goats) **taq** تاق; (black & white, of goats) **kever** کەڤەر
spouse **hevser** هەڤسەر m.&f.
spout (of water jug) **lûlik** لوولِك f.
to sprain **xelandin** خەلاندِن vt.
sprained: -to be ~ **xelyan** خەلیان vi.; **wergeřîn** وەرگەڕین vi.
to sprawl out **velezîn** ڤەلەزین vi.
to spray **řeşandin** ڕەشاندِن vt.; **werkirin** وەرکِرِن vt.
to spread (vt.) (grain) **řaxistin** ڕاخِستِن vt.; (butter on bread) **têdan** تێ دان vt.; (disease, by contagion) **vegirtin** ڤەگِرتِن vt.; (diffuse, publicize) **weşandin** وەشاندِن vt.; (vi.) (of a disease) **teşene bûn** تەشەنە بوون vi.
to spread out (vt.): **dirêj kirin** دِرێژ کِرِن vt.; (rug, on floor) **řaxistin** ڕاخِستِن vt.; (stg., on ground) **řazandin** ڕازاندِن vt.
spreading (n.) (of a disease) **teşene** تەشەنە f.
spreading floor (for drying grapes into raisins) **miştax** مِشتاخ f.
spring: (season) **bihar** بِهار f.; (source) **çavkanî** چاڤکانی f.; **kanî I** کانی f.; **selef** سەلەف m.; serê avê; (leap, hop) **firqas** فِرقاس f.
to spring **çeng III bûn** چەنگ بوون vi.; **pengizîn** پەنگِزین vi.; **hilpekirin** هِلپەکِرِن vt.
spring onion **pîvazteřk** پیڤازتەڕك f.
to spring up (appear) **bît'er bûn** بیتەر بوون vi.;
springtime **bihar** بِهار f.
sprinkle (light rain) **reşêş** رەشێش f.
to sprinkle **dêrandin** دێراندِن vt.; **řeşandin** ڕەشاندِن vt.; **werkirin** وەرکِرِن vt.; **bêjing kirin** بێژِنگ کِرِن vt.; **virvirandin** ڤِرڤِراندِن vt.;
sprout **terh** تەرە f.; **gupik III** گوپِك f.; **zîl** زیل m./f.; **aj** ئاژ f.
to sprout **zîl dan** زیل دان vt.; **aj dan** ئاژ دان vt.
spruce (tree) **kac** کاج f.; **merx** مەرخ f.; **darûk** داروك f.
spur **řik'êb** ڕِکێب f.
to spur on: (drive, urge on) **xuřîn III** خوڕین vt.; [a horse] **řik'êb kirin** ڕِکێب کِرِن vt.; **xurandin** خوراندِن vt.; **zengû kirin** زەنگوو کِرِن vt.
spurious **qelp I** قەلپ

spurt (jet of water) **şiřik** شِڕِك f.; **surik I** سورِك f.; **vizik II** ڤِزِك f.
to spurt (vi.) **pijiqîn** پِژِقین vi.; **veřestin** ڤەڕەستِن vi.; (vt.) **beliqandin I** بەلِقاندِن vt.; **pijiqandin I** پِژِقاندِن vt.
sputtering (sound of boiling liquid) **k'izek'iz** کِزەکِز f.; (of boiling oil) **qiçeqiç** قِچەقِچ f.
sputum **t'if** تِف f.; **t'ûk II** تووك f.; **belẍem** بەلغەم f.
spy **sîxur** سیخور m.; **destkîs** دەستکیس m.&f.
to spy **cesisandin** جەسِساندِن vt.
spyglass **dûrbîn** دووربین f.
spying **destkîsî** دەستکیسی f.
squadron (air force) **řef I** ڕەف m./f.; (military) **t'abûr** تابوور f.
square: **ç'arçik** چارچِك f.; (box, cell) **malik** مالِك f.; (town ~) **meydan** مەیدان f.
squash: (zucchini) **kundir** کوندِر f./m.; **gindor I** گِندۆر f.; **kulind** کولِند m.; **qaqareş** قاقارەش f.; (unripe ~) **xirtik I** خِرتِك f.; **tûtik II** تووتِك m./f.
to squash **p'erçiqandin** پەرچِقاندِن vt.; **'eciqandin** عەجِقاندِن vt.; **p'ekandin** پەکاندِن vt.
squashed: -to be ~ **'eciqîn** عەجِقین vi.
to squat **qelefiskî řûniştin** قەلەفِسکی ڕوونِشتِن vi.
to squeak **ç'iřîn** چِڕین vi.
squeaking (n.) **çirke-çirk** چِرکەچِرك f./m.
squealing (n.) **vinge-ving** ڤِنگەڤِنگ f.
to squeeze **guvaştin** گوڤاشتِن vt.; **dewisandin** دەوِساندِن vt.
to squint **çav qîç kirin** چاڤ قیچ کِرِن vt.
squint-eyed **qîç** قیچ; **şaş I** شاش
squinting **qîç** قیچ;
squirrel **siwûrî** سِووروی f./m.; **sencab** سەنجاب f.; **pilûr** پِلوور f./m.
to squirt (vi.) **pijiqîn** پِژِقین vi.; **veřestin** ڤەڕەستِن vi.; (vt.) **beliqandin I** بەلِقاندِن vt.; **pijiqandin I** پِژِقاندِن vt.
stable (adj.) **t'ena I** تەنا; **t'eyax** تەیاخ; **tamîş** تامیش
stable (n.) **borxane** بۆرخانە f.; **stewl** ستەول m./f.; **tewle** طەولە f.; **pange** پانگە f.; **extexane** ئەختەخانە f.; **k'ox** کۆخ m.
stableman **seyîs I** سەییس m.
stack **lod** لۆد f./m.; (agricultural) **xerman** خەرمان m.; (of grape leaves, etc.) **t'exe** تەخە f.; (of wheat, barley) **gidîş** گِدیش f.
staff: (stick, rod) **ço** چۆ m./f.; **çogan** چۆگان m.; **çomaẍ** چۆماغ m.; **gopal** گۆپال m.; **şiv** شِڤ f.; **çîv** چیڤ m.; (wooden) **şivdar** شِڤدار f.
stag (male deer) **şivir** شِڤِر m.
stage: (phase) **qonax** قۆناخ f./m.; (of a trip) **qonax** قۆناخ

f./m.; **menzîl** مەنزیل f.; (of theater) **şano** شانۆ f.

to stagger: (reel, totter) **licimîn** لِجمین vi.

stagnant (of water) **peng II** پەنگ; **meyav** مەیاڤ; **mend I** مەند

stain: (spot) **leke** لەکە f.

stained: (spotted) **lekedar** لەکەدار

staircase **derenc** دەرەنج f./pl.; **nerdewan** نەردەوان f.; **pêlegan** پێلەگان f.; **pêpelîng** پێپەلینگ f./m.; **pêstirk** پێسترِك f.

stairs **derenc** دەرەنج f./pl.; **nerdewan** نەردەوان f.; **pêlegan** پێلەگان f.; **pêpelîng** پێپەلینگ f./m.; **pêstirk** پێسترِك f.

stake: (tent ~) **çîxin** چیخِن m.; **sing I** سِنگ m.; **qazux** قازوخ m./f.; **sik'e** سِکە f.

stale **t'isî** تِسی

stalemate (draw or tie, in games) **pate III** پاتە f.

staleness **t'isîtî** تِسیتی f.

stalk: (of plant) **lask** لاسك m.; (straw ~s left after harvest) **qesel** قەسەل m./f.; **sap** ساپ m.

to stalk (prey, a person) **ji dû neqetîn** ژِ دوو نەقەتین vi.

stall: (sty, pen) **axur** ئاخور m./f.

to stall (vi.) (automobile) **temirîn** تەمِرین vi.

stamen **nêrik** نێرِك f.; **qîvar** قیڤار f.

stamp: (seal) **mor II** مۆر f.; **p'îlat** پیلات f.

stance: (comfortable ~) **semt** سەمت m.; **fesal** فەسال f.; (attitude) helwest f.; **şêl** شێل f.

to stand: **řawestan** ڕاوەستان vi.; **sekinîn** سەکِنین vi.; (withstand, bear, endure) **tab dayîn/kirin** تاب دایین\کِرِن vt.; **t'eyax dan** تەیاخ دان vt.; **tamîş kirin** تامیش کِرِن vt.

to stand still: (be calm) **ȟewhan** حەوهان vi.; **řeȟet sekinîn** ڕەحەت سەکِنین vi.; **'edilîn** عەدِلین vt.

to stand up **rabûn ser xwe** ڕابوون سەر خوە vi.

standard-bearer **beyraqbir** بەیراقبِر m.; **bêraqdar** بێراقدار m.

standing **ji piya** ژِ پیا

standing on end (erect, bristling) **girj** گِرژ

standing up (on one's feet) **şipîya** شِپییا

stanza (of poetry) **malik** مالِك f.; (of Yezidi qewls) **sebeqe** سەبەقە f.

stapes **zengû** زەنگوو f.

star **stêr** ستێر f.

star thistle **ç'aqir** چاقِر f.

to stare **beliqandin II** بەلِقاندِن vt.; **çavê xwe zîq kirin** چاڤێ خوە زیق کِرِن vt.; **zîq lê nêrîn** زیق لێ نێرین vt.

staring (of eyes) **beloq** بەلۆق; **zîq** زیق

stark naked **şilf tazî** شِلف تازی; **rût û zilût** ڕووت و زِلووت

starling **řeşêlek** ڕەشێلەك f.; **alik** ئالِك; **garanîk** گارانیك f.; **zerzûr** زەرزوور f.

start: (beginning) **destpêk** دەستپێك f.; **ser I** سەر m.

to start (begin) **dest pê kirin** دەست پێ کِرِن vt.; **dest avêtin** دەست ئاڤێتِن vt.; (be startled) **t'ertilîn** تەرتِلین vi.; **veciniqîn** ڤەجِنِقین vi.; **hilfiřîn** هِلفِڕین vi.

starting from **ji ... de** ژِ ... دە

to startle **veciniqandin** ڤەجِنِقاندِن vt.

startled: -to be ~ **t'ertilîn** تەرتِلین vi.; **veciniqîn** ڤەجِنِقین vi.; **vebehîn** ڤەبەهین vi.

starvation **xela** خەلا f.

to starve **deliyan** دەلییان vi.

state: (of affairs, condition) **řewş** ڕەوش f.; **ȟal** حال m.; **ȟewal** حەوال m.; **ȟal û ȟewal** حال و حەوال m.; **kawdan** کاودان pl.; **dest û dar** دەست و دار m.; **k'êf** کێف f.; **merc I** مەرج f./m.; **şêl** شێل f.; (sovereign nation) **k'omar** کۆمار f.; **dewlet** دەولەت f.; (province) **wîlayet** ویلایەت f.;

state of emergency **řewşa awarte** ڕەوشا ئاوارتە f.

to state **diyar kirin** دِیار کِرِن vt.

statement: (written) **beyanname** بەیاننامە f.; **daxuyanî** داخویانی f.

station: (radio, train ~) **îstgeh** ئیستگەهـ f.; (stage of trip) **menzîl** مەنزیل f.

statue **heyk'el** هەیکەل m./f.; **p'eyker** پەیکەر m.

stature **bejn** بەژن f.; **qam** قام f.; **qedqamet** قەدقامەت f.

statutes: (regulations) **destûr** دەستوور f.

to staunch: (flow of water) **çikandin II** چِکاندِن vt.; **miçiqandin** مِچِقاندِن; **pêşîya fk-ê girtin** پێشییا فکێ گِرتِن vt.; **pêşî lê birîn** پێشی لێ بِرین vt.

to stay (remain) **man** مان vi.

to stay alive **man** مان vi.

to stay behind **pařa man** پاڕا مان vi.; **veman** ڤەمان vi.

to stay out: -staying out all night (of young men) **şeveder** شەڤەدەر

stead: (place) **dews** دەوس f.; **şûn** شوون f.

steady **t'eyax** تەیاخ; **tamîş** تامیش

to steal **dizîn** دِزین vt.

to steal away (vi.) (sneak away) **sûrikîn** سوورِکین vi.; vedizîn

stealthily **[bi] dizîka** بِ دِزین

steam **hilm** هِلم f.; **dûk'el** دووکەل f./m.

steel **p'ola** پۆلا m./f.; (~ for swords) **deban** دەبان m.

steelyard **qeynt'er** قەونتەر f.

steep (precipitous) **řik II** ڕِك

steering wheel **maç' III** ماچ f.

stem **bingeh** بنگەه f.; (of plant) **lask** لاسك m.
stench **kuṟeder** كورەدەر f.
step: (pace) **gav** گاڤ f.; **pêngav** پێنگاڤ f.; **şop** شۆپ f.; (rung of ladder) **hewq** هەوق; **nerdewan** نەردەوان f.
to step **gav avêtin** گاڤ ئاڤێتن vt.; **qedimîn** قەدِمین vi.
stepbrother **ziṟbira** زِربرا m.
stepchild **nevisî** نەڤسى m.&f.
stepdaughter **keçḧelî** كەچحەلى f.; **qîzḧilî** قیزحلى f.; **nevisî** نەڤسى f.
stepfather **bavmarî** باڤمارى m.; **ziṟbav** زِرباڤ m.
stepfather-in-law **ziṟxezûr** زِرخەزوور m.
stepmother **dêmaṟî** دێمارى f.; **jinbav** ژنباڤ f.; **ziṟdayîk** زِرداییك f.
stepmother-in-law **ziṟxesû** زِرخەسوو f.
steppe **best** بەست f.; **deşt** دەشت f.; **ṟast** راست f.; **ç'ol** چۆل f.
stepping-stone **bazeber** بازەبەر f./m.
steps: (staircase) **derenc** دەرەنج f./pl.; **nerdewan** نەردەوان f.; **pêlegan** پێڵەگان f.; **pêpeling** پێپەلینگ f./m.; **pêstirk** پێستِرك f.
stepsister **ziṟxweh** زِرخوەه f.
stepson **kuṟḧilî** كورحلى m.; **nevisî** نەڤسى m.; **mozik I** مۆزِك m.
sterile **bêber** بێبەر; **xirş** خِرش; **bêweç** بێوەچ; **bêzuṟet** بێزورەت; (of animals) **stewir** ستەوِر
sterility **bêzuṟetî** بێزورەتى f.; (of animals) **stewrî** ستەورى f.
stern **diṟ** دِر
stew (vegetable ~ in earthenware pot) **metfînî** مەتفینى f.; (vegetable ~) **tirşik** تِرشِك f.
stick: (staff, rod) **ço** چۆ m./f.; **çogan** چۆگان m.; **çomaẍ** چۆماغ m.; **gopal** گۆپاڵ m.; **şiv** شِڤ f.; **kevezan** كەڤەزان m.; **metreq** مەترەق m.; **çîv** چیڤ m.; (~ for uprooting plants) **adûde** ئادووده f.; (in games) **t'ûs** تووس m.; (wooden ~) **dar II** دار m.; **şivdar** شِڤدار; (straight wooden pole) **ṟot** رۆت m.; (stake) **qazux** قازوخ m./f.; -sticks and twigs **qirş [û qal]** قِرش و قاڵ m.
to stick: (adhere to, vi.) **nûsyan** نووسیان vi.; (glue, paste, vt.) **zeliqandin** زەلِقاندِن vt.; **pêvekirin** پێڤەكِرن vt.; **pêvenan** پێڤەنان vt.; **nûsandin** نووساندِن vt.; (thrust, insert) **k'utan** كوتان vt.; **çikandin I** چِكاندِن vt.; **daçikandin** داچِكاندِن vt.; **ḧeşikandin** حەشِكاندِن vt.; **niç'ikandin** نِچكاندِن vt.; **çikilandin** چِكِلاندِن vt.
to stick in (insert) **têkirin** تێ كِرن vt.; **niç'andin** نِچاندِن vt.; **niç'ikandin** نِچكاندِن vt.; **çikilandin** چِكِلاندِن vt.
sticking out (protruding) **bel** بەل; **girj** گِرژ; **qişt** قِشت; **qund** قوند; **ṟep** رەپ
'stickler' (one who sticks to the rules) **sofî I** سۆفى m.
sticky **çiṟ II** چِر
stiff (hard, firm) **ṟeq II** رەق; (erect, of penis) **ṟep** رەپ; -to become ~ **tevizîn** تەڤِزین vi.
to stiffen (vi.) **tevizîn** تەڤِزین vi.
still (adj.) (quiet) **aram** ئارام
still (adv.): **hê** هێ; **hila II** هِلا; **dîsa** دیسا; -still more **hîna** هینا
to sting **pê vedan** پێ ڤەدان vt.; (to the quick) **hingaftin** هِنگافتِن vt.
stinger **jene** ژەنە f.; **dirêşûşk** دِرێشووشك f.; **derzî** دەرزى f.
stinginess **ç'ikûsî** چكووسى f.; **ṟijdî** رِژدى f.; **tima** تِما f.
stinging nettle **gezgezok** گەزگەزۆك f.; **k'ergezk** كەرگەزك f.
stingy **kêm îḧsan** كێم ئیحسان; **ç'ikûs** چكووس; **çirûk** چِرووك; **ṟijd** رِژد; **tima** تِما; **qesîs** قەسیس/**xesîs** خەسیس
stink **kuṟeder** كورەدەر f.
stinking **genî** گەنى
to stipulate (in one's will) **wesandin** وەساندِن vt.
stipulation (condition) **merc I** مەرج f./m.; **şert** شەرت m./f.
stir: (commotion) **k'eft û left** كەفت و لەفت f.
to stir: (vi.) (to budge, move) **livîn I** لِڤین vi.; **leqîn** لەقین vi.; **lipitîn** لِپِتین vi.; **ji cî ḧejîn** ژ جى حەژین vi.; (vt.) (cause to budge, move) **livandin** لِڤاندِن vt.; **leqandin** لەقاندِن vt.; **lipitandin** لِپِتاندِن vt.; (mix) **li hev xistin** لِ هەڤ خِستِن vt.; (mix, of solid things made liquid by stirring) **şêlan** شێلان vt.;
to stir up: **daweşandin** داوەشاندِن vt.; **têkil kirin** تێكِل كِرن vt.; (to provoke, incite) **azirandin** ئازِراندِن vt.; **têkdan** تێكدان vt.
stirring (movement) **lipat** لِپات f.
stirrup **zengû** زەنگوو f.; **ṟik'êb** رِكێب f.
stirrup-bone **zengû** زەنگوو f.
stitch **kêl II** كێل f.; **dirwar** دِروار f.
to stitch **dirûtin** دِرووتِن vt.
stockade (open air, for sheeps and goats) **guhêṟ** گوهێر f.; **k'oz** كۆز f.; **mexel** مەخەل f./m.; **kotan I** كۆتان f.
stockings **zengal** زەنگال f.
to stockpile **nijandin** نِژاندِن vt.
to stoke (a fire) **sincirandin** سِنجِراندِن vt.; **şarandin** شاراندِن vt.
stomach **zik** زِك m.; (lamb or goat's ~) **firşik I** فِرشِك

stomachache **navêş** ناڤێش f.; -to suffer from ~ **tetirxanî bûn** تەترخانی بوون vi.

to stomp on **dan ber lingan** دان بەر لِنگان vt.; **'eciqandin** عەجِقاندِن vt.

stomping ground (native place) **wargeh** وارگەه f./m.

stone **ber III** بەر m.; **kevir** کەڤِر m.; **kuç'** کوچ m.; (large ~) **ĥîm** حیم m.; (little ~) **zuẍr** زوغر m.; (of fruit) **dendik** دەندِك f.; **sîsik I** سیسِك f.; (precious ~, on ring) **qaş** قاش f.

to stone (to death) **dan ber beran/keviran** دان بەر بەران\کەڤِران vt.; **kevir kirin** کەڤِر کِرِن vt.; **zebandin** زەباندِن vt.

stone marten **kûşk** کووشك\کویشك m.; **kûze** کووزە f.

stone slab **sel** سەل m.; **tat I** تات f.

stook: (shock, haycock) **gidîş** گِدیش f.; **gîşe** گیشە f.; (of corn) **lod** لۆد f./m.

stool: (4-cornered s. covered with blanket, under which brazier with coals is placed for warming feet) **k'ursî** کورسی f./m.

to stoop (bend over) **kûz bûn** کووز بوون vi.; **tewîn** تەوین vi.

stooped over: (of back) **xûz** خووز

stop (on a trip) **menzîl** مەنزیل f.; **sekin** سەکِن f.

stop! (quit doing stg.) **bes I** بەس [+ imperative];

to stop: (vi.) **sekinîn** سەکِنین vi.; **r̄awestan** ڕاوەستان vi.; **westan II** وەستان/**westîn** وەستین vi.; **'edilîn** عەدِلین vt.; (to cease) **ji ... r̄abûn** ژِ ... ڕابوون vi.; **t'erkandin** تەرکاندِن vt.; **dev jê berdan** دەڤ ژێ بەردان vt.; **qeran** قەران vt./vi.; **dest jê k'işandin** دەست ژێ کِشاندِن vt.; **hiştin** هِشتِن vt.; **betal kirin** بەتال کِرِن vt.; (to let up, of rain) **vedan** ڤەدان vt.; (to ~ for the night, lodge) **ĥewîn** حەوین vi.; **hêwirîn** هێورین vi.; (to cause to stop) (vt.) **sekinandin** سەکِناندِن vt.; **r̄awestandin** ڕاوەستاندِن vt.; **r̄agirtin** ڕاگِرتِن vt.; **bersîng girtin** بەرسینگ گِرتِن vt.; **r̄êlêgirtin** ڕێ لێ گِرتِن vt.; (staunch flow of water) **çikandin II** چِکاندِن vt.; **miçiqandin** مِچِقاندِن vt.; (vi.) (flowing, of water) **çikîn** چِکین vi.; **miçiqîn** مِچِقین vi.; **çik bûn** چِك بوون vi.

to stop up (plug up) **xitimandin** خِتِماندِن vt.; **pengandin** پەنگاندِن vt.

stopping (prevention) **r̄êlêgirtin** ڕێلێگِرتِن f.

stopping place **sekin** سەکِن f.; **war** وار m.

storage box **sindirîk** سِندِریك f.

storage chest **sindirîk** سِندِریك f.

storage place: (for baggage) **barxane** بارخانە f.;

storage shed **k'ox** کۆخ m.

store: (shop) **dik'an** دِکان f.; (supply, reserve) **zexîre** زەخیرە f.

to store **'embar kirin** عەمبار کِرِن vt.; **p'arastin** پاراستِن vt.

storehouse **'embar** عەمبار f.

storeowner **dik'andar** دِکاندار m.&f.

storeroom **'embar** عەمبار f.

stork **legleg** لەگلەگ f.; **ĥacîr̄eşk** حاجیڕەشك f.

storm **bager** باگەر f.; **bahoz** باهۆز f.; **barove** بارۆڤە f.; **tofan** تۆفان f.; **bap'eşk** باپەشك f.; (at sea) **firtone** فِرتۆنە f.; **hureba** هورەبا m./f.

to storm **gujeguj kirin** گوژەگوژ کِرِن vt.

stormcloud **hecac** هەجاج f.; **p'elte** پەلتە f.

stormy **dir̄** دِڕ

story (floor of a building) **qat** قات m./f.

story (narrative) **serhatî** سەرهاتی f.; **çîr̄ok** چیڕۆك f.; **ĥekyat** حەکیات f.; **mesel** مەسەل f.; **neqil** نەقِل f.; **qise** قِسە f.; **r̄iwayet** ڕِوایەت f.; (epic) **destan** دەستان f.; (humorous anecdote) **meselok** مەسەلۆك f.

storyteller **çîr̄okbêj** چیڕۆکبێژ m.&f.; **ĥekyatçî** حەکیاتچی m.; **ĥik'îyatdar** حِکییاتدار m.; (reciter of epics) **dengbêj** دەنگبێژ m.

stout: **stûr** ستوور; (fat) **qelew** قەلەو; **k'ok I** کۆك; **qalin** قالِن

stoutness **qelewî** قەلەوی f.; **k'okayî** کۆکایی f.

stove (oven) **tendûr** طەندوور f.; **t'ifik** تِفِك f.; **kuçik II** کوچِك f./m.

straight: (flat, even) **dûz** دووز; **r̄ast** ڕاست

straightness **r̄astî** ڕاستی f.

strain: (species) **dol I** دۆل f.

to strain: (filter) **parzinandin** پارزِناندِن vt.; **palandin** پالاندِن vt.; **dakirin** داکِرِن vt.

strainer (colander) **mifsik** مِفسِك f.; **k'efgîr** کەفگیر f.; (filter) **parzûn** پارزوون m.

strait: (geog.) **derteng** دەرتەنگ f.

straits (trouble) **tengavî** تەنگاڤی f.; **xax** خاخ m.

strand (of hair) **ta I** تا m.

strange: **'ecêb** عەجێب; **seyr** سەیر; **sosret** سۆسرەت; (foreign) **bîyanî** بییانی; **xerîb** خەریب; (unfamiliar) **nenas** نەناس

strange land (foreign country) **ẍurbet** غوربەت f.; **xerîbstan** خەریبستان f.

strange thing (marvel) **gosirmet** گۆسِرمەت f.

stranger **xerîb** خەریب m.

strangers: (others) **xelq** خەلق m.

to strangle **xeniqandin** خەنِقاندِن vt.; **fetisandin** فەتِساندِن vt.

strangled: -to be ~ **xeniqîn** خەنِقین vi.

strap (leather ~) **qayîş** قاییش f.; **p'aldûm** پالدووم m./f.; (on stirrup) **zexmik** زەخمِك f.; (tied under belly of beast of burden) **kejî** کەژی f.; **berteng II** بەرطەنگ m.; **teng II** تەنگ m./f.

stratagem: (trick) **ḧîle** حیلە f.

stratum **ç'în** چین f./m.; **t'ebax II** تەباخ m./f.

straw **ka I** کا f.; (stalks left after harvest) **qesel** قەسەل m./f.

strawberry **tûfirengî** تووفِرەنگی f.

straw thief **kadiz** کادِز m.

stray **derodero** دەرۆدەرۆ; **sergerdan** سەرگەردان; **derbeder** دەربەدەر

to stray **havîbûn** هاڤیبوون vi.

stream: (brook) **cew** جەو f.; **ç'a I** جا m.; **r̄o II** رۆ m.; (torrent) **sêlav** سێلاڤ f.; **şîp** شیپ f./m.; **şir̄ik** شِرِك f.; **surik I** سورِك f.; **vizik II** ڤِزِك f.

street **kolan II** کۆلان f.; **kûçe** کووچە f.; **zikak** زِکاك f.; **zaboq** زابۆق f.; **ca'de** جاعدە f.; (highway) **ca'de** جاعدە f.; (lane, alley) **'ewc** عەوج f.

strength **hêz** هێز f.; **qewat** قەوات f.; **qudret** قودرەت f.; **dewlet** دەولەت f.; **şiyan** شِیان f.; **ḧêl** حێل f.; **qedûm** قەدووم m.; **xurtî** خورتی f.; **zexm I** زەخم f.; **zexmî** زەخمی f.; **zor I** زۆر f.; **t'aqet** تاقەت f.; **birî** بِری f.

to strengthen **şidandin** شِداندِن vt.; **zexm kirin** زەخم کِرِن vt.

stress: (emphasis) **şidandin** شِداندِن f.; **derb** دەرب f./m.; **t'eqil** تەقِل f.

to stress: (accentuate, put stress on) **şidandin** شِداندِن vt.

to stretch (vt.): **dirêj kirin** دِرێژ کِرِن vt.; **r̄ak'işandin** راکِشاندِن vt.; -to cause to s. **velezandin** ڤەلەزاندِن vt.

to stretch o.s. **teviz dayîn xwe** تەڤِز دایین خوە vt.

to stretch out (vi.): (lie down) **xwe dirêj kirin** خوە دِرێژ کِرِن vt.; **r̄amedîn** رامەدین vi.; **p'aldan** پالدان vt.; **r̄azan** رازان vi.; **vek'etin** ڤەکەتِن vi.; **velezîn** ڤەلەزین vi.; **xwe velezandin** خوە ڤەلەزاندِن vt.; (vt.) **velezandin** ڤەلەزاندِن vt.

stretchable **çir̄ II** چِر

stretched out (full length, of corpse) **pîj III** پیژ

stretcher **darbest** داربەست f.; **me'f** مەعف f.

stretching (n.) **teviz I** تەڤِز f.

stretchy: (of chewing gum) **çir̄ II** چِر

to strew **dêrandin** دێراندِن vt.; (grain) **r̄axistin** راخِستِن vt.

strewn **tarûmar** تاروومار

stricken: -to be ~ with (illness) **girtin** گِرتِن vt. [rev. con.]; -to be ~ with a fatal disease **têda hatin** تێدا هاتِن vi.

strike: (workers') **grev** گرەڤ f.

to strike **hingaftin** هِنگافتِن vt.; (fire, a match) **çeqandin** چەقاندِن vt.; (beat, hit) **lêdan** لێ دان vt.; **lêxistin** لێ خِستِن vt.; **k'utan** کوتان vt.; **jendin** ژەندِن vt.; **r̄epandin** رەپاندِن vt.

string **ben** بەن m.; **ta I** تا m.; **dav II** داڤ f.; (~ of dried fruits) **gelwaz** گەلواز f./m.; **şaran** شاران m.; **xarûz** خارووز m.; (of pearls, gold, etc.) **r̄istik** رِستِك f./m.; (on apron) **lepik** لەپِك m.; (thick) **şerît** شەریت f.; (violin ~) **jîh** ژیه m./f.; **t'êl** تێل f./m.; (~ with coins sewn on it, as woman's ornament) **qol II** قۆل m.;

stringy: (of dough) **çir̄ II** چِر

strip (of hide) **zol** زۆل f.; (of land) **mişar I** مِشار f.

to strip (undress) (vt.) **şelandin** شەلاندِن vt.; **şiqitandin** شِقِتاندِن vt.; (vi.) **xwe şêlandin** خوە شێلاندِن vt.

stripe: **zol** زۆل f.; (e.g., on bee's back) **r̄av II** راڤ f.; **şiv** شِڤ f.

striped **r̄av-r̄av** راڤ راڤ

to strive **bizav kirin** بِزاڤ کِرِن vt.; **pêk'ol kirin** پێکۆل کِرِن vt.; **çerçirîn** چەرچِرین vi.; **têkoşîn** تێکۆشین vi.

striving: (n.) **bizav** بِزاڤ f.; **têkoşîn** تێکۆشین f.

stroke: (blow, hit) **derb** دەرب f./m.; **weş** وەش f.; **k'otek** کۆتەك f.; -to suffer a ~ **têda hatin** تێدا هاتِن vi.

to stroke: (caress, fondle) **miz dan** مِز دان vt.; **p'erixandin** پەرِخاندِن vt.; **firikandin** فِرِکاندِن vt.

stroll: (walk) **fitil** فِتِل f.; **ger̄ II** گەر f.; **seyran** سەیران f.; **seyrange** سەیرانگە f.; **bi r̄ê ve ç'ûn** بِ رێ ڤە چوون f.

strong **xurt** خورت; **bihêz** بِ هێز; **zexm I** زەخم; **qewî** قەوی; **ḧêl** حێل; (healthy, robust) **p'ît I** پیت; (sturdy) **meḧkem** مەحکەم; **mukum** موکوم; **t'eyax** تەیاخ

stronghold **asêgeh** ئاسێگەه f.

strongman: (bully, tyrant) **zurbe** زوربە m.

strophe (of poetry) **malik** مالِك f.

structure: (building) **avayî** ئاڤایی m.

struggle **xebat** خەبات f.; **k'eft û left** کەفت و لەفت f.; **cerenîx** جەرەنیخ f.; **têkoşîn** تێکۆشین f.

to struggle **xebitîn** خەبِتین vi.; **têkoşîn** تێکۆشین vi.; (as in death throes) **p'irpitîn** پِرپِتین vi.

struggler **têkoşer** تێکۆشەر m.

stubble **p'irêz** پِرێز f.; **firêze** فِرێزە f.

stubble field **beyar** بەیار f.; **xozan** خۆزان f./m.

stubborn **serḧişk** سەرحِشك; **serk'êş I** سەرکێش; **serr̄eq**

سەرِرِەق; - to be ~ **r̄ik' girtin** رِك گِرتِن vt.; **xezirîn** خەزِرین vi.

stubbornness **serĥişkî** سەرحِشکی f.; **serk'êşî** سەرکێشی f.; **r̄ik' I** رِك f.; **serr̄eqî** سەرِرەقی f.; **'eynat** عەینات f.

stuck: **asê** ئاسێ; (prevented from doing stg.) **bêgav** بێ گاڤ; -to be *or* get ~ (trapped, rooted) **daçikîn** داچِکین vi.; (not to know how to get out of a situation) **têda man** تێدا مان vi.; **caris bûn** جارِس بوون vi.; -to get ~ inside [the threading canal of a drawstring] **ç'ûneve** چوونەڤە vi.

stuck up (arrogant) **pozbilind** پۆزبِلِند; **difnbilind** دِفنبِلِند; **qur̄e** قورە ; **pivikî** پِڤِکی

student **xwendek'ar** خوەندەکار m.&f.; **şagird** شاگِرد m.&f.; **qutabî** قوتابی m.&f.; -s. of theology & religion **feqî** فەقی m.; **suxte** سوختە m.

study: (investigation, research) **lêkolîn** لێکۆلین f.; **vek'olîn** ڤەکۆلین f.

to study **xwendin** خوەندِن vt.; **ders xundin** دەرس خوندِن vt.; (investigate, research) **lêkolîn** لێکۆلین vt.; **vek'olîn** ڤەکۆلین vt.; **li ser ... r̄awestan** ... لِ سەر رِاوەستان vi.

to stuff **dewisandin** دەوِساندِن vt.; **ĥeşikandin** حەشِکاندِن vt.; **heşandin** هەشاندِن vt.

to stumble **lik'umîn** لِکومین vi.; **teĥisîn** تەحِسین vi.; **alîn** ئالین vi.; **şelifîn** شەلِفین vi.; **r̄aşiqitîn** رِاشِقِتین vi.; (to trip over stg.) **hilîngiftin** هِلینگِفتِن vi.; **hilpekîn** هِلپەکین vi.; -to cause to. s. **lik'umandin** لِکوماندِن vt.

stumbling block **asteng** ئاستەنگ f.

stump (of tree) **qurm** قورم m./f.; **gonc** گۆنج m.; **gilare** گِلارە m.

to stun **hingaftin** هِنگافتِن vt.

stunned **gêj** گێژ; -being ~ **gêjtî** گێژتی f.

stupid **bêaqil** بێ ئاقِل; **aqilsivik** ئاقِلسِڤِك; **sefîh** سەفیه; **eĥmeq** ئەحمەق; **devbeş** دەڤبەش; (of actions or things) **bême'na** بێ مەعنا

stupidity **bêaqilî** بێ ئاقِلی f.; **k'eretî** کەرەتی f.; **eĥmeqî** ئەحمەقی f.

sturdiness **xurtî** خورتی f.; **zexmî** زەخمی f.; (of metal) **xamtî** خامتی f.

sturdy **xurt** خورت; **zîx I** زیخ; **zexm I** زەخم; **xam** خام

sty: (animal pen) **axur** ئاخور m./f.; (infection in eyelid) **bûkik** بووکِك f.

style: (manner, way) **awa** ئاوا m.; **celeb I** جەلەب m.; **cûr̄e** جوورە m.; **t'eher** تەهەر m.;

to subdue **alt' kirin** ئالت کِرِن vt.; **zora [dijmin] birin** زۆرا دِژمِن بِرِن vt.

subject: (topic) **babet I** بابەت f.; **mijar** مِژار f.; **dabaş** داباش f.; **qal I** قال f.; **biyav** بیاڤ m.; (grammatical) **kirde** کِردە f.; (adj., [+to] =under the command of) **bindest** بِندەست

subjection **bindestî** بِندەستی f.

subjunctive ***bilanî II** بِلانی

submarine **noqav** نۆقاڤ f.

to submerge: (vi.) **binav bûn** بِناڤ بوون; (vt.) **binav kirin** بِناڤ کِرِن vt.; **x̄erq kirin** غەرق کِرِن vt.

submerged **noq I** نۆق; **nuqim** نوقِم

submersion (sinking) **x̄erq** غەرق f.

submission **bandûr̄** باندوور f.; **bindestî** بِندەستی f.; **t'eslîm** تەسلیم m.; **dexalet** دەخالەت f.

submissive **bindest** بِندەست

to submit **çemîn** چەمین vi.; **dexaleta fk-î kirin** دەخالەتا فکی کِرِن vt.

subordinate **bindest** بِندەست; (n.) (agha's man) **balbas** بالباس m.

subordination **bandûr̄** باندوور f.; **bindestî** بِندەستی f.

to subside **danîn** دانین vt.

subsistence **debar** دەبار f.; **'ebûr** عەبوور m.

substantive **nav I** ناڤ m.; **navdêr** ناڤدێر f.

substitute **bedel** بەدەل f.

to substitute for **şûna fk-î girtin** شوونا فکی گِرتِن vt.

subterranean **binax** بِناخ; **bin'erd** بِنعەرد

to subtract **jê derxistin** ژێ دەرخِستِن vt.

subtraction (math.) **jêderxistin** ژێدەرخِستِن f.

succah (bower, temporary hut) **kepir** کەپِر f.

to succeed **serk'etin** سەرکەتِن vi.; **ji [destê] fk-ê hatin** ژِ دەستێ فکێ هاتِن vi.

success **serk'etin** سەرکەتِن f.; **serfirazî** سەرفِرازی f.; **siûd** سِئوود f.

Succoth --> see Sukkot.

to succumb to **pêk'etin** پێ کەتِن vi.

such **wilo** وِلۆ

such-and-such **behvan** بەهڤان ; **filan** فِلان; **filankes** فِلانکەس

to suck **mêtin** مێتِن vt.

sucker (bud, shoot, sprout) **aj** ئاژ f.

to suckle **mêjandin** مێژاندِن vt.

suckling infant **zar̄eke sawa** زارِەکە ساوا f.; **şîrmêj** شیرمێژ m./f.

Sudanese **Sûdanî** سوودانی

sudden downpour **tavî** تاڤی f.

suddenly **[ji] nişkêva** ژِ نِشکێڤا; **hew nihêrî** هەو نِهێری

suds **arav** ئاراڤ f.

suet **bez I** بەز m.

to suffer (withstand, endure) **tamîş kirin** تامیش کِرِن vt.;

'eciqîn عەجِقین vi.; ~ from (illness) **girtin** گِرتِن vt. [rev. con.]; ~ from indigestion/diarrhea/ stomachache **tetirxanî bûn** تەتِرخانی بوون vi.

suffering (adj.) **lîyan I** لییان

suffering (n.) **t'ab** تاب f.; **k'ezebreşî** کەزەبرەشی f.

to suffice (be enough) **t'êra ft-î kirin** تێرا فتی کِرِن vt.; **qîmî ft-î kirin** قیمی فتی کِرِن vt.

sufficiency **qîm** قیم f.

sufficient **bes I** بەس; **t'êra xwe** تێرا خوە

suffix **paşp'irtik** پاشپِرتِك f.

to suffocate: (vt.) **xeniqandin** خەنِقاندِن vt.; **fetisandin** فەتِساندِن vt.

Sufi **sofî I** سۆفی m.

sugar **şekir** شەکِر m./f.

sugar bowl **şekirdank** شەکِردانك f.

sugar cane **levenê şekir** لەڤەنێ شەکِر m.

to suggest **pêşniyar kirin** پێشنِیار کِرِن vt.; **berpêş kirin** بەرپێش کِرِن vt.;

suggestion **pêşniyar** پێشنِیار f.

suit: (of clothes) **dest** دەست m.; (traditional Kurdish man's) **şal û şapik** شال و شاپِك m.

to suit: (agree with) **lêhatin** لێ هاتِن vi.

suitability **layîqî** للاییقی f.

suitable: (appropriate) **babet II** بابەت; **hink'ûf** هِنکووف; **layîq** لاییق; **r̄ewa I** ڕەوا; **minasib** مِناسِب; -to be ~ **lêhatin** لێ هاتِن vi.; **tewa xwe girtin** تەوا خوە گِرتِن vt.

suite (retinue) **piştmêr** پِشتمێر m.

Sukkot **kepreşîne** کەپرەشینە f.

sulfur --> see sulphur.

sullen: **mirûz** مِرووز; -to be ~ **me'dê xwe kirin** مەعدێ خوە کِرِن vt.; **mirûzê xwe kirin** مِرووزێ خوە کِرِن vt.

sullied: -to become sullied (of hands, clothing) **ħer̄imîn** حەڕِمین vi.; (of reputation) **şkestin** شکەستِن vi.

to sully (reputation) **şkênandin** شکێناندِن vt.; **hetka fk-ê birin** هەتکا فکێ بِرِن vt.;

sulphur **k'irpît** کِرپیت f.; **k'irgûd** کِرگوود f./m.

sultan **silt'an** سِلتان m.

sum **t'emamî** تەمامی f.; **t'omerî** تۆمەری f.

sum total **t'emamî** تەمامی f.; **t'evahî** تەڤاهی f.; **t'omerî** تۆمەری f.

sumac **simaq** سِماق f.

sumach --> see sumac.

summer **havîn** هاڤین f.

summer breeze **bayê feraşîn** بایێ فەراشین m.

summer pastures **zozan** زۆزان f.; **zome** زۆمە f.

summit **kumt** کومت m.; **semt** سەمت m.; **ħeç'** حەچ m.; **gopk** گۆپك m./f.; **kop I** کۆپ f./m; **gaz û bêlan** گاز و بێلان pl.

to summon **gazî kirin** گازی کِرِن vt.; **bang kirin** بانگ کِرِن vt.; **deng lê kirin** دەنگ لێ کِرِن vt.; **vexwendin** ڤەخوەندِن vt.; (have s.o. brought) **ħazir kirin** حازِر کِرِن vt.

sun **r̄oj** ڕۆژ f.; (sunlight) **tav I** تاڤ f.

sunbeam **tîrêj** تیرێژ f.

Sunday **Yekşem** یەکشەم f.; **Bazar** بازار f.; **Le'd** لەعد f.

Sunday best (one's best clothes) **r̄iħal** ڕِحال f.

sundew (Drosera) **fisegur** فِسەگور f.

sunflower **gulberroj** گولبەرڕۆژ f.

sunk(en) **noq I** نۆق; **nuqim** نوقِم

sunlight **tav I** تاڤ f.

sunny side **ber̄oj** بەڕۆژ f.

sunrise **hingûr** هِنگوور f.; **elind** ئەلِند f.; **r̄ojhilat** ڕۆژهِلات f.; **spêde** سپێدە f.

sunset **mox̄rib** مۆغرِب m./f.

superior (adj.): (upper) **jorîn** ژۆرین

superior (n.): **fermandar** فەرماندار m.

to supervise **t'eselî kirin** تەسەلی کِرِن vt.

supervision **çavdêrî** چاڤدێری f.; **zêrevanî** زێرەڤانی f.; **sexbêrî** سەخبێری f.; **serk'arî** سەرکاری f.

supervisor **serk'ar** سەرکار m.

supine (lying on one's back) **r̄amedîyayî** ڕامەدییایی

supper (early evening meal) **berêvar** بەرێڤار/**ber-êvar** بەرئێڤار f.; (evening meal) **şîv** شیڤ f.; **nanê êvarî** نانێ ئێڤاری m.

supplies (dried foodstuffs, for winter) **qût** قوت m./f.

supply **zexîre** زەخیرە f.

support **alîgirî** ئالیگِری f.; **mêldarî** مێلداری f.; **piştgirî** پِشتگِری f.; **piştîvanî** پِشتیڤانی f.

to support: (one's family) **debirandin** دەبِراندِن vt.; **'ebûr kirin** عەبوور کِرِن vt.; (o.s.) **debirîn** دەبِرین vi. (to be in favor of stg.) **mêla fk-ê ser ft-î hebûn** مێلا فکێ سەر فتی هەبوون vi.; **mêldarîya ft-ê kirin** مێلدارییا فتێ کِرِن vt.; (to be on s.o.'s side) **alîyê fk-î girtin** ئالییێ فکی گِرتِن vt.; (to lean on) **p'esartin** پەسارتِن vt.; (to lean stg. against) **hilp'esartin** هِلپەسارتِن vt.

supporter **alîgir** ئالیگِر m.; **piştîvan** پِشتیڤان m.; **piştgir** پِشتگِر m.&f.; **mêldar** مێلدار m.; -to be a supporter of stg. (to be in favor of stg.) **mêla fk-ê ser ft-î hebûn** مێلا فکێ سەر فتی هەبوون vi.

suppose (=let's suppose) **megirtî** مەگِرتی.

to suppose **t'exmîn kirin** تەخمین کِرِن vt.

supposed to **qewl e** قەولە ; construction with past subj.

supposedly **xwedêgiravî** خوەدێگِراڤی; **qaşo I** قاشۆ

supposing **megirtî** مەگرتی.
supposition **t'exmîn** تەخمین f.; **ferz** فەرز f.
to suppress **tepeser kirin** تەپەسەر کِرِن vt.; **p'erçiqandin** پەرچِقاندِن vt.
surah (Quran chapter) **sûret II** سوورەت m.
surcingle **berteng II** بەرطەنگ m.
sure **misoger** مِسۆگەر; **piştrast** پشتراست; **êqîn** ئێقین /**yeqîn** یەقین; **biste** بِستە
surface **r̄û I** ڕوو m.
surgery **'emeliyat** عەمەلیات f.
surname (last name) **paşnav** پاشناڤ m.
surprise: (~ night attack) **şebeyxûn** شەبەیخوون f.
to surprise **guhişandin** گوهِشاندِن vt.
surprised **'ecêbmayî** عەجێبمایی; **met'elmayî** مەتەلمایی; **ȟeyrî** حەیری; **mendehoş** مەندەهۆش; **ȟêbetî** حێبەتی; **hicmetî** هِجمەتی; -to be ~ **guhişîn** گوهِشین vi.; **hicmetî bûn** هِجمەتی بوون vi.
surrender **r̄a II** ڕا f.; **t'eslîm** تەسلیم m.
to surrender (vi.) **hatin r̄aê** هاتِن ڕائێ vi.; **t'eslîm bûn** تەسلیم بوون vi.; **dexaleta fk-î kirin** دەخالەتا فکی کِرِن vt.
surreptitiously **teletel** تەلەتەل
to surround **dorgirtin** دۆرگِرتِن vt.; **dorpêç kirin** دۆرپێچ کِرِن vt.; **ç'ar rexî ft-î girtin** چار رەخی فتی گِرتِن; **di r̄ex û çana ft-î zivir̄în** دِ ڕەخ و چانا فتی زِڤِڕین vi.; **werandin I** وەراندِن vt.; **weranîn** وەرانین\وەرئانین vt.; **zeft kirin** زەفت کِرِن vt.
surrounding (n.: act of ~) **dorpêç** دۆرپێچ f.
surroundings **dorhêl** دۆرهێل f.; **hol II** هۆل f.; **hawirdor** هاوِردۆر f.
surveillance **çavdêrî** چاڤدێری f.; **zêrevanî** زێرەڤانی f.; **nêr̄evanî** نێرەڤانی f.; ***dîdevanî** دیدەڤانی f.
to survive (make a living) **debirîn** دەبِرین vi.; (stay alive) **man** مان vi.
to suspect **k'etin ser ȟeseȟesa** کەتِن سەر حەسەحەسا vi.; (s.o. of stg.) **ser fk-ê k'etin şikê** سەر فکێ کەتِن شِکێ vi.
suspected **gunehbar** گونەهبار; **t'awanbar** تاوانبار
suspicion **guman** گومان f.; **şik** شِك f.; **şebh** شەبه f.; **ȟeseȟes** حەسەحەس f.
suspicious (untrusting) **k'umr̄eş** کومڕەش
to sustain: (one's family) **debirandin** دەبِراندِن vt.; (a blow) **xwarin** خوارِن vt.
sustenance **debar** دەبار f.; **'ebûr** عەبوور m.; (food) **r̄izq** ڕِزق m.
SUV **cemse** جەمسە f.
svelte **bejnzirav** بەژنزِراڤ
to swaddle **pêçan** پێچان vt.
swaddling clothes **pêçek** پێچەك f.
to swagger **xwe badan** خوە بادان vt.
swaggering **p'aye I** پایە f.
swallow: (bird) **dûmeqesk** دوومەقەسك f.; **ȟacȟacik** حاجحاجِك f.; **ȟacîr̄eşk** حاجیرەشك f.; **meqesok** مەقەسۆك f.; qerneqûçik; (sip, gulp, swig) **fir̄ I** فِڕ f.; **qurt** قورت f.
to swallow **beli'andin** بەلِعاندِن vt.; **daqurtandin** داقورتاندِن vt.; **daûran** دائووران vt.; **qurtandin** قورتاندِن vt.
swamp **genav** گەناڤ f.; ***cimcime II** جِمجِمە f.; **çirav** چِراڤ f.
swan **qû** قوو f.; **qazquling** قازقولِنگ ; **qubeqaz** قوبەقاز f.
swarm (of bees) **şilxe** شِلخە f.; **bars** بارس
swarming: (of bees) **bars** بارس
swarthy **qemer** قەمەر; **dêmqemer** دێمقەمەر
swath **berdas** بەرداس f.
to sway (vi.) **ȟejîn** حەژین vi.
swaying (n.) **weş** وەش f.
to swear (take an oath) **sond xwarin** سۆند خوارِن vt.
to swear at (s.o.= verbally abuse, cuss out) **ç'êr̄ [lê] kirin** چێر لێ کِرِن vt.;
swear word(s) **ç'êr̄** چێر m./f.; **xeber** خەبەر f./m.; **sixêf** سِخێف f.
sweat **xûdan** خوودان f.
to sweat **xûdan** خوودان vi.
Sweden **Swêd** سوێد f.
Swedish **Swêdî** سوێدی
to sweep **maliştin** مالِشتِن vt.; **gêzî kirin** گێزی کِرِن vt.; **r̄êç kirin** ڕێچ کِرِن vt.; **p'aqij kirin** پاقِژ کِرِن vt.; **şirt kirin** شِرت کِرِن vt.;
sweet **şîrin** شیرِن
sweet basil **r̄iȟan** ڕِحان f.
sweet dew **gezo** گەزۆ m./f.
sweet pepper **guncik** گونجِك
sweet trefoil **'endeko** عەندەکۆ f.
sweetmeat **şîranî** شیرانی f.; **şekirok II** شەکِرۆك f.
sweetness **şîrînî** شیرینی f.
sweets (n.) **şîranî** شیرانی f.
to swell: (vi.) **nep'ixîn** نەپخین vi.; **p'erçifîn** پەرچِفین vi.; *pendifyan (M); **werimîn** وەرمین vi.; **êvitîn** ئێڤِتین vi.; (vt.) (cause to ~) **nep'ixandin** نەپخاندِن vt.; **werimandin** وەرِماندِن vt.; **p'erçifandin** پەرچِفاندِن vt.; **êvitandin** ئێڤِتاندِن vt.
swelling: (callus) **deq** دەق f.
swift **beza** بەزا; **qule** قولە; **ȟêl** حێل
swiftly **r̄eve-r̄ev** ڕەڤەڕەڤ
swig (gulp, sip, swallow) **fir̄ I** فِڕ f.

to swim **ajnê kirin** ئاژنێ کِرِن; **melevanî kirin** مەلەڤانی کِرِن vt.
swimmer **sobek'ar** سۆبەکار m.&f.; **melevan** مەلەڤان m.&f.; **avjen I** ئاڤژەن m.
swimming **ajnê** ئاژنێ f.; **sobahî** سۆباهی f.; **melevanî** مەلەڤانی f.; **avjenî** ئاڤژەنی f.
swimming pool **birka avê** بِرکا ئاڤێ f.
swindler **k'ose I** کۆسە m.; **p'îç** پیچ m.
swine **beraz** بەراز m.; **domiz** دۆمِز; **weĥş** وەحش f.; **xinzîr** خِنزیر f./m.
swing: (playground plaything) **colan** جۆلان f.; **deydik** دەیدِك f.; **dolîdang I** دۆلیدانگ f.; **hêlekan** هێلەکان f.; **hêzok** هێزۆك f.
to swing: (rock cradle) **lorandin** لۆراندِن vt.; **veweşandin** ڤەوەشاندِن vt.; (weapon) **avêtin** ئاڤێتِن vt.
swinging (n.) **weş** وەش f.
to swingle **vejandin** ڤەژاندِن vt.;
swishing (n.) **xuşexuş** خوشەخوش f.
Swiss **Swîsreyî** سویسرەیی
switch: (stick for driving cattle) **qirş** قِرش m.; **xir I** خِر m.
to switch: (exchange) [**pê**] **guhartin** پێ گوهارتِن vt.; **guhastin** گوهاستِن vt.
swollen **pişpişî** پِشپِشی; **nepixî** نەپِخی; **werimî** وەرِمی
swoon: in a ~ **bêĥiş** بێ حِش
to swoon **xeřiqîn** خەرِقین vi.; **xewirîn** خەوِرین *vi.*
to swoop down on **dadan** دادان vt.
sword **şûr I** شوور m.; **soranî II** سۆرانی f.; (executioner's ~) **sat'or I** ساتۆر f.; (high-quality ~) **lahor** لاهۆر f.; (old, rusty ~) **kalûme** کالوومە m.&f.; (Egyptian saber) **k'ose misrî** کۆسە مِسری
sword-bearer **şûrk'êş** شوورکێش m.
swordsmith **şûrger** شوورگەر m.
sword-wielder **şûrk'êş** شوورکێش m.
sycophant **qûnalês** قوونالێس m.&f.; **solalês** سۆلالێس m.&f.
syllable **k'îte** کیتە f.
symbol **nîşan** نیشان f.
symptom **berjeng** بەرژەنگ f.
synagogue **kinîşt I** کِنیشت f.
syntax **hevoksazî** هەڤۆکسازی f.
syphilis **firengî I** فِرەنگی f.
Syria **Sûrî II** سووری f.
Syriac **Suryanî** سوریانی f.; **Aramî II** ئارامی f.
Syriac Christian **Suryanî** سوریانی m.&f.
Syrian **Sûrî II** سووری
syringe **derzî** دەرزی f.; **şirînqe** شِرینقە f.
syrup: (grape ~) **doşav** دۆشاڤ f.
system: (the social order) **p'ergal I** پەرگال f.
systematic **rêk û pêk** رێك و پێك

T

table **mase** ماسە f.; **sifre** سِفرە f.; (small, low round ~ for rolling dough) **xanik** خانِك m./f.; **xonçe** خۆنچە f.
table of contents **naverok** ناڤەرۆك f.; **p'êřist** پێرِست f.; **serecem** سەرەجەم f.
tablecloth **sifre** سِفرە f.
tablet: (pill) **ĥeb** حەب f./m.
tack (equestrian equipment) **t'axim** تاخِم f.
tadpole **şûnik** شوونِك m.
tail **boç'** بۆچِك f./m.; **dêl II** دێل f.; **dû II** دوو m.; **dûv I** دووڤ m./f.; **doç'ik** دۆچِك f.; **k'ilk** کِلك f./m.; **kurî** کوری f.; **qemç** قەمچ f.; **terî I** تەری f.; (horse's ~) **dehf II** دەهف
tailbone **kilêjî** کِلێژی m.; **qarç'ik** قارچِك f.; **qořik** قۆرِك f.
tailless **qol III** قۆل
tailor **cildirû** جِلدِروو m.; **k'incdirû** کِنجدِروو m.; **t'erzî** تەرزی m.; **xeyat** خەیات m.
tailoring **t'erzîtî** تەرزیتی f.; **cildirûtî** جِلدِرووتی f.
Tajik **T'acîkî** تاجیکی
to take: (carry away from speaker) **birin** بِرِن vt.; (get, obtain) **wergirtin** وەرگِرتِن vt.; (to last, take time) **ajotin** ئاژۆتِن vt.; **domîn** دۆمین vi.; **k'işandin** کِشاندِن vt.; **vek'işîn** ڤەکِشین vi.; **vek'işandin** ڤەکِشاندِن vt.; (by force, seize) **standin** ستاندِن vt.; **vegirtin** ڤەگِرتِن vt.; (seize booty) **înandin** ئیناندِن vt.; (take hold of) **girtin** گِرتِن vt.; (stg. unpleasant: blows, punishment) **xwarin** خوارِن vt.
to take a bow **p'ate vedan** پاتە ڤەدان vt.
to take a break **vehesîn** ڤەهەسین vi.
to take a rest **vehesîn** ڤەهەسین vi.;
to take aim **nîşan girtin** نیشان گِرتِن vt.
to take an interest in **p'ûte pê kirin** پووتە پێ کِرِن vt.
to take an oath **sond xwarin** سۆند خوارِن vt.
to take away: (remove) **řahiştin** راهِشتِن vt. [+ dat. constr.]; **hilanîn** هِلانین\هِل ئانین vt.
to take care of: (look after) **miqatî fk-î bûn** مِقاتی فکی بوون vi.; **xwedî lê kirin** خوەدی لێ کِرِن vt.; **hay jê hebûn** های ژێ هەبوون vi.
to take ill (cattle) **sturî dayîn** ستوری دایین vt.
to take hold of **řahiştin** راهِشتِن vt. [+ dat. constr.];

to take in: (an animal, to a stall) **dakirin** داکِرِن vt.
to take leave of (part company) **ji [hev] qetîn** ژِ هەڤ قەتین vi.; **xatir xwestin** خاتِر خوەستِن vt.
to take measures **gav avêtin** گاڤ ئاڤێتِن vt.
to take off: (remove) **hilkirin** هِلکِرِن vt.; **r̄akirin** ڕاکِرِن vt.; **vekirin I** ڤەکِرِن vt. [+**ji** ژ/**li** لِ]; (clothing) **şelandin** شەلاندِن vt.; **danîn** دانین vt.; **êxistin** ئێخِستِن vt.; **şiqitandin** شِقِتاندِن vt.
to take on (a load) **hilgirtin** هِلگِرتِن vt.; (responsibility for a crime) **gunehê fk-î hilanîn** گونەهێ فکی هِلانین vt.
to take one's leave **ji ... veqetîn** ژِ ... ڤەقەتین vi.
to take out: (remove) **deranîn** دەرانین vt.; **derxistin** دەرخِستِن vt.; **hilçinîn** هِلچِنین vt.
to take part in **xwe têkilî kirin** خوە تێکِلی کِرِن vt.; **beşdar bûn** بەشدار بوون vi.
to take pictures (photograph) **wêne girtin** وێنە گِرتِن vt.; **resim k'işandin** رەسِم کِشاندِن vt.; **wêne k'işandin** وێنە کِشاندِن vt.; **şikil k'işandin** شِکِل کِشاندِن vt.; **şikil kirin** شِکِل کِرِن vt.
to take pity on **dil pêve bûn** دِل پێڤە بوون vi.; **gunehê xwe lê anîn** گونەهێ خوە لێ ئانین vt.
to take place **çêbûn** چێبوون vi.; **li dar k'etin** لِ دار کەتِن vi.; **pêkhatin** پێکهاتِن vi.
to take prisoner **dîl kirin** دیل کِرِن vt.; **dîl girtin** دیل گِرتِن vt.
to take refuge in **p'ena birin bo/ber** پەنا بِرِن بۆ\بەر vt.
to take revenge on **tol standin** تۆل ستاندِن vt.; **jê ḧeyf hilanîn** ژێ حەیگ هِلانین vt.;
to take root **k'ok girtin** کۆك گِرتِن vt.
to take sides [in a dispute] **alîyê fk-î girtin** ئالییێ فکی گِرتِن vt.
to take steps **gav avêtin** گاڤ ئاڤێتِن vt.
to take to heart **hildan dilê xwe** هِلدان دِلێ خوە vt.
to take to one's feet **xwe averê kirin** خوە ئاڤەرێ کِرِن vt.
to take to the road **k'udandin** کوداندِن vt.
taking part: (participating) **beşdar** بەشدار; **pişkdar** پِشکدار
tale **çîr̄ok** چیرۆك f.; **ḧekyat** حەکیات f.; (short) **çîvanok** چیڤانۆك f.
talent **me'rîfet** مەعریفەت f.; **hiner** هِنەر m./f.; **fer̄eset** فەرەسەت f.
talisman: **nivişt** نِڤِشت f.; **t'iberk** تِبەرك f.; **t'ilism** تِلِسم f./m.; (amulet around waist) **berbejn** بەربەژن f.
talk **suḧbet** صوحبەت f.; **gilî I** گِلی m.; **lavz** لاڤز m.; **beḧs** بەحس f./m.; **qise** قِسە f.; **qewl** قەول m./f.; (idle ~, chatter) **pitepit** پِتەپِت f.; **galigal** گالِگال f.
to talk **axaftin** ئاخافتِن vi./vt.; **p'eyivîn** پەیڤین vi.; **dey kirin** دەی کِرِن vt.; **deng[ê xwe] kirin** دەنگێ خوە کِرِن vt.; **mijûl dan** مِژوول دان vt.; **xeber dan** خەبەر دان vt.; **qise kirin** قِسە کِرِن vt.; **şor kirin** شۆر کِرِن vt.; **ştax̄ilîn** شتاغِلین vi.; (of animals, in folktales) **deng ç'ûn** دەنگ چوون vi.
to talk about **beḧsa/beḧsê ft-î kirin** بەحسا\بەحسێ فتی کِرِن vt..; **qala ft-î kirin** قالا فتی کِرِن vt.
talkative **zimandirêj** زِماندِرێژ; **devjihev** دەڤژهەڤ
talkativeness **zimandirêjî** زِماندِرێژی f.
talking (n.) **gilî I** گِلی m.; **xeber** خەبەر f./m.; **qewl** قەول m./f.; **zar I** زار m.; **zarav** زاراڤ m.
talking behind someone's back **xeyb** خەیب f.
talks: (negotiations) **danûstandin** دانووستاندِن\دان و ستاندِن f.
tall **bilind** بِلِند; **bejnbilind** بەژنبِلِند; (~ and thin) **qîq** قیق;
tallness **bilindayî** بِلِندایی f.
tallow **bez I** بەز m.; **azûx̄e** ئازووغە f./m.
talus **deq** دەق f.
tamarisk **gez II** گەز f.; **kifir II** کِفِر f.
tambourine **'erebane** عەرەبانە f.
tambur (stringed instrument) **t'embûr** تەمبوور f.
tame **kedî** کەدی
to tame **kedî kirin** کەدی کِرِن vt.
tameness **kedîtî** کەدیتی f.
to tamp **dewisandin** دەوِساندِن vt.
to tan (hides) **pûn** پوون vt.
tank: (armored tank) **zirîpoş** زریپۆش f.
tankard **şerbik** شەربِك m./f.
tape **qeyt'an** قەیتان f.
to tape (record, of sound) **vegirtin** ڤەگِرتِن vt.
tapering pod **mikare** مِکارە m.
tar (pitch) **qîr I** قیر f.
tarantula **gindir** گِندِر f.
tardiness **derengî** دەرەنگی f.
tardy **dereng** دەرەنگ
target **armanc** ئارمانج f.
tariff **baca gumrigê** باجا گومرِگێ f.
tarn **bêrm** بێرم m./f.
to tarry **xurcilîn** خورجِلین vt.; **gîro bûn** گیرۆ بوون vi.; **egle bûn** ئەگلە بوون vi.
tart (bittersweet) **miz II** مِز
task **şert** شەرت m./f.
tassel: (large) **qutas** قوتاس f.; (small ~) **gûfik** گووفِك f.; **rîşî** ریشی m./f.
taste **lezet** لەزەت f.; **ta'm** تاعم m./f.
to taste **ta'm kirin** تاعم کِرِن vt
tasting (of food) **ta'm** تاعم m./f.
tasty bi ta'm; **xweş** خوەش

tasty food (delicacy) **ta'm** تاعم m./f.
tatter (rag) **p'ate II** پاته m.; **pîne** پینه m.
to tattle on **qumsîtî kirin** قومسیتی کِرِن vt.
tattoo: (image on the skin) **deq** دەق f.
to tattoo **deq kirin** دەق کِرِن vt.; **deqandin** دەقاندِن vt.
Taurus **ga** گا m.
taut (tense) **girj** گِرژ
taw (marble) **mat I** مات f.
tax **bac** باج f.; **bêş** بێش f.; **olam** ئۆلام f.; **xerac** خەراج m. [1]; **xerc** خەرج m./f. [2]; **xûk** خووك f.; (animal ~) **qamçûr̄** قامچوور f.; (~ on imports) **baca gumrigê** باجا گومرِگێ f.
tax collector **berevker** بەرەڤکەر m.
taxi cab **t'aksî** تاکسی f.
tea **ça[y]** چای f.
tea glass **p'eyale** پەیاله f.; **îstekan** ئیستەکان f.; **şûşe** شووشه f.
teapot **qirmî** قِرمی m.
to teach **ders gotin** دەرس گۆتِن vt.; **ders dan** دەرس دان vt..; **'elimandin** عەلِماندِن vt.; **nîşan dan** نیشان دان vt.; **fêr kirin** فێر کِرِن vt.; **hîn kirin** هین کِرِن vt.
to teach s.o. a lesson (put s.o. in his place) **bêvila yekî gemirandin/firikandin/mizdan** بێڤِلا یەکی گەمِراندِن\فِرِکاندِن\مِزدان vt.
teacher **dersdar** دەرسدار m.&f.; **mamosta** مامۆستا m.&f.; **seyda** سەیدا m.
teaching (profession of ~) **mamostayî** مامۆستایی f.
teacup **fîncan** فینجان f.
teahouse **ç'ayxane** چایخانه f.
teal (river duck) **miravî** مِراڤی f.
team **t'axim** تاخِم f.
tear (water falling from eyes while crying) **hêstir I** هێستِر pl./f.; **r̄onî II** ڕۆنی f.; **sirişk** سِرِشك f.
to tear: (vt.) **qelaştin** قەلاشتِن vt.; **qelişandin** قەلِشاندِن vt.; **ç'ir̄andin** چِراندِن vt.; **dir̄andin** دِراندِن vt.; **p'er̄itandin** پەرِتاندِن vt.; **qetandin** قەتاندِن vt.; (vi.) **ç'ir̄în** چِرین vi.; **dir̄în I** دِرین vi.; **qelişîn** قەلِشین vi.
to tear apart **her̄işandin** هەرِشاندِن vt.; (at the seams) **bişkavtin** بِشکاڤتِن vt.
to tear down: (destroy) **hilweşandin** هِلوەشاندِن vt.; **hêrivandin** هێرِڤاندِن vt.;
tear gas **gaza rondikrêj** گازا رۆندِکرێژ f.
to tear limb from limb **vegevizandin** ڤەگەڤِزاندِن vt.
to tear out (pluck, of feathers) **qusandin** قوساندِن vt.
to tear to pieces **vegevizandin** ڤەگەڤِزاندِن vt.
to tease **qerf lê kirin** قەرف لێ کِرِن vt.; **me'na fk-ê ger̄în** مەعنا فکێ گەرین vi.; **tewza xwe lê kirin** تەوزا خوه لێ کِرِن vt.; **tewzê xwe pê kirin** تەوزێ خوه پێ کِرِن vt.
teashop **ç'ayxane** چایخانه f.
teat **guhan** گوهان m./f.
teenager **naşî** ناشی m.
teeth --> see tooth.
teeter-totter (see saw) **zîqûzir̄** زیقووزِر f.; **zirnazîq** زِرنازیق f.; **qir̄neqos** قِرنەقۆس f.
telegraph **t'êl** تێل f./m.; **t'êlgraf** تێلگراف f.
telegram **t'êl** تێل f./m.; **t'êlgraf** تێلگراف f.
telephone **t'elefon** تەلەفۆن f.
to telephone **bang kirin** بانگ کِرِن vt.; **t'elefon[î *fk*-î] kirin** تەلەفۆنی فکی کِرِن vt.
telescope **dûrbîn** دووربین f.
television **t'elevîzyon** تەلەڤیزیۆن f.
to tell **gotin** گۆتِن vt.; (recount) **gilî kirin** گِلی کِرِن vt.; **kat kirin** کات کِرِن vt.; **neqil kirin** نەقِل کِرِن vt.; **r̄iwayet kirin** ڕِوایەت کِرِن vt.; **vegotin** ڤەگۆتِن vt.; **gêr̄an** گێران vt.; **ger̄andin** گەراندِن vt.; (inform) **dan zanîn** دان زانین vt.
to tell apart: (distinguish) **ft-î ji ft-î derxistin** فتی ژِ فتی دەرخِستِن vt.; **ferq kirin** فەرق کِرِن vt.; **ji hev nas kirin** ژِ هەڤ ناس کِرِن vt.; **veqetandin** ڤەقەتاندِن vt.
to tell lies ; **vir̄ kirin** ڤِر کِرِن vt.
temper **ṯebî'et** طەبیعەت f./m.; **r̄ewişt** ڕەوِشت f.; -to lose one's t. (get mad) **erinîn** ئەرِنین vi.
to temper (steel) **seqa kirin** سەقا کِرِن vt.
temperament **k'êf** کێف f.; **ṯebî'et** طەبیعەت f./m.; **r̄ewişt** ڕەوِشت f.; **xîret** خیرەت f.; **cir̄** جِر f.; **xeyset** خەیسەت m.
tempest (storm at sea) **firtone** فِرتۆنه f.
temple: (anat.) **ceynik** جەینِك f.; (place of worship) **p'erestgeh** پەرەستگەه f.;
ten **deh** دەه
ten thousand [10,000] **lek** لەك f.
to tend (care for) **t'îmar kirin** تیمار کِرِن vt.
tendency **mêl** مێل f.; **xeyset** خەیسەت m.; **xîret** خیرەت f.
tender: (affectionate) **dilovan** دِلۆڤان; (fragile) **nazik** نازِك; (of sound) **zîz I** زیز
tender-hearted **dilzîz** دِلزیز
tenderness: (affection) **dilovanî** دِلۆڤانی f.; (fragility) **nazikî** نازِکی f.
tending (n.) (looking after) **miqatî** مِقاتی f.; **t'îmar** تیمار f.
tending toward **mêldar** مێلدار
tendon **betan** بەتان m.
tendril **terh** تەره f.

tense (taut) **girj** گِرژ

tent **kon** کۆن m.; **ç'adir** چادِر f.; (white canvas) **xêvet** خێڤەت f.; (of black goathair) **ȓeşmal** ڕەشمال f./m.

tenth (n.): (1/10) **dehêk** دەهێك f.

tenth (adj.): **deha** دەها; **dehem** دەهەم

terebinth: (small seeds with soft shells) **bêmk** بێمك; (large and with hard shells) **kez[w]an** کەزوان f.; **şengêl** شەنگێل f.

term (appointed time) **we'de** وەعدە m.

terminated (done, over) **xelas** خەلاس

termination **xelasî** خەلاسی f.

terms: (of agreement, stipulation) **merc I** مەرج f./m.; **şert** شەرت m./f.; -on bad ~ **bêt'ifaq** بێ تِفاق; -on good ~ **vêk** ڤێك; **aşt** ئاشت

terrace **berbanik** بەربانِك m.; **serban** سەربان m.

terrestrial: (living on land) **bejî** بەژی

terrified: **ziravqetî** زِراڤقەتی; -to be ~ **saw k'işandin** ساو کِشاندِن vt.; **xwîn fk-êda neman** خوین فکێدا نەمان vi.; **qutifîn** قوتِفین vi.

to terrify **saw dayîn** ساو دایین vt.; **sawa xwe xistin** ساوا خوە خِستِن vt.; **tirsandin** تِرساندِن vt.

territory **aqar** ئاقار m./f.; **war** وار m.

terror (great fear) **saw** ساو f.; **xof** خۆف f.

test (exam) **ezmûn** ئەزموون f.; **îmt'îhan** ئیمتیهان f.; (task, ordeal) **şert** شەرت m./f.

to test **ceȓibandin** جەڕِباندِن vt.; **hêçandin** هێچاندِن vt.; **t'eselî kirin** تەسەلی کِرِن vt.

testament (will) **weşyet** وەصیەت f.; **qewîtî** قەویتی f.

testicle(s) **gun** گون m.; **batî** باتی m.; **hêlik** هێلِك f./m.; **'ewîc** عەویج m.

testimony **şadetî** شادەتی f.; **dîdevanî** دیدەڤانی f.

testing (n.) (checking, examining) **saẍtî** ساغتی f.

tête-à-tête **xewle II** خەولە

text **deq** دەق m.

textile **qumaş** قوماش m.; **pertal** پەرتال m.;

than **ji I** ژِ

to thank **spas kirin** سپاس کِرِن vt.; **şikirîna xwe anîn** شِکِرینا خوە ئانین vt.

thankful **spasdar** سپاسدار; **minetdar** مِنەتدار

thankfulness **spasdarî** سپاسداری f.; **şikirîn** شِکِرین f.; **ȓazîlixî** ڕازیلِخی f.

thanks **spas** سپاس f.; **şikirîn** شِکِرین f.;

thanks to (because of) **bi xêra fk-î** بِ خێرا فکی; **dewlet serê fk-î** دەولەت سەرێ فکی; **pêxemet** پێخەمەت; **sexmerat** سەخمەرات

Thank you! **spas** سپاس

that (demonstrative;) **ew** ئەو; (f. obl.) **wê I** وێ; (prn.) **ew yek** ئەو یەك; (conj.) **ko I** کۆ; **wekî** وەکی

that is (=i.e.) **ye'nî** یەعنی

that much **ewqas** ئەوقاس; **hind** هِند

to thaw: (vi.) **ḧelîn** حەلین vi.; (vt.) **bihoştin** بِهۆشتِن vt.; **ḧelandin** حەلاندِن vt.

theater **şano** شانۆ f.

thee **te** تە; (as direct obj. of past tense vt.) **tu I** تو

theft **dizî** دِزی f.

their **wan I** وان

them **wan I** وان; (as direct obj. of past tense vt.) **ew** ئەو pl.

themselves **xwe** خوە

then **hingê** هِنگێ; **wê ç'axê** وێ چاخێ/**wî ç'axî** وی چاخی; **îcar** ئیجار; **paşê** پاشێ; **dûȓa** دووڕا; **şûnda** شووندا; (just ~, at that very moment) **ḧeniz** حەنِز

thenceforth **vira hada** ڤِرا هادا

theologian **feqî** فەقی m.

theology **feqîtî** فەقیتی f.

there **wir** وِر; **li wir** لِ وِر; li wê derê; **têda** تێدا

there are **hene** هەنە

there are not **t'unene** تونەنە; **nînin** نینِن

there is **heye** هەیە;

there is not **t'une** تونە; **nîne** نینە

therein **têda** تێدا

thermal springs **germav** گەرماڤ f.

these **ev** ئەڤ pl.; **van** ڤان

thespian (actor) **şanoger** شانۆگەر m.&f.

they **ew** ئەو pl.; (as logical subj. of past tense vt.) **wan I** وان; (impersonal, one) **însan** ئینسان m.; **meriv** مەرِڤ m.

thick: **qalin** قالِن; (of liquids) **tîr II** تیر; (of round things) **stûr** ستوور

to thicken (vi.) **qerimîn** قەرِمین vi.; (vt.) **qalin kirin** قالِن کِرِن vt.; (of liquids) **tîr kirin** تیر کِرِن vt.

thicket **dehl** دەهل f./m.; **devî** دەڤی m./f.; **t'eȓaş** تەڕاش m./f.

thickness **qalinî** قالِنی f.; **stûrî** ستووری f.

thick-skinned **p'arsû-qalim** پارسوو قالِم

thief **diz I** دِز m.&f.

thievery **dizî** دِزی f.

thigh **hêt** هێت f.; **ȓan** ڕان m.; **tilor I** تِلۆر m.; **kulîmek** کولیمەك f.; **p'al** پال f./m.; **k'elef I** کەلەف m.; (inner side of ~, from hip bone to foot) **şeq** شەق m./f.

thigh bone **p'al** پال f./m.

thimble **gûzvan** گووزڤان f.

thin **jar I** ژار; **lawaz** لاواز ; **leẍer** لەغەر; **narîn** نارین; **qels I** قەلس; **zeyf** زەیف; **zirav I** زِراڤ; (tall and ~) **qîq** قیق; (of cloth) **meles** مەلەس;**tenik** تەنِك

to thin **p'işaftin** پشافتِن vt.

thing **tişt** تِشت m./f.; **eşya** ئەشیا m.; (event, occurrence) **ȟewal** حەوال m.

thingamabob **ewk** ئەوك

thingamajig **ewk** ئەوك

to think **hizir kirin** هِزِر كِرِن vt.; **fikirîn I** فِكِرين vi.; **duşirmîş bûn** دوشِرمیش بوون vi.; **xiyal kirin** خِیال كِرِن vt.; **sêwirandin** سێوِراندِن vt.; (to reflect) **dan ȟişê xwe** دان حِشێ خوە vt.; **p'onijîn** پۆنژین vi.; **r̄aman I** ڕامان vi.; (consider, regard as) **zanîn** زانین vt. [+bi بِ]

thinking: (thought) **fikir** فِكِر f.; **hizir** هِزِر f. ; **mitale** مِتالە f.; **r̄aman I** ڕامان f.; **fikar** فكار f.

thinness **jarî** ژاری f.; **zeîfî** زەئیفی f.; **ziravî** زِراڤی f.; (of cloth) **tenikayî** تەنِكایی f.

third (adj.) **sisîya** سِسییا; **sêyem** سێیەم

third (n.): (1/3) **sêkî** سێكی f.

thirst **tîn II** تین f.

thirsty **tî III** تی/**têhnî** تێهنی

thirteen [13] **sêzdeh** سێزدەه

thirty[30] **sî II** سی

this **ev** ئەڤ; (prn.) **ev yek** ئەڤ یەك

this evening **îşev** ئیشەڤ

this time **îcar** ئیجار

this way **wiha** وِها

this year **îsal** ئیسال

thistle **givzonik** گِڤزۆنِك f.; **k'erbeş** كەربەش f.; **qîvar** قیڤار f.; (globe ~) **şekrok** شەكرۆك ; (star ~) **ç'aqir** چاقِر f.

thither **wêve[tir** وێڤە[تِر

thong (strip of hide) **zol** زۆل f.

thorax: (chest) **depa sing** دەپا سِنگ

thorn **dir̄î** دِڕی f./m.; **dir̄dir̄k** دِڕدِڕك f.; **kelem II** كەلەم m./f.; **stirî I** سترِی f./m.; **şewk** شەوك f.

thornbush **dir̄î** دِڕی f./m.; **dir̄dir̄k** دِڕدِڕك f.; **kelem II** كەلەم m./f.; **stirî I** سترِی f./m.

thoroughly **t'emiz** تەمِز

those **ew** ئەو

thou **tu I** تو; (as logical subj. of past tense vt.) **te** تە

though (although) **herçend** هەرچەند

thought **fikir** فِكِر f.; **hizir** هِزِر f.; **guman** گومان f.; **mitale** مِتالە f.; **r̄aman I** ڕامان f.; **xiyal** خِیال f.; **nêt** نێت f.

thoughtless **xemsar** خەمسار

thoughts **bal II** بال f.

thousand **hezar** هەزار

thousands of **bi hezaran** بِ هەزاران

to thrash **her̄işandin** هەڕِشاندِن vt.

to thrash about **p'irpitîn** پِرپِتین vi.; **lebat kirin** لەبات كِرِن vt.

thrashing (beating, blows) **k'otek** كۆتەك f.

thrashing about (n.) (movement, stirring) **lipat** لِپات f.

thread **dezî** دەزی f./m.; **dav II** داڤ f.; **ta I** تا m.; **t'êl** تێل f./m.; (of animal skin) **duhêl** دوهێل f.

threat **gef** گەف m./f.; **te'n** تەعن f./m.; **metirsî** مەترِسی f.

to threaten **te'n dayîn** تەعن دایین vt.; **gef [lê] xwarin** گەف لێ خوارِن vt.; **gef [lê] kirin** گەف لێ كِرِن vt.

three: **sê I** سێ; **sisê** سِسێ; -three days ago **betrapêr** بەتراپێر; -three years ago **betrapêrar** بەتراپێرار

three hundred [300] **sêsed** سێسەد

to thresh **gêre kirin** گێرە كِرِن vt.; **hol kirin** هۆل كِرِن vt.

thresher: (machine) **cencer** جەنجەر f.; **patoz** پاتۆز f.

threshing (n.) **gêre I** گێرە f.; **xerman** خەرمان m.; **hol III** هۆل

threshing floor **bênder** بێندەر f.; **coxîn** جۆخین f.; **xerman** خەرمان m.; (for drying grapes into raisins) **miştax** مِشتاخ f.

threshing board **kam I** كام f.; **moşene** مۆشەنە f.

threshing sledge **cencer** جەنجەر f.; **kam I** كام f.; **patoz** پاتۆز f.; **moşene** مۆشەنە f.

threshold **derç'ik** دەرچِك f.; **şêmîk** شێمیك f.; **şîpane** شیپانە f.

thrift (economy) **serwerî** سەروەری f.

thriving **ava** ئاڤا; **şên** شێن

throat **gewrî** گەوری f.; **ȟefik** حەفِك f.; **qir̄ik I** قِڕك f.; **qeper** قەپەر f.

throbbing (of heart) **gurpegurp** گورپەگورپ f.; **gurpîn** گورپین f.

throne **k'ursî** كورسی f./m.; **text** تەخت m.; (monarchy) **xûndkarî** خووندكاری f.

through: **di ... r̄a** دِ ... ڕا; **di ... ve** دِ...ڤە; (over, done, finished) **derbazbûyî** دەربازبوویی

to throw **avêtin** ئاڤێتِن vt.; (a foal, give birth to a foal) **firk bûn** فِرك بوون vi.

to throw a party **(şahiyanekê) gêr̄an** (شاهیانەكێ) گێڕان vt.; **ger̄andin** گەڕاندِن vt.

to throw about (violently) **weşandin** وەشاندِن vt.

to throw *stg.* at (fling, hurl) **veweşandin** ڤەوەشاندِن vt.; **virvirandin** ڤِرڤِراندِن vt.

to throw down **dakirin** داكِرِن vt.; **tera kirin** تەرا كِرِن vt.; **tot kirin** تۆت كِرِن vt.

to throw on (clothes) **werkirin** وەركِرِن vt.

to throw o.s. at (rush upon, charge at) **r̄ik'êb kirin** ڕِكێب كِرِن vt.

to throw o.s. at s.o.'s feet **xwe avêtin bextê yekî** خوە

ئاڤێتن بەختێ یەکی

to throw up (in the air) **hilavêtin** هِلاڤێتِن vt.; **virvirandin** ڤِرڤِراندِن vt.; (vomit) **veřeşîn** ڤەرِشین vi.; **hilavêtin** هِلاڤێتِن vt.;

thrush: (blackbird) **şalûl** شالوول m.

thrust: -to be ~ (stuck) into **daçikîn** داچِکین vi.

to thrust: (stick, insert) **xistin** خِستِن vt.; **k'utan** کوتان vt.; **çikandin I** چِکاندِن vt.; **daçikandin** داچِکاندِن vt.; **ȟeşikandin** حەشِکاندِن vt.; **niç'andin** نِچاندِن vt.; **niç'ikandin** نِچِکاندِن vt.; **çikilandin** چِکِلاندِن vt.

thumb **beranek** بەرانەك f.; **tilîya beranî** تِلییا بەرانی f.; **girdik** گِردِك f.

thump (sound, noise) **şerqîn** شەرقین f.

thunder **teyrok** تەیرۆك f.; **girmîn** گِرمین f.

to thunder **guřîn** گورین vi.

thunderbolt **birûsk** برووسك f.; **şîşa birûskê** شیشا برووسکێ f.

thundering **guřeguř** گورەگور f.; **gimîn** گِمین f.; **girmîn** گِرمین f.

thunderstorm **teyrok** تەیرۆك f.

Thursday **Pêncşem** پێنجشەم f.

thus **bi vî awayî** ب ڤی ئاوایی ; **wiha** وِها ; **wisa** وِسا; **wilo** وِلۆ; **wer** وەر; **bi wê k'ezelkê** بِ وێ کەزەلکێ

thy **te** تە

thyme **cat'irî** جاتِری f.

Tibetan **T'îbetî** تیبەتی

tick: (bloodsucker) **qirnî** قِرنی m./f.; **qijnik** قِژنِك f.; **gene** گەنە f.; (t. on goats) **şêz** شێز f.

ticket **bilêt** بِلێت f.

tickle **gilîzank** گِلیزانك pl.

to tickle **gilîzankêt fk-ê vekirin** گِلیزانکێت فکێ ڤەکِرِن vt.

tickling **gilîzank** گِلیزانك pl.

tidings: **hay I** های f./m.; (glad ~) **mizgînî** مِزگینی f.

tidy **p'ak** پاك; **p'aqij** پاقِژ; **t'emiz** تەمِز; **ser û ber** سەر و بەر

to tidy up **ser û ber kirin** سەر و بەر کِرِن vt.; **lêkdan** لێکدان vt.

tie (bond, link) **p'evgirêdan** پەڤگِرێدان f.; (draw, stalemate, in games) **pate III** پاتە f.

to tie **girêdan** گِرێدان vt.

tied (stalemate, no winner): -to be ~ **pate [III] bûn** پاتە بوون vi.

tiger **piling** پِلنگ m.

tight: **teng I** تەنگ; (firm) **ȟişk** حِشك; **meȟkem** مەحکەم; **qalin** قالِن; (of stitches) **hembiz** هەمبِز

to tighten **şidandin** شِداندِن vt.; **řak'işandin** راکِشاندِن vt.; -t. a rope **îşk lêdan** ئیشك لێدان vt.

tightfisted **ç'ikûs** چِکووس; **çirûk** چِرووك; **řijd** رِژد; **devbeş** دەڤبەش; **tima** تِما; **qesîs** قەسیس/**xesîs** خەسیس

tightrope walker (acrobat) **p'elewan** پەلەوان m.

Tigris River **Dicle** دِجلە f.; **şet** شەت m.

till (until) **ȟeta** حەتا; **t'a IV** تا

tillage (plowing) **şov** شۆڤ f.

time: (one round) **car** جار f.; **neqil** نەقِل f.; (hour) **sa'et** ساعەت f.; **demjimêr** دەمژمێر f.; (period of ~) **ç'ax** چاخ m./f.; **dem I** دەم f./m.; **gav** گاڤ f.; **wext** وەخت m./f.; **nîr II** نیر m.; (appointed ~, term) **we'de** وەعدە m.; (a while) **heyam** هەیام m.; **p'êl** پێل f.; -for some ~ now **ji mêj ve** ژِ مێژ ڤە; **zûda** زوودا; -times (multiplication) **caran** جاران; **qat** قات m./f.; **lêkdana ...** لێکدانا f.

time limit **molet** مۆلەت f.

timepiece (clock) **sa'et** ساعەت f.; **demjimêr** دەمژمێر f.

times (in multiplication: X) **caran** جاران; **qat** قات m./f.

timid **fehêtkar** فەهێتکار ; **fehêtok** فەهێتۆك; **şermoke** شەرمۆکە;

to tingle (vi.) (of hands or feet) **tevizîn** تەڤِزین vi.

tininess **hûrayî** هوورایی f.

tinkling: (of bells) **zingezing** زِنگەزِنگ f.; **şingîn** شِنگین f.; **çingeçing** چِنگەچِنگ f.

tinner **sefar** سەفار m.

tinnery **sefarî** سەفاری f.

tinsmith **sefar** سەفار m.

tinsmithery **sefarî** سەفاری f.

tiny **biç'ûçik** بِچووچِك; **hûr I** هوور/**hûrik** هوورِك

tip: (pointed tip) **nîk** نیك m./f.; **nikil** نِکِل m.; **ser I** سەر m.; **serik** سەرِك m./f.; **xişt III** خِشت m./f.; (of arrow) **zerg** زەرگ f./m.; (of handkerchief) **qilçik** قِلچِك m.; (gratuity) **bexşîş** بەخشیش f.; (gratuity to wedding musicians) **şabaş** شاباش f.

tipsy **serxweş** سەرخوەش

tire (Br. tyre) **t'eker** تەکەر f.; **ç'erx** چەرخ f./m.

to tire (vi.) (become weary) **westîn** وەستین vi.; **ře't bûn** رەعت بوون vi.; **betilîn** بەتِلین vi.; **qefilîn** قەفِلین vi.; **qerimîn** قەرمین vi.

to tire out (vt.) **westandin** وەستاندِن vt.; **řeȟt kirin** رەحت کِرِن vt.

tired **westîyayî** وەستییایی; **ře't II** رەعت; **qefilî** قەفِلی; (of eyes) **pişpişî** پِشپِشی; -to be ~: **westîn** وەستین vi.; **ře't bûn** رەعت بوون vi.; **betilîn** بەتِلین vi.; **qefilîn** قەفِلین vi.; **qerimîn** قەرمین vi.

tiredness **westan I** وەستان f.

tissue (fabric) **t'evn** تەڤن m./f.

tithe **dehêk** دەهێك f.

title **navnîşan** ناڤنیشان m./f

to **ji ... re** ژ ... ره; **bo II** بۆ; **nav III** ناڤ ; **seba** سەبا; **-e** ه

to that side **wêve[tir** وێڤە[تر

toadstool **fisegur** فِسەگور f.

to toast (bread) **qemandin** قەماندِن vt.; **kuzirandin** کوزِراندِن vt.

tobacco **t'itûn** تِتوون f.; (low-quality ~) **kamaş** کاماش f.

today **îro** ئیرۆ

toe **t'ilî I** تِلی f.; **bêç'î II** بێچی f.

toenail **neynûk** نەینووك f.

together **bihevřa** بِهەڤرا; **pêkve** پێکڤە; **t'ev I** تەڤ; **t'evde** تەڤدە; **têk** تێك; **p'ev** پەڤ; **pêk** پێك; **pêřa** پێرا; **vêk** ڤێك

toil **k'ed** کەد f.; **emek** ئەمەك m.

toilet **avdestxane** ئاڤدەستخانە f.; **avřêj I** ئاڤرێژ f.; **ç'olik III** چۆلِك f.; **daşir** داشِر f.; **destav** دەستاڤ f. ; **destavxane** دەستاڤخانە f.; **edebxane** ئەدەبخانە f.; **qedemge** قەدەمگە f.;

toiling **cefa** جەفا m.

token (sign) **navnîşan** ناڤنیشان m./f.

told (said) **gotî** گۆتی pp.

tolerance **bînfirehî** بینفِرەهی f.

tolerant **bînfireh** بینفِرەه

tomato **bacanê sor** باجانێ سۆر m.; **firingî** فِرنگی f.; **şamik** شامِك f.; **stembolî** ستەمبۆلی f.;

tomato sauce **metfînî** مەتفینی f.

tomb **gořI** گۆر f./m.; **meẍber** مەغبەر m./f.; **mezel** مەزەل f. [3]; **t'irb** تِرب f.; **qebr** قەبر m.; (saint's t., shrine, place of pilgrimage) **ocax** ئۆجاخ f./m.

tombstone **kêl I** کێل f.; **kevirê t'irbê** کەڤرێ تربێ m.

tome (volume) **berg II** بەرگ m./f.; **cild** جِلد m.

tomorrow: **sibê** سِبێ; (future) **paşeřoj** پاشەرۆژ f.; **siberoj** سِبەرۆژ f.; -day after ~ **dusibe** دوسِبە; **sibetir** سِبەتِر

tongs (for picking up firebrands) **p'elegirk** پەلەگِرك f.; **maşik II** ماشِك f.

tongue **ziman** زمان m.

tonight **îşev** ئیشەڤ

tonsil **behîvok** بەهیڤۆك f.; **gelale** گەلالە f.; **argûşk** ئرگووشك f.

too: (also) **jî I** ژی; (too much) **bêȟed** بێ حەد; **zêde** زێدە; **ji qamê derê** ژ قامێ دەرێ

tool **amîr** ئامیر m./f.; **alav II** ئالاڤ m.; **p'ergal II** پەرگال f.

tooth (pl. teeth) **didan** دِدان/**diran** دِران m.; (of canine) **qîl** قیل m.; -front ~ (incisor) **diranê fîq** دِرانێ فیق m.; -with widely spaced teeth **firk III** فِرك; **fîq** فیق;

toothache **jana drana** ژانا درانا f.

toothbrush **firça didana** فِرچا دِدانا f.

top: (upper part) **jor** ژۆر f.; **fêz** فێز f.; (child's spinning toy) **zivířok** زڤِرۆك f.; **vizik I** ڤزِك f.; **zîzok** زیزۆك f.; **mis'ar** مِسعار f. (of mountain) **gaz û bêlan** گاز و بێلان pl.; **kumt** کومت m.; **gopk** گۆپك m./f.; **ȟeç'** حەچ m.; **kop I** کۆپ f./m.; **k'umik** کومِك m.

topic: (subject) **babet I** بابەت f.; **mijar** مِژار f.; **dabaş** داباش f.; **qal I** قال f.; **biyav** بِیاڤ m.

to topple: (depose a monarch) **'ezil kirin** عەزل کِرن vt.

torch **gurzê at'aşî** گورزێ ئاتاشی m.; **xetîre** خەتیرە f.; (flashlight) **pîl II** پیل f.

torment **cefa** جەفا m.; **te'darî** تەعداری f.; **îşkence** ئیشکەنجە f.; **t'ab** تاب f.

to torment **te'darî lê kirin** تەعداری لێ کِرن vt.; **îşkence dan** ئیشکەنجە دان vt.; **qehirandin** قەهِراندِن vt.; **zêrandin** زێراندِن vt.

torn: -to be torn **ç'iřîn** چِرین vi.

tornado **babelîsk** بابەلیسك f.; **talaz** تالاز f.

torrent **sêlav** سێلاڤ f.; **şîp** شیپ f./m.

torso **beden II** بەدەن f./m.

tortoise **k'ûsî I** کووسی m.

torture **îşkence** ئیشکەنجە f.; **te'darî** تەعداری f.

to torture **te'darî lê kirin** تەعداری لێ کِرن vt.; **îşkence dan** ئیشکەنجە دان vt.;

to toss **avêtin** ئاڤێتِن vt.

total **t'emamî** تەمامی f.; **t'omerî** تۆمەری f.

totality **t'evahî** تەڤاهی f.; **t'omerî** تۆمەری f.

totally: (absolutely) **bi carekê** بِ جارەکێ; **lap** لاپ; **pêva** پێڤا; **yekser** یەکسەر

to totter: (stagger, reel) **licimîn** لِجمین vi.

to touch **dest avêtin** دەست ئاڤێتِن vt.; **hingaftin** هِنگافتِن vt.

touching (evoking emotion) **dilsoj** دِلسۆژ

touchy (sensitive) **sil** سِل

tough: **dijwar** دِژوار; (of meat) **çiř II** چِر; (sturdy) **zîx I** زیخ

toward **ber bi ... ve** بەر بِ ... ڤە; **li ser ... ve** لِ سەر ... ڤە; (fig., vis-à-vis) **himberî** هِمبەری

towel **xawlî** خاولی f.; **p'êjgîr** پێژگیر f.; (large bath ~) **mêzer** مێزەر f.

tower **birc** بِرج f.

town **bajar** باژار m.; **şeher** شەهەر m.; **heyşet** هەیشەت f.

town crier **delal II** دەلال m.

town dweller **bajarî** باژاری m.

townsman **bajarî** باژاری m.

townspeople **şênî** شێنی pl.

toy **lîstok** لیستۆك f.

trace **berat'e** بەراتە f.; **dews** دەوس f.; **r̄êç' II** ڕێچ f.; **şop** شۆپ f.; (hame & ~) **xenîke** خەنیکە f.;-without a t. **bêserberat'** بێ سەربەرات

trachea **zengelûk** زەنگەلووك f.

trachoma **qiltîş** قِلتیش f.; **bîrova çavî** بیرۆڤا چاڤی f.

track (trace) **r̄êç' II** ڕێچ f.; **şop** شۆپ f.; **şax** شاخ f./m.; (animal ~s) **ta V** تا m.

trade (commerce) **t'icaret** تِجارەت f.; **bazirganî** بازرگانی f.; (profession, craft) **sen'et** سەنعەت f.; pîşe

tradition **kevneşop** کەڤنەشۆپ f.; **t'or̄e** تۆڕە f.; **'adet** عادەت m./f.; **r̄ewişt** ڕەوِشت f.; **tîtal** تیتال f./pl.; (customs and ~s) **r̄abûn û r̄ûniştin** ڕابوون و ڕوونِشتِن f.

traditional: **kevneşopî** کەڤنەشۆپی; (Kurdish) **k'urdewarî** کوردەواری

traffic **hatin û ç'ûn** هاتِن و چوون f.

tragedy **bela I** بەلا f.; **bêt'ar** بێتار m.; **qeda** قەدا f./m.; **gosirmet** گۆسِرمەت f.; **siqûmat** سِقوومات ; **oyîn** ئۆیین f.; **t'ifaq I** تِفاق f.; **şetele** شەتەلە f.

trail **dews** دەوس f.; **şiver̄ê** شِڤەڕێ f.; **r̄êç' II** ڕێچ f.; **pêgeh** پێگەه f.

train: (of camels) **qent'er** قەنتەر f.; (rail transport) **trên** ترێن f.; **ç'îman II** چیمان f.

to train **p'erwerde kirin** پەروەردە کِرِن vt.; (accustom) **lê banandin** لێ باناندِن vt.; **hîn kirin** هین کِرِن vt.; **'elimandin** عەلِماندِن vt.

trained **p'erwerde** پەروەردە

training **p'erwerde** پەروەردە f.

trait: (characteristic) **t'aybetmendî** تایبەتمەندی f.; **xeyset** خەیسەت m.; **t̲ebî'et** طەبیعەت f./m.; **sifet** سِفەت m.; **kat** کات f.; **sexlet** سەخلەت

traitor **bêbext** بێ بەخت m.; **destkîs** دەستکیس m.&f.; **mixenet** مِخەنەت m.; **nemam** نەمام m.; **xayîn** خایین m.; **cehş** جەهش m.; **xwefiroş** خوەفِرۆش m.

traitorous **xedar** خەدار

tramp **gede** گەدە m.; **êp'erî** ئێپەری m.

to trample **dewisandin** دەوِساندِن vt.; **p'elaxtin** پەلاختِن vt.; **t'episandin** تەپِساندِن vt.; **'eciqandin** عەجِقاندِن vt.; (t. under foot) **pêpes kirin** پێپەس کِرِن vt.; **dan ber lingan** دان بەر لِنگان vt.;

trampled: -to be t. under foot **pêpes bûn** پێپەس بوون vi.; **'eciqîn** عەجِقین vi.

tranquil **r̄ih̄et** ڕِحەت; **t'ena I** تەنا; -to become t. **t'ebitîn** تەبِتین vi.

tranquility **r̄eh̄etî** ڕەحەتی f.; **t'enahî** تەناهی f.; **t'ebatî** تەباتی f.; **aramî I** ئارامی f.; **asayîş** ئاساییش f.; **dişliq** دِشلِق f.

to transact: (~ business) **dan û standin** دان و ستاندِن vt.

transaction **danûstandin** دانووستاندِن f.

to transcribe **bergirtin I** بەرگِرتِن vt.

transcribing **tîpguhêzî** تیپگوهێزی f.

transcription **tîpguhêzî** تیپگوهێزی f.

to transfer **veguhastin** ڤەگوهاستِن vt.; **neqil kirin** نەقِل کِرِن vt.;

to transgress (commit an offense) **sûc kirin** سووج کِرِن vt.

transient **p'enese** پەنەسە

transitive **gerguhêz** گەرگوهێز; **derbazbûyî** دەربازبوویی; **ger̄andî** گەڕاندی

to translate **werger̄andin** وەرگەڕاندِن vt.; **t'ercime kirin** تەرجِمە کِرِن vt.; **p'açve kirin** پاچڤە کِرِن vt.

translation **werger̄ I** وەرگەڕ f.; **t'ercime** تەرجِمە f.; **p'açve** پاچڤە f.

translator **wergêr̄** وەرگێڕ m.&f.; **t'ercimeçî** تەرجِمەچی m.; **p'açveker** پاچڤەکەر m.&f.

translucent **zelal** زەلال; **r̄on I** ڕۆن/**r̄ohnî I** ڕۆهنی;

transom **beşt** بەشت f.

transplant **patrome** پاترۆمە f.

to transplant **patrome kirin** پاترۆمە کِرِن vt.

transport (n.): (of grain from field to threshing floor) **şix̄re** شِغرە f.

to transport **derbaz kirin** دەرباز کِرِن vt.; **veguhastin** ڤەگوهاستِن vt.; **neqil kirin** نەقِل کِرِن vt.; (t. grain to threshing floor) **şel k'işandin** شەل کِشاندِن vt.

transportation **veguhastin** ڤەگوهاستِن f.

to transpose **paş û pêş xistin** پاش و پێش خِستِن vt.

transverse **çeperast** چەپەراست

trap **dav I** داڤ f.; **telhe** تەلهە f.; **t̲epik I** طەپِك f.; **xefik** خەفِك f.; **şaqûl** شاقوول f./m.; (for catching partridges) **sîte** سیتە f.

trapped: -to be *or* get t. (stuck) **daçikîn** داچِکین vi.

trash **gilêş** گِلێش m.

trash bin **selika gemarê** سەلِکا گەمارێ f.; **selka gilêşî** سەلکا گِلێشی f.

trash heap **zaboq** زابۆق f.

travel **r̄êwîtî** ڕێویتی f.; **sefer** سەفەر f.

to travel **sefer kirin** سەفەر کِرِن vt.; **meşîn** مەشین vi.; **bi r̄ê ve ç'ûn** بِ ڕێ ڤە چوون vi.

traveler **r̄êwî** ڕێوی m.; **r̄êber** ڕێبەر m.&f.

tray: **sênî** سێنی f.; **lengerî** لەنگەری f.; (large ~) **mecme'** مەجمەع f.; (copper meal tray) **berkeş** بەرکەش f.; (wicker bread ~) **tiryan** تِریان m.; (for food or tea) **mersef** مەرسەف f.

treacherous **xedar** خەدار

treachery **mixenetî** مِخەنەتی f.; **xayîntî** خایینتی f.;

xiyanet خِیانەت f.; nemerdî نەمەردی f.
to tread down **dewisandin** دەوِساندِن vt.; **'eciqandin** عەجِقاندِن vt.
treason **bêbextî** بێ بەختی f.; **nemamî** نەمامی f.; **destkîsî** دەستکیسی f.
treasure **defîne** دەفینە f.; **gencîne** گەنجینە f.; **xizne** خِزنە f.; **zexîre** زەخیرە f.
treasury **xizne** خِزنە f.
to treat: (deal with) **miamele kirin** مِئامەلە کِرِن vt.; (for an illness) **derman kirin** دەرمان کِرِن vt.; (look after) **t'îmar kirin** تیمار کِرِن vt.; ~ a swollen limb **qemandin** قەماندِن vt.
treatment: (medical) ***derman** دەرمان m.; **t'îmar** تیمار f.; (dealing with) **miamele** مِئامەلە f.
treaty **p'eyman** پەیمان f.; **'ehd** عەهد m./f.
tree **dar I** دار f.; (sapling, young ~) **şitil** شِتِل f./m.; **xilp** خِلپ f.
tree stump **qurm** قورم m./f.; **gonc** گۆنج m.; **gilare** گِلارە m.
tref: (unkosher) **destkuj I** دەستکوژ m.; (of animals Muslims may not eat) **mirar** مِرار ;
trefoil (clover) **nefel** نەفەل f.; **ket** کەت m./f.; **'endeko** عەندەکۆ f.
to tremble **ȟejîn** حەژین vi.; **lerzîn** لەرزین vi.; **r̄icifîn** ڕِجِفین vi.; **r̄e'ilîn** ڕەعِلین vi.; **kil bûn** کِل بوون vi.; **r̄ikr̄ikîn** ڕِکڕِکین vi.
trembling (n.) **girîzok** گِریزۆك m.; **r̄icaf** ڕِجاف f.; **teviz I** تەڤِز f.; **weş** وەش f.
tremendously **bêȟed** بێ حەد
tremor **teviz I** تەڤِز f.
trench: (irrigation canal) **cû I** جوو f.; **mişar I** مِشار f.; (foxhole) **çeper I** چەپەر f.; **k'ozik I** کۆزِك f.; **senger** سەنگەر m.
tress **gulî I** گولی f./m.; **kezî** کەزی f.
triangle **sêguh II** سێگوه f.
triangular **sêguh II** سێگوه
tribe **'eşîret** عەشیرەت f.; **êl** ئێل f.; **qebîle** قەبیلە f.; **t̲ayfe** طایفە f.; (clan) **îcax** ئیجاخ f.; **hoz** هۆز f.
tribute (tax) **xerc** خەرج m./f.; **xûk** خووك f.
trick **ȟîle** حیلە f.; **fêl I** فێل m./f.; **lêp** لێپ f.; **delk'** دەلك f.; **fen** فەن m./f.; **fesal** فەسال f.; **xap** خاپ f.; (magic ~) **sêr I** سێر f.
to trick **xapandin** خاپاندِن vt.; **lêbandin** لێباندِن vt.; **mixenetî kirin** مِخەنەتی کِرِن vt.
tricked: -to be ~ **lêbyan** لێبیان vi.; **xapîn** خاپین vi.
trickery **ȟîlebazî** حیلەبازی f.; **qelpî** قەلپی f.
to trickle **çikîn** چِکین vi.
trickster **ȟîlebaz** حیلەباز m.; **dek'baz** دەکباز m.

trifling **ji aş û baş** ژ ئاش و باش
trigger **dîk** دیك m.
to trim **dar̄otin** داڕۆتِن vt.; **r̄enîn** ڕەنین vt.; (to prune) **k'ezaxtin** کەزاختِن vt.; **çipilandin** چِپِلاندِن vt.; **pejikandin** پەژِکاندِن vt.; **t'er̄işandin** تەڕشاندِن vt.; (hair) **kur̄ kirin** کوڕ کِرِن vt.; **qusandin** قوساندِن vt.
trimming **k'ezax** کەزاخ f.
trip (journey) **r̄êwîtî** ڕێویتی f.; **sefer** سەفەر f.
to trip **lik'umîn** لِکومین vi.; **teȟisîn** تەحِسین vi.; **alîn** ئالین vi.; **şelifîn** شەلِفین vi.; (stumble over stg.) **hilîngiftin** هِلینگِفتِن vi.; **hilpekîn** هِلپەکین vi.
to trip up (vt.) **lik'umandin** لِکوماندِن vt.
tripod **dûstan** دووستان f.; **kuçik II** کوچِك f./m.; **sêp'î** سێپی f.
triumph (victory) **serfirazî** سەرفِرازی f.
to triumph **serfiraz bûn** سەرفِراز بوون vi.
trivet **dûstan** دووستان f.; **kuçik II** کوچِك f./m.; **sêp'î** سێپی f.; **xaçirgan** خاچِرگان f./m.
trivial **ji aş û baş** ژ ئاش و باش
trot: (horse's gait) **loq II** لۆق f.
trotter[s] **pepik** پەپِك m.; (as food) **ser û pê** سەر و پێ pl.;
trouble: (difficulty) **alozî** ئالۆزی f.; (exertion) **cefa** جەفا m.; (grief) **cezaret** جەزارەت f.; **karkinî** کارکِنی pl.; **oyîn** ئۆیین f.; (straits, crisis) **tengavî** تەنگاڤی f. ; **xax** خاخ m.; **bela I** بەلا f.; (worry, concern) **'emal** عەمال m./f.; **derd** دەرد m.; **meraq** مەراق f.
to trouble (worry) **cefa dan** جەفا دان
troubled **aloz** ئالۆز; **dilt̲eng** دِلتەنگ; **p'osîde** پۆسیدە
troublemaker **'ewan II** عەوان ; **geveze** گەڤەزە m.
troublemaking **'ewanî** عەوانی f.
trough **afir** ئافِر f./m.; (wooden) **şikev** شِکەڤ f.; (hollowed-out log) **bot** بۆت f.; (small gutter on a mill) **şîp** شیپ f./m.
to trounce **bê ser û ber kirin** بێ سەر و بەر کِرِن vt.;
trousers **şal I** شال m.; **şalvar** شالڤار m./pl.; (European ~) **p'antol** پانتۆل m.; (~ leg) **deling** دەلِنگ m./f.
trousseau **cihaz** جِهاز m.; **dermalî** دەرمالی f.; **qelen** قەلەن m.; **r̄iȟal** ڕِحال f.
trowel (for cleaning out oven) **carût** جارووت f.
truce **şer̄ragirtin** شەڕراگِرتِن f.; **şer̄rawestin** شەڕراوەستِن f.
truck **p'îqab** پیقاب f.
true **r̄ast** ڕاست; **dirust** دِروست; **bir̄a III** بِڕا; **heq** هەق; **r̄asteqîne** ڕاستەقینە
trumpet **nefîr** نەفیر m.
trunk (of tree) **qurm** قورم m./f.; (boot of automobile)

sindoqa piştê سِندۆقا پشتێ f.
trust **bawer[î]** باوەری f.; **îman** ئیمان f.; **ewle I** ئەولە f.; **ît'bar** ئیتبار f.
trustworthiness **dilsozî** دِلسۆزی f.
trustworthy **ewlekar** ئەولەکار; **saxlem** ساخلەم; **xudanbext** خودانبەخت; **ît'bar** ئیتبار ; **serřast** سەرڕاست; **dilsoz** دِلسۆز
truth **řastî** ڕاستی f.; **dirustî** دِروستی f.; **biřatî II** بِڕاتی f.; **heq** هەق m.
truthfulness **řastî** ڕاستی f.
try (attempt) **hewl** هەول f.; **hewldan** هەولدان f.
to try **hewl dan** هەول دان vt.; **têkoşîn** تێ کۆشین vi.
to try out **ceřibandin** جەڕباندِن vt.; **hêçandin** هێچاندِ vt.
tsk tsk **niç'** نِچ; **niç'eniç'** نِچەنِچ f.
tub (basin) **şikev** شِکەڤ f.
tube: **qelûn** قەلوون f.; (pipe) **lûle** لوولە f.; (nargileh tube) **marpîç** مارپیچ m./f.
tuberculosis **êşa zirav** ئێشا زِراڤ f.; **jana zirav** ژانا زِراڤ f.
Tuesday **Sêşem** سێشەم f.
tuft (of hair) **t'ûncik** توونجِك f.
tulip **pîvok** پیڤۆك f.
tumble thistle **kereng** کەرەنگ m./f.
tumbler: (drinking glass) **avxork** ئاڤخۆرك f.; **p'erdax** پەرداخ m.; **gilas** گِلاس m.; **p'eyale** پەیالە f.
tummy **zik** زِك m.
tumult **qîřeqîř** قیرەقیر f.; **hengame** هەنگامە f.; **t'eqeřeq** تەقەرەق f.
tune (melody) **nexme** نەخمە f.; **leylan** لەیلان f.; **newa** نەوا f.; (being in ~) **saz** ساز m.
to tune **'eyar kirin** عەیار کِرِن vt.; (musical instruments) **saz kirin** ساز کِرِن vt.; **quřemîş kirin** قورەمیش کِرِن vt.
Tunisian **T'ûnisî** توونِسی
tunnel **leqem** لەقەم f.; **serdab** سەرداب f.
tunneler **leqemçî** لەقەمچی m.
turban **şaş II** شاش f.; **şar I** شار f.;
turbid **şêlo** شێلۆ
Turcoman **T'irkmanî** تِرکمانی
tureen **zerik I** زەرِك f.
Turk **T'irk** تِرك m.; **Řom** ڕۆم m.
turkey **coqcoq** جۆقجۆق m.; **culûx** جولووغ f.; **'elok** عەلۆك f.; **kûrkûř** کوورکوور m./f.; **şamî** شامی m.&f.
Turkey **T'irkiye** تِرکیە f. ; **Řom** ڕۆم f.
Turkish **T'irkî** تِرکی
turkishness **t'irkîtî** تِرکیتی f.
Turkmen **T'irkmanî** تِرکمانی
turmeric **řeha zer** ڕەها زەر f.
turn: (one's turn in line) **dor** دۆر f.; **geř II** گەڕ f.; **nobet** نۆبەت f.; **sirê** سِرێ f.; (bend, in a road) **çivane** چِڤانە f./m.; (a walk) **fitil** فِتِل f.; **geř II** گەڕ f.
to turn: (vt.) **badan** بادان vt.; **wergeřandin** وەرگەڕاندِن vt.; **ziviřandin** زِڤِڕاندِن vt.; **ç'erixandin** چەرِخاندِن vt.; (vi.) **badan** بادان vt.; **qulibîn** قولِبین vi.; (rotate) **ç'erx bûn** چەرخ بوون vi.; (shift, move) **dageřîn** داگەڕین vi.
to turn around (vi.) **wergeřîn** وەرگەڕین vi.; (come back) **fetilîn** فەتِلین vi.; (vt.) **zîzikandin** زیزِکاندِن vt.
to turn away from (vi.) **berê xwe [jê] guhastin** بەرێ خوە ژێ گوهاستِن vt.; **wergeřîn** وەرگەڕین vi.; (vt.) **averê kirin** ئاڤەرێ کِرِن vt.
to turn back from [doing stg.] **vegeřîn** ڤەگەڕین vi. [often in the neg.]
to turn on (ignite: lights) **vêxistin** ڤێ خِستِن vt.
to turn on its head (overturn) **ser û bin kirin** سەر و بِن کِرِن vt.
to turn one's back on **lê badan** لێ بادان vt.
to turn out (lights) **temirandin** تەمِراندِن vt.;
to turn out to be **derhatin** دەرهاتِن vi.; **derketin holê** دەرکەتِن هۆلێ vi.
to turn over (in one's mind, to mull over, contemplate) **nijandin û herifandin** نِژاندِن و هەرِفاندِن vt.
to turn over (soil, with spade) **kilab/kilêb kirin** کِلاب\کِلێب کِرِن vt.
to turn upside down (vi.) **wergeřîn** وەرگەڕین vi.; (vt.) **wergeřandin** وەرگەڕاندِن vt.; **ser û bin kirin** سەر و بِن کِرِن vt.
turner (one who works a lathe) **xerat** خەرات m.
turnip **şêlim** شێلِم f.; **bin'erdk** بِنعەردك f.
turquoise **tebesî** تەبەسی ; **pîroze** پیرۆزە
turtle: (land ~, tortoise) **k'ûsî I** کووسی m.; şkevlatok; (sea ~) **řeq I** ڕەق m.
turtledove **qumrî** قومری f.; **tilûr** تِلوور m.; **tûtik I** تووتِك f.
tusk (of elephant) **qîl** قیل m.
tussle **cerenîx** جەرەنیخ f.
tutor **lele** لەلە m.
TV (television) **t'elevîzyon** تەلەڤیزیۆن f.
tweak **nuquç** نوقوچ f.; **quncirik** قونجِرك f.
tweeting: (chirping, of birds) **ç'ivte-ç'ivt** چِڤتەچِڤت f.
tweezers **mûçink** مووچِنك f./m.; **mûk'êş** مووکێش f./m.
twelve [12] **donzdeh** دۆنزدەه/**diwazdeh** دِوازدەه
twelvemonth **salewext** سالەوەخت f.
twenty [20] **bîst I** بیست
twice **ducar** دوجار

twig **ç'iq** چق m.; (~ used for firewood) **hej I** هەژ m.; **hejik** هەژك m.; **pej** پەژ m.
twilight **hingûr** هِنگوور f.; **segur** سەگور f.
twin **cêwî** جێوی m.; **cimke** جمکە
twine (rope, string) **şerît** شەریت f.; **werîs** وەریس m.
to twinkle **birûsîn** بِرووسین vi.; **teys dan** تەیس دان vt.
to twirl (vt.) **zîzikandin** زیزِکاندِن vt.
twist: (bend, in a road) **çivane** چِڤانە f./m.
to twist: (vt.) **alandin** ئالاندِن vt.; **badan** بادان vt.; **hûnan** هوونان vt.; **vehûnan** ڤەهوونان vt.; (sprain) **xelandin** خەلاندِن vt.
twisted (sprained): -to be ~ **xelyan** خەلیان vi.; **wergeřîn** وەرگەڕین vi.
to twitch: (of eyes) **niqandin I** نِقاندِن vt.
twittering (of birds) **ç'ivte-ç'ivt** چِڤتەچِڤت f.; **wîtewît** ویتەویت f.
two **du I** دو ; **didû** دِدوو
two by two **zo bi zo** زۆ ب زۆ
two-faced **duřû I** دوڕوو; **salûs** سالووس
two-facedness **duřûtî** دوڕووتی f.
two hundred [200] **dusid** دوسِد
two-sided **dualî** دوئالی
two story house **mendele** مەندەلە f.
two years ago **pêrar** پێرار
type: (kind, sort) **cins** جِنس m.; **cûře** جووڕە m.; **řeng** ڕەنگ m.; **t'exlît** تەخلیت m.
typewriter **mekîna nivîsandinê** مەکینا نِڤیساندِنێ f.
tyrant **zordar** زۆردار m.; (bully) **zurbe** زوربە m.
tyranny **zordarî** زۆرداری f.; **zordestî** زۆردەستی f.
tyre (= tire) **t'eker** تەکەر f.; **ç'erx** چەرخ f./m.

U

udder **guhan** گوهان m./f.; **guhandîr** گوهاندیر f.
ugliness **k'irêtî** کِرێتی f.; **p'îsî** پیسی f.
ugly **k'irêt** کِرێت; **bi'ok** بِعۆك; **genî** گەنی; **sik I** سِك
ukase **ferman** فەرمان f.
Ukrainian **Ûkraynî** ئووکراینی
ulcer: (~on horse's back) **cedew** جەدەو f.
to ululate **tilîlî vedan** تِلیلی ڤەدان vt.
ululation **tilîlî** تِلیلی f.
umbrella **sîtavk** سیتاڤك f.; **sîwan** سیوان f.; **şemse** شەمسە f.
umpire **berevan** بەرەڤان m.
unacceptable **bêrê** بێ رێ
unaccomplished (dull) **kuh** کوه
unadulterated: (pure, simple) **xweřû** خوەڕوو; (of language) **p'etî** پەتی
unafraid **çavsor** چاڤسۆر
unarmed **bêç'ek** بێ چەك
unaspirated **nehilmî** نەهِلمی
unattainable **dûrdest** دووردەست
unavailable **dûrdest** دووردەست
unaware **bêxeber** بێ خەبەر
unbelief **k'ifir I** کِفِر f.
unbeliever **k'afir** کافِر m.&f.; **xwedênenas** خوەدێ نەناس m.&f.
unbiased (objective) **babetî** بابەتی
unbreakable **xam** خام
unbridled **sergerm** سەرگەرم; **ḧuř** حوڕ
to unbutton **bişkavtin** بِشکاڤتِن vt.; **vekirin I** ڤەکِرِن vt.
unbuttoned **vekirî** ڤەکِری
uncharted (unknown) **nenas** نەناس
unchasteness **bênamûsî** بێ ناموسی f.
uncle: (paternal) **mam** مام m.; **ap** ئاپ m.; (maternal) **xal I** خال m.
unclean **ç'epel** چەپەل; **mirdar** مِردار ; (of animals Muslims may not eat) **mirar** مِرار ;
uncleanliness **p'îsî** پیسی f.
unclehood (maternal) **xaltî II** خالتی f.
unconcerned **t'ewekel** تەوەکەل
unconscious (having fainted, in a swoon) **neḧiş** نەحِش; **bêḧiş** بێ حِش
unconsciousness **neḧişî** نەحِشی f.
uncooked **xam** خام
uncouth **hov** هۆڤ; **bême'rîfet** بێ مەعریفەت
to uncover **îfşa kirin** ئیفشا کِرِن vt.
uncovering (n.) **îfşa** ئیفشا m./f.
uncultivated: (~ land) **bor III** بۆر f.; **xam** خام
undependable **t'eres** تەرەس; **bêît'bar** بێ ئیتبار
under **bin II** بِن; **binîya** بِنییا ; **jêr** ژێر
under arrest **binçav** بِنچاڤ
undercooked **xam** خام
underdeveloped **paşdamayî** پاشدامایی
to undergo **t'ûşî** *ft-î* **bûn** تووشی فتی بوون vi.;
underground: (adj.) **binax** بِناخ; **bin'erd** بِنعەرد
underground chamber **zindan** زِندان f./m.
underground passage: (tunnel) **leqem** لەقەم f.
underhanded **xewle I** خەولە
underneath **bin II** بِن; **binîya** بِنییا ; **jêr** ژێر
underpants **derpê** دەرپێ m.
underside **jêr** ژێر f.
undersized **bêweç** بێ وەچ

to understand **fehm kirin** فەهم کِرِن vt.; **têgihan** تێ گِهان vi.; **serederî ji f-kê/f-tî derxistin** سەرەدەری ژِ فکێ\فتی دەرخِستِن vt.
understandable **fêmbar** فێمبار
understanding **fehm** فەهم m.; **serederî** سەرەدەری f.
underwater **bin av** بِن ئاڤ; **noq I** نۆق; **nuqim** نوقِم
undeserving: (u. of being killed) **nestêlê** نەستێلێ
undisciplined **beradayî** بەرادایی
undisclosed **nepenî** نەپەنی; **xef** خەف; **xewle I** خەولە
to undo: **vekirin I** ڤەکِرِن vt.; (unstitch) **bişkavtin** بِشکاڤتِن vt.
undone: **vekirî** ڤەکِری ; -to be(come) undone (to unravel) **felitîn** فەلتین vi.
to undress (vt.) **şelandin** شەلاندِن vt.; (vi.) **xwe şêlandin** خوە شێلاندِن vt.
to unearth **vek'olîn** ڤەکۆلین vt.
uneasy (anxious, apprehensive) **kovan** کۆڤان
unemployed (idle) **betal** بەتال; **tol I** تول
unemployment **betalî** بەتالی f.
unenthusiastic **bêxîret** بێ خیرەت; **xemsar** خەمسار
uneven (slanted) **neȓast** نەڕاست
unevenness **neȓastî** نەڕاستی f.
unexcited **bêxîret** بێ خیرەت
unexpectedly **hew nihêrî** هەو نِهێری
unfair **neheq** نەهەق
unfaithful **t'eres** تەرەس
unfamiliar **nenas** نەناس
to unfasten **vekirin I** ڤەکِرِن vt.
unfastened **vekirî** ڤەکِری
unfeeling (insensitive) **p'arxan-qalim** پارخان قالِم
unfinished **nîvişkan** نیڤِشکان; **nîvco** نیڤجۆ
unfortunate **bextȓeş** بەختڕەش; **bêyom** بێ یۆم; **ȓeben I** ڕەبەن ; **dêran II** دێران; **bêqidoş** بێ قِدۆش; (~ woman) **kezîkurê** کەزیکورێ f.
unfortunately **mixabin** مِخابِن
ungenerous **kêm îĥsan** کێم ئیحسان
ungrateful **bê nan û xwe** بێ نان و خوێ
unhappiness **k'êfnexweşî** کێفنەخوەشی f.; **stûxwarî** ستووخواری f.
unhappy **aciz** ئاجِز ; **sergerdan** سەرگەردان ; **stûxwar** ستووخوار
unharmed **saxlem** ساخلەم ; **qenc** قەنج
unhealthy **bedĥal** بەدحال
to unhook **vekirin I** ڤەکِرِن vt.
unimportant **ji aş û baş** ژِ ئاش و باش
unimpressed: -to be unimpressed **aqilê fk-ê jê nabiȓîn** ئاقِلێ فکێ ژێ نابِڕین
uninformed **bêxeber** بێ خەبەر
uninhabited **xop'an** خۆپان
unintentional **bêmebest** بێ مەبەست
unintentionally **bêmebest** بێ مەبەست
union **yekîtî** یەکیتی f.
unique **bêhempa** بێ هەمپا
unirrigated land **dêm I** دێم f.
unit **yekîne** یەکینە f.; (military) **ȓêz I** ڕێز f.; **selef** سەلەف m.; **yekîne** یەکینە f.; (one of a pair or set) **fer I** فەر f.; **kit** کِت f.; **t'ek** تەك f.
to unite (vi.) (come together) **yek bûn** یەك بوون vi.; **yek girtin** یەك گِرتِن vt.; **gihîştin hev** گِهیشتِن هەڤ vi.; (vt.) (bring together, reconcile) **pêkanîn** پێکانین vt.;
united **yekbûyî** یەکبوویی
units of length: **bost** بۆست f.; **erîn** ئەرین f.; **gez I** گەز f. ; **qulaç** قولاچ f.
units of measure: **devo** دەڤۆ ; **kêl III** کێل; **olçek** ئۆلچەك f.; **qirat** قِرات f.; **t'as** تاس f. [2]; **tilm** تِلم; **ribik** رِبِك f.; (2 kg.) **kod** کۆد f. [2]; (for grain) **somer** سۆمەر f.; (1/4 dönüm = 250 square meters) **lat** لات f. = **tej I** تەژ;
units of weight: (2-10 kg.) **batman I** باتمان f.; **ĥuqe** حوقە f.; **weqî** وەقی f.; (pood) **p'ût II** پووت f.
unity **yekîtî** یەکیتی f.
universality **t'omerî** تۆمەری f.
universe (fig.) **Xuȓustan** خوڕوستان f.
university **zanîngeh** زانینگەه f.; **zanko** زانکۆ f.; **ûnîvêrsîtê** ئوونیڤێرسیتێ f.
unjust **neheq** نەهەق; ***narewa**; **gelac** گەلاج m.
unjust action **k'irêtî** کِرێتی f.
unknown **nenas** نەناس
unlawful: **neheq** نەهەق; (according to Islamic law) **neşerî** نەشەری
unleavened **şkeva** شکەڤا
unless **îlla** ئیللا
unlettered **nexwendî** نەخوەندی; **cahil** جاهِل /**ciĥêl** جِحێل
unlikely **dûr** دوور
unlimited **bêĥed** بێ حەد
to unload **dakirin** داکِرِن vt.
unluckiness **bêyomî** بێ یۆمی f.; **malxirabî** مالخِرابی f.
unlucky **bextȓeş** بەستڕەش; **bêoẍir** بێ ئۆغِر; **malxirab** مالخِراب; **dêran II** دێران; **bêqidoş** بێ قِدۆش; (bringing misfortune) **bêwa** بێ وا; **bêyom** بێ یۆم; **sergerdan** سەرگەردان
unmanliness **nemerdî** نەمەردی f.
unmarried **azib** ئازِب m.
unmatched (unrivalled) **bêhempa** بێ هەمپا
unnoticed **teletel** تەلەتەل

unoccupied: (idle) **betal** بەتال; **vala** ڤالا
unpleasantness ; **oyîn** ئۆیین f.
unpretentious **nefspiçûk** نەفس پچووك; **dilnizm** دِلنِزم
unprocessed **xam** خام
unprofitable **t'ewş** تەوش
unprotected **bêpişt** بێ پشت
to unravel (vi.) **felitîn** فەلتین vi.
unreachable **dûrdest** دووردەست; **asê** ئاسێ
unreal **neřast** نەڕاست; **net'ê** نەتێ
unrefined (coarse, rough) **p'arsû-qalim** پارسووقالِم; **stûr** ستوور
unregistered (lacking official papers) **kitm** کِتم
unreliable **t'eres** تەرەس; **ava bin kaê** ئاڤا بن کائێ; **bêît'bar** بێ ئیتبار
unrestrained **ȟêç'** حێچ; **serxweş** سەرخوەش; **t'ewekel** تەوەکەل
unripe **xam** خام; xang II; (of fruits) **keřik I** کەڕك f.; (~ cucumber, zucchini, etc.) **xirtik I** خِرتِك f.; **tûtik II** تووتِك m./f.; (~ melon) **k'al II** کال; **talik** تالِك m.; (~ pistachioes, wheat, etc.) **firîk** فِریك f.
unripeness (of fruits) **k'altî II** کالتی f.
unrivalled **bêhempa** بێ هەمپا
unruliness **serȟişkî** سەرحِشکی f.; **serk'êşî** سەرکێشی f.
unruly **serȟişk** سەرحِشك; **serk'êş I** سەرکێش; **ȟuř** حوڕ; **nesekinî** نەسەکِنی
unsavory: (person) **bêol** بێ ئۆل
to unscrew **sist kirin** سِست کِرِن vt.; **vekirin I** ڤەکِرِن vt.
unseasoned: (bland) **kelî II** کەلی
unskilled **destgiran** دەستگِران
unsophisticated **xeşîm** خەشیم; **sawîlke** ساویلکە
unsteady: -to be ~ **t'ertilîn** تەرتِلین vi.
to unstitch **bişkavtin** بِشکاڤتِن vt.
unsullied (blameless) **řûspî I** ڕووسپی
unsure: (u. of oneself) **p'arsûxwar** پارسووخوار
untamed **k'ûvî** کووڤی
untidiness **mirdarî** مِرداری f.
untied: -to be(come) untied **felitîn** فەلتین vi.
until **ȟeta** حەتا ; **t'a IV** تا
untilled (land) **xam** خام
untouched (virgin) **xam** خام
untraceable **bêserberat'** بێ سەربەرات
untreated **xam** خام
untroubled **bêxem** بێ خەم
untrue (incorrect) **xelet** خەلەت; **şaş I** شاش; **neřast** نەڕاست; **ç'ewt** چەوت
untrusting (suspicious of others) **k'umřeş** کومڕەش
untruth: (lie) **derew** دەرەو f.; **viř II** ڤِڕ f.; **neřastî** نەڕاستی f.
untrustworthy **t'eres** تەرەس; **ava bin kaê** ئاڤا بن کائێ; **bêît'bar** بێ ئیتبار; **bêol** بێ ئۆل
unusual **'ecêb** عەجێب; **seyr** سەیر; **sosret** سۆسرەت; **awarte** ئاوارتە
unwilling **bêdil** بێ دِل
unwillingness **bêdilî** بێ دِلی f.
unwinnowed grain **t'êx** تێخ f.
unworried **bêxem** بێ خەم
to unyoke **cot vekirin** جۆت ڤەکِرِن vt.
up **jor** ژۆر; **silal** سِلال; **hevraz** هەڤراز; **bala** بالا; **banî I** بانی; **berbijor** بەربِژۆر; **serbijor** سەربِژۆر; **jêla** ژێلا; **fêz** فێز f.
up shit creek **li ser agir** لِ سەر ئاگِر
up to (until) **ȟeta** حەتا ; **t'a IV** تا
up to date: -to bring s.o.. ~ **serwext kirin** سەروەخت کِرِن vt.
up toward **řaber** ڕابەر
updated (informed, aware) **serwext** سەروەخت
uphill slope **jihelî** ژهەلی m.; **hevraz** هەڤراز m./f.
upper **jorîn** ژۆرین; -u. part/side **fêz** فێز f.; **hindav** هِنداڤ f./m.
upper arm **mil** مِل m.
upper case letter **girdek** گِردەك f.
upright (standing up) **şipîya** شِپییا
uproar **hose** هۆسە f.; **k'eft û left** کەفت و لەفت f.; **qerqeşûn II** قەرقەشوون; **hoqeboq** هۆقەبۆق f.; (loud noise) **guřîn** گوڕین f.; **qerebalix** قەرەبالِخ f.; **qîřeqîř** قیڕەقیڕ f.; **bařebař** باڕەباڕ f.; **biřbiř** بِڕبِڕ f.; **hêwirze** هێورزە f.; **t'eqeřeq** تەقەڕەق f.
to uproot (extirpate) **hilkirin** هِلکِرِن vt.; **k'ok qelandin** کۆك قەلاندِن vt.; **k'ok řakirin** کۆك ڕاکِرِ vt.; (pull out, extract) **hilk'işandin** هِلکِشاندِن vt.
upsèt [adj.] **'aciz** عاجِز; **aloz** ئالۆز; **bêk'êf** بێ کێف; **dilteng** دِلتەنگ; **p'epûk I** پەپووك; **p'erîşan** پەریشان; **p'osîde** پۆسیدە; **tetirxanî** تەتِرخانی; **k'ezebreşî** کەزەبرەشی; **kulzikî** کولزِکی; -to be ~ **ber xwe k'etin** بەر خوە کەتِن vi.; **bêna fk-ê teng bûn** بێنا فکێ تەنگ بوون vi.; **qehirîn** قەهِرین vi.; **tetirxanî bûn** تەتِرخانی بوون vi.; **k'ezebreşî bûn** کەزەبرەشی بوون vi.; (animals) **veciniqîn** ڤەجِنِقین vi.; (stomach): **xelîn** غەلین vi.; **verşîya *fk-î* hatin** ڤەرشییا فکی هاتِن vi.
ùpset [n.] **diltengî** دِلتەنگی f.; **p'erîşanî** پەریشانی f.; **qelq** قەلق f.; **p'osîdeyî** پۆسیدەیی f.
to upset (overturn) **wergeřandin** وەرگەڕاندِن vt.; **ser û bin kirin** سەر و بِن کِرِن vt.; **têkdan** تێکدان vt.; (torment, bother) **'aciz kirin** عاجِز کِرِن vt.; **zêrandin** زێراندِن vt.; **tetirxanî kirin** تەتِرخانی

کِرِن vt.
upside down **dernexûn** دەرنەخوون; **vajî** ڤاژی; **ser û bin** سەر و بِن
upstairs **jor** ژۆر; **silal** سِلال
upstream **fêza çem** فێزا چەم
upward(s) **jor** ژۆر; **silal** سِلال; **hevraz** هەڤراز; **bala** بالا; **banî I** بانی; **berbijor** بەربِژۆر; **serbijor** سەربِژۆر; **jêla** ژێلا
upwards of **ji ...û pêhel** ژِ ...و پێهەل;
to urge s.o. to do stg. (to insist) **rijdî/riştî kirin** رِژدی\رِشتی کِرِن vt.
to urge on: (drive, spur) **xuřîn III** خورین vt.; **xurandin** خوراندِن vt.; **k'udandin** کوداندِن vt.
urgent [**bi**] **lez I** بِ لەز
to urinate **mîstin** میستِن vt.
urine **mîz** میز f.; **destav** دەستاڤ f.
urticaria: (hives, nettle rash) **lûr** لوور f.
us **me** مە
usage **řesim** رەسِم m./f.; **řewişt** رەوِشت f.; **t'oře** تۆرە f.
use: (benefit, advantage) **feyde** فەیدە f.; **menfa'et** مەنفاعەت f.; **siûd** سِئوود f.; -to be of u. **havil kirin** هاڤِل کِرِن vt.
to use **bi kar anîn** بِ کار ئانین vt.; **'emilandin** عەمِلاندِن vt.; **xebitandin** خەبِتاندِن vt.
to use sparingly **hêvşandin** هێڤشاندِن vt.
used to: (accustomed to) ; -to get/grow ~to: **hîn[î ...] bûn** هینی ... بوون vi.; **'elimîn** عەلِمین vi.; **řahatin** راهاتِن vi. [+li]; -to get ~ (gradually): **lê banîn** لێ بانین vi.; to make ~ **lê banandin** لێ باناندِن vt.; **hîn kirin** هین کِرِن vt.; **'elimandin** عەلِماندِن vt.
useful **kêrhatî** کێرهاتی; -to be useful **bi kêr hatin** بِ کێر هاتِن vi.
useless **bêfeyde** بێ فەیدە; **bêkêr** بێ کێر; **beradayî** بەرادایی; **p'ûç'** پووچ; **t'ewekel** تەوەکەل; **t'ewş** تەوش; **elet'ewş** ئەلەتەوش; **hewante** هەوانتە
uselessness **boşahî I** بۆشاهی f.
USSR **Sovêtîstan** سۆڤێتِستان f.
usurpation **k'otek** کۆتەك f.
utensil: **amîr** ئامیر m./f.; **alav II** ئالاڤ m.; **p'ergal II** پەرگال f.; (dish, vessel) **derdan II** دەردان f.
uterus: **malzarok** مالزارۆك f.; (animal's) **p'izdan** پِزدان f.; (cow's ~) **zî I** زی f.
to utilize **bi kar anîn** بِ کار ئانین vt.; **'emilandin** عەمِلاندِن vt.; **xebitandin** خەبِتاندِن vt.
to utter **dey kirin** دەی کِرِن vt.
utterly **lap** لاپ; **pêva** پێڤا
Uzbek **Ûzbekî** ئووزبەکی

V

vacancy **valayî** ڤالایی f.
vacant **aza[d]** ئازاد; **boş I** بۆش; **betal** بەتال; **vala** ڤالا
to vaccinate **tamandin** تاماندِن vt.
vagabond **êp'erî** ئێپەری m.; **mirt'ib** مِرتِب m.; **derbeder** دەربەدەر m.
vagina **quz** قوز m.; **virçik** ڤِرچِك f.; **zîlik** زیلِك f.; (cow's) **zî I** زی f.
vagrant (adj.) **derodero** دەرۆدەرۆ; **sergerdan** سەرگەردان; **derbeder** دەربەدەر; (n.) **gede** گەدە m.; **êp'erî** ئێپەری m.; **derbeder** دەربەدەر m.
vain: (futile) **betal** بەتال; -in vain **badîhewa** بادیهەوا
vale **best** بەست f.
valet **pêşxizmet** پێشخِزمەت m.; **xizmetk'ar** خِزمەتکار m.; **xulam** خولام m.; **ç'awîş** چاویش m.; **p'îşek'ar** پیشەکار m.
valley **gelî II** گەلی m.; **dehl** دەهل f./m.; **best** بەست f.; (deep, narrow) **dol II** دۆل f.; **newal** نەوال f.; (dry riverbed, wadi) **mesîl** مەسیل f.
valor **camêrî** جامێری f.; **merdayî** مەردایی f.
valorous **camêr** جامێر
valuable **binerx** بِ نەرخ; **bi qîmet** بِ قیمەت
value **biha** بِها m.; **qîmet** قیمەت m./f.; **nerx** نەرخ f./m.; **hêjayî** هێژایی f.; **ît'bar** ئیتبار f.
to value (appreciate) **qîmet zanîn** قیمەت زانین vt.
valued **qedirgiran** قەدِرگِران
vampire **gořnep[']işîk** گۆڕنەپِشیك f.; **xwînmij** خوینمِژ m.
van (estate car) **firxûn** فِرغوون f.
Van (city) **Wan II** وان f.
vanguard **berahik** بەراهِك f.; **cephe** جەپهە f.; **pêşeng** پێشەنگ m.&f.
to vanish **ji holê řabûn** ژِ هۆلێ رابوون vi.; **beta vebûn** بەتا ڤەبوون; [**ji ber**] **winda bûn** [ژِ بەر] وِندا بوون vi.; **řed bûn** رەد بوون vi.; **řoda ç'ûn** رۆدا چوون vi.; **xeware bûn** غەوارە بوون vi.; **p'enese bûn** پەنەسە بوون vi.
vanished **p'enese** پەنەسە
to vanquish (defeat) **alt' kirin** ئالت کِرِن vt.; **zora [dijmin] birin** زۆرا دِژمِن بِرِن vt.; **řevandin** رەڤاندِن vt.
vanquisher **serfiraz** سەرفِراز m.

vapor **hilm** هِلم f.; **dûk'el** دووکەل f./m.
variable **guhêrbar** گوهێربار
variant **guharto** گوهارتۆ f.; **şov** شۆڤ f.
varicella (chicken pox) **mîrkut** میرکوت f.
varied **têvel** تێڤەل
variety: -a v. of (various) **cihêreng** جِهێرەنگ
variola (smallpox) **xurîk** خوریك f.
various **têvel** تێڤەل; **cihêreng** جِهێرەنگ
vase **guldank** گولدانك f.
vast **teřikî II** تەڕکی
vat: (for storing grape molasses] **lîn** لین m.
vault **qube II** قوبە f.
vegetable stew **metfînî** مەتفینی f.
vegetables **heşînatî** هەشیناتی f. [3]; **dikak** دِکاك pl.; **deramet I** دەرامەت m.; **êmîş** ئێمیش m. [2]; **p'incar** پنجار m./f.
vegetation **heşînatî** هەشیناتی f.; **riwek** روەك f./m.
vehemence **t'undî** توندی f.; **ḧiddet** حِددەت f.; **şidet** شِدەت f.
vehement **dijwar** دِژوار; **t'und** توند
vehicle (automobile) **wesayît** وەساییت f.; **trimbêl** ترمبێل f.; **cemse** جەمسە f.; (means, medium) **navgîn** ناڤگین f.
veil **ç'adir** چادِر f.; **ç'arik** چارِك f./m.; **ç'arşev** چارشەف f.; **p'erde** پەردە f.; **pêçe** پێچە f.; **řûpoş** ڕووپۆش f.; (bridal ~) **hêzar** هێزار f.; **xêlî I** خێلی f./m.; **pêça bûkê** پەچا بووکێ f.
vein: **řeh** ڕەه f.; **betan** بەتان m.; **t'emar** تەمار f.; (central ~ of leaf) **bistî** بِستی f.; (large ~ in sheep's leg) **kezîke** کەزیکە f.
velocity **lezatî** لەزاتی f.
velvet **qedîfe** قەدیفە m.; **mexmer** مەخمەر m.; *dêmî?
venereal disease: (syphilis) **firengî I** فِرەنگی f.
vengeance **t'ol II** تۆل f.; **ḧeyf** حەیف f.; **'evdîn** عەڤدین f.
venom **jehr** ژەهر f.; **axû** ئاخوو f.
ventilator **p'erwane** پەروانە f.
Venus: (morning star) **karwankuj** کاروانکوژ f.
veranda **berbanik** بەربانِك m.; **heywan I** هەیوان f.
verb **lêker** لێکەر f.; **fêl II** فێل f./m.
verbal noun **řader** ڕادەر f.
verbal sparring **şeředev** شەڕەدەڤ f.
verdict **ḧuk'um** حوکوم m.; **daraz** داراز f.
verdure **heşînatî** هەشیناتی f.; **k'eskayî** کەسکایی f.
to verify **piştrast kirin** پشتراست کِرِن vt.
verse: (of poetry) **beyt** بەیت f.; (of the Quran) **ayet** ئایەت f.
versed (knowledgeable) **agahdar** ئاگاهدار
version **şax** شاخ f./m.; **şov** شۆڤ f.; **guharto** گوهارتۆ f.
vertebra **derzen** دەرزەن f.
vertical **stûnî** ستوونی
vertigo **gêjtî** گێژتی f.
very **gelek[î]** گەلەکی; **p'iř II** پڕ; **ze'f** زەعف; **qewî** قەوی; **lap** لاپ; **t'ewrî** تەوری; **zor II** زۆر; -the v. (e.g., the very one) **hema** هەما
very much **gelek[î]** گەلەکی; **p'iř II** پڕ; **ze'f** زەعف; **qewî** قەوی; **lap** لاپ; **t'ewrî** تەوری; **zor II** زۆر
vessel: (container, bowl) **aman** ئامان m./f.; **firaq** فِراق f./m.; **derdan II** دەردان f.; (long, shallow copper ~ for serving rice) **lalî II** لالی f.; (for water) **gumgum** گومگوم m./f.;
vest: (Kurdish men's ~) **çekband** چەکباند pl.; (embroidered ~) **delme** دەلمە m.; (shepherd's felt ~) **k'epenek** کەپەنەك m.
vestibule **sivder** سِڤدەر f.; **heywan I** هەیوان f.
vetch **şolik** شۆلِك/**şoqil** شۆقِل m./f.
veterinarian **beyt'ar** بەیتار m.
veterinary doctor **beyt'ar** بەیتار m.
vexation **diltengî** دِلطەنگی f.
vexed **dilteng** دِلطەنگ
vicious **çavsor** چاڤسۆر; **diř** دِڕ; **gurêx** گورێغ
viciousness **çavsorî** چاڤسۆری f.
victim **qurban** قوربان f.; **ḧeyran** حەیران f.
victor **alt'dar** ئالتدار m.; **serdest** سەردەست m.; **serfiraz** سەرفِراز m.
victorious **serdest** سەردەست; -to be ~ **serk'etin** سەرکەتِن vi.
victory **serk'etin** سەرکەتِن f.; **alt'indarî** ئالتِنداری f.; **serfirazî** سەرفِرازی f.
victuals (good food) **naz û ne'met** ناز و نەعمەت
view: (opinion) **dîtin** دیتِن f.; **nêt** نێت f.; (panorama) **bergeh** بەرگەه f.; **dîmen** دیمەن f./m.
vigorous **xurt** خورت
vile **xop'an** خۆپان; **caris** جارِس
village **gund** گوند m.
village chief **k'eya** کەیا m.; **k'ewxwe** کەوخوە m.; **muxtar** موختار m.
village elder **řispî** ڕیسپی m.
village guard **milîs** مِلیس m.
village head **k'eya** کەیا m.; **k'ewxwe** کەوخوە m.; **muxtar** موختار m.
villager **gundî** گوندی m.
villain **margîsk** مارگیسك m.
to vindicate **řûspî derxistin** ڕووسپی دەرخِستِن vt.
vindicated: **řûspî I** ڕووسپی; -to be ~ **řûyê xwe spî kirin** ڕوویێ خوە سپی کِرِن vt.
vine **mêw** مێو m.; **badak** باداك f.

vine stock (grapes) **mêw** مێو m.; (watermelon, etc.) **lem** لەم m.
vinea **ç'irpe** چرپە m.
vinegar **sihik I** سِهك f.
vineyard **řez** ڕەز m.
vintner **řezvan** ڕەزڤان m.
violence **t'undî** توندی f.; **t'undûtîjî** توندووتیژی f.; **şidet** شِدەت f.; **k'otek** کۆتەك f.; **zor I** زۆر f.
violent **t'und** توند; **diř** دِڕ
violet **binefş** بِنەفش f.; (purple) **binefşî** بِنەفشی; **mor I** مۆر ; **erẍewanî** ئەرغەوانی; **şîrkî** شیرکی
viper (adder) **margîsk** مارگیسك m.
virgin **bik'ur** بِکور; **xam** خام
virginity **qîztî** قیزتی f.
Virgo **simbil I** سِمبِل f.
virtue **hêjayî** هێژایی f.; **hiner** هِنەر m./f.
vis-à-vis **himberî** هِمبەری
viscera (of animals) **pizûr** پزوور pl./f.
viscous **çiř II** چِڕ
visibility: (v. at a distance) **pehnî II** پەهنی f.
visible: **diyar** دِیار; **k'ifş** کِفش; **xanê** خانێ; **xuya** خویا; **p'eyda** پەیدا; **berçav II** بەرچاڤ; **dîtbar** دیتبار; -to be ~ **derç'ûn** دەرچوون vi.; **hatin xanê** هاتِن خانێ vi.
vision (dream, fantasy) **xewn** خەون f.; **sawîr** ساویر m./f.; (faculty of sight) **bînahî** بیناهی f.
visit **seradan** سەرادان f.; **mêvanî** مێڤانی f.; **zîyaret** زییارەت f./m.; (of married woman to her father's house) **zeyîtî** زەییتی f.
to visit **seradan** سەرادان vt.; **ç'ûn mêvan** چوو مێڤان vi.; **mêvanî çûyîn** مێڤانی چوویین vi.; (a sick person) **saẍtî kirin** ساغتی کِرِن vt.
vital **fer II** فەر
vitriol **şeb** شەب f.
vizier **wezîr** وەزیر m.; **şalyar** شالیار m.
voice **deng I** دەنگ m.; **sewt** سەوت f.;
void **betal** بەتال
volley: (fusillade) **şêlik** شێلِك f./m.; (salvo) **derb** دەرب f./m.
volume: (bulk, size) **govek** گۆڤەك f.; (book, tome) **berg II** بەرگ m./f.; **cild** جلد m.
volunteer **xêrxwaz** خێرخواز m.&f.; **dildar** دِلدار m.&f./adj.
vomit **vereşî** ڤەرەشی f.
to vomit **vereşîn** ڤەرەشین vi.; dil rabûn; **hilavêtin** هِلاڤێتِن vt.; -to cause to ~ **vereşandin** ڤەرەشاندِن vt.
voracious **xure** خورە; **çil III** چِل
vortex **ziviřok** زِڤِڕۆك f.
vote **deng I** دەنگ m.
to vote **deng dan** دەنگ دان vt.; -to v. into office (elect) **hilbijartin** هِلبِژارتِن vt.
voter **dengder** دەنگدەر m.&f.
to vouchsafe **layîq kirin** لاییق کِرِن vt.
vow: **sond** سۆند f.; **qesem** قەسەم m.; **'ehd** عەهد m./f.; (conditional ~, pledge) **nezir** نەزر f.
to vow **'ehd xwerin** عەهد خوەرِن vt.; **sond xwarin** سۆند خوارِن vt.
vowel **dengdêr** دەنگدێر f. & adj.
vulgar (course) **stûr** ستوور
vulnerable **bêpişt** بێ پِشت
vulture **sîsalk** سیسالك f.; **kurt II** کورت m.; **xertel** خەرتەل m.; (bearded ~) **daleřeş** دالەڕەش m.; (red ~) **sêmiř** سێمِڕ m.
vulva **quz** قوز m.; **virçik** ڤِرچِك f.

W

wadi **dehl** دەهل f./m.; **mesîl** مەسیل f.
wager (bet) **merc I** مەرج f./m.; **şert** شەرت m./f.; **miçilge** مِچِلگە ; **řehîn** ڕەهین f.
to wager (place a bet) **merc girtin** مەرج گِرتِن vt.; **şert girtin** شەرت گِرتِن vt.
wages **me'aş** مەعاش m./f.; **heq** هەق m.
wagon **'erebe** عەرەبە f.; **gerdûm** گەردووم f.; (with iron wheels) **firẍûn** فِرغوون f.
to wail: (scream) **qûřîn** قووڕین vi.; **ziřîn** زِڕین vi.; (in pain) **zarîn** زارین vi.; (of dogs) **kastekast kirin** کاستەکاست کِرِن vt.; **kûzîn** کووزین vi.; (lament for the dead) **lorîn** لۆرین vi.
wailing: **qûřîn** قووڕین f.; (in pain) **zarezar** زارەزار f.; (of dogs) **kastekast** کاستەکاست f.; **kûzîn** کووزین f.
waist **bejn** بەژن f.; **navteng** ناڤتەنگ f.; **nav II** ناڤ f./m.; **k'ember** کەمبەر f.; **newq** نەوق f.
waistband **k'ember** کەمبەر f.
waistcoat: (Kurdish men's vest) **çekband** چەکباند pl.
wait: -to lie in ~ for **xwe lê nitirandin** خوە لێ نِتِراندِن vt.
to wait [for] **li bendî fk-ê/ft-î man** لِ بەندی فکێ\فتی مان vi.; **çav li rê bûn** چاڤ لِ ڕێ بوون vi.; **çaverê bûn** چاڤەڕێ بوون vi.; **çavnêrîya yekî kirin** چاڤنێرییا یەکی کِرِن vt.; **p'an I** پان vt.; **li hêvîya fk-**

ê/ft-î man لِ هێڤیا فکێ\فتی مان vi.; **r̄awestan** ڕاوەستان vi.; **sekinîn** سەکِنین vi.; **rîya fk-ê/ft-î k'işandin** ڕییا فکێ\فتی کِشاندِن vt.; (be patient) **sebr kirin** سەبر کِرِن vt.; **tamîş kirin** تامیش کِرِن vt.

waiting (adj.): **çaver̄ê** چاڤەڕێ

waiting (n.): (anticipation) **çavnihêrî** چاڤنِهێری f.

to waiver **t'ertilîn** تەرتِلین vi.

to wake up: (vi.) (to awaken) **ḧişyar bûn** حِشیار بوون vi.; **ji xew rabûn** ژِ خەو رابوون vi.; (vt.) **ḧişyar kirin** حِشیار کِرِن vt.; **ji xewê r̄akirin** ژِ خەوێ ڕاکِرِن vt.;

to wake with a start (vi.) **veciniqîn** ڤەجِنِقین vi.

walk (a spin, constitutional, some exercise) **fitil** فِتِل f.; **ger̄ II** گەڕ f.; (outing) **seyran** سەیران f.; **seyrange** سەیرانگە f.; (manner of walking) **bir̄êveç'ûn** بِڕێڤەچوون f.

to walk **meşîn** مەشین vi.; **bi r̄ê ve ç'ûn** بِ ڕێ ڤە چوون vi.

wall: (city wall) **beden I** بەدەن f.; **sûr I** سوور f.; **şûre I** شوورە f.; (house wall) **dîwar** دیوار m.

wall gecko **kilîfe** کِلیفە m.; **marmaroşk I** مارمارۆشك f.

wall-partition: (wooden) **der̄abe** دەڕابە m./f.

walnut **gûz** گووز\گویز f.

wan (pale) **zer I** زەر; **spîç'olkî** سپیچۆلکی; **zerhimî** زەرهِمی

wanderer **mişext** مِشەخت m.&f.

wandering (adj.) **derodero** دەرۆدەرۆ; **sergerdan** سەرگەردان; **derbeder** دەربەدەر

wandering (n.) **k'oç II** کۆچ f./m.; **derbederî** دەربەدەری f.

wandering eye **çavlider** چاڤلِدەر

want **daxwaz** داخواز f.; **arzû** ئارزوو f./m.; **merem** مەرەم m./f.; **miraz** مِراز m./f.

to want **xwestin** خوەستِن vt.; **viyan** ڤِیان vt. [+ obl. prn.]

war **şer̄ I** شەڕ m.; **ceng** جەنگ f.; (campaign) **sefer** سەفەر f.

war materiel **k'el û p'elên cengê** کەل وپەلێن جەنگێ pl.

war of words **şer̄edev** شەڕەدەڤ f.

warehouse **'embar** عەمبار f.

wares **mal II** مال m.; **eşya** ئەشیا m.; **pertal** پەرتال pl.

warm **germ** گەرم

to warm up to: (get used to gradually) **lê banîn** لێ بانین vi.

warmth **germî** گەرمی f.; **germ** گەرم f.

to warn **şîret kirin** شیرەت کِرِن vt.; **t'emî dan fk-î** تەمی دان فکی vt.; **qewîtî kirin** قەویتی کِرِن vt.

warning **şîret** شیرەت f.; **t'emî** تەمی f.; **qewîtî** قەویتی f.

warp (of fabric) **firêt** فِرێت f.

warrior **şer̄van** شەڕڤان m.; **'efat** عەفات m.; **nefer** نەفەر f./m.; **têkoşer** تێکۆشەر m.

warship **fergêt** فەرگێت f.; **zirîpoş** زِریپۆش f.

wart **belalûk II** بەلالووك f.

to wash **şûştin** شووشتِن vt.; (clothes) **balav kirin** بالاڤ کِرِن vt.

wash basin **şikev** شِکەڤ f.

to wash thoroughly **veşûştin** ڤەشووشتِن vt.

washer: (small perforated disk fastening pin to beam of plow) **berxep** بەرخەپ f.; **bose II** بۆسە; (washing machine) **makîna cilşuştinê** ماکینا جِلشوشتِنێ f.

washing machine **makîna cilşuştinê** ماکینا جِلشوشتِنێ f.

wasp **zilketk** زِلکەتك/**zirkêtk** زِرکەتك f.; **moz I** مۆز f.; wasp) **moza qirtik** مۆزا قِرتِك;*pîzang

waste: -to go to ~ **ber t'elef ç'ûn** بەر تەلەف چوون vi.

waste basket **selika gemarê** سەلِکا گەمارێ f.; **selka gilêşî** سەلکا گِلێشی f.

waste bin **selika gemarê** سەلِکا گەمارێ f.; **selka gilêşî** سەلکا گِلێشی f.

wasted: **hewante** هەوانتە; -to be ~ **ber t'elef ç'ûn** بەر تەلەف چوون vi.

watch (clock) **sa'et** ساعەت f.; **demjimêr** دەمژمێر f.; (patrol, guard duty) **nobet** نۆبەت f.

to watch (observe) **nêrîn** نێرین vt.; **mêze kirin** مێزە کِرِن vt.; **fer̄icîn** فەڕِجین vi.; **tê fikirîn** تێ فِکِرین vi. (**fikirîn II** فِکِرین vi.); **lê t'emaşe kirin** لێ تەماشە کِرِن vt.; **şopandin** شۆپاندِن vt.

to watch out for **p'an I** پان vt.

watchman **mifirdî** مِفِردی m.; **nobetdar** نۆبەتدار m.; **p'awan I** پاوان m.; **qerewil** قەرەوِل m.; **segman** سەگمان m.; **nêr̄evan** نێڕەڤان m.

water **av** ئاڤ f.

water bearer **dewlçî** دەولچی m.; **zelamê avîvan** زەلامێ ئاڤیڤان m.

water bottle **gumgum** گومگوم m./f.

water carrier **avk'êş** ئاڤکێش m.&f.

water closet **avdestxane** ئاڤدەستخانە f.; **avr̄êj I** ئاڤڕێژ f.; **ç'olik III** چۆلِك f.; **daşir** داشِر f.; **destav** دەستاڤ f.; **destavxane** دەستاڤخانە f.; **edebxane** ئەدەبخانە f.; **qedemge** قەدەمگە f.;

water jug: **sewîl** سەویل m.; (small or medium sized) **k'edûn** کەدوون m.

water moss **k'evz** کەڤز f.

water pitcher **şerbik** شەربِك m./f.

water power **birha avê** بِرها ئاڤێ f.

watercress **pîz** پیز m.; **kîzmas** کیزماس m.; **t'ûzik** توززِك f.; cf. **r̄eşad** ڕەشاد f.; **dêjnik** دێژنِك f.

waterfall **sûlav** سووڵاڤ f.; **şîp** شیپ f./m.; (small) **şilêr** شِلێر f.; **şirav** شِراڤ f.
waterhose **marpîç** مارپیچ m./f.; **sonde** سۆندە f.
waterlogged: to be ~: **beṯilîn** بەطِلین vi.
watermelon **zebeş** زەبەش m.; **şiftî** شِفتی m.; **k'al III** کال m.
watermelon patch **p'arêz I** پارێز f.; **werz** وەرز m.
waterpot **şerbik** شەربِك m./f.
watery **avî I** ئاڤی
wave **p'êl** پێل f.; **mewc** مەوج f.; **êlk'an** ئێلکان m.
to wave: (vi.) **p'êl dan** پێل دان vt.; (vt.) (to shake at) **daweşandin** داوەشاندِن vt.; **kil II kirin** کِل کِرِن vt.; **ḧejandin** حەژاندِن vt.; **veweşandin** ڤەوەشاندِن vt.
to waver **dudil bûn** دودِل بوون vi.
wavering **dudil** دودِل
wax **mûm** موو‌م f.; **şema** شەما f.
way: (road) **r̄ê** ڕێ f.; **dirb I** دِرب f.; (manner, style) **awa** ئاوا m.; **celeb I** جەلەب m.; **cûr̄e** جوورە m.; **r̄eng** ڕەنگ m.; **t'eher** تەهەر m.; **form** فۆرم f.
way of life **r̄abûn û r̄ûniştin** ڕابوون و ڕوونِشتِن f.;
way out: (of difficult situation) **hiner** هِنەر m./f.; **îlac** ئیلاج f.; **p'ergal I** پەرگال f.; -to find a way out **ḧunar dîtin/kirin** حونار دیتِن\کِرِن vt.
wayfarer **r̄êwî** ڕێوی m.
we **em** ئەم
weak **bêḧal** بێ حال; **lawaz** لاواز; **qels I** قەلس; **sist** سِست; **zeyf** زەیف; **bêweç** بێ وەچ; **sîs II** سیس; (lacking in energy) **bêtên** بێ تێن; (sickly) **mon** مۆن; **p'epûk I** پەپووك; -to become ~ **qudûm şkestin** قودووم شکەستِن vi.
weak spot **zeda mezin** زەدا مەزِن f.; **cîyê** ***fk-êyî*** **zede** جییێ فکێیی زەدە m.
to weaken (vi.) **hilweşîn** هِلوەشین vi.; **şihitîn** شِهتین vi.; **qels bûn** قەلس بوون vi.
weakness **qelsî** قەلسی f.; **sistî** سِستی f.; **zeîfî** زەئیفی f.; (being sickly) **monî** مۆنی f.; (deficiency, problem) **zede** زەدە f.
weak-sighted **şevkor** شەڤکۆر
wealth **dewlemendî** دەولەمەندی f.; **dewlet** دەولەت f.; **maldarî** مالداری f.; **malhebûn** مالهەبوون f.; **sermaye** سەرمایە f./m.
wealthy **dewlemend** دەولەمەند; **maldar** مالدار; **xurt** خورت; **dewletî** دەولەتی; **heyî** هەیی
to wean **ji şîr bir̄în** ژِ شیر بِڕین vt.; **ji ber şîr ve kirin** ژِ بەر شیر ڤە کِرِن vt.
weaned: -to be w. off **jêbûn** ژێ بوون vi.
weapons **cebirxane** جەبِرخانە f.; **ç'ek** چەك m./f.; **sîleh I** سیلەه f.; **espab** ئەسپاب pl.
to wear **li xwe kirin** لِ خوە کِرِن vt. ; **wergirtin** وەرگِرتِن vt.
to wear down: (vi.) **meḧîn I** مەحین vi.
to wear out: (vi.) **pizirîn** پِزِرین vi.; **meḧîn I** مەحین vi.; (vt.) (exhaust, erode) **meḧandin** مەحاندِن vt.; (tire out) **westandin** وەستاندِن vt.
to wear thin **pizirîn** پِزِرین vi.
weariness **westan I** وەستان f.
weary **westîyayî** وەستییایی; **r̄e't II** ڕەعت ; **qefilî** قەفِلی ; -to be w. **westîn** وەستین vi.; **r̄e't bûn** ڕەعت بوون vi.
weather **hewa** هەوا f.
to weave **r̄aç'andin** ڕاچاندِن vt.; **çinîn** چِنین vt.; **hûnan** هوونان vt.; **vehûnan** ڤەهوونان vt.; **hîvastin** هیڤاستِن vt.
weaver **ç'olag** چۆلاگ m.&f.
web (cobweb) **t'evn** تەڤن m./f.; **t'evnpîrk** تەڤنپیرك f.
wedding **de'wat** دەعوات m./f.; **cejin** جەژِن f.; **dîlan** دیلان f.; **nikha** نِکها f.; **mehir** مەهِر f.
wedding procession **xêlî II** خێلی f.
wedge **sipêne** سِپێنە f./m.
Wednesday **Çarşem** چارشەم f.
weed **ade** ئادە m./f.; **aşêf** ئاشێف f.; **zîwan** زیوان f.
to weed **aşêf kirin** ئاشێف کِرِن vt.
weeding (n.) **ade û xepare** ئادە و خەپارە f.
week **ḧeftê I** حەفتێ f.
weep (n.) **ah û zar** ئاه و زار m.
to weep **girîn** گِرین vi.; **ah û zar kirin** ئاه و زار کِرِن vt.
weeping (n.) **ah û zar** ئاه و زار m.
weeping willow **bîşeng** بیشەنگ f.
weft (= woof; of fabric) **hevo** هەڤۆ
weighbridge **qeynt'er** قەینتەر f.
weight **giranî** گِرانی f.; **t'eqil** تەقِل f.; (importance) **giringî** گِرِنگی f.; (person's w.) **k'aş I** کاش f.
weir: (dam) **bend I** بەند f.; **sikir** سِکِر f.
Welcome! **Bi xêr hatin** بِ خێر هاتِن; -You're ~ **spas xweş** سپاس خوەش; **Ser çavan** سەر چاڤان; **Sax̄ bî** ساغ بی
to welcome (guests) **qebûl kirin** قەبوول کِرِن vt.
well (adj.) (healthy, in good health) **sax** ساخ; **saxlem** ساخلەم; **p'ak** پاك; **qenc** قەنج; **selamet** سەلامەت; **ser r̄engê xwe** سەر ڕەنگێ خوە; (adv.) [bi] **p'akî** بِ پاکی
well (n.): (pit) **bîr II** بیر f.; **çal II** چال f.
well! *interj.* **ca** جا; **de I** دە; **k'anî II** کانی
well-being **saxî** ساخی f.; **selametî** سەلامەتی f.
well-dressed **xemilî** خەمِلی

well-fortified **asê** ئاسێ
well-informed **agahdar** ئاگاهدار
well-known **navdar** ناڤدار; **binav û deng** بناڤ و دەنگ
well-mannered **'edeb I** عەدەب
well-meaning **xêrxwaz** خێرخواز
well-off **p'î II** پی
well-proportioned **bejnzirav** بەژنزراڤ
well-rested **t'êrxew** تێرخەو
well-spoken **zarxweş** زارخوەش
well-to-do **p'î II** پی
well-watered **avî I** ئاڤی
well-wisher **xêrxwaz** خێرخواز m.&f.; **xudanxêr** خودانخێر m.
well-wishing **xêrxwazî** خێرخوازی f.
Welsh **Wêlzî** وێلزی
west **r̄oj-ava** ڕۆژئاڤا f.; **moxrib** مۆغرب m./f.
Western Kurdistan **Rojava** ڕۆژاڤا m./f.; **Rojavayê Kurdistanê** ڕۆژاڤایێ کوردستانێ m.; **Kurdistana Sûriyê** کوردستانا سووریێ f.; **Binxet** بنخەت f.; **Başûrê biçûk** باشوورێ بچووک m.
wet (of animate things) **şil I** شل; (of inanimate things) **ter̄** تەڕ; (damp) **nem** نەم
to wet **şil kirin** شل کرن vt.
wet clay **r̄itam** ڕطام f.
wet land (irrigated land) **r̄ifse** ڕفسە m.
wetness **nemayî** نەمایی f.; **şilî** شلی f.
wet-nurse **dayîn III** دایین f.; **daşîr** داشیر f.
whale **hût** هووت m.
what **çi** چ
what for? (why) **ç'ima?** چما; **bo çî** بۆ چی; **qey** قەی
whatchamacallit **ewk** ئەوک ; ewê dî
whatever **herçî ko** هەرچی کۆ
what's-his-name **behvan** بەهڤان; **filan** فلان; **filankes** فلانکەس; **ewk** ئەوک
wheat **genim** گەنم m.; (boiled ~) **danû** دانوو m./pl.; (roasted grains of ~) **qeynok** قەینۆک m.; types of wheat: **bijîreş** بژیرەش m.; **gewre** گەورە m. = *beyazî; **qend[eh]arî** قەندەهاری m.; **sorgul I** سۆرگول m.
wheat germ (cracked ~) **savar** ساڤار m./f.
wheat smut **korik** کۆرک f.
wheel **ç'erx** چەرخ f./m.; **t'eker** تەکەر f.; (wooden w., of plow or wagon) **maran** ماران
wheelchair **erebeya seqetan** ئەرەبەیا سەقەتان f.
to wheeze **int'în** ئنتین vi.
whelp **ç'êjik** چێژک m./f.; **têjik** تێژک f.; **cewr** جەور m./f.; **kûdik** کوودک f./m.; **çelîk** چەلیک m.; **ç'êl IV** چێل m.
to whelp **t'eliqîn** تەلقین vi.
when: (interr.) **k'engî** کەنگی?; **ç'iç'axî ?** چچاخی ; **ç'iwext?** چوەخت; (conj.) **dema ku** دەما کو; **gava ku** گاڤا کو; **wexta [ko]** وەختا کۆ; (as soon as) **ḧeta** حەتا
whence (from where) **ji k'u [derê]** ژ کو دەرێ
where? **[li] ku II** ل کو; **ku derê** کو دەرێ; **k'a II** کا; **k'anî II** کانی
to whet (sharpen) **hesûn** هەسوون vt.; **sûtin** سووتن vt.; **tûj kirin** تووژ کرن vt.; **seqa kirin** سەقا کرن vt.;
whether ka; **çika** چکا; **bê II** بێ; -w. … or **çi … çi** چ … چ; **sewa … sewa** سەوا… سەوا
whetstone **hesan II** هەسان m.
which **ko I** کۆ
whichever **herçî ko** هەرچی کۆ
while **bîstek** بیستەک f.; **heyam** هەیام m.; **kêlî** کێلی f.; **qeder I** قەدەر m./f.; **xêl I** خێل f.
whim (desire, fancy) **qîm** قیم f.
to whimper **nehwirandin** نەهوراندن vt.; (of dogs) **kûzîn** کووزین vi.
whimpering: (of dogs) **kûzkûz** کووزکووز f.; **kûzîn** کووزین f.; **vinge-ving** ڤنگەڤنگ f.
whip **qamçî** قامچی m.
to whip **qamçî kirin** قامچی کرن vt.
to whip up: (goad, spur on, of animals) **xur̄în III** خوڕین vt.; **xurandin** خوراندن vt.
whipping **qamçî** قامچی m.
to whirl (vi.) **ç'erx bûn** چەرخ بوون vi.; **zivir̄în** زڤڕین vi.; **zîz III bûn** زیز بوون vi.; (vt.) **zîzikandin** زیزکاندن vt.
whirlpool **zivir̄ok** زڤڕۆک f.; **ger̄înek** گەڕینەک f.
whirlwind **babelîsk** بابەلیسک f.; **talaz** تالاز f.
whiskers (moustache) **simbêl** سمبێل f./m./pl.
whisper **p'isep'is** پسەپس f.; **kurt û p'ist** کورت و پست f.; **p'istîn** پستین f.
to whisper **p'isp'isandin** پسپساندن vt.; **p'istîn** پستین vi.; **p'isep'is kirin** پسەپس کرن vt.
whisperer **p'isp'isok II** پسپسۆک m.
whispering (n.) **minemin** منەمن f.
whistle: (with the lips) **fîtik I** فیتک f.
to whistle **fîkandin** فیکاندن vt.
whistling **fîtik I** فیتک f.; **fîkandin** فیکاندن vt.; (~ of wind) **guveguv** گوڤەگوڤ f.
white (adj.) **spî I** سپی; **sîs I** سیس; **sade** سادە; (snow ~) **qerqaş** قەرقاش; **çîl-sipî** چیل سپی; (~ ears of goats) **taq** تاق; (with ~ on forehead, or "socks" on legs, of horses, goats, etc.) **ç'al I** چال
white (n.) (of egg) **spîlik I** سپیلک f.

white arsenic: (=arsenic trioxide) **mergemûş** مەرگەمووش f./m.
white meat (of poultry) **spîlik II** سپیلك f.
whiteness **spîtayî** سپیتایی f.
whitethorn **şîlan I** شیلان f.
whitewash **ces** جەس f.; **gec** گەج f.; **k'ils** کِلس f.
whitlow (felon) **mûmar** موومار f.
to whittle **teraştin** تەراشتِن vt.
who **kî/k'î** کی
whoever **herçî ko** هەرچی کۆ
whole (adj.): **t'emam** تەمام; (healthy) **sax** ساخ; **saxlem** ساخلەم; **qenc** قەنج; **selamet** سەلامەت
whole (n.) (aggregate) **t'emamî** تەمامی f.; **t'evahî** تەڤاهی f.
wholeness **saxî** ساخی f.
wholly **lap** لاپ; **pêva** پێڤا; **bi t'omerî** بِ تومەری
whooping cough **xendxendok** خەندخەندۆك f.
whore **qab II** قاب f.; **qalt'ax** قالتاخ f.; **tol I** تۆل f.
why **ç'ima?** چما; **bo çî** بۆ چی; **qey** قەی
wick **fitîl** فِتیل f.
wicked (evil) **niyetxirab** نِیەت خِراب
wicked deed **xirabî** خِرابی f.
wickedness (evil) **şeř II** شەڕ m.; **xirabî** خِرابی f.
wide **berfireh** بەرفرەه; **fireh** فِرەه; **pehn I** پەهن; (of stitches) **fiř II** فِڕ
wide-eyed **beloq** بەلۆق; **zîq** زیق
wide open **zîq** زیق
widely spaced (of teeth) **firk III** فِرك; **fîq** فیق
widespread **belav** بەلاڤ; **berfireh** بەرفرەه
widow **bêjin** بێژِن f.; **bî I** بی f.; **jinebî** ژنەبی f.
widower **bêjin** بێژِن m.; **bî I** بی m.; **jinmirî** ژِنمِری m.
width (breadth) **firehî** فِرەهی f.; **pehnî II** پەهنی f.
to wield (weapon) **avêtin** ئاڤێتِن vt.
wife **jin** ژِن f.; **kevanî** کەڤانی f.; **k'ulfet** کولفەت f.; **hurmet** هورمەت f.; **zêç** زێچ f.; **pîrek** پیرەك f.; **hevser** هەڤسەر f.
wife and children **'eyal** عەیال m./f.; **zav-zêç** زاڤ زێچ ; **'erz û hila** عەرز و هِلا
wild **ç'olî I** چۆلی; **hov** هۆڤ; **k'ûvî** کووڤی; **t'oř II** تۆڕ; **weȟş** وەحش; (impetuous, stormy) **diř** دِڕ; (unrestrained) **ȟêç'** حێچ; **t'ewekel** تەوەکەل; (in sexual matters) (of women) **quzhar** قوزهار; **quzfeřitî** قوزفەڕتی
wild animal **tabe** تابە f./m.; **terawil** تەراوِل m.; **weȟş** وەحش f.
wild artichoke (Cynara cardunculus, cardoon) **kereng** کەرەنگ m./f.
wild bean **şolik** شۆلِك/**şoqil** شۆقِل m./f.
wild garlic **sîrim** سیرِم f.
wild pea **şolik** شۆلِك/**şoqil** شۆقِل m./f.
wilderness **beřî II** بەڕی f.; **ç'ol** چۆل f.; **pasar I** پاسار
wildlife (fauna) **tav û teyr** تاڤ و تەیر [**tabe û teyr** تابە و تەیر];
wildness **hovîtî** هۆڤیتی f.; **wehşî** وەحشی f.
will: (desire) **viyan** ڤیان f.; (future marker for verbs) **wê II** وێ ; (last ~ and testament) **weşyet** وەصیەت f.; **qewîtî** قەویتی f.
willful **beradayî** بەرادایی
willing **qani'** قانِع; **qayîl** قاییل; **řazî** ڕازی; **amade** ئامادە
willingness **qayîlî** قاییلی f.; **řazîlixî** ڕازیلِخی f.
willow **benav** بەناڤ f.; **bî II** بی f.; -weeping w. **bîşeng** بیشەنگ f.
willy-nilly **bivê-nevê** بِڤێ نەڤێ; **bêȟemdî xwe** بێ حەمدی خوە; **bi zor be, bi xweşî be** بِ زۆر بە، بِ خوەشی بە; **'ecûrê tehl** عەجوورێ تەهل
to wilt **çilmisîn** چِلمِسین vi.
wily: (shrewd) **şeytan** شەیتان
to win: **serk'etin** سەرکەتِن vi.; (at a game) [ji+] **birin** ژ + بِرن vt.
to win back (reconquer) **vegirtin** ڤەگِرتِن vt.
wind: (atmospheric) **ba I** با m.
to wind **alandin** ئالاندِن vt.; **hûnan** هوونان vt.; (~ up a clock) **badan** بادان vt.; **bar kirin** بار کِرن vt.
to wind around **pêçavtin** پێچاڤتِن vt.
wind instrument **nefîr** نەفیر m.
window **p'encere** پەنجەرە f.; **p'ace** پاجە f.; **şibak** شِباك f.; **akoşke** ئاکۆشکە f.; (small ~) **kulêr** کولێر f.; **pîpok** پیپۆك f.
window frame **şîpanê pencerê** شیپانێ پەنجەرێ m.
window pane **cama pencerê** جاما پەنجەرێ f.
windpipe **zengelûk** زەنگەلووك f.
windshield **cama ţirimbêlê** جاما طِرمبێلێ f.
windstorm **babelîsk** بابەلیسك f.; **barove** بارۆڤە f.; **bap'eşk** باپەشك f.; **talaz** تالاز f.; **hureba** هورەبا m./f.
wine **mey** مەی f.; **şerab** شەراب f.
wine goblet **cama meyê** جاما مەیێ f.
wine-grower **řezvan** ڕەزڤان m.
wineskin **ȟîz** حیز m.
wing **qol I** قۆل m.; (of bird) **bask** باسك m.; **çeng I** چەنگ f.; **p'eř** پەڕ m./f.; **qanat** قانات m.
winner **alt'dar** ئالتدار m.; **serdest** سەردەست m.;
winnow: (sieve) **bêjing** بێژِنگ f.
to winnow **dêrandin** دێراندِن vt.; **hilavêtin** هِلاڤێتِن vt.; **virvirandin** ڤِرڤِراندِن vt.;
winter **zivistan** زِڤستان f.; -dead of winter **çelê** چەلێ m.

to wipe: **maliştin** مالِشتِن vt.; **p'aqij kirin** پاقِژ کِرِن vt.; **vemaliştin** ڤەمالِشتِن vt.; (rub, polish) **hesûn** هەسوون vt.
to wipe out (render extinct) **ocax kor kirin** ئۆجاخ کۆر کِرِن vt.; **k'ok qelandin** کۆك قەلاندِن vt.; **ji holê r̄akirin** ژ هۆلێ ڕاکِرِن vt.
wire **t'êl** تێل f./m.; (telegram) **t'êlgraf** تێلگراف f.; - barbed w. **strîtêl** ستریتێل pl.
wiry **çir̄ II** چِڕ
wisdom **aqil** ئاقِل m.; **zanetî** زانەتی f.; **me'rîfet** مەعریفەت f.
wise **zane** زانە; **maqûl** ماقوول
wise man **maqûl** ماقوول m.; **'aqildar** عاقِلدار m.; **aqilmend** ئاقِلمەند m.
wish **arzû** ئارزوو f.; **daxwaz** داخواز f.; **viyan** ڤِیان f.; **merem** مەرەم m./f.; **miraz** مِراز m./f.; **ḧez** حەز f.; **qîm** قیم f.; xwezî I
to wish **xwestin** خوەستِن vt.
to wish well (on a holiday) **pîroz kirin** پیرۆز کِرِن vt.
witch **pîrhevok** پیرهەڤۆك f.
with: (accompanying) **bi ... r̄a** بِ ... ڕا; **digel** دِگەل; **t'ev I** تەڤ; (by means of) **bi** بِ; **pê I** پێ
to withdraw: (vi.) **vek'işîn** ڤەکِشین vi.; **havîbûn** هاڤیبوون vi.; **xwe dane paş** خوە دانە پاش vt.; (vt.) **vek'işandin** ڤەکِشاندِن vt.
to wither (vi.) **beyîn** بەیین vi.; **çilmisîn** چِلمِسین vi.; **qermiç'în** قەرمِچین vi.; **qulibîn** قولِبین vi.; **sîs bûn** سیس بوون vi.; (vt.) **qermiç'andin** قەرمِچاندِن vt.
withered **sîs II** سیس; **çilmisî** چِلمِسی
within **di ... da** دِ ... دا
without **bê I** بێ
without a sound **teletel** تەلەتەل
without fail **îlla** ئیللا; **'ese** عەسە; **helbet** هەلبەت; **t'eqez** تەقەز
to withstand: (endure) **tab dayîn/kirin** تاب دایین\کِرِن vt.; **t'eyax dan** تەیاخ دان vt.; **tamîş kirin** تامیش کِرِن vt.
witness (n.) **şade** شادە m.; **dîdevan** دیدەڤان m.
witnessing **şadetî** شادەتی f.; **dîdevanî** دیدەڤانی f.
woe **derd** دەرد m.; (interj.) **way** وای
wolf **gur I** گور/**gurg** گورگ m.; (male ~) **nêregur** نێرەگور m.
wolf pack **gel** گەل m.; **p'er̄anî** پەڕانی f.
wolfishness **gurtî** گورتی f.
woman **jin** ژِن f.; **pîrek** پیرەك f.; **k'ulfet** کولفەت f.; **hurmet** هورمەت f.; **afret** ئافرەت f.; (noble) **xatûn** خاتوون f.; (strong, brave ~) **keçebav** کەچەباڤ f.
woman-chaser **çavlider** چاڤلِدەر; **doxînsist** دۆخینسِست
womanizer **tolaz** تۆلاز m.; **çavlider** چاڤلِدەر
womb **malzarok** مالزارۆك f.; (animal's) **p'izdan** پِزدان f.
women and children **zav-zêç** زاڤ زێچ
wonder: (marvel) **'ecêb** عەجێب f.; **sosret** سۆسرەت f.; **gosirmet** گۆسِرمەت f.; **k'eramet** کەرامەت m.
wondrous thing **'ecêb** عەجێب f.; **gosirmet** گۆسِرمەت f.; **k'eramet** کەرامەت m.
wood: (material) **dar II** دار m.
wood grouse (blackcock) **p'or̄ I** پۆڕ f./m.
wood shavings **qirş** قِرش m.
woodcutter **darbir̄** داربِڕ m.
wooden **darîn** دارین
wooden board **dep** دەپ m./f.; **keval** کەڤال m.
wooden stick **dar II** دار m.
woodpecker **darnekol** دارنەکۆل f.; **darbir̄** داربِڕ m.; **kutkut** کوتکوت f.
woods **daristan** دارِستان f.; **dehl** دەهل f./m.; **mêşe** مێشە f./m.; **r̄êl** ڕێل f.
woof (=weft; of fabric) **hevo** هەڤۆ
wool **hirî** هِری f.; (angora ~) **merez II** مەرەز f.; (goat's) **kej II** کەژ f.; (lamb's ~) **liva** لِڤا f.; (garment or carpet of coarse ~) **lop** لۆپ f.
wool-beater **livajen** لِڤاژەن m.&f.; **kûrinc** کوورِنج m.&f.
wool-carder **livajen** لِڤاژەن m.&f.; **kûrinc** کوورِنج m.&f.
wool-comber **livajen** لِڤاژەن m.&f.; **kûrinc** کوورِنج m.&f.
wool-fluffer **livajen** لِڤاژەن m.&f.; **kûrinc** کوورِنج m.&f.
word **p'eyiv** پەیڤ f.; **bêje** بێژە f.; **gotin** گۆتِن f.; **lavz** لاڤز m.; **pirs** پِرس f.; **xeber** خەبەر f./m.; **şor I** شۆر f.; **zar I** زار m.; **lewẍet** لەوغەت f.; (promise) **soz** سۆز m./f.; **qirar** قِرار m./f.;
to word **dariştin** دارِشتِن vt.
words **gilî I** گِلی m.; **laqirdî** لاقِردی m./f.; **qise** قِسە f.; **qewl** قەول m./f.
work: **k'ar II** کار m./f.; **xebat** خەبات f.; **şuxul** شوخول/**şol** شۆل m./f.; **îş** ئیش m.; **'emal** عەمال m./f.; **emek** ئەمەك m.; (agricultural ~) **hodaxtî** هۆداختی f.; **p'aleyî** پالەیی f.; **gundîtî** گوندیتی f.; (hard ~) **xebat** خەبات f.; **k'ed** کەد f.; **k'eft û left** کەفت و لەفت f.; (literary) **afirandin** ئافِراندِن f.; **berhem** بەرهەم f.; **nivîsar I** نِڤیسار f.; (service) **xizmet** خِزمەت f.; **qulix** قولِخ f.; (keeping o.s. busy) **mijûlahî** مِژوولاهی f.
to work **xebitîn** خەبِتین vi.; **k'ar kirin** کار کِرِن vt.; **şixulîn** شِخولین vi.; **qulix kirin** قولِخ کِرِن vt.
work boots **p'otîn** پۆتین f./m.

worker **k'arker** کارکەر m.; **xebatk'ar** خەباتکار m.; **êrxat** ئێرخات m.; (agricultural ~) **p'ale** پالە m.; **hodax** هۆداخ m.; **mişag** مِشاگ m.; **řêncber** ڕێنجبەر m.
workman **p'ale** پالە m.; **xebatk'ar** خەباتکار m.
workshop: (artisan's ~) **dezgeh** دەزگەه f.
world **dinya** دِنیا f.; **cîhan** جیهان f.; (the whole ~, all of humanity) **dinyalik** دِنیالِك f.
worldly: (sophisticated) **dinêzan** دِنێزان
worm **kurm** کورم m.; (green ~s that damage crops) **maşot** ماشۆت f.
worm-eaten **kurmî** کورمی
wormwood **giyabend** گِیابەند m./f.
wormy **kurmî** کورمی
worn out **kevnare** کەڤنارە; **řizî** ڕِزی; -to become ~ **meĥîn I** مەحین vi.
worried: **kovan** کۆڤان; **ře't II** ڕەعت; -to be worried [about] **xem xwarin** خەم خوارِن vt.; [**bi ... re**] **ĥeyrîn** بِ ... رە حەیرین vi.; **ře't bûn** ڕەعت بوون vi.; **k'eribîn** کەربین vi.; **ketin qilqalê** کەتِن قِلقالێ vi.;
worry: (care) **cefa** جەفا m.; **'emal** عەمال m./f.; **k'eder** کەدەر f.; **k'erb** کەرب f.; **k'eser** کەسەر f.; **kovan** کۆڤان f.; **kul I** کول m./f.; **meraq** مەراق f.; **şayîş** شاییش f./pl.; **tatêl** تاتێل f.; **xem** خەم f.; **xiyal** خِیال f.; **t'efekûrî** تەفەکووری f.; **t'alaş** تالاش f.; **qilqal** قِلقال f.
to worry (vi.) **xem xwarin** خەم خوارِن vt.; **xem k'işandin** خەم کِشاندِن vt.; **xem kirin** خەم کِرِن vt.; **k'eder k'işandin** کەدەر کِشاندِن vt.; **fikirîn I** فِکِرین vi.; **ber fk-ê/ft-î k'etin** بەر فکێ\فتی کەتِن vi.; **řeĥt kirin** ڕەحت کِرِن vt.; **k'etin xeman** کەتِن خەمان vi.; **qilqilîn** قِلقِلین vi.
worry beads **t'izbî** تِزبی m./f.
worse **xirabtir** خِرابتِر; **k'ambaxtir** کامباختِر
worship **ebabetî** ئەبابەتی f.
to worship **p'erestin** پەرەستِن vt.
worsted **řîs** ڕیس m.;
worth: (n.) **biha** بِها m.; **nerx** نەرخ f./m.; **qîmet** قیمەت m./f.; **qedir I** قەدِر m.; **hêjayî** هێژایی f.; **ît'bar** ئیتبار f.; (adj.) **binerx** بِ نەرخ; **hêja I** هێژا
worthiness **layîqî** لاییقی f.
worthless **p'ûç'** پووچ; **beradayî** بەرادایی; **t'ewş** تەوش; **elet'ewş** ئەلەتەوش; **t'ewt'ewe** تەوتەوە; **hewante** هەوانتە
worthy **hêja I** هێژا; **layîq** لاییق; **stêl** ستێل
worthy of esteem **p'ayebilind** پایەبِلِند
would that (if only) **xwezî** خوەزی [+ past subj.]

wound: (injury) **birîn I** بِرین f.; **şewat** شەوات f.
wounded **birîndar** بِریندار
wrap: (cloak, aba) **'eba** عەبا f.; (type of sandwich) **balolk** بالۆلك f.; **ĥoç** حۆچ m.
to wrap **pêçan** پێچان vt.; **pêçavtin** پێچاڤتِن vt.
to wrap around (one's arms) **werandin I** وەراندِن vt.
wrath **hêrs** هێرس f.; **xezeb** خەزەب f.; **qehr** قەهر f.
wreath: (garland) **gulwaz** گولواز m./f.; **gulbend** گولبەند f.
to wreck **xirab kirin** خِراب کِرِن vt.; **tarûmar kirin** تاروومار کِرِن vt.; **ser û bin kirin** سەر و بِن کِرِن vt.
wreckage (of automobile) **qerqode** قەرقۆدە m.
wrecked **k'ambax** کامباخ; **kovan** کۆڤان; **xirab** خِراب; **xop'an** خۆپان; **p'ûç'** پووچ; **tarûmar** تاروومار;
to wrestle **gulaş girtin** گولاش گِرتِن vt.; **xwe lêdan** خوە لێدان vt.;
wrestling **bimbarekîya desta** بِمبارەکییا دەستا **/destebimbarekî** دەستەبِمبارەکی; **gulaş** گولاش f.; pijan I
wretched: (poor, miserable) **belengaz** بەلەنگاز; **malxirab** مالخِراب; **miskîn** مِسکین; **řeben I** ڕەبەن; **p'erîşan** پەریشان; **p'epûk I** پەپووك; **şerpeze** شەرپەزە; **sêfîl** سێفیل; **sergerdan** سەرگەردان ; **hêsîr I** هێسیر m.; **xwelîser I** خوەلیسەر; (distressed) **bikul** بِ کول; **stûxwar** ستووخوار; (~ woman) **kezîkurê** کەزیکورێ f.
wretchedness (distress) **stûxwarî** ستووخواری f.
to wring: (~out the water) **guvaştin** گوڤاشتِن vt.
wrinkle **qermîçok** قەرمیچۆك f.; (in forehead) **çiqir** چِقِر pl.
to wrinkle (vt.) **qermiç'andin** قەرمِچاندِن vt.
wrinkled: **girj** گِرژ; -to be ~ **qermiç'în** قەرمِچین vi.
wrist **zend I** زەند f./m.; **bask** باسك m.; **meçek** مەچەك f./m.
to write **nivîsîn** نِڤیسین/**nivîsandin** نِڤیساندِن vt.;
writer **nivîsk'ar** نِڤیسکار/**nivîsevan** نِڤیسەڤان m.; **t'ořevan I** تۆڕەڤان m.; **wêjevan** وێژەڤان m.
writing **nivîsar I** نِڤیسار f.
wrong: (incorrect) **xelet** خەلەت; **şaş I** شاش; **neřast** نەڕاست; **ç'ewt** چەوت; (in the wrong) **neheq** نەهەق; -to be ~ **şaş bûn** شاش بوون vi.
wrongness **neřastî** نەڕاستی f.

Y

to yank: (pull, as a rope) **t'eqil lêdan** تەقِل لێدان vt.
yard: (in front of house) **bermal** بەرمال f.
yarn: (woolen ~) **r̄îs** ڕیس m.
yard: (courtyard) **ḧewş** حەوش f.
yawn **bawişk** باوِشك f.; **bîhnişk** بیهنِشك f.
to yawn **bawişk anîn** باوِشك ئانین vt./**bawîşk dan** باویشك دان vt./**bawîşk hatin** باویشك هاتِن vi.; **bawişkîn** باوِشكین vi.; **bêhnijîn** بێهنژین vi.; **hênijîn** هێنژین vi.;
year **sal** سال f.; **salewext** سالەوەخت f.; -for years (for a long time) **ji mêj ve** ژِ مێژ ڤە; **zûda** زوودا; -year before last = two years ago **pêrar** پێرار; -[x] y.s old **salî** سالی
to yearn for (to long for) **mêla fk-î/ft-î kirin/k'işandin kirin** مێلا فکی\فتی کِرِن\کِشاندِن vt.; **mukurîya (kesekî) kirin** موکوریيا (کەسەکی) کِرِن vt.
yearning (for): **hesret** هەسرەت f.; **mukur̄î** موکوڕی f.; (homesickness) **bêrî II** بێری f.
yeast **hêvên** هێڤێن m.; **hevîrtirş** هەڤیرتِرش m.
to yell **zir̄în** زِڕین vi.
to yell at **lêxur̄în** لێ خوڕین vi.
yellow **zer** زەر; **qîç'ik** قیچِك
yellow goatsbeard (Tragopogon pratensis) **siping** سِپِنگ f./m.
yellowjacket: (wasp) **moza qirtik** مۆزا قِرتِك f.
yellowness **zerî III** زەری f.; **qîç'ikayî** قیچِکایی f.
to yelp **kastekast kirin** کاستەکاست کِرِن vt.; **kûzîn** کووزین vi.
yelping **'ewte'ewt** عەوتەعەوت f.; **kastekast** کاستەکاست f.; **r̄eyîn I** ڕەیین f.; **kûzkûz** کووزکووز f.; **kûzîn** کووزین f.
Yemeni **Yemenî** یەمەنی
Yemenite **Yemenî** یەمەنی
yes **belê** بەلێ; **erê** ئەرێ
yes man **qûnalês** قوونالێس m.&f.; **solalês** سۆلالێس m.&f.
yesterday **dihî** دِهی; -day before ~ **pêr** پێر
yesterday evening **şevêdî** شەڤێدی; **doh êvarê** دۆه ئێڤارێ
yet **hê** هێ; **hila II** هِلا
Yezidi **Êzîdî** ئێزیدی m./adj.; **Dasinî** داسِنی m.; **kirîv** کِریڤ m.
Yezidi priest **xumxum II** خومخوم m.
to yield: (give in, cede) **daxwarin** داخوارِن vt.
yoghurt **mast** ماست m.; **qat'ix** قاتِخ m.; -strained ~ **toraq** تۆراق f.; -liquid ~ (~ drink; *ayran*; *dugh*) **dew I** دەو m.; **ç'eqilmast** چەقِلماست f./m.
yoke **nîr I** نیر m.; (for carrying buckets) **qeynt'er** قەینتەر f.
to yoke (oxen) **qoş kirin** قۆش کِرِن vt.
yolk **zerik II** زەرِك f.
you (singular) **tu I** تو; **te** تە; (plural) **hûn** هوون; **we** وە
young (adj.) **cahil** جاهِل/**ciḧêl** جِحێل; **ciwan** جِوان; **xort** خۆرت; (inexperienced) **nezan** نەزان; **naşî** ناشی; (of siblings) **çûk II** چووك; (green, flexible) **ter̄** تەڕ; -too ~ to die **nestêlê** نەستێلێ
young (n.) (of animal) **ç'êjik** چێژِك m./f.; **têjik** تێژِك f.; **cewr** جەور m./f.; (of birds) **cûcik** جووجِك m./f.; **çelîk** چەلیك m.; **ç'êl IV** چێل m.; **çîçik III** چیچِك f.; **ferx** فەرخ m.&f.; (of gazelle) **xifş** خِفش f.
young man **xort** خۆرت m.; **ciwan** جِوان m.; **tol I** تۆل m.; **tolaz** تۆلاز m.; **sengele** سەنگەلە m.
young shoot (bud) **terh** تەرھ f.
youngest (n.): (~ child) **binhemban** بِنهەمبان m.&f.; **paşlandik** پاشلاندِك m.&f.
youngster (teenager) **naşî** ناشی m.
your (singular) **te** تە; (plural) **we** وە
your honor (title of respect) **cenab** جەناب m.
You're welcome **spas xweş** سپاس خوەش; **Ser çavan** سەر چاڤان; **Sax̄ bî** ساغ بی
yourself **xwe** خوە
yourselves **xwe** خوە
youth: (young age) **cahilî** جاهِلی f.; **ciwanî I** جِوانی f.; **xortanî** خۆرتانی f.; (beauty of youth) **r̄eng û r̄û** ڕەنگ و ڕوو m.; (young man) **xort** خۆرت m.; **tol I** تۆل m.; **tolaz** تۆلاز m.
youthfulness **xortanî** خۆرتانی f.

Z

Zaza **Dimilî** دِملی
zeal **xîret** خیرەت f.; **jîrayî** ژیرایی f.
zebra **k'erk'ûvî** کەرکووڤی m.
zodiac: -sign of the ~ **birc** بِرج f.
zoo **bax̄ê teva** باغێ تەڤا m. [**bax̄ê taba** باغێ تابا];
zucchini **kundir** کوندِر f./m.; **gindor I** گِندۆر f.; **kulind** کولِند m.; (unripe ~) **xirtik I** خِرتِك f.; **tûtik II** تووتِك m./f.
zurla **zirne** زِرنە f.
zurna **zirne** زِرنە f.
zurna player **zirnabêj** زِرنابێژ m.

Geographical names
[English to Kurdish]

Afghanistan **Efxanistan** ئەفغانِستان
Africa **Efrîqa** ئەفریقا
Albania **Albanya** ئالبانیا
Algeria **Cezayîr** جەزایِر [Wkp: Cezayir]
Armenia **Ermenîstan** ئەرمەنیستان
Asia **Asya** ئاسیا
Australia **Awistralya** ئاوِسترالیا
Austria **Awistriya** ئاوِستریا
Azerbaijan **Azerbeycan** ئازەربەیجان
Bahrain **Behreyn** بەهرەین
Baluchistan [region] **Belûçistan** بەلووچِستان
Bangladesh **Bangladeş** بانگلادەش
Basque Country **Welatê Baskî** وەلاتێ باسکی
    [Wkp: also Baskistan]
Belgium **Belçîka** بەلچیکا
Bengal [region] **Bengal** بەنگال
Bosnia and Hercegovina **Bosniya û**
    Herzegovîna بۆسنیا و هەرزەگۆڤینا
Britain **Brîtaniya** برِیتانیا
Bulgaria **Bulgaristan** بولگارِستان
Canada **K'eneda** کەنەدا [Wkp: Kanada]
Catalonia **K'atalonya** کاتالۆنیا
China **Ç'în** چین
Croatia **K'irwatiya** کِرواتیا [Wkp: Kroatya]
Cyprus **Qibris** قِبرِس
Czech Republic **Komara Çekî** کۆمارا چەکی
Denmark **Danîmarka** دانیمارکا
Egypt **Misir** مِسِر
Ethiopia **Etyopya** ئەتیۆپیا [Wkp: Etiyopya]
Europe **Ewrûpa** ئەورووپا
France **Firensa** فِرەنسا [Wkp: Fransa]
Flanders [region of Belgium] **Flander** فلاندەر
Georgia **Gurcistan** گورجِستان
Germany **Elmanya** ئەلمانیا [Wkp: Almanya]
Great Britain **Brîtaniya Mezin** برِیتانیا مەزِن
Greece **Yewnanistan** یەونانِستان
Holland, the Netherlands **Holenda** هۆلەندا
Hungary **Hungarya** هونگاریا [Wkp: Hûngarya];
    Macaristan ماجارِستان
Iceland **Îslend** ئیسلەند
India **Hindistan** هِندِستان
Indonesia **Îndonezya** ئیندۆنەزیا
Iran **Îran** ئیران
Iraq **Îraq** ئیراق
Ireland **Îrlanda** ئیرلاندا [Wkp: Îrlenda]

Israel **Îsraîl** ئیسرائیل [Wkp: Îsrael]
Italy **Îtalya** ئیتالیا
Japan **Japon** ژاپۆن
Jerusalem **Qudus** قودوس
Jordan **'Urdun** ئوردون
Kazakhstan **Qazaxistan** قازاخِستان
Kirghizistan **Qirgizistan** قِرگِزِستان
North Korea **K'oreya Bakur** کۆرەیا باکور
South Korea **K'oreya Başûr** کۆرەیا باشوور
Kurdistan **K'urdistan** کوردِستان
Kuwait **K'uweyt** کووەیت
Lebanon **Lubnan** لوبنان [Wkp: Libnan]
Libya **Lîbya** لیبیا
(Northern) Macedonia **Makedonya** ماکەدۆنیا
Malta **Malta** مالتا
Mexico **Meksîk** مەکسیک
Mongolia **Mongolya** مۆنگۆلیا
Morocco **Mexrîb** مەغریب [Wkp: Mexrib/Maroko]
the Netherlands, Holland **Holenda** هۆلەندا
Norway **Norwec** نۆروەج [Wkp: Norwêc]
Oman **'Uman** عومان
Pakistan **P'akistan** پاکِستان
Palestine **Filistîn** فِلِستین
The Philippines **Filipîn** فِلِپین
Poland **P'olonya** پۆلۆنیا
Portugal **P'ortugal** پۆرتوگال [Wkp: Portûgal]
Qatar **Qeter** قەتەر
Romania **Ṟomanya** ڕۆمانیا
Russia **Ṟûsya** ڕووسیا
Scotland **Skotlenda** سکۆتلەندا
Serbia **Sirbistan** سِربِستان [Wkp: Serbistan]
Slovakia **Slovakya** سلۆڤاکیا
Slovenia **Slovenya** سلۆڤەنیا
Spain **Spanya** سپانیا
Sudan **Sûdan** سوودان
Sweden **Swêd** سوێد
Switzerland **Swîsre** سویسرە
Syria **Sûrî** سووری
Tajikistan **T'acîkistan** تاجیکِستان
Tibet **T'îbet** تیبەت
Tunisia **T'ûnis** توونِس
Turkey **T'irkiye** تِرکیە
Turkmenistan **T'irkmanistan** تِرکمانِستان
    [Wkp: Turkmenistan]
Ukraine **Ûkrayna** ئووکراینا

United States of America, U.S.A., America **Welatên Yekgirtî yên Emrîka** وەلاتێن یەکگرتی یێن ئەمریکا
[Wkp: Dewletên Yekbûyî yên Amerîkayê]
Uzbekistan **Ûzbekistan** ئووزبەکِستان

Wallonia [region of Belgium] **Walonya** والۆنیا
Wales **Wêlz** وێلز [Wkp: Wales]
Yemen **Yemen** یەمەن

www.ingramcontent.com/pod-product-compliance
Lightning Source LLC
Chambersburg PA
CBHW080412230426
43662CB00016B/2381
* 9 7 8 1 9 1 2 9 9 7 0 1 5 *